Panorama
do Movimento
Simbolista Brasileiro
VOL.1

Coleção Textos
Dirigida por João Alexandre Barbosa e J. Guinsburg

Equipe de realização — Produção: Plinio Martins Filho; Capa: Amauri Tozetto.

Panorama do Movimento Simbolista Brasileiro

VOL.1

Andrade Muricy

EDITORA PERSPECTIVA

3.ª edição, revista e ampliada.

Direitos reservados à
EDITORA PERSPECTIVA S.A.
Av. Brigadeiro Luís Antônio, 3025
01401 – São Paulo – SP – Brasil
Telefones: 885-8388/885-6878
1987

À MEMÓRIA DE NESTOR VÍTOR

SUMÁRIO

PREFÁCIO — João Alexandre Barbosa XV
PREFÁCIO DA TERCEIRA EDIÇÃO 1
PREFÁCIO DA SEGUNDA EDIÇÃO 3
INTRODUÇÃO 13

    I. Este *Panorama*. — II. O movimento simbolista. — III. A crítica de reação. — IV. As doutrinas e as teorias. — V. O simbolismo e a literatura comparada. — VI. Idéias religiosas e filosóficas. — VII. Atitudes políticas e sociais. — VIII. Idéias estéticas e literárias. — IX. A arte poética. — X. O hermetismo. — XI. Ainda a "arte poética" dos simbolistas. — XII. O romance e o conto. — XIII. O teatro. — XIV. Repercussões periféricas. — XV. Idéias morais. — XVI. O simbolismo em Portugal. — XVII. O simbolismo e a crítica no Brasil. — XVIII. Alguns sufrágios estrangeiros. — XIX. Entretanto...

O SIMBOLISMO 111

1 GAMA ROSA (1852-1918) 113

    Os Decadentes 115
    Parsifal 124
    Vers Vagues 125
    Le Ménétrier 125

2 ROCHA POMBO (1857-1933) 127

    A estátua de Hulme 130
    O comboio então galgava 132
    Árvores clamantes 132
    Ruínas 132
    Declaração simbolista 132
    O monge 133
    Nas catacumbas 133
    No cemitério da montanha 133
    A montanha 133
    O precursor 134
    O grande velho 135
    Quem nos dirá 135
    Afirmação 136
    Legenda 136
    Aquele olhar 137
    Deserto de almas 137
    "Intuições" 137

VIII PANORAMA DO MOVIMENTO SIMBOLISTA BRASILEIRO

3 B. LOPES (1859-1916) 141

    Aleluia, Aleluia! 144
    Magnífica 144
    Virgo clemens 145
    Praia 147

4 CRUZ E SOUSA (1861-1898) 148

    Antífona 161
    Lésbia 162
    Tuberculosa 164
    Acrobata da dor 165
    Pandemonium 165
    Violões que choram... 168
    Meu filho 172
    Seios 174
    Caminho da glória 175
    Vida obscura 175
    Supremo verbo 175
    Imortal atitude 177
    Crê 177
    Consolo amargo 178
    Vinho negro 178
    Asas abertas 179
    Sorriso interior 179
    No seio da Terra 180
    Clamor supremo 180
    Ansiedade 181
    Silêncios 181
    Só! 182
    A morte 182
    Triunfo supremo 183
    Assim seja! 183
    Renascimento 184
    Velho vento 184
    Crianças negras 188
    Dupla Via-Láctea 190
    Triste 190
    Tenebrosa 194
    Balada de loucos 197
    Emparedado 200

5 VIRGÍLIO VÁRZEA (1863-1941) 219

    Canção da estepe 221
    Nerah 222
    Mártir cristã 224
    "Os Simples" 225

6 RAUL POMPÉIA (1863-1895) 226

    Vulcão extinto 231
    Inverno 231
    Lágrimas da Terra 232
    A paisagem 234
    Música estranha, na hora cálida 237

SUMÁRIO

7 DOMINGOS DO NASCIMENTO (1863-1915) 239

    Cerbero 240
    D. João d'Amor 241
    Sempre! 242
    Mística 243
    Meu lar! 244
    Versos de um decadente 245

8 GONZAGA DUQUE (1863-1911) 247

    Uns graves senhores 248
    Num momento tu serás 249
    O velho harpista 253
    A ironia de Rops 254
    Sapo! 256
    Instantâneo de B. Lopes 258

9 OSCAR ROSAS (1864-1925) 259

    Janela do espírito 263
    Excelsior 264
    Bêbado 265
    Terra prometida 266
    A vaga 266
    Sereia 267
    Visão 267
    Lá para as terras do Sul 268

10 ARAÚJO FIGUEIREDO (1864-1927) 269

    Na própria dor 271
    Hino às estrelas 272
    Tenebroso 272
    Olhando a morte 273
    Divina graça 273
    Sombras amigas 274
    Recordando 274
    Carta a Cruz e Sousa 275

11 VENCESLAU DE QUEIRÓS (1865-1921) 280

    Nevrose 282
    Nostalgia do Céu 284
    Irreparável 285

12 EMILIANO PERNETA (1866-1921) 286

    Dama 296
    Vencidos 296
    Versos de outrora 297
    Fogo sagrado 298
    Soneto 298
    Solidão V 299
    Lá 300
    Súcubo 300
    O brigue 301

Baucis e Filemon 301
Azar 303
Entre essa irradiação 306
Versos para embarcar 306
Esse perfume 308
Mors 308
Canção do Diabo 309
Sol 312
Dor 317
Palavras a um recém-nascido 319
Oração da noite 321
Ao cair da tarde 322

13 NESTOR DE CASTRO (1867-1906) 323

Inverno 326
No mar 327

14 MEDEIROS E ALBUQUERQUE (1867-1934) 329

Tempestade 330
Proclamação decadente 331
Salmo 333

15 NESTOR VÍTOR (1868-1932) 335

A Cruz e Sousa 344
O construtor 344
Morte póstuma 345
Confissão de Sêneca 345
Dueto de sombras 346
H. Ibsen 347
M. Maeterlinck 348
O elogio do "Luar de Hinverno" 352
"Os Discípulos de Saïs e os Fragmentos", de Novalis 354
F. Nietzsche 356
Cruz e Sousa 358
O Poeta Negro 360
Shakespeare 362
Os "Sete Ensaios", de Emerson 362
Luís Delfino 365
O Simbolismo entre nós 365
Jesus e Epicteto 366
O maribondo metafísico 367
Filosofia e Simbolismo 368

16 GRAÇA ARANHA (1868-1931) 371

E os dois imigrantes, no silêncio dos caminhos 374
É a felicidade que te prometo 375

17 MÁRIO PEDERNEIRAS (1868-1915) 379

Efeitos de Sol 380
Desolação 381
Velha mangueira 382
Meu cigarro 385
Passeio Público 388
Outono 390

SUMÁRIO

Crepúsculo	393
Trecho Final	394

18 ARTUR DE MIRANDA (1869-1950) ... 396

Flor estranha	397
Fim de leitura	397

19 FIGUEIREDO PIMENTEL (1869-1914) ... 399

Desânimo	400
Olhos misteriosos	400

20 DARIO VELLOZO (1869-1937) ... 402

Argonauta	405
Cruz e Sousa	406
Palingenesia	407
Campo-santo	410
Sob a estola da morte	410
Paredra	411
No reino das sombras	412
Serenidade	412
De "Atlântida"	416

21 JÚLIO PERNETA (1869-1921) ... 418

Tédio	419
Crepúsculo (1)	420
Crepúsculo (2)	421
Sombra do pecado	421
Os teus olhos são feitos de luar	423

22 LÍVIO BARRETO (1870-1895) ... 424

Lágrimas	425
Litanias	425
Mal íntimo	427
Último desejo	428
Os cravos brancos	428
Desabrochando	429

23 ZEFERINO BRASIL (1870-1942) ... 431

Os torturados	431
Mortal	432
Nostalgia do Céu	433
Saudade singular	434

24 AZEVEDO CRUZ (1870-1905) ... 435

Amantia verba	436
Marechal Floriano	439
Minha senhora	440
Mors sancta	440
Salmos	442
Paisagem campista	443

25 ALPHONSUS DE GUIMARAENS (1870-1921) 444

Ascetas 451
São Bom Jesus de Matosinhos 451
Ossa mea 453
Ouvindo um trio de violino, violeta e violoncelo 454
Portas de catedral em Sexta-Feira Santa 455
Primeira dor de Nossa Senhora 455
Olhos 459
Cisnes brancos 461
Quando chegaste, os violoncelos 461
Serenada 462
O cinamomo floresce 464
Ismália 464
Lírios 465
Violetas 466
Estão mortas as mãos 466
Meus pais 467
A Cláudio Manuel da Costa 467
A catedral 468
Devagar, devagar 469
Mors 469
Vaga em redor de ti 470
Este solar é meu 470
Ninguém anda com Deus 471
Os duendes, trasgos, bruxos e vampiros 471
Reminiscência de um dramalhão antigo 472
Poetas exilados 473

26 JOÃO ITIBERÊ DA CUNHA (1870-1953) 474

Rêverie 476
Le poète et la réalité 477
La musique wagnérienne 477
Le joueurs 478
Doute et désespoir 478
Rondel 479

27 PETHION DE VILAR (1870-1924) 480

Cristo no Calvário 481
Noturno em lá menor 482
Nefelibatismos 483
A alma verde 484
Soneto para o século XX 484
Marinha 485
O poema das vogais 485
Pintura a óleo 487
Harmonia suprema 488
Le zéro 488

28 FREITAS VALE (1870-1958) 489

La coupe du roi de Thulé 490
L'île incertaine 491

29 SEVERIANO DE RESENDE (1871-1931) 494

O hipogrifo 497
Teofania 498
A Lúcifer 499

SUMÁRIO

30 ALVES DE FARIA (1871-1899) 505

    Abrindo o livro 506
    Batráquio 506
    Inverno triste 507

31 RICARDO DE LEMOS (1871-1932) 509

    Deslumbramento 509
    Um anjo 510
    Não raro, filhos meus 510
    Entre amigos 511
    Língua portuguesa 511
    À memória de meu irmão 512
    Esta, igual a um ferrete causticante 512

32 FRANCISCA JÚLIA (1871-1920) 513

    Noturno 516
    De joelhos 517
    Adamah 518
    Crepúsculo 518
    Angelus
    Outra vida 519
    Mudez 520

33 SILVEIRA NETO (1872-1942) 521

    Pórtico 526
    Antífona 527
    Escombros 529
    No alto 529
    Litanias 530
    O mar 530
    Missa negra 531
    A ruína 535
    Réquiem de ocaso 537
    Castelo de luar 539
    Os pessegueiros 543
    O urso branco 544
    A Lua nova 544
    Bruma 545
    Sombra 545
    Beethoven 546
    Ode do alicerce 546
    Sinfonia 550
    Canção das laranjeiras 551

34 OLIVEIRA GOMES (1872-1917) 553

    A noite 555
    Brumas 556

35 GUSTAVO SANTIAGO (1872-   ?) 558

    O cavaleiro do luar 560
    Pássaros brancos 564
    Birds in the night 564
    Símbolo 565
    O nefelibatismo 566

XIV   PANORAMA DO MOVIMENTO SIMBOLISTA BRASILEIRO

36 AD. GUERRA DUVAL (1872-1947) 567

    Soneto d'outono 568
    Dias de névoas e de saudades 568
    Garças 569
    Grisalha 571
    Castelos no ar 571
    Palavras 573
    Ontem de noite 574
    Por que o meu braço é encordoado em músculos 575

37 XAVIER DE CARVALHO (1872-1944) 576

    Para trás 577
    Noivas mortas 577
    Volta 578

38 LIMA CAMPOS (1872-1929) 579

    A expressão mais exata 579
    Trio da vida 580
    Mater Regina! 582
    Gente de um tempo 583

39 ADOLFO ARAÚJO (1872-1915) 586

    Passarola 587
    Miserere mei 587
    In gurgite 588

40 SANTA RITA (1872-1944) 589

    Retorno 590
    A um lírio morto 591
    Ritual 591
    "Ilusão", de Emiliano Perneta 592
    "Missal", de Cruz e Sousa 593

41 TIBÚRCIO DE FREITAS (? -1918) 595

    Cruz e Sousa 601
    Impressionismos 602

42 ARCHANGELUS DE GUIMARAENS (1872-1934) 604

    Versos campesinos 606
    Vendedora de flores 607
    Ermidas 608
    Cristo de marfim 609
    En revenant 610
    Funeral de um anjo 610
    Ribeirão do Carmo 611

43 COLATINO BARROSO (1873-1931) 612

    Há folhas pintalgadas 613
    Alma capaz de entender 614
    O Sol tem a trágica beleza 615

PREFÁCIO

João Alexandre Barbosa

Com uma ou outra exceção, o Simbolismo tem sido, na Literatura Brasileira, a prova dos noves dos métodos críticos, sobretudo dos histórico-literários.

Mesmo uma história sumária da recepção crítica é capaz de mostrar de que modo, a partir da publicação das obras de Cruz e Sousa, em 1893, por entre uma enxurrada de apreciações apologéticas e apreciável número de comentários incompreensivos, o Movimento Simbolista criou, no Brasil, como também fora dele, um problema bastante curioso de inadequação crítica.

Na verdade, os pressupostos da crítica naturalista e positivista que dominaram grande parte do século XIX foram postos em questão pelo aparecimento de obras literárias que não somente não se ajustavam às lentes naturalistas e positivistas mas faziam do próprio desajustamento um modo de articular uma mimese antes da construção do que da representação e por aí apontavam para os desvios das relações entre literatura e história.

Neste sentido, a crise dos métodos historiográficos, apontada por vários autores, sobretudo desde os inícios do século XX, dando por conseqüência uma rejeição da própria História Literária, fundava-se, de fato, na impossibilidade de ler novos objetos literários com uma gramática pensada para aqueles objetos fabricados por uma perspectiva de dominância representacional.

O Simbolismo, problematizando a representação por força de uma linguagem que buscava a transcendência do objeto e a anulação do sujeito com a criação de um espaço de aglutinações sonoras e espaciais (de que a obra de Mallarmé é a realização mais completa nos limites de sua impossibilidade), retirava a poesia das amarras naturalistas e exigia a consideração daquilo que se impunha como construção de uma linguagem em que as palavras, ganhando peso e medida, opunham-se à transparência da referencialidade.

É curioso observar que, no mesmo ano de 1893 que tem marcado oficialmente o aparecimento do Simbolismo no Brasil, Gustave Lanson publicava um texto sobre Mallarmé que exemplifica muito bem aquela inadequação crítica referida.

Procurando caracterizar o que chama de "contradição essencial" do poeta, eis as reflexões de Lanson:

"Ele dá por objetivo da arte realizar o irreal, exprimir o inexprimível, comunicar o incomunicável. Seja; admito esta ambição; de fato não existe sem isso grande poesia, nem arte elevada. Mas a impossibilidade manifesta-se quando se olham os meios que ele pretende empregar. Ele quer desvencilhar-se de formas reais, signos expressivos, valores comunicativos: em outros termos, quer apreender o ininteligível e transmiti-lo sem o ter convertido de algum modo em inteligível. É esquecer a condição, a miséria, se se quiser, de nossa humanidade, fadada por seus pecados aos atos distintos da inteligência. Nós não atingimos diretamente pelo espírito qualquer realidade, nem sensível, nem espiritual, nem finita, nem infinita. Não podemos senão usar um desvio, substituir as realidades com signos inteligíveis, com símbolos suscetíveis de demonstração. A ciência existe a este preço e a arte não tem uma outra lei. Criação da inteligência, como a ciência, não pode ser outra coisa senão intelectual e se, às vezes, aspira a dar a sensação, a comunicação do ininteligível, fá-lo por intermédio de signos e de relações que exprimem inteligivelmente o caráter ininteligível. Aqueles que conhecem Pascal sabem bem o que quero dizer. O Sr. Mallarmé, querendo usar signos inteligíveis fazendo abstração de seu valor de signos inteligíveis e querendo formar símbolos irreais e infinitos que manifestem diretamente o *eu* essencial e o ideal infinito, põe-se em contradição com as condições próprias da arte."[1]

Percebe-se como o problema central do argumento de Lanson é o da inteligibilidade: aquilo que o discurso crítico, fundado no historicismo naturalista, podia integrar como representação da realidade, ela mesmo pensada como inteligível.

Deste modo, aquilo que Lanson acentua como "dogma essencial" de Mallarmé, isto é, a preeminência da construção sobre a representação (tal como se configura na famosa frase mallarmeana acerca da fabricação verbal do poema), é recusado enquanto contrário à inteligibilidade que passa a ser sinônimo de clareza:

"...que se entenda que a obra literária, fazendo-se com *palavras*, faz-se com *idéias*, que, menos que qualquer outra, a obra expressiva do *ideal* pode renunciar à *idéia*, que a *idéia* do *infinito* não se dá embaralhando *idéias finitas*, e que, por fim, entre uma

---

[1]. "Stephane Mallarmé", em *Essais de méthode, de critique et d'histoire littéraire*. Rassamblés et présentés par Henri Peyre. Paris, Hachette, 1965; pág. 474.

PREFÁCIO

idéia clara e uma *idéia* confusa, é a *idéia* clara que, mostrando mais, contém mais, e que é o grau superior da *idéia*."[2]

É claro que Gustave Lanson operava dentro do paradigma crítico de seu tempo, aquele cujas linhas mestras eram ainda as do naturalismo e do positivismo que privilegiavam a referencialidade: a acusação de ininteligibilidade respondia à prevalência, na poesia, do princípio de construção sobre o da representação que, por então, problematizava as abordagens crítica e histórico-literária fundadas naquelas linhas.

Somente muito depois, com o desenvolvimento das teorias da literariedade, vai ser possível ultrapassar aquele paradigma e, por aí, recuperar, para a História, aquilo que não era visto senão como recusa à clareza e à adequação a um repertório universalizado de leitura.

Assim, por exemplo, Paul Valéry, em texto publicado em 1938, "Existence du Symbolisme", soube pensar alguns dos problemas levantados por Lanson sob o ângulo de uma iluminadora complexidade, abordando o tema da ininteligibilidade (sem a ela referir-se) na perspectiva adequada de uma exigência de interação autor-leitor, invertendo os termos da relação mercadoria-consumo, muito próximo à formulação de Marx ("a produção não cria somente um objeto para o sujeito mas um sujeito para o objeto"), recentemente retomada por H. R. Jauss ao tratar da História Literária.[3]

Referindo-se à revolução dos simbolistas, diz Valéry:

"Operam assim uma espécie de revolução na ordem dos valores, visto que substituem progressivamente a noção de obras que solicitam o público, que o prendem por seus hábitos ou por seus lados fracos, pela de obras que criam seu público. Longe de escreverem para satisfazer um desejo ou uma necessidade preexistente, escrevem com a esperança de criar este desejo e esta necessidade, e não recusam nada que possa afastar ou chocar cem leitores se acreditam por aí conquistar um só de qualidade superior.

"Quer dizer que exigem uma espécie de colaboração ativa dos espíritos, novidade muito importante e traço essencial de nosso Simbolismo. Talvez não seja nem impossível nem falso deduzir da atitude de renúncia e de negação (...) primeiramente esta mudança de que falo e que consistiu em tomar por parceiro do escritor, por leitor, o indivíduo escolhido pelo esforço intelectual de que é capaz; e, em seguida, esta segunda conseqüência, que pode, além disso, oferecer a este leitor laborioso e refinado textos onde não

---

2. *Ibidem*, p. 475; (grifos do autor).
3. Cf. "La Historia Literaria como desafío de la Ciencia Literaria em *La actual ciencia literaria alemana. Seis estudios sobre el texto y su ambiente*. Trad. de Hans Ulrich Gumbrecht y Gustavo Domínguez León. Salamanca. Anaya, 1971; p. 62.

faltem nem as dificuldades, nem os efeitos insólitos, nem as tentativas prosódicas e mesmo gráficas que uma cabeça audaciosa e inventiva pode se propor a produzir. A nova via está aberta aos inventores. Por aí, o Simbolismo revela-se como uma época de invenções; e o raciocínio muito simples que acabo de esboçar (...) conduz-nos, a partir de uma consideração estranha à estética, mas verdadeiramente ética, até ao próprio princípio de sua atividade técnica, que é a livre pesquisa, a aventura absoluta na ordem da criação artística com os riscos e perigos para aqueles que a ela se entregam."[4]

De Lanson, cuja leitura do Simbolismo centrado em Mallarmé descerra o seu aprisionamento às perspectivas naturalistas do século XIX, a Valéry, que busca compreender o Simbolismo a partir de uma convergência de aspectos estéticos, éticos e técnicos que transcendem aquelas perspectivas e o situam como um precursor das modernas teorias que insistem na interação obra-leitor, é possível detectar a importância do Movimento Simbolista não apenas para a consideração da própria história da poesia, mas como núcleo de um debate teórico e histórico-literário ainda muito vivo.

É para o que, sem dúvida, o leitor é convidado por este livro de Andrade Muricy, que sai agora em 3.ª edição.

Livro que, desde a sua primeira publicação em 1952[5], firmou-se como o principal repositório do Movimento Simbolista Brasileiro, quer pela reunião de um impressionante número de poetas e poemas, quer pelas notas elucidativas do Organizador que, juntamente com a sua Introdução crítico-histórica, constitui, ainda hoje, a grande fonte para o estudo daquele momento da Literatura Brasileira.

Reeditado em 1973[6], com acréscimos de alguns autores e poemas e de elementos elucidativos incorporados à Introdução, constituindo um conjunto de 131 poetas, foi esta reedição que serviu de base à presente publicação, com acréscimos e revisões enviados pelo autor à Editora pouco antes de seu falecimento. É de notar ainda que a obra inclui um "Apêndice" e "Repertórios subsidiários" em que o leitor pode encontrar elementos que articulam uma larga história do Movimento Simbolista Brasileiro.

Creio que se a este livro forem juntados os dois volumes organizados por Cassiana Lacerda Carollo, *Decadismo e Simbolismo no Brasil*[7], em que foram coletados os textos de "crítica e poética", tem o estudioso de hoje o material imprescindível para uma leitura viva de nosso Simbolismo, podendo compreendê-lo e julgá-lo a par-

---

4. *Oeuvres I*, Bibliothèque de la Pléiade, Paris, Guillimard, 1957; págs. 691-692.

5. Rio de Janeiro, Departamento de Imprensa Nacional/INL, 1952. 3 vols.

6. Rio de Janeiro, MEC/INL, 1973, 2 vols.

7. Rio de Janeiro/Brasília, LTC Editora/INL, 1980, 2 vols.

PREFÁCIO

tir das fontes primárias e não apenas da mediação das histórias literárias.

E isto é fundamental: nada substitui o encontro direto entre o leitor e o texto, sobretudo quando este leitor — o moderno, o contemporâneo — busca refazer por si mesmo a experiência estética do passado sem se desfazer de sua condição presente.

Não se trata, portanto, nem, por um lado, de exercer um anacronismo necessariamente arbitrário, nem, por outro, de transformar a leitura em exercício arqueológico: trata-se, isto sim, de exercer, pela experiência estética, a compreensão histórica que desvela o sentido do presente sem o qual o passado não é senão passado.

Ora, no caso da leitura do Simbolismo, dado o modo pelo qual aquele movimento, como muito bem viu Paul Valéry, operou na confluência de uma verdadeira revolução estética, ética e técnica, quanto mais for possível a reconstrução da experiência dos textos poéticos maior será a possibilidade de ver, sem os desvios das mediações interpretativas histórico-literárias, a contribuição, para a verdadeira história de nossa literatura, das transformações operadas na linguagem da poesia e do poema que, como se sabe, nunca é apenas da poesia e do poema.

O que, na verdade significa dizer que a leitura vivificadora dos textos deve remeter para a reflexão sobre aquilo que, em termos de história literária, representa continuidade ou **ruptura** dos sistemas poéticos.

No caso do Simbolismo Brasileiro (e este livro oferece ricos subsídios nesta direção), a passagem entre os sistemas parnasiano e simbolista, por um lado, e as primeiras manifestações modernistas, por outro, constituem o núcleo de uma meditação histórico-literária que se queira não apenas cronológica, mas estrutural, acerca da substituição de sistemas literários específicos dentro da série mais ampla do sistema literário brasileiro.

É muito sugestiva, neste sentido a leitura do "Prefácio da Segunda Edição" em que Andrade Muricy enumera as críticas à sua seleção feitas por diversos autores, quase todos organizadores de outras antologias simbolistas. Em todos os casos, trata-se de apontar para a não inclusão de "precursores" ou de "sucessores" do Simbolismo. Embora o último item tenha sido resolvido pelo autor, com a designação "Neo-Simbolismo" ou "Pós-Simbolismo" a partir da 2.ª edição, em que se incluem desde um Pedro Kilkerry a um Manuel Bandeira, a resposta mais contundente àquelas críticas não é explicitada pelo autor, pois se esconde na própria estruturação da obra: se no ausente Fontoura Xaxier, pensado antes como parnasiano (de quem, aliás, Antonio Candido já apontou a devoração baudeleireana em precioso texto de crítica comparada [8], é possível

---

8. Cf. "Os primeiros baudelaireanos no Brasil", em *Studia Iberica*, Festschrift für Hans Flasche. Frencke Verlag Bern und München, 1973; págs. 105-117.

detectar indícios pré-simbolistas, não é por razões de cronologia que não se integra no Movimento estudado pelo autor, mas antes pelo fato de que, em sua obra, o Simbolismo não é uma *dominante*, para usar uma categoria fundamental dos formalistas russos [9], capaz de operar um desvio mais profundo em relação ao sistema literário parnasiano.

Do mesmo modo, é possível rastrear na poesia e poética de Kilkerry, como já o fez Augusto de Campos[10], elementos que o singularizam em relação à herança parnaso-simbolista e conferem à sua poesia, como à de Maranhão Sobrinho, também estudado por Augusto de Campos[11], uma forte descendência mallarmeana rara em nosso Simbolismo.

Desta maneira, por entre as incompreensões iniciais dos nossos principais críticos naturalistas, embora todos eles fossem modificando aos poucos os seus juízos negativos, sobretudo com referência a Cruz e Sousa, como observa Andrade Muricy, e as revalorizações atuais de alguns casos singulares, como ocorre nos trabalhos mencionados de Augusto de Campos, sem esquecer as contribuições compreensivas de um Nestor Vítor, este *Panorama* tem o papel fundamental de pôr diante dos olhos do leitor interessado as peças (os textos) de um processo literário que, certamente, não terá sentença final e cuja dinâmica reside precisamente em sua característica de processo.

SP/Novembro, 1986.

---

9. Cf. Jakobson, "La Dominante", em *Questions de Poétique*, Paris, Seuil, 1973.

10. Cf. *ReVisão de Kilkerry*, São Paulo, Brasiliense, 1985 (1.ª ed. de 1970).

11. Cf. "Stefânio Maranhão Mallarmé Sobrinho", em *O Anticrítico*, São Paulo, Companhia das Letras, 1986.

PREFÁCIO DA TERCEIRA EDIÇÃO

Quando o poeta greco-francês Jean Moréas teve a iniciativa de denominar "decadentismo" um movimento que se esboçava, e Medeiros e Albuquerque trouxe para o Brasil a notícia desse movimento, não imaginavam o destino fecundo que o mesmo iria ter nos destinos literários da poesia universal. Como na França, aqui, também, tal nome pareceu ter caráter depreciativo, tomada a expressão "decadente" no sentido literal. No Brasil, depois das primeiras notícias críticas, os interessados não se pejaram de aceitar aquela apelação, da qual se serviram, apenas, para significar uma renovação insólita. Os simbolistas brasileiros só secundariamente usavam o termo "decadentismo".

Este *Panorama do Movimento Simbolista Brasileiro* representa uma consolidação de uma tendência que sobreviveu aos próprios iniciadores e seus seguidores. Foi-me possível reunir elementos informativos —, quais fossem o arquivo dos prógonos e uma enorme massa de dados críticos —, o que permitiu a realização duma obra que visava, sobretudo, preservar um movimento histórico-crítico da dispersão que, durante algum tempo, foi o aspecto por ele apresentado. Inútil seria expor, aqui, as condições de realização desse *Panorama*. A qualidade e numerosidade dos frutos desse movimento permitiram tenha sobrevivido ao pessimismo e negativismo dos primeiros momentos de sua expansão. A maioria dos documentos, — livros, revistas, cartas e manuscritos autógrafos —, em que baseei esta obra, foi por mim doada ao Arquivo Museu de Literatura, da Fundação Casa de Rui Barbosa.

A preamar dos estudos sobre o Simbolismo e os simbolistas evidencia o interesse crescente de críticos e historiadores da literatura brasileira, dando a esse movimento um lugar de relevo em nossas letras. Hoje em dia, o trabalho intensivo das faculdades de letras e universidades, só ele bastaria para acentuar a oportunidade da reedição do *Panorama do Movimento Simbolista Brasileiro*. Quando, em 1973, a Academia Brasileira de Letras conferiu-me o Prêmio Machado de Assis "pelo conjunto da obra", considerei este *Panorama* como necessariamente aí incluído.

Devo à Editora Perspectiva a possibilidade desta terceira edição, — revista e atualizada —, do *Panorama do Movimento Simbolista Brasileiro*, incluindo-o na "Coleção Textos", por indicação do crítico e historiador Sérgio Buarque de Holanda, cuja *Antologia dos Poetas Brasileiros da Fase Colonial* faz parte da mesma "Coleção".

Rio de Janeiro, 19 de fevereiro de 1980

Andrade Muricy

PREFÁCIO DA SEGUNDA EDIÇÃO

Tudo que se possa alegar acerca da inatualidade da matéria deste livro não me tomará de surpresa. Bem conheço os critérios excludentes impostos pela contemporaneidade radical de hoje e o antipasseísmo considerado condição para refugir a toda tentação alienante. No entanto, se se podem arrancar as raízes, só os desavisados julgarão que elas não existiram, e que se não lhes possa, por algum motivo, dedicar-lhes algum interesse. Este *Panorama* não tem intuito exemplar e normativo. Focaliza uma tendência sem dúvida pretérita das letras brasileiras, porém de influência não completamente extinta; tendência complexa e acentuadamente sinuosa, mas cuja amplitude, antes geralmente contestada, o aparecimento do *Panorama*, pelo menos em seu aspecto de documentário, terá contribuído para que fosse, como me parece ter sido, reconhecida pela nossa historiografia literária. A obra, escrita até 1946, esperou até 1951/52 para ser editada. Reaparece agora graças ao compreensivo interesse do Conselho Federal de Cultura e do Instituto Nacional do Livro, e às generosas instâncias de Valdemar Cavalcanti, que soube levar-me a retrabalhar em muito pormenor e alguma extensão, com êxito mais decisivo do que poderiam ter tido os numerosos estímulos, advertências e restrições que provocaram a primeira edição. Moveu-me, por outro lado, a lançar-me a tarefa tão exaustiva a soma de informes e documentos chegados às minhas mãos posteriormente àquelas datas. Concebida como uma antologia de fronteiras bastante extensas de seletividade, e deslocando-a para um terreno axiológico mais largamente representativo, sempre julguei, entretanto, ser nela evidente a presença da crítica, quando menos implícita, e muita vez formal, sem qualquer incidência sistemática. Nesta nova edição fui levado a carregar bastante mais no teor judicativo.

Evitei — nos termos explícitos e reiterados, com esteio em largo consenso da nossa crítica e da universal — desembaraçar-me dos autores de segundo plano e mesmo dos *minimi*, conforme se explicita na Introdução, também retrabalhada. Não me pareceram, por outro lado, atendíveis os reclamos de reformulação do plano geral da obra: o cronológico, pelo nascimento dos autores. Jamais visei ao ensaio e nem a uma ordenação histórica do conjunto. Bem sei que o critério adotado é de alcance muito relativo e falível, visto como, para exemplificar, Rocha Pombo e o seu grande romance místico são posteriores, quanto à sua inserção no transcurso do movimento, a vários outros autores mais jovens. Wilson Martins sugeria a reordenação da obra segundo um destes critérios de distribuição dos seus elementos: pela hierarquia de valor; pelos grupos simbolistas; situando o quadro do movimento entre 1888 (aparecimento de comentários aos documentos transmitidos a Araripe Júnior e Gama Rosa por Medeiros e Albuquerque), e a "academização" do simbolismo mercê do discurso de posse de Félix Pacheco na Academia Brasileira de Letras. A finalidade desses planos seria propiciar "uma idéia do movimento". Houve quem tenha tido a obra como informe, incongruente, e mesmo anárquica. *Habent sua fata libelli* ... O livro fez o seu caminho, e creio que poderia esclarecer a minha posição nesse caso se se desse atenção ao breve quadro histórico-crítico, *Presença do Simbolismo*, escrito para o volume III, tomo 1.º, de *A Literatura no Brasil*, dirigida por Afrânio Coutinho. Obedeceu à seguinte organização: A "explosão" Cruz e Sousa; A segunda geração simbolista. Pereira Da-Silva; O movimento paranaense. Dario Vellozo, Silveira Neto; O verso livre: Guerra Duval, Mário Pederneiras; O movimento em Minas Gerais. Alphonsus de Guimaraens. Severiano de Resende; O movimento na Bahia: Pedro Kilkerry; Emiliano Perneta; O movimento no Rio Grande do Sul: Marcelo Gama, Eduardo Guimaraens; Ernâni Rosas e o hermetismo; O poema em prosa; A ficção narrativa; O teatro; Condições da presença do Simbolismo. A estrutura da antologia *O Simbolismo* (1960), volume IV do *Panorama da Poesia Brasileira*, da Editora Civilização Brasileira, e da autoria de Fernando Góes — a quem já se devia uma boa edição das Obras Completas de Cruz e Sousa (1943) — é simples: Notícia sobre o Simbolismo; Precursores; Os simbolistas. Mais complexo o quadro de *Poesia Simbolista*, da série em seis volumes, organizada para as Edições Melhoramentos por Péricles Eugênio da Silva Ramos (1965). Este: Introdução; Precursores; Grupos da *Folha Popular*, O movimento no Rio de Janeiro: 1.ª geração simbolista. Grupo da Revista *Rosa-Cruz*; Segunda geração simbolista; São Paulo e Minas Gerais; Paraná; Rio Grande do Sul; Bahia; Norte e Nordeste. Manuel Bandeira, na sua breve antologia *Poetas Brasileiros da Fase Simbolista* (1965), segue a ordem cronológica do nascimento dos autores. No excelente estudo *O Simbolismo*, escrito por Massaud Moisés (1966) para a série *A Literatura Brasileira*, da Editora Cultrix, de que constitui o volume IV, assim está disposto o quadro: Limites Cronológicos do Simbolismo; Origens do Simbolismo; Características gerais do Simbolismo; Introdução e Evolução do Simbolismo no

PREFÁCIO

Brasil; A Poesia; A Prosa; A Crítica. Evidentemente, seria possível estruturar a obra ainda segundo outros critérios. Deu-me grande prazer, no entanto, que este "documentário" tenha possibilitado a composição de outros repertórios da poesia simbolista, superado assim o período em que se considerava estéril e sem ter deixado vestígios ponderáveis no acervo geral de nossas letras, a contribuição de tantos e tão denodados artistas do verbo.

Nesta edição decidi intercalar na Introdução, onde melhor se inserem no contexto das generalidades preliminares desta prospecção em terreno hoje tão rico e numeroso, subsídios antes integrantes do Apêndice do 3.º volume, setor este da obra que foi considerado por algum censor como de heteróclita e mesmo insólita matéria, e que reconheço terem sido prejudicados pela falta de explicitação mais pertinente. Inseri, também, ali, informes já indicados em *Presença do Simbolismo*, bem como apreciações neste último trabalho esboçadas, buscando, com isso, dar mais evidente organicidade ao *Panorama*. Ampliei várias das notícias que precedem ao material antológico, retificando-as sempre que necessário. Redigi numerosas notas de pé de página.

Não pude aceitar a argüição de que seria excessivamente numerosa a safra de simbolistas constante do *Panorama*, e menos ainda deixei-me impressionar pela afirmação de que seria possível reunir muito maior número de nomes em florilégios do Parnasianismo. A diferença de pontos de vista, nessa contestação, reside em que a torrencial inundação parnasiana é de todos conhecida; enquanto no referente aos simbolistas foi necessário quebrar o tabu que os restringia teimosamente a dois deles: Cruz e Sousa e Alphonsus de Guimaraens, e a eventuais menções a Mário Pederneiras, sob a alegação de que o movimento fora extremamente limitado e efêmero. Agora, a queixa é pelo excesso. No entanto, a inclusão, nesta edição, de vinte e três novos autores, tenho que enriquecerá diversa e preciosamente o quadro — apesar de que esse acréscimo poderia ser julgado agravamento do excesso que me imputaram. Ainda assim, muitos foram os que ficaram de fora, e cuja inclusão me fora sugerida e por vezes reclamada com aquela indignação e agressividade habituais em censores literários. Não considero inútil, porém justo, enumerar aqui os nomes lembrados. Odylo Costa, filho, indicou Vespasiano Ramos, Antônio Lobo e Corrêa de Araujo, maranhenses; Lucídio Freitas, Zito Baptista e Celso Pinheiro, do Piauí; e o paulista Rodrigues de Abreu, a quem estudei em meu livro *A Nova Literatura Brasileira*, uma espécie de vitrina do Modernismo num certo momento (1936). O Sr. Judas Isgorogota reclama por Sabino Romariz, de Alagoas; Baptista Cepelos, Antônio de Godói, Francisca Júlia, Simões Pinto, e Júlio César da Silva, de São Paulo; e por um *paranaense*, Tito Franco, que é paraense. A grande poetisa Henriqueta Lisboa — ela própria de formação simbolista — indicou Horácio Guimarães, filho de Bernardo Guimarães e primo de Alphonsus, e Ernesto Cerqueira. Em publicações simbolistas mineiras apareceram os nomes de Mendes de Oliveira, Jacques Maciel e Josias de Azevedo. Múcio da Paixão, no livro *Movimento Literário em Campos* (Rio, 1924), menciona Faria Souto (sonetos "Réquiem" e "Ave Gratia!...") e Mário Teixeira de Sá (sonetos "Olhos Magos" e "Poetas"). O simbolista Rodrigo Otávio Filho verifica a omissão de Olegário Mariano, Ribeiro Couto, Guilherme de Almeida e Menotti del Picchia. Na sua antologia, Fernando Góes incluiu, dentre os autores não constantes deste *Panorama*, Lucilo Bueno, Júlio César da Silva, Amadeu Amaral, Antero Augusto de Azevedo Bloem, Antônio de Godói, Aurélio Neves, José Picorelli. Péricles Eugênio da Silva Ramos apresenta como "precursores" Fontoura Xavier, Carvalho Júnior, Teófilo Dias, e, na segunda geração, Francisca Júlia, Baptista Cepelos e Antônio de Godói. Manuel Bandeira coloca entre os simbolistas o neoclássico camoniano José Albano.

Agripino Grieco, louvando benevolamente este trabalho, no entanto incriminou-me pela inclusão de exagerado número de autores paranaenses. Essa restrição não me deixou de surpreender, porquanto nunca vi contestado que o Paraná foi o centro mais ativo de manifestações simbolistas no Brasil, e que conservou com maior persistência o espírito dessa tendência, o que permitiu a Emiliano Perneta continuar a produzir sem dela afastar-se, mesmo se a alargando, até janeiro de 1921, quando faleceu, e Dario Vellozo ainda em 1929 publicava o seu melhor livro de poesias, *Cinerário*, e, em 1938, o vasto poema esotérico *Atlântida*. Já em 1903, no florilégio *Poetas Brasileiros Contemporâneos* (Garnier), Melo Morais Filho incluía treze (13) simbolistas paranaenses. João Luso, em 1908, referindo-se àquele período, afirmava: "A meu ver só Curitiba deu-se ares até agora [dentre os meios provincianos, entenda-se] de centro literário independente e forte." (*O Momento Literário*, de João do Rio, Garnier). Escrevi há tempos: "Numa hora em que o movimento simbolista fora submergido pela primaridade da opinião literária nacional então reinante na generalidade dos escritores, desestimulados pela aparente marginalização da tendência, que, por assim dizer, se sumira por desvãos subterrâneos, como acontece com certos rios, que irão retornar à superfície depois de percurso obscuro mais ou menos prolongado, vários depoimentos deram notícia das expressões vivazes e fecundas assumidas pelo meio paranaense no referido período." Enumerava eu, então, entre outros, o escritor e pintor gaúcho Ângelo Guido, em *A Poesia e a Vida na Poesia Paranaense* (1926); Raul de Azevedo, escritor amazonense, em "O Paraná Intelectual nas Primeiras Décadas do Século XX" (*Ilustração Brasileira*, dezembro de 1953), e Agenora de Carvoliva, jornalista catarinense (*Jornal do Brasil*, 17-1-1904). E principalmente o mais percuciente e profundo crítico de Cruz e Sousa (em *Poesia Afro-Brasileira*, São Paulo, 1943), Roger Bastide, no seu livro *Brésil/Terre de Contrastes*, Hachette,

PREFÁCIO

Paris, 1957, onde escreve com decisiva clarividência (escuso-me de repetir aqui a transcrição que vai também em outro lugar deste *Panorama*): "O Simbolismo do Paraná é também a primeira manifestação 'dum Brasil diferente' contra o Brasil tropical, uma tomada de consciência literária daquilo que o Paraná tem de específico, e portanto de autenticamente brasileiro, contra aqueles que querem moldar todos os brasileiros pelo mesmo modelo: o clima temperado contra o sol tórrido, a bruma branquicenta e a geada, o vento sul gelado contra os aliseus, os vergéis em flor contra a floresta virgem." E insiste: "O Simbolismo no Paraná, por exemplo, não é o mesmo que o de Minas, e o do Rio difere do do Rio Grande do Sul. Se bem que em geral o Simbolismo tenha encontrado a sua terra de predileção no Sul e no Centro, isso indica haver uma psicologia diferente do Centro e do Sul." Justifica, assim, a sua assertiva anterior, referindo-se a "todos os movimentos literários que se sucederam no Brasil, o Realismo e o Naturalismo propriamente dito, o Parnaso e o Simbolismo. Veríamos sempre esses movimentos flexionarem-se diversamente conforme as áreas de nascimento dos escritores." (*Op. cit.*, págs. 263//264.) Coube ao prestigioso crítico meu coestaduano, Temístocles Linhares, dar a palavra final acerca da importância da contribuição ambiental e literária do Paraná ao movimento simbolista (*Revista Paranaense de Desenvolvimento*, Curitiba, maio-junho, 1969, págs. 29/31), em texto também transcrito em outro lugar deste *Panorama*. Nesta edição incluí os poetas paranaenses Reynaldino Scharffenberg de Quadros, Cícero França e Clemente Ritz, sobre os quais eu não conseguira informes e textos necessários quando preparava a primeira edição. Apesar do que se me antepôs nesse caso, quantos dentre os meus conterrâneos tive de omitir, e entre eles o ilustre historiador Romário Martins (e o seu livro de prosa poética *Ruínas*), o notável poeta-prosador Jaime Balão Júnior (com a sua admirável "Geada" e tantas páginas de *Mensagem da Infância* e de *Seara Morta*), e ainda Generoso Borges, Joaquim de Castro, o Leôncio Correia de sua primeira fase, e outros, os quais, quase todos, se definiram melhor fora do Simbolismo. A inclusão do maior poeta paranaense posterior a Emiliano Perneta e Silveira Neto, Tasso da Silveira, só pude fazê-la agora, depois do seu falecimento, devido a escrúpulos e a uma espécie de invencível pudor, de sua parte, que explicava pela razão de ser filho do segundo daqueles seus antecessores mencionados, mas essencialmente por se ter afirmado principalmente no Modernismo. Foram, de início, ligados ao movimento "nefelibata" paranaense os irmãos mineiros Carlos e Alfredo de Sarandy Raposo, que depois retornaram ao seu Estado natal.

Seria, provavelmente, de incluírem-se ainda autores a cuja obra dispersa ou perdida não consegui ter acesso, como o ensaísta e musicista fluminense Antônio Francisco da Silva Marques; o boêmio Raul Braga ("Serenata do Luar", na revista *Vera Cruz*, janeiro, 1889); Miguel Melo (sonetos na revista *Rosa-Cruz*); o gaúcho Mário d'Artagão (*Saltérios*, 1895), residente e falecido em Portugal; João Andréia ("Noite de Núpcias", em *Rosa-Cruz*, junho, 1901); Elyseu Montarroyos, gaúcho, falecido em Paris, grande amigo de Emiliano Perneta; Rafaelina de Barros (colaboração em *Rosa-Cruz*); o fluminense José Ricardo de Albuquerque; o ilustre romancista cearense, nascido no Rio de Janeiro, Pápi Júnior (o nome é de origem austríaca), a cujos fortes romances naturalistas, a Eça de Queirós, *O Simas, Gêmeos*, sucederam *Sem Crime, A Casa de Azulejos* e *Almas Excêntricas*, em que o influxo simbolista é manifesto, mas que não pude até agora obter; Domingos Ribeiro Filho (texto em *Vera-Cruz*, janeiro, 1899); Flávio da Silveira (sonetos em *Rosa-Cruz*); Heitor Malaguti (Id.), e outros ainda. Se o intuito fosse estritamente estatístico, poderia ser enormemente aumentado o volume já possivelmente demasiado da obra.

Não me objetaram quaisquer censores certa unilateralidade favorecendo à Poesia no quadro geral. Sem dúvida, esta foi predominante e foi ela sobretudo que assegurou permanência ao espólio do movimento. Considero, porém, que se tem subestimado a prosa simbolista, ou, pelo menos, aquilo que "prosa" se tem classificado. Sempre tive por descomedido e, em certos casos, francamente injusto esse juízo. Quando mais não seja pelo perigo de apreciar de falso ângulo a prosa poética e principalmente o poema em prosa. O excelente jovem crítico Eduardo Portela soube assinalar em definitivo o "poema" nas "prosas" de *Evocações*, de Cruz e Sousa, além do diagnóstico que fez de brasilidade autêntica, tão geralmente recusada, na obra do Cisne Negro. Nesta edição introduzi maior número de textos em prosa, de criação, de crítica e de ensaísmo.

A obra sai, desta vez, em dois volumes, a parte final consagrada ao Neo-Simbolismo — transição para o Modernismo, mais do que um esvaecimento final da tendência. Ainda recentemente, o notável jovem crítico mineiro Fábio Lucas assinala a conexão simbolismo-modernismo. Tratando de Guilherme de Almeida, e referindo-se ao Modernismo, escreve: "Pode-se dizer que constitui um prolongamento do Simbolismo dentro da corrente inovadora da literatura brasileira." A esse respeito, temos defendido a tese de que o Modernismo, apesar de ter tentado uma ruptura radical com a tradição, carregou em seu interior tendências e atitudes espirituais que poderíamos denominar de simbolistas (Henriqueta Lisboa, Jorge de Lima, Murilo Mendes, Augusto Frederico Schmidt, Manuel Bandeira, Guilherme de Almeida, e, de modo especial, o grupo da revista *Festa*, a saber: Tasso da Silveira, Murilo Araújo, Cecília Meireles e Andrade Muricy); e impressionistas (Adelino Magalhães, Lúcio Cardoso, Cornélio Penna). No primeiro grupo temos a musicalidade, a expressão diáfana e não racional; no segundo, o rigor da palavra, a objetividade, a economia de meios; no terceiro, o apreço pelo documento e a motivação social; no quarto, a prosa de contorno sujetivo, intimista." (*Minas Gerais*, Suplemento literário, Belo Horizonte, 19-7-1969.) E ainda isto, a propósito do ilustre poeta Emílio Moura (Emílio Moura e seu Itinerário): "Se é certo que grande parte dos revolucionários do Modernismo trazia pesada herança simbolista (Jorge de Lima, Cecília Meireles, Murilo Araújo, Henriqueta Lisboa, Murilo Mendes entre muitos), talvez Emílio Moura, via Bilac, tenha sido herdeiro dos parnasianos." (*Jornal de Letras*, Rio, julho, 1969.) Por outro lado, encontro a seguinte nota no suplemento literário do *Correio da Manhã* (6-2-1960): "Embora os modernistas fizessem timbre de negar todo e qualquer parentesco com o simbolismo, a verdade é que alguns deles sofreram a influência dessa escola antes de aderirem ao movimento de rebeldia. Tal o que teria acontecido, por exemplo, com Raul Bopp. Não se espante o leitor: Raul Bopp, o autor de *Cobra Norato*, um dos homens da antropofagia, fez versos simbolistas, publicando-os na *Ilustração Brasileira*, quer dizer, numa época em que o modernismo já ia na sua fase heróica. 'Versos nostálgicos de Copacabana' intitulava-se o poema bastante longo, tomando toda uma página da revista, motivo por que não podemos reproduzi-lo todo aqui." (Transcreve duas estrofes.) Assim, a matéria do 3.º volume da primeira edição, cuja legitimidade de acolhimento no conjunto da obra foi por muitos controvertida, aparece amplamente justificada à luz desses depoimentos, que julguei útil transcrever.

Outubro, 1969.

José Cândido de Andrade Muricy, Rio de Janeiro (aprox. 1935-40).

ANDRADE MURICY
(1895-1984)

A vida de Andrade Muricy foi inteiramente dedicada às Letras e à Música.

Seus primeiros trabalhos literários foram publicados em 1911; os referentes à música apareceram em 1921, embora seus primeiros contatos com essa arte datassem de 1905.

Desde jovem esteve ligado ao movimento simbolista, tendo gozado, mesmo, da intimidade de grandes vultos do simbolismo, tanto do Paraná quanto do Rio de Janeiro. Seu romance A Festa Inquieta é positivamente simbolista, e até nos seus escritos musicais sente-se a influência simbolista.

Dedicado aos seus, deixou naqueles que com ele privaram mais intimamente a recordação de uma personalidade sensível, profundamente conhecedora da literatura, da música e das artes, conhecimentos que ele procurava transmitir, com prazer e profunda honestidade intelectual, aos que o cercavam, particularmente aos seus irmãos e aos seus alunos.

Antes de falecer, visando a manter juntos a enorme bibliografia e documentação que havia reunido, durante toda a sua vida, sobre o simbolismo e os simbolistas, doou esse precioso acervo ao Museu-Arquivo de Literatura, da Fundação Casa de Rui Barbosa. Ao Departamento de Música da Biblioteca Nacional entregou os 47 volumes de sua crítica musical, e livros sobre música e músicos bem como partituras que, por acaso, faltassem ao acervo daquele estabelecimento.

O restante de sua biblioteca, perto de 10.000 volumes, foi doado à Fundação Cultural de Curitiba, sua terra natal, para a qual doou, também, seu retrato pintado por Cândido Portinari, junto com a pinacoteca que possuía de grandes pintores paranaenses ou ligados à sua terra.

Deixou por publicar ensaios, estudos críticos e escritos diversos reunidos sob o título geral de Plenas Letras, divididos em sete volumes; além de monografias e outros trabalhos.

Marina C. S. Muricy

Rio de Janeiro, 30 de novembro de 1986.

Andrade Muricy em 14 de janeiro de 1976.

INTRODUÇÃO

Depois das primeiras sondagens em profundidade, no terreno do simbolismo brasileiro — muitas vezes contrariando a correnteza da opinião geral insistente — notei que a superabundância dos subsídios e documentos me colocava perante um dilema: ou desprezar aquele material, como elemento constitutivo da obra, limitando-me a vistas críticas e históricas, e à interpretação principalmente; ou ater-me à função objetiva estrita de informante e de guia impessoal, quer dizer, à descrição e à narração. Entretanto, fui desvendando novos aspectos do movimento e entrevendo-lhe a curiosa diversidade. Impôs-se-me a convicção de que, antes do mais, urgia salvar o material. E, de caminho, ir historiando, descrevendo e, quando possível, até interpretando.

Vi logo que não poderia organizar a simples antologia que me fora pedida. Manuel Bandeira publicara os seus dois volumes: *Antologia dos Poetas Brasileiros da Fase Romântica* e *Antologia dos Poetas Brasileiros da Fase Parnasiana*, em 1937 e 1938, respectivamente, integrantes de uma coleção de antologias planejada pelo Ministério da Educação. Da fase colonial fora incumbido Sérgio Buarque de Holanda, que já há bastante tempo ultimou a sua contribuição.

Nas suas duas coletâneas Manuel Bandeira só quis grupar os poetas mais característicos e os maiores, em número rigorosamente reduzido: 25 românticos e 24 parnasianos. Chegado, porém, à fase simbolista, sabendo da existência de numerosos documentos em minhas mãos, intimamente ligado, como eu tinha sido, a várias personalidades do movimento, e do meu interesse por este, escusou-se de organizar essa nova antologia, e, por sua indicação, me foi ela oficialmente solicitada.

Era-me imposto, porém, reunir num só tomo os "simbolistas" e os "pré-modernistas" ou poetas da transição para o modernismo. Os simbolistas significativos, afirmava-se, não seriam em número suficiente para formar um conjunto comparável, em qualidade e interesse representativo, ao dos autores já incluídos naquelas antologias citadas.

Um primeiro exame conduziu-me à evidência da arbitrariedade e à injustiça daquele plano. Os simbolistas — eu bem o sabia — eram numerosos, e muitas das contribuições até de simples epígonos dentre eles mostram particularidades definidoras necessárias. Além disso, o quadro dos poetas de transição entre o parnasianismo-simbolismo, de um lado, e o modernismo, de outro, teria variedade e riqueza insuspeitadas e merecia antologia à parte. O número de 24 ou 25 seria, pois, atingível sem violência ou favor. Em conseqüência, declarei que só do Simbolismo me encarregaria, o que foi aceito.

Comecei por explorar arquivos de Cruz e Sousa e Nestor Vítor, em meu poder. Daí passei a pesquisas menos fáceis. Seria longo, e seguramente tedioso, relatar a nutrida e variada correspondência que tive de provocar e manter com os simbolistas remanescentes, e com parentes e amigos dos já falecidos, em toda a extensão da nossa terra; as numerosas visitas pessoais a famílias, algumas das quais haviam esquecido, e às quais por vezes não interessava recordar, e a outras que me festejaram e auxiliaram cordialmente; o manuseio de velhos jornais, de velhas revistas efêmeras. Terminei por organizar uma coleção bastante vasta, senão total, das obras do movimento. Completei-a, para o trabalho, com a de Tasso da Silveira, que inclui a do seu pai, Silveira Neto, um dos prógonos do simbolismo, e com empréstimos tomados a bibliófilos e a outras pessoas de boa vontade — muita vez, e justificadamente, ciosas das suas raridades.

Consegui, assim, *ver* a quase totalidade da produção simbolista brasileira, com as poucas exceções que estão mencionadas junto aos textos.

Verifiquei a extensão do movimento, a sua difusão, como que secreta, mas enorme. Poderia abstrair desse fato e apenas selecionar as duas dúzias requeridas. Não me seria difícil fazê-lo, porém desde logo me pareceu grave prejuízo devolver tantas afirmações da sensibilidade e da imaginação de uma época ao olvido em que estavam, o que seria condená-las a pronta destruição.

Mais ainda que a necessidade de tal esforço de salvação, impôs-se-me o sentimento de que havia urgência em realizá-lo. Pessoas menos rigorosamente colocadas em relação ao movimento simbolista do que eu ou Tasso da Silveira não teriam talvez as informações básicas e particulares, por assim dizer familiares, que possuíamos. A idéia de um documentário formou-se no meu espírito e, no período de alguns anos de labor minucioso e paciente, tomou corpo e realidade.

Ficam, por esse modo, senão propriamente salvos, pelo menos aqui refletidos e registrados, numerosos opúsculos, *plaquettes*, raríssimos, por vezes reduzidos a exemplar único; revistas e jornais de formatos

INTRODUÇÃO

curiosos: losangos, ou retângulos alongadíssimos no sentido da altura; composição em caixa alta, num luxo de maiúsculas, e impressão a várias cores; ornados de fantasiosas vinhetas e desenhos pretensiosos ou ingênuos, geralmente de deficiente realização técnica. Além disso, ainda tantos inéditos e tantos dispersos, recolhidos estes nas revistas e nos jornais do tempo; por vezes reduzidos a simples recortes, sem menção de data, nem sequer da publicação de onde foram extraídos, porém evidentemente autênticos. Sem falar em algumas reconstituições escritas de memória, ou ditadas, por contemporâneos.

Abandonei logo a idéia da antologia. Urgia apresentar o movimento na sua vastidão, na sua complexa rede de correntezas subterrâneas. Numa antologia propriamente dita seria curial a inclusão das produções canhestras de um pobre operário torneiro, do subúrbio carioca? Ou as significativas vacilações de poetas de outras tendências, um momento tentados a derivar para o movimento, inconscientemente contaminados, e que logo arrepiaram carreira?

A uma *seleção* de poetas julguei preferível o *panorama* de um grande movimento, vaga de fundo na tranqüilidade monocrômica da nossa literatura.

"Antologia", "florilégio", seleção de "flores". A intenção de escolha é evidente. Participar de um conjunto antológico toma sentido consagratório. Diz-se de um autor desigual que "ainda assim tem uma peça de antologia", elogio um pouco melancólico, pois significa só ter produzido não uma obra ligada à sua vida, a uma capacidade e a uma fecundidade fundamentais, mas uma como peça de museu. Portanto, para entrar numa antologia é indispensável pelo menos uma peça a seu modo perfeita, ou grandemente célebre: o soneto de Arvers e o de Soulary; o de Maciel Monteiro: "Formosa qual pincel em tela fina", ou o de Júlio Salusse: "A vida, manso lago azul..."

Agora, porém, trata-se de dar a público, de, por assim dizer, evocar as relíquias esquecidas e dispersas daquele longo estremecimento de alma, daquela aventura da imaginação de numerosos artistas do Brasil, que foi o movimento simbolista, formando uma totalidade inesperada, sobre um fundo de irrecusável unidade espiritual.

Pensando em definir a natureza desse livro, encontro-me com o ensaio "El Pleito de las Antologías", do crítico espanhol Guillermo de Torre. Um pensamento único, mas expresso com variedade, é central nesse estudo, e não somente vale pela justificação do critério a que obedeci, como quase me exime de entrar em mais detidas explicações. Começa por citar o maior dos críticos de Espanha e um dos mais prodigiosos eruditos da Literatura inteira: "Toda historia literaria — escribía precisamente Menéndez y Pelayo al prologar el mayor monumento del género con que contamos en nuestro idioma, su ya citada *Antología de poetas líricos castellanos*, no obstante haber quedado truncada en Garcilaso — racionalmente compuesta, supone o debe suponer una antología previa, donde ha reunido el historiador una serie de pruebas y documentos de su narración y de sus juicios."[1] Observa, então, o crítico espanhol (há bastante tempo residente na Argentina): "Hay que considerarlas como libros de inventario, como balances de una época, una tendencia o un estilo, o bien desear que se conviertan en eso. Así, aun algunas que no se lo propusieron sirven para encadenar épocas, enlazar generaciones, y muestran fronteras más contiguas de lo que habitualmente se entiende."[2] E, cingindo ainda mais de perto as minhas intenções nesta obra: "La función de la antología histórica y estética simultáneamente no vendria a ser tanto valorar como mostrar, discernir como exponer, historiando etapas y registrando jalones." Logo em seguida, o que transcrevo com as naturais reservas: "Cuando ello se logra, su interés puede superar al de las obras individuales. Se convierten en inestimables libros de referencia y permiten al lector andariego, en un momento dado, echar el ancla y medir con un golpe de vista la distancia recorrida desde tal límite a tal otro."[3]

Não, pois, uma antologia, no sentido de "florilégio", de "seleta", mas no de "coletânea" de produções típicas — selecionadas, também, porém principalmente na qualidade de sintomáticas e representativas. Uma antologia estrita deixaria de ser um panorama global, pois apresentaria apenas alguns dos seus aspectos, ainda que dos mais altos. Por um só osso, Linneu pensava poder reconstituir o esqueleto inteiro de um plessiossauro, e até revesti-lo das prováveis roupagens de carnes, escamas, penas, garras... Um organismo literário tem sempre muito de monstruoso. Pode um dragão possuir cauda de réptil e entretanto ser dotado de possantes asas... Um autor secundário apresenta muita vez aspectos grandemente reveladores.

A crítica dos nossos movimentos literários pretéritos tem sido superficial e prejudicada, na sua essência de realidade complexa e rica, pela falta de exame e de pesquisa do pormenor característico. Algumas frases iniciais teorizantes, baseadas na doutrina estrangeira, e vem logo após a apresentação dos vultos mais em evidência — não digo "os maiores", porque algumas vezes estes têm o seu renome obumbrado pelo de bons discípulos, de qualidades amáveis, e que reduzem a uma sedução fácil as criações pouco acessíveis dos seus mestres, ou porque sejam estas excessivamente profundas, ou porque herméticas, ou porque pudicas e reservadas.

Na verdade, focalizar, no panorama, também os secundários, e os humildes das letras, não é coisa dispensável. Cada vez mais se tornam evidentes a importância documental, a significação sintomática expressiva dos secundários e dos epígonos. As triunfantes novas dis-

---

1. Guillermo de Torre, *La Aventura y el Orden*, Editorial Losada, S. A., Buenos Aires; pág. 286.
2. Guillermo de Torre, *op. cit.*, pág. 288.
3. Guillermo de Torre, *loc. cit.*

ciplinas humanísticas que são a Literatura Comparada e as Artes e Literatura Comparadas alargaram muito o critério de "valor" no campo artístico. Paul van Tieghem, um dos propugnadores principais dos modernos estudos de Literatura Comparada, observa que "é lendo autores de menor envergadura, e outros até completamente obscuros, que se descobre tudo o que é comum a eles e aos maiores".[5] Ao descrever os modernos métodos da ciência literária, Paul van Tieghem mostra que é observando "um número imenso de escritores medíocres ou obscuros" que se pode "acompanhar na sua verdadeira complexidade um movimento ou uma simples agitação literária".[5] Culminam as suas observações nestas linhas definitivas: "Tais autores de segunda ou de terceira ordem, esses *minores* e esses *minimi*, dos quais a história literária, nacional ou comparada, põe todo o cuidado em não desdenhar, adquirem em literatura geral um particular interesse. Alguns dentre eles, que mal têm lugar nas histórias da literatura da sua pátria, foram causa do nascimento e do desenvolvimento de tendências, de modas às quais os maiores não se mostraram refratários. Outros, menos importantes ainda, não exerceram, por assim dizer, nenhuma ação; porém receberam as influências estrangeiras com tanto mais docilidade quanto lhes faltava forte originalidade. Os seus escritos são testemunhos excelentes das correntes literárias do seu tempo, lembrando esses rochedos que, colocados na superfície das geleiras, permitem pela sua deslocação verificar o movimento lento e infalível da massa que os arrasta." E conclui: "Os espíritos superiores só coincidem por uma pequena parte de si próprios, e o que tomam por empréstimo à corrente geral é muitas vezes por eles assimilado a tal ponto que se torna dificilmente reconhecível."[6]

Assim, pois, trata-se antes do mais, dum repertório de textos e de material biobibliográfico. Um repositório que valha por um panorama vivo do movimento, antecedendo a antologia de excelências, o ensaio de interpretação e a história literária propriamente dita. Como escreveu Guillermo de Torre, "Este acarreo preliminar de materiales obliga lógicamente a una máxima latitud acogedora — y eso es lo que determina fatalmente la grandeza y la miseria de la antología."[7] Escreve Robert Kemp: "Et sans doute, sourira-t-on d'un tel effort. Car il y a du superflu dans cette ennumération géante. Mais où est la règle qui eût permis d'écarter tel ou tel personnage? La prodigalité est, en érudition, une sagesse. Qui sait si l'un de ces noms inconnus n'aidera pas à résoudre quelque problème délicat

---

4. Paul van Tieghem, *La Littérature Comparée*, Librairie Armand Colin, Paris, 1931; pág. 195.
5. Paul van Tieghem, *op. cit.*, pág. 41.
6. Paul van Tieghem, *op. cit.*, págs. 194-195.
7. Guillermo de Torre, *op. cit.*, pág. 286.

et ne guidera pas vers une verité délectable? Le parti pris était le bon. Il exigeait beaucoup de courage." ("Les Beaux Inventaires", in *Les Nouvelles Littéraires*, 22-7-1954; n.º 1 403).

A intenção fica, assim, delineada. Aqui estão reunidos, com os realizadores principais, muitos daqueles *minores* e até alguns *minimi;* o que não quer isso dizer que eu tenha acolhido todos os que se me depararam. †

Certos dos incluídos aqui figuram porque indicam repercussão longínqua e quase isolada, no espaço — em toda a extensão do território nacional — com exceção do Acre, do Amazonas e de Mato Grosso. Exceções meramente ocasionais; ou não obtive informações, ou estas foram indiretas e incertas. Outros, porque acusam aquela repercussão em classes sociais ou idades diferentes: por exemplo, o operário torneiro Carlos Nélson; os adolescentes de entre 15 e 17

---

† O depoimento decisivo de Roger Bastide, encontro-o recentemente confirmado num dos estudos em forma dialogada que vem publicando o ilustre crítico e sociólogo Temístocles Linhares. Escreve o autor de *O Paraná Vivo*: "— V. quer dizer com isso que o Paraná possui uma tradição literária? Que o Paraná tem uma bússola nos desorientados tempos atuais? — Por que não? Não sei se devemos falar em bússola, mas podemos, sim, falar em alguma tradição, conquanto tenha sido o Paraná região das mais novas a serem exploradas no País. Senão vejamos. Literariamente, podemos demarcar a data de seu nascimento no Simbolismo. Não preciso, acredito, insistir muito nessa parte, uma vez que Curitiba, em torno da revista *O Cenáculo*, se fez um dos mais fortes bastiões do movimento. Foi daqui mesmo que o movimento se distendeu por todo o País, tanto no campo de suas figuras representativas, como no das situações, unindo o genérico ao individual. Os momentos determinantes, humana e socialmente essenciais, de tal período para aqui é que confluíram e aqui se fundiram. Até Cruz e Sousa, que não era paranaense, sofreu a influência do estado de coisas aqui criado." E adiante: "O movimento Simbolista partiu do Paraná. Talvez tenha atingido o seu maior esplendor no Rio de Janeiro, para onde convergiam sempre, tanto do Norte como do Sul, todas as vocações de escritor da província. Mas o movimento partiu do Paraná. não me parece haver mais nenhuma dúvida a respeito." (Estado atual das letras no Paraná, Suplemento literário de *O Estado de S. Paulo*, 19-7-1969.) Temístocles Linhares é paranaense, porém de autoridade reconhecida em todo o País, e espírito isento que aspira por uma livre e ainda indevassada trilha pioneira de renovação literária de sua e minha terra à altura do seu esplendor sócio-econômico presente: do Paraná vivo. Armando Erse, o meu companheiro, tão cordial, de lides jornalísticas, pór sua vez, e muito anteriormente — e mesmo assinalando suas reservas sobre certos aspectos marcantes do movimento — declarou a João do Rio (Paulo Barreto): "— A meu ver, só Curitiba, dentre os centros provincianos, deu-se ares até agora de centro literário independente e forte. Mas esses brilhantes rapazes fizeram-se esoteristas, simbolistas, *kabbalistas*, impossibilistas, e — *horresco referens!* — um belo dia surpreendi o nome do mais vigoroso e mais entusiasta, o maioral da banda, no cabeçalho de um jornal maçônico. Ai dos filhos da Viúva!" (João do Rio, *O Momento Literário*, Garnier — 1908? — pág. 212.) Refere-se a Dario Vellozo, fundador do movimento no Paraná, com João Itiberê da Cunha e Silveira Neto, e que foi, ali, a figura mais característica do sincretismo-simbolismo-decadentismo-esoterismo, além de pedra--de-ângulo (tenaz e entusiasta) da referida revista *O Cenáculo*. Emiliano Perneta, fundador do movimento em âmbito nacional, só se incorporou ao ambiente curitibano no fim do século.

anos, Cassiano Tavares Bastos, Lucilo Bueno e Castro Meneses. Outros, apenas porque integravam grupos simbolistas ativos; amigos que influíram sobre os maiores e os ampararam; esteios do movimento, na imprensa. Outros, ainda, porque, pouco produzindo, foram dessas figuras necessárias — como o fermento ao pão — que acaloram o ambiente, alimentam os maiores com a sua adesão e com o seu fiel entusiasmo, e tornam-se, por isso, quase lendárias. Acrescentei uns poucos precursores, de produção significativa só do ponto de vista histórico. Assim, por exemplo, Medeiros e Albuquerque, introdutor, no Brasil, dos livros do simbolismo francês, e que produziu por mimetismo algumas páginas decadentistas; logo depois, em face do fenômeno afinal vivo entre nós, tornou-se desagradado e quase hostil. A justificação da escolha explícita consta, no geral, das notas biográficas, em cada caso.

O esforço despendido durante anos e anos, não para a tentativa ingrata de apresentar "salvados" do tão celebrado "fracasso" do movimento simbolista no Brasil, mas para documentar a sua penetração, tanto em extensão como em profundidade, não foi baldado. O relativo êxito dessa prospecção, dados o geral desleixo e mesmo a inconsciência de familiares dos autores e a miséria das bibliotecas públicas, foi geralmente tomado em consideração. Vários dos meus informantes nem mesmo chegaram a ver a obra publicada: faleceram sem essa ventura. Por outro lado, muitos documentos biográficos e iconográficos retornaram a seus depositários, e estão, alguns deles, presentemente, em lugar ignorado. Essa circunstância não se refere somente a autores de segunda ou mais humilde plana, porém mesmo a autores muito principais. Assim advertido, leituras posteriores vieram trazer-me testemunhos expressivos, justificativos de vários ângulos, do critério adotado. Permito-me trazer para aqui alguns deles. Assim: "... une de ces figures secondaires, mais non vulgaires et nullement effacées, qui peuvent servir à personifier une génération et toute une classe d'esprits." (Sainte-Beuve, *Nouveaux Lundis,* IX v., Paris, 1867, pág. 4). Joseph Bédier (autor daquela sensibilíssima recriação do velho poema *Tristão e Isolda,* que Afrânio Peixoto traduziu para o português sob o título "Tristão e Iseu"), declara: "Mais, d'avoir étudié les *minores* aide mes collaborateurs à compendre les plus grands. On ne connaît pas vraiment un siècle, si on ne connaît pas les *oubliés*." (in *Une heure avec* ..., de Frédéric Lefèvre, Première Série N.R.F. (Paris, 1924, pág. 44). Aí fica a opinião de Lúcia Miguel Pereira (Rio, 28-4-1953), em carta ao autor: "Fez muito bem em incluir os *minimi*: só graças a monografias minuciosas e seguras é que se poderá escrever a história literária". O depoimento de uma autoridade, Wladimir Weidlé, no seu importante "Essai sur le destin actuel des Lettres et des Arts", intitulado *Les Abeilles d'Aristée*: "Depuis les maîtres de l'Anthologie grecque jusqu'a ceux du *dolce stil nuovo*, et de là aux versificateurs exquis de la Pléiade, aux poètes "cavaliers" ou "métaphysiques" contemporains de Donne et de Milton, il y eut toujours des *poetae minores* dont on ne peut nier qu'ils participèrent à l'authentique poésie". (Op. cit., 2.ª ed., 1954, págs. 152-153.) Charles Chassé observa: "C'est en lisant de moindres auteurs, d'autres même, tout à fait obscurs, que l'on découvre tout ce qui est commun à et aux plus grands." (*Styles et Physiologie* / Une petite histoire naturelle des écrivains. Albin Michel. Paris, 1938.) Particularmente esclarecedora dessa questão, argüida por não poucos comentadores da 1.ª edição desta obra, encontro, no artigo "O Menino sob um Mausoléu de Livros", de Franklin de Oliveira, a seguinte passagem: "Tendo ou não lido Gramsci, a verdade é que o pensamento de Mário de Andrade se identifica com o do mestre italiano, quanto à colocação do problema das obras que não são obras-primas. 'Seria simplesmente imbecil — escreveu Mário — negar o valor das obras menores.' Se Mário reconheceu que não seria possível estudá-las em confronto com as obras maiores, reconheceu também que, nem por isso, elas perdiam o seu significado cultural. 'As obras menores são importantíssimas — enfatizou Mário — porque alimentam tendências, fortificam ideais, preparam o grande artista e a obra-prima, fazem o claro-escuro de uma época, e lhe definem traços e volumes muito mais que as grandes obras." (*O Globo*, 2-10-67.)

O Simbolismo brasileiro foi até bem pouco considerado corpo estranho, excrescência exótica, no conjunto das nossas letras. Sem dúvida, muito apresenta de aparentemente imprevisto, até de chocante, considerado na linha, digamos, normal, da nossa evolução literária. Pôde parecer fruto exclusivo de empréstimo, de empréstimo gratuito e excrescente. É preciso lembrar que o jogo de influências européias sempre se acusa naquela tradição. O nosso romantismo, tão marcadamente original, quase abafava a sua produção poética sob inumeráveis epígrafes tiradas de Ossian, de Lamartine, de Victor Hugo, de Byron, de Musset. As suas obras, sob certos aspectos, pareceriam simples variações dos temas alienígenas; assim, Castro Alves deve muito a Victor Hugo, Álvares de Azevedo a Byron. A nossa crítica tem vacilado de critério neste sentido, desde o velho Pereira da Silva (1817--1898), que comparava tranqüila e convictamente Sousa Caldas com Milton e Klopstock; José Bonifácio com Victor Hugo; Alvarenga Peixoto com Petrarca e Metastásio, e assim por diante. Chegar, depois, ao extremo oposto, com Afrânio Peixoto, que nas suas *Noções de História da Literatura Brasileira* só exclui o romantismo, Castro Alves sobretudo, e depois Euclides da Cunha, do ângulo de visão adotado, que era o da redução de todas as expressões e tendências da nossa literatura a reflexo direto de influências estrangeiras. O Simbolismo (dado por Afrânio Peixoto como um daqueles reflexos, de par com o Naturalismo, o Parnasianismo e o Futurismo) tem parecido sempre o menos explicável dos movimentos literários do Brasil e simples luxo de diletantes egoístas.

Apesar das minhas advertências de que a amplitude do quadro representava uma necessidade — melhor, resposta necessária à teimosa e também displicente afirmação (historiadores literários e críticos passavam-nas uns aos outros, sem maior exame) —, de que o movimento simbolista não lançara raízes em terreno fértil, houve quem me atribuísse intuitos estatísticos, pejorativamente. No entanto, continuo a julgar subsídio útil, e significativo, a pesquisa feita no referente aos antecessores, contemporâneos e sucessores. É de irrecusável evidência que volumes e volumes poderiam ser abarrotados com a caudalosa produção parnasiana em que os nossos vates tanto se comprouveram antes, durante e posteriormente ao movimento simbolista, cujas correntezas subterrâneas e ignotas jazidas são, tanta vez, de surpreendente vivacidade e riqueza. O terreno adequado que o Parnasianismo encontrou no Brasil proveio, em grande parte, da falta de cultura universalista. A Literatura Comparada evidencia ter sido de muito superior fecundidade, nas letras mundiais, aquele "concílio feérico" (a expressão é de Jules Laforgue) representado pela plêiade de artistas de maior expressão do *frisson nouveau* baudelairiano, e que abrange desde Edgar Poe e Nerval, Baudelaire, Rimbaud, Verlaine, Laforgue, Maeterlinck e — com inesperada prolificação, inclusive na mais recente poesia — Mallarmé, dos sonetos-jóias, dos sonetos-objetos, cheios de vida enigmática e como sobrenatural, arte demiúrgica por excelência; o mesmo Mallarmé cuja inviabilidade literária José Veríssimo diagnosticou!... Fruto, isso, do mesmo provincianismo retardado que julgava, com obstinação, irrisórios os "decadistas" e "nefelibatas", em nome da poética de Leconte de Lisle, Heredia e Banville. Veríssimo teria, hoje, a surpresa de verificar quão restrito é, no terreno realmente vivaz e perduradouro da poesia moderna, o campo das vivências efetivas do Parnasianismo. Com a sua ampla cosmovisão literária, Otto Maria Carpeaux menciona, serenamente, "a grande noite do Parnasianismo". A contraprova é dada por Antônio Olinto, ao referir-se a "postulados indestrutíveis do Simbolismo". (A literatura no Brasil em 1964, *O Globo*, 30-12--1964.)

Os críticos e historiadores literários, dentre os nossos, anos e anos apegaram-se, como a autoridade infalível, a Pierre Martino e ao seu bem feito, porém insuficiente, estudo *Parnasse et Symbolisme* (1925). Certas de suas apreciações foram aceitas como definitivas; e, a incuriosidade e a elementaridade do meio ajudando, tornou-se lugar-

-comum que "simbolistas" foram exclusivamente os epígonos; e que o Parnasianismo condicionou sempre, direta ou indiretamente, a poética simbolista. Seria necessária longa monografia para esclarecer essa questão da periodicidade e interpenetração das tendências. Na correnteza dos fenômenos literários o movimento da vida não permite senão artificial a efemeramente formarem-se compartimentos estanques: a realidade é feita de vasos comunicantes. Os diagnósticos de Martino — e de outros — aplicam-se muitíssimo mais ao caso brasileiro do que ao universal. Aqui, certa desinformação e certo imobilismo aprovincianado facilitaram a extensão e penetração da acessibilidade estética do Parnasianismo. O seu receituário permitiu ao nosso lirismo certo grau de disciplinação do estro romântico; a sua adequação tanto aos temas cívicos quanto ao descritivismo localista ou geral, aos exercícios de decorativismo brilhante, beirando teor escolar bastante artificioso, foram incentivo para uma produtividade inumerável, onde o vazio do estro e a sensibilidade desviada para o declamatório e uma solenidade estardalhante levaram os nossos "estetas", como se designavam aos artistas e aos críticos da época, a criarem o qualificativo "catedralesco" para os empinados versos e as "chaves de ouro" da tendência que, sem nunca chegarem a uma ortodoxia nem sequer aproximada, reivindicavam como lema de seu movimento o ideal da "arte pela arte", definido por Théophile Gautier, e aqui parafraseado por Olavo Bilac. A primaridade cultural do meio permitiu que críticos e publicistas em geral escrevessem "decadismo" por Decadentismo — expressão lançada contra a nova arte, em França, e que Moréas teve a altivez de aceitar, como um desafio. Os nossos simbolistas, quase todos, treinaram o verso dentro dos preceitos parnasianos, e poucos dentre eles conseguiram a eles refugirem por completo quando já arrebatados pelo "frisson du nouveau" baudelairiano. Indicaria, dentre os infiéis ao Parnaso, Emiliano Perneta, Mário Pederneiras, Adalberto Guerra Duval, e sobretudo Pedro Kilkerry e Ernâni Rosas. Os daltônicos que se satisfazem com o verificarem elementos parnasianos mesmo nos corifeus máximos do movimento simbolista são insensíveis àquele "estremecimento" a que se refere o verso célebre de Baudelaire.

Um comentador excelente deste nosso tempo, Gaëtan Picon, autor do ensaio *L'Écrivain et son ombre*, escreve na *Histoire des Littératures*, integrante da *Encyclopédie de la Pléiade* — um dos mais recentes levantamentos dos estudos histórico-literários mundiais: "L'oeuvre de Baudelaire n'est pas une oeuvre poétique parmi d'autres; elle une révolution, la plus importante de toutes celles qui ont marqué le siècle: elle décide de ce qui desormais portera à nos yeux les couleurs de la poésie. L'année de *Les Fleurs du Mal* — 1857 — inaugure une époque: la nôtre, encore." (*Op. cit.*, t. III, pág. 936.) Ora, foi fácil detectar em Baudelaire resíduos até de Delille, do classicismo setecentista. Como, então, não acoimar Baudelaire de continuativo? Devido à mudança do "espirito", da qualidade da sensibilidade e das diretivas do interesse existencial! O estrito, inteligentíssimo Paul Valéry observa: "*Les Fleurs du Mal* ne contiennent ni poèmes historiques, ni légendes; rien qui repose sur un récit. On n'y voit point de tirades philosophiques. La politique n'y paraît point. Les descriptions sont rares et toujours *significatives*. Mais tout y est charme, musique, sensualité puissante et abastraite ..." (*Variété II*, pág. 167.) Tudo isso é aplicável aos grandes simbolistas no que há de dinâmico e vital em sua poética. Cruz e Sousa sentiu-o tão fortemente que, sem se poder encontrar em nenhum verso seu algum reflexo imediato dos de Baudelaire, escreveu o mais ardente de quantos alguns ditirambos se tenham dedicado à glória do poeta de *Les Fleurs du Mal*: o poema em prosa "Inferno", de *Evocações*. Até hoje, no entanto, insiste-se em colocar a tônica do juízo crítico acerca da obra tão revolucionária do Poeta Negro na presença de alguns recursos da poética parnasiana. Foi com a mutação do clima espiritual, emocional e, conseqüentemente, das suas repercussões expressionais que a "explosão" Cruz e Sousa provocou o interesse e o entusiasmo dos moços, de tantos e tantos moços, dos quais mais de uma centena está incluída neste *Panorama*, e não pelas chaves do ouro que continuou a usar, mas a que um fermento poderoso de essencialidade demudou profundamente, senão a fisionomia formal, a eficácia da sugestibilidade.

Está, aliás, superada, no mundo das letras universais, a fase polêmica do antagonismo parnasiano-simbolista. Já Thibaudet colocara concludentemente o problema — o que vai mencionado antes. Agora, porém, o mencionado Gaëtan Picon (*op cit.*, pág. 932 e seguintes) escreve: "Il est permis d'être sévère pour quelques poètes, qui eurent leur moment de gloire, mais dont la figure s'obscurcit de plus en plus, devant le double rayonnement de la poésie romantique et de la poésie post-baudelairienne." Refere-se a Gautier, Banville, Leconte de Lisle, Heredia. "Ayant perdu la spontanéité, la violence novatrice du romantisme, ils n'ont pas pu saisir les possibilités de la nouvelle poésie. La vague que les eût peut-être soulevés, ils ne l'ont pas aperçue." O parnasiano que mais influiu no Brasil, e que teve na Francisca Júlia do período central de sua carreira o seu melhor discípulo brasileiro, foi Heredia. Alguns belos sonetos seus, três ou quatro, andam nas antologias; foram, aqui, profusamente traduzidos, até mesmo por alguns simbolistas que o seu suntuoso, porém freqüentemente material decorativismo, atraía, e que, como observa Picon, exaltava como a colegiais "rêvant d'histoire et de records prosodiques". E acrescenta: "Mais un recueil comme *Les Trophées* a du moins le mérite de montrer que la fabrication ne peut-être que le contraire de l'acte créateur. Nous y voyons que le raccourci n'est pas la densité, que la perfection apparente du vers n'est pas la rigueur poétique, que l'éclat d'images plaquées nest pas la lumière de la métaphore, que l'implacable cheminement qui conduit chaque sonnet ao feu d'artifice, au coup de gong final, n'a rien à voir avec le crescendo vivant d'un poème, que l'allitération nest nécessairement condutrice de la musique des mots." Os fundadores vinham do Parnasianismo, em França, e mais distanciadamente do Romantismo de Vigny (que Proust emparelha com Baudelaire na cumeada da poesia do século XIX, no que está certo), e sobretudo de algumas realizações pioneiras do Sainte-Beuve poeta ("Les Rayons Jaunes", por exemplo) e do extraordinário Nerval, que cada vez mais cresce. Fundadores: Baudelaire, Lautréamont, Verlaine, Rimbaud, Corbière, Charles Cros, Germain Nouveau. Verlaine, esse, saído do Parnaso, foi além do pioneirismo, e contribuiu, com a sua graciosa e exata *Art Poétique* (um simples poeminha) e a sua crítica dos que ele chamou "poetas malditos" (a expressão foi largamente adotada na época), para confirmar o advento dum movimento que culminaria, com prodigiosa fecundidade, em Mallarmé (mestre direto de tanta da poesia de hoje), e teria cristalizadores da definitiva importância de Laforgue, na surpreendente novidade (persistente) da poesia de Maeterlinck, de Saint-Pol Roux, de Verhaeren e de Claudel. O verbo apocalíptico que ressoa nos poemas terminais dos *Faróis*, de Cruz e Sousa, e a grandeza de realização que dá perenidade de beleza a tantos de seus sonetos, estão nessa linhagem e no mesmo plano de valor.

A diversificação da sensibilidade específica manifesta-se principalmente na musicalidade, em termos de uma integração íntima da imaginação verbal na dinâmica geral da função simbolizadora. A simples análise dos elementos vocabulares já pode proporcionar princípios indicativos dessa diversificação, e hoje com os métodos da exegese estrutural ainda se poderá penetrar mais a fundo no problema. Entretanto, o inerradicável instinto de harmonia, guiado, mesmo se obscuramente, por uma intuição liberta de preconcepções, é bastante para fazer sentir a distância que medeia um soneto de Alberto de Oliveira (mesmo o tão sutil "Vaso Grego", paradigma de parnasianismo estrito na opinião de várias gerações, armadura só aparentemente hirta e exageradamente retorcida, mas que o autor trespassa de uma insinuante centelha, que conduz o puro fluido da verdadeira poesia), e a misteriosa luz perene de "Caminho da Glória", de Cruz e Sousa, que o próprio Alberto de Oliveira incluiu na antologia *Poetas Brasileiros*, organizada, em colaboração com Jorge Jobim, em 1921, mas em virtude de uma cordial, mas enérgica intimação de Nestor Vítor, um dos melhores críticos do próprio Alberto. Ambas essas peças são exemplares, ambas perfeitas dentro da poética a que cada uma delas obedece. Para verificá-lo basta, como se diz em música, ter o ouvido justo...

Considerando o Simbolismo mero fenômeno de importação, uma fieira quase ininterrupta de díscolos daquele movimento vem afirmando a inadequação antropogeográfica do brasileiro para evocar ambientes de névoa, de sonho outonal, de neve e de mistério, mistério e sonho que o sol do trópico e do equador espanca e dispersa... Somos um país votado ao Naturalismo e ao Realismo, socialista ou não... É essa tecla rebatida e ainda ultimamente por mestre Hernâni Cidade, na sua obra *O Conceito da Poesia como Expressão de Cultura*, em 2.ª edição. Há muito, Tasso da Silveira insistia em que se levasse em conta a climatologia de certas regiões do Brasil, que as aproximam pelo menos das áreas temperadas da Europa, além de se dever atentar para os influxos imigratórios, mas definitivamente incorporados à nossa psique e aos nossos costumes.

É Charles Chassé quem menciona "Le Pays Symboliste", em *Styles et Physiologie* ("Une petite histoire naturelle des écrivains", págs. 191-199). Ora, nas condições de sugestibilidade ambiental indicadas por Chassé, o "país simbolista", no Brasil, abrangeria Curitiba e seu planalto, no Paraná, São Paulo, capital, Porto Alegre, Mariana (Minas Gerais) e o interior de Santa Catarina. É ainda Roger Bastide — que publicou seis obras de assunto brasileiro: *Psicanálise do Cafuné* e *Ensaios de Sociologia Estética Brasileira*, a mencionada *A Poesia Afro-Brasileira, Imagens do Brasil Místico em Branco e Negro, Estudos Afro-Brasileiros* (3 séries), *Poetas do Brasil e As Relações Raciais em São Paulo* — é ele quem, com a perspectiva que lhe proporciona a sua qualidade de estrangeiro e de representativo da cultura francesa, dá este decisivo testemunho:

"Vimos que a unidade nacional e as migrações internas não impediam ser o Brasil composto de regiões diferentes, múltiplas e, muitas vezes, contrastadas". Adiante: "Entretanto, o Brasil é por demais diverso para que essa diversidade não se manifestasse já nesse primeiro movimento". (Refere-se ao Romantismo.) Reagindo, escreve ele, contra o Regionalismo, criando a Academia Brasileira de Letras como símbolo da unidade nacional, "demonstrou, apesar de suas intenções, que se poderia ser, como efetivamente foi, o maior escritor do Brasil, não sendo mais do que o pintor duma época e dum lugar". Depois: "Poderíamos examinar, partindo dali, todos os movimentos literários que se sucederam no Brasil, o Realismo e o Naturalismo propriamente dito, o Parnaso e o Simbolismo. Veríamos sempre esses movimentos obedecerem a tendências diferentes conforme as regiões de nascimento de escritores. O Simbolismo do Paraná, por exemplo, não é o mesmo que o de Minas, e o do Rio difere do do Rio Grande do Sul. Se bem que em geral o Simbolismo tenha encontrado a sua terra de predileção no Sul e no Centro, não impede que haja uma psicologia diferente do Centro e do Sul. O negro Cruz e Sousa, nascido *no Sul, onde domina o branco* (o grifo é meu), procurará na poesia de Mallarmé, requintada, idealista, platônica e difícil, uma *revanche* contra o seu destino; será ele a primeira expressão desse ressentimento, dessa revolta do homem de cor, pelo qual define o negro do Sul, em oposição ao negro do Norte, e que toma com ele a forma literária antes de tomar a forma política. Ele mostrará que o negro não é materialista, preso à terra e aos prazeres dos sentidos, mas, pelo contrário, ébrio de espiritualidade, habitante etéreo do mundo das idéias puras. Ele provará aos brancos, que definem a civilização africana pelo ritmo selvagem do tantã, que um negro é capaz, melhor do que eles, de fazer cantar a corda dos violinos ou fazer chorar docemente um violoncelo.

"O Simbolismo do Paraná é assim a primeira manifestação de um Brasil diferente contra o Brasil tropical, uma consciência literária daquele que o Paraná tem de específico, e portanto de autenticamente brasileiro, contra aqueles que querem amoldar todos os brasileiros num mesmo molde: o clima temperado contra o sol tórrido, a branquicenta bruma e a geada, o vento sul gelado contra os alísios, os vergéis em flor contra a floresta virgem. E em Minas, Alphonsus de Guimaraens encontra nas cidades mortas, dormindo docemente sob a bênção do luar, as Bruges continentais, como nas igrejas brancas ao responso dos sinos, nas mulheres-fantasmas, a "canção doce" e cristã de Verlaine." (Brésil/Terre des Contrastes. Hachette. Paris, 1957. Págs. 263/4.) (o grifo é meu).

Quanto aos elementos diversificadores que atuaram no fenômeno da aculturação do Simbolismo no Brasil, cooperando com os de ordem mesológica, escreveu, com extraordinária acuidade, o crítico Eduardo Portela, referindo-se ao caso Baudelaire—Cruz e Sousa: "Cruz e Sousa foi a estilização ou reação brasileira diante de um Simbolismo eminentemente francês. No processo dialético da obra do grande poeta negro está a nota mais tipicamente brasileira de um movimento que era francês. A condição do etnicamente marginal, do "emparedado", agravada pelas suas debilidades físicas, outorgou-lhe uma cosmovisão de tal maneira peculiar que os distancia convenientemente dos seus companheiros franceses. Mesmo dos que, como Baudelaire, exerceram real influência no poeta". ("Aventura e Desengano da Periodização Literária", in *Jornal do Commercio*, 23 ago. 1959.)

•

Quando nos referimos ao Simbolismo, fazemo-lo, nós brasileiros, pressupondo uma pretensa enucleação desse movimento dentro do vasto campo de irradiação de prestígio do Parnasianismo. Traça-se

INTRODUÇÃO

o seu desenvolvimento pela forma de que dará idéia este gráfico (que inscreve, por intermédio duma linha pontuada, a correção necessária): *

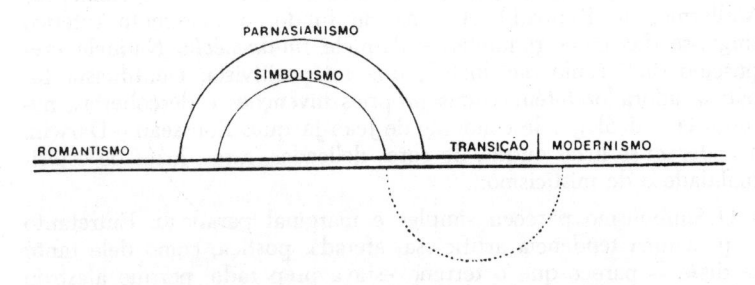

```
                    PARNASIANISMO
                     SIMBOLISMO
ROMANTISMO                                TRANSIÇÃO | MODERNISMO
```

Entretanto, na poesia francesa, cujo influxo universal, na época, foi em toda parte decisivo, aquele gráfico teria os seus elementos invertidos. Ali, o movimento parnasiano é que foi limitado e efêmero, sem dúvida possível. Leconte de Lisle, José-Maria de Heredia, Théophile Gautier, Catulle Mendès, Laurent Tailhade, Léon Dierx, Théodore de Banville, François Coppée, Léon Valade, Emile Bergerat, Sully Prudhomme, Gabriel Vicaire, representam um fenômeno de âmbito e alcance limitados. Albert Thibaudet classifica os parnasianos entre os epígonos. "São grandes discípulos [de Lamartine, de Victor Hugo...]. Eles não introduziram nenhuma fulguração, nenhum novo estremecimento. [O "frisson nouveau" que Victor Hugo sentiu na poesia de Baudelaire.] Seria lastimável que não tivessem existido; mas, se faltassem, nada de capital, sem dúvida, faltaria à poesia francesa". [8] Dos "grandes ateliers" do Parnasianismo, os de Leconte de Lisle, de Banville, de Baudelaire (respectivamente "decoradores", "fantasistas" e "intimistas"), uma só forma original saiu: o soneto de Heredia". "Cet ouvrier d'art a compris le sonnet comme une reliure, ou une armure; mais reliure admirable sur un texte banal, armure de rimes, vide comme celles d'Eviradnus, où sous la bourguignote un rat (de bibliothèque) grignote [9]. A crítica de Thibaudet, bem como a de Ernest Seillière,

---

* A esse propósito escreve o poeta e crítico Augusto de Campos, um dos líderes do Concretismo: "Um fato novo que a sensibilidade moderna agora pode entrever é a presença de uma vereda solitária e pouco palmilhada pelos 'poetas maiores' do movimento, mas da mais visceral importância para a evolução de formas da poesia brasileira. Não quer isto dizer que um Cruz e Sousa e um Alphonsus de Guimaraens não tenham contribuído para tal evolução, mas que essa diversa trilha, esse desvio que ora se pode lobrigar, quase clandestino e aparentemente sem saída, no bojo do Simbolismo, é, curiosamente, aquele que irá desembocar na moderna poesia brasileira, encontrando o seu devenir histórico". (Suplemento Literário de O *Estado de S. Paulo*, 2-6-1952.)

8. Albert Thibaudet, *Histoire de la Littérature Française de 1789 à nos jours*, 6ème édition, Librairie Stock, págs. 329-330.

9. Albert Thibaudet, *op. cit.*, pág. 330.

conduz a reduzir o Parnasianismo francês a uma tendência fundamentalmente continuativa. A renovação de valores poéticos, iniciada por Baudelaire, antecipada pelo exemplo de Vigny e pela influência de Edgar Poe, manifestou-se sob influxos vários: de Verlaine, de Mallarmé, de Rimbaud. A vaga de fundo, o maremoto estético tingiu-se das cores requintadas daquele *fin-de-siècle*. Naquele crepúsculo do "século das luzes", que foi .positivista, cientificista fanático, adorador totêmico das próprias invenções e descobertas, naturalista e ideólogo, descendente de Jean-Jacques Rousseau e Darwin, acenderam-se luzes outras, de cores delicadas, raras, luzes de espiritualidade e de misticismo.

O Simbolismo pareceu simples e marginal paradoxo. Entretanto — para uma tendência artificiosa, afetada, postiça, como dele tanto se disse — parece que o terreno estava preparado, porque alastrou pelo mundo ocidental rapidamente.

Numa prospecção introdutória, como esta, não cabe um quadro, mesmo sumário, dessa irradiação. Fundamento e cúpula foi o movimento francês. Os seus máximos representativos formam incomparável galáxia de grande poesia, mais variada em cor e música do que a Plêiade seiscentista, mais rica de matizes formais e de subconsciência do que o Romantismo. Baudelaire, trabalhado pelas adivinhações precursoras de Sainte-Beuve — que atingiu ao Impressionismo ("Les Rayons Jaunes"); o "frisson nouveau" que trazia a obra do jovem e incompreendido amigo de Sainte-Beuve, levado talvez pela miraculosa condensação do "esprit pur" em alguns versos imortais de Vigny; pelos esmaltes em fogo de Aloysius Bertrand; pelo seu encontro com Edgar Poe, que o confirmou em suas intuições de transcendência e densidade do verbo. Gérard de Nerval, alquimista mágico de raros poemas sem par, em que se acusa remota presença da nebulosa do Romantismo germânico. Verlaine, parnasiano como Baudelaire, como este conseguiu vencer a etapa do puro artesanato ornamental. Deu plena entrada à música, porém música de câmara: confidência e nuança. Rimbaud, e o mistério Rimbaud, ainda indecifrado; e o paradoxalmente mais límpido Mallarmé, que a mais recente poesia e certos aspectos do Expressionismo moderno atualizam inquietadoramente, surpreendentemente. Villiers de L'Isle-Adam, com o seu wagneriano e feérico *Axel;* Lautréamont e a sua intuição divinatória do Surrealismo; os singulares cantores de exceção Tristan Corbière e Charles Cros; a crítica de Remy de Gourmont; sobretudo a estranha poesia de Laforgue — um Debussy que fosse também um Ravel... Essa, a *celula mater* da poesia toda do Ocidente neste século: cenáculo de prodigiosa fecundidade, apesar das habituais imputações de *torre-de-marfim* e de arte-pela-arte. Schopenhauer, para alguns dos corifeus do movimento; Wagner e a sua concepção de arte-total, para quase todos eles; e ainda, entre tantos, William Blake, Ruskin, Whitman complexificaram, diversificaram o ambiente, no qual uma grei mais propriamente decadentista e simbolista afinal eclodiu: os René Ghil, com o seu instrumentalismo, Henri de Régnier, Charles Guérin, Gustave Kahn, Pierre Louys, Francis Jammes, Albert Samain... Na Inglaterra, poetas, teoristas, tradutores e vulgarizadores, como Arthur Symons, Ernest Dewson, John Gray, e principalmente George Moore, Francis Thompson; por sobre todos o irlandês William Butler Yeats; o mais singular, Padre Gerard Hopkins, só se tornou conhecido postumamente; e Laforgue foi influir nos americanos T. S. Eliot e Ezra Pound. Através destes últimos ritmos e de uma óptica muito especial vieram eles conformar variadas expressões da nova poesia, em nossos dias. Outros americanos: Francis Vielé Griffin e Stuart Merrill, escreveram em francês e participaram diretamente do movimento em França; nos Estados Unidos, os críticos Edmund Wilson (*Axel's Castle*, Doubleday, Doram, New York) e R. Taupin (*L'Influence du Symbolisme Français sur la Poésie Americaine de 1910 à 1920*, Champion, Paris, 1929) [10] ... Na Alemanha: Stefan George; Arno Holz, no início de sua carreira; a revista *Blaetter für die Kunst*... Na Áustria: Hugo von Hofmannsthal, os "Junge Wien"; e repercussões em Rainer Maria Rilke... Na Rússia: entre vários outros, Alexandre Blok... Na Suíça: Henri Spiess... Da Grécia saiu Jean Moréas, um dos lançadores do movimento... Na Itália: D'Annunzio...

Seria facílimo, agora (e não no momento em que preparei o texto da primeira edição deste *Panorama*), ampliar e pormenorizar este balanço. Em obras de conjunto sobre a história das literaturas, até bem pouco a parte dedicada ao Simbolismo era pobre e como esquiva. A de Prampolini era mais informativa, porém a matéria está, nela, dispersa e um tanto confusa. Possuímos, hoje, um instrumento de importância sem precedentes, em língua portuguesa: um levantamento global, e pormenorizado, do Simbolismo — o volume VI da *História da Literatura Ocidental*, de Otto Maria Carpeaux (Ed. Cruzeiro, 1964). *Data venia*, poderia, com base nessa obra — para utilidade e comodidade dos leitores — inserir aqui um roteiro minucioso; complementar a representação decadentista e simbolista da Inglaterra, Rússia, Alemanha, Grécia, Itália; e acrescentar as manifestações do movimento na Espanha, Tcheco-Eslováquia, Iugoslávia, Holanda, Suécia, Hungria, Polônia, Dinamarca... Seria abusivo e afinal inútil. A considerável obra de Carpeaux aí está, acessível ao Brasil inteiro, e a ela me permito transferir o interesse dos estudiosos. Encerro, portanto, aqui, esse balizamento sumário.

Foi-me grata surpresa verificar que Johannes Joergensen (encontrei-o ainda vivo, em Assis, Itália, 1950), autor das melhores biografias de São Francisco de Assis e Santa Catarina de Siena, e de tantos relatos de peregrinações franciscanas, preciosos e comovedores, como o seu *Le Livre de la Route*, convincente autobiografia

---

10. C. M. Bowra, *The Heritage of Symbolism*, London, Macmillan & Co., 1943.

espiritual, foi, na sua juventude, o líder do Decadentismo na sua pátria, a Dinamarca. Na vizinha Suécia, o crítico Svend Johansen publicou, em 1945, Copenhague, *Le Symbolisme — Étude sur le style des symbolistes français*, modelo de atualização da análise estilística (um presente de Jaime Adour da Câmara, que por lá andou), e, nas mesmas condições, Hans Soerensen, com seu estudo: *La Poésie de Paul Valéry*, 1944.

O movimento belga tem particular interesse para o estudo do nosso Simbolismo e exigiria detido exame nesse sentido. A grande influência foi a de Maeterlinck. *Le Trésor des Humbles* terá sido o principal instrumento desse influxo; e também *La Sagesse et la Destinée*, que Nestor Vítor traduziu em 1900, fazendo preceder a sua tradução de magistral ensaio introdutório, lido com fervor pelos simbolistas e seus continuadores, datando de 1924 a derradeira edição (Garnier). A poesia de *Serres Chaudes* (sobretudo as canções, que D'Annunzio pastichou) foi transcrita com freqüência nas nossas revistas simbolistas, principalmente em *Rosa-Cruz*. Rodenbach era muito cultivado, e o título do seu pálido romance *Bruges, la Morte* fixou a fisionomia de um esteticismo cujas ondulações vieram alcançar aos chamados Penumbristas, dos anos de 1920. O poderoso Verhaeren preparou os caminhos para um tardio, mas numeroso maremoto whitmaniano. Também a obra do doutrinador Albert Mockel andou em muitas mãos, principalmente no Paraná. Um dos melhores poetas do Simbolismo belga, Van Larberghe, passou menos percebido. Jean Itiberê (João Itiberê da Cunha) trouxe para Curitiba, sua cidade natal, um livro, nitidamente baudelairano, de Iwan Gilkin [11], que Silveira Neto e Dario Vellozo andaram lendo, com entusiasmo comparável ao com que se cultuava, no Rio de Janeiro, Aloysius Bertrand ou as *Gouaches*, de João Barreira. Gilkin chegou a colaborar na revista curitibana *O Cenáculo*.

Na Hispano-América, a partir do colombiano José Asunción Silva e do cubano José Martí, o movimento interessou numerosos poetas: na própria Colômbia, Guillermo Valencia; ainda em Cuba, Julián del Casal; no México, Amado Nervo, Manuel Gutiérrez Nájera, Enrique González Martínez, Salvador Díaz Mirón; no Peru, José María Eguren; na Venezuela, Rufino Blanco Fombona; na Bolívia, Ricardo Jaimes Freyre; no Chile, Francisco Contreras; no Uruguai, Júlio Herrera y Reissig; na Argentina, Leopoldo Lugones, Eugenio Díaz Romero e Alberto Ghiraldo; o mais representativo de todos os "modernistas", o nicaragüense Rubén Darío e tantos outros. Os periódicos *Revista Azul*, do México, *Cosmópolis*, de Caracas, e principalmente *El Mercurio de América*, de Buenos Aires, dirigido por Eugenio Díaz Romero, centralizaram e difundiram o movimento, que foi o mais importante das letras da América Hispânica.

*

---

11. Iwan Gilkin, *La Damnation de l'Artiste*, Bruxelles, chez Edmond Deman, 1890.

INTRODUÇÃO

Impossível, nesta súmula, dar idéia de tantas das outras manifestações do Simbolismo. Seria preciso informar acerca da prosa poética e dos poemas em prosa, tão importantes no movimento. A prosa poética vinha de Rousseau e sobretudo Chateaubriand; chegou à sua expressão mais significativa com Villiers de L'Isle-Adam, e ao estranho Marcel Schwob, e a Gide. O poema em prosa afirmou-se num humilde literato de província, na França, Louis Bertrand, com o seu agora glorioso nome sob a forma latinizada: Aloysius Bertrand, e o seu extraordinário *Gaspard de la Nuit*, inspirador dos *Petits Poèmes en Prose*, de Baudelaire; e veio informar as esplêndidas peçazinhas de *Connaissance de l'Est*, de Claudel.

Seria preciso enumerar pelo menos algumas das pequenas revistas simbolistas, entre as quais uma, a *Révue Wagnerienne*, foi grandemente atuante, e, por fim, uma revista de primeira categoria, o *Mercure de France*, que ainda há pouco se publicava. Seria interessante percorrer o imenso repertório das inumeráveis *plaquettes* de poesia e de prosa poética, que é a monumental obra bibliográfica de André Barre, *Le Symbolisme*, Jouve, 1912. Impõe-se mencionar a já clássica antologia de Ad. van Bever e Paul Léautaud, *Poètes d'Aujour d'hui* (*Mercure de France*, 2 vols.); a *Anthologie des Écrivains Belges/Poètes et Prosateurs*, de L. Dumont-Wilden (Crès, Paris, 1917, 2 vols).

Por fim, sublinhar as repercussões últimas: a poesia de Paul Valéry, Péguy, Milósz e Claudel; o romance de Proust, com evidentes traços de wagnerismo estrutural. Isso, sem sair da França.

A esse apressado quadro, não é de se refugir de acrescentar as influências interartísticas e filosófico-críticas.

Coube a Claude Debussy levar a Música ao clima simbolista, no seu avatar impressionista, com o acerto surpreendente de *Pelléas et Mélisande*, do *Prélude à l'Après-midi d'un Faune* (exatamente contemporâneo da afirmação do Simbolismo no Brasil, com os *Broquéis*, de Cruz e Sousa), e o *Quatuor*... Enquanto Ernest Reyer (Sigurd), Vincent d'Indy (*Fervaal*, *L'Étranger*), Lalo (*Le Roi d'Is*), Chabrier (*Gwendoline*), seguiam na esteira magnética que Wagner rasgara no oceano da arte — Gabriel Fauré, Henri Duparc e Chausson recriavam musicalmente, nas suas canções, a psique verlainiana e baudelairiana; e Ravel, no seu *Trio*, no *Quatuor*, sobretudo na suite *Gaspard de la Nuit*, sobre o texto de Aloysius Bertrand, atingiu como a quinta-essência derradeira do Simbolismo. Nas artes da Plástica. Os pré-rafaelistas ingleses, pintores, escultores, decoradores, ceramistas — na linguagem de Ruskin — e também pintores: Dante-Gabriel Rossetti, Holman Hunt, Burne Jones, William Morris, mais o esteta da corrente: Walter Pater. Em França, a primeira figura que se apresenta: Puvis de Chavannes, considerado quase um *pompier* por alguns, mas, na realidade esteticista de grande merecimento — e o seu "Pauvre Pêcheur" revela tanta sensibilidade e humanidade quanto, num plano de intencional decorativismo, o painel "Sainte

Geneviève veille sur Paris endormi" (do Panthéon, de Paris), posado por sua esposa quase agonizante. Os simbolistas adotaram-no. O seu neoclassicismo não os afastava; menos formal do que o de Leconte de Lisle e Heredia, um certo neo-helenismo foi uma das características do movimento, especialmente no viveiro de simbolistas e decadentes que foi o Paraná. A imprecisão delicada, um pouco mole, de Fantin-Latour; o esteticismo, o hieratismo orientalesco de Gustave Moreau (que, hoje, discípulos seus, como Rouault e Matisse, justificam sob certos aspectos); o humaníssimo impressionista Eugène Carrière; mas principalmente Odilon Redon, decadentista, recentemente retirado do olvido, e geralmente reputado como um considerável precursor do Expressionismo. Acima de todos, Rodin, com a sua inquietante atmosfera de subconsciência. O americano Whistler, e as suas "sinfonias" em finas nuanças; o rude e esquemático Hodler, e o artificioso esteticista Arnold Böcklin, ambos suíços, e o alemão Franz von Stuck completam o panorama.

Através de Wagner e de Nietzsche, Schopenhauer, com a sua estética e a sua ética, influiu profundamente na radicação de um pessimismo denso e entretanto inebriante. Nietzsche foi, nesse terreno, ainda além daqueles seus mestres. Não tanto pela sua doutrina do Super-Homem e do perpétuo retorno, como pela sua força de sugestão, hipnótica como a música de *Tristão e Isolda* — do seu verbo eminentemente poético.

O crítico dinamarquês Georg Brandes foi o introdutor simultaneamente do teatro de Ibsen (por vezes de uma simbologia hermética, cheio de possante sugestão e de ardido sonho, envolvendo teses sociais em parte superadas na vida presente, mas de uma perenidade humana e de arte inabaláveis) e da filosofia e da crítica nietzschianas.

O misticismo — tendência básica da corrente — foi trazido para o movimento pelas traduções e prefácios de Maeterlinck (o flamengo medieval Ruysbroeck, o Admirável; Novalis); os livros e traduções Hello; os tratados do alexandrino Plotino; a tradição pitagórica; e todas as intrincadas correntezas do "iluminismo" que se insinuou na intelectualidade européia, mercê de Saint-Martin, o "Filósofo Desconhecido", e de vários autores raros, cabalistas, esoteristas, ocultistas, teosofistas, rosa-cruzianos, neo-alquímicos etc., como Fable d'Olivet, Saint-Ives d'Alveydre, Papus, Stanislas de Guaita, Eliphas Lévi, Jules Bois, e um dos quais, Joséphin Péladan, se tornou "Grão-Mestre da Rosa-Cruz Estética", sob o nome arcaizante e misterioso de "Sâr Péladan". [12]

Esse aspecto da atmosfera espiritual do movimento teve por intérprete principal Joris-Karl Huysmans, cujo romance *Là-Bas* teve retumbante êxito, e levou a todos os meios do diletantismo artístico

---

12. Vid.: Auguste Viatte, *Victor Hugo et les Illuminés de Son Temps*, Éditions de Arbre, Montreal, 1942, e Jean Marquès-Rivière, *Histoire des Doctrines Esotériques*, Payot, Paris, 1940.

e religioso à demonologia e à simbólica medievais; esta última mais aprofundada no romance *La Cathédrale;* o esteticismo e a gratuidade ética do Decadentismo tiveram representação eficaz em *A Rebours,* romance onde pela primeira vez é fixado um quadro expressivo e cativante dos valores do Simbolismo nas Letras e nas Artes, traçado com seguro instinto, e que a posteridade confirmou.

*

Não ficaria delineado o panorama daquele momento internacional se não se fizesse registro da crítica de oposição, da resistência, filhas da surpresa, dos preconceitos, dos hábitos de espírito, ou do feitio irredutível das mentalidades. Dois cronistas da melhor latinidade gaulesa, Anatole France e Jules Lemaître, sentiram a aproximação do momento simbolista com desdém, risonho em Anatole, acrimonioso em Lemaître. Anatole, em *La Vie Littéraire,* trata do assunto à sua maneira caprichosa e arisca. Pessoalmente era poeta parnasiano, avesso a hermetismos e processos por sugestão. Em *Le Lys Rouge* fixou a atenção em Verlaine, ali representado por uma personagem pejorativamente simpática, sapateiro filósofo, boêmio pitoresco, um desclassificado. Reflete até certo ponto a irregularidade da biografia do modelo, porém nada de sua verdadeira sensibilidade, nem de sua imaginação. É uma criação *à côté,* agradável e divertida. Jules Lemaître vai mais longe: combate, restringe, vale-se de ironia. Hoje, sorrimos das suas afirmações e das suas análises. Ele diz dos simbolistas: "É divertido observá-los: são na realidade primitivos, selvagens — mas selvagens no final duma velha civilização e com nervos muito delicados." E adiante: "Devemos assistir com simpatia a esta invasão de bárbaros requintados: porque talvez seja o último impulso original de uma literatura a findar, e talvez depois deles não haja mais nada — nada mais." [13] Mallarmé, Verlaine, Huysmans são estudados com muito rigor depreciativo. Trata Mallarmé como a um charadista e um artista inábil ou impotente. Declara, escusando-se, não lhe parecer certo que "o seu caso interesse à crítica literária". [14] Verlaine é representado como inconsciente e infantil, por cujas ingenuidades "se parece muito, então, com a poesia popular". [15] Chama a Rimbaud "ce misérable". [16] E faz-lhe concessões que hoje parecem mesquinhas. A reação de Lemaître pretende falar em nome do gênio latino. Assim, resiste contra a formação do ambiente acentuadamente internacional do Simbolismo. O seu estudo intitulado "De l'Influence Récente des Littératures du Nord" chegou a adquirir importância, pelo feitio sintomático, pelos preconceitos nativistas.

---

13. Jules Lemaître, *Les Contemporains,* Paris, Boivin & Cie., Éditeurs — 1.ª série, págs. 334-335.
14. Jules Lemaître, *op. cit.,* 8.ª série, pág. 40.
15. Jules Lemaître, *op. cit.,* 4.ª série, pág. 110.
16. Jules Lemaître, *op. cit.,* 4.ª série, pág. 72.

Hoje é citado como representativo da tendência contrária à Literatura Comparada. Nele escreve que "os saxões e germanos, os getas e os trácios, os povos de Tule, ainda uma vez conquistaram a·Gália". Recusou-se a aceitar o sucesso, em França, de George Eliot; de Tolstoi e Dostoievski; de Ibsen, de Björnson; de Hauptmann; de Strindberg; de Maeterlinck. Opõe a George Eliot e a Tolstoi a francesa Sand. A Ibsen, ainda George Sand e Dumas filho. Flaubert a Dostoievski e Tolstoi... E finaliza fazendo votos por uma vitória do "gênio latino". Tudo isso com graça, freqüentemente com uma finura epigramática infelizmente inoperante, porque assentada em alicerces de incompreensão sorridente. Faguet, Lanson, Brunetière — a crítica oficial — pararam em Baudelaire, a quem condenaram. Já o próprio Sainte-Beuve, precursor quase direto do Simbolismo (René Lalou fá-lo preceder a Aloysius Bertrand, a Gérard de Nerval, na linhagem baudelairiana),[17] só soubera ver em *Les Fleurs du Mal* um pavilhão exótico em algum extremo Kamtchatka da literatura. Era excessivamente forte, para aquele romântico que adorava os clássicos, por ele incomparavelmente estudados.

Tolstoi foi de uma arbitrariedade apaixonada em *Que é a Arte?*, onde Baudelaire, Nietzsche, Wilde, Ibsen, Maeterlinck, Wagner, Moréas, Puvis de Chavannes, os pré-rafaelitas, são maltratados liricamente, com a mesma inconsciência humaníssima com que destrói Beethoven... Verlaine é apenas, para ele, "um devasso que escreveu versos incompreensíveis".[18]

Teve muita repercussão entre os próprios simbolistas o livro *Literaturas Malsanas*, do catalão Pompeyo Gener.

Ninguém, porém, conseguiu a espécie de celebridade de que foi rodeado o nome de Max Nordau, alemão residente em Paris. Esse publicista passava por sociólogo, num tempo em que a Sociologia, recém-saída do *atelier* de Augusto Comte, caíra nas mãos de amadores, como Finot, Gustave Le Bon (este muito mais bem dotado) etc. O seu livro *Mentiras Convencionais da Nossa Civilização* impressionou os futuros leitores de Ingenieros e outros sociólogos à margem. O seu sucesso mais decisivo foi, porém, com *Degeneração*, traduzido para o francês em dois grossos volumes, num total de mais de mil páginas.[19] Esboça um panorama clínico do "fin-de-siècle", com os respectivos "sintomas", "diagnósticos" e "etiologia". Começa por estudar o misticismo em geral como "um dos sintomas principais de degeneração" (contra a verdade, a história e os mais recentes estudos de Psicologia, porque a tendência mística existiu em todos os momentos da humanidade, e a ciência atual trata-a como fenômeno talvez supranormal, porém não anormal ou psiquiá-

---

17. René Lalou, *Vers une Alchimie Lyrique, De Sainte-Beuve à Baudelaire*, Paris, Librairie Crès, 1927.
18. Tolstoi, *Qu'est-ce que l'Art?*, trad. de Théodor de Wyzewa, 8ème édition, Perrin, Paris, 1918; pág. 230.
19. Max Nordau, *Dégénérescence*, Félix Alcan *éditeurs*, Paris, 7ème éd., 1909.

INTRODUÇÃO

trico).[20] Logo após agride os pré-rafaelitas, bem como ao mestre destes, Ruskin. Faz a mais cômica exegese do admirável poema de Dante-Gabriel Rossetti "The Blessed Damozel" (a *Demoiselle Élue*, de Debussy).[21] Por fim, chega ao Simbolismo. Estuda os "meios simbolistas", os cafés e cenáculos, que pessoalmente visitou para observar; depois do que, enfrenta os artistas e teoristas do movimento. Todos. Ninguém escapa: Mallarmé, Verlaine, o teorista Charles Morice, Saint-Pol-Roux-le-Magnifique, Gustave Kahn, Moréas, René Ghil etc. Chega a vez do próprio Tolstoi, de Wagner, dos esoteristas e mágicos; dos "parodistas do misticismo", entre os quais inclui o baudelairiano Maurice Rollinat; de Maeterlinck, do americano Walt Whitman. No segundo volume, submete a exame clínico... os "Parnasianos e Diabólicos" (assim, juntos!), e insiste no "egotismo" dos primeiros, adeptos, segundo ele, da arte-pela-arte, alheios aos interesses humanos: Gautier, Catulle Mendès, Baudelaire sobretudo. Depois, os "Decadentes e Estetas"; Richepin, Villiers de L'Isle-Adam, Huysmans, "o imbecil Barbey d'Aurevilly", Barrès, Wilde. Depois, "O Ibsenismo". Depois, "Frédéric Nietzsche". Depois... "Zola e a sua escola"(!!) Por fim, faz o seu "prognóstico", e propõe uma "terapêutica" jocosa... Conclui que, se a Ciência verificou que toda atividade artística é malsã, isso não infirmaria as suas observações. "Destruiria uma ilusão, o que seria doloroso para muita gente."... A Ciência, aliás, não hesitara em declarar que a Fé "é um erro subjetivo do homem". E exclama: "Fora da civilização!" Termina numa apoteose a Maudslay, Magnan, Ballet, Lombroso e Tonini, seus companheiros de cruzada pelo saneamento do espírito... Seria oportuno transcrever aqui, inteiro, o espirituoso artigo "Max Nordau", integrante do livro *Los Raros*, de Rubén Darío. Limito-me a mencionar que as investigações de Nordau acabaram por chamar a atenção, nos cafés em que se reuniam, dos decadentes e simbolistas. Aquele alemão que vinha vê-los e ouvi-los como quem fazia polícia secreta, interessou-os. Sabido o motivo, foi um espetáculo notável. Nordau não observou que ficaram subitamente mais interessantes, muitíssimo mais diabolistas, muitíssimo mais decadentes e de loucura mais estranha e teatral... Sucederam-se casos como o de Baudelaire, que declarou, num café, ter acabado de asssassinar seu pai e a outro viera com os cabelos tintos de verde. Um ininter-

---

20. Vid.: Roger Bastide, *Les Problèmes de la Vie Mystique*, Armand Colin, Paris, 1931; Henri Delacroix, *Les Grands Mystiques Chrétiens*, Félix Alcan, Paris; Jean Baruzi, *Saint Jean de la Croix et le Problème de l'Expérience Mystique*, Félix Alcan, Paris, 1924; *Esthétique et Mystique* / d'après Sainte Thérèse d'Avila et Saint Jean de la Croix, por Michel Florisoone, Seuil, Paris, 1956; *Poésie et mystique* / chez Saint Jean de la Croix, por Max Milner, Seuil, Paris, 1951; Emilio Sosa López, *Poesia y Mística*, Ed. Sudamericana, Buenos Aires, 1954; também o estudo "Teixeira de Pascoais — um poeta místico na era atômica". (*Diário de Notícias*, 11-10-1959.)

21. Vid. "Leopoldo Brígido, tradutor", no Apêndice da 1.ª edição desta obra.

rupto espetáculo, comédia funambulesca, cujos trâmites Nordau registrava cuidadosamente, qual Doutor Topsius num hospício...

Guyau, espírito tão mais largo e importante, não teve medida para aquilatar do movimento, e englobou-o na literatura dos dementes, no livro *A Arte do Ponto de Vista Sociológico*.

Não se limitou à Europa essa repulsa. Também na Hispano-América ela se acusou, personificada pelo argentino Paul Groussac, e por Leopoldo Alas, o espanhol "Clarín".

○

Os românticos viram-se perfeitamente representados no estardalhaçante Prefácio do *Cromwell*, de Victor Hugo; os parnasianos, no poema de Théophile Gautier, de que é simples paráfrase a "Profissão de Fé", de Olavo Bilac. Não foram além, em matéria de teoria. A arte poética dos parnasianos, além do que fora sintetizado por Gautier, compendiou-a, mais tarde, Auguste Dorchain. [22]

Os simbolistas foram abundantemente teorizadores. Dessa busca de atingir a consciência da sua arte, de ler bem claro nas suas intenções revolucionárias, proveio em grande parte o adensamento de uma verdadeira atmosfera específica, e afinal, por intermédio dos seus mestres máximos, Baudelaire, Verlaine, Rimbaud, Mallarmé, uma irradiação mundial.

Desde logo apareceram livros que fizeram rumor, como *La Littérature de tout à l'heure*, de Charles Morice; *Traité du Verbe*, de René Ghil; [23] *L'Art Symboliste*, de Georges Vanor; [24] *Propos de Littérature*, de Albert Mockel; [25] e outros. Mallarmé, em *Divagations*, Huysmans, em *A Rebours*, e Verlaine, em *Les Poètes Maudits*, contribuíram muito para a caracterização do movimento. Mais tarde, Gustave Kahn [26] reuniu em volume os seus artigos de doutrina e de polêmica, nos quais responde, entre outros, a Lemaître. Tiveram êxito, também, passado o movimento, a apologia de Henri de Régnier, [27] a de Camille Mauclair; [28] sem falar nos escritos de Jean

---

22. Auguste Dorchain, *L'Art des Vers*, Librairie des Annales, Paris.
23. René Ghil, *Traité du Verbe*, avec Avant-dire de Stéphane Mallarmé, nouvelle édition, augmentée et averée, Paris, Alcan Lévy, Éditeur, 1887.
24. Georges Vanor, *L'Art Symboliste*, Préface de Paul Adam, Chez le bibliopole Vanier, 1889.
25. Albert Mockel, *Propos de Littérature*, Paris, Libraire de l'Art Indépendant, 1894.
26. Gustave Kahn, *Symbolistes et Décadents*, Librairie Léon Vanier, Éditeur, Paris, 1902; *Les Origines du Symbolisme*.
27. Henri de Régnier, *Figures et Caractères*, Mercure de France, Paris.
28. Camille Mauclair, *L'Art Indépendant Français sous la Troisième République*, La Renaissance du Livre, Paris; *Rodin*, id.; *Le Génie d'Edgar Poe*, Albin Michel, Éditeur, Paris, 1925; *Princes de l'Esprit*, Paris, 1920; *Le Génie de Baudelaire — Poète, Penseur, Esthéticien*, Édition de la Nouvelle Revue Critique, Paris, 1933; e sobretudo: *Servitude et Grandeur Littéraires*, Albin Michel, Paris.

INTRODUÇÃO

Moréas,[29] de Jules Laforgue,[30] de Ernest Raynaud,[31] e de tantos outros, também reunidos em livro.

Duas outras obras guardam ainda hoje valor significativo. Uma delas é o volume de Jules Huret, que encerra a memorável *Enquête sur l'Évolution Littéraire*,[32] cujos artigos apareceram no *Écho de Paris*, de 3 de março a 5 de julho de 1891. O Simbolismo é ali apreciado por "psicólogos", "magos", "simbolistas e decadentes", "naturalistas", "neo-realistas", "parnasianos", "independentes" e "teoristas e filósofos", num total de cinqüenta e quatro escritores. Ataque e apologia entremeiam-se. O conjunto vale por um panorama extraordinariamente vivo e curioso.

A outra é a obra crítica de Remy de Gourmont, um dos melhores críticos franceses. Os dois volumes de *Le Livre des Masques* e os sete das *Promenades Littéraires* (todos editados por *Mercure de France*, a mais ilustre revista simbolista) são o repositório mais variado e precioso sobre o momento simbolista francês.

Mais recentes (e algumas recentíssimas) são, entre inumeráveis, as obras que tratam do Simbolismo e dos seus problemas, da autoria de Albert Béguin, Raïssa Maritain, Mondor, John Charpentier, Rufino Blanco Fombona, Stanislas Fumet, Guillermo de Torre, C. M. Bowra, Edmund Wilson, Charles Morgan, René Lalou, E. Noulet. Dentre os autores deste momento, um dos julgadores mais severos é Marcel Raymond que declara ter a "escola" ficado "*en deçà de l'exemple et des ambitions de ses maîtres*".[33] †

Do exposto — bosquejo mais do que perfunctório — resulta a evidência do caráter internacional e da larga extensão do movimento Simbolista no Mundo.

---

29. Jean Moréas, *Variations sur la Vie et les Livres*, Mercure de France, 1910; *Réflexions sur Quelques Poètes*, Mercure de France, 1912.

30. Jules Laforgue, *Mélanges Posthumes*, Mercure de France, Paris.

31. Ernest Raynaud, *La Mêlée Symboliste*, 3 volumes, Renaissance du Livre, 1918-1922, Paris; *Charles Baudelaire*, Librairie Garnier, 1922, Paris.

32. Jules Huret, *Enquête sur l'Évolution Littéraire*, Fasquelle, Éditeur, (1891); 4ème mille, Paris, 1901.

33. Marcel Raymond, *De Baudelaire ou Surréalisme*, R. A. Corrêa, Paris, 1933; pág. 62.

† Outras obras merecendo mencionarem-se: John Charpentier, *Le Symbolisme*, Les Arts et le Livre, Paris, 1927, 322 págs.; Edmund Wilson, *Axel's Castle*, Nova Iorque, 1931 (em tradução, *O Castelo de Axel*, Cultrix, S. Paulo, 1967, 220 págs.); Swend Johansen, *Le Symbolisme* / Étude sur le Style des Symbolistes Français, Einar Munksgaard, Copenhague, 1945, 377 págs.; Louis Cazamian, *Symbolisme et Poésie* / L'Exemple Anglais, Oreste Zeluk, Éditeur, Paris, 1947, 253 págs.; C. M. Bowra, *The heritage of symbolism*, e *La Herencia del Simbolismo*, trad. espanhola, Ed. Losada, Buenos Aires, 1951, 303 págs.; Henri Clouard, *Histoire de la Littérature Française* / Du Symbolisme a Nos Jours, Albin Michel, Paris, 668 págs.; Georges-Emmanuel Clancier, *De Rimbaud au Surréalisme* / Panorama Critique, Pierre Seghers, Paris, 1953, 501 págs.

Como complemento indispensável, incluo aqui súmulas de algumas das teorias do simbolismo francês, redução ainda das estabelecidas por Philippe van Tieghem,[34] e por mim controladas em livros de texto, alguns dos quais me foram generosamente ofertados por João Itiberê.

Mallarmé. Sobretudo no livro *Divagations* (1896). "Referir-se a um objeto pelo seu nome é suprimir as três quartas partes da fruição do poema, que consiste na felicidade de adivinhar pouco a pouco; sugeri-lo, eis o que sonhamos. É o uso perfeito desse mistério que constitui o símbolo; evocar pouco a pouco um objeto para mostrar um estado de alma, ou, inversamente, escolher um objeto e desprender dele um estado de alma por uma série de decifrações." A poesia não deve ser nem descritiva nem narrativa, mas sugestiva. Elementos: a palavra ou o verso com valor musical; o objeto, só designado por uma imagem; a matéria do poema, uma idéia, isto é, noção abstrata, intelectual ou emotiva. O verso "de vários vocábulos faz uma palavra total, nova, alheia à língua e como encantatória". O real é vil: é a cinza do charuto, que se deixa cair para ele arder melhor, imagem de uma poesia leve e imaterial.

Rimbaud. Verbo poético acessível a todos os sentidos e significações. Fixar o inexprimível. Uma "alquimia do verbo", alucinação sensorial, donde alucinação das palavras. Invenções verbais capazes de transformar a vida. A palavra é a realidade concreta, colorida pelas suas vogais, animada pelas consoantes. Introduzir o mistério na palavra. "O 'Poeta' pode tornar-se no 'Visionário' por meio de um longo, imenso e não raciocinado desregramento de todos os sentidos". Sobretudo em *Une Saison en Enfer*.

Gustave Kahn e Jean Moréas. Sobretudo na revista, *Le Symbolisme* (1886). Transcedência do real segundo um temperamento. O Simbolismo, em face do Positivismo, do Realismo e do Naturalismo, é idealista e transcedente. Não as emoções diretas pela voz humana, mas a sugestão de estados de alma e idéias cósmicas pela linguagem orquestral (Wagner); deformar a realidade para o sonho (Carrière), pela estilização (Puvis de Chavannes), ou por um jogo (*ludus*) de cores (impressionistas).

Foi aliás Moréas quem batizou o simbolismo com esse nome, em estrondoso artigo-manifesto, publicado no *Figaro*, de 18 de setembro de 1886.

Verlaine. Aproxima-se da música. Sugerir; não pintar nem figurar as linhas e as formas. As palavras devem ser empregadas com certo equívoco ("non sans quelque méprise"). Certo halo de palavra que parece inexata, ou inadequada, provoca a potência poética. A rima, nem rica nem agressiva, mas aproximativa (assonância, aliteração),

---

34. Philippe van Tieghem, *Petite Histoire des Grandes Doctrines Littéraires en France*, Presses Universitaires de France, Paris, 1946.

e tocando o ouvido sem feri-lo. Os versos devem ser ímpares para exprimir insatisfação. Só a nuança, o *flou*, o flutuante. Nem a idéia clara, nem o sentimento preciso, mas o vago do coração, o claro-escuro das sensações, o indeciso dos estados de alma.

René Ghil. O valor poético da língua determina a criação do "instrumentismo". A música instrumental reflete o perpétuo vir-a-ser (*devenir*) da emoção. A poesia deve exprimir "o mundo, espontaneamente, e em imanência, através dos sons que falam". Donde uma classificação das consoantes e das vogais; jogos vocais de cores e de sentimentos. Quase o *ethos* grego. O sentimento tradicional "de uma volta regular e eqüidistante de uma divisão numérica em determinado movimento". Os "sinais numerais" devem ser substituídos pelo "*évoluant dessin du rythme*". O ritmo é imanente à matéria que se transforma e vive (*devient*). Nada das simetrias arbitrárias e mecânicas da versificação tradicional. A rima não é proscrita, mas deve ser disposta livremente no corpo do poema, para criar a atmosfera musical.

Gustave Kahn. Renovação das formas envelhecidas. Cada poeta deve, de cada vez, em cada poema, em cada elemento de um poema, criar o seu ritmo particular. A disciplina poética deve ser interior e peculiar, e não preestabelecida. Para não cair no caos, no informe, a música o auxiliará! O alexandrino clássico poderá ser empregado, mas isolado ou, por vezes, numa série livre, o que lhe dará o seu valor inteiro. A rima será só a assonância. "Nous évitons le coup de cymbale à la fin du vers." Sobretudo num prefácio de *Palais Nomades.*

Baudelaire. Teoria das "correspondências"; doutrina da recuperação da infância; da arte magia sugestiva, contendo a um só tempo objeto e sujeito; a imaginação, faculdade essencial do artista, porque lhe permite recriar o mundo segundo um novo plano. O autor de *Les Fleurs du Mal* foi o grande precursor dos simbolistas. Para ele, como para estes, "as imagens não são um ornamento poético, mas uma revelação da realidade profunda das coisas".

•

O Simbolismo foi um "momento" assinalado "pela predominância de certos estados de espírito e pela convergência de certas influências"; resultado de um ambiente literário internacional e, portanto, na sua época, atual e legítimo em toda parte. O Parnasianismo vale pelo merecimento pessoal de alguns mestres, que nada inovaram. No terreno da Literatura Comparada, aparece desprovido de "mística", estética e ideologia, enquanto o Simbolismo refletia e afirmava uma posição do espírito.

Otto Maria Carpeaux observa: "Mas o Simbolismo representa para nós a última tradição viva de poesia. Viva, sim. As exclusões arbitrárias não adiantam." Em seguida, é verdade, aceita que tenha fracassado, e que para a poesia moderna "é preciso buscar outra genealogia".

A poesia moderna vem a seu tempo. O Simbolismo *viveu,* como confessara, intensamente o seu momento. O "fracasso representativo" — expressão de Carpeaux — de Rimbaud e Mallarmé... foi tão prodigiosamente fecundo, que aquela poesia moderna dele se alimenta ainda, por intermédio dos ex-simbolistas Valéry e Claudel, do neo-simbolista Apollinaire, os quais, todos, superaram o Simbolismo, mas dele provêm. É um fato. O que há é sucessão no tempo. Todos os pais "fracassaram" relativamente aos filhos. Os pais e as gerações. Isso, porém, não importa, porque exerceram a sua função.

Aliás esse importante escritor, antigo apaixonado, hoje em desengano, escreve no mesmo ensaio, que venho comentando: "Última Canção — Vasto Mundo":[35] "O Simbolismo, propriamente dito, da época de 1880 a 1910, ensinou o que é poesia a um mundo que esquecera os símbolos." "A poesia perdeu-se. Então, o Simbolismo restabeleceu-a." E adiante: "O Simbolismo brasileiro recebe só hoje a devida consideração, negligenciado como era sob o regime artificialmente prolongado do Parnasianismo, que significou a retirada da poesia do mundo do colonialismo artificialmente prolongado. O "Modernismo", Simbolismo inconsciente a meu ver, possibilitou a transformação do Simbolismo privado em poesia pública." E termina por aludir à purificação do "Simbolismo muito artificial dos grandes poetas Cruz e Sousa e Alphonsus de Guimaraens, purificação que não conseguira o grande poeta Augusto dos Anjos".

Não vejo, porém no Simbolismo brasileiro um caso do "colonialismo" a que se refere Carpeaux. Momento internacional, isso sim. † Sem o que a Inglaterra, os Estados Unidos, a Alemanha, a Áustria, a Itália teriam sofrido também regime "colonial". A aplicação dos métodos comparatistas demonstra que houve um fenômeno de vasos comunicantes, e não importação forçada ou diletantismo. Não um colonialismo primário, porém comunhão sentimental e estética no Ocidente todo e de que o Brasil participou.

---

35. Otto Maria Carpeaux, *Origens e Fins,* Casa do Estudante do Brasil, Rio, 1943; págs. 314, 315, 327.

† Willy Lewin observa: "Ezra Pound, T. S. Eliot, Hulme, W. Lewis, de outra parte, nunca ocultaram os influxos externos que receberam. Quanto a Pound e Eliot, é notória a influência dos simbolistas franceses, em especial de Jules Laforgue, e isso para apenas aludir aos influxos modernos." O artigo "Nenhuma literatura é uma ilha", de Willy Lewin (Suplemento literário de *O Estado de S. Paulo,* 12-5-1962) equaciona excelentemente a questão desse fenômeno de vasos comunicantes, contra cuja compreensão tanto provincianismo auto-suficiente se levanta.

INTRODUÇÃO

Van Tieghem [36] escreve: "Admite-se em geral que os escritores só imitam aquilo de que já traziam em si próprios os germes: idéias latentes, sentimentos inconscientes ou subconscientes. Sem dúvida; entretanto não deve crer muito que em espírito não se inspire se não do que corresponde às suas aspirações inatas. Sob uma pressão contínua, o ser se enriquece e se modifica. De qualquer maneira, esse contacto libera tendência que sem ele não chegariam a ter expressão."

Assim, não interessa unicamente estudar "a dependência dos autores mais recentes em relação aos seus predecessores estrangeiros", mas investigar "a parte do seu gênio peculiar, do seu ideal, da sua arte, nas modificações que trouxeram ao tema comum". [37]

A diversidade de notas, as experiências tão diferenciadas que este *Panorama* reflete correspondem não apenas às influências estrangeiras diretas, mas, e enormemente, a condições de atmosfera intelectual do próprio momento brasileiro.

❊

Os simbolistas brasileiros formaram o seu espírito num ambiente intelectual bastante simplista: um rousseauísmo básico, recebido através da Revolução Francesa e do enciclopedismo, e conservado em parte mercê das tradições maçônicas, o qual comportava o vago teísmo do século XVIII, e em parte devido aos primeiros sucessos, entre nós — onde tanto se radicaram — do Positivismo, do Spencerismo, do Monismo, do Fenomenismo, do Evolucionismo...

Os movimentos abolicionista e de propaganda republicana estavam impregnados daquele positivismo, modificado pelas influências combinadas do renanismo cientificista e anteclerical e do naturalismo literário. O catolicismo tradicional, radicado profundamente na sensibilidade brasileira, mantinha-se como num *arrière-founds* da consciência filosófica. Nabuco e Eduardo Prado constituíam exceções.

O objetivismo poético, reação contra o sentimentalismo expansivo dos românticos, não proporcionava elementos ideológicos aos novos. Do Romantismo receberam estes o antiburguesismo à Murger, à Flaubert, à Baudelaire. Mais profundo, se bem que indireto, foi o influxo do idealismo hegeliano, ao qual se deve acrescentar o "inconsciente" de Hartmann e o pessimismo de Schopenhauer. Desligados do catolicismo, beiravam o panteísmo, ou nele diretamente incidiram. Vários encontraram refúgio no esoterismo, no ilusionismo, sob as formas literárias do satanismo.

---

36. Paul van Tieghem, *op. cit.*, 137.
37. Paul van Tieghem, *op. cit.*, 89.

Farias Brito, filósofo representativo do Simbolismo brasileiro,[38] constitui um fenômeno até certo ponto análogo ao de Bergson, de quem foi o primeiro e percuciente crítico entre nós. O "primado do espírito", preconizado pelo autor de *O Mundo Interior*, estava obscuramente na consciência dos simbolistas, cuja ânsia de absoluto, de infinito, não significava, como depois se afirmou, atitude de evasão, mas uma tendência incoercível para contraporem-se à imposição e à constrição da relatividade compulsória do positivismo e do cientificismo. A vida do espírito, tal como eles a concebiam, trazia dilatação e amplitude para o âmbito da experiência poética: incorporava realidades metafísicas — e também, no extremo oposto, subconscientes e até inconscientes — à pequena superfície de consciência que era iluminada pela razão prática.[38-A]

*

Os simbolistas são acusados de se terem abstraído dos interesses coletivos, da vida social. Teriam apenas "sonhado", termo que não disfarça a idéia de "evasão". As respectivas biografias demonstram o contrário, com raras exceções. Quase todos se empenharam apaixonadamente nas campanhas pela Abolição e pela República. Quase todos eram anticlericais e maçons. Essas as preocupações dominantes da época. E foram participantes decididos. O destino da pátria, da raça, da sociedade, encontrou neles observadores, reformadores e apóstolos. Vemo-los fundar clubes e jornais políticos, discursar em praça pública e escrever. Objetar-se-á: — Por que a sua obra literária não reflete expressamente essa preocupação político-social? A resposta é fácil. Aquele fervor político abolicionista e republicano ocorreu sobretudo na juventude. Realizados os ideais visados, a Abolição e a República, ficaram como que de mãos vazias. E no que concerne à República, desenganados. Lopes Trovão achou a fórmula: "Esta não é a República dos meus sonhos!" Assim, pois, ao definirem-se os ideais que exaltavam estavam superados. Depois, chegou uma fase morna de conformismo, de desilusão apática, apenas percorrida de vagas inquietações, de cor socialista e até anarquistas, e o encontro, afinal, do Super-Homem nietzschiano. É preciso que se lhes faça justiça: os artistas de outras correntes estavam em posição

---

38. "Desde o início do século que aquela primazia do Norte em todos os movimentos literários de nossa história intelectual, parecia ceder à pressão do Sul. Foi com o Simbolismo que os ventos mudaram. Embora ainda fosse do Ceará que, no ocaso do Império, e pela palavra de um filósofo como Farias Brito, no prefácio dos seus *Cantos Modernos*, de 1889, se lançam as bases de uma nova estética, que seria a do Simbolismo — foi no Sul, em Santa Catarina, no Paraná e no Rio Grande do Sul, que o Simbolismo tomou vulto. — Tristão de Athayde, "Surge o Poeta". (*Diário de Notícias*, 25-5-1961.)

38-A. "Farias Brito: Brazilian Philosopher of the Spirit", por Fred Gillette Sturm, in *Inter-American Review of Bibliography* — Washington, D.C., April — June 1963, págs. 176-204.

idêntica, no terreno político-social. Enquanto isso, encontramos na obra de Cruz e Sousa tantos gritos de uma revolta que não era exclusivamente subjetiva e privada! O "Emparedado" é um grande requisitório de humanidade geral e de piedade, antes de ser um documento do protesto oriundo da sua qualidade de negro e da sua situação de miséria.[38-B] Muitas outras páginas confirmam esta asserção: "Litania dos Pobres", de *Faróis,* o soneto "Claro e Escuro", de *Inéditos e Dispersos,* ou impetuoso poema, também até bem pouco não recolhido em livro, "Crianças Negras". Apenas é preciso saber o que é símbolo, e o que é poesia não didática, não programática, para sentir a intenção social do poema "Pandemonium", de *Faróis,* por exemplo.

Cruz e Sousa, cuja tendência progressiva para o cristianismo é assinalada por Nestor Vítor, considerou-se até socialista. Em carta de Gonzaga Duque ao Poeta Negro — datada de 14 de abril de 1894, já publicada duas vezes: no *Diário do Rio* e no suplemento *Autores e Livros,* de A *Manhã,* e cujo original está no meu arquivo — na qual o autor da *Mocidade Morta* debate as condições da orientação a dar à *Revista dos Novos,* que planejavam, existe o seguinte e significativo tópico: "Discordo quanto à publicação da síntese de política socialista. Penso que esses assuntos de política sintética, ou mesmo sejam de política aplicada, destoam flagrantemente das serenas páginas de uma revista de Arte." Eis o que é significativo!

Os jornais e as revistas da época inserem documentação referente às atividades políticas dos simbolistas. Não se tinham estes, porém, beneficiado de campanhas como as empreendidas no século atual por Julien Benda (*A Traição dos Clérigos*) e Archibald Mac Leish *(Os Irresponsáveis).* Não sabiam, pois, que alguns fanáticos tinham posto em suas mãos o destino do Mundo e da Humanidade, nas deles poetas, pobres descendentes dos menestréis e de Villon...

Julgavam poder, não propriamente dissociar as suas atividades intelectuais e artísticas, mantendo-as em compartimentos estanques, mas reduzir tudo à poesia, poesia absoluta, e não à programática; não à poesia-comício ou poesia-manifesto, sob o peso do "rolo compressor" do totalitarismo da esquerda.

38-B. A produção de propaganda abolicionista de Cruz e Sousa só tardiamente foi recolhida em livro. Algumas peças eram inéditas, como a terrível objurgatória, digna de um grande trágico, "Consciência tranqüila", sem dúvida a mais furiosa dentre as de protesto que se escreveram durante todo o movimento. O ter sido conservada inédita, atribuo-o a que terá sido redigida já nas vésperas imediatas do 13 de maio. Não se conservaram os textos das conferências que se sabe realizou em muitas cidades do litoral, de que há sinal em depoimento de Constâncio Alves, no referente à Bahia. Aquelas, e outras páginas abolicionistas foram por mim incorporadas à Edição do Centenário da *Obra Completa,* ed. Aguilar, 1961.

Ainda assim, alguns deles feriram a nota direta, sempre sem abdicar da dignidade e da liberdade da criação poética. Silveira Neto foi, nesse sentido, por assim dizer o Castro Alves do Simbolismo, "um Castro Alves que desesperasse", escreveu, em 1900, Nestor Vítor.[39] Os poemas reunidos sob o título "Fragor humano" em *Ronda Crepuscular* são de interesse político-social explícito e direto. Sobretudo merecem atenta análise, por esse ângulo, a "Ode ao Alicerce" a "A Bandeira Vermelha". Ambos são de largo âmbito de sentimentos e de convicções. A "Ode ao Alicerce", dos raros poemas aparnasianados do seu autor, é de uma originalidade flagrante, tanto no que concerne à versificação como à energia expressional épica. "A Bandeira Vermelha" não é de um partido ou de uma nação, mas a bandeira da justiça social no seu sentido essencial e amplo.

Indiscutivelmente, porém, a arte simbolista, inclusive no Brasil, foi subjetivista e aristocrática. Marginal, então? Vejamos. Nenhuma tendência poética preocupou-se tanto com as realidades supra-sensíveis e metafísicas, com a grande poesia cosmológica. Nisso reside o antagonismo da sua posição relativamente à identificação exclusiva, inflexível e total dos interesses humanos aos interesses sociais, que o materialismo impõe. Ao materialista é indiferente a presença da eternidade e de Deus. Para os simbolistas, para todos os religiosos, o absoluto e o eterno não passam da moda: estão nos fundamentos primeiros e últimos da Vida.

Os simbolistas não se julgavam egoístas (foram-no muitas vezes, como acontece a todos os homens) porque se fechassem no sonho, na malsinada Torre de Marfim. Francis de Miomandre escreve: "Eis porque fico sempre intimamente tão chocado quando se ridiculariza a noção de Torre de Marfim. Finge-se, grosseiramente, acreditar que os "mandarins"se fecham nela para não fazer nada, e gostar-se-ia de vê-los dela sair para empunhar o cajado ou o forcado de remover esterco. Quando, pelo contrário, eles nela trabalham, por vezes mais duramente que operários." E conclui: "Aliás, essas torres de marfim são muitas vezes sótãos, ou pobres porões. Há algo de bastante vil em invejar tão modestos refúgios."[40] Charles Koechlin, o mais eminente musicólogo francês deste século, avança ainda e diz a palavra que me parece definitiva: "A *Torre de Marfim*, afinal, tão desacreditada como tudo que não está mais na moda, nela não vejo nenhum símbolo de egoísmo, mas de liberdade. As obras nascidas no abrigo que ela nos oferece (de que necessitamos)

---

39. Nestor Vítor, "O Elogio do *Luar de Hinverno*", introdução ao *Luar de Hinverno*, de Silveira Neto, Rio, 1900; pág. 15.
40. Francis de Miomandre, "Nécessité de la Tour d'Ivoire", *Nouvelles Littéraires*, de 16 de outubro de 1932.

INTRODUÇÃO 45

irradiam longe. E quanto mais altaneira, mais largo o seu campo, mais vasto o alcance do seu farol."[41]

Sem dúvida havia muito orgulho, porém pudor melindroso também, e, em meio de todo o satanismo e de tantos sucubatos e outros amores larvares e tumulares, um sonho de pureza, o seu "lírio" simbólico. Diz Emiliano Perneta, um torre-de-marfim típico: "Oh para que sair do fundo deste sonho", se cada vez que tenho fazê-lo, retorno a tremer, ansiado?

"O meu lugar é aqui, no seio desta ruína,
Destes escombros, que reluzem como lanças,
E destes torreões, que a febre inda ilumina!

Sim, é insulado, aqui, no cimo, bem o sei!

Entre os abutres e entre as Desesperanças,
E dentro deste horror sombrio, como um Rei!"[42]

•

Esse *panache* não fica mal em um neo-romântico, mas seria inverossímil, ou pelo menos postiço, num "arte-pela-arte", num puro esteticista. Raramente os "simbolistas" fizeram arte pela arte, mais própria dos "decadentes", e similar verbal da arte decorativa e aplicada: sonetos que — como os de Heredia eram *reliures* e *cuirasses* — fossem como vasos, ou tapetes, ou jóias. Poucos têm produção de artífice, de ourives, do gênero daquela obra-prima: o já mencionado "Vaso Grego", do parnasiano Alberto de Oliveira, por exemplo.

Para os simbolistas, a imersão no oceano do sonho resultava "duma concepção luminosa e total da beleza como espelho da vida", para usar de expressão de Germain d'Hangest.[43]

---

41. Charles Koechlin, "De l'Art pour l'Art et de l'État des Esprits à ce jour", *La Revue Musicale*, n.º de junho-julho de 1937, pág. 33. Também Gustavo Corção, fortemente forrado de cultura tecnológica, passado a extraordinário mestre polemista, observa: "Costumam apontar como mau exemplo de isolacionismo social a torre de marfim do poeta. Na verdade, porém, toda a poesia é feita numa espécie de torre, se é boa. Torna-se de todos, depois de feita, se é bem feita. Os observatórios astronômicos também se isolam em colinas altaneiras, também se fecham em cúpulas pouco comunicativas; mas dessa elevação e dessa solidão, entre outras coisas, sai a hora certa, uma das coisas mais esparsas e mais populares. As cúpulas acertam os relógios familiares, a hora do mingau da criança, a hora do remédio do enfermo, a hora do trabalho, trazendo o céu para a terra, e provando assim que a elevação das coisas bem feitas é um dos mais altos ideais democráticos." "Seria evidentemente odiosa a organização social que permitisse aos analfabetos mexer nos telescópios, nos cronômetros sob a esquisita alegação que é do povo o observatório." (*O Estado de S. Paulo*, 3-10-1964.)

42. Emiliano Perneta, *Ilusão*, págs. 94-95.

43. Germain d'Hangest, "Samuel Taylor Colerige", in Colerige, *Vingt-cinq Poèmes*, Aubier, Paris, 1945.

Quer dizer: ainda o absoluto e a presença do eterno, e não a simples "evasão", fácil de imputar àqueles que não têm as nossas convicções... Profundamente sincera, e, assim, expressando a sua personalidade total, a poesia de Cruz e Sousa, a de Alphonsus de Guimaraens, a de Silveira Neto — para não falar na de outros, em que a parte do factício e do artifício é grande — não é menos interessada pelos grandes problemas humanos do que a de tantos poetas didáticos, cujo instrumento, eminentemente discursivo, facilita o jogo conceitual, evitado, em geral, na poesia-música e na poesia-*ludus,* do Simbolismo.

Não podiam pensar os simbolistas em incorrer na pecha de "marginais", que hoje lhes imputam, e até de pré-fascismo — como fez, em apreciação do primarismo voluntário (porque se trata de intelectual bem dotado) o escritor Astrojildo Pereira.[44] Escreve ele: "O Simbolismo com os seus intuitos de arte arquipura e requintes estupefacientes, com o seu manifesto de evasão voluntária das feias realidades deste mundo, produzia exatamente a espécie de arte e literatura que no momento mais convinha aos manejos da contra-revolução."

Os simbolistas foram fautores a seu modo da revolução. Nunca, contra-revolucionários. Se Alphonsus, representando muitos, foi subjetivista por excelência, e puro contemplativo, estava no seu direito de poeta, e aos poetas Platão coroava de louros e ... exilava da sua República. Cruz e Sousa, Emiliano Perneta, Silveira Neto, representando o caso de outros, inseriram na sua obra freqüentes traços de interesse social e de revolta. Não há mais forte página de rebelião do que "Emparedado", nas nossas letras. Apenas, era a grande rebelião humana fundamental, e não informada por ideologias particulares. O seu autor era socialista de fundo cristão, o que é evidente, não pode ser aceito pelos socialistas de fundo materialista.

Afora o cunho de gratuidade, indiferença e desdém de alguns deles, os simbolistas julgavam poder viver dentro do seu sonho, na sua poesia, quer dizer: nos seus momentos contemplativos, e que não assumiam, então, postura anti-humana; anti-social sim, mas contra a sociedade do seu tempo, contra o "burguês", como diziam Flaubert e Huysmans. Os verdadeiramente importantes nem fizeram arte pela arte. E escaparam a outra "doença", na expressão de Jean Cassou: escaparam da "arte social, que é escrúpulo e falsa vergonha: porque nesse caso a arte tem vergonha de si mesma e procura tornar-se útil e conseguir o seu perdão".[45]

O próprio Astrojildo Pereira, apreciando o prefácio que Nestor Vítor escreveu para *A Crítica de Ontem,* cita vários significativos

---

44. Astrojildo Pereira, *Interpretações,* Casa do Estudante do Brasil, Rio, 1944.

45. Jean Cassou, *Pour la Poésie,* Éditions R. A. Corrêa, Paris, 1935; pág. 47.

períodos daquele mestre. Tratando da atitude do escritor ante a Guerra Mundial de 1914-1918, Nestor Vítor afirmava: "Naquela hora não combatiam apenas os que estavam na frente de armas em punho empenhados nas primeiras batalhas, que todos sentíamos decisivas dos destinos da civilização. Insones e ardentes, ... quantos podiam ter o alcance da transcendência que havia naquela hora trágica, todos, ... entraram na guerra, influíram na guerra, decidiram desde logo, em verdade, da sorte futura da guerra, com a força material e psíquica, ou apenas com esta última".

Astrojildo Pereira comenta: "Nestor Vítor não admitia evasão nem subterfúgio. O dever do escritor era participar, com os seus meios próprios, durante o conflito e ainda mais depois que ele terminasse. "O escritor deve ser o arauto da nova cruzada que se impõe. Aquele "que escrevendo com fins pacíficos não for edificante hoje", acentuava com singular energia, "é um corsário sobre todos odioso, depre-"dando sem finalidade fora das águas em que a luta se considera "legal ou pelo menos indeclinável. É um pirata das economias hu-"manas que ainda não se tornou inevitável lançarem-se à voragem."

"Ele comprendia muito bem" — continua Astrojildo Pereira — "que a guerra prosseguiria, noutro plano, depois que os canhões se calassem." E não se assustava com que pudesse significar esse "depois". Pelo contrário, Nestor Vítor, com exata perspectiva histórica, tinha confiança no futuro: "Não será num dia, não será em dous dias, "será num século, será em mais, que das ruínas do velho um novo "mundo surgirá."[46]

*

Indisfarçável, a afetação e artificiosidade da atitude sentimental de muitos epígonos do movimento. Aquele liturgicismo soa freqüentemente oco. Locuções típicas são empregadas automaticamente. O hermetismo, por vezes, não possui chave nenhuma: simples logomaquia. A originalidade, real, em muitas ocasiões exorbita do terreno próprio da poesia, para cair na declamação dramática, subentendendo mímica excêntrica e pitoresca.

Também o gosto é desigual, mas nesse terreno prefiro não ser severo. Muito mais desinteressante é a correção imperturbável e mecânica dos milhares de sonetos "perfeitos" dos inumeráveis epígonos do Parnasianismo: simples produtos, manufaturados, em série.

Não entenderá poesia simbolista quem só aceitar a arte do verso dentro dos cânones tradicionais clássico-parnasianos, oriundos da técnica e da música de Bocage e de Castilho, redoiradas pelas de Leconte de Lisle e Heredia. Entretanto houve poucas inovações de fácil evidência. Os sonetos de Cruz e Sousa mantêm a estrutura métrica parnasiana. A rima aproxima-se também do tipo parnasiano.

---

46. Astrojildo Pereira, "Ontem e Hoje", *Diretrizes*, 15 de abril de 1943.

Chaves de ouro não faltam; pode-se dizer que quase nenhum outro poeta brasileiro as criou tão numerosas e tão cantantes e belas. Alphonsus de Guimaraens foi o menos revolucionário de todos. Há na sua poesia sabor arcaizante irrecusável, com raízes imediatas na tradição portuguesa. Silveira Neto buscava uma disciplina severa do verso, na qual se acusa a influência longínqua, porém inegável de Alfred de Vigny. Poderia enumerar tantos outros! Venceslau de Queirós, por exemplo, ficou parnasiano de expressão até o fim, porém à Baudelaire.

O verso livre foi em geral repelido pelos primeiros simbolistas nossos. Vemo-lo aparecer pela primeira vez nas *Palavras que o Vento leva...*, 1900, de Ad. Guerra Duval, que foi da segunda camada simbolista. Depois disso manteve-se fruto isolado, até o aparecimento de *Histórias do Meu Casal* de Mário Pederneiras, em 1906, e a estréia de Hermes-Fontes, com *Apoteoses*, em 1908. A partir dali, foi cada vez mais cultivado, como vemos em Gilka Machado, os simbolistas do grupo sul-rio-grandense (Eduardo Guimaraens, Filipe d'Oliveira, Homero Prates etc.), Murilo Araújo, Cecília Meireles, Onestaldo de Pennafort. Também o uso da rima pobre e das assonâncias era tímido e até inábil; em compensação as aliterações ocorriam com freqüência.

No interior do verso é que se mostravam mais audaciosos. O deslocamento da cesura, e até a ausência dela, a divisão do alexandrino segundo medida ternária pareceram, e ainda parecerão a alguns, falta de música. Compondo tumultuariamente ou em semisonambulismo, desdenharam do acabamento burilado, cinzelado — na pesquisa incessante de uma música nova e mais livre.

Graças a isso, puderam prestar ao nosso instrumento poético serviço análogo ao que Eça de Queirós prestou à prosa: deram-lhe maior flexibilidade, um matizamento mais variado, mais delicado, e sobretudo — é o seu mais significativo título, nesse terreno — fluidez. Tornaram possível a fixação do imponderável, do evanescente, de tantas sensações e idéias para as quais a linguagem poética anterior se tornara insuficiente, por inadequação da sua expressão somática à natureza da sua realidade espiritual.

A sintaxe — ao contrário do que se nota na arte mallarmeana — manteve-se simples entre os nossos simbolistas, com poucas exceções. A exclusão de qualquer formulação conceitual é que produz, por vezes, a dificuldade de interpretação. Os valores expressivos são predominantemente musicais e, por isso, os recursos musicais da língua foram postos em uso, em aliterações possantes ou requintadas, por exemplo.

Uma névoa translúcida de misticismo envolve a produção inteira do movimento, e ora resvala para o panteísmo, ora para uma exaltação antropocêntrica à maneira nietzschiana; a alguns, leva-os para regiões limítrofes do cristianismo — aliás latente em todos eles. Poucos, diga-se, foram integralmente católicos, porque não era momento para isso. O ambiente, de laicismo integral, inibia a simples menção do nome de Deus. Iniciava-se o período de esterilidade espiritual, preparado pela supressão, preconizada por Sílvio Romero, das disciplinas filosóficas e literárias do currículo de ensino secundário, reduzido a uma seqüência de "lições de coisas", com base em estreita literalidade cientificista — o que, como era natural, também não favoreceu a ciência. Essa proscrição do humanismo não só trouxe um esvaziamento da nossa atividade filosófica, já rala e incerta, como entravou o esforço de alguns pela complexificação da cultura literária, a qual, por isso, se tornou apanágio de uma minoria, de uma elite. Não por culpa dessa elite, portanto.

Não admira, pois, que parecesse afetação por um lado, e interioridade, por outro, o liturgicismo do vocabulário simbolista, a tão freqüente invocação a Nossa Senhora, tomada, aliás, em muitos casos, como simples tema para variações falsamente beatas, e até como manifestação de um chique literário, nascido da *Sagesse*, de Verlaine, ou do soneto "À Virgem Santíssima", de Antero de Quental.

Outro motivo de escândalo foi o "hermetismo". Pareceu entrar pela poesia adentro um espírito de *humor* soluçante, e a frio. Os simbolistas receberam, por isso, em Portugal e aqui, o nome pejorativo de "nefelibatas", gente "que anda nas nuvens", palavra de criação de Rabelais.

O hermetismo não é uma atitude. Resulta de uma defensiva subconsciente. Não representa carência de expressão. Falto de expressão, o autor fica fora da literatura. Há, porém, uma expressão correspondente ao encerramento nos "jardins secretos" do espírito — diferente da torre de marfim. Não corresponde a desajustamento à vida do espírito de arte, nem a inadequação à expressão normal da vida de consciência.

Conseqüência dum modo de conhecimento por provas sucessivas — "estados", como se diz das águas-fortes — que chegarão um dia à plena iluminação meridiana, sem por isso tornarem-se mais significativas.

Ficou lendário o grego Lycophron, considerado obscuro até às trevas mais espessas. Não pôde passar por exemplo de abstração, mas por outro lado não nos atinge na qualidade de portador de mensagem aos homens. O hermetismo propriamente dito, tal como aparece nas obras dos conceptistas e marinistas italianos; dos eufuístas, discípulos de John Lyly, na Inglaterra; do cultismo francês, e do espanhol, cuja figura máxima é Góngora, hoje posto no nível dos mais extraordinários líricos do Ocidente.

O Simbolismo teve em Mallarmé o mestre por excelência em hermetismo. Tem sido combatido e mesmo negado; entretanto a sua estética está na base de quase toda a poesia moderna, inclusive na de Paul Valéry e discípulos. Apresenta a nova poesia do Brasil exemplo ilustre dessa linha de expressões na obra de Sousândrade,

Carlos Drummond de Andrade, por vezes, e de João Cabral de Melo Neto; mais tarde na dos concretistas e neoconcretistas. *

Mallarmé nada mais tem, para nós, de velado e inacessível. A crítica, neste meio século último, progrediu enormemente comparada à de Lamaître, por exemplo.

Na obra de E. Noulet *Études Littéraires*,[47] são pesquisadas as origens comuns do hermetismo ("Hermes Trismegisto, deus lunar ou rei filósofo, através do Egito, da Grécia e da Cristandade, transmitiu a idéia de que o segredo, o mistério, o conhecimento e a poesia se prestam mútuo auxílio") e da arte alegórica e simbólica. Demonstra que existiu sempre "um hermetismo espontâneo e por assim dizer natural, porquanto a metáfora e o símbolo não são, nos místicos, nem desejados, nem premeditados, mas recurso desesperado e de dificuldade menor para exprimir o inefável".

Os poetas, penso eu, observaram que o poder sugestivo de tais aproximações expressionais favorecia e alargava o mundo da poesia. Tiveram, assim, intuição de conclusões a que há muito chegou a Psicologia, para a qual a simbólica é expressão necessária, porque insere na expressão racional e lógica as repercussões diretas do mundo prodigioso do subconsciente. Noulet considera o hermetismo fenômeno próximo da infância e das cosmogonias primitivas. Estuda-o desde a Antiguidade até o supra-realismo, passando pelo renascentista Maurice Scève, por Góngora, por Gérard de Nerval, Charles Cros, Rimbaud, Mallarmé, Valéry. E conclui: "Acabamos de ver, em diferentes tipos de poesia obscura, que nunca o sentido, por sua natureza, está necessariamente oculto; permanece ou entrevisto ou acessível; ele não está, aliás, oculto, mas envolvido; não subtraído, mas abrigado. Apenas, o caminho para descobri-lo parece difícil; e o é todas as vezes que um poeta inventa um itinerário novo.

"Não existe, pois, verdadeiro hermetismo. O que existe é uma maneira — várias maneiras — muito meditada de restituir a vocábulos desacreditados e a uma linguagem gasta virtudes mais frescas, e, por conseguinte, à poesia uma multiplicada força de conhecimento e de fascinação."[48]

Veja-se o ensaio de F. Burr-Reynaud acerca de "O Hermetismo de Valéry"[49] e, mais significativos ainda, os de Raïssa Maritain: "Sens et Non-sens en Poésie" e "Magie, Poésie et Mystique", sobretudo o primeiro, cujas conclusões estão, até certo ponto, conden-

---

* V. a importante obra de Augusto e Haroldo de Campos, *Revisão de Sousândrade*, Edições Invenção, São Paulo, 1964.

47. E. Noulet, *Études Littéraires* — "L'Hermétisme dans la Poésie Française Moderne". "Influence d'Edgard Poe sur la Poésie Française". "Exégèse de Trois Sonnets de Stéphane Mallarmé" — Mexique, 1944.

48. E. Noulet, *op. cit.*, pág. 76.

49. F. Burr-Reynaud, "L'Hermétisme Valérien", *La Muse Française*, 10 de dezembro de 1930, págs. 820-823.

sadas nestes períodos: "Isso, assim concebido nos misteriosos retiros do ser, se exprime com certo ilogismo saboroso, que não é falta de sentido, mas superabundância de sentido." E depois: "Tal é, acreditamos, a fonte do sentido poético, livre e vivendo por si próprio, e do que ele abrange inevitavelmente de *sentido* e ao mesmo tempo de falta de nexo [*non-sens*] lógico." [50]

Estes apressados esclarecimentos podem receber como conclusão as seguintes palavras de um contemporâneo de Góngora, Don Martín Vasquez Sirvela, citado por Jean Cassou: "O deslumbramento não deveria ser, por acaso, imputável, aqui, não aos objetos, mas aos nossos olhos?... A dança dos olhos, a desaparição dos objetos, a sua recusa a deixarem-se manejar por qualquer vista são sinais pouco convincentes: porque ninguém ignora que tais efeitos, a abundância de luz pode causá-los tão bem quanto a carência dela." E Cassou comenta: "A três séculos de distância, esse excelente de Góngora tinha previsto a resposta que daria o Sr. Jean Royère, exegeta de Mallarmé, àqueles que a este fariam a mesma censura de ser obscuro: "Obscuro, sim, como um lírio!" [51]

Obediência instintiva a esses movimentos do subconsciente e à tendência à simbolização levou os simbolistas ao abuso da metáfora, da imagem, das construções elípticas. Daí resultou a correnteza de inquietação e de livre mobilidade que percorre os seus versos.

"Os simbolistas foram *poetas*, porém pouco *artistas*", afirmam alguns. Parece-me errôneo esse julgamento. A sua arte não foi somente a dos clássicos-parnasianos, que alguns deles julgavam, com inteira boa-fé, cultivar. Nesse terreno, foi Alphonsus de Guimaraens quem permaneceu mais próximo da tradição, modificando-a, entretanto, freqüentemente, por um nuançamento cheio de novidade, de imprevisto delicado e pessoal. Os demais, como ele representantes autênticos da tendência, buscaram não somente a música "encantatória", mas também dispor o verso menos como uma *estrutura* do que como um *tecido*.

Eis o que explica a disposição livre da harmonia vocabular, por exemplo em Emiliano Perneta — dos simbolistas talvez aquele cuja arte tem encontrado maior resistência e incompreensão. Um *tecido* não é menos uma totalidade sólida — e a Arqueologia tem-no demonstrado — pelo fato de os fios que o constituem serem flexíveis e até frágeis. Comparada com a arte de Emiliano, a dos parnasianos é de um rigorismo mensuralista mecânico. Os fios, em Emiliano, terão, aqui e ali, breves defeitos, mas o brocado não será, por isso, menos macio ao tato e menos doce e cetinoso à vista. O que não há na arte desse poeta — e dos que, como ele, representam a revo-

---

50. Jacques et Raïssa Maritain, *Situation de la Poésie*, Desclée de Brower, 1938.
51. Jean Cassou, "Résurrection de Gongora", *Pour la Poésie*, cit., pág. 132.

lução radical — é a arte do ourives, o cinzelamento, o burilamento, preconizados por Gautier e seu epígono Bilac.

É *outra espécie* de arte, porém arte.[51-A] Quando se declara serem "grandes poetas" Cruz e Sousa e Augusto dos Anjos, por exemplo, fica subentendido necessariamente que era grande também a sua expressão. Não há grande poeta sem expressão grande. Há é respeito enraizado, e talvez inconsciente, a certos paradigmas de arte poética. Arte irregular não quer dizer inferior. Shakespeare parece extravagante, comparado com Sófocles; Rodin, com Fídias; Cézanne, com Rafael. E que importa isso?

O já referido poema de Verlaine "Art Poétique" ainda hoje vale por uma síntese das intenções de todos os simbolistas, ressalvadas as naturais incidências individuais e variações mais ou menos acentuadas neste ou naquele sentido. O que nos parece prosaico e exorbitante é apenas, nos casos dignos de apreço, música *diferente* — e nós sabemos que a música própria de uma grande parte da humanidade, a oriental, nem parece música para ouvidos desprevenidos, mercê dos seus hábitos e da lei do menor esforço.

É preciso ter em conta, por outro lado, que essa arte sofreu o influxo de remanescências poéticas. Prova disso, o arcadismo de Alphonsus de Guimaraens; mais evidente ainda, a presença freqüente da velha balada cavalheiresca medieval, à Uhland e à Goethe, de que são espécimes a balada "Ismailia", de Alphonsus, *O Cavaleiro do Luar*, de Gustavo Santiago, e, entre tantos outros, dois poemas característicos de Emiliano Perneta, *Azar* e *Cavaleiro*; tendência que vinha do Romantismo alemão, mas também do nosso Romantismo, com o poeta morto adolescente — figura simbólica do poeta estudante, hoje dir-se-ia universitário — Álvares de Azevedo. Pós-Romantismo, sem dúvida; porque não houve ruptura radical, mas legítima sucessão, como ocorre na vida quando a substancialidade não se estanca, e se comunica; como a que proveio de Vigny, Sainte-Beuve — mesmo se este último não teve a intuição correspondente, na sua crítica — e chegou a Baudelaire, que possibilitou a subversão dos grandes herdeiros do poeta de *Les Fleurs du Mal* — e sob a sua égide — Rimbaud e Mallarmé, três poetas, esses, plenamente atuantes no mundo moderno.

51-A. Depois de aludir ao "encanto legendário da *Demoiselle Élue de* Dante-Gabriel Rossetti, ao sortilégio wagneriano das luminárias mágicas, dos palácios feéricos, dos alvos cisnes, das *filles-fleurs*, escreve Antoine Orliac: "Acompanhando Théophile Gautier, os parnasianos afirmavam a submissão ao objeto em descrições cuja exatidão repele a poesia. Era lógico que a imprecisão, nascida no seio das potências do sonho, viesse, como reação, recuperá-la, com o seu rasto de musicalidade e de silêncio. A *rêverie*, sob o halo de claridade da lâmpada, torna-se, de então em diante, rica e superpovoada. Tudo se oferece como pretexto para o deslizar de uma melodia interior..." "E o mundo físico, mais sensibilizado, *devient papillotant de mille nuances.*" Antoine Orliac, (*Mallarmé tel qu'en lui-même*... Paris, 1948, pág. 167.) O que nos conduz ao limiar do Impressionismo.

INTRODUÇÃO

Mesmo em relação ao Parnasianismo, o nosso trouxe para os simbolistas uma disciplina formal inicial que lhes foi útil, livrando-os da sedução dum perpétuo experimentalismo, quando mais importante era a cristalização dentro do verdadeiro conceito de forma, o da possibilitação do condicionamento adequado para a concepção chegar à sua realização como signo válido e autônomo em relação ao seu criador, e projetar-se na grande aventura existencial. Baudelaire — como João Sebastião Bach, na Música — buscou até o fundo do abismo o que ele chamou "o novo", e desencadeou a mais radical revolução da poesia moderna sem apelar para inovações formais que se impuseram suscitá-las os seus mais eminentes discípulos e em que tiveram êxito até mesmo alguns epígonos engenhosos. Rimbaud (como Laforgue) e a revolução espiritual; Mallarmé e o demiurgismo do verbo mágico, o sopro vital, o *fiat* decisivo veio--lhes da poderosa vaga de fundo de Baudelaire, cujo significado amplia-se e aprofunda-se cada vez mais no universo da poesia moderna, como depõem Valéry, Proust, T. S. Eliot, minimizando justificadamente a análise ontológica restritiva de Sartre. No Brasil, Eduardo Portela soube dizer da legitimidade expressional de Cruz e Sousa, em que não vê um continuativo disfarçado sob arrebiques ornamentais do Decadentismo, mas alguém que chegou em defininito à Expressão, mesmo, e ninguém o diagnosticou melhor do que ele até hoje, no referente à prosa do Cisne Negro, tão controvertida, nos seus tão negados característicos de brasilidade; e Otto Maria Carpeaux e Roger Bastide, no referente à universalidade de sua obra.

No entanto, é preciso lembrar que Heredia, principalmente, dentre os parnasianos, foi admirado, imitado, parafraseado, numerosamente traduzido entre os nossos simbolistas, principalmente, talvez, devido ao seu gosto pelas matérias ricas e suntuosas, gosto que Thibaudet chamaria "de antiquário", mas também pela sua abertura, como descendente dos conquistadores espanhóis, para ver subir "*en un ciel ignoré/Du fond de l'Océan des étoiles nouvelles*", que poderia ter tido longínqua repercussão, mas numa cosmovisão de transcendência e mistério, naquele fecho do soneto "Renascimento", de Cruz e Sousa: "E pela curva dos longínquos ares/Ei-las que vêm, como o imprevisto bando/Dos albatrozes dos estranhos mares..."

Muito indicativo do que representou a transição para o "clima" simbolista é, entre outros, o caso do poema-manifesto parnasiano, de Théophile Gautier, *L'Art*, duma ortodoxia em que quase somente o próprio Théophile Gautier foi capaz de realizar-se sem o hieratismo descritivista rígido da tendência, em algumas peças felizes de *Emaux et Camées*, já que a solenidade catedralesca (expressão criada no Brasil para os sonetos de Emílio de Menezes) de Leconte de Lisle era, na realidade, uma derivação de *La Légende des Siècles*, sem embargo do nobre estro do autor dos *Poèmes Antiques*, que lhe permitiu realizar as traduções talvez lingüisticamente mais infiéis, porém poeticamente mais próximas do espírito homérico e dos grandes trágicos da Hélade antiga. Olavo Bilac, dezesseis anos depois da morte de Gautier, publica, como pórtico de suas *Poesias*, "Profissão de Fé", paráfrase, irrecusavelmente, do poema de Gautier, muito mais breve este, com 14 estrofes, o de Bilac contando 31. Mas a epígrafe que precede o poema de Bilac é de Victor Hugo, e não de Gautier... Pois o revolucionário Cruz e Sousa, por sua vez, compôs um poema-manifesto intitulado "A Arte", que só foi incluído em livro por mim na sua versão e variantes, autógrafa, que está em meu arquivo, diferente da que Nestor Vítor transcreve na sua admirável Introdução às *Obras Completas*, do Poeta Negro, a 1.ª, aparecida em 1923. Se a passagem do poema de Gautier para o de Bilac é quase imediata, e os dois poemas situam-se num paralelismo flagrante, o de Cruz e Sousa arrebata a Arte para um universo de transfiguração e de sobrenaturalidade ardente, apesar de manter alguns dos postulados de Gautier e Bilac, porém superando-os pelo vôo lírico luminoso. (V. *Obra Completa*, Ed. do Centenário, Aguilar, págs. 332-334.)

*

De todas as grandes tendências criadoras da Literatura moderna o Simbolismo terá sido possivelmente a que menos favoreceu o surto da prosa ficcionista; não direi da prosa viva, porquanto, tornadas indefinidas as fronteiras com o território poético, esta se afirmou de validade e versatilidade inegáveis. Não propriamente a simbolização, mas o processo alusivo e de sugestão, considerado como elemento de sondagem e devassamento da interioridade, refletindo-se na representação e na expressão, interdizia aos criadores do romance e do conto qualquer critério descritivista. Repelia o apoio seguro e objetivo da narração direta. Pelo menos, tirava-lhes a facilidade de usar dos velhos recursos. Deve-se abrir exceções a favor daqueles em quem o domínio da criatividade superava quaisquer formalismos. Assim, caberia num quadro da ficção "simbolista", no sentido mais geral e multíplice do vocábulo, o romance de Balzac, tal como o realizou em *Louis Lambert* e *Serafitus-Serafita*, ou o de Barbey d'Aurevilly, em *L'Ensorcelée*. Também Joris-Karl Huysmans, em A *Rebours* e *Là-Bas*, demonstrou uma imaginação complexa, movida por interesses estéticos, mas também um atrevido pioneiro de áreas obscuras e mesmo turvas do espírito. Edgar Poe indicara o caminho de uma mais íntima integração de forma e expressão, sobretudo com "A queda da casa de Usher", por exemplo, em que já está todo o Maeterlinck, e, antes disso, todo o Villiers de L'Isle-Adam de *Triboulat Bonhomet*, "L'Intersigne", "L'Annonciateur" ou "Akedysséril". Isso numa busca de interiorização que o teatro levaria mais a fundo e ainda muito a mais a poesia e a música. De posição mais ortodoxa, Remy de Gourmont, crítico típico do movimento, deu ao seu *Sixtine* feição radicalmente cerebrina. Os romances este-

INTRODUÇÃO

ticistas de Péladan, Jean Lombard, de outros menores, conduzem-nos ao autor que mais se aproximou de uma síntese romanesca simbolista: Marcel Schwob (1867-1905), prodigioso erudito, fabulador de feição legendária e épica, que deixou uma admirável *La Croisade des Enfants*, o suntuoso *Le Roi au Masque d'Or*, *La Légende des Gueux*, *Mimes*, outras ficções de expressão sumarenta e talvez mesmo excessivamente rica. Marcel Schwob parece-me ser o prosista de ficção mais entranhadamente "decadente", ao lado de um dos maiores poetas do movimento, Jules Laforgue, cujas *Moralités Légendaires*, incluem uma extraordinária recriação do *Hamlet*, extremamente original, e um belo *Lohengrin*, que assinala, ainda uma vez, a preeminência de Wagner no Simbolismo. Em outro lugar refiro-me ao papel, surpreendente até para intelectuais portugueses, como alguns destes me declararam, que João Barreira assumiu perante a primeira geração simbolista brasileira. A indefinição dos gêneros tem nas suas obras, também, uma dificilmente definível fixação de fronteiras. A sua tendência marcante é para o poema em prosa, e mais ainda do que a do prestigioso Raul Brandão, na sua espetacular *História de Um Palhaço*, de 1896, e, num feitio mais disciplinado e evoluído, em *Humus*, já de 1917.

Cruz e Sousa não escreveu ficção, mas poemas em prosa, alguns dos quais, como "Balada de Loucos", "Triste", "Tenebrosa", "Emparedado", são tão geniais quanto os poemas apocalípticos que encerram *Faróis* ou os grandes sonetos. Nestor Vítor criou, no livro *Signos*, a melhor novela simbolista que possuímos: *Sapo*; e escreveu um singular romance, *Amigos*, cuja primeira apreciação cabal deve-se a Massaud Moisés, no seu livro *O Simbolismo*, São Paulo, 1966. Contemporaneamente, Rocha Pombo escreveu (1896) o romance *No Hospício*, na linhagem Novalis, passando por Edgar Poe, imerso numa atmosfera de poesia e transcendência, que lhe acarretou, quando de sua publicação em 1905, a mais completa incompreensão e indiferença. Virgílio Várzea, na primeira fase de sua carreira de ficcionista, escreveu contos idealizadíssimos. Lima Campos conservou certos contactos com a objetividade em alguns contos de *Confessor Supremo*, como em "Tia Martinha". Do poeta do famoso *Cavaleiro do Luar*, Gustavo Santiago, só nos chegou notícia de um conto que foi considerado obra-prima, "Sala Vazia", inencontrável. Emiliano Perneta, Júlio Perneta e Dario Vellozo foram acentuadamente decadentistas em sua ficção. Júlio Perneta, nos seus precursores contos regionalistas de *Amor Bucólico* (1898), é totalmente alheio à expressividade simbolista. Alphonsus de Guimaraens deixou os contos de *Mendigos*, que não lhe acrescentam à grande glória de poeta. Referir-me-ei, ainda, a Alfredo de Sarandy (Raposo), com o romance *Malsinado* (1906); Hamilton Barata (1898-1957), com a novela *O Irreparável* (1918); o romancista naturalista Pápi Júnior, em certos dos seus romances, como *Sem Crime* (1920) e *Almas Excêntricas* (1931). O naturalista Coelho Neto, considerado adversário do Simbolismo, aproximou-se, no entanto, de sua estética em experiências como *Rhapsodias* ou *Baladilhas*. Com o Nestor Vítor, de *Sapo*, cuja densidade expressional e progressão psicológica alucinatória são de excepcional força impressiva, foi o Rocha Pombo de *No Hospício*, — cujas misticidade e transcendência pareceram na época um experimentalismo abstruso — que realizaram a ficção mais coerente dentro das imposições da estética simbolista. Certo sincretismo, conciliando arejado realismo com sentido polêmico eficaz, dá ao romance *Mocidade Morta*, de Gonzaga Duque, fisionomia grandemente sedutora, que os preconceitos do tempo impediram de apreciar o seu merecimento invulgar. É, no entanto, no livro *Horto de Mágoas* que Gonzaga Duque imprime caracterização simbolista indo até o decadentismo, em páginas que são das melhores no seu gênero em todo o movimento brasileiro da tendência. *Fretana*, de Carlos D. Fernandes, tem feição acentuadamente memorialista e reminiscente. Nesse romance estão inseridas arriscadas asserções críticas atribuídas a Cruz e Sousa, cuja autenticidade foi vigorosamente negada por Nestor Vítor e Silveira Neto, e que diversas passagens da obra em prosa do Cisne Negro realmente contradizem; também mereceu impugnação a atribuição ao Poeta Negro de famosa poesia satirizando Machado de Assis, autoria que um exame da coleção do jornal *Novidades* infirma, porque ali são encontradiças numerosas outras dos mesmos feitio e tom geralmente acusados na personalidade do secretário daquela folha, Oscar Rosas, considerado então o espadachim do grupo, e que, atacando Machado, julgava fazê-lo ao chefe do grupo de oposição às novas correntes literárias. São dificilmente erradicáveis da tradição anedotas como essa, e Cruz e Sousa paga até hoje por ela. É forçoso consignar aqui, em benefício do grande companheiro de Cruz e Sousa que foi Carlos D. Fernandes (era chamado abreviadamente "De Fernandes"), que *Fretana* inclui algumas cenas e alguns episódios de real vivacidade e de flagrante veracidade evocatória. Representa, portanto, depoimento significativo. Um belo romance, no qual elementos díspares são harmonizados num conjunto em que a musicalidade expressional e nobre fervor imprimem iniludível unidade poética: *Canaã*, de Graça Aranha, menos acentuadamente simbolista do que o drama *Malazarte*, porém, ainda assim, simbolista.

*

Até mesmo o mínimo da objetividade que o teatro exige limitou em muito a criação simbolista no setor. Nomes? Ibsen, Björnson (Noruega); Strindberg (Suécia); Maeterlinck (Bélgica); Wilde (Inglaterra); D'Annunzio (Itália); Hugo von Hofmannsthal (Áustria); Villiers de L'Isle-Adam, Saint-Pol Roux, Claudel (França) ...

"A figura de Richard Wagner alteia-se, verdadeiramente, no centro do décimo nono século artístico. Dele partem as principais correntes do fim do século. No entanto, por mais numerosos que sejam os escritores e artistas que se basearam em Wagner, há um movimento que, acima de todos os outros, o tomou por chefe e mestre inconteste, que se inspirou fielmente de sua estética e que se dessedentou no seu misticismo: o Simbolismo francês.".[52] Tal o parecer de Guy Michaud, na mais rica e pormenorizada obra até hoje publicada sobre esse Simbolismo. A ciência crítica pôde separar a doutrinação estética de Wagner, confusa, pesada, insistente, consignada em mais de uma dezena de assaz poderosos volumes, da sua obra propriamente dita, a teatral. *Tristão e Isolda, O Crepúsculo dos Deuses, Parsifal, Os Mestres Cantores* constituem indestrutível monumento, único a sofrer comparação, no teatro universal, com o acervo grego e Shakespeare. Thomas Mann, um insuspeito, demonstra a presença da verdade da arte wagneriana, não nos postulados de uma artificiosa "fusão das artes", mas na torrente criadora que realmente fundiu os elementos expressionais de que se vale o teatro musical, sobretudo em *Tristão e Isolda*. • Independentemente da ideologia filosófico-política, e de certos traços de sua biografia, Baudelaire, Nerval, Mallarmé, Villiers de L'Isle-Adam, Verlaine, Gautier e sua filha Judite, Catulle Mendès, Laforgue, Théodor de Wizewa, Schuré, todos foram empolgados pela irresistível vaga de misticismo e passionalidade transcendente por ele desencadeada. E de Wagner provém a peça simbolista mais representativa: *Axel*, de Villiers de L'Isle-Adam, obra das mais importantes da literatura do Oitocentos.

Apesar da afirmação de Albert Thibaudet: "En somme l'histoire espirituelle du symbolisme au théatre tient dans se qu'on pourrait nommer l'expérience Maeterlinck et l'expérience Claudel." (*Histoire de la Littérature Française de 1789 à nos jours*, Stock, Paris, 6ème édition, 1936), numerosos foram os simbolistas que apelaram para a expressão teatral, muitos dos quais conduziram-se como simples reminiscentes dos "mistérios" ou "autos" medievais, tão favoráveis à alegorização e à simbolização. Ibsen, apesar dum período de quarentena a que foi submetido, tem hoje reconhecida a sua multíplice capacidade criadora. O grande nórdico — contra quem reagiram fortemente, em França, Lemaître e Leon Daudet, em nome de uma dispensável defesa da latinidade — transbordou para vastas áreas em que o Simbolismo passou a ser elemento de base, porém sem

---

52. Guy Michaud, *Message Poétique du Symbolisme*, Nizet, Paris, 1945.
Thomas Mann, *Souffrances et Grandeur de Richard Wagner*, Fayard, Paris, 1933; *Ricardo Wagner e a Alemanha Eterna* (No 125.º aniversário do seu nascimento), in *Revista do Brasil*, 3.ª fase, julho, 1938, págs. 3 a 21. Escreve Edmund Wilson: "E eu deveria acrescentar, no tocante a este último ponto, que a influência de Wagner sobre a poesia simbolista foi tão importante quanto a de qualquer poeta (......) (*O Castelo de Axel*, ed. Cultrix, 1967, pág. 21.)

• A. Chassang/Ch. Senninger, *La Dissertation Littéraire Génerale*. Hachette. Paris, 1955, p. 237: "Dans cette voie qu'on peut appeller celle du mode majeur, Wagner est à lui seul l'idéal musical visé par la plupart des Symbolistes" ... "On peut bien dire que les premières représentations de Wagner à Paris (1860) furent comme la bataille d'*Hernani* du Symbolisme."

qualquer exclusividade. Em *Rosmerholm, Brand, O Pequeno Eyolf, A Dama do Mar, O Pato Selvagem, Jean-Gabriel Borkman*, mas sobretudo no vertiginoso *Peer Gynt* e no esotérico *Imperador e Galileu*, o simbolismo é evidente. As suas obras não puderam ser declaradas em estado de superação, como se quis fazer relativamente ao seu teatro mais propriamente social; isso porque quaisquer teses sociais passam, irremediavelmente, e somente o fundo essencial de humanidade, na sua realização artística, permanece válido. Outros escandinavos: Björnsherne Björnson, com *Para além das forças*, e Augusto Strindberg *(Dança da Morte)*. Ibsen integrou a "cultura simbolista" que se constituiu no Brasil, graças principalmente ao famoso ensaio de Nestor Vítor — que conviveu em Paris com o Conde Prozor, tradutor e vulgarizador do mestre da *Casa da Boneca*, o qual tinha exercido no Rio de Janeiro as funções de ministro plenipotenciário da Escandinávia. O teatro maeterlinckiano — que tratarei adiante —, esse teatro de vertiginosa introversão, foi impressionar o decorativismo de D'Annunzio, compelindo-o a um esforço de interiorização e de impregnação de mistério — tocado também de remota ancestralidade helênica — de que resultou o denso lirismo de La *Città Morta*. No mesmo plano de esteticismo requintado — em que o influxo do A *Rebours*, de Huysmans, é manifesto — Oscar Wilde criou a peça decadentista típica, escrita diretamente em francês (magistralmente musicada por Richard Strauss), *Salomé*, tão afim com a especiosa *Belkiss*, de Eugênio de Castro. Dum decadentismo quase precursor do surrealismo é *Dame à la Faulx*, do extraordinário Saint-Pol Roux. Enumerarei ainda William Buttle Yeats, com *The Countess Kathleen;* Hugo von Hofmannsthal, com *Iedermann;* Verhaeren, com *Cloître* e *Philippe II;* outro belga, Charles van Lerbergue, com *Les Flaireurs* e *Pan;* Remy de Gourmont, com o seu "injouable" *Lilith;* o russo Fedor Kusmitch Sollogub, com os seus pequenos dramas fantasiosos à Maeterlinck; o croata Ivo Vojnovic; tantos outros, e entre eles os esoteristas de grande prestígio na época: Édouard Schuré, muito influente mediante a sua apologia, realmente inteligente, de Wagner, e o irregularíssimo Sâr (Joséphin) Péladan, estetecista de merecimento, apesar do confusionismo ocultista e do seu exibicionismo "sacerdotal", e que deixou peças creio que inéditas até esta hora.

Três autores dominam de alto o teatro do Simbolismo. Villiers de L'Isle-Adam demarcou lugar relevante, e eminentemente representativo, com o drama místico *Axel*, um avatar, ressumante de poesia, do "drama musical" wagneriano. Da importância dessa obra — iluminada de luz feérica, prenhe de musicalidade sinfônica, dificilmente adaptável à cena, porém que o foi graças ao grande animador do teatro simbolista, Lugné-Poé, no memorável Teatro de "L'Oeuvre", em Paris — dessa obra-prima praticamente desconhecida dos grandes públicos, lembrarei que o eminente crítico norte-americano

INTRODUÇÃO

Edmund Wilson intitulou *Axel's Castle* o seu conhecido livro de ensaios críticos sobre o Simbolismo.

A grande, realmente grande irradiação beneficiou a Maurice Maeterlinck, com os seus dramas da vida interior, da subconsciência e do silêncio, do domínio musical das pausas, num verbo anti-retórico, numa atmosfera obsidente e estática, cuja validade não foi possível obscurecer — apesar de alvo de desdéns pós-brechtianos — e isso apesar de seu aparente imobilismo e de diálogo interativo e como tartamudeante. Hoje se reconhece que *Serres Chaudes* é dos mais expressivos livros da poesia simbolista, tanto pelos belos e amplos poemas em verso livre, como pelas singulares canções, que foram infinitamente imitadas, inclusive por D'Annunzio. Maeterlinck não refugiu do seu mundo de poesia quando criou o seu teatro "de marionettes", disse ele. Com exceção de *Monna Vana* (que, curiosamente lembra D'Annunzio), o teatro de Maeterlinck está imerso no "trágico quotidiano", todo ele em murmurações de subconsciência, sublinhadas por gestos raros e esquivos. Aquele "quotidiano" significa a obscura fermentação dos limbos interiores, e emerge em breves iluminações e em florações de sonho. A glória veio para o poeta de "Cloche à plongeur" e "Regards" com a trágica e shakespeareana *La Princesse Maleine*, e foi surpreendentemente confirmada pelo do imenso êxito de *Pelléas et Mélisande*, graças à colaboração mal aceita, porém providencial e genialíssima, de Debussy. É, porém, em *A Intrusa* e em *Interior*, cheias de pressentimentos e do tremor de ameaça do inconsciente obscuramente sensibilizado; e, ainda, no maravilhoso comentário-paráfrase da tela do velho Brueghel, *Os Cegos* — que pude ouvir na tradução de Cecília Meireles, eficazmente radiofonizada. Será ainda o teatro aristotélico, porém em ritmo ralentado e todo em toques impressionistas, em alusões que se entreabrem para o abismo. Haverá quem não veja nesse teatro senão fluidos poemas, mas lhe terão de sentir o alcance de sugestão e de sonho. †

O terceiro grande teatro poético, o de Paul Claudel, quase todo ele na linhagem do "mistério", de Shakespeare e de Wagner. Será ignorar a verdadeira natureza do épico, tal como nos veio de És-

---

† Para uma atualização crítica do teatro de Maeterlinck, v. "Explicação", por Guilhermino César, na sua tradução de *A Intrusa*, C. A. D. da Faculdade de Filosofia da Universidade Federal do Rio Grande do Sul, Porto Alegre, 1967. Também o estudo de Ruggero Jacobi, em *A expressão dramática*, Instituto Nacional do Livro, Rio, 1956. Na área internacional, além da obra várias vezes mencionada de Guy Michaud, a *mise-au-point* de Gaetan Picon, na *Histoire des littératures*, da *Encyclplopédie de la Pléiade*, vol. 3.º, págs. 1131-1132 (1958); Antonio Aniante, *La double vie de Maeterlinck*, Ed. Universelles, Paris, 1949; Alex Pasquier, *Maurice Maeterlinck*, La Renaissance du Livre, Bruxelles, 1950; Jean-Marie Andrieu, *Maeterlinck*, Éditions Universitaires, Paris, 1962. — Observarei ainda o teatro de Maeterlinck, apesar desta contemporaneidade hostil à interioridade poética, não envelheceu. Vê-se, hoje, que o seu diálogo dominado pelas pausas prenunciava Ionesco e Beckett.

quilo, não detectá-lo no pascaliano *Le Soulier de Satin* ou em *Le Livre de Christophe Colomb* — nessas peças mais do que em *L'Annonce faite à Marie* — que é estritamente "mistério", e que foi o mais extenso sucesso de seu autor, ou de que na cantata dramática *Jeanne d'Arc au Bûcher,* em que interfere vitoriosamente a música de Honegger. Épico, o teatro claudeliano é tanto quanto o de Brecht, com, a mais, o sentido do divino e, a menos, o ideologismo formal a todo o custo. Claudel, depois das tempestades de lirismo maravilhado de *La Ville* e *Tête d'Or*, explosões juvenis, talvez tenha chegado à síntese na trilogia: *L'Échange, L'Otage* e *Le Pain Dur*. Como todos os grandes simbolistas, Claudel levou a efeito, como disse Tasso da Silveira, em sua conferência sobre o teatro dessa tendência, "as primeiras tentativas de exploração da vida em profundidade". As suas peças mais significativas do ponto de vista de expressão da escola, *Partage de Midi* e principalmente *Le Soulier de Satin*, acusam a presença soberana dos grandes vagalhões wagnerianos — o que o seu autor talvez não quisesse reconhecer... Tasso da Silveira observa: "Desde que se respirou a primeira aura tênue de mistério, desde que se começou a perceber que o mistério é tão denso no mundo, e tão substancial quanto a própria matéria, venceu-se a resistência da razão discursiva que nos prendia [e inumeravelmente prende...] à negação dos transcendentes. E o que então vem é a procura de Deus." Esse, o sentido final do teatro simbolista.

O teatro português, então bastante representado no Brasil, por boas companhias também lusitanas, não incluía, porém, as peças simbolistas, na linhagem Ibsen-Maeterlinck, de D. João da Câmara: *O Pântano* (1894), *A Toutinegra Real* (1895) e *Meia-Noite* (1900), (v. Antônio José Saraiva e Oscar Lopes, *História da Literatura Portuguesa*. Porto, s/n. d.), nem às de Raul Brandão. Entretanto, muitíssimo se leu, aqui, o drama esteticista, aparentado à *Salomé*, de Oscar Wilde, e a D'Annunzio, porém de límpido teor lírico, *Belkiss*, de Eugênio de Castro (1894).

No Brasil, foi escassa e não substanciosa a messe no terreno do teatro dos simbolistas, despreparados, desavisados para a ação por tendência mesmo da estética que os regia. "Horror à forma humana", expressão de Goethe, foi usada por Ronald de Carvalho, restritivamente, a respeito da visão poética do Cisne Negro Cruz e Sousa. Não era horror à forma humana, porém uma penetração para além do jogo das aparências. Donde a dificuldade de atingir pelo menos à fimbria do plano da consciência, para poetas das meias-tintas, das nuanças, do envolvimento no sonho, quer dizer, no limbo da subconsciência, e ainda para mais longe e mais fundo. O poeta baiano Durval de Moraes fizera as primeiras tentativas, com *A Grande Pátria*, de 1906, *Telilhas*, de 1907, e *A Pedra*, de 1910, em que a marca hegeliana é visível, e não parecia prenunciar o grande cristão e franciscano que nos deixou *Plasma* (II) e *O Ouro das Folhas*

Mortas. Alfredo de Sarandy (Raposo) escreveu o drama em 5 atos *Lithunia;* Carlos D. Fernandes, *Miriam,* antes bíblico do que simbolista; Marcelo Gama publicou o poema dramático *Avatar* — um belo revôo poético; o matemático paranaense Ernesto Luís de Oliveira escreveu uma tragédia bíblica de expressão arcaizante, *Shulamita*, decididamente decadentista, que lhe ouvi ler, ao lado do simbolista pioneiro Domingos do Nascimento. As peças mais válidas, por títulos diferentes, são *Malazarte*, de Graça Aranha, e a cantata dramática *Pena de Talião*, de Emiliano Perneta. *Malazarte*, do autor de *Canaã*, tinha proveniências muito diversas: *Peer Gynt*, de Ibsen, e o Pedro das Malazartes do folclore mediterrâneo, tão adaptados ao Brasil, que pôde produzir, além do drama de Graça Aranha, duas obras-primas: *Vida e Aventuras de Pedro Malazarte*, do romancista e crítico José Vieira, e a ópera-cômica *Pedro Malazarte*, de Camargo Guarnieri, sobre um breve texto de Mário de Andrade. Camille Mauclair, prefaciando a edição francesa do drama de Graça Aranha, observa que essa obra "participa da comédia realista, do drama filosófico e do poema alegórico e lírico", "num conjunto de personagens reais e alegóricos", conjunção que aliás já ocorrera no Brasil, nos "autos" de José de Anchieta. A obra foi posta em música por Oscar Lorenzo Fernandez, que lhe acentuou o que nela havia de misticidade. A cantata de Emiliano Perneta, *Pena de Talião*, por sobre um fundo helenístico, vale principalmente pelo perpétuo fluxo de fresco lirismo e pela sua luminosidade matinal, servidos por uma declamação larga e sem retórica, e pela variedade de metros, entre os quais os habituais e personalíssimos alexandrinos, com a mobilidade da cesura e de acentos característicos da arte de Emiliano Perneta. Convenção neoclássica do argumento é animada por uma poesia cheia de vivacidade e viço juvenil. H. Neto Machado deixou inédito o poema dramático *Amor*.

*

Repercussões da poética simbolista — sobretudo no referente a modismos, tiques, clichês, que os epígonos da tendência remancharam e estafaram copiosamente — verificam-se em poetas parnasianos, alguns dos quais adversários determinados do movimento. Não fossem eles artistas, portanto ávidos do novo; mesmo se, como quase sempre ocorreu, a retração tenha sido por assim dizer imediata. Luiz Delfino, ainda hoje insuficientemente estudado — o melhor trabalho a seu respeito sendo, como me parece, o do seu coestaduano Nereu Corrêa —, vindo do Romantismo final, entrara triunfalmente pelo Parnasianismo. Os seus sonetos, cuja numerosidade fazia sorrir, o que não quer dizer que ela lhe tivesse barateado a produção (em levantamento recente da totalidade de sua obra, pude tomar a medida de sua fecundidade real, que difere da simples abundância), os seus sonetos exerceram poderoso influxo na formação e mesmo na definição da personalidade de vários dos maiores poetas do seu tempo. Hoje seria fácil demonstrá-lo; deve-se, porém, atender a que a questão de fontes e origens é bastante secundária; senão o essencial é a originalidade, a força pessoal de caracterização criadora dos autores. Tem interesse, no entanto, a verificação de que os díscolos de alguma tendência se deixaram atingir, mesmo se episodicamente, pelas ondulações periféricas de um movimento antagônico às suas índoles próprias.

Em Alberto de Oliveira e no Bilac de *Tarde* são encontradiças essas repercussões; e o próprio Delfino, em alguns dos seus surtos imaginativos — e ninguém os teve mais ricos e variados do que ele, em nossa Poesia — abeirou-se do Simbolismo, levado por inclinação profunda do seu espírito, a qual Péricles Eugênio da Silva Ramos assim confirmava: "Antes dele ninguém fora capaz de exprimir mais ampla senestesia, isto é, intercâmbio de sensações, atribuindo som à cor, aos perfumes etc." Essa, realmente, uma das afinidades de Delfino com a poética simbolista, sendo capaz de evocar "a sombra vã do que procuras,/Nas almas brancas das auroras mortas,/Nas almas d'oiro das visões mais puras !...", como fez no soneto "As almas das visões", publicado no *Novidades*, de 22 de novembro de 1890, e que poderia ser assinado pelo seu conterrâneo Cruz e Sousa, que então apenas chegava ao Rio de Janeiro e começava a definir o seu estro. Outro remanescente do Romantismo, o "mago" Múcio Teixeira, seduzido irremediavelmente por Swedenborg e outros maiorais do Esoterismo, chegou até o satanismo, como no poema "Eidaldéia", e evidenciou a sua permeabilidade à nova estética em "Núpcias Celestes", onde enxameiam expressões como "transcendência", "mistério", "consteladas", "siderais esferas", "místicas quimeras", "fosforescências estelares"... Mansueto Bernardi menciona-o entre os simbolistas gaúchos no seu importante prefácio à *A Nova Quimera*, de Eduardo Guimaraens.

Muito mais significativo é o caso de Raimundo Correia, sobre cujas conotações simbolistas em sua poesia pronunciou-se decisivamente Tristão da Cunha (em página que vai em outro lugar deste *Panorama*), e o mesmo fez, por mais de uma vez, Manuel Bandeira, indicando expressamente as poesias que valem por valiosas realizações simbolistas, sendo que uma delas "Plenilúnio", é de musicalidade característica e belíssima; os jovens neo-simbolistas do meu tempo, e em minha terra, todos sabíamos de cor essa peça admirável. Também significativo o fenômeno, de muito maior literalidade decadentista, que se exprime nas conhecidas "Três Estâncias".

PLENILÚNIO

Além nos ares, tremulamente,
Que visão branca das nuvens sai!
Luz entre as franças, fria e silente;

INTRODUÇÃO

Assim nos ares, tremulamente,
Balão acesso subindo vai...

Há tantos olhos nela arroubados,
No magnetismo do seu fulgor!
Lua dos tristes e enamorados,
Gólfão de cismas fascinador!

Astro dos loucos, sol da demência,
Vaga, noctâmbula aparição!
Quantos, bebendo-te a refulgência,
Quantos por isso, sol da demência,
Lua dos loucos, loucos estão!

Quantos à noite, de alva sereia
O falaz canto na febre a ouvir,
No argênteo fluxo da lua cheia,
Alucinados se deixam ir...

Também outrora, num mar de lua,
Voguei na esteira de um louco ideal;
Exposta aos euros a fronte nua,
Dei-me ao relento, num mar de lua,
Banhos de lua que fazem mal.

Ah! quantas vezes, absorto nela,
Por horas mortas postar-me vim
Cogitabundo, triste, à janela,
Tardas vigílias passando assim!

E assim, fitando-a noites inteiras,
Seu disco argênteo n'alma imprimi;
Olhos pisados, fundas olheiras,
Passei fitando-a noites inteiras,
Fitei-a tanto, que enlouqueci!

Tantos serenos tão doentios,
Friagens tantas padeci eu;
Chuva de raios de prata frios
A fronte em brasa me arrefeceu!

Lunárias flores, ao feral lume,
— Caçoilas de ópio, de embriaguez —
Evaporavam letal perfume...
E os lençóis d'água, do feral lume
Se amortalhavam na lividez...

Fúlgida névoa vem-me ofuscante
De um pesadelo de luz encher,
E a tudo em roda, desde esse instante,
Da cor da lua começo a ver.

E erguem por vias enluaradas
Minhas sandálias chispas a flux...
Há pó de estrelas pelas estradas...
E por estradas enluaradas
Eu sigo às tontas, cego de luz...

Um luar amplo me inunda, e eu ando
Em visionária luz a nadar,
Por toda a parte, louco arrastando
O largo manto do meu luar...

(*Poesias*, 2.ª ed., págs. 109-111.)

TRÊS ESTÂNCIAS

I

Interrogaste o lírio imaculado,
Na leda estância, na vernal sazão;
Interrogaste o lírio imaculado
E respondeu-te o infante, loiro irmão
Dos querubins, no limiar sentado
Da existência, a sorrir — lírio em botão.

II

Interrogaste a flor da laranjeira,
Entre corimbos, na sazão do amor;
Interrogaste a flor da laranjeira,
E respondeu-te a virgem, sob o alvor
Da gaze, "eu amo" a segredar fagueira,
Noiva, a cingir da laranjeira a flor.

III

Hoje interrogas o cipreste esguio,
Hoje, que em torno tudo é morto já;
Hoje interrogas o cipreste esguio,
Que, junto às campas, de atalaia está:
As derradeiras folhas tombam, frio
Soluça o vento...
Quem responderá?!

(*Ibid.*, págs. 117-118.)

A CAVALGADA †

A lua banha a solitária estrada...
Silêncio!... Mas além, confuso e brando,

---

† Este soneto, dos mais perfeitos de seu autor e de todo o nosso Parnasianismo, é revelador da crise de fronteiras entre o descritivismo servido por um artesanato meditado e a busca de uma melódica de inflexões e harmonia delicadamente fluida: o tecnicismo parnasiano a serviço de sensibilidade diferente e de uma cosmovisão interiorizada: e já o sentido da magia do verbo poético que no mais significativo da obra de Raimundo Correia via Manuel Bandeira.

O som longínquo vem se aproximando
Do galopar de estranha cavalgada.

São fidalgos que voltam da caçada;
Vêm alegres, vêm rindo, vêm cantando.
E as trompas a soar vão agitando
O remanso da noite embalsamada...

E o bosque estala, move-se estremece...
Da cavalgada o estrépito que aumenta
Perde-se após no centro da montanha...

E o silêncio outra vez soturno desce...
E límpida, sem mácula, alvacenta
A lua a estrada solitária banha...

(Ibid., págs. 111-112.)

Alberto de Oliveira, tão combatido, como parnasiano ortodoxo, e mesmo rígido, ao contrário disso, além de neo-romântico, é muitas vezes, por analogia terminológica com as letras de ficção, um naturalista ressumante de sentimento muito nosso, brasileiro. Assim, na sua obra-prima "Alma em Flor", com o seu instrumento artesanal menos flexível, menos amável, do que o dos seus companheiros da célebre tríade parnasiana, atingiu a sutileza e a um requinte, no terreno propriamente parnasiano, que fazem o alto preço de poesias como "Vaso Grego", não simples exercício decorativista, porém de lídima e delicada poesia, ou quando brinca com a própria artesania, em "Violetas". A quantos fossem familiares com a sua obra, deveria encher de surpresa defrontarem-se com um poema seu, sem título, ao qual Aloysio de Castro, publicando a coletânea de poesias póstumas do poeta de "A Visão da Torre", *Póstuma,* deu o de seu primeiro verso: "Foi a um Sol sem raios". São dezesseis tercetos dantescos, com a chave final, e em que o Parnasianismo, considerado estrito parece fazer concessões à moda nova; como na poesia "Longe... Mais longe ainda!", que colhi no *Almanaque Brasileiro Garnier,* direção de João Ribeiro, de 1911, pág. 250. Em ambos os casos, se intenção houve de transpor a muralha, foi timidamente e sem obedecer a qualquer intuito nem de imitação nem de paródia. São dois poemas válidos, porém afinal românticos, e o segundo, apesar da epígrafe tomada aos *Petits Poèmes en Prose,* de Baudelaire, aproxima-se antes de Victor Hugo.

LONGE... MAIS LONGE AINDA!

N'importe où! N'importe où!
pourvu que ce soit hors de ce monde!

C. BAUDELAIRE — *Petits Poèmes en prose.*

Eis-nos longe de tudo, em pleno Oceano. Ao Poente
E ao Levante o que vês são água e céus somente,
Oh! céus e água! e ao Norte, e ao Sul, por toda parte!
Alma, alma sofredora, eternamente inquieta!

— Leva-me inda mais longe, além, mais longe, poeta!
Neve. Perpétua neve. Alvas serras de neve.
Neve o mar. Neve o céu. Certo aprazer-te deve
Esta horrível região! pisas da terra o termo.

— Oh! mais longe! mais longe!
— Onde, espírito enfermo?

— Onde nem possa eu mesma ouvir-me ou ver-me! ao fundo
Do Caos, por trás do Céu, na outra banda do mundo,
Lá no sem cor, no sem nome, no sem batismo,
Onde acaba o Universo e onde começa o Abismo!

(*Almanaque Brasileiro Garnier*, direção de João
Ribeiro, Ano de 1911, pág. 250.)

FOI A UM SOL SEM RAIOS

Foi a um sol sem raios, junto a um mar sem vida.
Eu quedara acaso, cismativo e absorto,
Junto a extenso campo, onde à oração convida

Uma grande cruz, e onde, qual vai a um porto
Nau desarvorada descansar da viagem,
— Nau de rotas velas, jaz meu sonho morto.

Da que amei vinte anos invocando a imagem,
Penetrei desse ermo na solidão silente.
Era toda sombras a feral paragem.

— Sentinelas mudas, sob o céu dormente,
Os ciprestes altos cabeceando estavam,
Sonolentamente, sonolentamente.

Anjos de alvacento mármore rezavam
De mãos postas onde alto moimento havia,
Sobre o qual de bruços os chorões choravam.

Foi daí que, estranha, quase à Ave-Maria,
Esta voz ouvi de extraterreno acento:
— Vem dormir! é tarde! já lá vai teu dia!

Quem assim falava? No arredor atento,
Ninguém vi, senão num banco, a enxada ao lado,
O sepultureiro que, em torpor, suarento,

Cochilava. Sono, que na terra é dado,
Do infinito sono, ali baixara a tudo,
Parecia tudo inerte ali, parado.

Oh! disse eu então comigo, não me iludo,
É a voz dela! E um nome de mulher, saudoso,
Pronuncio em meio àquele ambiente mudo;

Nome caro aos anjos, lá no Céu glorioso
Qual na terra, nome que dizê-lo basta
A alma é toda enlevo e indefinível gozo.

Já descia a noite, já seu véu se arrasta
Por ali em tudo onde os meus olhos ponho.
Ressorri-me a estrela peregrina e casta.

Cheio o pensamento da que só em sonho
Ora posso ver, e de sua alma pura,
Afastei-me aos poucos do lugar tristonho.

Vinha a sós cismando pela semi-escura
Pedregosa rampa que à saída guia,
Quando a mesma voz de celestial doçura

E no mesmo apelo, dentre a ramaria
Dos chorões piedosos, lá nas sombras do ermo:
— Vem dormir! repete; já se foi teu dia!

Sobrestive. O ouvido, creio-o zonzo ou enfermo.
Olho exagitado, retrocedo uns passos,
Olho em vão... Avultam da alameda ao termo

Da alta cruz de pedra os distendidos braços
E espectrais, em fila, sob o céu dormente,
Os ciprestes negros cabeceando a espaços,

Sonolentamente, sonolentamente...

(*Póstuma*, págs. 23-26.)

O paranaense Emílio de Menezes (1867-1918), curitibano como Emiliano Perneta, situa-se, quanto à poética, nos antípodas da poesia dionisíaca do autor de *Ilusão*. Parnasiano por aplicação extrema, buscava o decorativo à Heredia, atingiu, porém, maior eficácia na nota naturalista, tal a que faz do soneto "Noites de Insônia", paradigma definitivo do gênero, tão raramente bem logrado na poesia universal. O teor desse soneto é mais profundamente afim com o feitio de Emílio de Menezes do que os seus brilhantes sonetos, a que se chamou "catedralescos", no sentido de pomposos, e construídos de mármore e de ricos materiais de joalheiro. Com o transcurso do tempo, cada vez mais se afirma a prevalência, na obra de Emílio de Menezes, do veio satírico espontâneo que lhe manava do estro, e que se completava com a sua auréola de boêmio tornado legendário. Entretanto, a influência do ambiente curitibano em que se formou fez com que se tenha apresentado no mundo das letras nacionais com evidentes ressábios decadentistas; sem dúvida, nele, menos autenticamente correspondentes à sua natureza exuberante. Indisfarçavelmente, os sonetos de "Marcha Fúnebre", o "Funeral de um Lírio", e sobretudo "Olhos Funéreos" (que gozaram de vasta celebridade, como o antes mencionado "Noites de Insônia") obedecem estritamente aos cânones do Decadentismo. São de *Poemas da Morte*, Rio, 1901.

MARCHA FÚNEBRE

Baixaste sobre mim teu olhar funerário
Numa resignação piedosa de hora extrema,
E as pálpebras caindo em alvas de sudário
Velaram-me de todo a luz clara e suprema,

E tateante no mundo hostil, no mundo vário,
Sem outro guia, sem outra alma que o meu poema
Ilumine e engrinalde e o faça extraordinário,
— Um poema em que minh'alma artista ria ou gema —

Vou para além ouvindo uma música nova
Feita de pás de terra a te cair no peito
Como que para pôr o meu amor à prova

E essa música ouvindo, estranha em seu efeito,
Sinto a luz a morrer e cantarem-lhe à cova
Um funéreo e feral réquiem de luares feito.

(*Poemas da Morte*, págs. 9-10.)

OLHOS FUNÉREOS

IV

Dentro do funeral dos seus olhos pressagos,
Enlutados talvez por algum sonho extinto,
Como na estagnação sinistra de dois lagos
Mira-se duplamente a mesma flor do Insfinto.

Olhos! vós sois, por certo, o fúnebre recinto,
Onde vêm responsar, aos íntimos estragos,
Os restos de ilusão que dentro d'alma sinto
E que são para mim meus únicos afagos.

Perturba a placidez do meu sonhar de asceta,
O augúrico fulgor dos seus dois negros cílios
Imponderáveis como asas de borboleta.

Os meus mortos ideais, em teu olhar, asile-os
Essa, que ele me abriu, cova humilde e discreta,
Onde irei sepultar meus últimos Idílios!...

V

Olha! de par em par, as duas portas abro
Que deitam para o céu por teus olhos de sombra;
E este mundo febril, este mundo macabro,
Já me não horroriza e já me não assombra.

É o céu! da Via-láctea o estranho candelabro
Fulge. Em tudo há fulgor e há carícias de alfombra;
Luz-me no teu olhar a lua o rosto glabro,
Nada o olhar me perturba ou a mente me ensombra.

Só tristeza, entretanto, em teus olhos me mostras
— Tal se fossem a tumba em que os sonhos empedro
Como as pérolas dentro à válvula das ostras; —

E os cílios, — doce alpendre a cuja sombra medro,
Como, neles, meu ser * todo fechas e prostras
Num círculo feral de casuarina e cedro!...

(*Ibid.*, págs. 19, 31-34.)

Augusto de Lima (1858-1934), insigne poeta mineiro, nos anos de 1880 vacilava entre o Parnasianismo que se anunciava e um cientificismo monista que o ia arrebatando. Dessa incerteza, forçando fronteiras da sua poética, resultou duplo fruto: manifesto pioneirismo, de elevada qualidade, que lhe faz antecipar certas posições de Augusto dos Anjos, e uma sujeição bastante insegura ao ideal da "impassibilidade" e do "marmóreo" que somente parnasianos secundários terão estado nas proximidades de realizá-lo. Poesias como "Turbilhões", "O Último Dia", "Metamorfose", "Devaneio do Suicida" são de um cientificismo de grande classe e conserva-se artístico, como conscientemente de si mesmo exige nos sonetos "Monismo e Metafísica" e "Nostalgia Panteísta". No seu mais famoso poema, "Visita a uma Mineração", que Raimundo Correia calorosamente louvou, fulgem rebrilhos de gemas, e "Em cimbre augusto à abóbada suspendem/palmeiras de cristal e|bronze e cobre;/racimos de ouro de seus troncos pendem,/entre a enroscada silva que os encobre." "E a rica flora mineral desata/e rompe o véu ao rútilo tesouro:/—

---

* Está sem vírgula depois de *neles* e com vírgula depois de *ser*.

brota o esmeril, em fios corre a prata,/floresce a gema, abrem-se rosas de ouro." Esse poeta chega à rítmica que prenuncia a de tantos poemas de *Faróis*, do Cisne Negro:

TURBILHÕES

I

Não sei que ventos, que vagas
nos impelem com furor
para tão longínquas plagas...

Não sei que oculto traidor
de fibras de sangue quentes
tece os pendões do Terror;

que de delírios candentes
vão as almas sem farol,
arrastadas nas torrentes.

Em vão interrogo o sol,
a noute, as aves, os ramos
as neblinas do arrebol;

em vão pergunto: — onde estamos?
ao mudo rochedo hostil,
a à lua: — para onde vamos?

Nada responde. No hastil,
dobra-se a flor descorada
e tomba no mundo vil.

Empalidece a alvorada,
na nuvem se esvai a luz,
a fica a noute cerrada...

(*Contemporâneas*, 1887, in *Poesias*, Rio, 1909, págs. 78-79.)

O POLVO

Polvo da eterna Dor, debalde apertas
em teus fortes tentáculos sedentos
a humana essência, contra a qual despertas
em teu furor os vários elementos.

Por mais que o gozo em rudes sofrimentos,
por mais que em cardos os rosais convertas,
hão de ao Homem jorrar novos alentos
da consciência as termas sempre abertas.

Assim ao mar, que canta, estua e brama,
há séculos o sol, polvo de chama,
em cada raio suga-lhe uma gota.

Mas a seus pés, batidos, noute e dia,
os continentes bradam à porfia:
"Rios ao mar!" e o mar nunca se esgota.

(*Poesias*, pág. 32.)

EPÍLOGO

Ideal tão sonhado, sonho puro,
inacessível à miséria humana,
tênue vapor da aspiração insana,
tanto me foges, quanto te procuro!

Sonho o bem imortal; mas o futuro,
frio estuário, ao lago do Nirvana
leva os seres efemeros, que irmana
no mesmo nada eternamente obscuro...

Impetuoso coração, que esperas?
Basta! Que esperas através de escolhos,
de dilúvios, vulcões e terremotos?

Sangrei meus lábios de beijar quimeras;
cegos de ver miragens tenho — os olhos,
e de abraçar o vácuo — os braços rotos!

(*Ibid.*, pág. 269.)

Sempre me pareceu pouco acertado enfileirar Vicente de Carvalho com os três parnasianos máximos — que são quatro, porque a posteridade inscreverá nesse grupo o injustiçado Luís Delfino. Vicente de Carvalho é o poeta que consegue chegar à eloqüência sem a retórica, na sua ampla ode "Palavras ao Mar", e fixar a ternura brasileira sem sentimentalidade nem ênfase, em "Rosa, Rosa de Amor". Não nos custa alhearmo-nos no camonismo de duas obras-primas como "Eu cantarei de amor tão fortemente,/Com tal celeuma e com tamanhos brados", ou "Não me culpeis a mim de amar-vos tanto"; como em nada nos afeta que "Fantasias ao Luar" pareçam sempre tão familiares como a velha "Ballade à la Lune", de Musset, paródia graciosa e cruel dos desconchavos do Romantismo. A sua descendente — é irrecusável que o seja — mantém-se sempre puramente lírica, e quase verlainiana. O parnasianismo de Vicente de Carvalho sempre se me afigurou, digamos, branco, duma transparência de linfa de montanha; e a mesma virgindade expressional valoriza as lindas "Cantigas Praianas". O poeta paulista parece-me parnasiano como poderia sê-lo considerado João de Deus. Mas a sua musicalidade clara — devemos lembrar que ideologicamente era positivista convicto — levou-o, em certos, poucos, momentos, a beirar a expressividade simbolista, como no seu poema mais popularizado "Pequenino Morto", concessão a certo amolentamento sentimental, um tanto na linha de alguns poemas junqueirinos, — mas de irresistível eficácia.

PEQUENINO MORTO

Tange o sino, tange, numa voz de choro,
Numa voz de choro... tão desconsolado...
No caixão dourado, como em berço de ouro,
Pequenino, levam-te dormindo... Acorda!
Olha que te levam para o mesmo lado
De onde o sino tange numa voz de choro...
Pequenino, acorda!

Como vais bonito, de vestido novo
Sob a luz da tarde tão macia e grata!
Pequenino, é pena que não possas ver-te...
Como vais bonito, de vestido novo
Todo azul-celeste com debruns de prata!
Pequenino, acorda! E gostarás de ver-te
De vestido novo.

Como aquela imagem de Jésus, tão lindo,
Que até vai levando em cima dos andores,
Sobre a fronte loura um resplendor fulgindo,
— Com a grinalda feita de botões de rosas
Trazes na cabeça um resplendor de flores...
Pequenino, acorda! E te acharás tão lindo
Florescido em rosas!

Tange o sino, tange, numa voz de choro,
Numa voz de choro... tão desconsolado...
No caixão dourado, como em berço de ouro,
Pequenino, * levam-te dormindo... Acorda!

---
* Está sem a vírgula.

INTRODUÇÃO

> Olha que te levam para o mesmo lado
> De onde o sino tange numa voz de choro...
> Pequenino, acorda!
> ....
> Eis fechada a cova. Lá ficaste... A enorme
> Noute sem aurora todo amortalhou-te.
> Nem caminho deixam para quem lá dorme,
> Para quem lá fica e que não volta nunca...
> Tão sozinho sempre por tamanha noute!...
> Pequenino, dorme! Pequenino, dorme...
> Nem acordes nunca!
>
> (*Poemas e Canções*, 2.ª ed., págs. 63, 65-69.)

Olavo Bilac correspondeu, em nossa vida literária, a um atrativo um tanto pecaminoso pela correção e pelo bom gosto, em meio duma atoarda gesticulante e dum desbridamento retórico, que tomavam o lugar do espírito poético genuíno e de essência. Os mocinhos admiráveis do Romantismo tinham-se queimado num ardor de continuada adolescência, e não passaram em vão, porque a nossa boa gente brasileira os adotou e se lhes mantêm fiel, o que é significativo, senão de fenômeno estético, pelo menos de íntima simbiose sentimental. Os parnasianos determinaram disciplinar o estro, mas o fizeram com base no pressuposto da disparidade de forma e fundo, donde uma fabricação diluvial de sonetos descritivos e enumerativos. Mais tarde, dir-se-ia dos simbolistas que estes eram mais poetas do que artistas — o que é perfeitamente arbitrário —, porquanto poderia significar que traziam para a poesia o fundo, e pouco, ou nada, a forma. Parecerá ocioso lembrar essa antagonização, de primaridade hoje insuportável; porém ela explica a imensa popularidade de Bilac, o relativo ostracismo de Alberto de Oliveira, e mesmo uma certa enucleação num aristocratismo letrado, da arte de Raimundo Correia. Bilac teve quem lhe definisse a posição, quando ainda muito distante da sua derradeira fase, em 1902: um estudo de Nestor Vítor (mais tarde recolhido em *A Crítica de Ontem*, que é do mesmo ano do aparecimento de *Tarde*). Monteiro Lobato glosou elogiosamente o ensaio do autor de *Paris*. E este foi um depoimento vanguardeiro, que antecipou os julgamentos de inúmeros de hoje, desde Manuel Bandeira até Octavio Mello Alvarenga, Mário de Andrade ou Paulo Mendes Campos.[*] Bilac foi a personificação do meio-termo bem feito e amável, e a quem muito valeram os exemplos do Bocage sonetista; do único romântico que

---

[*] *Apresentação da Poesia Brasileira*, Edições de Ouro, e da fl. anterior: Manuel Bandeira; "Bilac, príncipe", *Jornal do Brasil*, 28-2-1956; Octavio Mello Alvarenga, "Olavo Bilac", Coleção "Nossos Clássicos", Agir, 1957, in *Jornal do Brasil*, 29-12-1957; Paulo Mendes Campos, "Olavo Bilac", *O Jornal*, 6-6-942; Mário de Andrade, *apud* "O que resta de Olavo Bilac?", in *Jornal de Letras*, Ano I, n.º 6, dezembro de 1949.

teve tempo de pensar a sua arte: Gonçalves Dias; e dos raros, porém definitivos acertos em poesia de Machado de Assis: "Spinoza", "Soneto de Natal", "A Arthur de Oliveira, enfermo", "A Carolina", as traduções do Canto XXV do *Purgatório*, de Dante, e de "O Corvo", de Edgar Poe, esta uma absoluta e estupenda recriação. A comedida, mas verbalmente exaltada, sensualidade da simpaticíssima "Via-Láctea", pareceu de tal modo afim com o tropicalismo brasileiro e sua miscigenação tão complexa (porquanto é esquecido, ao caracterizá-la, o subtropicalismo, e mesmo a climática temperada do Sul), que durante lustros os brasileiros reconheceram-se na sua nem sempre confessada nostalgia ibérica do clássico. Paradigma do anti-simbolismo, do antidecadentismo, a "Via-Láctea" de Bilac. E quando, já falecido este, apareceu *Tarde*, foi geral o encantamento, ante a persistência do bom gosto, porém já se atrevendo ao devassamento de certos recessos de vida interior, aquilo que se declarou por toda parte ser um aprofundamento do seu estro. Tendo-se em conta a autonomia de uma obra relativamente a origens, filiações, influências, ainda assim para bastantes dos números de *Tarde* o diagnóstico estaria certo. Evidente, a maturação; mas o poeta foi mais longe e abriu-se para o mundo espiritual adverso; isso com o seu habitual *savoir-faire*, a sua consumada presteza. Para o caso que nos interessa aqui: o das influências, passageiras ou não, sobre os díscolos do movimento, ocorrido com Bilac, nas proximidades dos seus 50 anos. Iam aparecendo na dantes tão prestigiosa revista *Careta*, secretariada por um parnasiano ortodoxo, o gaúcho Leal de Sousa, sonetos de Bilac singularmente graves e penserosos, e, para tantos e tantos, surpreendentes. Na edição primeira deste *Panorama* evitei ocupar-me com a explicação da transformação — digamos, evolução — do estro bilaquiano. Pareceria recurso excessivamente fácil para uma apologia do Simbolismo como fenômeno viável e fecundo em nosso meio. Entretanto, não deixei nunca de pensar no caso, e certas advertências chegaram-me, nesse sentido, insistentemente. O orador de minha turma de bacharelandos, de 1918, Edmundo da Luz Pinto, que se tornara em acatado jurista e advogado, mas fiel às letras, era vigilante guardião da nomeada de Cruz e Sousa. Certa vez, declamou para mim, pelo telefone, versos e versos de *Tarde*, de mistura com outros dos *Últimos Sonetos*, de Cruz e Sousa. A aproximação foi de tal forma flagrante que sou forçado a assinalar indicações da confluência de caudais tão importantes, mas tão diversas, da nossa Lírica. O livro póstumo *Últimos Sonetos* veio impresso de Paris em 1905, trazido por Nestor Vítor, que o fizera publicar pela Aillaud, Alves & C., editora. Em março de 1898, ao falecer o Cisne Negro, Bilac escreveu uma página de bastante humanidade sobre a figura e a vida infortunada do poeta catarinense. †

---

† Na *Notícia*. Transcrita por Elói Pontes, in *A Vida Exuberante de Olavo Bilac*, Ed. José Olympio, Rio, 1944, págs. 510-511.)

INTRODUÇÃO

Da leitura de *Tarde*, que é de 1919, mas cuja matéria constitutiva foi aparecendo, como já referi, avulsamente, na *Careta*, nos vários, bastantes anos anteriores ao seu lançamento como livro, verifica-se que o impacto recebido da leitura dos sonetos do Poeta Negro foi sensível, e claramente se evidencia mesmo a um rápido exame. No soneto "Diamant 'egro" correm parelhas a admiração e a limitação, a retração do entendimento; mas resulta bem manifesto o pensamento secreto de homenagem, pelo menos, a uma entrevista grandeza no poeta irregular, de estética desconforme e dissonante na rotina da nossa Poesia: Diamante Negro, chamavam ao autor dos "Violões que Choram..." muitos de seus discípulos e admiradores — como também Poeta Negro, Sol Negro, Lírio Negro, Cisne Negro, Dante Negro, Diamante Noturno, cognominou-o Antônio Austregésilo, em texto que está noutra parte deste *Panorama*; Hermes-Fontes, intitulou "O Carvão e o Diamante" o soneto glorificador de Cruz e Sousa, também constante do *Panorama*. Coincidência? Tudo é possível, mesmo que o impulso criador de que resultou o "Diamante Negro", de Bilac, se tenha processado nas profundezas do subconsciente; ou nem mesmo isso... Como documento da sedução da poética simbolista na produção bilaquiana bastaria mencionar a linda "Surdina", pintura que chega à periferia do impressionismo, mas sem avançar tanto quanto Raimundo Correia o fez no bem-aventurado "Plenilúnio". A nota triunfalista a Luiz Delfino, encontramo-la já na primeira fase de sua obra, quando a influência do poeta de *Algas e Musgos* era mais intensa; por exemplo: "Lendo a Ilíada", onde, por vezes, ela é quase literal. "Surdina", porém, tem uma musicalidade delicada, que parece entroncar em *Os Simples*. Durante largo período de sua produção, "Surdina" foi como um *edelweiss* perdido na floresta tropical. Fenômeno muito diverso foi o representado pelas harmonias mais secretas, que poderiam parecer inassimiláveis ao estro bilaquiano, e que nele se insinuaram no material de *Tarde*. A realização foi a habitual nesse artista seguro do seu gosto. O pulsar duma verdadeira convulsão, a imersão profunda no mistério ontológico, a sensibilidade para o cósmico, tudo isso não lhe veio perturbar o equilíbrio da expressão, que ainda assim se tomou de certa densidade, impregnou-se de sucos delicados, revelando uma comunicação real com a cosmovisão dramática, repassada de luminosidade feérica, do autor de "Caminho da Glória" e "Triunfo Supremo". Exigiria minucioso roteiro exegético comparativo à demonstração de quanto ficou devendo ao Cisne Negro o cantor de "Via-Láctea". São textos que estão em todas as mãos! Quem não sentiria nestes tercetos de "Ressurreição": "São torres vivas, cúpulas fulgentes,/Zimbórios ígneos, toda a arquitetura/Dos sonhos que a ambição do Ideal encerra,/Subindo em largos surtos, em torrentes,/Galgando o céu, para brilhar na altura/E desfazer-se em versos sobre a terra...", um reflexo do deslumbramento ao qual conduz o fecho de "Supremo

Verbo"? E seria exagerado insistir sobre expressões como estas, de Bilac, cuja filiação é flagrante?: "E, de cabelos brancos, mudamente,/Quedamos frios, num olhar tristonho." ou "Felizes, num prestígio estremecemos;/Deliramos, na luz que nos invade/Dos redivivos êxtases supremos" ("Milagre"); "Porque, entre as duas bocas soluçantes,/Rola todo o Universo, em harmonias/E em glorificações, enchendo o espaço!" ("Criação"); "No desesperador prazer do teu transporte,/Sentes a crispação da treva que te invade,/O doloroso amargo ante-sabor da morte..." ("Semper Impendet"); "Esqueceste o pecado oitavo: e era o mais triste,/Mortal, entre os mortais, de todos os pecados!" ("O Oitavo Pecado"); "Salvando-nos do tédio, o nosso medo/Foi uma porta de ouro para a glória!" ("Salutaris Porta"); "Bocas, bradando aos céus de minuto em minuto,/Olhos, velando a terra em sudários de pranto,/Corações, num rufar de tambores em luto..." ("Marcha Fúnebre"); "Antes o meu espírito no espaço/Fuja em suspiro etéreo e vago fumo... // Sugue o meu grito de última alegria,/O meu beijo supremo — uma flor vermelha/Embalsamando a minha boca fria!" ("Eutanásia"); "Ardo, aspiro, por ver, por saber, longe, acima,/Fora de mim, além da dúvida e do espanto!/E na sideração, que, um dia, me redima,//Liberto, flutuarei, feliz, no seio etéreo,/E, ó Morte, rolarei no teu piedoso manto,/Para o deslumbramento augusto do mistério!" ("Introibo!"); ou "Cansados de ânsias vis e de ambições ferozes,/Ardemos numa louca aspiração mais casta,/Para transmigrações, para metempsicoses!" ("Os Sinos")... "Sinfonia", já vimos, provém de Delfino, porém "Estuário" é, por inteiro, provocado pela inspiração terrível de "Triunfo Supremo", do qual propõe um como antídoto um pouco tímido...

Este o significativo "Diamante Negro":

DIAMANTE NEGRO

Vi-te uma vez e estremeci de medo...
Havia susto no ar quando passavas:
Vida, morta, enterrada num segredo,
Letárgico vulcão de ignotas lavas.

Ias como quem vai para um degredo,
De invisíveis grilhões as mãos escravas,
A marcha dúbia, o olhar turvado e quedo
No roxo abismo das olheiras cavas...

Aonde ias? aonde vais? Foge o teu vulto;
Mas fica o assombro do teu passo errante,
E fica o sopro desse inferno oculto,

O horrível fogo que contigo levas,
Incompreendido mal, negro diamante,
Sol sinistro e abafado ardendo em trevas.

(*Tarde*, in *Poesias*, 25.ª edição,
Rio, 1954, pág. 337.)

SURDINA

No ar sossegado um sino canta,
Um sino canta no ar sombrio...
Pálida, Vênus se levanta...
    Que frio!

Um sino canta. O campanário
Longe, entre névoas, aparece...
Sino, que cantas solitário,
Que quer dizer a tua prece?

Que frio! embuçam-se as colinas;
Chora, correndo, a água do rio;
E o céu se cobre de neblinas...
    Que frio!

Ninguém... A estrada, ampla e silente,
Sem caminhantes, adormece...
Sino, que cantas docemente,
Que quer dizer a tua prece?

Que medo pânico me aperta
O coração triste e vazio!
Que esperas mais, alma deserta?
    Que frio!

Já tanto amei! já sofri tanto!
Olhos, por que inda estais molhados?
Por que é que choro, a ouvir-te o canto,
Sino que dobras a finados?

Trevas, cai! que o dia é morto!
Morre também, sonho erradio!
— A morte é o último conforto...
    Que frio!

Pobres amores, sem destino,
Soltos ao vento, e dizimados!
Inda vos choro... E, como um sino,
Meu coração dobra a finados.

E com que mágoa o sino canta,
No ar sossegado, no ar sombrio!
— Pálida, Vênus se levanta...
Que frio!

(*Poesias*, 25.ª edição, págs. 209-210.)

O Simbolismo nasceu amoralista. Exagerando o conceito de Baudelaire: "Muita gente imagina que a finalidade da poesia é um ensinamento qualquer, que ela deve ora aperfeiçoar a consciência, ora, afinal, demonstrar qualquer coisa de útil..." "A poesia não pode, sob pena de morte ou de decadência, ser assimilada à ciência ou à moral." Essa noção é de nítido caráter tomista. Contudo, o próprio Baudelaire, na sua dolorosa vida, teve atitudes excessivas, levadas a maiores extremos ainda por Wilde — que, aliás, ficavam longe, apesar das alarmadas observações "clínicas" de Nordau, do sinistro androginismo de jovens "existencialistas" de hoje.

No panorama brasileiro, os simbolistas, representados pelas suas maiores figuras, nem sequer foram propriamente boêmios. É ainda cedo para mencionar traços biográficos atinentes à vida privada desses autores. Ninguém ignora, entretanto, a dipsomania progressiva de B. Lopes — que o levou ao Hospício de Alienados — para citar um que não deixou responsáveis pela defesa ciosa da sua memória. A moléstia reduziu Emiliano Perneta à sobriedade radical, já, porém, nos últimos anos da sua vida, que não foi longa.

Aliás, o álcool — em França, a "fée verte", o absinto — era o "paraíso artificial" (a expressão, sabem todos, é de Baudelaire) por assim dizer normal entre os poetas brasileiros. No Parnasianismo e no Naturalismo, foi geral o abuso alcoólico, ainda de tradição romântica. Caso quase único — Alberto de Oliveira era abstêmio e de vida rigorosamente regular. A época admirava os Pardais Mallet, Paulas Ney, Guimarães Passos. O romance, tão vivaz, *A Conquista*, de Coelho Neto, dá acerca dos seus companheiros depoimento irrecusável, naquele sentido. Entre os simbolistas havia os boêmios à Murger, ou ao modo do *Chat Noir* e outros cabarés de Paris. Assim, Emiliano Perneta, Gonzaga Duque, Santa Rita, Venceslau de Queirós, Oscar Rosas, Lima Campos, Orlando Teixeira, Carlos D. Fernandes, Zeferino Brasil, Leite Júnior, Marcelo Gama, Edgar Mata, Max de Vasconcelos, Maranhão Sobrinho, Tiago Peixoto, Pedro Kilkerry, Ernâni Rosas. Para quase todos esses o "paraíso artificial" era ritual, uma torre de marfim, Marcelo Gama foi vítima ocasional dele; Edgar Mata chegou a sofrer verdadeira desintegração da personalidade. Certa impulsividade subitânea, freqüente em tantas páginas do nosso Simbolismo, tiveram talvez, em parte, aquela origem.

Nesse terreno, foi notória a sobriedade radical de Cruz e Sousa Silveira Neto, Nestor Vítor, Rocha Pombo, Graça Aranha, Domingos

do Nascimento, Dario Vellozo, João Itiberê, Pethion de Vilar, Ad. Guerra Duval, Maurício Jubim, Saturnino de Meireles, Euclides Bandeira, Tristão da Cunha, Félix Pacheco, Durval de Moraes...
Não me parece útil, e seria, seguramente, ingênuo, distribuir os restantes pelas duas colunas deste quadro. Quero porém lembrar um fato de capital significação: quase nenhum simbolista fez o louvor da boêmia e do álcool. Em alguns, até, este último aparece como um mal de ordem estritamente privada e quase secreto. O ambiente antropogeográfico e as condições de formação espiritual condicionaram infinitamente melhor a criação poética de Alphonsus de Guimaraens do que poderia fazê-lo algum paraíso artificial. No pólo oposto a outros, em cuja obra há manifestos sobressaltos de dipsomania, Alphonsus de Guimaraens mantém, na sua, igualdade extraordinária e admirável unidade de vida interior. A sua produção significativa foi realizada no período entre 1891 (poemas insertos em Kiriale e Dona Mística) e 1921, quando faleceu: trinta anos de fecunda produtividade, só comparável, no Brasil, no que concerne à regularidade e equanimidade, à de Machado de Assis. Reina em toda a sua extensão uma gravidade, uma honestidade, uma pureza admiráveis.

Cruz e Sousa, esse tomou postura moralizante explícita. O seu inconformismo e o seu antiburguesismo não o levaram à busca do paraíso artificial de Baudelaire, de Verlaine, de Edgar Poe. Nada existe, na sua obra, que seja mais fundamental que o seu moralismo. Não há nele nada convencional. Os seus terríveis sonetos finais: "Piedade", "A Perfeição", "Fogos-Fátuos", mas sobretudo "Consolo Amargo", "Ódio Sagrado", "Sorriso Interior", "Triunfo Supremo" e "Assim Seja!", exprimem inabalável sentimento de dever transcendente, resignação dolorosa, e um estoicismo atingido com esforço quase sobre-humano, tanto fremem, por baixo dessa disciplina moral, as suas fibras profundas de sensibilidade, feridas pela vida. Nele não havia vestígios do tédio diletantesco de tantos "decadentes", nem o pessimismo era atitude voluntária ou meramente filosófica.

Os seus discípulos, muita vez paradoxalmente, assumiam a mesma postura moralizadora e estóica, mas somente na obra poética... Aquele heroísmo tornava-se, nas mãos desses epígonos, meramente vocabular.

A parte significativa da obra de Cruz e Sousa foi escrita apenas em seis anos — de 1892 (quando se fixou no Rio) a março de 1898 (quando faleceu), quinta parte do tempo de que dispôs Alphonsus de Guimaraens para realizar a sua — mas escrita febrilmente, e à custa da própria saúde, da própria vida, como o destino se encarregou de demonstrar; e com a pressa de quem sabia ser um "assinalado" — o *averti* de Maeterlinck. Condenado (a sua obra está cheia desse pressentimento), Cruz e Sousa teve de apressar vertiginosamente a sua mensagem total e o seu "testamento". Quase inteiramente póstuma nas suas partes mais altas, não pôde sofrer nenhum trabalho suplementar de aprimoramento, nenhum acabamento. É quase uma improvisação, mas genial e revestida da sua forma necessária. As escórias — também existentes em obras realizadas com refletidos vagares — são despiciendas; é justo que como tal sejam tratadas. Nenhuma poesia menos arte-pela-arte do que essa de Cruz e Sousa, até a despeito de convicções, menos meditadas, do próprio poeta.

Observado o panorama da época, fica evidente o contraste entre os simbolistas, de um lado, nem todos puros, insistindo na nota da pureza, da honestidade, do heroísmo interior, falando em "lírios", e cuja sensualidade era violentamente idealizada, ligada ao satanismo, ao sucubato, a um profundo sentimento místico — e de outro os parnasianos, muitos dos quais cantavam a carne pela carne, sem o sentimento do pecado, mas também sem saudável alegria. Estão nos extremos: Alphonsus e Bilac.

*

Só muito recentemente a crítica portuguesa principiou a grupar os poetas e prosadores cujo feitio correspondeu às circunstâncias, influxos e condições específicas daquele "momento internacional". Dizia-me paradoxalmente Nestor Vítor que a mentalidade luso-brasileira aceita dificilmente os "irregulares" e os "inatuais" (expressões nietzschianas). Com maior naturalidade ela acolheria os arcaizantes, até os mais cheios de inversões e de elipses, porém sobretudo os de feitio próximo do lirismo popular. Durante o grande "momento internacional" que foi a Renascença, em Portugal, glorioso do sucesso recente e inaudito das navegações e descobrimentos, Sá de Miranda e Antônio Ferreira introduziram novos ritmos e novas formas na poesia. Depois disso, teria esta cerrado as fronteiras, até a época romântica, quando o sedutor Garrett as ultrapassou, e à naturalista, quando, mercê de Eça de Queirós, Antero e Guerra Junqueiro, se produziu novo e mais amplo contato com o mundo exterior. A bravura crítica de Oliveira Martins, Fialho de Almeida e Ramalho Ortigão quebrou rudemente o doce marasmo idílico nacional das letras, e preparou o terreno para aventuras mais livres do espírito, sem dúvida aparentemente incompatíveis com o espírito de lusitanismo ultraconcentrado à Camilo Castelo Branco e à Castilho.

O ambiente intelectual português diferia muito daquele em que surgiu o nosso Simbolismo. O Parnasianismo não chegou a formar, ali, o baluarte inexpugnável no qual a opinião brasileira, seduzida pelo descritivismo tropicalista brilhante e um artesanato muito cuidado, acompanhou e aceitou, em sua acessibilidade estética, a vitoriosa tendência, que deu ao Brasil alguns grandes poetas e inumeráveis usuários de moldes e fórmulas de apetecível facilidade. O Parnasianismo, em Portugal, teve de lutar com sobrevivências vivazes do Romantismo, e logo se impuseram variações naturalistas, trazendo conotações dum realismo eficaz. O Positivismo representado por Teófilo Braga, seu vulgarizador grandemente esforçado; o voltairianismo, o anticlericalismo tinham reflexos flamejantes no Guerra Junqueiro de *A Morte de D. João* e *A Velhice do Padre Eterno*, romântico à Hugo, vagamente matizado de satanismo baudelairiano. O Parnasianismo teve a sua figura mais notável num brasileiro: Gonçalves Crespo; e ainda Antonio Feijó, tão prezado pelos nossos simbolistas pelo seu *Sol de Inverno;* Macedo Papança, Conde de Monsaraz, bastante popularizado aqui; Luís de Magalhães; Manuel da Silva Gaio, e outros. Duas personalidades, porém, e um pouco anteriores, representaram fenômeno conducente ao Simbolismo, de modo indireto sem dúvida: João de Deus e Antero de Quental. O primeiro, tenta-se aproximá-lo de Verlaine. Exagero. Verlaine não tem a pureza cristalina do autor do *Campo de Flores*. A musicalidade de Verlaine, na sua aparente fragilidade e simplicidade, subentende o requinte que Debussy e Fauré nela sentiram, ao se lhe associarem. Ainda assim, a música de João de Deus indicava um caminho para refugir à retórica e à ênfase parnasiana. Antero de Quental contribuiu muito mais. Não é parnasiano no sentido ortodoxo da tendência. O seu soneto é de linguagem estrita e precisa, mas como uma água-forte daquele Dürer que o inspirou. E foi o substrato de sua poesia, dum romantismo severo e ardente, que tornou passível o seu influxo sobre Cruz e Sousa. Uma voz grave, de espiritualidade irremissível, que ressoa como a do Precursor João Batista. Com ele entrou para a poesia portuguesa um novo fenômeno: a transcendência.

Foi quando, em 1890, apareceu em Coimbra a 1.ª edição de *Oaristos*, de Engênio de Castro. Já o título o prendia ao simbolismo francês, tirado como foi dum texto de Verlaine: *"Ardent oaristys dont le dénouement chaste est plus brûlant que tout autre imaginable..."* Repentinamente a poesia portuguesa incorporava uma arte de música irregular e como curiosamente lassa, recamada de ornatos de ouro como paramentos litúrgicos. Entretanto, nesse livro, que intentava a revolução estética, ainda encontramos a tradição clássica, no metro, nas remanescências vocabulares, em alusões freqüentes, e numa das obras-primas do soneto em língua portuguesa, que termina: "Amar sem esp'rança é o verdadeiro amor."

Grande, o escândalo. Os mestres da hora acolheram-no com reservas, mas cavalheirescamente. Ramalho Ortigão falou no que havia "de extremamente ousado, de imprevisto, de premeditadamente anormal na sua estética, no seu estilo e na sua metrificação", acrescentando ser isso, ainda assim, preferível à "correta mas senil tendência para a submissão à banalidade e à rotina". Fialho de Almeida, tão conservador em relação aos naturalistas seus contemporâneos, mas poderoso impressionista por tendência não raciocinada, declarou que aquele livro-manifesto apresentava "uma tendência de novo, uma ânsia de remodelação poética que vai por vezes até a histeria da imagem e do ritmo".

Ninguém, entretanto, deu brado consciente e nítido de que eram o Simbolismo, o Decadentismo, o Nefelibatismo que chegavam. E já no ano seguinte (1891) o mesmo editor (Manuel de Almeida Cabral, de Coimbra) lançava *Horas*. Não havia engano possível: a revolução estava realizada e até levada a extremos insuspeitados. *Horas* é talvez o livro mais característico do Decadentismo em língua portuguesa, antecipando o *Luar de Hinverno*, do brasileiro Silveira Neto, que tenho como o livro-tipo daquela tendência — ainda mais forte do que nos primeiros livros de Alphonsus de Guimaraens. Em *Horas* entraram de roldão para o vocabulário poético quase todos os elementos que distinguem o idioma simbolista brasileiro, e que tentei reunir no Glossário junto a este *Panorama*. Não somente as palavras, mas também numerosos dos modismos e cacoetes que se tornaram inseparáveis do feitio do nosso simbolismo. Grande variedade de metros; prosa poética alternando com estrofes regulares; a freqüência das poesias em dísticos; a torre de marfim diretamente mencionada e preconizada; as maiúsculas individuadoras e alegorizadoras; a plena invasão das expressões e dos temas litúrgicos; a procura de música, à Verlaine; as "litanias" (ladainhas) e responsos. O conjunto é apresentado como "Silva esotérica para os raros apenas". *Silva* é precisamente o título do terceiro livro de Engênio de Castro, publicado em Lisboa no ano de 1894. Já então Cruz e Sousa inaugurara o simbolismo brasileiro com os seus *Missal* e *Broquéis* (1893). Em *Silva* a expressão é mais pura, bastante menos bizantina, porém ainda gongórica. Aproxima-se timidamente do verso livre; continua com a prosa poética. E nas dedicatórias e nas epígrafes das poesias o "momento internacional" está demarcado: Stéphane Mallarmé, Maurice Maeterlinck, Barbey d'Aurevilly.

Esse golpe de gongo despertou todo o mundo: gritos, ironias, paródias. Marcou, porém; e Eugênio de Castro [52A] prosseguiu, para realizar ainda um livro simbolista ortodoxo, *Interlúnio;* o deslumbramento daquela *Salomé*, daquela *Constança*, mas sobretudo *Belkiss*, uma das mais importantes (aliás tão raras) peças dramáticas do simbolismo luso-brasileiro — e que é de 1894 — contemporânea de *O Pântano* — a que se seguiram *A Toutinegra Real* (1895) e *Meia-Noite* (1900), do ilustre, e mais nitidamente teatrólogo, D. João de Castro; e, no Brasil, principalmente *Malazarte*, de Graça Aranha, e a cantata dramática *Pena de Talião*, de Emiliano Perneta.

O autor de *A Morte de D. João* foi contaminado inesperadamente pelas auras espirituais do momento simbolista. Abel Botelho depõe, referindo-se a Eugênio de Castro: "O próprio Junqueiro sofreu a

---

52-A. Obras poéticas de Eugênio de Castro, vol. I, Lisboa, 1927, págs. 16 e 17.

influência desse petulante e imberbe pontifex maximus da rima."
Isso é evidente quando comparamos *Os Simples* e *Pátria* à obra anterior de Guerra Junqueiro. Saído do byronismo — tinto de Hugo e Baudelaire — de *A Morte de D. João*, Guerra Junqueiro aparece em *Os Simples* (1892) duma luminosidade agreste e pura, cheio de localismos típicos, tudo levado numa música insinuante, cantante quase como a popular. Contribuiu esse livro, cheio da essência mais delicada da vida portuguesa campestre, com elementos expressionais e com temas muitos deles já indicados em *Oaristos* e *Horas*, mas a que Junqueiro deu relevo mais insistente: os "Angelus", as "Ermidas", os "Lírios", o "Sete-Estrelo", as "Extrema-Unções", as "Trindades" e "Ave-Marias". O Decadentismo tem ali vestígios como estes, citados ao acaso: "Nos seus lábios roxos fosforece o luar..."; "Hálitos de lilás, de violeta e d'opala, /Roxas macerações de dor e d'agonia"; "Litanias fluidas do luar dorido!/Misereres brancos do luar dorido!"; "Lágrimas da morte do luar tristíssimo! /Cânticos d'exéquias, orações dolentes /Do luar santíssimo!..." Mais fortes ainda, as notas decadentistas no poema *Pátria*, talvez a obra-prima de Junqueiro e da poesia de interesse político em língua portuguesa. Todas as falas de "O Doido", personagem central, equivalente, no poema, ao coro da tragédia grega, são fragmentos simbolistas inconfundíveis. Citando Guerra Junqueiro, cito poesia familiar aos brasileiros e com dobrada razão aos daquele tempo. Entretanto, o que aceitavam em Junqueiro, tinham por extravagância gratuita nos nossos simbolistas.

Não se enganavam os leitores simbolistas brasileiros quando se declaravam em afinidade sentimental com as juvenis *Prosas Bárbaras*, de Eça de Queirós, dum romantismo evidente, e decadente. Decadência, diga-se sem anfibologia, era o que sentiam naqueles desconformes e intemperantes poemas em prosa. [52B] Foi, porém, Gomes Leal quem decisivamente impressionara, num impacto revelador,

---

52-B. Foi, no entanto, Eça de Queirós, universalmente querido pelos nossos simbolistas — fragmentos dos livros de Eça eram recitados no Brasil inteiro —, quem mais desabrida e ininteligentemente recusou o Simbolismo e o Decadentismo, preservando-se rigorosamente de qualquer contacto com esses movimentos. Seria cruel transcrevesse eu aqui as duas páginas finais de *Últimas Páginas*, onde se refere às "bulhas e gritos intoleráveis" encontradiços nos livros de "os Decadentes, os Incoerentes, os Alucinados", com as suas "desabaladas orgias de ritmos"; com aquele Verlaine, que, para ele "guarda a coroa da Incoerência"; para concluir apesar do talento, "muito talento, uma habilidade de ofício maravilhosa, uma presteza de mão que surpreende, uma técnica de rima, uma abundância de cor, uma arte no detalhe que maravilha. Somente, nestes milhares de versos admiráveis — não há um verso poético: estes poetas não têm poesia: e, entre tantos talentos, não há uma só alma!" (Ed. de 1912, — lida por mim nesse mesmo ano... — págs. 501-502.) — Manuel Bandeira pensava exatamente o contrário: que os simbolistas eram muito mais poetas do que artesãos, o que afinal de contas é irrelevante, porquanto grandes simbolistas dominavam técnica adequada à expressão daquilo que tantos deles tiveram soberanamente, como Cruz e Sousa, Alphonsus de Guimaraens, Silveira Neto, Perneta — uma alma.

cheio de conseqüências, lá no seu longínquo Desterro (Florianópolis), ao moço João da Cruz e Sousa. *Claridades do Sul* (1875) passou de mão em mão, naqueles tempos precursores do nosso Simbolismo, credenciado pelo fervor de Cruz e Sousa. A sua correspondência com Virgílio Várzea documenta-o. Entretanto, aqui não chegaram os ecos da publicação dos sonetos *Alma Póstuma*, de D. João de Castro, os quais assinalam o lançamento em Portugal do "decadentismo-simbolismo" (1891), simultaneamente com os primeiros livros de Eugênio de Castro. Já quase toda a obra em prosa de Cruz e Sousa estava escrita — em parte publicada (*Missal*, 1893), e ademais, muito mais importante, só tendo sido editada postumamente (*Evocações*, 1898) — quando Raul Brandão publicou o seu decadentíssimo *A Morte do Palhaço* (1896), que, no entanto, interessou fortemente Emiliano Perneta, Silveira Neto, Dario Vellozo, os vanguardeiros do decadentismo-simbolismo entre nós, antecedendo à admiração muito mais generalizada que provocaram os seus livros, de amplo lirismo pictórico: *Pescadores, Ilhas Desconhecidas* e sobretudo *Humus*, já de 1917.

Cesário Verde, cujo *Livro* fora publicado, postumamente, em 1887, marca na poesia portuguesa um lugar de difícil definição. Poderia provir de Baudelaire: "Metálica visão que Charles Baudelaire/Sonhou e pressentiu nos seus delírios mornos"; porém cita Herbert Spencer nos seus versos. O seu "Responso" é decididamente simbolista; "Setentrional", idem; "Deslumbramentos", também. O seu amigo Silva Pinto, que organizou o *Livro,* chamou à parte deste constituída por aquelas poesias "Crise Romanesca"; quer dizer: neo-romântica. Entretanto, aberto o *Livro* muito, muito para diante, lá encontramos ainda algumas maiúsculas, alguns adjetivos... É desconcertante. O tom é de ilusão incisiva, cortante, e todavia marejado de lirismo. Parnasiano dissidente, afirmam, a sua expressão é cheia de prosaísmos e prosaísmos, típicos da linguagem coloquial, temperados por um *humour* ácido (o adjetivo é seu). Evidentemente naturalista. Não poderia ser simbolista: faltou-lhe interesse pelo mistério. Parece vir de Heine e de Baudelaire, mas é Cesário Verde: um ímpar. Dá à poesia portuguesa nota de diversidade, e capacidade outra de prestígio, paralelamente à diversidade e novidades simbolistas.

Já em 1885 Antônio Nobre começava a escrever "o livro mais triste que há em Portugal", esse estranho *Só*. Tudo, ali, do simbolismo: as maiúsculas, a música, a atmosfera funerária, o *y* de "Lágrymas", o "Sete-Estrelo", a "Extrema-Unção da Morte", os "Santos-Óleos", os céus "tuberculosos"... até aquele "Vale de Gangrenas", provindo de Baudelaire-Rollinat, que terá sugerido talvez o "oceano de erisipela" do nosso Gustavo Santiago. *Só* era, apesar da expressão

---

53. Op cit., pág. 17.

"decadente", da morbidez contagiosa, como uma suma sentimental de Portugal. Ele, que reclamava: "Qu'é dos Pintores do meu país estranho,/Onde estão eles que não vêm pintar?", deixou um retrato desse país que profundamente sensibilizou a esta progênie portuguesa que somos nós, brasileiros. Frutificou nos simbolistas, ajudado pelo idioma estético idêntico de que usavam; e quando não influiu, com eles se encontrou, sob muitos aspectos: os movimentos repentinos de *humour;* as células rítmicas desencadeadas de súbito, e deixadas sem desenvolvimento; tantas tonalidades do seu pinturesco insinuante. †

Num desigual e estranho livro de 1894, *Palavras Loucas,* do neogarrettiano Alberto d'Oliveira, publicado em Coimbra (França Amado), a poesia que o prefacia é eminentemente representativa da nuança portuguesa do Simbolismo. Os nossos leram-na com fervor.

Escritor conhecido principalmente pela sua tradução da obra de Flaubert, João Barreira (28-12-1866/28-4-1961), é autor de um livro de poemas em prosa, *Gouaches.*[54] Foi através dessa obra, talvez mais do que de *Missal,* de Cruz e Sousa, que o poema em prosa entrou na nossa vida literária.[55] Por intermédio daquele livro, hoje raríssimo, a corrente derivada de Aloysius Bertrand (*Gaspard de la Nuit*) — Baudelaire (*Petits Poèmes en Prose*) inundou largamente o Brasil literário novo. Os nossos simbolistas adotaram-no imedia-

---

† Josué Montello: "A área mais extensa da influência de *Só* é certamente a brasileira. Pode-se mesmo dizer que, não obstante a superioridade indiscutível de Cruz e Sousa no simbolismo de língua·portuguesa, foi Antônio Nobre que quase monopolizou essa influência, e não apenas nas obras dos poetas menores..." (Presença de Antônio Nobre, *Jornal do Brasil,* 7-2-1969.)

54. João Barreira, *Gouaches* (*Estudos e Fantasias*), Porto, Lugan & Genelioux, Editores, 1892.

55. Escreve Nestor Vítor: "As *Gouaches,* de João Barreira, que aos meus ouvidos, pelo menos, foram o clarim anunciador da alvorada — e o Poeta Negro as leu —, não o podiam ainda ter influenciado a tempo, lidas aqui quando ele compunha o *Missal,* para já se refletirem neste livro." E em nota de pé de página: "Foi Cruz e Sousa, até, quem fez calorosa propaganda, entre seus amigos, desse livrinho, que logo se esgotou no mercado." (*Obras Completas de Cruz e Sousa, I, Poesias,* edição do *Anuário do Brasil,* Rio, 1923 — Introdução; pág. 35.) O romancista Adolfo Caminha (crítico muito bem dotado, e o primeiro que se ocupou de Cruz e Sousa em livro), surpreendido pelo insólito da tendência simbolista, escreve, nas ainda hoje atraentes *Cartas Literárias*: "João Barreira é um artista que dispõe de recursos invejáveis e de um belíssimo temperamento de naturalista (sic) *rafiné.* / Sente-se nessas páginas estranhamente compactas o atropelo de um espírito forte agarrado à forma, debatendo-se numa ânsia de águia presa. / Causa vertigem a leitura desses *estudos* incompletos que se chamam "Diálogo outonal", "Perfis amigos", "A rosácea da capela gótica"... Não me lembro de ter visto nunca uma tão abundante profusão de cores combinando-se com um vistoso fogo de artifício: verdadeira sarabanda de *manchas lânguidas de folhagem exausta,* de *agonias do azul, de·azul de gangrena, e poentes ensangüentados, e explosões esfarrapadas do rubro* ..." E adiante: "Barreira arrisca-se a ficar incompreendido, como Nobre, se insistir nesses processos." (págs. 79-80.)

tamente; muitos com fervor fanático. Narrou-me um remanescente do movimento, Corinto da Fonseca (1882-1961), que o seu grupo o declamava secretamente, e *de joelhos*. Pessoalmente ouvi de alguns, declamada de cor, a fantasia "Perfis Amigos", água-forte delicada, escrita numa prosa de musicalidade em tom menor, das mais decisivas como caracterização do gênero poesia em prosa — longinquamente lembrando certas criações fantasiosas de Hoffmann (Ernst-Theodor-Amadeus). Autor de obras sobre Arte, especialmente a grega, e médico de renome, a sua *Gouaches* foi pouco notada em sua pátria. Ainda assim, perseverou na sua posição estética, até o fim. São ainda marcadamente simbolistas de expressão e concepção os seus livros posteriores: *A Morte do Imaginário* (1923), *Sylva de Arte* (1928), *As Coisas Falam* (1933) e *A Rota do Bergantim* (1947). João Barreira — bem como quase todos os historiógrafos literários portugueses — ignorava a extensão do influxo que teve no Brasil o seu pequeno "breviário", como então se dizia, e, ao receber a primeira edição deste *Panorama*, das mãos de Aurélio Buarque de Hollanda Ferreira, que foi visitá-lo em meu nome, declarou que aquilo lhe parecia uma sua "aventura arqueológica"...

Enviou-me — escuso-me pela nota pessoal — duas folhas autografadas do original de *Gouaches* e retratos seus. João Barreira, ao falecer em 28 de abril de 1961, era o único sobrevivente do simbolismo português. Outros, muito mais novos do que ele, já tinham desaparecido.

O simbolismo português não parou nesse grupo líder. Antônio Feijó trazia a marca simbolista em *Sol de Inverno*, de 1922. Florbela Espanca (1894-1930) — só conhecida no Brasil há bem pouco —, alentejana que nunca saiu da sua província, e que, de Évora, cantou para o seu país inteiro, com estranha elevação, em sonetos de densidade expressional e de comoção comunicativa de qualidade superior. Os seus *Livro de Mágoas* (1919), *Livro de Soror Saudade* (1923), *Charneca em Flor* e *Reliquae* (póstumos) espelham uma alma extraordinária e retêm a memória duma artista notável. Quase todos os característicos essenciais do Simbolismo estão ali acusados.

Um pouco anterior, Mário de Sá-Carneiro, contemporâneo, assim, dos nossos neo-simbolistas, é uma das figuras mais sedutoras da poesia portuguesa. A sua produção inscreve-se entre 1913 e 1916 ano em que se suicidou em Paris. Do ponto de vista da expressão foi, sem dúvida, o poeta de estética simbolista mais avançada em Portugal. A sua arte, a um só tempo extremamente depurada e requintada, é de hermetismo mallarmeano, único no movimento português e excepcional no de língua portuguesa. Temos de chegar a Ernâni Rosas (quatro anos mais velho do que Sá-Carneiro, que nasceu em 1890) para encontrar no simbolismo brasileiro essa nota de subjetividade beirando o puro estado de subconsciência, precursor do supra-realismo e mais radical, aliás, no nosso Ernâni Rosas.

INTRODUÇÃO

Eminente simbolista foi Camilo Pessanha (1867-1926) — este sim: o Verlaine português —, que longamente viveu, e morreu, no Oriente, na velha Macau. A sua obra, compendiada no livro *Clépsidra* (Editorial Ática, Lisboa, 1945), abrange apenas quarenta poesias, mas de melindrosa pureza, de quase imaterialidade expressional, freqüentemente como de translúcido misterioso hermetismo. Apesar de muito mais velho do que Sá-Carneiro, Camilo Pessanha, só conhecido postumamente, foi o derradeiro poeta simbolista português e, sem dúvida, o maior e o mais perfeito. No Brasil só agora vai sendo lido, mercê da antologia de *Poetas Novos de Portugal*, de Cecília Meireles, e principalmente da bela edição dirigida por Luís de Montalvor. Simbolista de primeira hora, Alberto Osório de Castro foi divulgador incansável das produções, tão raras, do longínquo Camilo Pessanha.[55-A]

Luís de Montalvor (1891-1947), amigo e êmulo de Sá-Carneiro, a sua arte aproxima-se da deste no requinte, sendo, porém, mais diretamente ligada aos modelos franceses. Ambos tiveram algum influxo no Brasil, sobre Ronald de Carvalho, por exemplo, com quem Montalvor conviveu no Rio de Janeiro durante prolongada estada, bem como com Ernâni Rosas, seu amigo, que lhe dedicou alguns poemas.

Júlio Brandão, em *Desfolhar dos Crisântemos* e *Livro de Aglais*, fez também obra e profissão de fé simbolista. Fornece-me ele, por assim dizer, a conclusão deste bosquejo: "Ao Simbolismo deve a Poesia Portuguesa alguns dos seus mais belos livros — e, com certeza, uma opulência formal incontestável ressurgindo metros abandonados, tornando maleáveis as formas hirtas e em parte caídas num ritmo mecânico e monótono, musicalizando versos que o Parnasianismo vazara em mármores preciosos, ou cinzelara, como José-Maria de Heredia, em metais raros e fulgentes".[56]

O primeiro livro simbolista lido no Brasil, e por Cruz e Sousa, foi *Claridades do Sul*, de Gomes Leal, como já vimos. O grande pre-

---

55-A. O prefaciador de *Clépsidra*, o insigne poeta e crítico João de Castro Osório, refere-se ao livro *Exiladas / Livro de Versos*. (Coimbra, França Amado Editor, 1895) como sendo "fudamental do Simbolismo Português", Vivendo também no Oriente, em Goa e Timor, na Índia Portuguesa, o autor daquela obra, Alberto Osório de Castro, irmão da grande poetisa Ana de Castro Osório, publicou ainda *A Cinza dos Mirtos e Flores de Coral*, teve o seu "nefelibatismo" censurado por Fialho de Almeida (*Quatro Cartas Inéditas de Fialho de Almeida*, Separata da revista *Ocidente*, vols. LIII/LVIII, Lisboa, 1957/1960), por aquele Fialho cujo estupendo impressionismo à Van Gogh, de "Ceifeiros" e a evocação, entre um Debussy dos "Nocturnes", e um Turner, dos "Funerais do Rei", mostram-no, no entanto, tão próximo de uma das manifestações do cosmo complexo de tendências afins a que se convencionou chamar Simbolismo.

56. Júlio Brandão, *Desfolhar de Crisântemos*, págs. 15-22, *apud* Feliciano Ramos, *Eugênio de Castro e a Poesia Nova*, edição da revista *Ocidente*, Lisboa, 1943, pág. 122.

João Barreira, quintanista de Medicina em maio de 1892, mês da publicação de Gouaches

João Barreira.

cursor Antero de Quental não trazia aos nossos simbolistas novidades te técnica e de estética. Influi fortemente sobre Cruz e Sousa [56-A] pelas afinidades de espírito, pela grandeza da atitude, comum a ambos, de revoltados, e pelo temperamento dramático e alto. A influência de Eugênio de Castro e Antônio Nobre exerceu-se principalmente na segunda camada dos nossos simbolistas, se excetuarmos Silveira Neto e Dario Vellozo, que também a tinham recebido, e Alphonsus de Guimaraens, que reflete muitas vezes, mas atenuando-lhe a singularidade expressional, o verbo poético de Anto.

Os neo-simbolistas, esses, absorveram abundante matéria de Eugênio de Castro, Cesário e Nobre, de mistura com Samain, Maeterlinck e Rodenbach.

*

Os livros "decadentes" franceses entraram no Brasil trazidos de Paris por encomenda de Medeiros e Albuquerque, que os passou a Araripe Júnior. Escreveu este que, em 1887, Medeiros e Albuquerque, "graças às relações que um amigo seu particular mantinha em Paris com o grupo mallarmista", pôde "juntar uma coleção, relativamente rica, das melhores produções dos revolucionários. Entre essas produções havia livros de Verlaine, publicações esotéricas de Mallarmé, de René Ghil, de St. Merril, de Jean Moréas, e as revistas em que Vieillé [sic] Griffin, Paul Adam, Charles Vignier e outros sectários da revolta contra o realismo, começavam a esboçar a estética dos novos e exibiam as idéias dos independentes". Medeiros e Albuquerque — acrescenta Araripe Júnior — foi também o primeiro a tentar o "decadismo", mas apenas para "tirar alguns efeitos da instrumentação inventada pelo autor do *Tratado do Verbo* e do policromatismo estilístico deduzido das letras do alfabeto".

Araripe recebeu das mãos de Medeiros os livros e revistas em questão, e concluiu da sua leitura que "o decadismo ou simbolismo em Paris constituía o sintoma ou a repercussão de um fenômeno misterioso, algures agitados em virtude de causas muito poderosas" (sic). Recorreu a Lemaître e a Tellier, e os seus trabalhos sobre o movimento não o satisfizeram. Estudou-o por sua conta, declarando-o, por fim, fenômeno de chauvinismo parisiense e mero acidente precursor de algum fenômeno importante ainda por definir-se. O estudo feito por Araripe, no transcurso daquelas memoráveis e ingênuas 23 páginas do seu livro, [57] representou um esforço, não so-

---

56-A. Acerca da decisiva influência de Antero de Quental sobre Cruz e Sousa, que jamais me ocorreu minimizar, veja-se o ensaio excelente de Tasso da Silveira, "Antero e Cruz e Sousa", in *Atlântico*. Lisboa. N.º 3. 1943. Págs. 42/55.

57. T. A. Araripe Júnior, *Literatura Brasileira — Movimento de 1893 — O Crepúsculo dos Povos*, Rio de Janeiro, Tipografia da Empresa Democrática Editora, 1896, págs. 66-88.

mente de penetração crítica, mas de equanimidade e, tanto quanto possível, de isenção. Historia em seguida a "adaptação do decadismo no Brasil".[57-A]

Tendo desaparecido os documentos diretos (fiz tudo por encontrá-los), reproduzo as expressões de Araripe: "Lembro-me de que em 1891 formou-se um grupo de rapazes em torno da *Folha Popular*. Foi aí que os novos, tomando por insígnia um fauno, tentaram as suas primeiras exibições. A esse grupo prendiam-se por motivo de convivência e por aproximações de idade Bernardino Lopes [B. Lopes], Perneta [Emiliano, que era o secretário da redação], Oscar Rosas e Cruz e Sousa. Tais rapazes, principalmente o primeiro, não eram desconhecidos."[58] Adiante escreve a primeira apreciação importante que se publicou acerca de Cruz e Sousa. Definiu-o como "um maravilhado", um primitivo. Refere-se à "grande quantidade de mestiços [que] tem aparecido e brilhado" no Brasil; "negros, porém, sem mescla, é primeiro que se torna notório pelo talento". "Ingênuo no meio da civilização ocidental"; "náufrago de uma raça". Todas as coisas "o maravilham e lhe arregaçam os lábios, mostrando os alvos dentes dos ancestrais!" Tem o poeta "a consciência de que viu a civilização no que ela possui de mais adorável — a mulher e as vibrações primitivas do éter" (*sic*). Sente que precisa fugir das suas tendências raciais, e lê E. Poe e H. Heine, porém neles só vê as exterioridades. "O autor, no silêncio, deixa-se assoberbar pelo delírio das grandezas. Julga-se já um sacerdote; reveste-se dos paramentos pintalgados que dançam em seu cérebro e promete pontificar." Fá-lo, em seguida, regressar às suas origens, e passa a comparar o seu caso ao de um "poeta moderno da Senegâmbia", citado por Letourneau. Deduz, daí, que se trata dum "poeta astral antropomórfico das raças primitivas", modificado pela "adjetivação erudita e a repercussão do triclínio romano" (*sic*). "Sem embargo disto, o *Missal* é um livro singular pela cadência da frase e pela estranha combinação de dois elementos opostos — o sentimento de um africano engastado em

---

57-A. A publicação, em 1960, do Volume II da *Obra Crítica de Araripe Júnior* (Ed. da Casa de Rui Barbosa), trouxe novas e decisivas achegas para elucidação daquele momento inicial da introdução do simbolismo-decadentismo no nosso ralo e tímido terreno literário e cultural. Araripe Júnior, em 21 números do *Novidades*, entre 6-12-1888 e 8-2-1889 — estudos reunidos na citada edição sob o título "Raul Pompéia / O Ateneu e o romance psicológico" —, tenta aproximar-se de uma definição do fenômeno que *O Ateneu* refletia, insólito em nosso meio. Refere-se a "nostalgias da forma", e logo depois menciona "a escola simbolista, essa nova forma do eufuísmo, que se traduz agora por um "niilismo literário"; em artigos posteriores (13, 15, 17 e 18 do mesmo mês) já enumera alguns dos autores "decadistas" importados por Medeiros e Albuquerque.

58. T. A. Araripe Júnior, *op. cit.*, págs. 88-89. A esses quatro poetas chamou-lhes acertadamente Péricles Eugênio da Silva Ramos: os "fundadores". (*Poesia Simbolista/Antologia*. Ed. Melhoramentos. S. Paulo, 1965.)

linguagem fim-de-século." E afinal: "É incontestável que nos versos Cruz e Sousa apresenta-se como um dos nossos poetas mais sonoros."[59]

Araripe vivia entre díscolos de Cruz e Sousa. Esse artigo, "O Anarquismo e a Literatura", antes de aparecer em livro saíra na revista adversária dos simbolistas, A Semana, de Valentim Magalhães. Valha pois, dentro da natural insuficiência de recursos críticos, a evidente intenção de fazer justiça.

O sociólogo Gama Rosa, amigo e protetor de Cruz e Sousa e de Virgílio Várzea, recebeu das mãos de Araripe a sua coleção simbolista, e "publicou na Tribuna Liberal interessante trabalho de exposição das idéias da nova escola", informou o mesmo Araripe.[59-A]

Medeiros e Albuquerque, decepcionado com a tendência de que se aproximara nas suas Canções da Decadência, recebeu hostilmente as obras "decadentes" brasileiras, em numerosos artigos, assinados "J. dos Santos".

A primeira contribuição significativa, no terreno da crítica, partindo de um simbolista, foi a monografia de Nestor Vítor, Cruz e Sousa, escrita em 1896, e publicada em 1899, após a morte desse poeta. É óbvio que não era possível ao grande amigo do Poeta Negro ter perspectiva favorável a um julgamento cabal da obra que foi o primeiro a analisar com amor clarividente. Cruz e Sousa — é Nestor Vítor quem informa — teve em mãos o manuscrito daquele ensaio durante dois anos, quer dizer: até a sua morte. Não mostrou, pois, pressa na sua publicação. Ter-lhe-á feito pensar muito, porque a crítica de Nestor Vítor é freqüentemente severa, como sempre foi a que ulteriormente fez em A Crítica de Ontem e na Introdução às Obras Completas. Apenas, severidade cheia de pertinência rigorosa. A crítica dos adversários, visando a modismos e cacoetes, mais da

---

59. T. A. Araripe Júnior, op. cit., págs. 90-98.

59-A. Abeberado nas mesmas fontes de informação, o Dr. Gama Rosa pôde preceder (aquilo que, em jornal, se chama "um furo") de quatro dias, coram populo, as revelações de Araripe Júnior. No número de 8 daquele mesmo dezembro (1888), o antigo protetor de Cruz e Sousa e Virgílio Várzea começou a publicar na Tribuna Liberal |Órgão do Partido, Ano I, sábado, 31, Travessa do Ouvidor, Propriedade de Medeiros & C.|, um estudo intitulado "Os Decadentes (Nova Escola Literária)", continuado nos dias 9 e 10. Enquanto os artigos de Araripe Júnior visavam basicamente ao estudo do recém-aparecido O Ateneu, Gama Rosa deu mais insistente notícia do novo movimento, incidindo, sem dúvida, em confusões de valores e doutrinas, o que, aliás, ocorria, em França, com os Lemaître, Anatole France, e outros críticos conservantistas, e ocorrera com o próprio Sainte-Beuve relativamente a Baudelaire.

Apesar da brevidade da aludida precedência, e da superioridade do teor literário do texto de Araripe Júnior, o estudo de Gama Rosa é o primeiro escrito brasileiro referente ao Simbolismo aparecido no Brasil, até agora encontrado. Integrado o de Araripe Júnior na soma de sua Obra Crítica, julgo indispensável acolher o de Gama Rosa neste Panorama.

tendência toda do que singularmente do poeta, incidia ao lado do alvo, como hoje se verifica. A imensa dedicação batalhadora de Nestor Vítor em prol da memória do seu amigo representava — escreveu Augusto Frederico Schmidt — "um aspecto da luta entre o verdadeiro valor, o valor desamparado e incompreendido, e a reinante literatura oficial, vitoriosa, opressora e tão cumulada de favores quanto desprovida de méritos".[60]

Quando, porém, Nestor Vítor escreveu as suas páginas sobre o poeta que tanto entusiasmo e irresistível impressão de grandeza dava aos que o viam de perto e sem preconceitos, a ponto de o chamarem, em meio do furor e da ironia dos adversos, "Cisne Negro" e "Dante Negro" — já tinha saído um primeiro julgamento inserto em livro: o de Adolfo Caminha, romancista naturalista dos melhores dessa tendência (*A Normalista, O Bom Crioulo*), anterior, como tal, ao de Araripe, cuja coletânea de artigos só apareceu em 1896.[61] Sem hesitar, sem o amparo da opinião oficial afirma ser Cruz e Sousa "o artista mais bem dotado entre os que formam a nova geração brasileira", "originalíssimo, de uma rara sensibilidade estética".

Aparece, então, em cena José Veríssimo, o mais meditado e bem dotado dos nossos críticos naturalistas. Os seus ensaios acerca dos nossos românticos firmaram jurisprudência, pelo acerto sem precedentes em nossa tradição crítica. A Segunda Série dos *Estudos*, quase inteira, e vários artigos das demais, não foram ainda superados, no seu terreno; mostravam um equilíbrio que não tinha o heróico Sílvio Romero, um domínio do ofício nunca possuído por Araripe, que foi predominantemente diletante. O seu encontro com o simbolismo, entretanto, mostrou a falha da armadura: a estreiteza, a insuficiente ambientação de espírito para uma assimilação pronta e atual dos elementos de informação cultural que lhe chegavam. Fechou-se, até com irritação, na concepção clássico-romântica, que tão bem compreendia. É sempre doloroso verificar limitações dessa ordem: Sainte-Beuve recusando entender Balzac, Stendhal, Baudelaire; Camille Mauclair, lançador do impressionismo francês e crítico clarividente de Poe, Baudelaire e Rodin, repelindo Cézanne. Veríssimo, perfeitamente honesto, não teve a modéstia de desconfiar das condições dos meios que freqüentava e dos seus próprios recursos de julgamento. Lido hoje, o seu artigo "Um Romance Simbolista"[62] não faz sorrir, mas enche de melancolia. Agripino Grieco, poeta de tradição puramente latina, mas crítico de formação simbolista, declara, tratando

---

60. Augusto Frederico Schmidt, "No Cinqüentenário da Morte de Cruz e Sousa", *Letras e Artes* (suplemento de *A Manhã*), 11 de abril de 1948.

.61. Adolfo Caminha, *Cartas Literárias*, Rio, 1895; págs. 10, 11, 129 a 137, 165, 166.

62. José Veríssimo, *Estudos de Literatura Brasileira*, Primeira Série (1895--1898), H. Garnier, Rio-Paris, 1901; págs. 77-105.

de Veríssimo: "Suas páginas sobre Cruz e Sousa e Alphonsus de Guimaraens são milagres de incompreensão. Esse inimigo pessoal do Símbolo..." [63]

Veríssimo afirma desde o começo a sua isenção. Pelo contrário, exceto no que se refere à questão ética, estava prevenidíssimo. Vai consultar Remy de Gourmont, que o desorienta com um artigo de que lhe escapou o tom paradoxal. Refere-se a Ruskin, aos pré-rafaelitas, a Wagner, Ibsen, Björnson, D'Annunzio, Régnier, Maeterlinck (que Araripe escreve sempre "Metterlinck"...), Eugênio de Castro e Guerra Junqueiro, com indevassáveis antolhos. Para os nossos simbolistas ele vê antecessores e mestres possíveis em Sousândrade (*Guesa Errante* e *Harpas Selvagens*), um gongórico — na sua opinião talvez um demente —, e em Luís Delfino, "que é acaso o mestre do orientalismo de pacotilha e do frasear pomposo e vazio". Ataca Adolfo Caminha por ter amparado os simbolistas e B. Lopes por se ter a eles reunido. Dos *Broquéis*, de Cruz e Sousa, afirma que são apenas livro de "um parnasiano que leu Verlaine"; que nessa reunião de poemas não há "nada, senão talvez a intenção gorada, que a faça classificar na poesia simbolista". *Missal* é "um amontoado de palavras, que se diriam tiradas ao acaso, como papelinhos de sortes, e colocadas umas após outras na ordem em que vão saindo, com raro desdém da língua, da gramática e superabundante uso de maiúsculas". Refere-se mais cordialmente a Alphonsus de Guimaraens: "Este é realmente um poeta e se, como aconteceu em Portugal com Eugênio de Castro, ele se desembaraçar dos exageros e extravagâncias fatais em todo o movimento de reação como é o simbolismo, a poesia brasileira poderá ter nele um digno cultor."

Um parêntese: — Dá, em seguida, um depoimento quase por inteiro justo: "É evidente no Sr. Raimundo Correia, como nos Srs. Guimarães Passos e Múcio Teixeira, a influência do simbolismo; dela vêm cheios os últimos versos daquele e a ela se pode atribuir também o seu formoso conto "Flor de Lótus", publicado na *Revista Brasileira* (5 de outubro de 1895). Exceto no que concerne a Guimarães Passos, essa influência é evidente.

Na mesma série, Veríssimo trata do livro *Signos*, de Nestor Vítor — que é de 1897 — a quem *acusa* de simbolista... Declara: "Não condenamos *a priori* as novas formas de arte, certos de que o que possa haver nelas de legítimo e bom sobreviverá em obras e efeitos à voga de um dia, mas não nos deixemos iludir pelas suas pretendidas audácias, que às mais das vezes são meramente uma confissão de impotência." E aconselha: "Não creia que Mallarmé consiga jamais uma reputação de escritor em França [sic], e siga antes Verlai-

---

63. Agripino Grieco, "Alguns Livros de 1906", *Anuário Brasileiro de Literatura*, Pongetti, Rio, 1937.

ne, que era um purista."[64] Na Segunda Série há um artigo sobre "Um poeta simbolista — O Sr. Alphonsus de Guimaraens", em que aprecia o *Setenário das Dores de Nossa Senhora e Câmara-Ardente*, que é de 1899. Volta a referir-se a excentricidades, e depois de mais algumas tristes generalidades, ataca de frente: "Da tendência intelectual de que ele [o Simbolismo] saiu, esgalhou um grande ramo místico, de um misticismo católico. No misticismo deste fim-de-século positivo há quem veja menos um fenômeno de decadência social ou moral, que uma postura, uma afetação de originalidade, uma forma particular de esnobismo." Tem-na por passageira: "Passará breve, estejamos certos." Reconhecendo que Alphonsus "não pode ser confundido com a turbamulta dos "novos", sem sinceridade, sem crenças, sem gramática, sem instrução e sem bom-senso"; que é "sinceramente crente e, como o apóstolo, não se envergonhando da sua crença", diz tê-lo lido com simpatia, mas confessa que, ou porque o seu "espírito de todo liberto do teologismo, como diria um positivista", não se achasse "nas condições de apreciar esse gênero de poesia, ou porque o poeta ficasse abaixo do seu propósito", não encontrou no poema "a emoção que a obra de arte é destinada a dar-nos". "Os versos são bons, alguns belos, os há mesmo excelentes; mas nenhum se me deparou que fosse excepcional, raro, impressionador." "Não creio que a religiosidade mística do Sr. Alphonsus de Guimaraens, mesmo sincera como a julgo, possa dar alguma coisa em arte." Os versos de *Câmara-Ardente* "não escapam, quanto a perfeição exigia, ao prosaico e ao bordão". E conclui: "Não lhe falta porventura 'engenho e arte', mas, digo-o com a sinceridade com que o penso, se não se desenvencilhar das faixas da escola, se persistirem uma corrente que não leva a nada, será apenas mais um estro perdido para a nossa poesia."[65] Na Quinta Série trata desdenhosamente de Jonas da Silva, de Orlando Teixeira; com mais atenção, de Tristão da Cunha; e ainda mais, de Marcelo Gama, em quem vê, apesar de qualidades não comuns, um caso de "patologia literária", falando, a propósito, dos poetas que têm um "grande e funesto gosto pela vadiação que, como sabeis, é um dos certos sinais do gênio". Reconhece-lhe "talento, emoção e simpatia" (pela primeira vez em um simbolista).

Entretanto, ia Veríssimo procurando sondar os elementos da cultura literária nova. Já Nestor Vítor escrevera os seus penetrantes ensaios sobre Novalis, Emerson, Maeterlinck, Ibsen, Nietzsche etc., quando começaram a aparecer as séries de *Homens e Cousas Estrangeiras*, de Veríssimo. Na primeira, de 1902 (período 1899-1900), estuda Tolstoi, Ruskin, D'Annunzio. Na segunda, 1905 (período de

---

64. José Veríssimo, *op. cit.*, págs. 275-281.
65. José Veríssimo, *Estudos de Literatura Brasileira*, Segunda Série (1899), H. Garnier, Rio-Paris, 1901; págs. 225-237.

1901-1902), há um estudo sobre Maeterlinck. No volume *Que é Literatura?* e *Outros Escritos*, de 1907, volta a Ruskin, trata de Nietzsche e de Georg Brandes. Esses estudos evidenciam incompletação e falta de arejamento cultural, mas sobretudo de um instrumento crítico mais complexo e mais bem servido pela intuição. Do mesmo ano deste último livro data a Sexta Série dos *Estudos*. Nesse tomo trata de *Transfigurações*, de Nestor Vítor, com grandes restrições, porém reconhecendo que havia "neste poeta, apesar dos senões e falhas que se lhe possam notar, mais do que os dotes de simples versejador correto", e que havia naquele livro "alguma cousa realmente superior, como pensamento e sensação, como emoção poética, ao resto da produção do ano". Quanto a Rocha Pombo, o seu romance *No Hospício*, apesar de "estimáveis ambições de pensamento", não tem estilo nem nota pessoal; é monótono e prolixo...

Entrementes, ocorrera fato sensacional no terreno da crítica brasileira. Escrevendo para *O Livro do Centenário* (1500-1900) a monografia correspondente a "A Literatura", Sílvio Romero afirmou ser Cruz e Sousa "a muitos respeitos o melhor poeta que o Brasil tem produzido". Em seguida declara dever "à delicadeza do Sr. Nestor Vítor, grande amigo do poeta e que se encarregou de publicar-lhe as obras póstumas, a ventura de ler os manuscritos do ilustre morto, que nos é hoje plenamente conhecido".[66]

Aquela afirmação encheu de indignação os adversários do poeta, guindado de réprobo literário a tão elevada dignidade representativa. Gerou-se imediatamente a lenda de que Sílvio Romero chegara àquela conclusão levado pela compaixão que nele teriam movido a tuberculose do poeta e as condições criadas pela sua cor. Isso tem sido, muitas vezes, insidiosa ou credulamente repetido. Até sua morte, Nestor Vítor protestou contra isso. Não se atribui tal preeminência a alguém só porque seja doente e negro. Não há afetividade que a tal conduza, sobretudo tratando-se de um poeta já morto. O que houve foi ter Sílvio Romero podido, graças a Nestor Vítor, seu amigo e então vizinho, conhecer a obra no seu ambiente mais favorável ao entendimento, que era o da compreensão direta de Nestor Vítor, intérprete autorizado. Ainda hoje há quem não ouse colocá-lo na primeira plana... Já porém inumeráveis são aqueles que julgam poder afirmar preferência por esse poeta, em comparação com outro qualquer no Brasil, sem temor de ridículo... e de que lhe virem a cara na rua... Menos significativo o modo por que tratou Alphonsus de Guimaraens. É evidente que não lhe deu atenção, e que repelia o "decadentismo". Prova desses dois fatos é ter escrito: "No Brasil, porém, para que ele caminhe e progrida, será preciso que,

---

66. *O Livro do Centenário* (1500-1900), Rio de Janeiro, Imprensa Nacional, 1900 — III, Sílvio Romero, "A Literatura" (1500-1900), Memória, págs. 104, 110, 112.

deixando de lado as ladainhas de Bernardino Lopes e de Alphonsus de Guimaraens, deixando, em suma, a parvoiçada de Os Símples"... Para que citar além?[67]

Tal ousadia desassombrada de Sílvio Romero em relação a Cruz e Sousa terá, afinal, talvez indiretamente, abalado a segurança do ânimo condenatório de Veríssimo. Na sexta série dos Estudos há páginas grandemente reveladoras sobre os Últimos Sonetos, de Cruz e Sousa,[68] e até comovedoras, porque dão a medida da honestidade de Veríssimo, bem como, ainda, das suas incompletas fundações estéticas. Disse dessa página Nestor Vítor que vale por uma *amende honorable,* reparação que, partindo de tal díscolo, assumiu grave significação. Declara inicialmente Veríssimo que a publicação de Últimos Sonetos tinha "modificado o juízo que desde o seu primeiro livro" fizera "do malogrado poeta preto". "Nunca ousei dizer que em Cruz e Sousa não houvesse absolutamente matéria de poesia, nem sensações e sentimentos, ideação bastante, dons verbais, capazes de fazer um poeta. Admiti sempre que os havia, mas o que não senti então, além da música das palavras, do dom de melodia, que é comum nos negros, era a capacidade de expressão, e essa incapacidade escondia-me a sua inspiração." Ainda insiste em julgar que os seus sonetos "não poderiam ser talvez traduzidos. Constam apenas de palavras gramaticalmente arrumadas, sem sentido apreciável, ou tão escuro ou sublimado que escapa às compreensões miseráveis, como a minha". Há nos versos de Cruz e Sousa "a monotonia barulhenta do tantã africano". E, tendo citado muita coisa, que diz ser sem sentido, escreve: "Presumo, entretanto, que o leitor por estes e por outros versos que dele conheça, já terá descoberto em Cruz e Sousa um poeta, um verdadeiro, um esquisito e raro poeta." Através de "nuvens caliginosas rotas pelo relâmpago" transparece "a alma profunda de um poeta", infelizmente incapaz "de exprimi-la". Entretanto: "Havia no seu sentimento poético energia bastante para forçar e romper as pesadas névoas que lhe encobriam e vedavam a manifestação transparente [*sic*], e que o revelam um poeta, e às vezes, infelizmente raras, desabrocha em cantos como este" — e transcreve o soneto "Piedade".

Vai agora explicar o caso; e é então que a profunda falta de aparelhamento de cultura e de apuro do instrumento de crítica se torna manifesta: "Se a poesia, como toda a arte, tende ao absoluto, ao vago, ao indefinido, ao menos das comoções que há de produzir em nós, quase estou em dizer que Cruz e Sousa foi um grande poeta, e os dons de expressão que faltam evidentemente ao seu estro, os dons de clara expressão, à moda clássica, os supriu o sentimento

---

67. *Op. cit.,* pág. 112.
68. José Veríssimo, *Estudos de Literatura Brasileira,* Sexta Série, H. Garnier, Rio-Paris, 1907; págs. 167-185.

recôndito, aflito, doloroso, sopitado, e por isso mesmo trágico, das suas aspirações de sonhador e da sua mesquinha condição de negro, de desgraçado, de miserável, de desprezado. É desse conflito pungente para uma alma sensibilíssima como a sua, e que humilde de condição se fez soberba e altiva para defender-se dos desprezos do mundo e das próprias humilhações, que nasce a espécie de alucinação da sua poesia, e que faz desta uma flor singular, de rara distinção e colorido, de perfume extravagante mas delicioso, no jardim da nossa poesia. É o que me levam a confessar, e o faço com íntimo prazer, sonetos como estes." E cita "Assim Seja!" e "Só!". Fala, ainda, no "estado de alma de pungente e delicioso sofrer em que divagou mais do que viveu este desditoso e comovido poeta. Do choque destes elementos desencontrados, do conflito interior resultante da descorrelação entre as suas aspirações, os seus sentimentos, aquele seu Sonho, em uma palavra, e seu meio, das suas possibilidades com as próprias limitações do seu gênio, nasceu a tragédia desta alma de eleição, que foi um distinto e singular poeta". E ainda se refere aos moços "que merecem o meu respeito e até a minha simpatia, pelo muito que amaram este poeta obscuro" (os simbolistas). [69]

Não é possível ser mais leal. O tom desse artigo é incomum em Veríssimo, geralmente seco de expressão. Chega a transmitir aquele "prazer", que menciona, e que muito o honra; chega a escrever Sonho com a maiúscula simbolista... Uma perfeita conversão. Só o que é insuficiente é aquela premissa: "Se a poesia, como toda a arte, tende ao absoluto, ao vago, ao indefinido". Esse o ponto fraco. Existe um curioso poema de Carlos Drummond de Andrade, em que ele enumera todos os casos que não são de poesia. Poesia não é descrição, nem narração, nem confissão individual; e vai por aí afora. Por fim, dá a nota que lhe parece ser poética. E que efetivamente é. Apenas, todas as demais, as excluídas, também o são. Por todos aqueles caminhos, contra os quais os previne, poetas chegaram à Poesia. E o poema, por isso mesmo, abstraído o conceito, é interessante, e belo. Veríssimo reluta em aceitar a poesia do vago e do indefinido, de que a própria natureza nos dá tão decisivos exemplos: a aurora, o crepúsculo, a penumbra noturna e a penumbra do sonho. Não intuíra o impressionismo. Foi "inimigo pessoal do Símbolo" apenas porque não pôde atingir esse estádio da eterna aventura da expressividade do homem.

Outro adversário, Coelho Neto, declara "serem harmoniosíssimos" os versos de Cruz e Sousa. Fala nos seus "hinos formosíssimos", e termina: "Verdadeiro poeta, foi o único representante autêntico da raça negra na Arte verbal, entre nós." [70] Já Olavo Bilac e Guimarães

---

69. José Veríssimo, *Estudos de Literatura Brasileira*, Sexta Série, cit., páginas 176-185.

70. Coelho Neto, *Compêndio de Literatura Brasileira*, 3.ª edição, Livraria Francisco Alves, 1923; pág. 149.

Passos, colaborando, mostraram prevenção evidente: "Depois dos *parnasianos*, apareceram alguns *simbolistas;* mas o seu simbolismo nada teve de característico." [71]

Outro díscolo, esse decidido, Luís Murat, atacou rudemente Cruz e Sousa, a quem comparou e sacrificou a Félix Pacheco, discípulo confesso e fiel do Poeta Negro. [72]

Alphonsus de Guimaraens foi menos combatido, porém mais injustiçado, por esquecido e omitido, do que Cruz e Sousa. Dentre os simbolistas, era Silveira Neto quase o único (excetuados os seus amigos de Minas) a admirá-lo, por assim dizer ativamente, e a propagar-lhe a obra. Poucas relações houve entre eles, devido à reclusão de Alphonsus em Mariana.

Ronald de Carvalho, na sua *Pequena História da Literatura Brasileira* (Briguiet, Rio de Janeiro, 1919), foi o primeiro a incluir o Simbolismo, de modo definido, no panorama de nossas letras. Dá a Cruz e Sousa, B. Lopes e Mário Pederneiras a primeira plana, estudando-os detidamente. Menciona ainda "Nestor Vítor, que foi, por assim dizer [*sic!*], o crítico dessa corrente"; e os nomes, os nomes apenas, de Félix Pacheco, Alphonsus de Guimaraens e Silveira Neto.

João Ribeiro manteve-se negativo, exceto em relação a Nestor Vítor e B. Lopes, aos quais sempre louvou.

João Pinto da Silva, em *Vultos do Meu Caminho* (Livraria do Globo, 1918), já usa de verbo novo em relação ao Poeta Negro e ao Simbolismo. Sente-se que os tempos mudaram. O mesmo acontece quanto à crítica de José Oiticica, Jackson de Figueiredo, Tasso da Silveira, Cecília Meireles, Hermes-Fontes, Carlos Dante de Morais, Agripino Grieco (insistentemente), Gilberto Amado, Édison Lins, Vítor Viana, Elói Pontes, Renato Almeida, Barbosa Lima Sobrinho, Alfredo Cumplido de Sant'Anna, Carlos da Mota Azevedo Correia (irmão de Raimundo Correia), Fernando Góes, Edmundo da Luz Pinto, General Samuel de Oliveira, Pedro Vergara, Ângelo Guido, Peregrino Júnior, tantos outros.

Datas significativas para a crítica do Simbolismo foram dois fatos ocorridos na Academia Brasileira de Letras, inicialmente fechada, material e intelectualmente, ao Simbolismo e aos simbolistas. Primeiro, o generoso discurso de recepção de Félix Pacheco e a respectiva resposta, muito larga de espírito, de Sousa Bandeira (1913). Ambos afirmativos em relação ao Simbolismo, e sobretudo a Cruz e Sousa. Segundo, o depoimento de um díscolo convertido, Goulart de Andrade, discurso que representou a autocrítica de um parnasiano ortodoxo, a 28 de março de 1923.

---

71. Olavo Bilac e Guimarães Passos, *Tratado de Versificação*, 7.ª edição, Livraria Francisco Alves, 1938; pág. 31.
72. Luís Murat, *Félix Pacheco*, Rio, 1915. Tip. do *Jornal do Commercio*.

Os poetas dos Estados ficaram no geral sem crítica. Emiliano Perneta só publicou *Ilusão* em 1911, quando Sílvio Romero, Veríssimo e Araripe estavam afastados da atividade.

Alphonsus de Guimaraens teve repentina revivescência, porém, só no ano de 1938, quando apareceram a conferência "Vida e Obra de Alphonsus de Guimaraens", de Henriqueta Lisboa, que foi publicada no *Jornal do Commercio* de 9 de janeiro daquele ano, e depois em edição "Agir", e o livro de Enrique de Resende, *Retrato de Alphonsus de Guimaraens* (Livraria José Olympio Editora, Rio de Janeiro, 1938); trabalhos, ambos, de grande comoção e vivo interesse apologético. Depois, foi a edição das *Poesias*, dirigida e revista por Manuel Bandeira, feita pelo Ministério da Educação e Saúde, naquele mesmo ano de 1938. Essa edição provocou mais do que uma renovação de interesse pela obra de Alphonsus de Guimaraens: marcou o definitivo êxito. Artigos de Emílio Moura, Mário Matos, Guilhermino César, João Alphonsus, Tristão de Athayde, Augusto Frederico Schmidt, Manuel Bandeira, Carlos Drummond de Andrade, Eduardo Frieiro, de outros ainda, trouxeram-lhe o sufrágio das letras atuais do Brasil.

Múcio Leão incluiu Cruz e Sousa, B. Lopes, Alphonsus de Guimaraens (este com dois números), Gonzaga Duque, Lima Campos, Mário Pederneiras, Tristão da Cunha, Hermes-Fontes na sua série de *Autores e Livros*, suplemento ilustrado de *A Manhã*, de que publicou 7 volumes completos e parte de um oitavo. Não chegou a publicar, tendo-os prontos em mãos, os números relativos a Nestor Vítor e Emiliano Perneta. O dedicado a Rocha Pombo não tem qualquer referência ao feitio e às tendências artísticas desse romancista e poeta místico, ali tratado exclusivamente como historiador.

Merecem referência alguns simbolistas ou contemporâneos pela sua contribuição à crítica do movimento — em geral não considerado como tal —, ou focalizando alguns dos seus participantes. Dentre os autores de matéria crítica incluída ou compendiada em livro: Frota Pessoa (*Crítica e Polêmica*, 1902); Pedro do Couto (*Páginas de Crítica*, 1906, e *Caras e Caretas*, s/d); Elísio de Carvalho (*Rubén Darío*, 1905, *As Modernas Correntes Estéticas da Literatura Brasileira*, 1907, e *Bárbaros e Europeus*, 1909); Adolfo Caminha (*Cartas Literárias*, 1895); Gonzaga Duque (*Graves e Frívolos*, 1910); Carlos D. Fernandes (*Fretana*, 1936); Fábio Luz (*Estudos de Literatura*, 1927, e *Dioramas*, 1934); Péricles Morais (*Figuras e Sensações*, 1923, e *Legendas e Águas-Fortes*, 1935); Félix Pacheco (*Baudelaire e os milagres do poder da imaginação, Paul Valéry e o monumento a Baudelaire, em Paris, O mar, através de Baudelaire e Valéry, Do sentido do azar e do conceito da fatalidade em Charles Baudelaire*, 1933, e *Baudelaire e os gatos*, 1934); Félix Pacheco (*Discurso de recepção na Academia, seguido da resposta do Sr. Sousa Bandeira*, 1913); Gama Rosa (*Sociologia e Estética*, 1914). A mencionar, ainda, como autores de conferências e artigos — dentre os contempo-

INTRODUÇÃO

râneos do movimento: Severiano de Resende, Tristão da Cunha, Antônio da Silva Marques, Emiliano Perneta, Colatino Barroso, Pereira Da-Silva, Saturnino de Meireles, Artur de Miranda Ribeiro, Gustavo Santiago, Albino Esteves, Dr. João Marinho, Antônio Austregésilo, Oliveira Gomes, Virgílio Várzea, Euricles de Matos, Cassiano Tavares Bastos, José Henrique de Santa Rita, Nestor de Castro, Lima Campos, Moreira de Vasconcelos, Silveira Neto, Constâncio Alves, Júlio Perneta, Luiz Guimarães Filho, Emílio Kemp, Neto Machado, Rodrigo Otávio, Mário Pederneiras, Carlos José de Sousa, Orlando Teixeira, Leopoldo de Freitas... [73]

Propagando-se pela Ibero-América inteira o Modernismo, alguns dos seus corifeus voltaram, momentaneamente, a atenção para o Brasil simbolista, apesar de achar-se este isolado pelo idioma e pelas tradições, e mesmo apesar desse movimento não ter tido a chancela oficial e acadêmica, que não faltou, aqui, ao próprio Rubén Darío, a Chocano ou Lugones.

Residiu, por uns tempos, desterrado, no Rio Grande do Sul, e em Buenos Aires, um poeta e contista espanhol, Juan Más y Pí, autor de *Canciones de la Vida* (poesia), de *Cuentos Extraños* (prosa poética), e de livros sobre Almafuerte, Lugones e Ghiraldo, poetas simbolistas, exceto o primeiro. O movimento simbolista brasileiro interessou-o apaixonadamente. Tratou logo de dar notícia dele para a Hispano-América. [73-A] O seu prestígio no meio literário argentino, atestado por Álvaro Melián Lafinur, [74] facilitou a aceitação passageira de Cruz e Sousa, que influiu diretamente sobre Leopoldo Lugones, o maior poeta argentino, "como lo ha señalado Más y Pí", [74-A] escreveu Julio Noé. [75]

---

73. A crítica exercida *pelos simbolistas*, e não pelos díscolos do movimento, ou por cultores dessa atividade intelectual já integrantes de camadas mais jovens da opinião, vem por mim sumariamente estudada em *Crítica e História Literária* | *Anais do I Congressso Brasileiro de*. Universidade do Recife, Edições Tempo Brasileiro, Rio, 1964, págs. 235-266; e no volume IV de *A Literatura no Brasil*, dirigida por Afrânio Coutinho, 2.ª edição.

73-A. *Apud* Elísio de Carvalho, *As Modernas Correntes Estéticas na Literatura Brasileira*, H. Garnier, Rio, 1907.

74 Álvaro Melián Lafinur, "La Crítica en la Argentina en los últimos veinte-cinco años", *Nosotros*, Número-Aniversário, 1907-1927, Un Cuarto de Siglo de Vida Intelectual, Año XXI — tomo LVII, Buenos Aires, 1927; pág. 106.

74-A. J. Más y Pí, *Leopoldo Lugones y su obra*, Buenos Aires, 1911. — Escreve Bernardo González Arrili: "Todo es valioso y entre todo alguna fugaz aparición, como la del amigo Juan Más y Pí, periodista español — catalán — que anduvo en Buenos Aires, descobrió valores, censuró con modestia, elegió con mesura, y cuando viajó a su tierra en unas vacaciones se fué, al fondo del mar, en el naufragio del transatlántico "Príncipe de Asturias" en las cuestas del Brasil." (Sobre *Lejano Ayer*, de Rafael Alberto Arrieta, in *La Prensa*, 7-5-1967).

75. Julio Noé, "La Poesía Argentina Moderna", *Nosotros*, número cit., pág. 70.

Esse mesmo Julio Noé, autor de importante antologia, [76] refere que o verso livre — "cuyas excelencias predicara Gustavo Kahn — fué tentado con acierto no mezquino por el boliviano Ricardo Jaimes Freyre". [77] Jaimes Freyre (1868-1933) incorporara-se ao grupo reunido em torno de Eugenio Díaz Romero, "epígono y sostenedor hasta entonces de Simbolismo que había tenido aqui el órgano más representativo en su revista *El Mercurio de América*", onde encontrou Más y Pí. [78] Não só era o líder da literatura boliviana, como um dos de toda a literatura hispano-americana. [79] Formava com Lugones e Rubén Darío a tríade mestra do "modernismo".

Jaimes Freyre, que foi mais tarde encarregado de negócios no Brasil e membro da Academia Argentina de Letras, ficou empolgado por Cruz e Sousa, falecido havia pouco. E a 28 de agosto de 1899, no Ateneo, de Buenos Aires, leu importante conferência sob o título *Cruz y Sousa*. [80] Nesse trabalho refere-se a B. Lopes, a quem chama "delicado sonhador"; a "místicos como Affonsus de Gimarães [sic], que canta dulcemente los loores de Nuestra Señora, en el monasterio de Verlaine". Trata o Poeta Negro como a um dos grandes do mundo. Compara-o a Baudelaire e Villiers de L'Isle-Adam; a Poe; a Swinburne. "No es un poeta brasileño; no es siquiera un poeta americano. Es simplesmente poeta. Sabe que las fronteras del arte son las fronteras de la concepción estética y lleva su extraña constelación de ideas por todos los cielos, y su caravana de visiones por todos los desiertos desolados y tristes del espíritu." "*Evocações* es uno de los libros más extraños y más sugestivos que se haya escrito."

Rubén Darío esteve no Rio, por uns meses, em 1906, como secretário da Delegação da Nicarágua à Conferência Pan-Americana. [81] Foi recebido por Elísio de Carvalho, que o iniciou nas nossas letras. A Cruz e Sousa já conhecia por intermédio de Más y Pí, Jaimes Freyre e Lugones. Aparecera poucos meses antes (1905), editado em Paris, *Últimos Sonetos*, do Poeta Negro, que lhe foi ofertado

---

76. *Antología de la Poesía Argentina Moderna* (1900-1925), ordenada por Julio Noé, edición de *Nosotros*, Buenos Aires, 1926.

77. *Op. cit.*, pág. 71. — Na data do centenário do nascimento de Jaimes Freyre, realizei conferência comemorativa, em sessão plenária do Conselho Federal de Cultura.

78. Roberto F. Giusti, "Viente Años de Vida", *Nosotros*, n.º cit., pág. 18

79. E. Suárez Calimano, "La Literatura Hispano-Americana en los últimos veinte años", *Nosotros*, números cit., pág. 295.

80. Publicada em *El Mercurio de América*, Septiembre y Octobre de 1899 (Tomo III — Año II), Buenos Aires.

81. Francisco Contreras, *Rubén Darío*, Ediciones Ercilla, Santiago de Chile, 1937; pág. 120.

por Nestor Vítor. Rubén, personalíssimo e cioso da sua autonomia, impressionou-se, entretanto, fortemente. Resultou desse encontro um exercício poético, o inacabado soneto "Parsifal"; reflete flagrantemente a música inconfundível, o vocabulário e a temática dos sonetos de Cruz e Sousa. O poema introdutório do livro *El Canto Errante*, aparecido em 1907, é da família de "Pandemonium", típico poema integrante de *Faróis* (1900). Do livro *Poema del Otoño y Otros Poemas*, de 1907, a poesia "La Cartuja" mostra, por sua vez, aquele cunho muito peculiar ao Simbolismo brasileiro, tão diferente do Modernismo hispano-americano, muito mais brilhante, maneiroso e muita vez eclético. [82]

Ventura Garcia Calderón, outro dos líderes da literatura hispano-americana, peruano, e durante muito tempo representante diplomático do Peru em Paris, passou pelo Brasil várias vezes, e tomou contacto com os nossos simbolistas. O seu depoimento é mencionado nestes termos por Eduardo Frieiro: "Jurava-se por Cruz e Sousa, o genial negro que Ventura Garcia Calderón julga comparável a Baudelaire sem que o mundo saiba, porque escrevia em português". [83]

Muitos dos ecos despertados no estrangeiros pelo nosso movimento simbolista não foram recolhidos. Perderam-se os recortes que Silveira Neto tinha colecionado. Philéas Lebesgue, poeta rústico francês, crítico do *Mercure de France*, que vivera algum tempo em Lisboa, ocupou-se simpaticamente com Emiliano Perneta e correspondia-se com Dario Vellozo. Ainda em 25 de janeiro de 1936, escrevia-me (carta em meu arquivo) acerca de *Setembro*, de Emiliano Perneta, que eu acabara de organizar e publicar, com altos elogios. [83-A]

Tudo isso somado é pouquíssimo para criar um renome internacional. Já de nossos poetas, somente Manuel Bandeira atingiu uma internacionalidade mais ponderável, graças a Michel Simon, que fê-lo incluir na série "Poètes d'Aujourd'hui", da editora Seghers, de Paris. Os romancistas têm sempre maior possibilidade de penetração extrafronteiras nacionais. Por isso tornou-se, afinal, de suma significação o depoimento verdadeiramente exemplar de Roger Bastide, de que se tratará no lugar próprio.

---

82. Rubén Darío, *Obras Poéticas Completas*, M. Aguilar, Editor, Madrid, 1945; págs. 1045-1046, 773-774, 865-867.

83. Eduardo Frieiro, "Álvaro Viana e o Grupo Simbolista de Belo Horizonte", *Anuário Brasileiro de Literatura*, Pongetti, Rio de Janeiro, 1938, pág. 21.

83-A. Seria interessante mencionar ainda os estudos, sobre Cruz e Sousa: de Fernando Ortiz, de Cuba (1881-1969): Prefácio a *Oh Mio Yamangá*, de Romulo Lachetenere (*apud* Levi Carneiro, Comunicação à Academia Brasileira de Letras, em 9 de janeiro de 1941); e de Ildefonso Pereda Valdez, "Un poeta mulato, Cruz e Sousa", *in Linea de Color*, Ensaios Afro-Americanos, Ediciones Ercilla, Santiago de Chile, 1938, págs. 169-173.

No que se refere às Antologias, cabe a Melo Morais Filho, um dos derradeiros e bons poetas românticos, a prioridade na inclusão dos poetas simbolistas brasileiros em quadro antológico: *Poetas Brasileiros Contemporâneos*, Garnier, 1903, 344 páginas. Figuram ali Cruz e Sousa, Emiliano Perneta, Carvalho Aranha, Vivaldo Coaracy, Ismael Martins, Tiago Peixoto, Gustavo Santiago, Euclides Bandeira, Francisco Mangabeira, Domingos do Nascimento, Alfonsus de Guimarães (sic), Aristides França, Júlio Perneta, Ricardo de Lemos, Júlio Camisão, Ricardo de Albuquerque, Silveira Neto, Nestor Vítor, Cunha Mendes e Dario Vellozo; vinte nomes. Curioso é que, sem ter apreciado o ambiente literário na sua justa perspectiva, incluiu em outros setores da sua obra poetas que devem ser tidos por simbolistas, alguns dos quais, até, não mais poderão refugir, do ponto de vista histórico, a essa definição das suas tendências estéticas, como, por exemplo, Pethion de Vilar (Egas Moniz Barreto de Aragão), Pereira Da-Silva, Félix Pacheco, Henrique Castriciano, Jonas da Silva, Emílio Kemp, e outros, que participaram do movimento simbolista, porém ali declarados "poetas de transição". Seja como for, são já numerosas páginas (50) dedicadas aos poetas simbolistas brasileiros, numa seleta de "contemporâneos" de Melo Morais Filho, quer dizer, que abrange desde José Bonifácio, o moço, até aqueles "nefelibatas", passando pelos "últimos românticos", pelos "cientistas", pelos "parnasianos" e pelos "de transição", já referidos.

Durante muito tempo, ninguém retomou o quadro esboçado por Melo Morais Filho, para revê-lo ou completá-lo. Nenhuma tentativa da fixação foi empreendida. Alberto de Oliveira, adversário decidido dos simbolistas (dentre os quais só mostrava estima por Silveira Neto e Emiliano Perneta), incluiu na sua importante coletânea *Páginas de Ouro da Poesia Brasileira* (Garnier) somente o seu coestaduano Azevedo Cruz, de quem transcreveu uma versão deturpada do "Salmo" (a autêntica figura na presente obra). Na seleta *Poetas Brasileiros* (Garnier), publicada por ocasião do Centenário da Independência do Brasil, pelo mesmo Alberto de Oliveira, de colaboração com Jorge Jobim, incluiu Cruz e Sousa, ainda assim em conseqüência de veemente interpelação de Nestor Vítor. Esta última coletânea, em dois volumes, só registrou, e isso já em 1922, de todo o movimento simbolista brasileiro, dois sonetos do Poeta Negro.

Sílvio Romero, no seu *Quadro Sintético da Evolução dos Gêneros na Literatura Brasileira*, mencionava ("Período de reação contra o Parnasianismo"), além de Cruz e Sousa, os nomes de Bernardino Lopes (B. Lopes), Alphonsus de Guimaraens, Francisco Mangabeira, Nestor Vítor, Silveira Neto, Félix Pacheco, Mário Pederneiras e Hermes-Fontes. Não lhe aproveitaram a deixa. Só após a publicação da *Pequena História da Literatura Brasileira*, de Ronald de Carvalho, é que os autores de seletas escolares passaram a incluir, se bem que timidamente, produções de Cruz e Sousa, Alphonsus de Guimaraens e Mário Pederneiras.

Victor Orban, na sua antologia de língua francesa, *Littérature Brésilienne*, com prefácio de M. de Oliveira Lima, da qual saíram duas edições (Garnier), abre espaço (2.ª edição, 1914) para Virgílio Várzea, Nestor Vítor, Graça Aranha, Henrique Castriciano, Cruz e Sousa, Félix Pacheco e Tristão da Cunha, sem discriminação de tendências nem procura de aferição de valores, mencionando também, mas desacompanhados de subsídios antológicos, Azevedo Cruz, B. Lopes, César de Castro, Frota Pessoa, Silveira Neto e Venceslau de Queirós.

A primeira antologia que na verdade reservou para Cruz e Sousa lugar na primeira plana, dando-lhe até marcada superioridade numérica no que concerne à proporção de peças incluídas de cada autor, foi a de Manuel Bandeira, apensa à sua excelente *Apresentação da Poesia Brasileira* (prefácio de Otto Maria Carpeaux, Coleção Estudos Brasileiros da Casa do Estudante do Brasil, Rio de Janeiro, 1946).

As Obras-Primas da Poesia Religiosa Brasileira, de Jamil Almansur Haddad (Martins Ed., São Paulo, 1954), inclui, assinalando a sua feição simbolista, B. Lopes, Cruz e Sousa, Emiliano Perneta, Alphonsus de Guimaraens, Francisca Júlia, Baptista Cepelos, Pereira DaSilva, Durval de Moraes, Eduardo Guimaraens.

Digna de menção, a excelente *Seleta Contemporânea*, de Armando Más Leite, com ótimos retratos por Armando Pacheco (que a Ed. Vozes deveria reeditar), Petrópolis, 1942; inclui B. Lopes, Raul Pompéia, Cruz e Sousa, Virgílio Várzea, Mário Pederneiras, Emiliano Perneta, Alphonsus de Guimaraens, Baptista Cepelos, Amadeu Amaral.

Obras-Primas da Lírica Brasileira, de Manuel Bandeira e Edgard Cavalheiro (Martins, S. Paulo, 1943), inclui Alphonsus de Guimaraens, Álvaro Moreyra, Amadeu Amaral, B. Lopes, Castro Meneses, Cecília Meireles, Cruz e Sousa, Da Costa e Silva, Filipe d'Oliveira, Gilka Machado, Hermes-Fontes, Lucilo Bueno, Marcelo Gama, Mário Pederneiras, Onestaldo de Pennafort, Raul de Leoni, Zeferino Brasil.

Seria ocioso mencionar antologias recentes, não versando especialmente sobre o Simbolismo. Dentre as estrangeiras, lembrarei a *Anthologie de la Poésie Ibéro-Américaine*, de Federico de Onis (Nagel, Paris, 1956), bilíngüe, espanhol-francês, português-francês, que inclui Cruz e Sousa, Alphonsus de Guimaraens, Cecília Meireles; e *Líricas Brasileiras*, de José Osório de Oliveira, Lisboa, 1954, incluindo B. Lopes, Cruz e Sousa, Emiliano Perneta, Mário Pederneiras, Alphonsus de Guimaraens, Zeferino Brasil, Silveira Neto, Pereira Da-Silva, Marcelo Gama, Filipe d'Oliveira, Eduardo Guimaraens, Gilka Machado, Alceu Wamosy, Raul de Leoni, Cecília Meireles.

As antologias especializadas no movimento simbolista já são em número de quatro. Nesta nova edição do *Panorama,* tenho vivo prazer em mencioná-las. Não se limitaram os seus ilustres autores ao material acolhido no meu documentário, mas enriqueceram até numericamente o espólio ali apresentado, bem como obedeceram a critérios diferentes de estruturação do conjunto em suas obras. São elas:

I. Fernando Góes, *Panorama da Poesia Brasileira,* volume IV, *O Simbolismo* (ed. Civilização Brasileira, S. Paulo, 1960, 366 págs.) Fernando Góes já organizara e publicara cuidadosa edição das Obras Completas de Cruz e Sousa, em 2 volumes, incluindo nela alguns dispersos.

II. *Poesia Simbolista/Antologia.* Introdução, seleção e notas de Péricles Eugênio da Silva Ramos (ed. Melhoramentos, S. Paulo, 1965, 405 págs.).

III. Manuel Bandeira, *Antologia dos Poetas Brasileiros da Fase Simbolista* (ed. de Ouro, Rio, 1965, 181 págs.). †

III. "Muestrario de Poemas Simbolistas Brasileños", por Angel Crespo, com estudo introdutório. Inclui Cruz e Sousa, Emiliano Perneta, Mário Pederneiras, Dario Vellozo, Alphonsus de Guimaraens, Severiano de Resende, Francisca Júlia, Pereira Da-Silva, Da Costa e Silva, Félix Pacheco, Eduardo Guimaraens, Raul de Leoni. (In *Revista de Cultura Brasileña,* septiembre 1967, Madrid, ilustrada).

Teria sido preciso transcrever o texto integral de Bastide, o que não seria abusivo neste *Panorama.* É a mais audaciosa sondagem em profundidade e em transcedência que um estrangeiro tenha efetuado na psique e na obra de autor nosso. O aparelhamento crítico e de erudição é seguro e de complexidade notável. [84]

---

† Tendo sido Manuel Bandeira quem me transmitira a tarefa oficial de organizar a antologia de que resultou a construção deste *Panorama,* peço vênia para transcrever aqui a dedicatória que me fez dessa antologia: "Ao caro amigo Muricy ofereço este livrinho que eu não poderia ter organizado sem a inestimável fonte do *Panorama.* O volume saiu magrinho por um erro de cálculo: tenho que remediar a desproporção com as anteriores em futuras edições. Espero a sua crítica para o melhoramento, e faça-a sem cerimônia nem contemplação de amigo, tá?/Abraço do B."

84. Roger Bastide, *A Poesia Afro-Brasileira.* Livraria Martins Editora, São Paulo, 1943; págs. 87-128.

INTRODUÇÃO

Foi preciso um esforço ao parnasiano rigoroso Goulart de Andrade para escrever, e ler na Academia Brasileira de Letras, [84-A] a declaração de que muito lhe custara apreciar Cruz e Sousa sem as prevenções dentro das quais formara o seu espírito, e que eram as do meio literário em que vivia. [84-B]

A Roger Bastide, estrangeiro e alheio aos preconceitos locais, foi, não digo fácil, mas natural, colocar Cruz e Sousa entre os grandes poetas do mundo, entre os grandes poetas da Noite, compará-lo a Baudelaire e, por fim, integrá-lo "na grande tríade harmoniosa: Mallarmé, Stefan George e Cruz e Sousa", que lhe parece culminante do simbolismo em geral. [85] Tinha perspectiva para fazê-lo.

Os termos em que colocou o problema, a qualidade da sua erudição e do seu espírito crítico, armado de elementos decisivos de ordem literária, psicológica e sociológica, dão peso excepcional ao seu julgamento, que se reflete sobre todo o simbolismo brasileiro. [86]

[84-A]. Foi Félix Pacheco quem pronunciou pela primeira vez um elogio do Cisne Negro na Academia Brasileira de Letras, no seu *Discurso de Recepção*, lido em 14 de agosto de 1913, e ao qual respondeu, também elogioso, o Acadêmico Sousa Bandeira. Entretanto, só recentemente duas vozes de acadêmicos se elevaram com mais agudo sentido de justiça relativamente à exclusão do Simbolismo, e particularmente de Cruz e Sousa, dos quadros da Academia. Escreve Alceu Amoroso Lima: "Basta ver como o simbolismo de 1890, ou mesmo de 1900, foi conservado à margem e os seus maiores representantes sistematicamente afastados da Academia, em 1896, que pretendia ser, como quase foi — salvo esse erro capital dos maiores, como Machado de Assis ou Joaquim Nabuco — uma seleção de toda a elite intelectual da época." (*Quadro Sintético da Literatura Brasileira*, Agir Editora, 2.ª ed., 1959, pág. 109.) Disse Múcio Leão (recebendo, na Academia, a Álvaro Moreyra): "Como compreender que em uma Academia Literaria, que se fundava em 1896, tivesse deixado de figurar um poeta sem igual como Cruz e Sousa — já naquele tempo o autor glorioso dos *Broquéis?*" (*Jornal do Commercio*, 29-11-59). Depoimento de um crítico de hoje: "Estava o Parnasianismo (agora revivido por muitos poetas jovens) solapando a nossa poesia e um movimento da seriedade do Simbolismo fora por ele suplantado. Com isto, perdia o Brasil, perdia a nossa poética." (Antônio Olinto, *O Globo*, 30-1-61.)

[84-B]. Escreve Péricles Eugênio da Silva Ramos, sob a rubrica *Principais Poetas*: "Em nossa opinião, houve no Simbolismo grandes poetas, como Cruz e Sousa, Alphonsus de Guimaraens, Emiliano Perneta, Mário Pederneiras, Augusto dos Anjos e Raul de Leoni, que nos parecem os maiores", e menciona alguns outros, "como tendo notas curiosas". (*Op. cit.*, pág. 31.) Inovação importante representa essa lista, relativamente a teimosa insistência na menção exclusiva dos referidos dois nomes — sem dúvida culminantes.

[85]. Vide transcrição das páginas finais desse ensaio, no artigo consagrado a Cruz e Sousa, neste volume.

[86]. Ainda agora, o escritor americano Samuel Putnam, "um dos mais sóbrios comentadores da literatura universal", no seu livro *Marvellous Journey — Four Centuries of Brazilian Literature*, afirma que "Cruz e Sousa é um dos mais singulares e fascinantes poetas de qualquer país ou qualquer tempo" ("one of the most unusual and fascinating poets that ever wrote in any country in any age"). (*Apud* Viana Moog. "Thank you, Mr. Putnam", *Correio da Manhã*, 20 de junho de 1948.)

Entretanto, a crítica e a história literária continuam estacionárias, — tardígradas, diria Nestor Vítor — no referente ao Simbolismo, que mesmo os seus corifeus muito timidamente definiram. Crítica e história literária — com as suas repercussões inevitáveis no terreno didático — mantêm-se inertes, sem curiosidades e sem honestidade funcional esclarecida. São exclusivamente estudados, e pela rama, Cruz e Sousa e Alphonsus de Guimaraens, mas depois do esforço de revivescência, muito eficaz, promovido pelo Ministro Gustavo Capanema, o seu eminente assessor Carlos Drummond de Andrade e Manuel Bandeira. As referências são feitas quase sempre um tanto a medo — tal foi a força da vitória do Parnasianismo — e até mesmo com manifesta desconfiança. †

A crítica do Simbolismo *pelos simbolistas,* a que não dei lugar, senão episodicamente, no *Panorama,* está perfunctoriamente estudada em comunicação de minha autoria, feita ao I Congresso Brasileiro de Crítica e História Literária, promovido, em agosto de 1960, pela Universidade do Recife (V. os respectivos *Anais,* Edições Tempo Brasileiro, Rio, 1964, págs. 235-266), que deverá integrar, refundido, o vol. IV de *A Literatura do Brasil,* direção de Afrânio Coutinho, 2.ª ed., para a qual tinha sido esboçada, obedecendo ao seguinte plano: I. A crítica do Simbolismo; II. Nestor Vítor; A crítica de arte. Gonzaga Duque. Colatino Barroso; III. Ainda a crítica literária. Gustavo Santiago. Oliveira Gomes. Neto Machado. Leopoldo de Freitas. Carlos Dias Fernandes. José Henrique de Santa Rita. Rocha Pombo. Frota Pessoa. Elísio de Carvalho. Silveira Neto. Adolfo Caminha. Antônio Francisco da Silva Marques. Severiano de Resende e Tristão da Cunha, no *Mercure de France.* Félix Pacheco. Virgílio Várzea. Lima Campos. Antônio Austregésilo.

Aceitava-se, servilmente, o quadro estabelecido na obra histórica de Ronald de Carvalho, ou escolhia-se, dentre os juízos de Agripino Grieco, alguma frase de aspecto mais paradoxal.

Ninguém procurou os textos; ninguém tentou uma vista de conjunto de um movimento que se processou por meio de documentos tornados raros, quase perdidos.

---

† Nesse sentido, a situação dos simbolistas sofreu sensível mudança para julgamento e localização no quadro geral de nossas letras. Darei como comprovação dessa melhoria, além das antologias mencionadas nesta Introdução, o excelente Tratado *O Simbolismo,* de Massaud Moisés, do Instituto de Estudos Portugueses da Universidade de São Paulo (Vol. IV de *A Literatura Brasileira,* Ed. Cultrix, São Paulo, 1966, 293 págs.), primeira prospecção no conjunto do movimento empreendida entre nós, se excetuarmos o breve escorço por mim preparado (a pedido de Afrânio Coutinho, seu diretor e coordenador), para *A Literatura no Brasil,* vol. III, t. 1. O estudo de Massaud Moisés é de real equanimidade e uma das primeiras apreciações do movimento despida dos velhos preconceitos, teimosos, de cuja persistência encontro ainda hoje freqüentes sinais.

INTRODUÇÃO

É inverossímil que ainda hoje, em livros escolares e até em obras de pretensões maiores, possa ser utilizada determinadamente, para julgar e caracterizar o Simbolismo, a crítica prevenida ou surpresa dos adversários da primeira hora. A de José Veríssimo principalmente: quase nunca se faz menção àquela *amende honorable* da Sexta Série dos *Estudos*.

Poderia citar os autores, bastante fáceis de contentar, que repetem e repetem ter sido o Simbolismo um movimento efêmero e sem repercussão.

Aqui está a prova em contrário!

(Rio, junho de 1948) †

---

† Data da primeira versão deste preâmbulo.

O SIMBOLISMO

Dr. Gama Rosa.

GAMA ROSA (1852-1918)

Francisco Luíz da Gama Rosa nasceu em Uruguaiana, Província do Rio Grande do Sul, a 6 de janeiro de 1852. Seu pai, capitão-de-mar-e-guerra do mesmo nome, levou-o, menino, para Desterro, Santa Catarina, onde fez as suas Humanidades. Aos 15 anos transferiu-se para o Rio de Janeiro, onde se matriculou na Faculdade de Medicina, tendo colado grau em 1876. A sua tese, *Higiene do Casamento*, ampliada sob o título *Biologia e Sociologia do Casamento*, foi traduzida para o francês por Max Nordau, sendo ainda divulgada em inglês e alemão.

A convite de Araripe Júnior, colaborou ativamente na *Gazeta da Tarde* e no *Jornal do Commercio*. Em 1881 o Conselheiro Lafayette, chefe do Gabinete, nomeou-o Presidente de Santa Catarina, posto em que se conservou até princípios de 1884.

A sua passagem pelo governo daquela província ficou legendária, pelo fato de se ter ele rodeado de intelectuais jovens: Virgílio Várzea, que foi seu oficial de Gabinete, Oscar Rosas, Araújo Figueredo e Cruz e Sousa, então na idade de 20 anos, já gozando de largo prestígio, pelo seu talento de jornalista, professor e poeta. Gama Rosa fê-lo adido ao seu Gabinete, nomeando-o logo após promotor na Cidade de Laguna. Essa nomeação não foi efetivada. Daquela cidade veio a Desterro uma comissão de notáveis exigir fosse tornada sem efeito, no que foi amparada pelo Sr. Eliseu Guilherme, chefe da política dominante. Não chegara ainda a Abolição, e Laguna não podia consentir em que um negro fosse alta autoridade no seu seio.

De volta ao Rio, foi nomeado diretor da Imprensa Nacional, cargo que exerceu durante dois anos. Em 1889, no Ministério Ouro Preto, Gama Rosa, então redator da *Tribuna Liberal*, foi nomeado Presidente da Paraíba do Norte. Com o advento da República pouco depois, não acedendo, apesar dos convites insistentes de Carlos de Laet, a continuar naquele jornal, que ficou fiel à Monarquia, passou-se para a *Folha do Dia,* de Vicente Piragibe. Da sua abundante colaboração ali, retirou matéria de que compôs o volume *Sociologia e Estética,* 1.ª série, Jacinto Ribeiro dos Santos, livreiro-editor, Rio, 1914, 407 págs.

Nomeado secretário da Escola Nacional de Belas-Artes — onde existe um busto seu, em bronze —, faleceu nesse posto, no Rio em 12 de julho de 1918. Orou junto ao seu túmulo Virgílio Várzea.

Gama Rosa foi precursor entre nós da moderna cultura sociológica. Além das obras citadas, que revelam a sua preocupação naquele sentido, publicou várias outras, atinentes à política, administração pública, filosofia positiva, dentre as quais *Educação Intelectual.* Correspondia-se diretamente com o seu antigo tradutor Max Nordau, com vários intelectuais franceses, portugueses, bem como com o mestre da sociologia positiva inglesa, Herbert Spencer.

Gama Rosa nunca foi esquecido pelos seus antigos protegidos literatos, que o veneravam. O único artigo não-literário encontrado entre papéis de Cruz e Sousa (deixando de lado, está claro, a sua campanha de imprensa pela Abolição e República, no Desterro) versa sobre a obra sociológica do velho publicista. Foi Gama Rosa quem o orientou para o Socialismo, que formava a base das suas convicções ideológicas.

Como ficou assinalado na *Introdução* (1.º volume), coube ao Dr. Gama Rosa publicar o *primeiro documento informativo brasileiro sobre o movimento simbolista francês* — nas condições de precedência cronológica, relativamente ao estudo de Araripe Júnior, no referido lugar explicitado.

Com a perspectiva que temos, afirmam-se singularmente defectivos os critérios de seleção e, mais ainda, de apreciação; e, no entanto, o desigualíssimo painel do movimento, baseado em elementos não triados, que ali vemos, assume, agora interesse incomum, como sinal dos tempos... Araripe Júnior procurava situar Raul Pompéia no quadro de nossa periodicidade literária. Começa por observar: "A crença na *palavra viva* põe-no, em seguida, em comunhão com o espírito Parnasiano." Lido, porém, *O Ateneu,* escreve: "Entretanto, no meio de todas estas excelentes qualidades surge um ponto turvo e inquietador. Há momentos em que Raul Pompéia chega a parecer um mero diletante; e ocasião já houve, em que me pareceu vê-lo até nas fronteiras do acampamento dos simbolistas ou decadentes." E acrescenta: "Estou certo que o decadismo é, até certo ponto, incompatível com as suas tendências profundas para o exame e para a reflexão. Os simbolistas verdadeiros, legítimos, arvoraram uma bandeira em que se lê o terrível lema dantesco: *per me si va tra la perduta gente.* O pensamento, para eles, é uma degradação, um ato imoral e contrário à natureza." Isso, em *Novidades,* 12-12-1888. Nos três artigos seguintes, Araripe estuda mais acuradamente a fisionomia que se lhe apresentava do movimento a que chamava "decadista". São páginas vivazes e mais especificamente literárias do que as do Dr. Gama Rosa, que era sociólogo e não homem de letras propriamente dito. A sisudez deste último contrasta com uma muito maior abertura para o universo da criação artística, como revela tê-la Araripe. Gama Rosa se vinha pronunciando desde o dia 8. Assim, a primeira menção do Simbolismo, sob a pena de Araripe, aparece justamente no dia em que Gama Rosa publicava o seu artigo final.

OS DECADENTES

Nova Escola Literária

Nenhuma folha seria mais apropriada para tratar deste assunto do que a *Tribuna Liberal*, consagrada à apresentação e difusão das idéias adiantadas. Adiantamento em Política, em Ciências, em Letras, em Filosofia são cousas equivalentes, correlativas e que têm uma engrenagem comum. De todos esses desenvolvimentos parciais procede a evolução social.

Presentemente, nesta época de vida material e psíquica a alta pressão, de rapidez e instantaneidade, em que a multiplicação dos efeitos atua do modo mais formidavelmente intenso e imprevisto, as escolas literárias, como a ciência, as instituições políticas e todas as cousas são presas do torvelinho e, incessantemente modificadas, em poucos anos experimentam absoluta transformação.

A vida atual ganhou o aspecto de um dos seus principais fatores, o *wagon*, a viagem em *wagon*, a 120 quilômetros por hora: florestas, casas, vergéis, montanhas, rios, paisagens de todo o gênero passam um momento ante os olhos e desaparecem.

Tempos apáticos, tempos batráginos eram aqueles de cadeirinha e liteira, e, então, o Classicismo, de Aristóteles em cima, arrastou-se por mais de mil anos, em um triunfo moderado e caturra. Classicismo complicado de *Flos Sanctorum*.

A esse classicismo de Sacristia e de Olimpo, misto de ambrosia e rapé eclesiástico, sucedeu a escola romântica que, sob a influência do meio moderno, apenas pôde permanecer durante quarenta anos, de 1830 a 1870, sucumbindo da maneira mais brutal sob as mãos rudes do Realismo.

Mas agora chegou também a vez do Realismo, desse Realismo desabusado e magarefe que teve sempre o grande merecimento de ser forte e soube fazer, em todos os tempos, o seu caminho, a punho e a faca, contra todas as resistências.

Nada se eterniza, e chegou igualmente a vez do declínio naturalista... a acreditarmos nos *Decadentes*, a nova escola que se oferece em substituição.

Quando constatamos todas suas mudanças, está claro que somente nos queremos referir à *élite* do espírito humano. Para a maior parte dos indivíduos, incapazes de evolução e de sentimento estético, todas essas transformações passam sem deixar vestígios, e, ainda hoje, certamente, há quem use tropos mitológicos, os ache novos e encantadores e até acredite em mitologia. Grande número de escritores, admirado pela maioria do público, exibe com bravura uma prosa avelhantada, constituída por *chapas*, em frases e idéias; os rodapés dos jornais continuam abarrotados com os mesmos romances de carregação, *ficelleiros* e medonhos, de há quarenta anos: as damas sentimentais e nervosas persistem em ler, com o mesmo embevecimento e emoção das suas predecessoras, as poesias lamartinianas de Casimiro de Abreu e Gonçalves Dias; o povo permanece na célebre literatura de cordel, ou recorre aos jornais, também colocados a cordel na porta das lojas.

Para toda essa gente não há mudança possível — a literatura que possui dura toda a vida, e ainda passa por atavismo aos descendentes...

O movimento literário que nos propomos descrever, posto que tenha por precursor Charles Baudelaire, o homem de *As Flores do Mal,* é de data inteiramente recente, visto como somente começou a existir há apenas três anos, em 1885, com a formação dos primeiros núcleos de jovens escritores, sob a direção de Paul Verlaine e Stéphane Mallarmé, chefe dos dous grupos que representam a direita conservadora e a extrema esquerda radical do jovem partido literário.

Os documentos que possuímos para a crítica da nascente escola são os seguintes: alguns números da revista *O Decadente* (sic); um opúsculo, *L'École Décadente* [está: *Décantante*], por Anatole Baju [— está: Bojú], diretor da revista acima mencionada e o crítico da casa; dous volumes de versos — *Amour* e *Romances sans paroles,* por Paul Verlaine, e mais uma coleção de magníficas poesias — *Les Gammes,* por Stuart Merril. Os documentos, como se vê, não são muito abundantes, mas bastam para dar uma idéia da fisionomia da escola.

Não nos demoraremos em descrever as dificuldades que experimentou o Decadismo para colocar-se em evidência e poder ser apreendido, pelo mundo intelectual, porquanto isso é a história constante e inevitável de toda doutrina que começa.

Referiremos apenas que, constituindo o primeiro grupo dos Decadentes, trataram logo de publicar uma *Revista*, mas paupérrimos, *sans le sous,* os rapazes não podiam pretender cousa alguma, e, depois de baterem Paris inteiro em todos os cantos, possíveis e impossíveis, tomaram a resolução heróica e eficaz de comporem eles mesmos a mencionada *Revista,* com alguns quilogramas de tipos, caixas e um prelo a mão, o que tudo foi colocado na residência de um dos Decadentes, em uma água-furtada, a sempre ilustre e célebre água-furtada da mocidade parisiense, donde saem triunfalmente, como alvoradas e sons de clarins, todas as reformas, todas as idéias novas, todas as glórias para a França e para o mundo.

A revista instituída foi *O Decadente*, de que já falamos, que à força de opiniões extremadas contra tudo e contra todos, impelidas *à la diable*, conseguiu atrair os motejos, os sarcasmos, as recriminações e, por último, os ataques da imprensa parisiense.

Desde então a nova doutrina foi lançada, e, hoje, *O Decadente*, revista bimensal, conta uma tiragem de nove mil exemplares e é lido com interesse em todo o mundo.

Já possuem seu homem protetor, Léon Vanier, editor de grande número de obras da Escola, e de quem os rapazes fazem, com enfaticamento, a seguinte descrição:

"Se ele fosse somente um editor, isto é, um honrado mercador de papel, certamente sua glória estaria no apogeu e não poderia esperar mais do que isso. Mas ele é ao mesmo tempo e principalmente uma idéia, é o centro de um movimento literário que não parará, e ao qual seu nome permanecerá unido."

A denominação de Decadentes lhes veio da imprensa parisiense: somente tiveram a habilidade de rebater o golpe, aceitando a [está: o] alcunha como uma bandeira de partido. O verdadeiro nome que eles possuem é o de *Simbolistas*, para representar as abstrações que são o característico da doutrina.

Os Decadentes constituem atualmente mais do que um grupo; são inteiramente um partido ou uma escola literária, contando já grande número de escritores, alguns muito notáveis, com princípios fixos, teorias originais sobre estética, produção de numerosas obras, um órgão na imprensa e certa parte do inteligente público parisiense que os aplaude e anima.

Um dos chefes, que acima mencionamos, Paul Verlaine, um homem de cerca de cinqüenta anos, é o único velho do grupo e que tem produzido maior número de obras.

O outro chefe, Stéphane Mallarmé, é o autor muito apreciado de *L'Après-midi d'un Faune*, produção de grande merecimento, e dos *Poèmes de Edgar Poe*, tradução.

Os outros Decadentes mais notáveis, por obras já publicadas, são: René Ghil, talento *hors-ligne*, considerado o poeta genial da plêiade, autor do poema (?!...) *Traité du verbe;* Jean Lorrain, autor do volume de versos, *Griseries;* Stuart Merrill, autor de *Les Gammes;* Jules Laforgue, o poeta de *Les Complaintes;* Jean Moréas, que publicou *Les Cantilènes;* Ernest Raynaud, autor de *Le Signe*, poesias, e grande número de outros poetas e prosadores que em cada ano aumentam em dezenas de volumes a já avultada biblioteca da Escola Decadente.

Por enquanto, esses são os principais; entretanto, julgamos, por boa previsão, dever mencionar alguns outros nomes de escritores decadentes, nomes totalmente obscuros hoje, mas, de entre os quais o Futuro fará a seleção da luz: — Charles Evendal, Thiernesse, Jacques Le Lorrain, Gaudefroy, Miguel Fernandéz, Malato de Corné, Noel d'Aurày, Louis Pilate de Brinn — Gaubast, Paterne Berrichon, Gaston Bertran, Schiroky, Henri Leprince, George Hepp, D'Orfer, Édouard Dubus, Oscar Méténier, D. Denfert, Auguste Dupont, Charles Darantière, Jean Sarrazin, Pop, Henri de Villars, Jules Boubert, Merky, Henry Le Brun, Lorand, François Carny, Gaston Moreilhon, J. Noro, Em. Ronard, André de Bréville, Gustave Kahn, Charles Vignier, Jean Ajalbert e Paul Adam.

Feito sumariamente o histórico da evolução decadente, passaremos a examinar a orientação e os princípios diretores de sua estética.

O Decadismo, partindo da teoria spencerista de que o progresso é sempre uma marcha do simples para o complexo, do homogêneo para o heterogêneo ordenado, considera que todas as escolas literárias que até agora têm aparecido, não conseguiram, por deficiência de idéias e de estilo, exprimir, nem longinquamente, as modalidades da vida e o pensamento modernista poderosamente complicado pelas impressões multimilenárias do atavismo e as inextricáveis influências do meio, de uma variabilidade infinita.

Assim o caráter principal do Decadismo é uma notabilíssima abstração e profundidade de pensamento, procurando explicar, concretizar, com linguagem, as noções mais vagas, recônditas e fugidias do espírito, exprimindo e confundindo-se com as idéias mais transcendentes e as generalizações da filosofia.

Daí procede que as produções da Escola Decadente são de dificílima percepção; exigem atenção muito demorada e intensa para ser apreendidas, além de preparo intelectual muito completo, de extensos e profundos conhecimentos, como se verá pelos espécimes que daremos.

A Arte ou a Estética desenvolve-se sempre harmonicamente em todas as suas partes, e nenhuma delas pode experimentar notável desenvolvimento sem que se faça sentir nas outras a repercussão.

A poesia atual decadente é uma resultante das transcendentes e originais teorias de Wagner sobre a Música. †

Tanto em um como em outro gênero de produção estética, há a mesma elevação de pensamento, o mesmo caráter grandioso, solene e alevantado, o mesmo gênio abstrato, as mesmas obscuridades, a

---

† Por pura intuição, Gama Rosa chega nessa passagem à formulação de um postulado hoje geralmente admitido. Vide, p. ex., Guy Michaud, *Message Poétique du Symbolisme*, págs. 65-66, 205-210; também A. Chassaing — Ch. Senninger, *La Dissertation Littéraire générale*, Hachette, Paris, 1964, págs. 236-238, 302, 304.

mesma tendência à expressão delicadíssima de idéias simbólicas ou místicas.

Como a alevantada música do egrégio gênio alemão, a Arte decadente não se dirige às multidões, não se ocupa com a clareza, não faz demonstrações, nem concessão alguma à ignorância. Arte restritamente aristocrata, aristocracia mental, entenda-se, e somente se dirige à *élite* intelectual do público.

É desse público intelectualmente aristocrata que o Decadismo se apresenta como órgão. Eis suas palavras: "A literatura decadente sintetiza o espírito de nossa época, isto é, da *élite* intelectual da sociedade moderna. Não seria possível admitir, quando se trata de Arte, a multidão que não pensa e que não pode ser contada senão numericamente. O alto público intelectual é o único digno de apreço e cujos sufrágios são uma consagração."

De acordo com o princípio de que a Arte não tem por intuito nobilitar, dignificar ou desasnar ignorantes, o que é missão de escolas e pedagogos, o escritor ou artista decadente deve anunciar-se desassombradamente e, sem temor de obscuridade, tudo manifestar de modo breve, sintético, sem descrições, nem delongas explicativas: "A literatura decadente não apreende senão o que interessa diretamente à vida. Não faz descrições: supõe tudo conhecido.' Unicamente uma síntese rápida dando a impressão dos objetivos. Não pintar, fazer sentir, dar ao coração a sensação das cousas, quer, por meio de símbolos, evocar a idéia com maior intensidade pela comparação."

Quanto às razões para essa brevidade é que não só isso constitui uma tendência muito acentuada do espírito moderno, como somente a condensação do pensamento pode determinar efeitos enérgicos e duradouros:

"Com tempos — diz o crítico dos Decadentes, Anatole Baju — há necessidade de gozar muito em pouco tempo. Ninguém pode mais ler os longos romances de aventuras com descrições infindáveis. Os escritores compenetrados de espírito deste fim-de-século devem ser breves e narrar as lutas íntimas do Coração, a única cousa que ainda interessa ao homem, que ele não conhece, que não conhecerá jamais, porque o coração humano é tão vasto como o Infinito. É triste de dizer, mas, a humanidade não poderá ser reduzida a alguns tipos gerais movidos pelas mesmas regras, obedecendo às mesmas influências. Do mesmo modo que todos os homens se assemelham pela forma, mas, diferem pelas feições, assim também para descrever todos os corações seriam necessárias tantas monografias quantos são os indivíduos.

Transcedência de pensamentos, condensação de idéias, brevidade sensacional, impressionista, emocional de enunciação, são os caracteres principais do movimento literário, alguns dos quais herdados do Naturalismo, de que incontestavelmente a Nova Escola é continuação.

O amor à celeridade é tal na Escola Decadente, que são totalmente excluídas as poesias descritivas e as composições poéticas, excedendo certas dimensões, cujo estalão é representado pelo soneto; qualquer assunto deve caber em um soneto.

"Os longos poemas que não acabam, diz o crítico do Decadismo, chamados poesias descritivas, não se escrevem mais e se lêem ainda menos. Parece que o extremo limite das poesias decadentes deva ser reduzido ao soneto. Os romances que se viram outrora, de doze volumes, depois de quatro, depois de dous, e, em seguida, de um só, tendem a se condensar na extensão apenas de um Conto."

Uma opinião originalíssima da Nova Escola é que o teatro há de desaparecer:

"O teatro que fez por muito tempo as delícias dos povos na infância, tende a desaparecer completamente. Para nós o teatro é a vida, ou quando muito o circo — são as catástrofes, os incêndios, as execuções dos condenados, sua tortura nos tribunais, em suma que pode fazer vibrar em nós as cordas usadas de uma sensibilidade demasiadamente enfraquecida."

Neste ponto, como em outros, a Escola Decadente é um desenvolvimento do Naturalismo ou Realismo; é em nome da realidade que o teatro virá a ser suprimido; o teatro que vive do convencional, do *trompe-l'oeil*, da luz artificial, do pano pintado, jamais poderá representar a verdade, a sinceridade, a naturalidade da Vida.

É fundado também nos mesmos princípios e pelas mesmas razões, em nome do Real, que se há de assistir igualmente à supressão da escultura e da pintura, tão depressa a fotografia assuma vastas proporções e reproduza as cores dos objetos. É nossa opinião.

Esperando, porém, que o teatro desapareça pela ação do tempo, por morte natural, os Decadentes por enquanto transigem com a barbaria, e o maior sucesso parisiense atual é o mistério religioso *A Amante de Cristo*, uma deliciosa peça escrita pelo poeta decadente Rodolfo Darzens, segundo vemos de uma correspondência de Paris para o *Diário Popular de Lisboa*, aqui transcrita pela *Gazeta de Notícias*, de 1.º do corrente mês de dezembro.

Reproduzimos essa notícia porque ela importa à história que estamos fazendo do desenvolvimento e expansão da Escola Decadente, e ainda porque dará uma idéia da índole e fisionomia de suas composições teatrais.

"Há dias, diz o correspondente, representaram-se no *Teatro Livre* três trabalhos novos, de um enorme valor literário. *Les bouchers* (Os carniceiros), *Chevalerie rustique* [Está "nostique"], de uma tradução do naturalista italiano Verga, e o mistério religioso, A *Amante de Cristo*.

"Cristo volta-se para Maria Madalena: *Femme relève toi!*
"Ao que Madalena responde, em alexandrinos admiráveis, como só era capaz de responder essa mística Maria Juliana da Judéia:

"— Senhor! eu contemplo-te como se nunca teus olhos me tivessem visto! Parece-me que saio de um sonho ou de uma triste floresta, toda repleta de sombra. Marcho agora para uma aurora serena. Abro os olhos. Desperto. Vejo. Ora na minha noute, essa luz é tua voz. Fala Jesus! Enquanto meu espírito te escuta, dissipa-se minha dúvida. As tuas palavras têm a claridade dos raios. Deixa que eu siga aqueles que dizem — *Nós cremos que em verdade, Senhor, és tu bem o Messias.*"

"Das três peças que acabamos de citar só a última merece especial menção. É escrita em versos admiráveis pelo poeta *decadente* Rodolfo Darzens. O assunto é pouco mais ou menos o seguinte:

"Trata-se do encontro de Cristo com Miriam de Magdala em casa de Simão. Enquanto Jesus espera, sentado, entra Maria Madalena, que traz um braçado de flores para ele. Em seguida, Jesus sai, por alguns minutos, para ir expulsar os demônios do corpo de uma criança, e Maria Madalena explica a uma velha intermediária que está presente o grande amor que lhe inspirou o Nazareno. A proxeneta promete lhe arranjar as coisas... Então Jesus aparece de novo; faz retirar a velha, e Maria Madalena, ajoelhada aos pés do louro filósofo judeu, sente transformar-se seu amor carnal, o amor dos seus sentidos, pelo mais profundo amor místico. Esta interpretação divulgada de uma das mais belas cenas do Evangelho, do lado humano da legenda cristã, é admirável, porque se acha escrita e expressa em versos todos modernos na forma e no ritmo. Decadência pura! Simbolismo!

"E continua assim, em versos admiráveis, até que Jesus lhe perdoa e a salva do pecado.

"O público fez uma enorme ovação ao delicioso *mistério* [que em causa se parece com o do finado Braz Martins]. É um assunto próprio para um poema.

"O ator que desempenhava o papel de Cristo (Moristo) houve-se admiravelmente. Se o próprio Jesus, já do alto dos céus, pudesse volver por meia hora seus olhos misericordiosos sobre a cena do *Menus Plaisirs*, havia forçosamente também de aplaudir, pelo menos, com tão grande entusiasmo como nós outros, simples mortais e pecadores..."

A propósito de A *Amante de Cristo*, convém dizer que os Decadentes manifestam notabilíssima predileção pelas lendas, ritual e símbolos, cristãos, mas se trata apenas de um cristianismo todo literário, cheio de heresias e cisma, um cristianismo que certamente nem o Papa nem o novo *Apóstolo* aprovariam.

Com o que temos expendido até aqui relativamente à estética, fica assim, suficientemente caracterizada, e em parte exemplificada, toda a teoria decadente.

Além do exposto, só existem as frases de combate, acerbas e violentas, contra os magnatas, *les hommes bien mis*, e *les hommes arrivés* da literatura, contra Zola, Daudet, Richepin, Coppée etc. Daremos alguns espécimes da *fúria francesa desses ataques*.

"O Sr. Sarcey, diz *O Decadente* de 15 de setembro deste ano, é um dos homens mais funestos à Arte e à Literatura. Eu o tomo aqui como tipo, porquanto ele sintetiza admiravelmente o cretinismo, a desesperadora chatez, a ridícula empáfia de todos os outros. Triunfante e repleto, ele emerge em toda a enormidade de asneira dessa turba de pedantes, que o contato de Paris não pôde desasnar."

E fizeram um termo para a estupidez, o *sarceysmo*.

Em outro lugar, desse mesmo número d'*O Decadente*, atirou-se contra o velho poeta Brizeux e o açucarado François Coppée, a propósito da elevação de uma estátua ao primeiro:

"Acaba-se de elevar uma estátua a Brizeux, burguês que rimou algumas descrições da lande bretã e temperou seus versos com banalidades sentimentais. A cerimônia foi oficial, e o Sr. François Coppée, que não deixa escapar ocasião de dizer asneiras, aí empurrou uma poesia da sua lavra."

Zola, principalmente, como o mais forte, tem sido muito maltratado. Todos esses ataques, porém, são inevitáveis, uns por justos, outros porque nenhuma mudança é possível sem eliminações, qualquer que seja a luta, qualquer que seja o gênero de concorrência.

Não há meio de evitar esses excessos. A mesma coisa praticou o Romantismo e o Realismo. São fatos inerentes à demolição.

A justiça histórica não se levanta no tumulto dos acampamentos e na hora implacável do Combate, mas no seio calmo da Paz e do Tempo.

Assim não é injustificadamente que Zola, o grandioso mestre, já anda procurando um passado para abrigar suas glórias, na eterna vítima da *charge* e eternamente: a Academia Francesa...

Esboçado assim o Decadismo em seus princípios e tendências mais notáveis, só nos resta apresentar, como concretização de suas teorias, alguns espécimes característicos e sugestivos da Escola Nova.

Somente quem não puder apreender esses espécimes, passe adiante, porquanto não é a ele que se dirigem os Decadentes, nas formais declarações acima consignadas.

Começaremos por alguns períodos em prosa. Trata-se de uma nota colocada debaixo de um soneto de Arthur Rimbaud, precursor dos Decadentes, poeta muito apreciado por eles, e cuja vida de boêmio foi inteiramente fantástica, julgando-se até que houvesse falecido como rei de uma tribo selvagem.

As poesias atualmente existentes de Rimbaud são muito raras. Comentado assim o assunto, agora a tradução da *Nota* onde há todos os requintes de estilo da Escola Decadente:

"Algumas mensagens epistolares, do Poente e do Oriente, chegadas à redação da Decadente Escrita, interrogam — dubitativas — a fé do Nosso du Plessis [está: "du Phessis"], tocante à autenticidade [está: "autêntica"] dos poemas — quão demasiado raros! — por nossos cuidados piedosos coligidos do paradisíaco Rimbaud. A esses correspondentes timoratos, e para que seus intelectos, onde jamais houve Sonho excessivo, sejam reiteradamente amortecidas [está: "amortecida"] as sindéreses, indicamos benevolamente as Origens — que benditas sejam suas águas! — donde dimanou até aos nossos reservatórios esse rio de Lirismo e de Varacidade.

"Três poesias, cujo velino desmaiado, mas irrefutável, permanece exposto aos olhares (Escritório d'*O Decadente*, 46, Boulevard Barbès), nos vêm do professor Marcus Van Hiffergue, da Universidade de Groningen, que *iluminou* Rimbaud, durante sua hégira através dos Países-Baixos. São *As Retortas, Doutrinas* e *O Ômega-Blasfematório*, acima divulgado. O excedente nos foi mandado por D. Esteban Inigo Luiz Josaventura Formicaderos, Barão de Assunción, rico-homem guipuscoano emigrado [está: "emigrados"] desde alguns lustros nas margens do Rio [está: "Ri,"] Salado e que dividiu conosco os mandamentos supremos do admirado Viajante. (sic)

"Por nossos cuidados, primeiro que declinem os dias de setembro, se afirmará coligida em um raro volume, esta colheita vespertina tão cheia de Ideal e de Azul!

"Proporemos imediatamente variantes contraditórias originais, como nos parecer, para atenuar as lacunas e desfazer os estragos, felizes se conseguirmos erigir este *grande signum et insigna* que ateste em uma prosa epifânica, o Missal de Cluny, se pudermos restituir às letras humanas esses Relicários até então espalhados: os Ritmos desfolhados do Divino Moço, semelhantes a cravos de ouro, que semeia, batendo a pata, o Hipógrifo, conculcador da Onipotência Beócia."

Evidentemente trata-se aqui da ressurreição artística de um estilo arcaico, um *pasticho*, com toda a intensidade do pensamento moderno.

Pomos agora em confronto, o trecho acima citado, com quaisquer fragmentos, tomados ao acaso, da *Relíquia*, de Eça de Queirós, os primeiros períodos, por exemplo, desse extraordinário romance:

"Decidi compor nos vagares deste verão, na minha quinta do *Mosteiro* (antigo solar dos Condes de Lindoso) as memórias da minha Vida — que neste século, tão consumido pelas incertezas da Inteligência e tão angustiado pelos tormentos do Dinheiro, encerra, penso eu e pensa o meu cunhado Crispim, uma lição lúcida e forte."

Ou:

"Esta jornada à terra do Egito e à Palestina permanecerá sempre como a glória superior da minha carreira; e bem desejaria que dela ficasse nas Letras, para a Posteridade, um monumento a maciço."

Ou ainda este outro fragmento:

"Nunca me foi dado percorrer os Lugares Santos da Índia, em que Buda viveu — arvoredos de Migadaia, outeiros de Veluvana, ou esse doce vale de Rajagria, por onde realongaram os olhos adoráveis do Mestre perfeito, quando um fogo rebentou nos juncais, e Ele ensinou, em singela parábola, como a Ignorância é uma fogueira que devora o homem — alimentada pelos enganos as sensações da Vida, que os sentidos recebem das enganosas aparências do Mundo."

Como se vê, são inteiramente idênticos os dous estilos, o mesmo ritmo, a mesma pompa, a mesma construção arcaica, artística, a mesma profundidade, a mesma majestade de expressão, e é a *Relíquia* atualmente o único espécime grandioso de estilo decadente em língua portuguesa, o que nos indica, como admiravelmente acompanha e anda *au courant* de todos os progressos, Eça de Queirós, o maior de todos os escritores portugueses do nosso tempo.

Passaremos agora à Poesia Decadente, e daremos apenas quatro exemplares para não alongarmos demasiadamente este estudo.

Seja o primeiro uma produção de Paul Verlaine, a quem é devida esta continência, como o chefe da Escola, o mais velho, posto que a maior parte dos moços tenham incontavelmente mais merecimento. [Sic!...]

PARSIFAL

A Jules Tellier

Parsifal a vaincu las Filles, leur gentil
Babil et la luxure amusante — et sa pente
Vers la Chair de garçon vierge que cela tente
D'aimer les seins légers et ce gentil babil;

Il a vaincu la Femme belle, au coeur subtil,
Étalant ses bras frais et sa gorge excitante;
Il a vaincu l'Enfer et rentre sous la tente
Avec un lourd trophée à son bras puéril,

Avec la lance qui perça le Flanc suprême!
Il a guéri le roi, le voici roi lui-même,
Et prêtre du très saint Trésor essentiel.

En robe d'or il adore, gloire et symbole,
Le vase pur où resplandit le sang réel.
— Et, o ces voix d'enfants chantant dans la coupole!

Agora este soneto de Laurent Tailhade:

> Les nostalgiques citronniers aux feuilles blêmes
> S'étiolent et leurs parfums, avec enui,
> Meurent dans le jardin peuplé de Chrisanthèmes:
> Pour la dernière fois, le soleil tiède a lui.
>
> Soir des morts! Glas chargé de pleurs et d'anathèmes!
> Le Souvenir s'éveille et reprend aujourd'hui,
> En sourdine, les vieux, les adorables Thèmes
> Des renouveaux lointains et du bonheur enfui.
>
> Le souvenir marmonne à voix basse. Une cloche
> Funéraire, dans le ciel gris ou s'éfiloche
> Maint lambeau d'occident fascié de pourpre et d'or.
>
> Et c'est le crépuscule automnal des années
> Que d'un encens trop vain fait resplendir encore
> La mémoration des corolles fanées.

Julgamos extraordinário como poeta, de um mérito excepcional, Stuart Merrill, autor de *Les Gammes*. Eis uma deliciosa poesia:

VERS VAGUES

> "Le fébrile frisson de murmures d'amour
> M'emeut ce soir les nerfs e vieillit ma mémoire.
> La voix d'un violon sous la soie et la moire
> Me miaule des mots d'inéluctable amour.
>
> La verveine se pâme en les vases de jade;
> Un fantôme de femme en l'alcôve circule.
> Mais une memoire est morte avec le crépuscule,
> Et j'ai perdu mon âme en les vases de jade.
>
> Oh! mol est mon amour, vague est le violon!
> Un arôme d'horreur rôde en l'air delétère,
> Et je rêve de rêve en l'ombre du mystère
> Mais oh! la volupté veule du violon!"

Agora, por último, estes gloriosos tercetos do mesmo autor, que são uma crítica do Romantismo, aos trovadores:

LE MÉNÉTRIER

> "Etouffant en la nuit la rumeur de ses pas
> Le vieux ménétrier sous l'horreur de la lune
> Rôde comme un garou par la lande et la dune.

> Sur la grève des mers il balance ses pas,
> Pris d'un doux mal d'amour pour sa dame la lune
> Que le leurre au plus loin de la lande et la dune.
>
> Et le voilà qui vague au vouloir de ses pas,
> Vers le miroir des mers où palpite la lune,
> Oublieux du réel de la lande et la dune.
>
> Les bras en croix, les yeux au cieux, à larges pas,
> Au plus glauque des flots le lunatique, o lune,
> Va s'englontir sans deuils de la lande et la dune.
>
> Nul mutisme plus grand ne dit la morte de pas,
> Un remous mollement remue au clair de lune,
> Puis la lame, et le vent sur la lande et la dune."

E fica assim exposto em suas linhas gerais, em esquema, o que é a Escola Decadente.

Dezembro, 1888"

(*Tribuna Liberal*, Órgão do Partido [Liberal], Ano I. N.º 8. Sábado, 8 de dezembro de 1888.
31, Travessa do Ouvidor.
Propriedade de Medeiros & C.
[E nos números de 9, 10 e 12 do mesmo mês.]

ROCHA POMBO (1857-1933)

José Francisco da Rocha Pombo nasceu na Cidade de Morretes, Estado do Paraná, em 4 de dezembro de 1857.

Com 18 anos de idade, em 1875, substituiu seu pai, lecionando primeiras letras no humilde Anhaia, subúrbio da sua cidade natal. O seu primeiro artigo foi publicado na revista fluminense *A Escola*, de José Serafim Alves, merecendo ser transcrito na *Revista del Plata*, de Buenos Aires. Em 1879, dez anos antes da proclamação da República, iniciou, no Paraná (ainda em Morretes), a propaganda republicana, no seu hebdomadário *O Povo*.

No ano seguinte fixou residência em Curitiba, ali publicando, em 1881, por ele mesmo impresso, o seu primeiro livro, *A Honra do Barão*, que foi transcrito, em folhetim, na *Patria*, de Montevidéu; seguindo-se *Dadá* (1882), *A Supremacia do Ideal* (1882), *A Religião do Belo* (1883). Neste último ano passou a residir em Castro, onde publicou, além daquele estudo, o semanário *Eco dos Campos;* e ali casou-se com Carmelita Madureira, duma família de grandes fazendeiros (Madureira). De volta a Curitiba, redigiu a *Gazeta Paranaense* e publicou o poemeto *A Guaíra;* em 1887, dirigiu o *Diário Popular* e publicou *Nova Crença;* em 1888, dirigiu o *Diário do Comércio*, publicou o romance *Petrucello*, e *Visões*, contos e poesias; em 1895, na revista *O Cenáculo*, de abril daquele ano, o poema em prosa *In Excelsis;* em 1896, em Paranaguá, o poemeto *Marieta*. Mudou-se para o Rio de Janeiro em 1897. Em 1900 publicou *História da América, O Grande Problema* e uma de suas melhores obras históricas: *Paraná no Centenário*. Em 1905 deu a sua obra-prima, o romance *No Hospício*, e iniciou, para o editor Benjamin de Águila, a monumental *História do Brasil*, em dez volumes, fartamente ilustrados. Em 1911 saíram os *Contos e Pontos;* em 1918, *História de São Paulo* e *Notas de Viagem;* em 1921, o seu compêndio de *História do Brasil* (1 vol.). A importante *História do Rio Grande do Norte*, que considero a sua mais valiosa obra histórica, saiu em 1922; e

Rocha Pombo.

nesse mesmo ano a "edição do Centenário" da sua *História do Brasil*, desta vez sem as notas e as ilustrações, em 4 volumes ("Anuário do Brasil"). A *História do Paraná* apareceu em 1930. Publicou também (ed. Alves) um *Dicionário de Sinônimos* (1914). O editor Jackson lançou grande edição póstuma, ricamente encadernada e ilustrada, em 5 volumes, da *História do Brasil*, ainda sem as notas documentais. Grande número de estudos históricos e literários estão esparsos em jornais e revistas.

Rocha Pombo exerceu o mandato de deputado, no Paraná, durante a Monarquia. Teve então a iniciativa da criação da Universidade do Paraná. A primeira pedra do edifício foi então assentada, mas somente em 1912 a idéia, realizada pelos Drs. Nilo Cairo e Vítor do Amaral, corporificou-se. No biênio 1916-1918 teve outra vez assento no Congresso Estadual, recusando-se, após, por motivos de saúde, a voltar a Curitiba, cujo verão lhe parecia glacial. Pertenceu à antiga Academia de Letras do Paraná, e é patrono da cadeira n.º 17 da Academia Paranaense de Letras. Eleito em 16 de março de 1933 para a vaga de Alberto Faria, na poltrona n.º 39, da Academia Brasileira de Letras, foi nela empossado, não tendo havido, por motivo do seu estado de saúde, cerimônia de posse. Colaborou nas revistas simbolistas *O Sapo*, *O Cenáculo* e outras. Longo tempo escreveu para o *Correio da Manhã*, do Rio. Rocha Pombo ainda conheceu Cruz e Sousa, que faleceu no começo do ano seguinte ao da chegada do escritor paranaense ao Rio (1898). O movimento simbolista carioca, aliás, não o surpreendeu. Participara do movimento no Paraná. No Rio, ligou-se, naturalmente, ao grupo de que era parte o seu conterrâneo Nestor Vítor, e que integravam Gustavo Santiago, Oliveira Gomes, Artur de Miranda, Maurício Jubim, Tibúrcio de Freitas.

O seu estranho romance *No Hospício* muito sofreu por ter aparecido numa época de predomínio materialista e naturalista, que não obstara, entretanto, ao sucesso anterior de *Canaã*, de Graça Aranha, de feitio predominantemente simbolista, e que anunciava o misticismo exasperado de Malazarte. A crítica, simplista, e mesmo elementar por vezes — a mesma que desconhecera Cruz e Sousa — não tomou conhecimento de *No Hospício*. Nesse livro, contudo, observam-se notas precursoras do romance metafísico. Nele encontramos elevado senso místico, aventuras curiosíssimas do pensamento, um escorço de poema épico-filosófico (págs. 60 a 67), além de páginas que valem por poemas em prosa, admiráveis de profundeza iluminada, e tipicamente simbolistas, tanto no que concerne ao vocabulário, como à temática e à atmosfera espiritual.

A sua definição da estética do Simbolismo, em forma de alegoria legendária, "A Estátua de Hulme", merecia abrir esta mostra da obra poética do simbolismo brasileiro.

Um dos raros que atentaram na dualidade estranha da obra de Rocha Pombo foi Fábio Luz, médico, polígrafo, o crítico que traçou o melhor retrato espiritual desse homem que passou pela vida oculto sob uma máscara de historiador e de filólogo. No livro *Dioramas*, de 1934, Fábio Luz, que foi talvez o mais íntimo amigo de Rocha Pombo, nos últimos anos (com Nestor Vitor, Rocha de Andrade, Almáquio Diniz e Teles de Meireles), escreveu: "O misticismo baseado no panteísmo, tendo como preceitos e fórmulas vagas a contemplação da Divindade, a absorção do próprio eu pela idéia mais elevada que o espírito possa conceber, a Substância una e múltipla em suas manifestações, matéria e forma inseparáveis, Espírito-centelha da alma, Alma-Verbo, Verbo-Deus; tudo, no fundo, sentimento cristão, com tendências francas aos primórdios da doutrina muito humana pregada às margens de Tiberíade e no sermão da Montanha; tudo que constituía a alma de Novalis parecia ter-se transportado para a alma transparente, clara, límpida e serena desse Rocha Pombo." "As neves das alturas do Paraná deram-lhe o cunho de fluidez e de brancura impoluta." (Págs. 106 e 110). Os apólogos e as legendas de Rocha Pombo são de singularíssimo poeta e de uma alma pura e alta. Di-lo, talvez por aproximação, Fábio Luz, mas realmente sentimos o poeta Rocha Pombo através daquela definição imprecisa. [86-A]

Faleceu no Rio de Janeiro em 26 de junho de 1933.

Em agosto de 1950 foi inaugurado no Largo do Machado, Rio de Janeiro, um busto de Rocha Pombo, da autoria de João Turim, e outro em Morretes, para onde foram trasladados seus restos mortuários.

Obras: *No Hospício*, Garnier, Rio, 1905, 2.ª ed., Instituto Nacional do Livro, 1970; *Contos e Pontos*, Porto, 1911.

A ESTÁTUA DE HULME

Tanila, alma agitada de Sófocles, ressurgida para a estatuária, tinha lançado um repto solene a Hulme, o mistério implacável da sombra, vindo lá daquela natureza boreal da Finlândia, para ficar, como em êxtase eterno, ante a opulenta eclosão e a indiscreta luxúria da natureza do Sul. Os dois artistas, imóveis, face a face um do outro, eretos como dois fantasmas que se medem, luminosos como astros que se fulminam, estiveram, por instantes, na mudez indizível de almas que se encontram e se surpreendem. Pelos olhos, lúcidos, profundos, despedem raios como deuses, numa explosão de cóleras divinas. Mas, Tanila falou, conspecto carregado, gestos estranhos, tendo no semblante imortal uma claridade de auréola... dir-se-ia já um reflexo da vitória futura... E, por uma espécie de instinto, a turba sente, sem o saber, o que há de grande na majestade astral

---

[86-A]. Estudo particularmente importante sobre *No Hospício* em *O Simbolismo*, de Massaud Moisés, Cultrix, S. Paulo, 1966.

do gênio: a turba aplaudiu a Tanila. — Hulme, porém, sempre impassível, numa gravidade inalterável de pontífice orando, derrama, quase a sorrir com doçura e piedade, o seu olhar soberano pela turba. E depois, estendendo a mão a Tanila, saúda-o com tal movimento de alma que Tanila estremeceu. — No dia aprazado, sob um céu azul, no meio de vasta esplanada, a multidão, ansiosa, * recebe os dois inspirados. Mas só Tanila, com séquito imenso, traz a sua obra suprema, e manda erguê-la na praça. De súbito, ouviu-se um trovejar de palmas, uns longos alaridos como ulular de tormenta. A estátua é uma alegoria do gênio: uma bela figura estranha, sobre elevado pedestal, elançada para o céu, numa angústia ufana de deus doloroso, e a indicar, no horizonte, uma estrela que se eleva resplandecente... Parece que a estátua tem o seu olhar, iluminado e terrível, móvel e flamante, a agitar-se, perdido entre a sombra da terra e o esplendor das alturas. Dos seus lábios adivinha-se que vão irromper palavras nunca ouvidas, a trazer para fora toda a obsessão que abala aquele peito; e o seu semblante como que reflete uma luz nova de sol desconhecido. Quando o artista, com a alegria pungente de um criador de mundos, afastou a cortina, todo um povo convulso ergueu as mãos para ele e para a sua obra. O aplauso da multidão era como um vasto rugido, colossal e formidando, que causava pavor. Nunca se tinha visto no mundo um triunfo assim. — No entanto, Hulme, a um lado, continua impassível. Contempla a estátua em silêncio, como se tivesse a alma genuflexa, em adoração. Ao cabo de alguns instantes, embevecido no seu êxtase, vai alçando os braços para ela, num arroubo e numa irradiação de quem vê coisas estupendas. E entre a cabeça de Hulme e a estátua gloriosa vagou, por momentos, a curiosidade assombrada da turba. E maior foi o espanto de todos quando Hulme, no seu deslumbramento, tomou maquinalmente o camartelo, ascendeu ao pedestal e, com a rapidez do relâmpago, fez tombar a estrela, deixando a estátua na sua ânsia a apontar para o espaço vazio... Ao ver mutilada a grande obra, a multidão teve um espasmo, um como delíquio de monstro ferido. Tanila, hirto, desfigurado, como se estivesse diante da morte, quis despedir num grito toda a sua aflição, e um frêmito homicida comoveu toda a alma daquela massa convulsionada. Mas assoma altivo, imperioso, sobre-humano, o vulto de Hulme, contém o seu rival e faz estacar a turba. — "Olhai agora! — clamou ele. Procurai pelo espaço o astro que se sumiu. Ditosos os que já possuem visão para alcançar a estrela invisível!" E dirigindo-se a Tanila, ali perto vencido e desolado: — "É verdade que a tua, meu caro, é a grande Arte; mas a minha é... a Arte que vem!..."

(*No Hospício*, págs. 163-165.)

---

* Está sem vírgula.

O COMBOIO ENTÃO GALGAVA...

O comboio então galgava insofrido as montanhas. O ar da manhã, fino e cortante, nos fazia tiritar. À minha frente umas raparigas, trêfegas e alegres, vão saudando as paisagens com longas exclamações e grandes alaridos. Mais afastados, uns homens graves e serenos discutem política e finanças. Para trás de mim, dois rapazes talham planos de vida, tão cheios de esperanças e tão confiantes no futuro como uns predestinados. De súbito, um menino, que eu não tinha visto até aquele momento, salta do seu lugar e grita aos ouvidos de um cavalheiro, que a meu lado ressonava deliciosamente: "Senhor! senhor! senhor!" O homem estremeceu, abrindo uns olhos muito grandes de espanto, — "Acorda, senhor! olha um cabelo branco que vem surgindo de tua longa barba!..." As raparigas desandaram a rir como umas doidas, e enquanto elas riam levianamente, eu encarava aquele estranho menino, repetindo mentalmente aquelas palavras tremendas.

(*Ibid.*, págs. 36-37.)

ÁRVORES CLAMANTES

Olho para o parque e não vejo mais que a massa da noite. Apenas para um lado destaco, sobre o fundo estrelado do céu, hirtas silhuetas de grandes palmeiras imóveis. Quem me dirá se aquelas árvores não clamam, também, para o céu contra aquela mudez e aquela escuridão...

(*Ibid.*, pág. 97.)

RUÍNAS

Nada mais belo do que sentir junto das ruínas a cessação da força inconsciente, e o triunfo imortal do espírito... do espírito que por ali ficou dominando — eterno — onde a turba desvairou por instantes...

(*Ibid.*, pág. 122.)

DECLARAÇÃO SIMBOLISTA

Não tolero que me obriguem a dizer tudo... Quero que me entendam por uma palavra, por um movimento, por um sinal. É por isso que uma nova arte está para a vir, uma arte para os espíritos: uma arte que nos revele as grandes figuras apenas pelas diagonais...

(*Ibid.*, págs. 126-127.)

O MONGE

À beira do riacho, imóvel, absorto, ele tem os olhos para a corrente. Em torno — o deserto. Por cima — o esplendor da manhã. "Como é belo este espetáculo! Como é bela a floresta e o céu! A natureza inteira como é bela!" — exclamei a ver se despertava o monge daquela contemplação. — "Espera, filho — falou ele, sem desviar os olhos da corrente: espera... deixa-me tranquilo um instante... deixa-me pensar numa outra beleza..."

(*Ibid.*, págs. 165-166.)

NAS CATACUMBAS

Estamos na região onde as almas gelam. Tudo é insondável como a noite do deserto. Só ecoam sob as abóbadas escuras os nossos passos errantes. Um grande silêncio de solidão enche as naves imensas. Num vasto recinto paramos. Há em torno de nós um vago luar de praia desolada. Nossas almas entendem-se por gestos. Lá pelos confins do amplo circuito quer nos parecer que vagam lentas umas sombras esquivas. De súbito, uma estranha figura, lacerada e enferma, destaca-se lá do meio das sombras, aproxima-se de nós e no seu espanto, hirta e convulsa, nos inquire: "Dizei-me: que é feito do monstro?... ainda estará na cidade eterna?" E se afasta sem ouvir-nos Nisto um fantasma colossal passa por nós gritando como louco, perseguido de multidões de fantasmas... enquanto a dor hilariante dos hospícios estrondava no meio da noite...

(*Ibid.*, págs. 170-171.)

NO CEMITÉRIO DA MONTANHA

Entramos. À medida que por entre as labaredas líamos as inscrições, de dentro dos túmulos nos vinham gemidos. De repente vemos uns esqueletos que se erguiam clamando. A injustiça tinha sido tão grande e tão fundo lhes calara na alma que no seu derradeiro refúgio, há milhares de anos, ainda não podiam esquecer as suas ânsias...

(*Ibid.*, pág. 171.)

A MONTANHA

Vêm lá das estâncias polares os vendavais, trazendo a ruína e a morte, devastando a esplanada. Sob luar agoirento, parece que o espaço está cheio de sombras que se laceram. Há uma orquestra infernal de uivos pela campanha, e dir-se-ia que o cataclismo abala e faz gemer a natureza. Só no fundo do horizonte — colossal, ereta, inabalável — se ergue a montanha!

(*Ibid.*, pág. 176.)

O PRECURSOR

Ele chegara como um duende, pelo meio da noite, pondo em agitação as almas. Por toda parte, a notícia de sua vinda corria de boca em boca, assombrando toda a Judéia, toda a Samaria e todo o país dos pescadores. Aparecendo junto do mar, ia falando às gentes. Mas as gentes não o entendiam. Seguido das turbas ele atravessava as cidades anunciando AQUELE que vinha instalar a era nova. Cercado de olhares, inquirido pelos gestos vagos da turba, ele traçava nas praças um grande círculo, e a fitar aquele signo, ia falando horas e horas, dizendo palavras misteriosas, como se tivesse diante de si alguém invisível. Mas nada lhe entendiam as gentes. Uns poucos ficavam pasmos; quase todos no silêncio do seu espanto. As crianças, as almas cândidas, andavam a olhá-lo de longe, espavoridas e curiosas. Uns diziam: "É Elias que voltou à terra." Outros: "É Moisés que vem libertar outra vez o seu povo..." Outros ainda: "É algum dos grandes profetas antigos que volve a Israel." De súbito, desapareceu. Por toda a Galiléia aquela voz ficava, no entanto, alarmando o coração das tribos. Israel sempre viveu de medo ou de esperança: e Israel anda exausto! e Israel está palpitante! — Passados alguns dias, a figura reaparece, consumida e estranha. — "Mas de onde vieste tu, Senhor? — "Vim do deserto — dizia: vinde ouvir da minha boca a voz do Espírito que se exalça no deserto." E, numa obsessão sagrada, clamava para as turbas, anunciando-lhes a Vida. A sua palavra tem não se sabe o quê de penetrante e luminoso que abalava as almas, sem que as almas soubessem por que é que se abalavam. E é por isso que, numa grande ânsia misteriosa, as multidões vão seguindo o profeta. Sem que soubessem como, ele sumiu-se outra vez no deserto. Ao cabo de muitos dias, as gentes o encontram numa longa praia, muito atento, a bater com o seu cajado contra umas pedras, próximo a Enon, caminho do mar da Judéia. Bateu muito nas pedras, como se as quisesse despertar, e depois foi falando para as pedras, sem que ninguém lhe compreendesse os assomos de sua loucura: — "Por que não clamais vós, então? Pois não é tempo de sair da natureza bruta o grito sagrado da era que vem?" Neste momento, uns sábios o inquiriram de novo: — "Mas de onde vieste tu, Senhor?" — "Vim das montanhas — bradava, e vos anuncio o Espírito que desceu das alturas." — "E quem és tu?" — Eu sou aquele que prepara os caminhos. Vai aparecer Quem foi antes de mim e antes do mundo, e que vem abrir a aurora dos novos tempos. Gentes de Israel, apercebei-vos!" E tendo deixado na alma dos homens aquele grande espanto, desapareceu para sempre, em silêncio. Atrás dele a tempestade começou a rugir, comovendo a terra.

(*Ibid.*, págs. 177-178.)

O GRANDE VELHO

Já está esquecido do tempo. A geração que domina tem outros deuses. Majestade tombada — como que olha de longe para o mundo. É um viandante que passou. Obrigado a ensinar as coisas aprendidas dos homens, guarda no coração aquelas que a vida lhe ensinara em quase todo um século de amarguras. — Dera um dia a ler um livro seu ao discípulo querido; livro dos tempos da mocidade, já tão remota que lhe parecia mais uma outra existência. Quando o moço chegou a certo ponto, sentiu um como estertor, um soluço reprimido, e fitou com espanto a fronte nublada do mestre. Pelas faces devastadas do velho viu então que escorriam lágrimas. — "Ah! disse com saudade e com amor o ancião — ah! minhas emoções... minhas doces emoções de moço!..."

(*Ibid.*, pág. 163.)

QUEM NOS DIRÁ...

Quem nos dirá para onde vai o clamor da floresta!... Que epopéia se poderá comparar à epopéia que se levanta do deserto para a montanha e da montanha para as alturas!... Que ansiedade por entender o clamor da floresta!...

Este gemido... este gemido não me é estranho! Desde Israel que este gemido soa para além, como estertor de povo morrendo...

Ela sabe que é um dom magnífico da Criação. Aquela fronte celeste de deusa está dizendo que tem direito a um Olimpo na terra. Mas, filho, vê que mistério lhe vela a fronte augusta! E como é dolorosa aquela adoração que lhe rende o esposo... Há certamente uma lembrança que persegue aquela alma... Filho! eis que me obrigam a ser maligno como Satã... eu desejava, para ser feliz, exatamente uma coisa que aquele bem-aventurado não pode ter na terra: eu desejava ser o motivo daquele mistério que ela tem no olhar nublado... Aquela mulher é um anjo, não há dúvida; mas um anjo que sofre a estranha amargura de não ter podido pecar... ou, então, que se recorda de algum pecado antigo...

Embevecido, estatelado, ali ficou por longos instantes, à vista da montanha sagrada, com os olhos fitos no alto ... e, por fim, disse: — "Ah! grande alma da Grécia! como não havias tu de criar então o teu Olimpo!..."

Houve, portanto, duas criações: primeiro, a criação dos mundos, a gênese dos seres físicos; e, quando tudo estava pronto — a criação do universo moral, a gênese das almas.

Saberás tu ler os mistérios da vida na fronte das criaturas? Se tu não sabes isto, filho meu, tu nada sabes ...

Quando fico só, em silêncio, a olhar em torno de mim ... a minha visão me espanta ...

....

O velho ali esteve, debaixo da árvore antiga, sob a qual se haviam abrigado gerações e gerações. Ouve gênios que passam! e seus olhos vão do ocidente para o lado oposto, de onde as auroras vêm ...

Não, Senhor, não quero ser dos que triunfam no mundo: deixai-me sempre a vida.

Fui a um país, onde, ao chegar, me esqueci de que vivia e comecei a vociferar, vagueando como um sonâmbulo. E todos, como eu, pensavam que iam vivendo ...

Adorável criatura! Mas, que pena: ela sabe que é formosa, e os anjos ... não podem saber isso ...

(*Ibid.*, págs. 29-30.)

AFIRMAÇÃO

Sentiríamos por nós próprios o que tem de sagrado, de augusto, de temeroso, o vasto ruído humano.

(*Ibid.*, pág. 191.)

LEGENDA

Acordei um dia sentindo uma serenidade de redenção. Foi menos talvez, ou mais que despertar, pois não me apercebi da minha consciência normal: fiquei antes num estado de êxtase, no meio sono dos que se espantam da sua vigília, numa espécie de eclosão da alma, triunfal e augusta, para vida nova e estranha. Pela claridade da minha câmara senti que lá fora a manhã devia estar ostentando a sua luz, luz que conforta e edifica, sugestiva e sagrada, como se fora um sorriso de Deus.

(*Ibid.*, pág. 171.)

AQUELE OLHAR

Palpitante, numa grande ânsia de mistério, ia eu pelo meio das ruínas, já fatigado de espantos, e eis que de repente, quase sumido na penumbra de uns escombros, lobrigo vulto indistinto e vago. Tinha tomado — dir-se-ia — a cor daqueles ares vetustos e o aspecto de voragem que tem toda aquela desordem de templos e monumentos derruídos, de cuja massa confusa como que se levanta um longo clamor de desolação para as alturas.

— Ergue-te daí! — grito apavorado.

O vulto fica imóvel, inexpressivo, olhar sem luz, fronte sem majestade humana, esvaída e apagada, como se o hálito da morte por ali tivesse passado cem vezes.

(*Contos e Pontos*, pág. 103.)

DESERTO DE ALMAS

Dize-me tu, que o dom sacro e fecundo
Tens, a visão do vate formidando
Para sondar as almas, e bem fundo
Os abismos do ser ir perscrutando...

Dize-me: que mistério tão profundo
Tenho no peito a vida me abalando,
Se deixo um pouco lá meu doce mundo
E amplo horizonte venho aqui buscando?

Como é que esta alegria se propaga
Por tantas almas... e minha alma sente
Este silêncio de deserta plaga?

Por que é que em meio à multidão fremente
Passo calado... como numa vaga
Desolação de sombra penitente?

(*Sonetos Paranaenses / Coletânea*, 7 de setembro de 1922, por Leocadio Correia, Curitiba.)

"INTUIÇÕES"

Bem que eu podia começar como o grande espiritual, dando logo um aviso àquele sob cujos olhares venham porventura a cair estas linhas: — se não és uma alma, não leias este livro. Este livro é feito só para almas. Dizem-se aqui umas coisas estranhas de mais para os que vivem só do mundo. Quem é que não sabe que, de todos os grandes mistérios que nos cercam e assombram, é o ser humano sem dúvida o mais formidável e que se torna ainda mais profundo e mais espantoso, e sobretudo mais inteligível à medida que vai para cima e se perde no insondável da misticidade — talvez a escala mais alta dos entes nesta existência temporal? Quem é que não sente como de certa altura para além o ser — transfigurado — só é perceptível à consciência dos que, para contemplá-lo, primeiro se abismem numa longa admiração? * Sem uma espécie de silêncio meditativo que marca na existência do ser o momento em que ele se encontra — iluminado e aberto — com as atitudes e os gestos dos outros seres: sem isso, não se penetra na profundeza das almas. Antes de tudo é preciso ter uma visão nova para alcançar até esse outro hemisfério invisível da vida. Esse novo senso é cada ser que tem de arcar em si mesmo. Tinha razão decerto aquele sábio — já disse eu uma vez — que ficava horas e horas extasiado ante o verme impotente, a rastejar no meio da lama. Aos que podem sondar os abismos da vida, tanto impressiona o líquen dos muros como a flor dos jardins; tanto o brilho dos astros como a sugestiva mudez das noites sem estrelas. Em cada canto da natureza há infinitos misteriosos que nos assombram. E quantas vezes, ali mesmo onde pobres olhos humanos não vêem mais que o banal ou torpe, um senso mais alto vai desvendar maravilhas que nos arrebatam e exalçam do mundo concreto das coisas para as excelências do universo moral! E é assim que havemos de ir sempre pela vida. Passam por nós prodígios e prodígios, e só pouco a pouco é que vamos percebendo tais prodígios, como se eles viessem da noite e só se fossem tornando visíveis à medida que os devassa a nossos olhos a grande luz das auroras. Dir-se-ia que a nossa visão é criada em nós pelas claridades divinas que nos envolvem. Eis aí talvez uma das mais sábias ilusões da nossa natureza excelente: não devemos ao alvorecer os assombros que dormiam nas trevas, nem é o poder dos astros que dilata as forças do nosso olhar: é no seio do nosso próprio ser que está o enigma, pois cada um de nós tem dentro de si mesmo auroras de que se não apercebe. É sem dúvida por isso que, de certa época por diante, alguns espíritos renunciam à luz exterior: voltados sobre si mesmos, sentem-se, num súbito espanto, mais insondáveis e mais infinitos que o infinito mesmo. Felizes esses entes excepcionais que no meio das vicissitudes, como que imersos neste pélago do tempo, submissos às contingências e à mercê ** de todas as dúvidas, chegaram a ter desses graves momentos em que a alma se apercebe de que tem dentro em si mesma um universo mais admirável e surpreendente do que esse outro universo visível — tortura do nosso mísero senso humano. Tais momentos são talvez os únicos em que no criado alguma coisa de divindade acorda do sono doloroso para as ânsias da vigília sa-

---

* Há ponto final em lugar de ponto de interrogação.
** Está: "a mercê".

grada. São — quem sabe! — as horas benditas da graça, que só os monges, na pacífica penumbra dos claustros, puderam sentir o que têm de edificantes e como criam * nas almas um instinto novo de que só se apercebem elas no êxtase das adorações. E como é, portanto, que essas almas desoladas não haviam de ter no seu refúgio uma noção da vida que nós não temos, nós outros perdidos nestes tumultos do mundo? Como é que aqueles antistes de Elêusis, aqueles brâmanes de Elora, aqueles anacoretas da velha Tebaida não haviam de ser entes de outra espécie, muito acima desta humanidade sonâmbula, que desvaira, como um Hamlet em furor, pelas devesas da terra? Neles, a meditação eliminava, por assim dizer, quase todos os nervos da alma com o mundo de fora. O êxtase lhes punha a consciência vitoriosa de toda a natureza tangível. Para eles, nem mais dor nem alegria. A própria misericórdia se lhes transformava numa espécie de estoicismo iluminado — altura a que só se exalça o gênio quando se torna santo. Entendemos decerto agora a serenidade do mártir no seu martírio. Por dentro — tem as angústias.

E é dessas angústias que são feitas a grande paz e a beleza sobre-humana de todos esses que chegaram a dar ao mundo testemunhos que o mundo não entende.

É assim que da calma de João de Patmos não se adivinhariam aqueles delírios do Apocalipse. A vida para criaturas de tal ordem se desdobra como que fora do tempo, já talvez no limiar da eternidade. É por isso sem dúvida que os criadores de religião vieram sempre do deserto — quer dizer das longas macerações, dos vastos deslumbramentos, dos grandes assombros.

Todos eles enfrentaram com o mistério e lá das solidões trouxeram para a História prognósticos ininteligíveis e avisos espantosos. O mundo sempre lhes ouviu em pasmo as palavras estranhas: eles são como esfinges levantadas no tempo e cuja temerosa enormidade e cuja mudez enigmática só falam para as almas.

Quando um Maomé solta para os homens um bramido, ou quando um Moisés ergue um sinal em cimo de montanha — nós outros, as tristes criaturas cá de baixo — ou ficamos calados, ou nos insurgimos: é que, num ou noutro caso, há em nós um sentido que se anuncia, lá muito nas profundezas da nossa inconsciência. Esse sentido novo já nos grandes espíritos se fez faculdade dominante. Nós outros mal o pressentimos em nós, muito confuso ainda, indistinto como luz que desponta do meio de névoas, quando estamos diante de uma cruz, ou pasmados para uma estrela, quando paramos ante uma grande tragédia, ou quando, como Jesus, gememos interiormente à vista de uma desgraça. Palavras, em tais momentos, não dizem nada: só a alma é que sabe entender-se com essas formas sensíveis do Mistério.

---

* Está: "crêam".

Como é possível assinalar, só pela visão exterior, a atitude de uma dessas consciências ante a figura de Macbeth e combinar o crime com aquele pavor que vem da sombra, silenciosa mas clamante, de Banquo? Silenciosa e clamante, sim — porque para essas almas, o clamor está por dentro das figuras, anda mais vivo na majestade dos grandes sinais do que nos pulmões formidandos de um Estentor ou de um Ciclope. Eu quisera ver, por exemplo, como ficariam por fim aqueles juízes se viessem a ter diante de si aquele vulto de Lesurques na sua ânsia monstruosa — ânsia que deve fulminar a própria piedade das grandes almas, porque excede à grandeza de todas as misericórdias. Mas eu que não sei daqueles juízes — quase que me animo a saber da sua vítima: de toda aquela inconcebível tragédia eu só creio na felicidade do próprio Lesurques! — Entendemos decerto agora — repito — como é que o mártir é sereno no seu martírio. Entenderás agora, leitor, porque comecei pedindo-te que não leias este livro se não és uma alma. É que aqui vais encontrar-te com um desses seres de que falo. Não é de hoje que as palavras estranhas precisam de ouvidos que as entendam. O ser que aqui se revela é como uma esfinge, a proferir, no meio do deserto, umas palavras que as caravanas ouvem mas não entendem. É preciso que te destaques do bulício e que te chegues muito calmo e solitário e possas escutar, não com os teus ouvidos, mas com os ouvidos do teu espírito. Só então, e só assim sentirás quanto nos diz esta figura.

(Saturnino de Meireles, *Intuições*, Prefácio, págs. 7-14.)

B. LOPES (1859-1916)

BERNARDINO DA COSTA LOPES nasceu no Município de Rio Bonito, Arraial da Boa Esperança, Estado do Rio, em 19 de janeiro de 1859. Caixeirinho a princípio, residiu sucessivamente em Sant'Ana de Macacu, hoje Japuíba, onde conseguiu estudar um pouco, e, durante alguns meses, em Porto das Caixas. Em 1876 partiu para o Rio de Janeiro, onde conseguiu empregar-se na Administração dos Correios. Ali ficou até ser aposentado, por invalidez conseqüente a uma queda, agravando-se-lhe o estado de saúde por efeito de notória dipsomania, que o levou ao Hospício de Alienados, e finalmente à epilepsia e à morte, ocorrida em 18 de setembro de 1916, na Rua D. Cesária n.º 12, Engenho de Dentro, Rio de Janeiro.

Eis toda a sua vida pública, que ele passou em completa displicência, permanecendo, durante as horas do expediente burocrático, num botequim próximo da sua repartição, e tão freqüentado pelos funcionários que era chamado "a 9.ª seção da Diretoria-Geral". Casou-se com Cleta Vitória de Macedo, a quem abandonou, deixando-lhe o encargo de criar os cinco filhos do casal. É que aparecera Sinhá Flor, a fatal pernambucana, que lhe inspirou um dos seus melhores livros e foi como a completação da legenda boêmia do poeta. Casada, com filhos e netos, divorciada, Sinhá Flor (Adelaide Uchoa Cavalcante) até há bem pouco tempo ainda vivia, tendo várias vezes protestado contra sucessivos necrológios extemporâneos. Sinhá Flor apossou-se definitivamente de B. Lopes, e o cantor de tantas baronesas e duquesas de *Brasões* fez-se poeta titular da "esguia mameluca".

Esse extraordinário mestiço, pachola e glorioso, foi no Simbolismo brasileiro uma espécie de alegre patriarca. Os nossos primeiros simbolistas receberam, de começo, a influência da sua poesia brilhante, cordial, pernóstica e maneirosa. Oscar Rosas, Cruz e Sousa, Emiliano Perneta foram atraídos pela sua tropical elegância, e, por sua vez, embriagaram-no do ideal novo; e quando o Simbolismo teve o seu primeiro gesto exterior decisivo, vemo-lo enfileirado com aqueles três

Autógrafo de B. Lopes

Cruz

O portador é casado com uma das minhas sobrinhas.

Elle fallará comtigo o que desejá.

Peço-te encarecidamente te unas, pensares com o Ricardo, a ver se é possivel, como parece, o elle quer.

Mas desejo que falles, primeiro com o Ricardo, e se precipite.

Teu amo
B

outros, dando o brado de guerra contra o rígido Naturalismo acadêmico, contra os cânones estritos do Parnasianismo.

Na *Folha Popular,* do Rio, em 1890, Emiliano Perneta era secretário da redação e mentor literário. Cruz e Sousa, Oscar Rosas e B. Lopes reuniram-se-lhe, e os primeiros manifestos foram lançados ruidosamente, sob o signo dum *Fauno,* aquele mesmo fauno que sempre aparece na obra de Emiliano Perneta.

B. Lopes, sensível e de imaginação extremamente plástica e maleável, ainda publicou vários livros no seu tom parnasiano-livre; mas em 1900, morto Cruz e Sousa, retirado das lides literárias Oscar Rosas, de volta ao Paraná Emiliano Perneta, lançou *Val de Lírios,* marcando-o assim: "Pela idade dos 40 anos, ao desflorir dos lírios." *Brasões* já incluía matéria decididamente simbolista, pela temática, pelo vocabulário, pela atmosfera, mas sempre B. Lopes, pela aeração fresca, pela rusticidade pura e festiva. *Val de Lírios,* porém, foi o seu avatar simbolista integral. Já em *Helenos* e em *Plumário* retorna à maneira festiva e graciosa, e menos sistematicamente simbolista, de *Brasões.* Neles aparece tocado do seu curioso esnobismo, do seu fantasioso amor às mundanidades aristocráticas, de que nunca se desembaraçou completamente.

Os seus mais fiéis apologistas foram João Ribeiro e Rodolfo Machado, que realizou estardalhante, sensível e imaginativa conferência na Biblioteca Nacional, na série promovida por Adelino Magalhães, em 1921. B. Lopes, morbidamente senilizado, descaiu até escrever o triste soneto "Bonito herói! Cheirosa criatura!", referindo-se ao Marechal Hermes da Fonseca, então na Presidência da República, e que Rui Barbosa estigmatizou ruidosamente. Mas as paixões políticas passaram, e B. Lopes, tornado ridículo, era uma triste sombra de si mesmo. Diz bem Carlos Chiacchio: "É preciso reabilitar o *homem* pela *obra."* Esse pobre homem foi um notável poeta, um dos excelentes poetas do Brasil. Os seus oito volumes de poesia formam um conjunto de real e luminosa beleza. Influiu extensamente na criação poética brasileira da época. Bons poetas como Jonas da Silva (seu melhor discípulo, e discípulo confesso); como Galdino de Castro, Luís Rosa, Artur Lobo, Ulisses Sarmento, Luís Nóbrega, Luís Pistarini, Alfredo Pimentel, Armando Lopes, numerosos outros, abriram-se ao prestígio das harmonias poéticas tão claras e vivazes, dos desenvoltos ritmos, picados, aqui e ali, de cintilantes pontos de ouro.

A sua intervenção no Simbolismo não foi, entanto, inútil, nem insignificativa. Primeiro, demonstrou uma largueza de espírito de que tantos poetas ilustres e intelectuais consagrados não foram capazes. O seu prestígio, já firmado antes do ano climatérico de 1893 (ano da publicação de *Broquéis* e de *Missal,* de Cruz e Sousa), serviu politicamente de muito para abrir passagem à nova correnteza de sensibilidade e de mentalidade. *Val de Lírios* não é o seu melhor livro, mas, ainda assim, contém notas que dão variedade e interesse ao conjunto da sua produção. Há ali, por outro lado, alguns poemas expressivos, sobretudo aquele admirável "Per Rura". Demais, o fato de ter influído no Cruz e Sousa de "Campesinas", "Na Vila" e outros poemas só agora reunidos em volume (v. edição do Instituto Nacional do Livro), não é título despiciendo. Cruz e Sousa, por sua vez, nele influiu mais tarde.

Bem informada biografia do poeta, esclarecendo as origens familiares e dando notícia do meio em que se criou, é o livro de Renato de Lacerda, *Um Poeta Singular B. Lopes*, 160 págs., 1949, ilustrado com fotogravuras, desenhos e reproduções de autógrafos.

Obras poéticas: *Cromos*, Rio, 1881; *Pizicatos*, Rio, 1886; *D. Cármen*, com ilustrações de Gonzaga Duque, Rio, 1894; *Brasões*, Rio, 1895; *Sinhá Flor — Pela Época dos Crisântemos*, Rio, 1899; *Val de Lírios*, Rio, 1900; *Helenos — Lírios de Quatorze Pétalas*, Rio, 1901; *Plumário*, Rio, 1905. Saiu em 1945 uma edição das suas *Poesias Completas*, com um estudo de Andrade Muricy, em 4 volumes (Livraria Editora Zélio Valverde, Rio de Janeiro); *Poesia*. Coleção "Nossos Clássicos", Agir Editora. (Apresentação de Andrade Muricy), Rio de Janeiro, 1962.

ALELUIA, ALELUIA!

Freme em harpas a luz, o éter floresce,
Aleluias no espaço, oiro e o perfume,
Que eu sinto às vezes, morto de ciúme,
Quando a estrela dos Alpes aparece.

Auras do luxo agora chegam, e esse
Fluido de graça que ela em si resume;
O alvo poema da carne vem a lume
Em prefácios de glória e de quermesse.

Qualquer cousa de estranho no ar da rua
Em que rútila e módula flutua
A asa do sonho, criadora e aberta...

Fanfarras da arte, águias do estilo, em bando,
E o clarim da beleza, alto, vibrando...
— Poetas, em fila! Madrigais, alerta!

(*Brasões*, pág. 26.)

MAGNÍFICA

Láctea, da lactescência das opalas, °
Alta, radiosa, senhoril e guapa,
Das linhas firmes do seu vulto escapa
O aroma aristocrático das salas.

° A influência de *Broquéis*, de Cruz e Sousa, é manifesta.

Flautas, violinos, harpas de oiro, em alas!
Labaredas do olhar, batei-lhe em chapa!
— Vênus, que surge, roto o céu da capa,
Num delírio de sons, luzes e galas!

Simples cousa é mister, simples e pouca,
Para trazer a estrela enamorada
De homens e deuses a cabeça louca:

Quinze jardas de seda bem talhada,
Uma rosa ao decote, árias na boca,
E ela arrebata o sol de uma embaixada!

(Ibid., pág. 27.)

VIRGO CLEMENS

A João Ribeiro

Venho de novo, santa das santas,
Dobrar os joelhos no teu altar:
Nos olhos roxos — lágrimas, quantas!
E nas mãos — flores para deixar
Às tuas alvas, mimosas plantas;
Nos lábios — dúlias para soltar.

Roto e faminto, peregrinante,
Pedir eu venho perdão ao juiz...
Tu que a meiguice tens no semblante
E tal nobreza de flor-de-lis,
Abre uma estrela purificante
Na noite d'alma deste infeliz!

Rosto de opala que hoje entrevejo
Entre sedosos e atros anéis;
Quando sobre áscuas passa o bravejo
Da turbamulta dos infiéis,
Eu venho humilde roçar um beijo
Sobre os teus doces e amados pés.

Nesses teus olhos místicos leio
Todo um sagrado poema de amor!
Ah! nunca bebam — supondo um veio
De refrigérios e almo dulçor —
Os dous cordeiros que tens no seio
Na linfa amarga da minha Dor...

Tristonha, implora piedade e mimo
A flor aberta sobre um paul...
Tu que, entre incenso, vives no cimo,
Estende os braços à flor exul!
Das tuas aras eu me aproximo...
Que me proteja teu manto azul.

Muda-me as trevas em que me aperto
E os goivos negros do coração
Na eterna aurora de um céu aberto,
Glória das virgens de Salomão!
Suaviza os cardos do meu deserto
Baixando os olhos, me dando a mão!

Talvez que a vida melhor me fosse
Se eu a voltasse só para Deus;
Rever os anjos seria doce,
Deslumbramento dos olhos meus!
Para que tanto, se Amor me trouxe
O bem celeste nos olhos teus?!

Tudo o que é lindo, quanto há de rosa
Mais de açucena brota do pó
Que teus pés sulcam, Flor Gloriosa!
Alva e flutuante como um filó
Vejo-te, pomba misteriosa,
Num largo nimbo de sonho e dó.

Ai! desta vida todos os males,
Nódoas e culpas estão em mim;
És o mais puro lírio dos vales
E a mais cheirosa flor de um jardim;
A paz dos astros verte em teu cálix
Um luar casto de oiro e jasmim.

E, como a doce, divina imagem
Da suave e bela Mãe de Jesus,
Também devias ter homenagem
Sobre uma nave nadando em luz:
Para adorar-te fiz a romagem
Ao peso agreste da minha cruz!

Para de novo — triste levita —
Dobrar os joelhos no teu altar!
Padeça a carne, que ainda grita

Quando, nos raios do meu olhar,
Passa o teu corpo de Sulamita,
Teu corpo de harpa vibrando no ar!

(*Val de Lírios*, págs. 29-33.)

PRAIA *

Pitangueiras, arriando, carregadas
— Esmeralda e rubim que a luz feria —
Cintilavam, em pleno meio-dia,
Na argêntea praia de um fulgor de espadas.

Sob o largo frondal eram risadas,
Toda uma festa, um chalro, a vozeria
De um rancho alegre e simples que colhia:
Moças — frutas; e moços — namoradas.

Em cima outra aluvião, por todo o mangue,
De sanhaços, saís e tiês-sangue,
Policromia musical da mata.

E através da folhagem miúda e cheia
Bordava o sol, ao pino, sobre a areia
Um crivo de oiro num cendal de prata!

(*Helenos*, 1901; in *Poesias Completas*,
IV, Rio de Janeiro, 1945, pág. 23.)

---

* Este quadro, brilhantemente cromático, é daquela luminosidade que Renoir veio buscar no Rio de Janeiro, em 1849. O descritivo deste soneto, pelas notações auditivas do 2.º quarteto e pela associação visual-auditiva do 1.º terceto, já refoge à unilateralidade pictórica parnasiana.

CRUZ E SOUSA (1861-1898)

João da Cruz e Sousa nasceu no Desterro (Florianópolis), Estado de Santa Catarina, em 24 de novembro de 1861.

Seu pai, Guilherme, era escravo do Marechal-de-Campo Guilherme Xavier de Sousa, e de profissão mestre-pedreiro. Sua mãe, Carolina, foi liberta para casar-se com Guilherme. Este foi, por sua vez, alforriado, com todos os escravos que herdara o marechal, ao partir este para a Guerra do Paraguai.

Eram negros puros, ambos, e Cruz e Sousa, negro sem mescla (que tomou o nome de família do seu senhor), nasceu escravo. Entretanto, sua situação doméstica foi, na infância, felicíssima. O marechal e sua esposa, D. Clarinda, que não tiveram filhos, como filho o educaram. Habituaram-no a um luxo e a um conforto que lhe faltaram imediatamente após a morte de ambos e que o prepararam mal para a vida.

Aprendeu a ler com D. Clarinda, e, depois de ter passado pela escola primária, cursou o Ateneu Provincial Catarinense. Ali ensinavam mestres notáveis, entre os quais, professor de Matemática e Ciências Naturais, o famoso sábio alemão Fritz Müller — amigo e colaborador de Darwin e Haeckel — o qual, segundo consta prognosticou a glória futura do menino negro. Foi seu professor de Francês João José de Rosas Ribeiro, pai do seu amigo Oscar Rosas. Estudou Latim e Grego com o erudito orientalista Padre Leite de Almeida, diretor do Ateneu; e Inglês com Anfilóquio Nunes Pires. No próprio Ateneu, e também particularmente, começou a lecionar.

Foi em 1881 que estreitou relações com Virgílio Várzea, seu maior amigo de mocidade. Redigiram juntos, de 1882 a 1889, a *Tribuna Popular*, onde Cruz e Sousa fez intensa e apaixonada campanha abolicionista. "Tinha", escreveu Virgílio Várzea, "uma grande paixão pelas idéias humanitárias, e serviu-as sempre, como um fanático, sem se poupar sacrifícios, na tribuna, em praça pública e principalmente no jornalismo".

Cruz e Sousa em 1884.

Certidão de batismo de Cruz e Sousa.

Arquivo Histórico Eclesiástico de Santa Catarina

CERTIDÃO

Certifico e dou fé que do livro 20 (vinte) de assentamentos de batismos da Paróquia de Nossa Senhora do Desterro às fls. 28 e sob o nº _____ consta o seguinte:

"João da Cruz — Aos quatro dias do mez de Março do anno de mil oito centos e sessenta e dous nesta Matriz de Nossa Senhora do Desterro baptisei solenemente e puz os santos oleos ao innocente João da Cruz, nascido a vinte e quatro de Novembro do anno passado, filho natural de Carolina Eva da Conceição, crioula liberta, natural desta Freguesia. Foram padrinhos Manoel Moreira da Silva Junior e Nossa Senhora das Dores. Do que para constar fiz este termo. O Vigº Joaquim Gomes d'Oliveira Paiva — Average — Pai: Guilherme Souza, por subsequente matrimonio. —

Nada mais continha o dito assentamento a cujo original me reporto. É verdade o referido, in fide muneris mei.

Florianópolis, 4 de Agosto de 1958

Em 1883, o sociólogo Francisco da Gama Rosa, que teve obras traduzidas para várias línguas, e uma para o francês por Max Nordau, foi nomeado presidente da Província, que infelizmente só governou durante treze meses. Cruz e Sousa percorrera já o Brasil, do Rio Grande do Sul até o Amazonas, como ponto-secretário da Companhia Teatral Julieta dos Santos, dirigida pelo ator-poeta Moreira de Vasconcelos. Quis o Dr. Gama Rosa proteger Cruz e Sousa, e pensou em nomeá-lo promotor público de Laguna, não o fazendo, porém, devido à oposição dos políticos profissionais, que não toleravam a idéia de um promotor negro.

Era Cruz e Sousa, então, a figura central da vida literária catarinense. Os adeptos da chamada "Escola Nova" (naturalista e parnasiana) reuniam-se na sua casinha da Praia de Fora.

Em 1885 lançou o seu primeiro livro, de colaboração com Virgílio Várzea, *Tropos e Fantasias,* e fundou o jornal ilustrado intitulado desastradamente *O Moleque.* Naquele tempo Cruz e Sousa aparecia assim a Virgílio Várzea: "Era um crioulo de compleição magra e estatura meã. Não obstante tinha o rosto cheio e oval de traços delicados e de um conjunto atraente, simpático. Nos seus olhos, grandes e bonitos, havia um forte brilho intelectual e uma vaga expressão de tristeza e humildade". "De um talhe *espiègle* e elegante, muito preocupado com a sua pessoa, Cruz, como os pais... não precisassem do seu auxílio para viver, gastava tudo o que ganhava nas lições particulares que tinha, em trajes variados, finos e bem feitos, pelo que andava sempre muito asseado e bem vestido, despertando ainda, por esse lado, maiores odiosidades e invejas."

Conta Nestor Vítor que já por esse tempo tinha Cruz e Sousa, "andando sozinho, um ar em que havia qualquer cousa de solene, de principesco, já como depois aqui no Rio tantos ainda hoje se lembram tê-lo visto caminhando, sem pensar, sem querer".

Em 1886 excursionou pelo Rio Grande do Sul, passagem que marcou ali uma data literária sensacional. Esteve no Rio, passageiramente, em 1888, conhecendo, então, Delfino, B. Lopes, e Nestor Vítor, seu futuro grande amigo. "Cruz e Sousa" — escreveu este — "deu-me a impressão de um preto estrangeiro, moço, chegado recentemente de grandes viagens, bem-posto, com uma pontazinha de insolência, que achei contudo, antes simpática do que irritante, por vir-nos não sei que prestigioso fluido, não sei que vaga eletricidade de todo o seu ser."

Por essa mesma ocasião, o Dr. Gama Rosa deu-lhe a ler obras de Poe, Baudelaire, Huysmans, Sâr Péladan, Villiers de L'Isle-Adam e outros simbolistas, trazidas para o Brasil por Medeiros e Albuquerque, que as transmitira a Araripe Júnior, amigo daquele político e publicista. Retorna a Desterro em 17-3-1889, por não ter conseguido colocação no Rio.

Em 1890 veio definitivamente para o Rio. Aquelas leituras tinham frutificado. Ao chegar, era um simbolista consciente. Recebeu-o Oscar Rosa, que era secretário do *Novidades* e o aproximou de Emiliano Perneta, secretário da *Folha Popular* e redator da *Cidade do Rio;* de Gonzaga Duque, de Lima Campos, Artur de Miranda, José Henrique de Santa Rita.

Foi Emiliano Perneta quem, a pedido de Virgílio Várzea, conseguiu para Cruz e Sousa a primeira colocação que teve este no Rio, de repórter da *Folha Popular*. Passou depois o poeta para a *Cidade do Rio*, tendo colaborado no *Novidades*, enquanto Oscar Rosas secretariou esse jornal, e na *Revista Ilustra*da de Ângelo Agostini, de que era secretário Artur de Miranda.

Em 1893 saíram *Missal*, poemas em prosa, e *Broquéis*, poesias. O aparecimento de *Broquéis* demarcou uma mutação climática radical na poesia brasileira.

Nesse mesmo ano casou-se com uma jovem, também preta, Gavita Rosa Gonçalves, em 9 de novembro. Casado, procurou colocar-se, sendo nomeado praticante da Estrada de Ferro Central do Brasil, e promovido a arquivista em 20 de março de 1895, com 250$000 mensais. Sua mãe falecera, no Desterro, em 24 de agosto de 1890, com cerca de 64 anos de idade; seu pai viria a falecer em 29 de agosto de 1896, com cerca de 90 anos. Do seu casamento com Gavita houve Cruz e Sousa quatro filhos: Raul, Guilherme, Reinaldo e João, este póstumo, e morto com 17 anos, em 1915, quando cursava o Internato do Colégio Pedro II. Dois dos filhos morreram em vida do poeta, o terceiro logo depois de Gavita, que faleceu em 13 de setembro de 1901. Esteve esta passageiramente louca, o que marcou profundamente a obra do poeta.

Residia Cruz e Sousa (após ter morado no Centro da Cidade) no Encantado, na Rua Teixeira Pinto n.º 48. Hoje a rua chama-se Cruz e Sousa e a casa tem o n.º 172. Freqüentavam a casa os seus mais íntimos amigos: Nestor Vítor, Artur de Miranda, Tibúrcio de Freitas e Maurício Jubim, e ainda Silveira Neto, Gonzaga Duque, Gustavo Santiago e outros.

O convívio com Nestor Vítor foi-lhe particularmente fecundo. A cultura vasta e meditada desse pensador e crítico e o seu fervor de alma, muito concorreram para o amadurecimento e o aprofundamento do gênio do poeta, cuja ação de presença e cuja poderosa obra provocaram dos jovens que o rodeavam os epítetos de "Cisne Negro", "Dante Negro", "Poeta Negro", compreendidos no senso mais elevado e consecratório de tais expressões.

Foi nesse período que escreveu os sonetos, poemas e poemas em prosa que constituem a matéria de *Faróis*, *Evocações* e *Últimos Sonetos*.

Em 1895 recebera a visita do jovem Alphonsus de Guimaraens, vindo ao Rio especialmente para conhecer o poeta † a quem preferia dentre todos os do Brasil e a quem chamou "o extraordinário poeta, o magnífico Cisne Negro", e ainda: "saudoso e imortal cantor brasileiro" (*Conceição do Serro*, de 16 de outubro de 1904).

As privações (que foram terríveis e apenas atenuadas pela dedicação de Gavita); as condições do seu trabalho funcional ingrato; as lutas com chefes incompreensivos; o seu intenso trabalho literário, realizado, geralmente, em altas horas da noite, e ainda, o que lhe feria fundo a sensibilidade, "a dureza ou ingratidão de falsos ou impensados companheiros, de inclementes inimigos literários", tudo isso, segundo depõe Nestor Vítor, predispô-lo para um fim prematuro.

Em 1896, março, a loucura de Gavita, que durou seis meses, inspirou-lhe duas obras-primas: "Ressurreição", de *Faróis*, e "Balada de Loucos", de *Evocações*.

Em dezembro de 1897 a tuberculose galopante declarou-se. Com grande sacrifício viajou para a Estação de Sítio, em Minas Gerais, a fim de obter melhora. No dia seguinte ao da sua chegada ali, faleceu: 19 de março de 1898. Só esteve declaradamente enfermo pouco mais de três meses.

Às 9 horas da manhã de 20 de março, o seu corpo, ainda não colocado no esquife, foi desembarcado, na Estação D. Pedro II, de um vagão destinado ao transporte de cavalos, um *horse-box*. Nestor Vítor, Carlos D. Fernandes, Maurício Jubim e Tibúrcio de Freitas receberam os despojos. Sentiam-se esmagados; e aquela impressão de humilhação última e trágica não os abandonou mais. José do Patrocínio acorreu e estendeu a mão, sempre generosa: — "Mande fazer o enterro de primeira, por minha conta, e uma harpa de lírios, na Rosenvald." (*apud* Carlos D. Fernandes, *Fretana*, págs. 132-134).

Foi enterrado no cemitério de S. Francisco Xavier, no carneiro n.º 5.042. Em 15 de maio de 1904 foram os seus ossos exumados e trasladados para o carneiro n.º 1.783 — onde foi construído singelo mausoléu, encimado por um busto da autoria de Maurício Jubim, o qual, vazado em matéria friável, se desfez sob a ação das intempéries. Em 5 de agosto de 1943 inaugurou-se o mausoléu definitivo, de autoria do escultor Hildegardo Leão Veloso, em bronze e granito negro, com uma figura de homem inspirada pelo "Emparedado", um medalhão da cabeça do poeta, e tendo por inscrição os dois últimos versos do soneto "Triunfo Supremo", dos *Últimos Sonetos*, que definem a atitude que teve na vida. O primitivo mausoléu deveu-se à iniciativa de Saturnino de Meireles; o atual a uma

---

† Atestam-no Henriqueta Lisboa, in "Vida e Obra de Alphonsus de Guimaraens", *Jornal do Commercio*, 9-6-1938; e Manuel Bandeira, *Antologia dos Poetas da Fase Simbolista*, Edições de Ouro, 1965, pág. 67.

resolução do Dr. Nereu Ramos, quando interventor federal no Estado de Santa Catarina. Uma placa comemorativa foi colocada no antigo palacete do Marechal Xavier de Sousa, em Florianópolis, em data de 26 de dezembro de 1919. Uma herma do poeta foi erigida no Largo Benjamim Constant, naquela cidade.

Existem várias fotografias de Cruz e Sousa, em diferentes idades, e desenhos de Pereira Neto, Maurício Jubim, Teodoro Braga, Silveira Neto, Artur Lucas, Isaltino Barbosa e outros.

O livro de poemas em prosa *Evocações* foi publicado por iniciativa de Nestor Vítor, e à custa de alguns amigos, mas sobretudo do dedicado Saturnino de Meireles. *Faróis* e *Últimos Sonetos* vieram a lume graças aos esforços de Nestor Vítor. O volume *Inéditos e Dispersos* foi coligido por quem escreve estas linhas, e apresentado pela primeira vez na edição das *Poesias Completas*, feita em 1945, pelo Instituto Nacional do Livro. Só dois anos depois de morto Cruz e Sousa, Sílvio Romero, então vizinho de Nestor Vítor, e seu amigo, empreendeu acurado estudo da obra do Poeta Negro. Disso resultou o primeiro gesto de reparação da injustiça da crítica tímida e provinciana de Veríssimo e Araripe. Este, aliás, não lhe era irredutivelmente hostil, e Veríssimo, mais tarde, fez *amende honorable* a respeito do poeta.

A glória de Cruz e Sousa baseou-se em cinco livros publicados entre 1893 e 1905. Preparando a edição do Instituto Nacional do Livro, em 1945, coligi setenta poesias ainda não recolhidas em livro. Para a *Edição do Centenário* (Aguilar, 1961) reuni mais oitenta e sete poesias e cinquenta e cinco páginas de prosa, entre inéditos e dispersos, ao conjunto ali apresentado, quase completo agora. Entre esses inéditos e dispersos estão peças de suma valia, dignas de emparelharem com as integrantes dos seus grandes livros. Na edição Aguilar, incluí as páginas abolicionistas que puderam ser encontradas — algumas de capital importância, como a prodigiosa "Consciência Tranquila" —, que dão término à generalizada convicção de que o Cisne Negro não tinha participado das lutas pela redenção da gente de sua raça, sendo que se deve lembrar ter ele realizado numerosas conferências abolicionistas durante as suas *tournées* com a Companhia Julieta dos Santos, e das quais existe registro formal no referente à Bahia.

O intelectual peruano Ventura Garcia Calderón, ministro plenipotenciário em Paris, declarou ser Cruz e Sousa "comparável a Baudelaire sem que o mundo o saiba, porque escrevia em português" (*apud* Eduardo Frieiro) e o maior poeta sul-americano. Juan Más y Pí e Julio Noé indicam Cruz e Sousa como tendo sido inspirador do maior poeta argentino, Leopoldo Lugones.

Tendo como líder Rubén Darío, formara-se um grupo em Buenos Aires, em torno da mais importante revista do chamado Modernismo da Hispano-América, *El Mercurio de América*, fundada por Eugenio Díaz Romero. O espanhol Juan Más y Pí, que residira no Rio Grande do Sul, escrevia sobre literatura brasileira naquela revista, e mais tarde na revista *Nosotros*. Más y Pí recebeu com entusiasmo *Evocações* e Rubén Darío talvez tenha tomado conhecimento da obra antes de sua volta à Europa, no fim daquele ano. Um dos prógonos do Modernismo, o poeta boliviano Ricardo Jaimes Freyre (que mais tarde seria candidato à Presidência da República em sua pátria, que veio a representar no Rio de Janeiro), realizou, a 28 de agosto de 1899, no Ateneo de Buenos Aires, uma conferência que foi publicada em *El Mercurio de América*, n.º de set. e out. daquele ano (tomo III — Ano II). Aprecia, com grandes encômios, a prosa poética do nosso poeta. No que se refere a Rubén Darío, tão pessoal e rico, tendo por mais de uma vez passado pelo Rio de Janeiro, da última vez em 1906, e convivendo em certa época com Más y Pí, Lugones e Freyre, é evidente a impressão que lhe fez a poesia do Cisne Negro, cujo livro *Últimos Sonetos* tinha aparecido no ano anterior, em Paris. O poema introdutório do livro *El Canto Errante* (1907); a poesia "La Cartuja", de *Poema del Otoño y Otros Poemas* (1907 também) e ainda o soneto inacabado (falta o segundo terceto) "Parsifal", evidenciam a presença do vocabulário e da temática cruz-e-souseana. Os uruguaios Ildefonso Pereda Valdés, em *Línea de Color* (1938) e José Pereira Rodrigüez, em conferência publicada em 1950; os peruanos Augusto Tamayo Vargas (estudos publicados, em tradução, no *Correio da Manhã*, 1956), e Enrique Bustamente y Ballivián, em *Poetas Brasileros* (1922); o espanhol Braulio Sánchez-Sáez, em *Vieja y Nueva Literatura del Brasil*, Santiago, 1935; o cubano Fernando Ortiz, prefaciando *Oh Mio Yamanza*, de Romulo Lachatenere (1940), representam testemunhos de uma presença continental já relevante. Quanto aos Estados Unidos, apesar do terrível obstáculo à difusão cultural, que é a língua portuguesa, de lá veio a declaração de Samuel Putnam: "Cruz e Sousa é um dos mais singulares e fascinantes poetas de qualquer país e de qualquer tempo" ("one of the most unusual and fascinating poets that ever wrote in any country in any age", in *Marvellous Journey, Four Centuries of Brazilian Literature*, New York, 1948). Em sua obra *A Igreja e o Pensamento Contemporâneo*, 2.ª ed., Coimbra, 1928, pág. 315, o Cardeal Patriarca de Lisboa, D. Manuel Cerejeira, considera Cruz e Sousa dos fautores principais da renovação espiritualista da poesia brasileira.

O professor francês Roger Bastide, folclorista de polpa, com acurados estudos sobre o populário afro-brasileiro, mas também autor do substancioso ensaio sobre o fenômeno religioso, *Eléments de Sociologie Religieuse* (Armand Colin, Paris, 2.ª ed., 1947), professor, alguns anos, na Universidade de São Paulo, consagrou a Cruz e Sousa, em *A Poesia Afro-Brasileira*, quatro largos estudos: "A nostalgia do branco", "A poesia noturna de Cruz e Sousa", "O lugar de Cruz e Sousa no movimento simbolista" (Martins, São Paulo, 1943), onde o compara a Baudelaire e Mallarmé, e lhe indica, no movimento simbolista universal, lugar de primeira plana. Refere-se à atitude "mística" do Cisne Negro, àquilo que chama o "que há de mais original e talvez intraduzível em Cruz e Sousa e que lhe dá situação à parte na grande tríade harmoniosa: Mallarmé, Stefan George e Cruz e Sousa". Escreve:

....

"Chegamos ao ponto mais delicado e mais difícil deste estudo, à análise do que há de mais original e talvez intraduzível em Cruz e Sousa e que lhe dá situação à parte na grande tríade harmoniosa: Mallarmé, Stefan George e Cruz e Sousa. Nessa exploração, nesta viagem através de uma alma que se dedica à Perfeição, devemos caminhar lentamente, em jornadas sucessivas, indo do mais fácil ao mais profundo.

É, a princípio, a experiência de uma separação, de uma espécie de febre dos nervos, de uma hiperestesia que o isola dos homens num "exílio da concentração". É, em seguida, uma metamorfose da saudade brasileira, que, tornando-se desejo de transcendentalismo, toma aspecto mais metafísico ou mais religioso, que Cruz e Sousa aliás descobre em todo ser humano e mesmo na natureza, não sendo, para ele como para São Paulo, a criação toda inteira mais do que aspiração e nostalgia divinas (*Ansiedade*). O confronto com Mallarmé deixa clara a diferença das duas experiências e a heterogeneidade completa dos dois simbolismos: Mallarmé continua contemplativo, ao passo que o que domina em Cruz e Sousa é a viagem e a subida, é o dinamismo do arremesso, e isso porque ele era brasileiro, do país da saudade, e de origem africana, de uma raça essencialmente sentimental. Eis porque, em rigor, há menos experiência em Mallarmé que visão platônica, que se preocupou principalmente com a tradução poética de sua visão, que fica sempre no terreno da pesquisa técnica, do trabalho voluntário e da arte, enquanto Cruz e Sousa, mais atormentado, vive a experiência simbólica, acha seus símbolos não por mecanismo da vontade, e sim na espontaneidade da busca; experimenta-as no interior de sua saudade, como criação imprevisível e que se lhe impõe.

Nele, as imagens não se elaboram segundo as leis da associação de idéias; elas se destilam como por uma alquimia do sentimento, nascendo, pouco a pouco, do alambique do sonho e da saudade, para tomar forma por mecanismo análogo ao da transmutação dos metais. *Sentimento esquisito* dá-nos exemplo dessa fabricação sentimental dos símbolos, que poderia comparar-se ao nascimento da Noite escura em S. João da Cruz, não tradução da experiência, mas a tomada de consciência dela. O desejo do céu é tão alucinante e tão penetrante que se transforma numa mordedura da alma e essa mordedura, por sua vez, em mordedura de serpente; o símbolo da serpente já não nasce, como na fase ainda meio parnasiana dos primeiros versos, por exemplo, nos *Cabelos*, da passagem visual da

Desenho de Pereira Neto, na Revista Ilustrada.

Cruz e Souza, autor do Missal.

madeixa de cabelos desenrolados a modo de serpente e, daí, a idéia
da mordedura, mas é chamada pela experiência vivida, é solicitada
pela própria sensação da mordedura, do desejo mergulhado num
coração que partiu em busca das Essências.

As imagens simbólicas situam-se em planos diferentes; há uma
estratificação dos símbolos, que nos fazem descer, de camada em
camada, até ao mais secreto da alma. Para compreender os mais
profundos, é insuficiente a análise da obra, ser-nos-ia necessário a
biografia psicológica do poeta e, principalmente, a de sua primeira
infância; os métodos da crítica literária não vão tão longe, ser-nos-ia
necessário lançar mão dos processos mais sutis da Psicanálise. Só
podemos, pois, indicar a imagem-mãe dessa experiência, do Olho.
É uma experiência essencialmente ambivalente, e a ambivalência
se assinala por dois símbolos ligados e contraditórios: o do Olhar
alucinante que persegue o poeta apavorado no meio das trevas do
sono (*Olhos de sonho*) e o do cego, do buraco morto, da ausência
do Olhar (*Caveira*). A que recordação da infância, a que metamorfose da Libido se prendem essas imagens não o sabemos, nem
importa para o nosso objeto. Necessário notar é somente a originalidade dessa experiência, construtora de símbolos novos, sem contudo os procurar voluntariamente, é a oposição fundamental de Cruz
e Sousa, que reencontra a vida mística, e Mallarmé, que permanece
platônico puro.

Todo o Simbolismo, dissemos ao começar, postula a existência de
um mundo transcendente. É, pois, o ponto de partida obrigatório
de Mallarmé e Cruz e Sousa. Partindo embora dessa origem comum,
chegamos, entretanto, à divergência essencial da qual resulta não
terem os dois simbolismos nada mais de comum. O de Mallarmé
é um trabalho da inteligência para encarnar em palavras a pureza
do inefável; o de Cruz e Sousa é uma experiência sofrida e vivida
do símbolo no interior de uma busca espiritual. Por isso mesmo, é
marcha para o misticismo cristão.

Mas, acabado o êxtase, começa o trabalho do poeta. A experiência
vivida deve ser forçosamente experiência traduzida. E o nosso poeta
freqüentou demasiadamente o Parnaso e deste lhe ficou alguma
coisa. Ao lado do símbolo-experiência, haverá nele, portanto, o símbolo-expressão do inefável, como em Mallarmé. Mas ainda aqui,
onde é possível aproximação, bem depressa a cisão se opera. O chefe
da escola francesa, por apuro supremo, chegará à palavra que dá
a conhecer uma ausência, enquanto o processo de Cruz e Sousa
será o da cristalização. A cristalização é purificação e solidificação
na transparência, podendo assim guardar na sua branca geometria
alguma coisa da pureza das Formas eternas, das Essências das
coisas.

A poesia do nosso poeta termina, destarte, no processo inverso
do que existiu no seu ponto de partida. Tinha começado pela
dissolução das formas exteriores dos objetos, diluindo-os na bruma

do sonho, e termina pela volta à matéria, porém matéria sutilizada e preciosa, cintilação de cristal ou de jóia, certamente encarnação da Forma Inteligível, mas encarnação em algo que nada mais tem de sensual e que nada retém do calor do concreto.

Destruição das formas (no plural) nas cerrações da noite, cristalização da Forma (no singular) ou solidificação do espiritual numa geometria do translúcido, tais são, afinal, os dois grandes processos, antitéticos e complementares ao mesmo tempo, que permitiram a Cruz e Sousa trazer aos homens a mensagem da sua experiência e apresentá-la em poesia de beleza única, pois que é acariciada pela asa da noite e, todavia, lampeja com todas as cintilações do diamante."

Uma oportunidade foi perdida, quando Maeterlinck ofereceu-se a Nestor Vítor, tradutor de *La Sagesse et la Destinée* e seu primeiro crítico no Brasil (*apud* carta a Silveira Neto, de 9 junho 1899), para lançar a poesia de Cruz e Sousa na Europa: não foi realizada a tradução sugerida pelo grande poeta de *Serres Chaudes*...

Grandemente significativos para uma melhor aferição objetiva dos valores cruz-e-souseanos são os recentes estudos de Eduardo Portela.

Otto Maria Carpeaux observa: "Se Cruz e Sousa e Alphonsus tivessem, no Brasil, conquistado o prestígio do autor de *Oaristos* em Portugal, não se teria experimentado entre nós a longa noite do Parnasianismo." (Estrada larga", *Estado de S. Paulo*, 4 abril 1959). No seu magistral levantamento do Simbolismo, Carpeaux assim se refere ao poeta de *Faróis*: "Discípulo de Baudelaire se julgou ou foi julgado o negro brasileiro Cruz e Sousa, cuja exaltação dolorosa se atribui a resíduos da tristeza tropical da floresta africana." Permito-me interromper: essa "exaltação dolorosa" não me parece ser atribuível somente à referida "tristeza tropical" de sua ancestralidade, filho de negros escravos como era, porém muito às conseqüências da conjuntura social em que lhe foi dado viver, donde uma existência incomparavelmente trágica. Como depôs Manuel Bandeira: "Não há nesta [a literatura brasileira] gritos mais dilacerantes, suspiros mais profundos do que os seus." (*Apresentação da Poesia Brasileira*, 2.ª ed., [1954], p. 111). Carpeaux prossegue com restrição em termos muito relativos, para chegar à declaração da mais excepcional significação para a poesia brasileira: "Compará-lo [como faz Roger Bastide] aos maiores simbolistas franceses parece exagero [porém não absurdo]; mas é certo que alguns sonetos seus — "Supremo Verbo", "Caminho da Glória" — são das manifestações mais fulminantes e mais sinceras da poesia moderna." (*História da Literatura Ocidental*, Edições O Cruzeiro, VI, 1964, p. 2.645).

Obras: *Tropos e Fantasias* (em colaboração com Virgílio Várzea), Desterro, 1885; *Missal*, Rio de Janeiro, 1893 (antes de 28 de fevereiro, data do artigo de Medeiros e Albuquerque); *Broquéis*,

Rio de Janeiro, 1893 (28 de agosto); *Evocações,* Rio de Janeiro, 1898; *Faróis,* Rio de Janeiro, 1900; *Últimos Sonetos,* Paris, 1905; *Obras Completas,* edição Anuário do Brasil, dirigida por Nestor Vítor, em dois volumes, Rio de Janeiro, 1923/1924; *Obras,* Edições Cultura, dirigida por Fernando Góes, em dois volumes, São Paulo, 1943; *Poesias Completas,* Edição Zélio Valverde, dirigida por Tasso da Silveira, Rio de Janeiro, 1944; *Obras Poéticas,* Instituto Nacional do Livro, dirigida por Andrade Muricy, Rio de Janeiro, 1945; *Poesia,* Coleção "Nossos Clássicos", Editora Agir, apresentação de Tasso da Silveira, Rio de Janeiro, 1957, 2.ª edição: 1960; *Sonetos da Noite,* seleção de Silveira de Sousa, xilografias de H. Mund Jr., Florianópolis, 1958; *Poemas Escolhidos,* seleção e introdução de Massaud Moisés, Editora Cultrix, São Paulo, 1961; *Obra Completa,* dirigida por Andrade Muricy — com numerosos dispersos e inéditos e as páginas do Abolicionismo —, Edição Aguilar, Edição do Centenário, Rio de Janeiro, 1961.

Algumas obras mais recentes sobre Cruz e Sousa: *Cruz e Sousa,* por Andrade Muricy, Coleção "Para Conhecer Melhor", Edições Bloch, Rio, 1973; *Vida e Poesia de Cruz e Sousa,* por Raymundo Magalhães Jr., 3.ª edição refundida e atualizada, 381 pp., Ed. Civilização Brasileira, Rio, 1975; *Cruz e Sousa,* Coleção "Fortuna Crítica", v. 4, direção de Afrânio Coutinho; textos de: Tristão de Athayde, Tasso da Silveira, Nestor Vítor, Alberto de Oliveira, Andrade Muricy, Goulart de Andrade, Gonzaga Duque, José Oiticica, Manuel Bandeira, Roger Bastide, Antônio de Pádua, Joaquim Ribeiro, Henriqueta Lisboa, Eugênio Gomes, Franklin de Oliveira, Massaud Moisés, Carlos Dante de Moraes, Eduardo Portela, Sílvio Castro, Wilson Martins, Fernando Góes, Walter M. Barbosa, Hélio Pólvora, Anderson Braga Horta; 362 pp., Ed. Civilização Brasileira, Rio/INL, Brasília, 1979.

ANTÍFONA

Ó Formas alvas, brancas, Formas claras
De luares, de neve, de neblinas!...
Ó Formas vagas, fluidas, cristalinas...
Incensos dos turíbulos das aras...

Formas do Amor, constelarmente puras,
De Virgens e de Santas vaporosas...
Brilhos errantes, mádidas frescuras
E dolências de lírios e de rosas...

Indefiníveis músicas supremas,
Harmonias da Cor e do Perfume...
Horas do Ocaso, trêmulas, extremas,
Réquiem do Sol que a Dor da Luz resume...

Visões, salmos e cânticos serenos,
Surdinas de órgão flébeis, soluçantes...
Dormências de volúpicos venenos
Sutis e suaves, mórbidos, radiantes...

Infinitos espíritos dispersos,
Inefáveis, edênicos, aéreos,
Fecundai o Mistério destes versos
Com a chama ideal de todos os mistérios.

Do Sonho as mais azuis diafaneidades
Que fuljam, que na Estrofe se levantem

E as emoções, todas as castidades
Da alma do Verso, pelos versos cantem.

Que o pólen de ouro dos mais finos astros
Fecunde e inflame a rima clara e ardente...
Que brilhe a correção dos alabastros
Sonoramente, luminosamente.

Forças originais, essência, graça
De carnes de mulher, delicadezas...
Todo esse eflúvio que por ondas passa
Do Éter nas róseas e áureas correntezas...

Cristais diluídos de clarões alacres,
Desejos, vibrações, ânsias, alentos,
Fulvas vitórias, triunfamentos acres,
Os mais estranhos estremecimentos...

Flores negras do tédio e flores vagas
De amores vãos, tantálicos, doentios...
Fundas vermelhidões de velhas chagas
Em sangue, abertas, escorrendo em rios...

Tudo! vivo e nervoso e quente e forte,
Nos turbilhões quiméricos do Sonho,
Passe, cantando, ante o perfil medonho
E o tropel cabalístico da Morte...

(*Broquéis*, págs. 7-9.)

LÉSBIA

Cróton selvagem, tinhorão lascivo,
Planta mortal, carnívora, sangrenta,
Da tua carne báquica rebenta
A vermelha explosão de um sangue vivo.

Nesse lábio mordente e convulsivo,
Ri, ri risadas de expressão violenta
O Amor, trágico e triste, e passa, lenta,
A morte, o espasmo gélido, aflitivo...

Lésbia nervosa, fascinante e doente,
Cruel e demoníaca serpente
Das flamejantes atrações do gozo.

Dos teus seios acídulos, amargos,
Fluem capros aromas e os letargos,
Os ópios de um luar tuberculoso...

(*Ibid.*, págs. 13-14.)

Cruz e Sousa por Maurício Jubim.

Cruz e Sousa.

TUBERCULOSA

Alta, a frescura da magnólia fresca,
Da cor nupcial da flor da laranjeira,
Doces tons d'ouro de mulher tudesca
Na veludosa e flava cabeleira.

Raro perfil de mármores exactos.
Os olhos de astros vivos que flamejam,
Davam-lhe o aspecto excêntrico dos cactus
E esse alado das pombas, quando adejam...

Radiava nela a incomparável messe
Da saúde brotando vigorosa,
Como o sol que entre névoas resplandece,
Por entre a fina pele cor-de-rosa.

Era assim luminosa e delicada,
Tão nobre sempre de beleza e graça
Que recordava pompas de alvorada,
Sonoridades de cristais de taça.

Mas, pouco a pouco, a ideal delicadeza
Daquele corpo virginal e fino,
Sacrário da mais límpida beleza,
Perdeu a graça e o brilho diamantino.

Tísica e branca, esbelta, frígida e alta
E fraca e magra e transparente e esguia,
Tem agora a feição de ave pernalta,
De um pássaro alto de aparência fria.

Mãos liriais e diáfanas, de neve,
Rosto onde um sonho aéreo e polar flutua,
Ela apresenta a fluidez, a leve
Ondulação da vaporosa lua.

Entre vidraças, como numa estufa,
No inverno glacial de vento e chuva
Que sobre as telhas tamborila e rufa,
Vejo-a, talhada em nitidez de luva...

E faz lembrar uma esquisita planta
De profundos pomares fabulosos
Ou a angélica imagem de uma Santa
Dentre a auréola de nimbos religiosos.

A enfermidade vai-lhe, palmo a palmo,
Ganhando o corpo, como num terreno...
E com prelúdios místicos de salmo
Cai-lhe a vida em crepúsculo sereno.

Jamais há de ela ter a cor saudável
Para que a carne do seu corpo goze,
Que o que tinha esse corpo de inefável
Cristalizou-se na tuberculose.

Foge ao mundo fatal, arbusto débil,
Monja magoada dos estranhos ritos,
Ó trêmula harpa soluçante, flébil,
Ó soluçante, flébil encaliptus...

(*Ibid.*, págs. 79-81.)

ACROBATA DA DOR

Gargalha, ri, num riso de tormenta,
Como um palhaço, que desengonçado,
Nervoso, ri, num riso absurdo, inflado
De uma ironia e de uma dor violenta.

Da gargalhada atroz, sanguinolenta,
Agita os guizos, e convulsionado
Salta, gravoche, salta, *clown* *, varado
Pelo estertor dessa agonia lenta...

Pedem-te bis e um bis não se despreza!
Vamos! retesa os músculos, retesa
Nessas macabras piruetas d'aço...

E embora caias sobre o chão, fremente,
Afogado em teu sangue estuoso e quente,
Ri! Coração, tristíssimo palhaço.

(*Ibid.*, págs. 105-106.)

PANDEMONIUM

(A Maurício Jubim)

Em fundo de tristeza e de agonia
O teu perfil passa-me noite e dia.

Aflito, aflito, amargamente aflito,
Num gesto estranho que parece um grito.

E ondula e ondula e palpitando vaga,
Como profunda, como velha chaga.

---

* No texto não há vírgula depois de *salta,* e *clown* está em tipo comum.

E paira sobre ergástulos e abismos
Que abrem as bocas cheias de exorcismos.

Com os olhos vesgos, a flutuar d'esguelha,
Segue-te atrás uma visão vermelha.

Uma visão gerada do teu sangue
Quando no Horror te debateste exangue.

Uma visão que é tua sombra pura
Rodando na mais trágica tortura.

A sombra dos supremos sofrimentos
Que te abalaram como negros ventos.

E a sombra as tuas voltas acompanha
Sangrenta, horrível, assombrosa, estranha.

E o teu perfil no vácuo perpassando
Vê rubros caracteres flamejando.

Vê rubros caracteres singulares
De todos os festins de Baltasares.

Por toda a parte escrito em fogo eterno:
Inferno! Inferno! Inferno! Inferno! Inferno!

E os emissários espectrais das mortes
Abrindo as grandes asas flamifortes...

E o teu perfil oscila, treme, ondula,
Pelos abismos eternais circula...

Circula e vai gemendo e vai gemendo
E suspirando outro suspiro horrendo.

E a sombra rubra que te vai seguindo
Também parece ir soluçando e rindo.

Ir soluçando, de um soluço cavo
Que dos venenos traz o torvo travo.

Ir soluçando e rindo entre vorazes
Satanismos diabólicos, mordazes.

E eu já nem sei se é realidade ou sonho
Do teu perfil o divagar medonho.

Não sei se é sonho ou realidade todo
Esse acordar de chamas e de lodo.

Tal é a poeira extrema confundida
Da morte a raios de ouro de outra Vida.

Tais são as convulsões do último arranco
Presas a um sonho celestial e branco.

Tais são os vagos círculos inquietos
Dos teus giros de lágrimas secretos.

Mas, de repente, eis que te reconheço,
Sinto da tua vida o amargo preço.

Eis que te reconheço escravizada,
Divina Mãe, na Dor acorrentada.

Que reconheço a tua boca presa
Pela mordaça de uma sede acesa.

Presa, fechada pela atroz mordaça
Dos fundos desesperos da Desgraça.

Eis que lembro os teus olhos visionários
Cheios do fel de bárbaros Calvários.

E o teu perfil asas abrir parece
Para outra Luz onde ninguém padece...

Com doçuras feéricas e meigas
De Satãs juvenis, ao luar, nas veigas.

E o teu perfil forma um saudoso vulto
Como de Santa sem altar, sem culto.

Forma um vulto saudoso e peregrino
De força que voltou ao seu destino.

De ser humano que sofrendo tanto
Purificou-se nos Azuis do Encanto.

Subiu, subiu e mergulhou sozinho,
Desamparado, no letal caminho.

Que lá chegou transfigurado e aéreo,
Com os aromas das flores dos Mistério.

Que lá chegou e as mortas portas mudas
Fez abalar de imprecações agudas...

E vai e vai o teu perfil ansioso,
De ondulações fantásticas, brumoso.

E vai perdido e vai perdido, errante,
Trêmulo, triste, vaporoso, ondeante.

Vai suspirando, num suspiro vivo
Que palpita nas sombras incisivo...

Um suspiro profundo, tão profundo
Que arrasta em si toda a paixão do mundo.

Suspiro de martírio, de ansiedade,
De alívio, de mistério, de saudade.

Suspiro imenso, aterrador e que erra
Por tudo e tudo eternamente aterra...

O pandemonium de suspiros soltos
Dos condenados corações revoltos.

Suspiro dos suspiros ansiados
Que rasgam peitos de dilacerados.

E mudo e pasmo e compungido e absorto,
Vendo o teu lento e doloroso giro,
Fico a cismar qual é o rio morto
Onde vai divagar esse suspiro.

(*Faróis*, págs. 25-29.)

VIOLÕES QUE CHORAM...

Ah! plangentes violões dormentes, mornos,
Soluços ao luar, choros ao vento...
Tristes perfis, os mais vagos contornos,
Bocas murmurejantes de lamento.

Noites de além, remotas, que eu recordo,
Noites da solidão, noites remotas
Que nos azuis da Fantasia bordo,
Vou constelando de visões ignotas.

Sutis palpitações à luz da lua,
Anseio dos momentos mais saudosos,
Quando lá choram na deserta rua
As cordas vivas dos violões chorosos.

Quando os sons dos violões vão soluçando,
Quando os sons dos violões nas cordas gemem,
E vão dilacerando e deliciando,
Rasgando as almas que nas sombras tremem.

Harmonias que pungem, que laceram,
Dedos nervosos e ágeis que percorrem
Cordas e um mundo de dolências geram,
Gemidos, prantos, que no espaço morrem...

E sons soturnos, suspiradas mágoas,
Mágoas amargas e melancolias,
No sussurro monótono das águas,
Noturnamente, entre ramagens frias.

Vozes veladas, veludosas vozes,
Volúpias dos violões, vozes veladas,
Vagam nos velhos vórtices velozes
Dos ventos, vivas, vãs, vulcanizadas.

Tudo nas cordas dos violões ecoa
E vibra e se contorce no ar, convulso...
Tudo na noite, tudo clama e voa
Sob a febril agitação de um pulso.

Que esses violões nevoentos e tristonhos
São ilhas de degredo atroz, funéreo,
Para onde vão, fatigadas do sonho,
Almas que se abismaram no mistério.

Sons perdidos, nostálgicos, secretos,
Finas, diluídas, vaporosas brumas,
Longo desolamento dos inquietos
Navios a vagar à flor d'espumas.

Oh! languidez, languidez infinita,
Nebulosas de sons e de queixumes,
Vibrado coração de ânsia esquisita
E de gritos felinos de ciúmes!

Que encantos acres nos vadios rotos
Quando em toscos violões, por lentas horas,
Vibram, com a graça virgem dos garotos,
Um concerto de lágrimas sonoras!

Quando uma voz, em trêmulos, incerta,
Palpitando no espaço, ondula, ondeia,
E o canto sobe para a flor deserta,
Soturna e singular da lua cheia.

Quando as estrelas mágicas florescem,
E no silêncio astral da Imensidade
Por lagos encantados adormecem
As pálidas ninféias da Saudade!

Como me embala toda essa pungência,
Essas lacerações como me embalam,
Como abrem asas brancas de clemência
As harmonias dos violões que falam!

Que graça ideal, amargamente triste,
Nos lânguidos bordões plangendo passa...
Quanta melancolia de anjo existe
Nas Visões melodiosas dessa graça...

Que céu, que inferno, que profundo inferno,
Que ouros, que azuis, que lágrimas, que risos,
Quanto magoado sentimento eterno
Nesses ritmos trêmulos e indecisos...

Que anelos sexuais de monjas belas
Nas ciliadas carnes tentadoras,
Vagando no recôndito das celas,
Por entre as ânsias dilaceradoras...

Quanta plebéia castidade obscura
Vegetando e morrendo sobre a lama,
Proliferando sobre a lama impura,
Como em perpétuos turbilhões de chama.

Que procissão sinistra de caveiras,
De espectros, pelas sombras mortas, mudas...
Que montanhas de dor, que cordilheiras
De agonias aspérrimas e agudas.

Véus neblinosos, longos véus de viúvas
Enclausuradas nos ferais desterros,
Errando aos sóis, aos vendavais e às chuvas,
Sob abóbadas lúgubres de enterros;

Velhinhas quedas e velhinhos quedos,
Cegas, cegos, velhinhas e velhinhos,
Sepulcros vivos de senis segredos,
Eternamente a caminhar sozinhos;

E na expressão de quem se vai sorrindo,
Com as mãos bem juntas e com os pés bem juntos
E um lenço preto o queixo comprimindo,
Passam todos os lívidos defuntos...

E como que há histéricos espasmos
Na mão que esses violões agita, largos...
E o som sombrio é feito de sarcasmos
E de sonambulismos e letargos.

Fantasmas de galés de anos profundos
Na prisão celular atormentados,
Sentindo nos violões os velhos mundos
Da lembrança fiel de áureos passados;

Meigos perfis de tísicos dolentes
Que eu vi dentre os violões errar gemendo,
Prostituídos de outrora, nas serpentes
Dos vícios infernais desfalecendo;

Tipos intonsos, esgrouviados, tortos,
Das luas tardas sob o beijo níveo,
Para os enterros dos seus sonhos mortos
Nas queixas dos violões buscando alívio;

Corpos frágeis, quebrados, doloridos,
Frouxos, dormentes, adormidos, langues,
Na degenerescência dos vencidos
De toda a geração, todos os sangues;

Marinheiros que o mar tornou mais fortes,
Como que feitos de um poder extremo
Para vencer a convulsão das mortes,
Dos temporais o temporal supremo;

Veteranos de todas as campanhas,
Enrugados por fundas cicatrizes,
Procuram nos violões horas estranhas,
Vagos aromas, cândidos, felizes.

Ébrios antigos, vagabundos velhos,
Torvos despojos da miséria humana,
Têm nos violões secretos Evangelhos,
Toda a Bíblia fatal da dor insana.

Enxovalhados, tábidos palhaços
De carapuças, máscaras e gestos
Lentos e lassos, lúbricos, devassos,
Lembrando a florescência dos incestos;

Todas as ironias suspirantes
Que ondulam no ridículo das vidas,
Caricaturas tétricas e errantes
Dos malditos, dos réus, dos suicidas;

Toda essa labiríntica nevrose
Das virgens nos românticos enleios;
Os ocasos do Amor, toda a clorose;
Que ocultamente lhes lacera os seios;

Toda a mórbida música plebéia
De requebros de fauno * e ondas lascivas;
A langue, mole e morna melopéia
Das valsas alanceadas, convulsivas;

Tudo isso, num grotesco desconforme,
Em ais de dor, em contorções de açoites,
Revive nos violões, acorda e dorme
Através do luar das meias-noites!

(*Ibid.*, págs. 58-64.)

MEU FILHO

Ah! quanto sentimento! ah! quanto sentimento!
Sob a guarda piedosa e muda das Esferas
Dorme, calmo, embalado pela voz do vento,
Frágil e pequenino e tenro como as heras.

Ao mesmo tempo suave e ao mesmo tempo estranho
O aspecto do meu filho assim meigo dormindo...
Vem dele tal frescura e tal sonho tamanho
Que eu nem mesmo já sei tudo que vou sentindo.

Minh'alma fica presa e se debate ansiosa,
Em vão soluça e clama, eternamente presa
No segredo fatal dessa flor caprichosa,
Do meu filho, a dormir, na paz da Natureza.

Minh'alma se debate e vai gemendo aflita
No fundo turbilhão de grandes ânsias mudas:
Que esse tão pobre ser, de ternura infinita,
Mais tarde irá tragar os venenos de Judas!

Dar-lhe eu beijos, apenas, dar-lhe, apenas, beijos,
Carinhos dar-lhe sempre, efêmeros, aéreos,
O que vale tudo isso para outros desejos,
O que vale tudo isso para outros mistérios?!

De sua doce mãe que em prantos o abençoa
Com o mais profundo amor, arcangelicamente,
De sua doce mãe, tão límpida, tão boa,
O que vale esse amor, todo esse amor veemente?!

---

* Está: "faunos", o que torna quebrado o verso. Erro de revisão, já corrigido na edição de Zélio Valverde (Rio, 1944).

O longo sacrifício extremo que ela faça,
As vigílias sem nome, as orações sem termo,
Quando as garras cruéis e horríveis da Desgraça
De sadio que ele é, fazem-no fraco e enfermo?!

Tudo isso, ah! tudo isso, ah! quanto vale tudo isso
Se outras preocupações mais fundas me laceram,
Se a graça de seu riso e a graça do seu viço
São as flores mortais que meu tormento geram?!

Por que tantas prisões, por que tantas cadeias
Quando a alma quer voar nos páramos liberta?
Ah! Céus! Quem me revela essas Origens cheias
De tanto desespero e tanta luz incerta!

Quem me revela, pois, todo o tesouro imenso
Desse imenso Aspirar tão entranhado, extremo!
Quem descobre, afinal, as causas do que eu penso,
As causas do que eu sofro, as causas do que eu gemo!

Pois então hei de ter um afeto profundo,
Um grande sentimento, um sentimento insano
E hei de vê-lo rolar, nos turbilhões do mundo,
Para a vala comum do eterno Desengano?!

Pois esse filho meu que ali no berço dorme,
Ele mesmo tão casto e tão sereno e doce
Vem para ser na Vida o vão fantasma enorme
Das Dilacerações que eu na minh'alma trouxe?!

Ah! Vida! Vida! Vida! Incendiada tragédia,
Transfigurado Horror. Sonho transfigurado,
Macabras contorções de lúgubre comédia
Que um cérebro de louco houvesse imaginado!

Meu filho que eu adoro e cubro de carinhos,
Que do mundo vilão ternamente defendo,*
Há de mais tarde errar por tremedais e espinhos
Sem que o possa acudir no suplício tremendo.

Que eu vagarei por fim nos mundos invisíveis,
Nas diluentes visões dos largos Infinitos,
Sem nunca mais ouvir os clamores horríveis,
A mágoa dos seus ais e os ecos dos seus gritos.

---

* Está sem a vírgula.

Vendo-o no berço assim, sinto muda agonia,
Um misto de ansiedade, um misto de tortura.
Subo e pairo dos céus na estrelada harmonia
E desço e entro do Inferno a furna hórrida, escura.

E sinto sede intensa e intensa febre, tanto,
Tanto Azul, tanto abismo atroz que me deslumbra.
Velha saudade ideal, monja de amargo Encanto,
Desce por sobre mim sua estranha penumbra...

Tu não sabes, jamais, tu nada sabes, filho,
Do tormentoso Horror tu nada sabes, nada...
O teu caminho é claro, é matinal de brilho,
Não conheces a sombra e os golpes da emboscada.

Nesse ambiente de amor onde dormes teu sono
Não sentes nem sequer o mais ligeiro espetro...
Mas, ah! eu vejo bem, sinistra, sobre o trono,
A Dor, a eterna Dor, agitando o seu cetro!

(*Ibid.*, págs. 105-108.)

SEIOS

Magnólias tropicais, frutos cheirosos
Das árvores do Mal fascinadoras,
Das negras mancenilhas tentadoras,
Dos vagos narcotismos venenosos.

Oásis brancos e miraculosos
Das frementes volúpias pecadoras
Nas paragens fatais, aterradoras
Do Tédio, nos desertos tenebrosos...

Seios de aroma embriagador e langue,
Da aurora de ouro do esplendor do sangue,
A alma de sensações tantalizando.

Ó seios virginais, tálamos vivos,
Onde do amor nos êxtases lascivos
Velhos faunos febris dormem sonhando...

(*Ibid.*, págs. 127-128.)

CAMINHO DA GLÓRIA

Este caminho é cor-de-rosa e é de ouro,
Estranhos roseirais nele florescem,
Folhas augustas, nobres reverdecem
De acanto, mirto e sempiterno louro.

Neste caminho encontra-se o tesouro
Pelo qual tantas almas estremecem;
É por aqui que tantas almas descem
Ao divino e fremente sorvedouro.

É por aqui que passam meditando,
Que cruzam, descem, trêmulos, sonhando,
Neste celeste, límpido caminho, *

Os seres virginais que vêm da Terra,
Ensangüentados da tremenda guerra,
Embebedados do sinistro vinho.

(Manuscrito do Autor; e *Últimos Sonetos,* págs. 11-12.)

VIDA OBSCURA

Ninguém sentiu o teu espasmo obscuro,
Ó ser humilde entre os humildes seres.
Embriagado, tonto dos prazeres,
O mundo para ti foi negro e duro.

Atravessaste no silêncio escuro
A vida presa a trágicos deveres
E chegaste ao saber de altos saberes
Tornando-te mais simples e mais puro.

Ninguém te viu o sentimento inquieto,
Magoado, oculto e aterrador, secreto,
Que o coração te apunhalou no mundo.

Mas eu que sempre te segui os passos
Sei que cruz infernal prendeu-te os braços
E o teu suspiro como foi profundo!

(*Ibid., ibid.,* págs. 17-18.)

SUPREMO VERBO

— Vai, Peregrino do caminho santo,
Faz da tu'alma lâmpada do cego,
Iluminando, pego sobre pego,
As invisíveis amplidões do Pranto.

---

* Está sem a vírgula.

Primeira edição de Broquéis com autógrafo do Autor.

Supremo Verbo

Vae, Peregrino do Caminho sancto,
Far de tu'alma lampada do céyo,
Illuminando, fogo sobre fogo,
As inviziveis amplidões do Pranto.

Eil-o do Amor o calix exrerante!
Bebe-o, feliz, nas tuas mãos o entrego...
Eis o filho levê, que eu não renego,
Que defendo nas dobras do meu manto.

Assim ao Poeta a Natureza falla!
Emquanto elle estremece ao escutal-a,
Transfigurado de emoção, sorrindo...

Sorrindo a ceus que vão se desvendando,
A mundos que se vão multiplicando,
A portas de ouro que se vão abrindo.

Cruz e Souza

Soneto de Cruz e Sousa de Últimos Sonetos.

Ei-lo, do Amor o cálix sacrossanto!
Bebe-o, feliz, nas tuas mãos o entrego...
Eis o filho leal, que eu não renego,
Que defendo nas dobras do meu manto.

— Assim ao Poeta a Natureza fala!
Enquanto ele estremece ao escutá-la,
Transfigurado de emoção, sorrindo...

Sorrindo a céus que vão se desvendando,
A mundos que se vão multiplicando,
A portas de ouro que se vão abrindo!

(*Ibid., ibid.*, págs. 49-50.)

IMORTAL ATITUDE

Abre os olhos à Vida e fica mudo!
Oh! Basta crer indefinidamente
Para ficar iluminado tudo
De uma luz imortal e transcendente.

Crer é sentir, como secreto escudo,
A alma risonha, lúcida, vidente...
E abandonar o sujo deus cornudo,
O sátiro da Carne impenitente.

Abandonar os lânguidos rugidos,
O infinito gemido dos gemidos,
Que vai no lodo a carne chafurdando

Erguer os olhos, levantar os braços
Para o eterno Silêncio dos Espaços
E no Silêncio emudecer olhando...

(*Ibid.; ibid.*, págs. 43-44.)

CRÊ

Vê como a Dor te transcendentaliza! *
Mas do fundo da Dor crê nobremente.
Transfigura o teu ser na força crente
Que tudo torna belo e diviniza.

---

* "BAUDELAIRE dissera: "Je sais que la douleur est la noblesse unique." Talvez haja ressonância deste verso imortal no verso inicial do presente soneto. Como sempre, no entanto, manifesta-se aí a força transfiguradora do Poeta Negro. "Vê como a Dor te transcendentaliza testemunha ímpeto mais vivo para a altura, para as significações em profundidade. Como, aliás, nos revela o contexto." (Nota de Tasso da Silveira, in *Cruz e Sousa/Poesia*, "Nossos Clássicos", Agir, 2.ª ed., pág. 77.)

Que seja a Crença uma celeste brisa
Inflando as velas dos batéis do Oriente
Do teu Sonho supremo, onipotente,
Que nos astros do céu se cristaliza.

Tua alma e coração fiquem mais graves,
Iluminados por carinhos suaves,
Na doçura imortal sorrindo e crendo...

Oh! crê! Toda a alma humana necessita
De uma Esfera de cânticos, bendita,
Para andar crendo e para andar gemendo!

(Ibid.; ibid., págs. 73-74.)

CONSOLO AMARGO

Mortos e mortos, tudo vai passando,
Tudo pelos abismos se sumindo...
Enquanto sobre a Terra ficam rindo
Uns, e já outros, pálidos, chorando...

Todos vão trêmulos finalizando,
Para os gelados túmulos partindo,
Descendo ao tremedal eterno, infindo,
Mortos e mortos, num sinistro bando.

Tudo passa espectral e doloroso,
Pulverulentamente nebuloso
Como num sonho, num fatal letargo...

Mas a quem chora os mortos, entretanto,
O Esquecimento vem e enxuga o pranto...
E é esse apenas o consolo amargo!

(Ibid., ibid., págs. 89-90.)

VINHO NEGRO

O vinho negro do imortal pecado
Envenenou nossas humanas veias
Como fascinações de atras sereias
De um inferno sinistro e perfumado.

O sangue canta, o sol maravilhado
Do nosso corpo, em ondas fartas, cheias,
Como que quer rasgar essas cadeias
Em que a carne o retém acorrentado.

E o sangue chama o vinho negro e quente
Do pecado letal, impenitente,
O vinho negro do pecado inquieto.

E tudo nesse vinho mais se apura,
Ganha outra graça, forma e formosura,
Grave beleza d'esplendor secreto.

(*Ibid., ibid.*, págs. 91-92.)

ASAS ABERTAS

As asas da minh'alma estão abertas!
Podes te agasalhar no meu Carinho,
Abrigar-te de frios no meu ninho
Com as tuas asas trêmulas, incertas.

Tu'alma lembra vastidões desertas
Onde tudo é gelado e é só espinho.
Mas na minh'alma encontrarás o Vinho
E as graças todas do Conforto certas.

Vem! Há em mim o eterno Amor imenso
Que vai tudo florindo e fecundando
E sobe aos céus como sagrado incenso.

Eis a minh'alma, as asas palpitando,
Como a saudade de agitado lenço
O segredo dos longes procurando...

(*Ibid., ibid.*, págs. 105-106.)

SORRISO INTERIOR *

O ser que é ser e que jamais vacila
Nas guerras imortais entra sem susto,
Leva consigo este brasão augusto
Do grande amor, da grande fé tranqüila.

Os abismos carnais da triste argila
Ele os vence sem ânsias e sem custo...
Fica sereno, num sorriso justo,
Enquanto tudo em derredor oscila.

Ondas interiores de grandeza
Dão-lhe esta glória em frente à Natureza,
Esse esplendor, todo esse largo eflúvio.

---

* Veja-se a propósito deste soneto, "talvez o mais belo do idioma", os comentários de Tasso da Silveira transcritos neste *Panorama*, sob o título "O Ser que é Ser."

O ser que é ser transforma tudo em flores....
E para ironizar as próprias dores
Canta por entre as águas do Dilúvio!

(*Ibid.; ibid.*, págs. 149-150.)

NO SEIO DA TERRA

Do pélago dos pélagos sombrios
Lá do seio da Terra olhando as vidas,
Escuto o murmurar de almas perdidas,
Como o secreto murmurar dos rios.

Trazem-me os ventos negros calafrios
E os soluços das almas doloridas,
Que têm sede das Terras prometidas
E morrem como abutres erradios.

As ânsias sobem, as tremendas ânsias!
Velhices, mocidades e as infâncias
Humanas entre a Dor se despedaçam...

Mas sobre tantos convulsivos gritos
Passam horas, espaços, infinitos;
Esferas, gerações, sonhando, passam!

(*Ibid., ibid.*, págs. 157-158.)

CLAMOR SUPREMO

Vem comigo por estas cordilheiras!
Põe teu manto e bordão e vem comigo,
Atravessa as montanhas sobranceiras
E nada temas do mortal Perigo!

Sigamos para as guerras condoreiras!
Vem, resoluto, que eu irei contigo.
Dentre as águias e as chamas feiticeiras,
Só tenho a Natureza por abrigo.

Rasga florestas, bebe o sangue todo
Da Terra e transfigura em astros lodo,
O próprio lodo torna mais fecundo.

Basta trazer um coração perfeito,
Alma de eleito, Sentimento eleito
Para abalar de lado a lado o mundo!

(*Ibid., ibid.*, págs. 173-174.)

ANSIEDADE

Esta ansiedade que nos enche o peito,
Enche o céu, enche o mar, fecunda a terra,
Ela os germens puríssimos encerra
Do Sentimento límpido, perfeito.

Em jorros cristalinos o direito,
A paz * vencendo as convulsões da guerra,
A liberdade que abre as asas e erra
Pelos caminhos do Infinito eleito.

Tudo na mesma ansiedade gira,
Rola no Espaço, dentre a luz suspira
E chora, chora, amargamente chora...

Tudo nos turbilhões da Imensidade
Se confunde na trágica ansiedade
Que almas, estrelas, amplidões devora.

(*Ibid., ibid.*, págs. 175-176.)

SILÊNCIOS

Largos Silêncios interpretativos,
Adoçados por funda nostalgia,
Balada de consolo e simpatia
Que os sentimentos meus torna cativos;

Harmonia de doces lenitivos,
Sombra, segredo, lágrima, harmonia
Da alma serena, da alma fugidia
Nos seus vagos espasmos sugestivos;

Ó Silêncios! ó cândidos desmaios,
Vácuos fecundos de celestes raios
De sonhos, nos mais límpido cortejo...

Eu vos sinto os mistérios insondáveis,
Como de estranhos anjos inefáveis
Glorioso esplendor de um grande beijo!

(*Ibid.; ibid.*, págs. 179-180.

---

* Está: "par".

SÓ!

Muito embora as estrelas do Infinito
Lá de cima me acenem carinhosas
E desça das esferas luminosas
A doce graça de um clarão bendito;

Embora o mar, como um revel proscrito,
Chame por mim nas vagas ondulosas
E o vento venha em cóleras medrosas
O meu destino proclamar num grito;

Neste mundo tão trágico, tamanho,
Como eu me sinto fundamente estranho
E o amor e tudo para mim avaro!...

Ah! como eu sinto compungidamente,
Por entre tanto horror indiferente,
Um frio sepulcral de desamparo!

(*Ibid., ibid.*, págs. 183-184.)

A MORTE *

Oh! que doce tristeza e que ternura
No olhar ansioso, aflito dos que morrem...
De que âncoras profundas se socorrem
Os que penetram nessa noite escura!

Da vida aos frios véus da sepultura
Vagos momentos trêmulos decorrem...
E dos olhos as lágrimas escorrem
Como faróis da humana Desventura.

Descem então aos golfos congelados
Os que na terra vagam suspirando,
Com os velhos corações tantalizados.

---

* "Bem típico é este soneto do estado de alma em que ficaram os que, ao tempo de Cruz e Sousa, nem conseguiram aderir à negação do transcendente, por sentirem no sangue ou nos nervos a fome e a sede de Deus, nem conseguiram abraçar-se a uma esclarecida e serena fé religiosa. A morte para eles era abismo insondável. Por isso se assombra o poeta da infinita perplexidade dos que morrem, formulando a pergunta que deu esses dois versos imortais que terminam o primeiro quarteto do soneto." (Nota de Tasso da Silveira, *loc. cit.*, pág. 89.)

Tudo negro e sinistro vai rolando
Báratro abaixo, aos ecos soluçados
Do vendaval da Morte onde ando, uivando...

(*Ibid., ibid.,* págs. 181-182.)

TRIUNFO SUPREMO

Quem anda pelas lágrimas perdido,
Sonâmbulo dos trágicos flagelos,
É quem deixou para sempre esquecido
O mundo e os fúteis ouropéis mais belos!

É quem ficou do mundo redimido,
Expurgado dos vícios mais singelos
E disse a tudo o adeus indefinido
E desprendeu-se dos carnais anelos!

É quem entrou por todas as batalhas
As mãos e os pés e o flanco ensangüentando,
Amortalhado em todas as mortalhas.

Quem florestas e mares foi rasgando
E entre raios, pedradas e metralhas,
Ficou gemendo, mas ficou sonhando!

(*Ibid., ibid.,* págs. 189-190.)

ASSIM SEJA!

Fecha os olhos e morre calmamente!
Morre sereno do Dever cumprido!
Nem o mais leve, nem um só gemido
Traia, sequer, o teu Sentir latente.

Morre com a alma leal, clarividente,
Da Crença errando no Vergel florido
E o Pensamento pelos céus brandido
Como um gládio soberbo e refulgente.

Vai abrindo sacrário por sacrário
Do teu Sonho no templo imaginário,
Na hora glacial da negra Morte imensa...

Morre com o teu Dever! Na alta confiança
De quem triunfou e sabe que descansa,
Desdenhando de toda a Recompensa!

(*Ibid., ibid.,* págs. 191-192.)

RENASCIMENTO *

A Alma não fica inteiramente morta!
Vagas Ressurreições do sentimento
Abrem, já, devagar, porta por porta,
Os palácios reais do Encantamento!

Morrer! Findar! Desfalecer! que importa
Para o secreto e fundo movimento
Que a alma transporta, sublimiza e exorta
Ao grande Bem do grande Pensamento!

Chamas novas e belas vão raiando,
Vão se acedendo os límpidos altares
E as almas vão sorrindo e vão orando...

E pela curva dos longínquos ares
Ei-las que vêm, como o imprevisto bando
Dos albatrozes dos estranhos mares...

(*Ibid.; ibid.*, págs. 193-194.)

VELHO VENTO †

Velho vento vagabundo!
No teu rosnar sonolento
Leva ao longe este lamento,
Além do escárnio do mundo.

---

* Este é um dos sonetos de mais funda transcendência do *Cisne Negro*. Os tercetos do soneto "Anima Mea" são-lhe como uma variação, de sentido sacral evidente. Estes: "De onde é que vem tanta esperança vaga, / De onde vem tanto anseio que me alaga, / Tanta diluída e sempiterna mágoa? // Ah! de onde vem toda essa estranha essência / De tanta misteriosa transcendência, / Que estes olhos me deixa rasos de água?!

Comenta Tasso da Silveira: "Pulsa neste soneto a indagadora ansiedade de um Kierkegaard, para não dizer a pascaliana angústia metafísica. No idioma nosso, que outro poeta subiu mais alto na problemática do ser e do destino intuitivamente apreendida?" (*Op cit.*, pág. 87.)

† "Em teoria, as metáforas que surpreendentemente se multiplicam neste poema para sugerir o vento deveriam neutralizar-se uma às outras, anulando a eficácia evocatória. O vento é, sucessivamente, fantasma solitário, monge na estrada, contador de lendas, viajeiro do infinito, tocador de trompas, felino uivante, desenhador de hieróglifos, mocho de igreja, bêbado das ruas, maldito boêmio, louco das praças, dragão convulso... mas de tal maneira ordena o poeta todas essas heteróclitas metáforas no ritmo possante de seus versos, que elas, em verdade, acabam por transmitir-nos um vivo e totalizante sentimento da realidade evocada. Ao fim de tudo, o vento é todas essas coisas, principalmente a energia capaz de levar o lamento do poeta para "além do escárnio do mundo". (Nota de Tasso da Silveira, *op. cit.*, pág. 100.)

Tu que erras dos campanários
Nas grandes torres tristonhas
E és o fantasma que sonhas
Pelos bosques solitários.

Tu que vens lá de tão longe
Com o teu bordão das jornadas
Rezando pelas estradas
Sombrias rezas de monge.

Tu que soltas pesadelos
Nos campos e nas florestas
E fazes, por noites mestas,
Arrepiar os cabelos.

Tu que contas velhas lendas
Nas harpas da tempestade,
Viajas na Imensidade,
Caminhas todas as sendas.

Tu que sabes mil segredos,
Mistérios negros, atrozes
E formas as dúbias vozes
Dos soturnos arvoredos.

Que tornas o mar sanhudo,
Implacável, formidando,
As brutas trompas soprando
Sob um céu trevoso e mudo.

Que penetras velhas portas,
Atravessando por frinchas...
E sopras, zargunchas, guinchas
Nas ermas aldeias mortas.

Que ao luar, pelos engenhos,
Nos miseráveis casebres
Espalhas frios e febres
Com teus aspectos ferrenhos.

Que soluças nos zimbórios
Os teus felinos queixumes,
Uivando nos altos cumes
Dos montes verdes e flóreos.

Que te desprendes no espaço
Perdido no estranho rumo
Por entre visões de fumo,
Das estrelas no regaço.

Que de Réquiens e surdinas
E de hieróglifos secretos
Enches os lagos quietos,
Revestidos de neblinas.

Que ruges, bramas, trovejas,
Ó velho vândalo amargo,
No sonâmbulo letargo
De um mocho rondando igrejas.

Que falas também baixinho,
Lá da origem do mistério,
Trazendo o augúrio sidéreo
E certa voz de carinho...

Que nas ruas mais escusas,
Por tardes de nuvens feias,
Como um ébrio cambaleias
Rosnando pragas confusas.

Que és o boêmio maldito,
O renegado boêmio,
Em tudo o turvo irmão gêmeo
Do sonhador Infinito.

Que és como o louco das praças
Nos seus gritos delirantes
Clamando a pulmões possantes
Todo o Inferno das desgraças.

Que lembras dragões convulsos.
Bufantes, aéreos, soltos,
Noctambulando revoltos,
Mordendo as caudas e os pulsos.

Ó velho vento saudoso,
Velho vento compassivo.
Ó ser vulcânico e vivo,
Taciturno e tormentoso!

Alma de ânsias e de brados,
Consolador companheiro,
Sinistro deus forasteiro
D'espaços ilimitados!

Tu que andas, além, perdido,
Tateando na esfera imensa
Como um cego de nascença
Nos desertos esquecidos...

Que gozas toda a paragem,
Toda a região mais diversa,
Levando sempre dispersa
A tua queixa selvagem.

Que no trágico abandono,
No tédio das grandes horas
Desoladamente choras,
Sem fadigas e sem sono.

Que lembras nos teus clamores,
Nas fúrias negras, dantescas,
Torturas medievalescas
Dos ímpios inquisidores.

Que és sempre a ronda das casas,
A gemente sentinela
Que tudo desgrenha e gela
Com o torvo rumor das asas.

Que pareces hordas e hordas
De hirsutos, intonsos bardos
Vibrando cânticos tardos
Por liras de cem mil cordas.

Ó vento lânguido e vago,
Ó fantasia das brumas,
Sopro equóreo das espumas,
Oh! dá-me o teu grande afago!

Que a tua sombra me envolva,
Que o teu vulto me console
E o meu Sentimento role
E nos astros se dissolva...

Que eu me liberte das ânsias,
De ansiedades me liberte,
Pairando no espasmo inerte
Das mais longínquas distâncias.

Eu quero perder-me a fundo
No teu segredo nevoento,
Ó velho e velado vento,
Velho vento vagabundo!

(Manuscrito do autor.)

CRIANÇAS NEGRAS

Em cada verso um coração pulsando,
sóis flamejando em cada verso, e a rima
cheia de pássaros azuis cantando,
desenrolada como um céu, por cima.

Trompas sonoras de tritões marinhos
das ondas glaucas na amplidão sopradas
e a rumorosa música dos ninhos
nos damascos reais das alvoradas.

Fulvos leões do altivo pensamento
galgando da era a soberana rocha,
no espaço o outro leão do sol sangrento
que como um cardo em fogo desabrocha.

A canção de cristal dos grandes rios
sonorizando os florestais profundos,
a terra com seus cânticos sombrios,
o firmamento gerador de mundos.

Tudo, como panóplia sempre cheia
das espadas dos aços rutilantes,
eu quisera trazer preso à cadeia
de serenas estrofes triunfantes.

Preso à cadeia das estrofes que amam,
que choram lágrimas de amor por tudo,
que, como estrelas, vagas se derramam
num sentimento doloroso e mudo.

Preso à cadeia das estrofes quentes
como uma forja em labareda acesa,
para cantar as épicas, frementes
tragédias colossais da Natureza.

Para cantar a angústia das crianças!
Não das crianças de cor de oiro e rosa,
mas dessas que o vergel das esperanças
viram secar, na idade luminosa.

Das crianças que vêm da negra noite,
dum leite de venenos e de treva,
dentre os dantescos círculos do açoite,
filhas malditas da desgraça de Eva.

E que ouvem pelos séculos afora
o carrilhão da morte que regela,
a ironia das aves rindo à aurora
e a boca aberta em uivos da procela.

Das crianças vergônteas dos escravos,
desamparadas, sobre o caos, à toa
e a cujo pranto, de mil peitos bravos,
a harpa das emoções palpita e soa.

Ó bronze feito carne e nervos, dentro
do peito, como em jaulas soberanas,
ó coração! és o supremo centro
das avalanchas das paixões humanas.

Como um clarim a gargalhada vibras,
vibras também eternamente o pranto
e dentre o riso e o pranto te equilibras
de forma tal, que a tudo dás encanto.

És tu que à piedade vens descendo
como quem desce do alto das estrelas
e a púrpura do amor vais estendendo
sobre as crianças, para protegê-las.

És tu que cresces como o oceano, e cresces
até encher a curva dos espaços
e que lá, coração, lá resplandeces
e todo te abres em maternos braços.

Te abres em largos braços protetores,
em braços de carinho que as amparam,
a elas, crianças, tenebrosas flores,
tórridas urzes que petrificaram.

As pequeninas, tristes criaturas
ei-las, caminham por desertos vagos,
sob o aguilhão de todas as torturas,
na sede atroz de todos os afagos.

Vai, * coração! na imensa cordilheira
da Dor, florindo como um loiro fruto,
partindo toda a horrível gargalheira
da chorosa falange cor do luto.

---

* No manuscrito não existe a vírgula.

As crianças negras, vermes da matéria,
colhidas do suplício à estranha rede,
arranca-as do presídio da miséria
e com teu sangue mata-lhes a sede!

(*Ibid.*)

DUPLA VIA-LÁCTEA

Sonhei! Sempre sonhar! No ar ondulavam
Os vultos vagos, vaporosos, lentos,
As formas alvas, os perfis nevoentos
Dos Anjos que no Espaço desfilavam.

E elas voavam de Anjos brancos, voavam
Por entre hosanas e chamejamentos...
Claros sussurros de celestes ventos
Dos Anjos longas vestes agitavam.

E tu, já livre dos terrestres lodos,
Vestida do esplendor dos astros todos,
Nas auréolas dos céus engrinaldada

Dentre as zonas da luz flamo-radiante,
Na cruz da Via-Láctea palpitante
Apareceste então crucificada!

(Manuscrito do autor, pertencente ao
Arquivo de João Condé.)

TRISTE

Je dévorais mes pensées comme d'autres dévorent leurs humiliations.

(Histoire Intellectuelle de Louis Lambert) — de BALZAC.

Absorto, perplexo na noite, diante da rarefeita e meiga claridade das estrelas eucarísticas, como diante de altares sidéreos para comunhões supremas, o grande Triste mergulhou taciturno nas suas profundas e constantes cogitações.

Sentado sobre uma pedra do caminho, imoto rochedo da solidão — ele, monge ou ermitão, anjo ou demônio, santo ou céptico, nababo ou miserável, ia percorrendo a escala das suas sensações, acordando da memória as fabulosas campanhas do dia, as incertezas, as vacilações, as desesperanças; inventariando com rara meticulosidade e um rigor de detalhes verdadeiramente miraculoso todos os fatos curiosos, coincidências e controvérsias engenhosas que se haviam dado durante o dia, como um gênero insólito e singular de tortura nova.

As estrelas resplandeciam com a sua doce e úmida claridade terna, lembrando espíritos fugitivos perdidos nos espaços para, compassivamente, entre soluços, conversar com as almas...

E o grande Triste, então, prosseguia no seu monólogo esquisito, mentalmente pensado e sentido e que de tão violento que era nos fundos conceitos, naturalmente até os mais revolucionários e independentes do espírito achariam, por certo, ser um monólogo injusto, pessimista, cruel:

— E assim vai tudo no grande, no numeroso, no universal partido da Mediocridade, da soberana Chatez absoluta!

O caso está em ser ou parecer surdo e cego, em tudo e por tudo, conforme as conveniências o exigem.

Pôr a mão, de dedos abertos, sobre o rosto e parecer, fingir não ver e passar adiante, porque as conveniências o exigem.

Essa é que é afinal a teoria cômoda dos tempos e que os tempos seguem à risca, a todo transe, ferozmente, selvagemente, com o queixo inabalável, duro, inacessível ao célebre e pitoresco freio da Civilização, protegendo-se contra o perigoso assalto da Lucidez.

— Apaguem o sol, apaguem o sol, pelo amor de Deus; fechem esse incomodativo gasômetro celeste, extingam a luz dessa supérflua lamparina de ouro, que nos ofusca e irrita; matem esse moscardo monótono e monstruoso que nos morde, é o que clamam os tempos. Deixem-nos gozar a bela expressão — locomotiva do progresso — tão suficiente e verdadeira e que cabe tanto na agradável e estreita órbita em que giramos e não nos aflijam e escandalizem com os tais pensamentos, com as tais espiritualidades, com a tal arte legítima e outros paradoxos de loucura. Deixem-nos pantagruelicamente patinhar, suinar aqui no nosso lodoso e vasto buraco chamado mundo, anediando pacatamente os ventres velhos e sagrados, eis o que dizem os tempos. Que excelente, que admirável regalo se a humanidade se tornasse toda ela numa máquina de boas válvulas de pressão, um simples aparelho útil e econômico, do mais irrefutável interesse — sem saudades, sem paixão, sem amor, sem sacrifício, sem abnegação, sem Sentimento, enfim! Que admirável regalo!

Inútil, pois, continua a sonhar o Triste, todo o estrelado valor e bizarro esforço novo das minhas asas, todo o egrégio sonho, orgulho e dor, sombrias majestades que me coroam — monge ou ermitão, anjo ou demônio, santo ou céptico, nababo ou miserável, que eu sou — inútil tudo...

Por mais desprezível que fosse esta procedência, ainda que eu viesse da salsugem do mar das raças, não seria tanta nem tamanha a minha atroz fatalidade do que tendo nascido dotado com os peregrinos dons intelectuais.

Assim, dada a situação confusa, esquerda, tumultuária, do centro onde vou agindo, estas nobres mãos, feitas para a colheita dos astros, têm de andar a remexer estrume, imundície, detritos humanos.

Adaptações, pastiches, intelectualismos, espécie de verdadeiros enxertos da Inteligência, esses, florescem fáceis logo, porque bem difícil e raro é determinar a pureza infinitamente delicada, sentir onde reside o fio profundo, a linha sutil divisória que separa, como por maravilhoso traço de fogo, os Dotados, dos Feitos ou Transplantados.

E, pois, com a alma tocada de uma transcendente sensibilidade e o corpo preso ao grosso e pesado cárcere da matéria, irei tragando todas as ofensas, todas as humilhações, todos os aviltamentos, todas as decepções, todas as deprimências, todos os ludíbrios, todas as injúrias, tudo, tudo tragando como brasas e ainda cumprimentos para cá, cumprimentos para lá, para não suscetibilizar as vaidades e presunções ambientais.

Como flechas envenenadas tenho de suportar sem remédio as piedades aviltantes, as compaixões amesquinhadoras, todas as ironiazinhas anônimas, todos os azedumes perversos e tediosos da Impotência ferida.

Tenho que tragar tudo e ainda curvar a fronte e ainda mostrar-me bem inócuo, bem oco, bem energúmeno, bem mentecapto, bem olhos arregalados, bem boca escancaradamente aberta ante a convencional banalidade. Sim suportar tudo e cair admirativamente de joelhos, batendo o peito, babando e beijando o chão e arrependendo-me do irremediável pecado ou do crime sinistro de ver, sonhar, pensar e sentir um pouco... Suportar tudo e obscurecer-me, ocultar-me para não sofrer as visagens humanas. Encolher-me, enroscar-me todo como o caracol, emudecer, apagar-me, numa modéstia quase ignóbil e obscena, quase servil e quase cobarde, para que não sintam as ansiedades e rebeliões que trago, os Idealismos que carrego, as Constelações a que aspiro... Recolher-me bem para a sombra da minha existência, como se já estivesse na cova, a minha boca contra a boca fria da terra, no grande beijo espasmódico e eterno, entregue às devoradoras nevroses macabras, inquisitoriais, do verme, para que assim nem ao menos a respiração do meu corpo possa magoar de leve a pretensão humana.

E, sobretudo, nem afirmar nem negar: — ficar num meio-termo cômodo, aprazivelmente neutral.

Que até nem mesmo eu possa, na melancolia crepuscular dos tempos, dar com unção emotiva e com cordialidade o braço a certos profundos e obscuros Segredos íntimos e, levemente irônico e pungido de dolência, errar e conversar com eles através das avenidas sombrias de minh'alma.

Nada de pairar acima de tudo isto que nos cerca, dos turbilhões ignaros do rumor humano, deste estrondo atroador de rugidos, desta ondulante matéria, desta convulsão de lama, acima mesmo destas Esferas que cantam a luz pela boca dos astros.

E que o mundo veja e sinta que eu ou o conheço e compreendo, e que apesar da obscuridade com que me atrito comumente com ele, apesar dos contactos execrandos na rodante contingência da Vida, tenho-o como que fechado nesta pequena e frágil mão mortal.

Dizendo tudo ao mundo, originalmente tudo, com o verbo inflamado em vertigens e chamas da mais alta eloqüência, que só um complexo e singular sentimento produz, o mundo, espantado da minha ingenuidade, fugirá instintivamente de mim, mais do que de um leproso.

E até mesmo lá numa certa e feia hora em que se abre na alma de certos homens uma torporizada flor * tóxica de perversidade, lá muito no íntimo, lá bem no recesso das suas consciências, nuns vagos instantes vesgos e oblíquos, quantos dos mais generosos amigos não acharão, embora falando baixo, muito baixo, como que num piscar de olhos ao próprio eu, mais ridículo que doloroso o meu interminável Sofrimento!

Mas, por mais que me humilhe, abaixe resignado a desolada cabeça, me faça bastante eunuco, não murmure uma sílaba, não adiante um gesto, ande em pontas de pés como em câmaras de morte, sufoque a respiração, não ouse levantar com audácia os olhos para os graves e grandes senhores do saber, por mais que eu lhes repita que não me orgulho do que sei, mas sim do que sinto, porque quanto ao saber eles podem ficar com tudo; por mais que lhes diga que eu não sou deste mundo, que eu sou do Sonho; por mais que eu faça tudo isto, nunca eles se convencerão que me devem deixar livre, à lei da Natureza, contemplando, mudo e isolado, a eloqüente Natureza.

E, então, assim, infinitamente triste, réprobo, maldito, secular Ahasverus do Sentimento, de martírio em martírio, de perseguição em perseguição, de sombra em sombra, de silêncio em silêncio, de desilusão em desilusão, irei como que lentamente subindo por sete mil gigantescas escadas em confusas espirais babélicas e labirínticas, como que feitas de sonhos. E essas sete mil escadas babilônicas irão dar a sete mil portas formidáveis, essas sete mil portas e essas sete mil escadas correspondendo, como por provação das minhas culpas, aos sete pecados mortais.

---

* Está: "for".

E eu baterei, por tardos luares mortos, baterei, baterei sem cessar, cheio de uma convulsa, aflitiva ansiedade, a essas sete mil portas — portas de mármore, portas de bronze, portas de pedra, portas de chumbo, portas de aço, portas de ferro, portas de chama e portas de agonia — e as sete mil portas sete mil vezes tremendamente fechadas a sete mil profundas chaves seguras, nunca se abrirão, e as sete mil misteriosas portas mudas não cederão nunca, nunca, nunca!...

Num movimento nervoso, entre desolado e altivo, da excelsa cabeça, como esse augusto agitar de jubas ou esse nebuloso estremecimento convulso de sonâmbulos que acordam, o grande Triste levantara-se, já, decerto, por instantes emudecida a pungente voz interior que lhe clamava no espírito.

De pé agora, em toda a altura do seu vulto agigantado, arrancado talvez a flancos poderosos de Titãs e fundido originalmente nas forjas do sol, o grande Triste parecia maior ainda, sob os constelados diademas noturnos.

As estrelas, na sua doce e delicada castidade, tinham agora um sentimento de adormecimento vago, quase um velado e comovente carinho, lembrando espíritos fugitivos perdidos nos espaços para, compassivamente, entre soluços, conversar com as almas...

E, na angelitude das estrelas contemplativas, na paz suave, alta e protetora da noite, o grande Triste desapareceu, — lá se foi aquele errante e perpétuo Sofrimento, lá se foi aquela presa dolorosa dos ritmos sombrios do Infinito, tristemente, tristemente, tristemente...

(*Obras Completas de Cruz e Sousa*, II — Prosa — "Evocações", págs. 208-215.)

TENEBROSA

Alta, alta e negra, de uma quase gigantesca altura, torso direito e forte, retesada na espinha dorsal como rígido sabre de guerra; colo erguido de ave pernalta, aprumado, gargalado e toroso; longos braços roliços, vigorosos, caídos, como extensas garras de falcão, ao amplo dos quadris abundantes e de linhas serenas, esculturais, de soberana estátua de mármore — semelhas bem uma noturna e carnívora planta bárbara, ardente e venenosa da Núbia.

Olhos grandes, largos, profundos, cheios de tropical sensualismo africano e abertos como estrelas no céu da refulgente noite escura de ébano polido do rosto redondo — alta, alta e negra, de uma quase gigantesca altura — lembras também o astro nublado, caliginoso da Paixão, girando na órbita eterna da humanizada dolência da Carne, como mancha na luz, ou soturna mulher da Abissínia, cujos luxuriosos sentimentos panterizados sinistramente gelaram e petrificaram na muda esfinge dos secos areais tostados.

E eu quisera possuir o teu amor — o teu amor que deve ser como frondejante árvore de sangue dando frutos tenebrosos. O teu amor de ímpetos de fera nas brenhas e nas selvas, sobre os broncos, graníticos penhascos, na cáustica solar de exóticos climas quentes de raças tropicalizadas na emoção, porque tu és feita do sol em chamas e das fuscas areias, da terra cálida dos desertos ermos...

Quisera possuí-lo — inteiro, estranho, eterno, esse amor! E que me parecesse, se o possuísse e o gozasse, possuir e gozar o Mar, ter dentro de mim o oceano coalhado — como a minha alma está coalhada de sonhos — de navios, de iates, de escunas, de lúgares, galeões, naus e galeras, por uma tormenta avassaladora em que trovões formidáveis e cabriolas elétricas de raios fosforescentes, brechando o firmamento, sacudissem, num brusco arrepio proceloso, o túmido colo crespo e ululante das Vagas.

Quisera amar-te assim! E que nesse Mar tormentoso, sob a angustiosa pressão dos elementos, a um cabalístico sinal meu — como se absoluto poder me houvesse constituído o Deus terrível e supremo da Terra — iates, navios, lúgares, escunas, naus e galeras, conduzindo toda a humanidade a várias regiões do monstruoso mundo, de repente soçobrassem juntos, subitamente se afundassem nas goelas hiantes do Mar escancarado, abismante, tremendo...

Nós dois, então, fulminados pelo mesmo raio, batidos, esporeados pelo mesmo estertoroso trovão, seríamos arremessados ao seio glauco do oceano, abraçados na extrema contração espasmódica do gozo, indo dar às ilimitadas praias do Ideal os nossos cadáveres, ainda fortemente, desesperadamente unidos, enlaçados, presos, como se a derradeira agonia cruciante da sensualidade e da dor houvesse justaposto os nossos corpos na fremência carnal dos alucinados sentidos!

Alguma cousa de aventuroso — fantástico, como o espírito de Byron, aceso pela caricatura viva de uma deformação física; alguma cousa de estranho e·satânico como Poe, tantalizado também pelas agruras da ironizante matéria, e por isso mesmo ainda mais esfuziante e flamejante; alguma cousa, enfim, de infernal, de diabólico, de luminoso e tétrico, ficaria então para sempre esvoaçando e pairando em torno da nossa memória, sobre o Nihil das nossas vidas, como sinistra ave desgarrada doutras ignotas regiões inacessíveis e cujo canto soturno e maravilhoso reproduzisse a magoada plangência da harpa misteriosa dos nossos sentimentos, infinitamente vibrando e soluçando através do lento desenrolar das longas eras que passam.

Quisera amar-te assim! Vibrado ao sol do teu sangue, incendiado na tua-pele flamante, cujos penetrantíssimos aromas selvagens me alvoroçam, entontecem e narcotizam.

Assim amar-te e assim querer-te — nua, lúbrica, nevrótica, como a magnética serpente de cem cabeças da luxúria — os olhos livorescidos, como prata embaciada; a fila rútila dos rijos dentes claros cerrada no deslumbramento, no esplendor animal do coito; os nervos e músculos contraídos e os formosos seios de cetinoso tecido elevados como dois pequenos cômodos negros, cheios de narcotismos letais, impundonorosamente nus — nus como todo o corpo! — excitantes, impetuosos, tensibilizados e turgescidos, na materna afirmação sexual do leite virgem da procriação da Espécie! e que a tua vulva veludosa, afinal! vermelha, acesa e fuzilante como forja em brasa, santuário sombrio das transfigurações, câmara mágica das metamorfoses, crisol original das genitais impurezas, fonte tenebrosa dos êxtases, dos tristes, espasmódicos suspiros e do Tormento delirante da Vida; que a tua vulva, afinal, vibrasse vitoriosamente o ar com as trompas marciais e triunfantes da apoteose soberana da Carne!

Assim, arrebatado no teu impulso fremente de águia famulenta de alcantiladas montanhas alpestres, eu teria sobre ti o poderoso domínio do leão de majestosa juba revolta, amando-te de um amor imaterial, sob a impressão miraculosa de transcendente sensação, muito alta e muito pura, que se dilatasse e ficasse eternamente intangível sobre todas as vivas forças transitórias da terra.

Então, na cela mística do meu peito, como num sacrário, eu sentiria passar em vôos brancos esse grande Amor espiritualizado, estrela diluída em lágrimas, lágrimas convertidas em sangue, como a expressão de um sonho, ao mesmo tempo carnal e etéreo, humano e divino, que palpitasse, vivesse no meu ser e me trouxesse o travo, o sabor picante e amarguroso da Dor, que é a consagração, a perfeita essência do Amor.

Seria esse um requintado gozo pagão, cujo aroma enervante e capro, como o aroma selvático que vem do bafo morno e do cio dos animais das africanas florestas virgens, embriagasse o meu viver, desse ao meu espírito a alada forma de pássaro e desse à Arte que cultualmente venero a pompa larga e bravia desse teu bufalesco temperamento e o resistente bronze inteiriço e emocional do teu nobre corpo de bizarro corcel guerreiro — ó alta, alta e maciça torre de treva, de cuja agulha elevada, esguia, aguda e expirante no Azul, o condor do meu Desejo vertiginosamente tremula e vai as asas ruflando em torno...

(*Ibid.*, págs. 221-225.)

BALADA DE LOUCOS *

> *Oui, nulle souffrance ne se perd, toute douleur fructifie, il en reste un arome subtil qui se répand indefiniment dans le monde!*
>
> (M. de Vogüe)

Mudos atalhos afora, na soturnidade de alta noite, eu e ela caminhávamos.

Eu, no calabouço sinistro de uma dor absurda, como de feras devorando entranhas, sentindo uma sensibilidade atroz morder-me, dilacerar-me.

Ela, transfigurada por tremenda alienação, louca, rezando e soluçando baixinho rezas bárbaras.

Eu e ela, ela e eu! — ambos alucinados, loucos, na sensação inédita de uma dor jamais experimentada.

A pouco e pouco — dois exilados personagens do Nada — parávamos no caminho solitário, cogitando o rumo, como, quando se leva a enterrar alguém, as paradas rítmicas do esquife...

Eram em torno paisagens tristes, torvas, árvores esgalhadas nervosamente, epilepticamente — espectros de esquecimento e de tédio, braços múltiplos e vãos sem apertar nunca outros braços amados!

Em cima, na eloqüência lacrimal do céu, uma lua de últimos suspiros, morta, agoniadamente morta, sonhadora e niilista cabeça de Cristo de cabelos empastados nos lívidos suores e no sangue negro e esverdeado das letais gangrenas.

Eu e ela caminhávamos nos despedaçamentos da Angústia, sem que o mundo nos visse e se apiedasse, como duas Chagas obscuras mascaradas na noite.

Longe, sob a galvanização espectral do luar, corria uma língua verde de oceano, como a orla de um eclipse...

O luar plangia, plangia, como as delicadas violetas doentes e os círios acesos das suas melancolias, as fantasias românticas de sonhador espasmado.

Parecia o foco descomunal de tocheiros ardendo mortuariamente.

A pouco e pouco — dois exilados personagens do Nada — parávamos no caminho solitário, cogitando o rumo, como, quando se leva a enterrar alguém, as paradas rítmicas do esquife...

Beijos congelados, as estrelas violinavam a sua luz de eternidade e saudade.

---

* "Para sentir-se bem o valor desta estranha *balada*, é preciso saber-se que ela é o transunto da realidade. Refere-se à sinistra cena de uma volta à casa, fora de horas, por estrada erma, quando a esposa do poeta subitamente enlouqueceu." (Nota de Nestor Vítor.)

E a louca lúgrubes litanias rezava sempre, soluços sem os limitado do descritível — dor primeira do primeiro ser desconhecido, originalidade inconsciente de um dilaceramento infinitamente infinito.

Eu sentia, nos lancinantes nirvanescimentos daquela dor louca, arrepios nervosos de transcendentalismos imortais!

O luar dava-me a impressão difusa e dormente de um estagnado lago sulfurescente, onde eu e ela, abraçados na suprema loucura, ela na loucura do Real, eu na loucura do Sonho, que a Dor quintessenciava mais, fôssemos boiando, boiando, sem rumos imaginados, interminamente, sem jamais a prisão do esqueleto humano dos orçanismos — almas unidas, juntas, só almas vogando, só almas gemendo, almas, só almas sentindo, desmolecurizadamente...

E a louca rezava e soluçava baixinho rezas bárbaras.

Um vento errádio, nostálgico, como primitivos sentimentos que se foram, soprava calafrios nas suas velhas guslas.

De vez em quando, sobre a lua passava uma nuvem densa, como a agitação de um sudário, a sombra da asa de uma águia guerreira, o luto das gerações.

De vez em quando, na concentração esfingética de todos os meus sofrimentos, eu fechava muito os olhos, como que para olhar para o outro espetáculo mais fabuloso e tremendo que acordava tumulto dentro de mim.

De vez em quando, um soluço da louca, vulcanizada balada negra, despertava-me do torpor doloroso e eu abria de novo os olhos.

E outro soluço, outro soluço para encher o cálix daquele Horto, outro soluço, outro soluço.

E todos esses soluços parecia-me subirem para a lua, substituindo miraculosamente as estrelas, que rolavam, caíam do Firmamento, secas, ocas, negras, apagadas, como carvões frios, porque sentiam, talvez! que só aqueles obscuros soluços mereciam estar lá no alto, cristalizados em estrelas, lá no Perdão do Céu, lá na Consolação azul, resplandecendo e chamejando imortalmente em lugar dos astros.

A pouco e pouco — dois exilados personagens de Nada — parávamos no caminho solitário, cogitando o rumo, como, quando se leva a enterrar alguém, as paradas rítmicas do esquife...

O vento, queixa vaga dos túmulos, esperança amarga do passado, surdinava lento.

De instante a instante eu sentia a cabeça da louca pousada no meu ombro, como um pássaro mórbido, meiga e sinistra, de uma doçura e arcangelismo selvagem e medroso, de uma perversa e febril fantasia nirvanizada e de um sacrílego erotismo de cadáveres. Ficava tocada de um pavor tenebroso e sacro, uma coisa como que a Imaginativa exaltada por cabalísticos aparatos inquisitoriais, como se do seu corpo se desprendessem, enlaçando-me, tentáculos letárgicos, veludosos e doces e fascinativos de um animal imaginário, que me deliciassem, aterrando...

Eu a olhava bem na pupila dos grandes olhos negros, que, pela contínua mobilidade e pela beleza quente, davam a sugestão de dois maravilhosos astros, raros e puros, abrindo e fechando as chamas no fundo mágico, feérico da noite.

Naquela paisagem extravagante parecia passar o calafrio aterrador, a glacial sensação de um hino negro cantado e dançado agoureiramente por velhas e espectrais feiticeiras nas trevas...

A lua, a grande mágoa requintada, a velha lua das lágrimas, plangia, plangia, como que na expressão angustiosa, na sede mais cega, na mais latente ansiedade de dizer um segredo do mundo...

E eu então nunca mais, nunca mais me esquecerei daqueles ais terríveis e evocativos, daquelas indefiníveis dolências, daquela convulsiva desolação, que sempre pungentemente badalará, badalará, badalará, na minh'alma dobres agudos e lutuosos de uma Ave-Maria maldita de agonias, como se todos os bons Anjos da Mansão se rebelassem um dia contra mim cantando em coro reboantes, conclamantes hosanas de perseguição e de fel!

Nunca! nunca mais se me apagará do espírito essa paisagem rude, bravia, envenenada e maligna, todo aquele avérnico e irônico Pitoresco lúgubre, por entre o qual silhueticamente desfilamos, eu, alucinado num sonho mudo, ela, alienada, louca — simples, frágil, pequenina e peregrina criatura de Deus, abrigada nos caminhos infinitos deste tumultuoso coração.

Só quem sabe, calmo e profundo, adormecer um pouco com os seus desdéns serenos e sagrados pelo mundo e escutou já, de manso, através das delas celestes do mistério das almas, uma dor que não fala, poderá exprimir a sensação aflitíssima que me alanceava...

Ah! eu compreendia assim os absolutos Sacrifícios que redimem, as provações e resignações que transfiguram e renovam o nosso ser! Ah! eu compreendia que um Sofrimento assim é um talismã divino concedido a certas almas para elas adivinharem com ele o segredo sublime dos Tesouros imortais.

Um sofrimento assim despertava em mim outras cordas, fazia soar outra obscura música. Ah! eu me sentia viver desprendido das cadeias banais da Terra e pairando augustamente naquela Angústia tremenda, que me espiritualizava e disseminava nas Forças repurificantes da Eternidade!

E como dentro de mim estava aberto para ela o suntuoso altar da Piedade e da Ternura, eu, com supremos estremecimentos, acariciava essa alucinada cabeça, eu a levantava sobre o altar, acendia todas as prodigiosas e irizantes luzes a esse fantasma santo, que ondulava a meu lado, no soturno e solene silêncio de fim daquela sonâmbula peregrinação, como se ambos os nossos seres formassem então o centro genésico do novo Infinito da dor!

(*Ibid.*, págs. 346-351.)

EMPAREDADO

> Ah! Noite! feiticeira Noite! ó Noite misericordiosa, coroada no trono das Constelações pela tiara de prata e diamantes do Luar, Tu, que ressuscitas dos sepulcros solenes do Passado, tantas Esperanças, tantas Ilusões, tantas e tamanhas Saudades, ó Noite! Melancólica! Soturna! Voz triste, recordativamente triste, de tudo o que está morto, acabado, perdido nas correntes eternas dos abismos bramantes do Nada, ó Noite meditativa! fecunda-me, * penetra-me dos fluidos magnéticos do grande Sonho das tuas Solidões panteístas e assinaladas, dá-me as tuas brumas paradisíacas, dá-me os teus cismares de Monja, dá-me as tuas asas reveladoras, dá-me as tuas auréolas tenebrosas, a eloqüência de ouro das tuas Estrelas, a profundidade misteriosa dos teus sugestionadores fantasmas, todos os surdos soluços que rugem e rasgam o majestoso Mediterrâneo dos teus evocativos e pacificadores Silêncios!

Uma tristeza fina e incoercível errava nos tons violáceos vivos daquele fim suntuoso de tarde aceso ainda nos vermelhos sanguíneos, cuja cor cantava-me nos olhos, quente, inflamada, na linha longe dos horizontes em largas faixas rutilantes.

O fulvo e voluptuoso Rajá celeste derramara além os fugitivos esplendores da sua magnificência astral e rendilhara do alto e de leve as nuvens da delicadeza arquitetural, decorativa, dos estios manuelinos.

Mas as ardentes formas da luz pouco a pouco quebravam-se, velavam-se, e os tons violáceos vivos, destacados, mais agora flagrantemente crepusculavam a tarde, que expirava anelante, num anseio indefinido, vago, dolorido, de inquieta aspiração e de inquieto sonho...

E, descidas, afinal, as névoas, as sombras claustrais da noite, tímidas e vagarosas Estrelas começavam a desabrochar florescentemente, numa tonalidade peregrina e nebulosa de brancas e erradias fadas de Lendas...

Era aquela, assim religiosa e enevoada, a hora eterna, a hora infinita da Esperança...

Eu ficara a contemplar, como que sonambulizado, com o espírito indeciso e febricitante dos que esperam, a avalancha de impressões e de sentimentos que se acumulavam em mim à proporção que a noite chegava com o séquito radiante e real das fabulosas Estrelas.

---

* Está sem a vírgula.

Emparedado

Ah! Noite! feiticeira Noite! ó Noite misericordiosa, coroada no throno das constellações pela tiara de prata e diamantes da Lua, tu, que recusitas dos sepulchros os tombos da Possuda, tantas Esperanças, tantas Illusões, tantas e tamanhas bondades; ó Noite! Melancholica! voltar-me! Voz triste, recorda-te um tanto triste de tudo o que está...

Autógrafo de Cruz e Sousa, de Evocações.

Recordações, desejos, sensações, alegrias, saudades, triunfos passavam-me na Imaginação como relâmpagos sagrados e cintilantes do esplendor litúrgico de pálios e viáticos, de casulas e dalmáticas fulgurantes, de tochas acesas e fumosas, de turíbulos cinzelados, numa procissão lenta, pomposa, em aparatos cerimoniais de Corpus Christi, ao fundo longínquo de uma província sugestiva e serena, pitorescamente aureolada por mares cantantes. Vinha-me à flor melindrosa dos sentidos a melopéia, o ritmo fugidio de momentos, horas, instantes, tempos deixados para trás na arrebatada confusão do mundo.

Certos lados curiosos, expressivos e tocantes do Sentimento, que a lembrança venera e santifica; lados virgens, de majestade significativa, parecia-me surgirem do suntuoso fundo estrelado daquela noite larga, da amplidão saudosa daqueles céus...

Desdobrava-se o vasto silforama opulento de uma vida inteira, circulada de acidentes, de longos lances tempestuosos, de desolamentos, de palpitações ignoradas, como do rumor, das aclamações e dos fogos de cem cidades tenebrosas de tumulto e de pasmo...

Era como que todo o branco idílio místico da adolescência, que de um tufo claro de nuvens, em Imagens e Visões do Desconhecido, caminhava para mim, leve, etéreo, através das imutáveis formas.

Ou, então, massas cerradas, compactas, de harmonias wagnerianas, que cresciam, cresciam, subiam em gritos, em convulsões, em alaridos nervosos, em estrépitos nervosos, em sonoridades nervosas, em dilaceramentos nervosos, em catadupas vertiginosas de vibrações, ecoando longe e alastrando tudo, por entre a delicada alma sutil dos ritmos religiosos, alados, procurando a serenidade dos Astros...

As Estrelas, do alto, claras, pareciam cautelosamente escutar e sentir, com os caprichos de relicários invioladas da sua luz, o desenvolvimento mudo, mas intenso, a abstrata função mental que estava naquela hora se operando dentro em mim, como um fenômeno de aurora boreal que se revelasse no cérebro, acordando chamas mortas, fazendo viver ilusões e cadáveres.

Ah! aquela hora era bem a hora infinita da Esperança!

De que subterrâneos viera eu já, de que torvos caminhos, trôpego de cansaço, as pernas bambaleantes, com a fadiga de um século, recalcando nos tremendos e majestosos Infernos do Orgulho o coração lacerado, ouvindo sempre por toda a parte exclamarem as vãs e vagas bocas: Esperar! Esperar!

Por que estradas caminhei, monge hirto das desilusões, conhecendo os gelos e os fundamentos da Dor, dessa Dor estranha, formidável, terrível, que canta e chora Réquiens nas árvores, nos mares, nos ventos, nas tempestades, só e taciturnamente ouvindo: Esperar! Esperar! Esperar!

Por isso é que essa hora sugestiva era para mim então a hora da Esperança, que evocava tudo quanto eu sonhara e se desfizera e vagara e mergulhara no Vácuo... Tudo quanto eu mais eloqüentemente amara com o delírio e a fé suprema de solenes assinalamentos e vitórias.

Mas as grandes ironias trágicas germinadas do Absoluto, conclamadas, em anátemas e deprecações inquisitoriais cruzadas no ar violentamente em línguas de fogo, caíram martirizantes sobre a minha cabeça, implacáveis como a peste.

Então, à beira de caóticos, sinistros despenhadeiros, como outrora o doce e arcangélico Deus Negro, o trismegisto, de cornos agrogalhardos, de fagulhantes, estriadas asas enigmáticas, idealmente meditando a Culpa imeditável; então, perdido, arrebatado dentre essas mágicas e poderosas correntes de elementos antipáticos que a Natureza regulariza, e sob a influência de desconhecidos e venenosos filtros, a minha vida ficou como a longa, muito longa véspera de um dia desejado, anelado, ansiosamente, inquietamente desejado, procurado através do deserto dos tempos, com angústia, com agonia, com esquisita e doentia nevrose, mas que não chega nunca, nunca!!

Fiquei como a alma velada de um cego onde os tormentos e os flagelos amargamente vegetam como cardos hirtos. De um cego onde parece que vaporosamente dormem certos sentimentos que só com a palpitante vertigem, só com a febre matinal da luz clara dos olhos acordariam; sentimentos que dormem ou que não chegaram jamais a nascer porque a densa e amortalhante cegueira como que apagou para sempre toda a claridade serena, toda a chama original que os poderia fecundar e fazer florir na alma...

Elevando o Espírito a amplidões inacessíveis, quase que não vi esses lados comuns da Vida humana, e, igual ao cego, fui sombra, fui sombra!

Como os martirizados de outros Gólgotas mais amargos, mais tristes, fui subindo a escalvada montanha, através de urzes eriçadas, e de brenhas, como os martirizados de outros Gólgotas mais amargos, mais tristes.

De outros Gólgotas mais amargos subindo a montanha imensa — vulto sombrio, tetro, extra-humano! —, a face escorrendo sangue, a boca escorrendo sangue, o peito escorrendo sangue, as mãos escorrendo sangue, o flanco escorrendo sangue, os pés escorrendo sangue, sangue, sangue, sangue, caminhando para tão longe, para muito longe, ao rumo infinito das regiões melancólicas da Desilusão e da Saudade, transfiguradamente iluminado pelo sol augural dos Destinos!...

E, abrindo e erguendo em vão os braços desesperados em busca de outros braços que me abrigassem; e, abrindo e erguendo em vão os braços desesperados que já nem mesmo a milenária cruz do Sonhador da Judéia encontravam para repousarem pregados e dilacerados, fui caminhando, caminhando, sempre com um nome estranho convulsamente murmurado nos lábios, um nome augusto que eu encontrara não sei em que Mistério, não sei em que prodígios de Investigação e de Pensamento profundo: — o sagrado nome da Arte, virginal e circundada de loureirais e mirtos e palmas verdes e hosanas, por entre constelações.

Mas, foi apenas bastante todo esse movimento interior que pouco a pouco me abalava, foi apenas bastante que eu consagrasse a vida mais fecundada, mais ensangüentada que tenho, que desse todos os meus mais íntimos, mais recônditos carinhos, todo o meu amor ingênito, toda a legitimidade do meu sentir a essa translúcida Monja de luar e sol, a essa incoercível Aparição, bastou tão pouco para que logo se levantassem todas as paixões da terra, tumultuosas como florestas cerradas, proclamando por brutas, titânicas trombetas de bronze, o meu nefando Crime.

Foi bastante pairar mais alto, na obscuridade tranqüila, na consoladora e doce paragem das Idéias, acima das graves letras maiúsculas da Convenção para alvoroçarem-se os Preceitos, irritarem-se as Regras, as Doutrinas, as Teorias, os Esquemas, os Dogmas, armados e ferozes, de caraduras hostis e severas.

Eu trazia, como cadáveres que me andassem funambulescamente amarrados às costas, num inquietante e interminável apodrecimento, todos os empirismos preconceituosos e não sei quanta camada morta, quanta raça da África curiosa e desolada que a Fisiologia nulificara para sempre com o riso haeckeliano e papal!

Surgido de bárbaros, tinha de domar outros mais bárbaros ainda, cujas plumagens de aborígine alacremente flutuavam através dos estilos.

Era mister romper o Espaço toldado de brumas, rasgar as espessuras, as densas argumentações e saberes, desdenhar os juízos altos, por decreto e por lei, e, enfim, surgir ...

Era mister rir com serenidade e afinal com tédio dessa celulazinha bitolar que irrompe por toda a parte, salta, fecunda, alastra, explode, transborda e se propaga.

Era mister respirar a grandes haustos na Natureza, desafogar o peito das opressões ambientes, agitar desassombradamente a cabeça diante da liberdade absoluta e profunda do Infinito.

Era mister que me deixassem ao menos ser livre no Silêncio e na Solidão. Que não me negassem a necessidade fatal, imperiosa, ingênita, de sacudir com liberdade e com volúpia os nervos e desprender com largueza e com audácia o meu verbo soluçante, na força impetuosa e indomável da Vontade.

O temperamento que rugia, bramava dentro de mim, esse, que se operasse: — precisava, pois, tratados, largos in-fólios, toda a biblioteca da famosa Alexandria, uma Babel e Babilônia de aplicações científicas e de textos latinos, para sarar ...

Tornava-se forçoso impor-lhe um compêndio admirável, cheio de sensações imprevistas, de curiosidades estéticas muito lindas e muito finas — um compêndio de geometria!

O temperamento entortava muito para o lado da África: — era necessário fazê-lo endireitar inteiramente para o lado Regra, até que o temperamento regulasse certo como um termômetro!

Ah! incomparável espírito das estreitezas humanas, como és secularmente divino!

As civilizações, as raças, os povos digladiam-se * e morrem minados pela fatal degenerescência do sangue, despedaçados, aniquilados no pavoroso túnel da Vida, sentindo o horror sufocante das supremas asfixias.

Um veneno corrosivo atravessa, circula vertiginosamente os poros dessa deblaterante humanidade que se veste e triunfa com as púrpuras quentes e funestas da guerra!

Povos e povos, no mesmo fatal e instintivo movimento da conservação e propagação da espécie, frivolamente lutam e proliferam diante da Morte, no ardor dos conúbios secretos e das batalhas obscuras, do frenesi genital, animal, de perpetuarem as seivas, de eternizarem os germens.

Mas, por sobre toda essa vertigem humana, sobre tanta monstruosa miséria, rodando, redemoinhando, lá e além, na vastidão funda do Mundo, alguma cousa da essência maravilhosa da Luz paira e se perpetua, fecundando e inflamando os séculos com o amor indelével da Forma.

É do sabor prodigioso dessa essência, vinda de bem remotas origens, que raros Assinalados experimentam, envoltos numa atmosfera de eterificações, de visualidades inauditas, de surpreendentes abstrações e brilhos, radiando nas correntes e forças da Natureza, vivendo nos fenômenos vagos de que a Natureza se compõe, nos fantasmas dispersos que circulam e erram nos seus esplendores e nas suas trevas, conciliados supremamente com a Natureza.

E, então, os temperamentos que surgissem, que viessem, limpos de mancha, de mácula, puramente lavados para as extremas perfectibilidades, virgens, sãos e impetuosos para as extremas fecundações, com a virtude eloqüente de trazerem, ainda sangradas, frescas, úmidas das terras germinais do Idealismo, as raízes vivas e profundas, os gérmens legítimos, ingênitos, do Sentimento.

Os temperamentos que surgissem: — podiam ser simples, mas que essa simplicidade acusasse também complexidade, como as claras Ilíadas que os rios cantam. Mas igualmente, podiam ser complexos, trazendo as inéditas manifestações do Indefinido, e intensos, intensos

---

* Está: "degladiam-se".

sempre, sintéticos e abstratos, tendo esses inexprimíveis segredos que vagam na luz, no ar, no som, no aroma, na cor e que só a visão delicada de um espírito[*] artístico assinala.

Poderiam também parecer obscuros por serem complexos, mas ao mesmo tempo serem claros nessa obscuridade por serem lógicos, naturais, fáceis, de uma espontaneidade sincera, verdadeira e livre na enunciação de sentimentos e pensamentos, da concepção e da forma, obedecendo tudo a uma grande harmonia essencial de linhas sempre determinativas da índole, da feição geral de cada organização.

Os lados mais carregados, mais fundamente cavados dos temperamentos sangrentos, fecundados em origens novas de excepcionalidades, não seriam para complicar e enturvecer mais as respectivas psicologias; mas apenas para torná-las claras, claras, para dar, simplesmente, com a máxima eloqüência, dessas próprias psicologias, toda a evidência, toda a intensidade, todo o absurdo e nebuloso Sonho...

Dominariam assim, venceriam assim, esses Sonhadores, os reservados, eleitos e melancólicos Reinados do Ideal, apenas, unicamente por fatalidades impalpáveis, imprescritíveis, secretas, e não por justaposições mecânicas de teorias e didatismos obsoletos.

Os caracteres nervosos mais sutis, mais finos, mais vaporosos, de cada temperamento, perder-se-iam, embora, na vaga truculenta, pesada, da multidão inexpressiva, confusa, que burburinha com o seu lento ar parado e vazio, conduzindo em seu bojo a concupiscência bestial enroscada como um sátiro, com a alma gasta, olhando molemente para tudo com os seus dous pequeninos olhos gulosos de símio.

Mas, a paixão inflamada do Ignoto subiria e devoraria reconditamente todos esses Imaginativos dolentes, como se eles fossem abençoada zona ideal, preciosa, guardando em sua profundidade o orientalismo de um tesouro curioso, o relicário mágico do Imprevisto — abençoada zona saudosa, plaga de ouro sagrada, para sempre sepulcralmente fechada ao sentimento herético, à bárbara profanação dos sacrílegos.

Assim é que eu sonhara surgirem todas essas aptidões, todas essas feições singulares, dolorosas, irrompendo de um alto princípio fundamental distinto em certos traços breves, mas igual, uno, perfeito e harmonioso nas grandes linhas gerais.

Essa é que fora a lei secreta, que escapara à percepção de filósofos e doutos, do verdadeiro temperamento, alheio às orquestrações e aos incensos aclamatórios da turba profana, porém alheio por causa, por sinceridade de penetração, por subjetivismo mental sentido à parte, vivido à parte — simples, obscuro, natural —, como se a humanidade

---

[*] Está: "erpirito".

não existisse em torno e os nervos, a sensação, o pensamento tivessem latente necessidade de gritar alto, de expandir e transfundir no espaço, vivamente, a sua psicose atormentada.

Assim é que eu via a Arte, abrangendo todas as faculdades, absorvendo todos os sentidos, vencendo-os, subjugando-os amplamente.

Era uma força oculta, impulsiva, que ganhara já a agudeza picante, acre, de um apetite estonteante e a fascinação infernal, tóxica, de um fugitivo e deslumbrador pecado ...

Assim é que eu a compreendia em toda a intimidade do meu ser, que eu a sentia em toda a minha emoção, em toda a genuína expressão do meu Entendimento — e não uma espécie de iguaria agradável, saborosa, que se devesse dar ao público em doses e no grau e qualidade que ele exigisse, fosse esse público simplesmente um símbolo, um bonzo antigo, taciturno e cor de oca, uma expressão serôdia, o público A+B, cujo consenso a Convenção em letras maiúsculas decretara.

Afinal, em tese, todas as idéias em Arte poderiam ser antipáticas, sem preconcebimentos a agradar, o que não quereria dizer que fossem más.

No entanto, para que a Arte se revelasse própria, era essencial que o temperamento se desprendesse de tudo, abrisse vôos, não ficasse nem continuativo nem restrito, dentro de vários moldes consagrados que tomaram já a significação representativa de clichês oficiais e antiquados.

Quanto a mim, originalmente foi crescendo, alastrando o meu organismo, numa veemência e num ímpeto de vontade que se manifesta, num dilúvio de emoção, esse fenômeno de temperamento que com sutilezas e delicadezas de névoas alvorais vem surgindo e formando em nós os maravilhosos encantamentos da Concepção.

O Desconhecido me arrebatara e surpreendera e eu fui para ele instintiva e intuitivamente arrastado, insensível então aos atritos da frivolidade, indiferente, entediado por índole diante da filáucia letrada, que não trazia a expressão viva, palpitante, da chama de uma fisionomia, de um tipo afirmativamente eleito.

Muitos diziam-se rebelados, intransigentes — mas eu via claro as *ficelles* dessa rebeldia e dessa intransigência. Rebelados, porque tiveram fome uma hora apenas, as botas rotas um dia. Intransigentes, por despeito, porque não conseguiam galgar as fúteis, para eles gloriosas, posições que os outros galgavam.

Era uma politicazinha engenhosa de medíocres, de estreitos, de tacanhos, de perfeitos imbecilizados ou cínicos, que faziam da Arte um jogo capcioso, maneiroso, para arranjar relações e prestígio no meio, de jeito a não ofender, a não fazer corar o diletantismo das suas idéias. Rebeldias e intransigências em casa, sob o teto protetor, assim uma espécie de ateísmo acadêmico, muito demolidor e feroz, com ladainhas e amuletos em certa hora para livrar da trovoada e dos celestes castigos imponderáveis!

Mas, uma vez cá fora à luz crua da Vida e do Mundo, perante o ferro em brasa da livre análise, mostrando logo as curvaturas mais respeitosas, mais gramaticais, mais clássicas, à decrépita Convenção com letras maiúsculas.

Um ou outro, pairando, no entanto, mais alto no meio, tinha manhas de raposa fina, argúcia, vivacidades satânicas, no fundo, frívolas, e que a maior parte, inteiramente oca, sem penetração, não sentia. Fechava sistematicamente os olhos para fingir não ver, para não sair dos seus cômodos pacatos de aclamado banal, fazendo esforço supremo de conservar a confusão e a complicação no meio, transtonar e estontear aquelas raras e adolescentes cabeças que por acaso aparecessem já com algum nebuloso segredo.

Um ou outro tinha a habilidade quase mecânica de apanhar, de recolher do tempo e do espaço as idéias e os sentimentos que, estando dispersos, formavam a temperatura burguesa do meio, portanto corrente já, e de trabalhar algumas páginas, alguns livros que, por trazerem idéias e sentimentos homogêneos dos sentimentos e idéias burgueses, aqueciam, alvoroçavam, atordoavam o ar de aplausos ...

Outros, ainda, adaptados às épocas, aclimados ao modo de sentir exterior; ou, ainda por mal compreendido ajeitamento, fazendo absoluta apostasia do seu sentir íntimo, próprio, iludidos em parte; ou, talvez, sem vivas, entranhadas raízes de sensibilidade estética, sem a ideal radicalização de sonhos ingenitamente fecundados e quinta-essenciados na alma, evidenciando com flagrância, traindo assim o fundo fútil das suas naturezas passageiras, desapercebidas de certos movimentos inevitáveis da estesia, que imprimem, por fórmulas fatais, que arrancam das origens profundas, com toda a sanguinolenta verdade e por causas fugidias a toda e qualquer análise, tudo o quanto se sente e pensa de mais ou menos elevado e completo.

Mistificadores afetados de *canaillerie* por tom, por modernismos falhos apanhados entre os absolutamente fracos, os pusilânimes de têmpera no fundo, e que, no entanto, tanto aparentam correção e serena força própria.

Naturezas vacilantes e mórbidas, sem a integração final, sem mesmo o equilíbrio fundamental do próprio desequilíbrio e, ainda mais do que tudo, sem esse poder quase sobrenatural, sem esses atributos excepcionais que gravam, que assinalam de modo estranho às chamejantes e intrínsecas obras de Arte, o caráter imprevisto, extra-humano, do Sonho.

Hábeis *viveurs*, jeitosos, sagazes, acomodatícios, afetando pessimismos mais por desequilíbrio que por fundamento, sentindo, alguns, até à saciedade, a atropelação do meio, fingindo desprezá-lo, aborrecê-lo, odiá-lo, mas mergulhando nele com frenesi, quase com delírio, mesmo com certa volúpia maligna de frouxos e de nulos que trazem num grau muito apurado a faculdade animal do instinto de conservação, a habilidade de nadadores destros e intrépidos nas ondas turvas dos cálculos e efeitos convencionais.

Tal, desse modo, um prestidigitador ágil e atilado, colhe e prende, com as miragens e truques da nigromancia, a frívola atenção passiva de um público dócil e embasbacado.

Insipientes, uns, obscenamente cretinos, outros, devorados pela desoladora impotência que os torna lívidos e lhes dilacera os fígados, eu bem lhes percebo as psicologias subterrâneas, bem os vejo passar, todos, todos, todos, de olhos oblíquos, numa expressão fisionômica azeda e vesga de despeito, como errantes duentes da Meia-Noite, verdes, escarlates, amarelos e azuis, em vão grazinando e chocalhando na treva os guizos das sarcásticas risadas ...

Almas tristes, afinal, que se diluem, que se acabam, num silêncio amargo, numa dolorosa desolação, murchas e doentias, na febre fatal das desorganizações, melancolicamente, melancolicamente como a decomposição de tecidos que gangrenaram, de corpos que apodreceram de um modo irremediável e não podem mais viçar e florir sob as refulgências e sonoridades dos finíssimos ouros e cristais e safiras e rubis incendiados do Sol ...

Almas lassas, debochadamente relaxadas, verdadeiras casernas onde a mais rasgada libertinagem não encontra fundo; almas que vão cultivando com cuidado delicadas infamiazinhas como áspides galantes e curiosas e que de tão baixas, de tão rasas que são nem merecem a magnificência, a majestade do Inferno!

Almas, afinal, sem as chamas misteriosas, sem as névoas, sem as sombras, sem os largos irisados resplendores do Sonho — Supremo Redentor eterno!

Tudo um ambiente dilacerante, uma atmosfera que sufoca, um ar que aflige e dói nos olhos e asfixia a garganta como uma poeira triste muito densa, muito turva, sob um meio-dia ardente, no atalho * ermo de vila pobre, por onde vai taciturnamente seguindo algum obscuro enterro de desgraçado ...

Eles riem, eles riem e eu caminho e sonho tranqüilo! pedindo a algum belo Deus de Estrelas e de Azul, que vive em tédios aristocráticos na Nuvem, que me deixe serenamente e humildemente acabar esta Obra extrema de Fé e de Vida!

Se alguma nova ventura conheço é a ventura intensa de sentir um temperamento, tão raro me é dado sentir essa ventura. Se alguma cousa me torna justo é a chama fecundadora, o eflúvio fascinador

---

* Está: "talho". A 1.ª edição traz "atalho".

e penetrante que se exala de um verso admirável, de uma página de evocações, legítima e sugestiva.

O que eu quero, o que eu aspiro, tudo por quanto anseio, obedecendo ao sistema arterial das minhas Intuições, é a Amplidão livre e luminosa, todo o Infinito, para cantar o meu Sonho, para sonhar, para sentir, para sofrer, para vagar, para dormir, para morrer, agitando ao alto a cabeça anatematizada, como Otelo nos delírios sangrentos do Ciúme...

Agitando ainda a cabeça num derradeiro movimento de desdém augusto, como nos cismativos ocasos os desdéns soberanos do sol que ufanamente abandona a terra, para ir talvez fecundar outros mais nobres e ignorados hemisférios...

Pensam, sentem, estes, aqueles. Mas a característica que denota a seleção de uma curiosa natureza, de um ser da arte absoluto, essa, não a sinto, não a vejo, com os delicados escrúpulos e suscetibilidades de uma flagrante e real originalidade sem escolas, sem regulamentações e métodos, sem *coterie* e anais de crítica, mas com a força germinal poderosa de virginal afirmação viva.

De alto a baixo, rasgam-se os organismos, os instrumentos da autópsia psicológica penetram por tudo, sondam, perscrutam * todas as células, analisam as funções mentais de todas as civilizações e raças; mas só escapa à penetração, à investigação desses positivos exames, a tendência, a índole, o temperamento artístico, fugidios sempre e sempre imprevistos, porque são casos particulares de seleção na massa imensa dos casos gerais que regem e equilibram secularmente o mundo.

Desde que o Artista é um isolado, um esporádico, não adaptado ao meio, mas em completa, lógica e inevitável revolta contra ele, num conflito perpétuo entre a sua natureza complexa e a natureza oposta do meio, a sensação, a emoção que experimenta é de ordem tal que foge a todas as classificações e casuísticas, a todas as argumentações que, parecendo as mais puras e as mais exaustivas do assunto, são, no entanto, sempre deficientes e falsas.

Ele é o supercivilizado dos sentidos, mas como que um supercivilizado ingênito, transbordado do meio, mesmo em virtude da sua percuciente agudeza de visão, da sua absoluta clarividência, da sua inata perfectibilidade celular, que é o gérmen fundamental de um temperamento profundo.

Certos espíritos de Arte assinalaram-se no tempo veiculados pela hegemonia das raças, pela preponderância das civilizações, tendo, porém, em toda a parte, um valor que era universalmente conhecido e celebrizado, porque, para chegar a esse grau de notoriedade, penetraram primeiro nos domínios do oficialismo e da *coterie*.

---

* Está: "prescrutam".

Os de Estética emovente e exótica, os *gueux*, os requintados, os sublimes iluminados por um clarão fantástico, como Baudelaire, como Poe, os surpreendentes da Alma, os imprevistos missionários supremos, os inflamados, devorados pelo Sonho, os clarividentes e evocativos, que emocionalmente sugestionam e acordam luas adormecidas de Recordações e de Saudades. Esses, ficam imortalmente cá fora, dentre as augustas vozes apocalípticas da Natureza, chorados e cantados pelas Estrelas e pelos Ventos!

Ah! benditos os Reveladores da Dor infinita! Ah! soberanos e invulneráveis aqueles que, na Arte, nesse extremo requinte de volúpia, sabem transcendentalizar a Dor, tirar da Dor a grande Significação eloqüente e não amesquinhá-la e * desvirginá-la!

A verdadeira, a suprema força de Arte está em caminhar firme, resoluto, inabalável, sereno através de toda a perturbação e confusão ambiente, isolado no mundo mental criado, assinalando com intensidade e eloqüência o mistério, a predestinação do temperamento.

É preciso fechar com indiferença os ouvidos aos rumores confusos e atropelantes e engolfar ** a alma, com ardente paixão e fé concentrada, em tudo o que se sente e pensa com sinceridade, por mais violenta, obscura ou escandalosa que essa sinceridade à primeira vista pareça, por mais longe das normas preestabelecidas que a julguem — para então assim mais elevadamente estrelar os Infinitos da grande Arte, da grande Arte que é só, solitária, desacompanhada das turbas que chasqueiam, da matéria humana doente que convulsiona dentro das estreitezas asfixiantes do seu torvo caracol.

Até mesmo certos livros, por mais exóticos, atraentes, abstrusos que sejam, por mais aclamados pela trompa do momento, na podem influir, nenhuma alteração podem trazer ao sentimento geral de idéias que se constituíram sistema e que afirmam, de modo radical, mas simples, natural, por mais exagerado que se suponha, a calma justa das convicções integrais, absolutas, dos que seguem impavidamente a sua linha, dos que, trazendo consigo imaginativo espírito de Concepção, caminham sempre com tenacidade, serenamente, imperturbáveis aos apupos inofensivos, sem tonturas de fascinação efêmera, sentindo e conhecendo tudo, com os olhos claros levantados e sonhadores cheios de uma radiante ironia mais feita de clemência, de bondade, do que de ódio.

O Artista é que fica muitas vezes sob o signo fatal ou sob a auréola funesta do ódio, quando no entanto o seu coração vem transbordando de Piedade, vem soluçando de ternura, de compaixão, de misericórdia, quando ele só parece mau porque tem cóleras soberbas, tremendas indignações, ironias divinas que causam escândalos ferozes,

---

* Está: "a". Na 1.ª edição lê-se "e".
** Está: "engolhar". Não existe esse erro na 1.ª edição.

que passam por blasfêmias negras, contra a Infâmia oficial do Mundo, contra o vício hipócrita, perverso, contra o postiço sentimento universal mascarado de Liberdade e de Justiça.

Nos países novos, nas terras ainda sem tipo étnico absolutamente definido, onde o sentimento da Arte é silvícola,* local, banalizado, deve ser espantoso, estupendo o esforço, a batalha formidável de um temperamento fatalizado pelo sangue e que traz consigo, além da condição inviável do meio, a qualidade fisiológica de pertencer, de proceder de uma raça que a ditadora ciência de hipóteses negou em absoluto para as funções do Entendimento, e, principalmente, do entendimento ** artístico da palavra escrita.

Deus meu! por uma questão banal da química biológica do pigmento ficam alguns mais rebeldes e curiosos fósseis preocupados, a ruminar primitivas erudições, perdidos e atropelados pelas longas galerias submarinas de uma sabedoria infinita, esmagadora, irrevogável!

Mas, que importa tudo isso?! Qual é a cor da minha forma, do meu sentir? Qual é a cor da tempestade de dilacerações que me abala? Qual a dos meus sonhos e gritos? Qual a dos meus desejos e febre?

Ah! esta minúscula humanidade, torcida, enroscada, assaltando as almas com a ferocidade de animais bravios, de garras aguçadas e dentes rijos de carnívoro, é que não pode compreender-me.

Sim! tu é que não podes entender-me, não podes irradiar, convulsionar-te nestes efeitos com os arcaísmos duros da tua compreensão, com a carcaça paleontológica do Bom-Senso.

Tu é que não podes ver-me, atentar-me, *** sentir-me, dos limites da tua toca de primitivo, armada do bordão simbólico das convicções pré-históricas, patinhando a lama das teorias, a lama das conveniências equilibrantes, a lama sinistra, estagnada, das tuas insaciáveis luxúrias.

Tu não podes sensibilizar-te diante destes extasiantes estados da alma, diante destes deslumbramentos estesíacos, sagrados, diante das eucarísticas espiritualizações que me arrebatam.

O que tu podes, só, é agarrar com frenesi ou com ódio a minha Obra dolorosa e solitária e lê-la e detestá-la e revirar-lhe as folhas, truncar-lhe as páginas, enodoar-lhe a castidade branca dos períodos, profanar-lhe o tabernáculo da linguagem, riscar, traçar, assinalar,

---

* Está: "selvicola".
** Na edição do "Anuário do Brasil" não figura "e, principalmente, do entendimento". Seguiu-se, aqui, a 1.ª edição.
*** Está sem a vírgula.

cortar com dísticos estigmatizantes, com labéus obscenos, com golpes fundos de blasfêmia as violências da intensidade, dilacerar, enfim, toda a Obra, num ímpeto covarde de impotência ou de angústia.

Mas, para chegares a esse movimento apaixonado, dolorido, já eu antes terei, por certo — eu o sinto, eu o vejo! — te arremessado profundamente, abismantemente pelos cabelos a minha Obra e obrigado a tua atenção comatosa a acordar, a acender, a olfatar, a cheirar com febre, com delírio, com cio, cada adjetivo, cada verbo que eu faça chiar como um ferro em brasa sobre o organismo da Idéia, cada vocábulo que eu tenha pensado e sentido com todas as fibras, que tenha vivido com os meus carinhos, dormido com os meus desejos, sonhado com os meus sonhos, representativos integrais, únicos, completos, perfeitos, de uma convulsão e aspiração supremas.

Não conseguindo impresssionar-te, afetar-te a bossa intelectiva, quero ao menos sensacionar-te a pele, ciliciar-te, crucificar-te ao meu estilo, desnudando ao sol, pondo abertas e francas todas as expressões, nuances e expansibilidades deste amargurado ser, tal como sou e sinto.

Os que vivem num completo assédio no mundo, pela condenação do Pensamento, dentro de um báratro monstruoso de leis e preceitos obsoletos, de convenções radicadas, de casuísticas, trazem a necessidade inquieta e profunda de como que traduzir, por traços fundamentais, as suas faces, os seus aspectos, as suas impressionabilidades e, sobretudo, as suas causas originais, vindas fatalmente da liberdade fenomenal da Natureza.

Ah! Destino grave, de certo modo funesto, dos que vieram ao mundo para, com as correntes secretas dos seus pensamentos e sentimentos, provocar convulsões subterrâneas, levantar ventos opostos de opiniões, mistificar a insipiência dos adolescentes intelectuais, a ingenuidade de certas cabeças, o bom-senso dos cretinos, deixar a oscilação da fé, sobre a missão que trazem, no espírito fraco, sem consistência de crítica própria, sem impulsão original para afirmar os Obscuros que não contemporizam, os Negados que não reconhecem a Sanção oficial, que repelem toda a sorte de conchavos, de compadrismos interesseiros, de aplausos forjicados, por limpidez e decência e não por frivolidades de orgulhos humanos ou de despeitos tristes.

Ah! Destino grave dos que vieram ao mundo para ousadamente deflorar as púberes e cobardes inteligências com o órgão másculo, poderoso da Síntese, para inocular nas estreitezas mentais o sentimento vigoroso das Generalizações, para revelar uma obra bem fecundada de sangue, bem constelada de lágrimas, para, afinal, estabelecer o choque violento das almas, arremessar umas contra as outras, na sagrada, na bendita impiedade de quem traz consigo os vulcanizadores Anátemas que redimem.

O que em nós outros Errantes do Sentimento flameja, arde e palpita, é esta ânsia infinita, esta sede santa e inquieta, que não cessa, de encontrarmos um dia uma alma que nos veja com simplicidade e clareza, que nos compreenda, que nos ame, que nos sinta.

É de encontrar essa alma assinalada pela qual viemos vindo de tão longe sonhando e andamos esperando há tanto tempo, procurando-a no Silêncio do mundo, cheios de febre e de cismas, para no seio dela cairmos frementes, alvoroçados, entusiastas, como no eterno seio da Luz imensa e boa que nos acolhe.

É esta bendita loucura de encontrar essa alma para desabafar ao largo da Vida com ela, para respirar livre e fortemente, de pulmões satisfeitos e límpidos, toda a onda viva de vibrações e de chamas do Sentimento que contivemos por tanto e tão longo tempo guardada na nossa alma, sem acharmos uma outra alma irmã à qual pudéssemos comunicar absolutamente tudo.

E quando a flor dessa alma se abre encantadora para nós, quando ela se nos revela com todos os seus sedutores e recônditos aromas, quando afinal a descobrimos * um dia, não sentimos mais o peito opresso, esmagado: — uma nova torrente espiritual deriva do nosso ser e ficamos então desafogados, coração e cérebro inundados da graça de um divino amor, bem pagos de tudo, suficientemente recompensados de todo o transcendente Sacrifício que a Natureza heroicamente impôs aos nossos ombros mortais, para ver se conseguimos aqui embaixo na Terra encher, cobrir este abismo do Tédio com abismos de Luz!

O mundo, chato e medíocre nos seus fundamentos, na sua essência, é uma dura fórmula geométrica. Todo aquele que lhe procura quebrar as hirtas e caturras linhas retas com o poder de um simples Sentimento, desloca de tal modo elementos de ordem tão particular, de natureza tão profunda e tão séria que tudo se turba e convulsiona; e o temerário que ousou tocar na velha fórmula experimenta toda a Dor imponderável que esse simples Sentimento provoca.

Eu não pertenço à velha árvore genealógica das intelectualidades medidas, dos produtos anêmicos dos meios lutulentos, espécies exóticas de altas e curiosas girafas verdes e esplinéticas de algum maravilhoso e babilônico jardim de lendas...

Num impulso sonâmbulo para fora do círculo sistemático das Fórmulas preestabelecidas, deixe-me pairar, em espiritual essência, em brilhos intangíveis, através dos nevados, gelados e peregrinos caminhos da Via-Láctea...

E é por isso que eu ouço, no adormecimento de certas horas, nas moles quebreiras de vagos torpores enervantes, na bruma cre-

---

* Está: "descobrirmos". Vem "descobrimos" na 1.ª edição.

puscular de certas melancolias, na contemplatividade mental de certos poentes agonizantes, uma voz ignota, que parece vir do fundo da Imaginação ou do fundo mucilaginoso do Mar ou dos mistérios da Noite — talvez acordes da grande Lira noturna do Inferno e das harpas remotas de velhos céus esquecidos —, murmurar-me:

— "Tu és dos de Cã, maldito, réprobo, anatematizado! Falas em Abstrações, em Formas, em Espiritualidades, em Requintes, em Sonhos! Como se tu fosses das raças de ouro e da aurora, se viesses dos arianos, depurado por todas as civilizações, célula por célula, tecido por tecido, cristalizado o teu ser num verdadeiro cadinho de idéias, de sentimentos — direito, perfeito, das perfeições oficiais dos meios convencionalmente ilustres! Como se viesses do Oriente, rei!, em galeras, dentre opulências, ou tivesses a ventura magna de ficar perdido em Tebas, desoladamente cismando através de ruínas; ou a iriada, peregrina e fidalga fantasia dos Medievos, ou a lenda colorida e bizarra por haveres adormecido e sonhado, sob o ritmo claro dos Astros, junto às priscas margens venerandas do Mar Vermelho!

Artista?! pode lá isso ser se tu és da África, tórrida e bárbara, devorada insaciavelmente pelo deserto, tumultuada de matas bravias, arrastada sangrando no lodo das Civilizações despóticas, torvamente amamentada com o leite amargo e venenoso da Angústia! A África arrebatada nos ciclones torvelinhantes das Impiedades supremas, das Blasfêmias absolutas, gemendo, rugindo, bramando no caos feroz, hórrido, das profundas selvas brutas, a sua formidável Dilaceração humana! A África laocoôntica, alma de trevas e de chamas, fecundada no Sol e na Noite, errantemente tempestuosa como a alma espiritualizada e tantálica da Rússia, gerada no Degredo e na Neve· — pólo branco e pólo negro da Dor!

Artista?! Loucura! Loucura! Pode lá isso ser se tu vens dessa longínqua região desolada, lá do fundo exótico dessa África sugestiva, gemente, Criação dolorosa e sanguinolenta de Satãs rebelados, dessa flagelada África, grotesca e triste, melancólica, gênese assombrosa de gemidos, tetricamente fulminada pelo banzo mortal; dessa África dos Suplícios, sobre cuja cabeça nirvanizada pelo desprezo do mundo Deus arrojou toda a peste letal e tenebrosa das maldições eternas!

A África virgem, inviolada no Sentimento, avalancha humana amassada com argilas funestas e secretas para fundir a Epopéia suprema da Dor do Futuro, para fecundar talvez os grandes tercetos tremendos de algum novo e majestoso Dante negro!

Dessa África que parece gerada para os divinos cinzéis das colossais e prodigiosas esculturas, para as largas e fantásticas Inspirações convulsas de Doré — Inspirações inflamadas, soberbas, choradas, soluçadas, bebidas nos Infernos e nos Céus profundos do Sentimento humano.

Dessa África cheia de solidões maravilhosas, de virgindades animais instintivas, de curiosos fenômenos de esquisita Originalidade, de espasmos de Desespero, gigantescamente medonha, absurdamente ululante — pesadelo de sombras macabras — visão valpurgiana de terríveis e convulsos soluços noturnos circulando na Terra e formando, com as seculares, despedaçadas agonias da sua alma renegada, uma auréola sinistra, de lágrimas e sangue, toda em torno da Terra...

Não! Não! Não! Não transporás os pórticos milenários da vasta edificação do Mundo, porque atrás de ti e adiante de ti não sei quantas gerações foram acumulando, acumulando pedra sobre pedra, pedra sobre pedra, que para aí estás agora o verdadeiro emparedado de uma raça.

Se caminhares para a direita baterás e esbarrarás ansioso, aflito, numa parede horrendamente incomensurável de Egoísmos e Preconceitos! Se caminhares para a esquerda, outra parede de Ciências e Críticas, mais alta do que a primeira, te mergulhará profundamente no espanto! Se caminhares para a frente, ainda nova parede, feita de Despeitos e Impotências, tremenda, de granito, broncamente se elevará ao alto! Se caminhares, enfim, para trás, ah! ainda, uma derradeira parede, fechando tudo, fechando tudo — horrível! — parede de Imbecilidade e Ignorância, te deixará num frio espasmo de terror absoluto...

E, mais pedras, mais pedras se sobreporão às pedras já acumuladas, mais pedras, mais pedras... Pedras destas odiosas, caricatas e fatigantes Civilizações e Sociedades... Mais pedras, mais pedras! E as estranhas paredes hão de subir — longas, negras, terríficas! Hão de subir, subir, subir mudas, silenciosas, até às Estrelas, deixando-te para sempre perdidamente alucinado e emparedado dentro do teu Sonho..."

(*Ibid.*, págs. 425-452.)

LETRAS BRASILERAS

CRUZ Y SOUZA

(Conferencia leída en el Ateneo de Buenos Aires el 28 de Agosto de 1899)

SEÑOR PRESIDENTE, SEÑORAS, SEÑORES:

Quiero haceros oir, antes que mis palabras, las palabras del admirable poeta negro, autor de las *Evocaciones*. Ellas os explicarán acaso, las extrañas y dolorosas intensidades de su alma, la más torturada que animó jamás un cuerpo humano, y auxiliarán mis excursiones por entre los crepúsculos visionarios de su bosque de harmonías.

El poeta negro oye una voz que se dirije á él:

«Tú eres de los de Cam, maldito, réprobo, anatematizado! Hablas de Abstracciones, de Formas, de Espiritualidades, de Refinamientos, de Sueños, como si fueras de la raza de oro y de aurora de los aryos...

«Artista! Puedes serlo acaso, si eres del Africa, tórrida y bárbara, devorada insaciablemente por el desierto... arrastrada sangrando en el lodo de las civilizaciones despóticas; torvamente amamantada con la leche amarga y venenosa de la Angustia! Del Africa arrebatada en los torbellinos de las Impiedades y de las Blasfemias, gimiendo, rugiendo y bramando en el caos de las selvas,

Primeira página escrita no estrangeiro sobre Cruz e Sousa, 1899. De Ricardo Jaimes Freyre,

CECILIA MEIRELLES
e a
PRO-ARTE
convidam

Andrade Muricy

para a conferencia sobre
CRUZ E SOUZA
O POETA NEGRO

ás 21 horas do dia 18 de maio de 1933 — na séde da PRO-ARTE — Avenida Rio Branco 118/20 — 5°.andar

Casa em que viveu Cruz e Sousa nos últimos tempos, no Encantado, Rua Cruz e Sousa, 172.

VIRGÍLIO VÁRZEA (1863-1941)

VIRGÍLIO DOS REIS VÁRZEA nasceu a 6 de janeiro de 1863, na Freguesia de Canavieiras, Município do Desterro, no nordeste da ilha de Santa Catarina, no Estado do mesmo nome.

Até os nove anos viveu entre "engenhos, ranchos, canoas, praias, promontórios", junto aos estabelecimentos agrícolas e de pescaria do seu avô materno, Luís Alves de Brito. Só dali saía para navegar. Seu pai, capitão de longo curso, João Esteves Várzea, levava a esposa e o filho "a bordo dos patachos e sumacas", em cabotagem entre Recife e o Rio Grande do Sul. Um pouco mais velho, cursou a escola primária no Desterro, conhecendo então o pretinho "retinto" João da Cruz e Sousa, seu colega.

Em 1878, órfão de pai, "veio para a Corte", a fim de tentar a matrícula no Colégio Naval, recém-fundado, "mas a carreira na Marinha de Guerra foi cortada por uma reprovação em Matemática". Desgostoso, resolveu procurar uma carreira aproximada daquela que não pudera seguir. Passando por Santos, engajou-se, aos 16 anos, "como praticante de piloto no lugre *Lívia*, conhecendo então Montevidéu, Buenos Aires, e a costa da Patagônia até a boca do Estreito de Magalhães". De volta ao Rio, "passou-se para bordo da polaca-goleta *Mercedes*, espanhola, conhecendo então as Antilhas, Cuba, Haiti, Venezuela, Colômbia etc. Em seguida, no brigue *Teodora*, viajou para o arquipélago de Cabo Verde, sendo, no regresso, desembarcado a pedido de sua mãe, aflita pela falta de notícias suas".

Esteve, então, algum tempo, empregado na papelaria e litografia do famoso propagandista republicano Esteves Júnior, seu conterrâneo. Ali começou a se fazer escritor e a tomar-se de amor pela política idealista dos republicanos. Não se conteve, porém, e embarcou, uma dia, na barca espanhola *Amistad*, a bordo da qual visitou o cabo da Boa Esperança e portos da África Oriental e do sul da Ásia. Sua mãe conseguiu, ainda uma vez, detê-lo, e foi ser partidor e contador do Foro em Desterro.

A sua amizade com Cruz e Sousa foi acrescentada graças ao convívio diário. Colaborou em *O Despertador* e no *Regeneração*. Assumindo a presidência o Dr. Gama Rosa, em 1881, este se interessou pelo soneto "Transformismo", de Virgílio Várzea, e mandou chamar o moço que, em tal meio provinciano, interpretava Darwin. Fê-lo seu oficial de gabinete. Publicou então, a expensas do Dr. Gama Rosa, o seu primeiro livro, *Traços Azuis*, poesias.

Em 1885 foi nomeado secretário da Capitania do Porto do Desterro. Nesse mesmo ano publicou, de colaboração com Cruz e Sousa, o livro *Tropos e Fantasias*. Dirigia então a *Tribuna Popular*, ao lado de Cruz e Sousa.

Em 1891 foi demitido em razão de sua atitude na imprensa criticando a administração estadual. Cruz e Sousa, em viagem por todo o Brasil, incitava-o a tentar a vida na imprensa do Rio. Começou Virgílio Várzea por escrever correspondência para o *Diário Mercantil*, de São Paulo, dirigido pelo ilustre Eduardo Salamonde, iniciando, depois, a colaboração na *Cidade do Rio*, de José do Patrocínio. Foi, por esse tempo, nomeado recenseador, e passou a colaborar efetivamente na *Gazeta de Notícias*, onde publicou a novela *Rose-Castle* e muitos contos de vida náutica. Também no *Jornal do Commercio*, no *Correio da Manhã* e em *O País* aparecia a sua colaboração. O livro *Mares e Campos* veio a lume em 1895, entrando Virgílio Várzea anos depois para a redação de *A Imprensa*, propriedade de Rui Barbosa e secretariada por José Veríssimo.

Convivia, então, com B. Lopes, Emiliano Perneta, Gonzaga Duque, João Ribeiro, Ferreira de Araújo, Ramiz Galvão, Lima Campos, e todos os parnasianos ilustres, e particularmente com o Dr. Gama Rosa.

Ainda em 1899 foi nomeado, a 21 de outubro, inspetor escolar, cargo que exerceu durante 28 anos, tendo por colega Olavo Bilac. Em 1902 é eleito deputado estadual em Santa Catarina, "indo até à legislatura de 1904". Em 1908 empreendeu a "campanha civilista de propaganda da Marinha Mercante" — sobretudo na revista *Marinha Mercante*, que dirigiu — realizando conferências no Rio Grande do Sul, em Santa Catarina, no Paraná e em São Paulo. Entrementes, não interrompia suas atividades pedagógicas. Na presidência Filipe Schmidt, foi novamente eleito deputado estadual.

Em 1941, redigia as suas memórias, quando, a 29 de dezembro, faleceu, na cidade do Rio de Janeiro, vítima duma diabetes, sendo que ainda na antevéspera recitara, durante a visita de uma filha, "A Vaga", do seu companheiro de mocidade Oscar Rosas. Foi inumado na necrópole de São João Batista. Era casado com a professora Eurídice de Vasconcelos Várzea, falecida em 23 de setembro de 1964. Deixou oito filhos.

O principal da sua obra é a sua produção marinhista. Virgílio Várzea foi um grande conhecedor da vida de mar, e versava-a com grande sentimento poético, capacidade evocatória e sólida base técnica, fruto de longa e bem vivida experiência.

Selma Lagerlöf — a grande escritora sueca, Prêmio Nobel — incluíu na sua coletânea dos melhores contos de Natal o de Virgílio Várzea, intitulado "Natal no Mar".

Publicou romances, novelas, volumes de contos, lendas, paisagens e perfis. Depois de *Traços Azuis*, poesias, e de *Tropos e Fantasias*, de 1885, em o qual ele e Cruz e Sousa apresentaram-se juntos, apareceram *Rose-Castle*, novela, 1893; *Mares e Campos*, contos, 1895; *Contos de Amor*, Lisboa, 1901; *George Marcial*, romance, Lisboa, 1901; *A Noiva do Paladino*, Paris-Lisboa, 1901; *O Brigue Flibusteiro, Garibaldi na América* (traduzido em italiano por Clemente Getti), e *Histórias Rústicas*, todos três de 1904; *Os Argonautas*, 1909; *Nas Ondas*, 1910. Deixou manuscritos *A República Rio-Grandense* e *A República Juliana*, históricos; *O Rouxinol Morto*, contos; *Biografias* (Sinimbu, General Andréia, Gama Rosa e Bento Gonçalves); e suas *Memórias*, inacabadas.

Grande amigo e fiel companheiro de Cruz e Sousa, sua tendência marcada para o Naturalismo acabou separando-o, esteticamente, do Poeta Negro. Não tomou parte no movimento Simbolista propriamente dito. A sua produção, porém, aqui e ali entremostra a influência do Simbolismo, tanto no concernente à temática, como ao vocabulário, sobretudo na sua correspondência. A ele se deve o melhor retrato literário de Cruz e Sousa (*Correio da Manhã*, 10 de abril de 1907). O melhor estudo sobre a sua personalidade e a sua obra está no livro de Nereu Corrêa, *O Canto do Cisne Negro e Outros Estudos*, Florianópolis, 1964, págs. 92 a 162.

CANÇÃO DA ESTEPE

No horizonte, a Leste, vinha apontando agora uma tênue barra de claridade láctea, que vestia as águas, ao longe, de vastas placas argênteas. E, daí a instantes, a lua surgia maravilhosamente, cobrindo a amplidão com o seu imenso velário de tule.

Então, à proa, junto ao castelo, na amurada de bombordo, onde batia em cheio o luar, uma figura esguia e branca de mulher ergueu-se, do meio da massa negra dos imigrantes eslavos — e uma voz suavíssima abriu vôo na noite, ritmo lento e balançado, fio de melodia saudosa.

Era uma dessas canções germinadas nas terras rurais de além Dnieper ou de além o Don, onde o homem se bate com o solo ao vento e à chuva, ao calor e à neve. Naturalmente descrevia, na cadência vagarosa e lânguida, o custoso revolver da terra ao clarear das manhãs, o sulcar das charruas para as primeiras plantações, o verdejar alegre das plantas, o crescer florescente das hastes, o amadurecer das espigas, o amoroso cantar das ceifeiras e o reluzir profuso dos grãos, em montões alterosos, entre molduras de palha fofa. Tudo isso de envolta com as esperanças, as tristezas dos mujiques.

As estrofes finais soltaram a emoção, o esquisso vago de um idílio do campo, na amplidão rasa de uma estepe sem termo, ao badalar plangente do Angelus numa torre de campanário longínquo, à margem de indolente rio espelhante, onde dois jovens se estreitam na última contração de colheita acabada, sob o poente de sangue...

> (Em viagem de Florianópolis para Itajaí; do conto "Canção Eslava", in *Mares e Campos*, 3.ª ed., rev. do autor, V. V., em 1940; cópia inédita fornecida por Afonso Várzea, filho do autor.)

NERAH

> *O gracieux fantôme enveloppe-moi de tes bras. Plus ferme, plus ferme encore! presse ta bouche sur ma bouche; adoucis l'amertume de la dernière heure.*
>
> Henri Heine

Era alta e alourada, um desses tipos ideais e esguios onde as linhas triunfam em esplendores de beleza rara, lembrando o perfil níveo e franzino dessas virgens de balada que passavam, outrora, numa fascinação eteral, através das estrofes plangentes dos *lieder*, entre sons melancólicos de harpa tangidos por obscuros artistas idealizados, sob o velário nebuloso duma lua de lenda, debaixo das ameias dos castelos adormecidos à margem de rios e lagos, ou à beira das estradas silentes, enflorescidas, da Média-Idade.

....

Era inteligente e nervosa e tinha a vesânia artística dos poentes engalanados, em que a sua alma se inebriava numa saudade estranha do Infinito, onde o seu sonho constelara ilusões na explosão luminosa e sangrenta da agonia solar. Em sua imaginação nevrosada, de arrebatamentos súbitos e irradiações impersistentes, surgiam, às vezes, como desenhos calidoscópicos, idealidades errantes, com intensidade de alucinações e coisas ilógicas.

Sua vida era orquestra de violinos e órgãos, cheia, umas vezes, de surdinas aéreas, muito altas, arrebatadoras como hinos religiosos de catedrais saxônias, que enterram as flechas no céu; e outras de turbilhões convulsos, fantásticos, com coruscações de relâmpagos cortando o escuro molhado das noites invernosas.

....

Por inquietante dia nebuloso de desespero e cuidados, empastado tenebrosamente de carbonosas tintas tumultuárias, que um grande vento de inverno intumescia e agitava fazendo chorar, a espaços, em aguaceiros nostálgicos o triste azul enlutado na viuvez desoladora da luz, morta de repente no seio incinerador das lestadas — ela, a radiante criatura estelar, a Astarte alvinitente, a Diana Boreal, o meu caminho de São Tiago, começou a esmaiar pouco a pouco em sua irradiação sideral.

Entrou a perder suas linhas recurvas, de uma modelação sonhadora de estátua, caindo gradativamente numa progressiva consunção nevoenta, de dolorida poesia funérea, perfil de walkiria ferida passeando seu mal entre grutas de pedrarias, no fundo de águas lendárias.

....

Antevia, sem ai de blasfêmia ou queixume, as paragens sombrias da Pátria Sepulcral...

....

Pediu que a levassem ao grande salão dos damascos e abrissem os amplos vitrais do ocidente. Imensa sanguínea começara a alastrar-se sobre o mar em pinceladas rútilas, que inflamavam os longes neblinosos e vagos. Em cima, o céu se vestia de tenuíssima floração de lilases. Vaga espiritualidade de aventuras e viagens longínquas pairava nostalgicamente, além, na linha do horizonte.

....

Densos véus de nanquim entraram a rolar mortuariamente do alto, e tudo se envolveu em dobras sombrias que vestiam crepes negros. Então, lívida e estertorosa, murmurou toda fria:

— Ampara-me, leva-me daqui...

....

Os longos cílios, outrora palpitantes e luminosos, ficaram para sempre cerrados. O rosto, opalescente e esguio, cobrira-se de indiferente serenidade — enquanto as mãos, que eu costumava enluvar de beijos, afiladas e lívidas, pareciam cinzeladas em blocos de marfim velho.

Desterro — 1884.

(*Contos de Amor*, 1901; rev. inédita do autor, V. V., em 1940; cópia fornecida por Afonso Várzea.)

MÁRTIR CRISTÃ

....

Era na Itália, nas altas costas da Lucânia, banhadas pelas águas azuis do Laüs Sinus, às vezes terrivelmente revoltas aos ventos rijos de oeste, como um largo e sinistro mar. Negras rochas escarpadas, aí, numa aglomeração de cristas rudes e ásperas, rendilhando-se no ar em curvas e agulhas vivíssimas, onde pousavam ou esvoaçavam, agora, continuamente, bando de corvos marinhos, e onde, outrora, em os nebulosos e remotíssimos tempos da submissão de toda a Península a Roma, sobre os campos juncados de cadáveres das batalhas samnitas, os supersticiosos generais romanos, triunfantes do inimigo, ouviam, cheios de terror anímico, passar, rolando no ar, altas horas da noite, o coro lúgubre e fantástico das *Larvas* e *Lêmures*, chorando os pobres prisioneiros tornados então escravos... Fendas e furnas cavavam-se na enorme mole granítica, em que as ondas vinham despedaçar-se, em incessantes explosões de espuma, detonando atroadoramente, em sinfonias brutais. No alto, entre nuvens negras como num fundo de Câmara Mortuária, havia a claridade álgida de um luar pressago. Cirros e nimbos em *plissés* esparsos ou largos apanhados de sudário, orlavam-se todos de uma luz nevoenta e lívida. Debaixo, do horizonte, ascendia lentamente uma barra de treva espessa, superpondo-se, em acirrados planos angulosos, à muralha, ainda mais negra, da penedia brava. O Mar, na sua infinita planura líquida, faiscava, sob a Lua, numa Via-Láctea de opala, e tinha, nas zonas de escuro denso, longas dobras de ardentia.

Destacava, a um quadrante, sob um sendal de escumilha, o casco recurvo de uma Galé desmastreada, vogando ao acaso contra as saliências penhascosas de um perfil denteado de cabo em relevo, sobre os longes nervosos, como o dorso monstruoso de um crocodilo basáltico, a cujo carcomido sopé espadanava, em cachão, o gesso fluido das espumas.

....

Mas o corpo lirial de Lecênia ia boiando, boiando na mansidão das vagas, cercado de um cortejo de Ondinas cantando as Litanias do Mar, acompanhando até à Final Extinção aqueles tristes despojos terrenos, de onde a Alma há muito se desprendera e voara, num adejo luminoso de pureza astral, para o seio extasiante e eternal de Deus, força augusta e inelutável em que se circunscreveram, no Mundo, todo o seu sonho e ação e em que se apoiaram, sempre, como poderosas colunas de bronze, a sua Crença e o seu Amor, irradiações imateriais e divinas do Ideal e da Quimera que a iluminaram com a incomparável promessa e o supremo galardão da

Outra-Vida, da Graça Perene e do Paraíso Celeste, indestrutivelmente a librar-se, num recesso delicioso do Azul, entre uma profusão deslumbradora de brilhos solares.

....

(*Nas Ondas*, págs. 184-186, 187-188.)

"OS SIMPLES"

Desterro, 25 de julho de 1892.

Espiritualíssimo Cruz.

Deliciou-me a tua carta de 11. A remessa de *Os Simples*, acompanhada das palavras rutilantes da tua escrita a caneluras gregas, encheu-me o espírito de astros, à maneira da Hora em que a recebi — uma *Ave-Maria de Azul* esgazeado de Estrelas, chamando para o Alto a visão de meus olhos anelantes e colhendo Surdinas e Orações à minha alma cismadora e contemplativa, desolada pela Saudade e a Distância. E, caminhando para casa, com uma prece de lírios nos lábios, apertando fervorosamente, com a fé mística de um Iniciado, o *Missal* * que levava na mão, ia tomado de uma unção de Arte, bendita e branca como a luz da Lua, nascendo dos maciços do Trigo Celeste e desabrochando perenemente em Leite, à noite, para a festa açucenal de Diana. No meu quarto, um quarto de roça, de telha-vã e frio, que é um ascetério, eu desfolhei e li, página a página, chorando e transfigurado, num tremor emotivo de crente medievo sob uma Aparição, esse livro imortal de *Os Simples*, onde toda a noite, a minha alma noivou luminosamente com o sol do espírito do Poeta, nos páramos azuis do Talento, entre os fogos olímpicos das Constelações... Longas horas em êxtase, longas horas em adoração, ouvindo a divina Harmonia, os acordes místicos dos Salmos! *Guerra Junqueiro*, para nós, é o Obreiro fúlgido do Espírito que não se esgota, que não envelhece nem morre: os seus pasmosos nervos criadores de Artista lançam sempre, infatigavelmente, catedrais de Ouro ao Céu, e a sua envergadura mental, planando à Altura, como um Condor, atinge por vezes, à toda altitude, a Abstração e a Transcendência. Poderosa, essa construção de *Os Simples*, que há de marcar muito alto na nossa língua, pela sua feição inaudita, toda nova, pertencendo já a Psicologia Moderna, tão nebulosa e inextricável ainda, e para onde todos nós marchamos, fortes, com lanças de guerra! Quem dentre o nosso grupo de Inquietos chegará lá? Eu conheço alguns — bem poucos! — capazes de construir em bronze ou em mármore... Serão esses?...

(De uma carta inédita.)

* Não pode haver nessa referência alusão ao livro *Missal* de Cruz e Sousa, somente publicado no ano seguinte; a alusão terá, talvez, sugerido o título do livro ao destinatário da carta.

RAUL POMPÉIA (1863-1895)

Raul d'Ávila Pompéia nasceu em 12 de abril de 1863, numa fazenda em Jacuacanga, Município de Angra dos Reis, Estado do Rio de Janeiro. Filho do Dr. Antônio d'Ávila Pompéia, antigo magistrado, e de Rosa Teixeira Pompéia. Freqüentou, de início, uma escola familiar, onde ensinavam "algumas senhoras inglesas, sob a direção do pai". Teve, depois, "um professor a domicílio". Aos dez anos de idade foi internado no Colégio Abílio, Rua Ipiranga, atual n.º 70, Rio de Janeiro, dirigido pelo Barão de Macaúbas, Abílio César Borges. Era o "Ateneu", nome pelo escritor dado ao colégio famoso no Império inteiro, e, por título, ao seu romance. Nesse educandário, Pompéia redigiu e ilustrou com desenhos de sua autoria, o jornalzinho satírico manuscrito *Archote* (4 números), e escreveu, aos 15 anos de idade, o romance *Tragédia no Amazonas*, publicado dois anos depois. Prosseguiu nos seus estudos no Imperial Colégio D. Pedro II. Em 1881 matriculou-se na Faculdade de Direito de São Paulo. Reprovado, parece, como revide a posições polêmicas por ele assumidas, transferiu-se, de companhia com noventa colegas, para a Faculdade de Direito do Recife, em 1885; ali terminou o seu curso. Vindo residir no Rio de Janeiro, com a sua mãe viúva e duas irmãs solteiras, Pompéia viveu exclusivamente como homem de imprensa até 1891, quando obteve nomeação para professor de Mitologia da Escola de Belas-Artes. Em 1894, foi nomeado diretor da Biblioteca Nacional. Abolicionista — uma das suas páginas mais expressivas é a que trata da morte de Luiz Gama —, republicano, depois florianista incondicional, pronunciou veemente e agressivo discurso no túmulo do Marechal de Ferro, em presença do Presidente Prudente de Morais, que sucedera no governo a Floriano Peixoto, contrariando com isso o continuísmo dos partidários exaltados deste último, aliás contra a sua decidida vontade. Logo após, foi demitido do seu cargo na Biblioteca. Gravemente ofendido por Olavo Bilac, em artigo de 1892, revidara com análoga rudeza e inconveniência, do que resultou uma tentativa, afinal frustrada, de duelo. Passado o rumoroso incidente, e já demitido, o seu antigo colega de Faculdade, e antiflorianista ardoroso, Luís Murat, publicou, em São Paulo, três artigos em que renovava e agravava as insinuações caluniosas de Bilac. Violentamente ressentido, e vendo, além do mais, adiada — ele julgou recusada — a publicação pela *A Notícia*, do seu artigo de resposta, Pompéia, julgando-se desonrado, suicidou-se com um tiro no coração, no dia de Natal de 1895.

Foi Raul Pompéia, como observou Eugênio Gomes (*Visões e Revisões*, 1953, p. 265), quem "trouxe a chispa de nervosidade moderna à ficção brasileira". Não somente à ficção, mas à prosa brasileira. Esta impregnara-se de melodia com José de Alencar. O texto de *Iracema* (1865), de leitura escolar no meu tempo, é, todos o sabem, por largos trechos, e não intencionalmente, metrificado. Já em *O Guarani* (1857) os acentos e inflexões eram de mais voluptuoso sabor, e de musicalidade mais imediata do que muito do mole versalhar do nosso Romantismo. Plena entrega à poesia, iremos encontrá-la (soube indicá-lo Xavier Placer, em *O Poema em Prosa*, 1962) num humilde opúsculo, de invenção romanesca frouxa e perdida de idealismo inconsistente: *As Noites da Virgem* (Paris, 1868), de Vitoriano Palhares (1840-1890). Nesse romancezinho, de imenso êxito popular, até há pouco persistente, cada capítulo assume estrutura poemática. O caso de Pompéia, porém, é diferente. A sua já aludida "nervosidade" trazia uma carga de iniludível neurose. Esta, não seria da mesma natureza daquela que fez de Jules de Goncourt, segundo depôs, no seu monumental *Journal*, seu irmão Edmond, mártir e, por fim, vítima do tormento da "écriture artiste". Neurose? Quem melhor do que o próprio Raul Pompéia defendeu, contra todos os totalitarismos do mundo, o direito de ser enfermo? Enfermos, neuróticos: Miguel Ângelo, Beethoven, Schumann, Chopin, o nosso prodigioso Aleijadinho. Notou Pompéia, como tem sido várias vezes lembrado: "Que importa a inspiração doentia do artista se o resultado é belo? A pérola é a enfermidade de um molusco". (*O Ateneu*). Ora, Pompéia, há testemunho disso, era, quando infante, alegre e expansivo. Da sua vivacidade e necessidade de comunicação são garantes o fato de redigir sozinho, no colégio, aos onze anos de idade, o seu cáustico jornalzinho manuscrito e de escrever um romance do tipo "folhetim", então na moda. Apesar de quanto se vem repetindo, ele não se identificava integralmente com o Sérgio de *O Ateneu*, fortemente introvertido e vagamente presa da crise, tão comum na primeira adolescência, de vacilação homo--hétero sexual, passageira na maioria dos casos. O que sim, conforme o clarividente prognóstico de Capistrano de Abreu, em artigo de 1882, ainda sobre o juvenilíssimo *Tragédia no Amazonas* "Mas Pompéia é e ficará sempre um pouco menino." (*Ensaios e Estudos*, 1.ª série, 1931, p. 231); e isso é que o terá levado a "brilhações furiosas", como impropriamente escreveu Mário de Andrade acerca de certos aspectos de seu estilo, estilo talvez por vezes "gesticulante", a que se referiu, com maior propriedade o seu primeiro crítico, Araripe Júnior. Pompéia prorrompe, em tantas páginas de *O Ateneu*, num borbotante fluxo de verbo metafórico, expansão própria das adolescências exuberantes confinadas na redoma do internato. Encontro exemplo dessa extroversão lúdica, exemplo singularmente análogo num romance juvenil, de rica qualidade literária, e quase por completo ignorado, de Georges Simenon, *Les Adolescents Passionnés* (assinado com o pseudônimo Albert Nortal, Librairie Ambert, Paris, s/d.), e mesmo, por certos lados, no admirável *Mundos Mortos*, de Octavio de Faria. Em Pompéia não há afetação de estilo "artiste", nem "brilhações", furiosas ou não, mas o grande grito da adolescência assenhoreando-se do mundo, daquele mundo, do qual o seu pai lhe abriu as portas ao interná-lo no Colégio Abílio. Nem mesmo terá havido expressão de autêntico ódio ao centrar *O Ateneu* na figura de Aristarco, visto ter louvado de público o velho pedagogo, seu sofrido modelo, quando da morte deste. Nem punição, nem vingança, mas a projeção e fixação de um tipo imperecível. Em meio de sobressaltos temperamentais que provocavam turbilhões e corredeiras em seu estilo, ia manando uma delicada correnteza de poesia, por vezes subterrânea, vazada em linguagem de ressonâncias novas para o Brasil, linguagem que conduziu Araripe Júnior a um tateamento sem soluções em seu tempo, e que perduraria até quando teve de julgar, aliás com marcada benevolência, a estréia de Cruz e Sousa, em 1893. Em 1883, dez anos antes da publicação de *Missal*, do Cisne Negro, as primeiras *Canções sem Metro* indicavam um arrepiar fantasioso da música da frase, a inquieta detecção de um universo metafórico em flagrante simultaneidade com aquele que ia entrevendo Cruz e Sousa nas suas primeiras, e canhestras, páginas de prosa, pela primeira vez recolhidas em livro por mim, ao organizar a edição do centenário do seu nascimento (Ed. Aguilar, 1961). A aparição de *O Ateneu* (1888) revelou uma inquieta complexidade expressional, que não podia deixar de interessar aos simbolistas. Os recusados "decadistas" ou "nefelibatas" sentiam obscuramente em Pompéia afinidades imprecisas, porém atuantes. Pompéia conhecia pessoalmente alguns simbolistas do grupo inicial: Gonzaga Duque, Emiliano Perneta, entre outros; e um deles, Oscar Rosas, numa sua carta a Cruz e Sousa, narra que, num intervalo de espetáculo de ópera (*Aída*, de Verdi), no velho Teatro Lírico, lera para Pompéia a poesia "Asas Perdidas", e que a impressão do autor de *O Ateneu* fora de franco entusiasmo. Nem esse fato levou Cruz e Sousa, que ainda residia no Desterro, hoje Florianópolis, a incluí-la nos seus *Broquéis*. Era difícil, na época, julgar do estilo de Raul Pompéia. Algumas de suas páginas de mais decidida posição inovadora do que precursora, francamente pioneira do Impressionismo, passaram, senão despercebidas, pelo menos sem alcançarem definição, mesmo aproximada, de sua efetiva tendência estética. O momento era do Naturalismo (*O Missionário*, de Inglês de Sousa, *O Cortiço*, de Aluísio Azevedo) e *O Ateneu* foi considerado naturalista, sem maior exame. Recorreu-se à imputação de preciosismo e de afetação estilística para explicar, ou melhor, em certos casos, impedir a explicação, ou interpretação, de certas peculiaridades expressionais encontradiças em *O Ateneu* e em muitas páginas que a imprensa ia dispersando. Mesmo hoje, torna-se difícil colocar a concepção romanesca de *O Ateneu* lado a lado com a de *Mocidade Morta*, de Gonzaga Duque, *No Hospício*, de Rocha Pombo, *Canaã*, de Graça Aranha, ou a da novela de Nestor Vítor, *Sapo*. As próprias *Canções sem Metro* só apareceram em livro postumamente, quando os sombrios vagalhões das *Evocações*, de Cruz e Sousa — muito mais vigorosas, muito mais profundas e realizadas do que os poemas em prosa de *Missal* —, já tinham aparecido. O sinfônico vigor dos vastos noturnos do Cisne Negro levaram os simbolistas da segunda camada, os da *Rosa-Cruz*, para um clima de grandeza e de complexidade trágica que os distanciava da poesia de delicado e sutil colorido das *Canções* de Pompéia. O problema ficou de pé, no referente a uma pesquisa estética e expressional em profundeza da linguagem de Pompéia. Conduzido inconscientemente pela tradição de uma escola com a qual tive contacto desde a adolescência, não me ocorreu enfrentá-lo, aquele problema, e verificar a possibilidade de integrar a prosa de Pompéia nos quadros do levantamento de que resultou este *Panorama*, e imagine-se quanto me seria grato fazê-lo. Sabia da admiração dos simbolistas maiores por Pompéia, como homem e como autor; como homem, vítima, por fim, daquele mesmo Murat, neo-hugoano retardado, e inimigo jurado do Simbolismo — e isso a ponto de ter publicado um opúsculo em que dá escandalosa primazia a Félix Pacheco sobre Cruz e Sousa, a quem nega quaisquer qualidades. Nestor Vítor, em *A crítica de ontem*, traça magnífico retrato de corpo inteiro de Pompéia, como político e orador, em estudo datado de 1898, e, em outro, de 1906, analisa *O Ateneu* com meticuloso nuançamento, à la Montaigne (um dos seus deuses-lares); fá-lo, porém, obedecendo a critério principalmente psicológico. Sublinharei isto: "Mas sobretudo há nele duas qualidades que representam o segredo de sua resistência e do seu frescor: são a mocidade exuberante e a força segura, que o soergueram em seu plano e da primeira à última página sustentaram, sem um delíquio, toda a sua composição." E depois: "De certo ponto em diante, não se pede mais, porque já se vem plenamente satisfeito, e, no entanto, a prodigalidade continua sempre, dando-nos o livro por fim a ilusão do inesgotável, confundindo-se com o prodigioso da própria natureza. É como se o autor tivesse passado anos e anos numa inibição forçosa, acumulando por compressão, vivendo e tendo de calar as impressões da vida, mas necessitado como ninguém de uma viva representação, até que enfim o interdito caduca e tudo quanto se acumulara cachoeira e borbulha, transfigurado nas páginas ardentes daquele livro. É da esplêndida mocidade, que estua nele feraz, que irradia principalmente essa prodigiosa profusão de recursos." (Op. cit., p. 238). Observe-se que Raul Pompéia tinha, ao escrever o seu grande romance, entre 24 e 25 anos de idade. O próprio *O Ateneu*, com a profissão de fé estético-sensualista que inclui, e a sua força de objetivação ficcional tão próxima da de Flaubert, por exemplo, reteve a atenção dos seus analistas num campo de ambigüidade crítica em que predominava a óptica naturalista. Buscavam-se mais o pulular de tipos e a correnteza da vitalidade do que focalizar a aura de poesia, a capacidade prestigiosa de evocação que, na realidade, a tudo vitalizavam. Na expressão de Eugênio Gomes: aquele "círculo mágico do impressionismo, nevoeiro rico de pitoresco e de sugestões..." (*Visões e Revisões*, pág. 270). °

° Quando apareceram, em jornal e, depois, no seu livro, tão simpaticamente revelador, *O Universo Poético de Raul Pompéia*, insistentes, por vezes um pouco maliciosas, porém, afinal sob vários aspectos justificadas, objurgatórias de Ledo Ivo, determinadas pela não inclusão de Pompéia neste *Panorama*, já os estudos de Eugênio Gomes me tinham alertado no sentido de afastar de mim o pudor de parecer estar forçando a nota — e demonstrar a espécie de faccionismo "estatístico" de que alguns me tinham incriminado, inclusive o próprio Ledo Ivo, se viesse a anexar o autor de *O Ateneu* à falange dos simbolistas. Por indefensável inadvertência, nas pesquisas que realizei o que tive em mãos foi a coletânea organizada por Elói Pontes, o principal biógrafo de Pompéia, e por ele publicada sob o título de *Canções sem Metro*, porém que representava na realidade nova série dessas *Canções*, circunstância de que o leitor não é advertido. Sobre essas peças emiti o meu parecer. Aqui fica o registro desse equívoco. Para a inclusão, que nesta edição se faz, concorreram o material inserido por Múcio Leão no número especial dedicado a Pompéia, da sua inestimável série *Autores e Livros*; páginas esparsas dadas, por Ledo Ivo, em apêndice ao seu mencionado livro, e os aludidos estudos de Eugênio Gomes.

Generaliza-se, hoje, a propensão para classificar no Impressionismo a arte de Pompéia. Não se deve, aliás, esquecer que essa tendência expressional coexistiu, na Europa, com o Decadentismo, exprimindo análogo sintoma de inquietação expressional, de inconformidade diante do Naturalismo e do didatismo descritivista do Parnasianismo. O rótulo "Simbolismo" veio a designar multíplice fenômeno literário, por conveniência e convenção. Aliás, se o nome "Parnasianismo" teve incidência também "conveniente", por aludir ao neoclassicismo da tendência, maior pertinência tem o de "Simbolismo", dado que a simbolização é a faculdade do espírito mais próxima da introspecção e busca de representação não imediata, comum a decadentes, simbolistas e impressionistas, e refoge à mera alegorização dos neoclássicos. Araripe Júnior entreviu o problema, ao receber *O Ateneu*, escrevendo: "Há momentos em que Raul Pompéia chega a parecer um mero diletante; e ocasião já houve, em que me pareceu vê-lo até nas fronteiras do acampamento dos simbolistas ou decadentes." Em seguida, porém, recusa-se a enquadrar o seu criticado entre tais desorbitados: "Estou certo que o decadismo é, até certo ponto, incompatível com as suas tendências profundas para o exame e para a reflexão." E além: "O pensamento, para eles, é uma degradação, um ato imoral, e contrário à natureza. Compreende-se que, diante disto, é problemático que o nosso romancista psicólogo chegue a penetrar nessa via da literatura subterrânea." (Op. cit., págs. 133-134). O historiógrafo literário José Aderaldo Castello já pode ser menos hesitante: "Em verdade a obra de Raul Pompéia, notadamente as *Canções sem Metro* e *O Ateneu*, está filiada no Simbolismo, tendência literária que, como é sabido, abriu caminho à maioria das inovações ou à revolução formal do Modernismo, afirmado, entre nós, de 1922 para cá" (*Aspectos do Romance Brasileiro*, M.E.C., Serviço de Documentação, Rio de Janeiro, s/d., pág. 123).

Obras: *Uma Tragédia no Amazonas*, Rio de Janeiro, 1880; *As Jóias da Coroa*, S. Paulo, 1962 (Publicado em folhetins na *Gazeta de Notícias*, em 1882); *O Ateneu*, Rio de Janeiro, 1888; *Canções sem Metro*, Rio de Janeiro (nova coletânea, 1941); "Prosas Esparsas", in *Revista da Academia Brasileira de Letras*, Rio de Janeiro, vols. 14/17, 1920 a 1921.

VULCÃO EXTINTO

> *E quel medesimo che si fue accorto*
> *Ch'io dimandava il mio Duca di lui,*
> *Gridó: Qual i'fui vivo, tal son morto!*
>
> Dante — Divina Commedia

Rasga-se a cratera à sombra do píncaro mais alto. Precipícios sem fundo; vai-se-nos a imaginação pelas fragas, a perder-se embaixo, impenetrável noite.

Antes de tombar sobre o vulcão este silêncio pesado, quanta vez tremeram as rochas ao rugido da lava fervente! Tentara o gigante em outros tempos incendiar a amplidão; o século o puniu.

Nada mais ficou dos grandes dias além das escarpas calcinadas, o velho esqueleto informe. Caíram para sempre os castelos de chamas que se erguiam sobre a cratera; extinguiram-se de vez as cenografias satânicas da conflagração; pereceu a memória das erupções triunfantes!

Tudo agora está findo.

E para os espaços arreganha-se o caminho das lavas, imensa boca torcida na expressão de atroz agonia — brado estrangulado pela morte, apóstrofe muda e terrível, blasfêmia misteriosa da terra.

(*Canções sem Metro*, 1900)

INVERNO

> *Ya la esperanza a los hombres*
> *Para siempre abandonó;*
> *Los recuerdos son tan solo*
> *Pasto de su corazón.*
>
> J. de Espronceda
>
> (El Diablo Mundo)

Inverno! Inverno! Inverno!

Tristes nevoeiros, frios negrumes de longa treva boreal, descampados de gelo cujo limite escapa-nos sempre, desesperadamente, para lá do horizonte, perpétua solidão inóspita, onde apenas se ouve a voz do vento que passa uivando como uma legião de lobos, através da cidade de catedrais e túmulos de cristal na planície, fantasmas que a miragem povoam e animam, tudo isto: decepções, obscuridade, solidão, desespero e a hora invisível que passa como o vento, tudo isto é o frio inverno da vida.

Há no espírito o luto profundo daquele céu de bruma dos lugares onde a natureza dorme por meses, à espera do sol avaro que não vem.

Nem ao menos a letargia acorda ao clarão de falsas auroras, nem uma vez ao menos a cúpula unida das névoas abre um postigo para o outro céu, a região dos astros. Nada! Nada! Procuramos encontrar fora de nós alguma coisa do que nos falta e os pobres olhos cansados não vão além dos cabelos brancos que caem pela fronte; sofre-se o desengano do invernado que da fria choupana contasse ver a seara loira dos bons dias por entre as franjas de neve que os tetos babam ao frio.

Tudo sombrio e triste. Triste o derradeiro consolo do inverno que embriaga entretanto como o último vinho dos condenados; a recordação dos dias idos, a acerba saudade da primavera.

(*Canções sem Metro*, 1900)

LÁGRIMAS DA TERRA

Passa o dia cantando e parte. A noite entra chorando as lágrimas do orvalho. Misteriosas lágrimas! Quem sabe o segredo das lágrimas da terra? Quem me pode contar a lenda negra das tristezas da noite? Os céus de crepe, este silêncio enorme, entrecortado de murmúrios leves, volitantes, fantasmas de rumor, livres no espaço, a contrição das árvores, a atitude meditadora das montanhas ásperas, esfinges colossais feitas de treva, interrogando a treva do infinito... É morto o grande Pã? Qual o pretexto, qual o motivo trágico do luto? Este pesar imenso do Universo, erguido em mausoléu. à luz dos astros, celebra exéquias de que mundo extinto?

Houve, talvez, uma ditosa idade em que a vida era um cântico de paz. Os homens tinham asas como os anjos e amavam as estrelas. Não havia horizontes: — o céu e a terra no mesmo azul de sonho se perdiam. Brotavam flores pelo firmamento, e os astros eram como pirilampos, cabriolando pelo bosque adentro... Veio, depois, a morte e a iniqüidade. A noite chora a fuga das estrelas? Foi, outrora, o infinito o vasto tempo das crenças e da fé. Soberbas alas de virtudes de ferro, como fustes de coluna, sustinham, enramadas de flores de martírio, a grande abóbada. Perfis de deuses, orgulhosos, desenhavam-se ao alto, Deusas nuas, dando-se as mãos, tomando-se as cinturas, sorrindo, em luz as pálpebras abertas, olhavam para o mundo humano ao longe. Semideuses estranhos, reforçados, em movimento os músculos arbóreos, dobrando espáduas, retorcendo os braços, ofegavam ao peso do destino. Monstros diversos, animais sagrados, aves do Olimpo, vacas celestiais, encornadas de prata, vagueavam... Ia o fumo desordenadamente, em turbilhões, erguendo-se das aras, armar lá acima as luminosas glórias, em derredor dos grupos divinais.

Até que, enfim, venceu a mão da Sorte. Fendeu-se o largo templo do infinito e revoltou-se o raio contra Júpiter, e desabou a abóbada dos deuses! No espaço aberto nova crença, novo edifício divino preparou. Altearam-se as cruzes do suplício e, com o sangue dos mártires, soldou-se a construção das novas catedrais. Repovoou-se o céu. Coros angélicos, as tubas empunhando clangorosas da nova propaganda, se alinhavam nas cornijas do templo. E, sobre os mármores da velha crença, mármores partidos, cadáveres de olímpicas estátuas e pedestais desertos, foram vistos majestosos os santos personagens do romance dos credos reformados. Na altura, um livro aberto e, das sagradas páginas desse livro, o brilho eterno da luz suprema a clarear as almas. Súbito, a mão terrível do Destino que estrangulara os deuses do passado...

Fechou-se o grande livro. A luz cessou, a grande luz altíssima. E, perdidas no escuro, as divindades, palpando a sombra, como cegas, bradam espavoridas, reclamando Deus. A guarda angélica, a assombrosa ronda aureolada, soltam-se das frisas como desabam opulentos grupos de centenárias esculturas, soltas das fachadas em ruína — heróis de pedra, que a morféia dos séculos mutila. Tudo está morto. O céu abandonado. Vagos os tronos, frios os turíbulos, à beira dos altares desolados. Foram-se os poemas, e a Verdade triste reina: o furor do Tempo iconoclasta. Quem sabe! Canta a noite lacrimosa o salmo lamentoso, a melancólica Odisséia dos deuses. E os rumores sutis da escuridão falam, quem sabe? Dessa existência efêmera dos templos; da sorte que tiveram as excelsas arquiteturas das religiões; deste ruir perpétuo das divinas coisas, qual ruem as humanas coisas: imortais, que se extinguem com o passado mortal e morto?... E a treva é como o enorme desespero de anjos negros sem céu, de divindades já sem culto, passando e repassando. E o orvalho corre em copioso pranto sobre saudades e lamentações!...

Misteriosas lágrimas!

Quem sabe o segredo das lágrimas da terra? Dramas de orvalho! Quem me diz a história destas gotas de pranto dolorido, que as rosas bebem e que vão chorando, olhos perdidos através da sombra? Não! não sabeis! A. noite é o pensamento da natureza; — melancolia universal cismando. O vasto céu é semelhante a um crânio. Dentro do crânio imenso, constelado: a imensa calma de meditação. O dia é a doida embriaguez da luz. O sol deslumbra e cega.

A efervescência febril da vida, o carnaval das cores, a festa das indústrias na cidade, os namorados hinos na floresta, em cima, o abismo escuro do infinito mascarado de azul. O dia é o dia! Longe as falenas plácidas da cisma que à noite saem... Os campos dormem, dormem as aldeias; as capitais exaurem-se na orgia, agonias de amor morrem no sono; adormecem na morte os moribundos; como o rumor de numerosos carros, rodando no horizonte, o mar ressona e a folhagem das árvores, murchando os plácidos pecíolos, cochila e sonha sonhos verdes. Umas vezes vem pela terra passear a lua, fantástica, sonâmbula. Sozinha, arregaçando as vestes vaporosas, distribuindo aos lagos e às torrentes flores de prata, flores e mais flores. Outras vezes, a louca tempestade desgrenhada apostrofa as trevas, descabelando a fulva cabeleira dos rábidos coriscos... E a noite calma, a cismadora noite, insensível à lua, sobranceira às injúrias de fogo da tormenta, enquanto as campas e as aldeias dormem, vai meditar aos túmulos e escombros desmantelados das sagradas ruínas.

Passa a grandeza humana... Que lhe importa a grandeza dos homens? as vindouras que deplorem as gerações extintas. Os deuses passam... Que lhe importa, à noite, a derrota dos deuses? Edifiquem um novo Empíreo e, após, além das nuvens divindades modernas, que lamentam as velhas divindades... A tristeza da noite é outra e o segredo é outro das lágrimas do orvalho: a noite pensa nas primaveras mortas e nas folhas que o vento leva...

(*Canções sem Metro*, coletânea
organizada por Elói Pontes, s/d)

A PAISAGEM

Ao redor tudo tinha desaparecido em névoas alvacentas. Às dez horas do dia reinava apenas no ar um clarão fraco como uma simples demora da alvorada. As telhas em torno da casa lacrimejavam com um barulho monótono de atormentar. As folhas do arvoredo gotejavam igualmente, as mais altas sobre as mais baixas, produzindo de dentro das árvores um murmúrio de crepitação branda. Sob a minha janela, que ficava exatamente por cima da porta da entrada, o pingar das goteiras levantava do alpendre de zinco um rumor de tambores ao longe.

Por volta do meio-dia a chuva cessou, ficando o nevoeiro somente.

O nevoeiro à noite é triste.

De dia, é triste do mesmo modo, mas acresce a essa tristeza uma impressão de tédio que acabrunha.

Apenas passou a chuva começou a mover-se o panorama branco e a dilacerar-se. Abriam-se imensas fendas oblíquas na névoa através das quais via-se por momentos verdejar o fundo distante do vale.

Imediatamente, por uma avançada de colunas vacilantes, que vinham de pé como fantasmas colossais em marcha, nova invasão de nevoeiro precipitava-se a cobrir a aberta.

Às vezes, nas alternativas dessa luta fantástica, sucedia abrir-se uma boca de cena, rasgadamente, verdadeiro efeito de ribalta, e um túnel profundo perfurava aquela imensidade lívida e aparecia lá embaixo larga vista de colinas, com as lombadas de barro úmido e de verdura molhada. Então havia moles de vapor suspensas, acabando em retalhos esfarrapados, compridos, irrequietos, que se torciam como raízes vivas arrancadas buscando um apoio a que se prendessem de novo.

Às vezes, o nevoeiro casava-se do lado do céu e a casa parecia dentro, ao fundo de imenso poço de porcelana vagamente translúcida, cujos bordos superiores se delimitavam contra um disco de claridade fulgurante que brilhava ao alto, denunciando o sol lá em cima.

Havia momentos em que os vapores pareciam repentinamente mais densos, mais pesados e precipitavam-se violentamente para as baixas do vale, esgarçando-se violentamente pela ramaria das árvores e das moitas. Outras vezes, inesperadamente, um pano de brumas começava a adelgar-se em transparências, e todo um lado de panorama sobre um colina apresentava-se em vago esboço como uma miragem de frondes copadas e esbeltas. O perfil das árvores nessa transparência formava-se, desmanchava-se com uma mobilidade palpitante de visão sonhada, como um sonho de paisagem, com uma esquivança incerta de aparição.

O nevoeiro do mau tempo tem uma grande diferença do nevoeiro seco das selvas. Ao primeiro sente-se-lhe a profundidade. Em falta dos recursos geométricos da óptica que naufraga na espessura lívida da fumarada, existe a perspectiva sonora. Ao fundo dos bosques há o canto dos pássaros, que enche o espaço, mas que se distribui certo e harmonioso, com uma oportunidade de orquestra, cantando mais forte os pássaros mais próximos, cantando mais brandamente os que mais longe cantam, até que os que gorjeiam no horizonte não nos mandam mais que um murmúrio zumbido, vastíssimo, igual, como rumor de uma colmeia.

Desta sorte a topografia acusa-se. Fitando o gorjeio da passarada, analisando-lhe a intensidade diferente, sente-se a distância abismar-se dentro da brancura misteriosa da névoa; sente-se o campo fugir; sente-se a colina fronteira, e a outra além; sente-se baixarem, crescerem em relevo os acidentes da região, delineados sobre o plano sem limites da sonoridade.

O nevoeiro chuvoso fecha-nos de todo como uma parede. É cego e surdo. Dentro aí não há pássaros. Todos os cânticos da selva parecem afogados no dilúvio das grossas nuvens.

Agora, prestando muita atenção, percebo um pássaro que canta. Um pássaro em gaiola, sem dúvida, em alguma choupana. Único? Não. Ouço também à distância o grito de ferro de uma araponga. Um beija-flor chega violentamente, nascido da cerração, e vem com um zumbido de besouro voejar por entre as madressilvas do terraço. A peitica melancólica solta a tempos iguais o seu pio agourento.

Estes raros sinais de vida, através da neblina, vão cessando gradualmente. Também o movimento das névoas queda-se, porque a chuva recomeça. E, num vasto silêncio fúnebre, sobre o qual se destaca apenas o rebater das goteiras no zinco do alpendre, todo o resto do dia é a cruel invernada no seio da nuvem. Em torno, o quadro universal do nevoeiro, na sua monotonia infinita, igual, diáfana e pasma.

Não sei que penetrante analogia me impressiona no espetáculo das névoas flutuantes, que vão sem rumo e sem forma pelo ar; que se conglobam, que se dispersam; que se derramam de cima como a dissolução do céu sobre a terra; que se elevam da relva como se o solo fumegasse; que tombam em silencioso desmoronamento e que se erigem súbito em fabulosos castelos como por efeito de uma sugestão de sonho, que se equilibram em torre e que rojam depois no chão, larvejando, vomitando em convulsões torcidas de réptil; que vivem materialmente e sem nenhuma propriedade de matéria; silenciosas, impalpáveis, ilimitadas como sombras apenas, nem isso! que seria demasiado concreto — como a pura transparência, como deveriam avultar os espíritos, se tomassem corpo e se nos afigurassem com tudo na imagem indefinida da imaterialidade; como formas, se é possível dizer, de abstração, com um aspecto inexprimível de representação psicológica, a ponto de se não saber decididamente se existem de fato na natureza, ou se apenas as sonhamos em nosso coração; espécie de cena moral da tristeza do mundo, tristeza difusa, sentimento disperso ou antes matéria cósmica de sentimento sombrio que ainda há de existir, ou que tem já existido.

Tristeza. É a analogia entre esta cena do nevoeiro e certo estado de tristeza do coração, o que me impressionou; é o estado do meu coração, que tão bem me dispõe a compreender a névoa no seu sentimento, a identificar-me por simpatia com a névoa das alturas.

A névoa é difusa. Não se lhe distingue a linha nítida de uma significação, o perfil ideal de um aspecto que se defina. Assim é o perfil da melancolia que me abate. Névoas do coração.

Não há motivo presente de tristeza, o sentimento consciente torna-se indistinto. As idéias sentimentais, as impressões dos fatos tristes, como um lastro de combustível feito depois escória de cinzas, ao ardor da paixão, têm perecido absolutamente. A própria flama do sentimento já não existe. Resta, em lembrança do incêndio, a nuvem incerta, obscura e fria sobre as cinzas.

À semelhança desse estado da alma, abstração de abstração, é que eu sinto o nevoeiro.

O nevoeiro é o sonho triste da natureza que a torna vaga e visionária durante o dia, como pelas noites de luar, que a aeriza, que a torna irreal, que a dissolve toda no aspecto indistinto de uma miragem vácua.

Não há mais formas, há, quando muito, intenções de formas. O universo inteiro tem volvido à nebulosa primitiva e tenta renascer às vezes. Então vão-se criando arvoredos e montes, que surgem, que ressurgem, que se mostram, que se dissolvem; o mundo cria-se lá dentro na obscuridade, e quer nascer por tentativas, como a gênese receosa de um deus inexperiente e tímido. E nada se distingue existindo; nada existe.

Assim é o aniquilamento da alma, o desânimo da consciência em que as tristezas nos deixam.

Triste psicologia da montanha! Bem sei o que vale este retiro sob a glória capitosa de um dia límpido. Quero, porém, a montanha assim no seu nevoeiro, a monja da eminência na sua túnica branca. A vida aqui deve ter essa feição.

A glória da luz é contraditória aqui. Para se harmonizar com a solidão é preciso que nos pese na alma a compressão moral do nevoeiro. Solidão, soledade.

A contrição é naturalmente a alma dos solitários. O nevoeiro é o ambiente da contrição. Bem fizeram os religiosos outrora, erguendo pelas alturas melancólicas os seus mosteiros, entre as perpétuas neves e os gritos das águias invisíveis.

(In João Ribeiro, *Autores Contemporâneos*, 25.ª edição, 1937, págs. 145-151.)

MÚSICA ESTRANHA, NA HORA CÁLIDA

Música estranha, na hora cálida. Devia ser Gottschalk. Aquele esforço agonizante dos sons, lentos, pungidos, angústia deliciosa de extremo gozo em que pode ficar a vida, porque fora uma conclusão triunfal. Notas graves, uma, uma; pausas de silêncio e treva em que o instrumento sucumbe e logo um dia claro de renascença, que ilumina o mundo como o momento fantástico do relâmpago, que a escuridão novamente abate...

Há reminiscências sonoras que ficam perpétuas, como um eco do passado. Recorda-me, às vezes, o piano, ressurge-me aquela data.

Do fundo repouso caído de convalescente, serenidade extenuada em que nos deixa a febre, infantilizados no enfraquecimento como a recomeçar a vida, inermes contra a sensação por um requinte mórbido da sensibilidade — eu aspirava a música como a embriaguez dulcíssima de um perfume funesto; a música envolvia-me num contágio de vibração, como se houvesse nervos no ar. As notas distantes cresciam-me na alma em ressonância enorme de cisterna; eu sofria, como das palpitações fortes do coração quando o sentimento exacerba-se — a sensualidade dissolvente dos sons.

Lasso, sobre os lençóis, em conforto ideal de túmulo, que a vontade morrera, eu deixava martirizar-me o encanto. A imaginação de asas crescidas, fugia solta.

E reconhecia visões antigas, no teto da enfermaria, no papel das paredes rosa desmaiado, cor própria, enferma e palejante... Aquele rosto branco, cabelos de ondina, abertos ao meio, destacados, negríssimos, desatados para os ombros, a adorada dos sete anos que me tivera uma estrofe, paródia de um almanaque, valha a verdade, e que lhe fora entregue, sangrento escárnio! pelo próprio noivo; outra igualmente clara, a pequenina, a morta, que eu prezara tanto, cuja existência fora no mundo como o revoar das roupas que os anjos levam, como a frase fugitiva de um hino de anjos que o azul embebe... Outras lembranças confusas, precipitadas, mutações macias, incansáveis de nuvens, enlevando com a tonteira da elevação; lisas escapadas por um plano oblíquo de vôo, oscilação de prodigioso aeróstato, serena, em plena atmosfera...

Panoramas completos, uma partida, abraços, lágrimas, o *steamer* preto, sobre a água esmeralda, inquieta e sem fundo, a gradezinha de cordas brancas cercando a popa, os salva-vidas como grandes colares achatados, cabos que se perdiam para cima, correntes que se dissolviam na espessura vítrea do mar; a câmara dourada, baixa, sufocante, o torvelinho dos que se acomodam para ficar, dos que se apressam para descer aos escalares...

(*O Ateneu*, 4.ª ed., Alves, págs. 255-256)

DOMINGOS DO NASCIMENTO (1863-1915)

Domingos Virgílio do Nascimento nasceu na Freguesia de Guaraqueçaba, no litoral do Paraná, em 31 de maio de 1863.

Cursou a Escola Militar do Rio de Janeiro e a de Porto Alegre, onde participou da propaganda republicana, ao lado de Júlio de Castilhos. De volta ao Paraná, reuniu-se aos republicanos, criando a *Folha Nova*. Chegou ao posto de major de Artilharia. Foi deputado estadual.

Faleceu em Curitiba, a 30 de agosto de 1915.

Foi-lhe erigida na Praça Osório, em Curitiba, uma herma de bronze e granito, da autoria de João Turin.

Patrono da cadeira n.º 21 da Academia Paranaense de Letras, ativo jornalista e publicista.

Como poeta, Domingos do Nascimento, tendo continuado o romantismo que findava, nos seus livros *Revoadas* e *Trenos e Arruídos*, já neste último, contudo, mostrava tendências para o Simbolismo. Dos precursores significativos do movimento, com Medeiros e Albuquerque. A sua poesia é "típica desta linha de transição", como depõe Silveira Neto.

Participou ativamente do movimento, colaborando nas revistas características. Não publicou livros de versos desde 1887. A sua canção "Meu Lar" teve grande popularidade. A influência pastoril portuguesa é nela evidente, mas temperada por fresca e delicada cor local.

Publicou, em prosa: *Homem Forte* (educação física); *Em Caserna* (contos); *Pelo Dever; Pela Fronteira; A Hulha Branca do Paraná* (vulgarização e estatística... em bela prosa de arte); *O Sul; Flora Têxtil do Paraná*.

Obras poéticas: *Revoadas*, Rio, 1883; *Trenos e Arruídos*, Rio Grande do Sul, 1887. Os seus versos da maturidade estão dispersos. Anunciava o livro *D. Mística*.

CERBERO *

Essa que guarda o lábio mudo,
como uma flor junto a ** uma lavra,
não guardarás no torvo escudo
de teus olhares, ronda parva!

Lótus de amor que me acolita
a missa branca da esperança,
nas tuas mãos não periclita...
— não beijarás a sua trança.

Se aquela voz é um violino
a tua frase é um epicédio.
Não me arreceia o seu destino...
— defenda-a... a túnica do tédio.

Negras de cárie — embora evites
abrir a boca — as tuas presas
são como enormes estalactites
em velha gruta de impurezas.

No entanto, a flor que tens guardada
abre um sorriso, e o jaspe brilha...
Tem a frescura da alvorada
e o fino aroma da baunilha.

Faças embora estranho alarde,
mostres as garras de cerbero...
— baixas o olhar como um covarde
se te ergo o meu olhar austero.

Com gestos largos de um Otelo
queres guardá-la numa estufa!...
Não vingará esse teu zelo,
ridículo herói de ópera-bufa.

Ela não quer fugir de ti:
— outra vingança espera e nutre...
Que fazer pode o colibri
preso nas garras de um abutre?

O seu destino fê-la escrava
do teu faustoso teto e mesa.
... mas nunca descobriste a lava
do ódio, no olhar de tua presa...

---

* Na 6.ª estrofe essa palavra aparece rimando com *austero*. Por isso vai sempre grafada, aqui, sem o acento no primeiro *e*.

** O *a* está acentuado, aqui e no fim do poema, onde este verso se repete.

Volta, cerbero,* à vida real!
Aquele coração — te juro —
na leve pluma de outro ideal
librou-se, há muito, a um céu mais puro.

Junto daquele corpo inerte
de Vênus macerada e fátua,
julgo-te um corvo audaz, solerte,
enamorado de uma estátua...

Não guardarás no torvo escudo
de teus olhares — ronda parva! —
essa que guarda o lábio mudo,
como uma flor junto a uma larva...

(*Turris Eburnea*, n.º 1, novembro, 1900, págs. 4-5).

D. JOÃO D'AMOR

Nas folhas curvas dos palmeirais
Gemem os ventos: — um violão.
Quem acompanha entre madrigais
Os ventos tristes em horas tais?
— D. João!

E os olhos vagos de D. João
São duas fontes lacrimais...

Lá vai passando uma procissão.
Ai, bela festa! que par tão lindo!
Como são belos os esponsais!...
Que dama é aquela que vai sorrindo,
Mas verga o torso como um chorão?
É D. Rosa que nunca mais
Será — mais nunca! rosa em botão!

E os olhos vagos de D. Rosa
Serão de noiva, nunca de esposa...

Quem lhe roubara o coração?
— D. João.

Lá segue a noiva de braço dado,
Toda de neve, nívea camélia...
Vai D. Rosa para o noivado...
Ah, D. Rosa naquele estado!
Tão morta e branca! dolente Ofélia!

---

* Esta palavra não está entre vírgulas.

À vossa noiva, meu senhor,
Falta o seu D. João d'Amor!...

Flores e nardos por toda a igreja.
Pelo altar-mor gente curiosa.
Noivos que sobem. Arde um turíbulo.
Rivais donzelas morrem de inveja...
— Que inveja é aquela de D. Rosa
Que vai subindo para o patíbulo?

Lá fora vibram de D. João
As cordas todas do coração.
Gemem salgueiros: — um violão.

. .
.

Sai o noivado. Entra um enterro.
Sim... não! Sim... não! É o que se vê:
— A morte e a vida, o bem e o erro!
— A eterna dúvida de Hamlet!

Cantam os sinos.
Quem vai naquele sidéreo ninho
Com véu de noiva para o céu?
— Um anjinho.

Vão dois noivados para dois destinos...

— Antes trocasses, noiva, o teu caminho!
Antes trocasses o teu véu!

(*Breviário*, n.º 1, agosto, 1900; págs. 9-10.)

SEMPRE!

Quando outrora parti, era em plena alvorada,
A estrela-d'alva ardia ao cimo da montanha.
E do planalto olhando, oh surpresa tamanha!
Morria a estrela-d'alva à beira-mar tombada...

E me vendo passar nessa corrida estranha
Da mocidade em flor, me disse a sorte airada:
— Como hás de ser feliz em tua glória, ganha
Nesta da vida esconsa e misteriosa estrada?!

Desci: e anos sem fim, sempre visões ignotas
Que almas fazem gemer, como naus entre fráguas
Numa desolação atroz de velas rotas...

Ó taças de cicuta! Ó flores de ópio! Trago-as
De parcéis em parcéis, de ilhotas sobre ilhotas,
Olhos para o alto mar das infinitas mágoas!

(*Folha Rósea*, ano II, n.º 15, 15 de agosto de 1911; pág. 6)

MÍSTICA

O inverno é branco... o vento é frio...
— O inverno desce um lençol branco,
E o vento estende-o... tão sombrio!
— O inverno mostra o lençol branco
E o vento arrasta-o, rijo e frio...

Desce a poeira das geadas.
Sopram rebeldes as suestadas.
Ao vento aspérrimo e sombrio
Gemem as franças enroladas
Num lençol branco
Sereno e frio!

Neve de manso... neve de manso
Pulverizando, recortando
No velho monte alvo capuz,
E alva mortalha na campina...
— Enquanto o sol, em tardo avanço,
Na alva escumilha da neblina,
Vai friorento repontando
À meia luz.

Ai, coração frio, marmóreo!
O rijo inverno da descrença
Neva-te. A neve é fria e intensa!
O coração não geme — dorme...
— Que nesta névoa densa e enorme
Nem luz ao menos frouxa, dore-o!
Que o coração, sem luz, sem crença,
Nem geme — dorme...

Alma, ressurge deste túmulo,
Dessa frieza glacial!
A indiferença é um cúmulo!
A indiferença é um mal!
— Alma, não durmas nesse túmulo...

Porque rolar por esse abismo,
Esse profundo abismo insonte?
Ergue-te! Vê? — Borda o horizonte
À luz que espanca o misticismo,
O arco-íris da aliança!

— E o inverno avança!... e o inverno avança!

— Que a mesma ave da descrença
Traga-te a luz, traga-te a vida!
Que numa alacridade imensa
Traga-te um ramo de esperança,
Alma querida! alma querida!

(*O Cenáculo*, v. I, Curitiba,
1895, págs. 179-180.)

MEU LAR

(Canção)

Eu sou da terra dos lírios bravos
Que pendem a haste por sobre o mar.
Por entre lírios vermelham cravos...
Branco e vermelho... fico a cismar!
Fico a cismar nos lírios e nos cravos
Que pendem a haste por sobre o mar.

Minha casita branca de neve,
Com telhas rubras, era um primor.
Minha casita que encantos teve...
Hoje tapera, sem riso ou flor!
Fico a cismar na graça que já teve...
Com telhas rubras, era um primor!

Olha as moçoilas subindo os montes,
Chapéu de palha, saiote curto!
Belas morenas descendo às fontes,
Bilhas à coifa, pezinho a furto...
Fico a cismar nas moças lá dos montes,
Chapéu de palha, saiote curto.

E a minha dama era alva de neve,
De lábios rubros, botão de flor.
A minha dama que olhos já teve,
Escrava agora de outro senhor!
Fico a cismar nos olhos que já teve,
De lábios rubros, botão de flor.

Eu sou da terra dos brancos lírios,
Dos lindos mares, bravos, chorosos...
No céu escuro crepitam círios,
E os ventos gemem, tristes, saudosos!
Fico a cismar que velam tantos círios
Os lindos mares, bravos, chorosos...

A dor eterna seja contigo,
Coração fiel, mar tormentoso!
Meu companheiro, meu velho amigo!
Quando te sinto soberbo e iroso,
Fico a cismar em ti, que estás comigo,
Coração fiel, mar tormentoso!

Eu sou da terra dos liriais...
— Branca de neve... seios de amora...
— Que lindo rastro nos areais!
A noite foge, resplende a aurora...
Fico a cismar por sobre os areais:
— Branca de neve... seios de amora...

O mar soluça beijando a praia...
— Não mais te beijo, botão de flor!
A onda ruge, a onda desmaia...
Gemo... Saudades de tanto amor!
Fico a cismar se aquela flor desmaia...
... Não mais te beijo, botão de flor!

(Rodrigo Júnior e Alcibíades Plaisant *Antologia Paranaense*.
Tomo 1.º, Poesia, págs. 103-105.)

VERSOS DE UM DECADENTE

Grotas vencendo, túneis bifurcando,
Grimpa o comboio o Cubatão; — parece
Uma enorme serpente aos silvos curveteando,
Guizos tinindo, a cauda em S...

Alma! Contempla o vasto panorama.
Ergue o olhar, desce o olhar... vertiginosamente.
Enquanto o sol se inflama,
Vê como rola célere a torrente...

Rilha o comboio, rilha sobre os trilhos,
Ringe entreabrindo a luz, ronca fechando a treva;
Salta os abismos, rasga as densas matas.
Na corrida precípite que o leva,
Rilha o comboio, rilha sobre os trilhos,
Entre rumores de cascatas...

Chéu... Chéu... Chéu...
Uma nesga do mar! A orla da serrania!
Fremem as matas, ri a casaria;
— O abismo... o nevoeiro... a serra... o céu!...
Grotas vencendo, túneis bifurcando,
Grimpa o comboio o Cubatão; — parece
Uma enorme serpente aos silvos curveteando,
Guizos tinindo, a cauda em S...

Como o animal bravio
Que a flecha transpassou, ruge, redobra o salto,
Cambaleia, e de novo arranca em disparada,
Para cair além... para não mais se erguer;
— Galga o comboio a borda do planalto,
As entranhas em chama, o flanco luzidio,
Num bramido possante de metais,
Num bramido que vai de quebrada em quebrada,
Para cansar, para morrer
Entre coxilhas e pinheirais.

Perdendo a vida ardente que a acrisola,
A serpe enorme — de aço resfriado —
Não mais ruge, nem rilha, nem mais rola
Pelo destino que lhe foi traçado.

Já não ruge, nem rilhas, nem mais rola...

— Tal um comboio, após a impetuosa carreira,
Ó, alma, não mais tens a tua nevrose ardente!
Quando ousarás rasgar nova clareira,
Outra nova clareira no presente?

1893.

(*Ibid*, págs. 102-103.)

GONZAGA DUQUE (1863-1911)

Luís de Gonzaga Duque Estrada nasceu no Rio de Janeiro, em 21 de junho de 1863. Freqüentou os Colégios Abílio, Paixão e Meneses Vieira, o segundo de Petrópolis. Aluno particular do Professor Almeida Fagundes.

Teve atuação jornalística precoce. Fundou em 1880, com Olímpio Niemeyer, a revista *Guanabara*, do Bairro de Botafogo; em 1882 colaborou na *Gazetinha*, de Artur Azevedo, e em 1883 na *Gazeta da Tarde*, órgão abolicionista de José do Patrocínio.

Em 1885 casou-se com D. Júlia Torres Duque Estrada.

Foi crítico de arte de *A Semana*, em 1887. Em 1895 fundou, com Lima Campos, a *Rio Revista*; em 1897, a revista simbolista *Galáxia*, com aquele mesmo amigo; o *Mercúrio*, em 1901; e em 1908, com Lima Campos e Mário Pederneiras, o *Fon-Fon*. Colaborou nas revistas simbolistas representativas *Vera-Cruz* e *Rosa-Cruz*. A sua colaboração para a revista *Kosmos* foi particularmente importante. Foi 2.º oficial da Diretoria do Patrimônio Municipal; 1.º oficial da Fazenda da Prefeitura, neste posto servindo como secretário do diretor-geral longo tempo.

Quando faleceu, no Rio de Janeiro em 8 de março de 1911, era diretor da Biblioteca Municipal.

Gama Rosa, em artigo na *Folha do Dia*, de 16 de novembro de 1910 (em vida, portanto, de Gonzaga Duque), escreveu: "Gonzaga Duque é, pelo lado paterno, de origem sueca, o que facilmente se percebe, por elevada estatura setentrional, pela nitidez e pureza de linhas fisionômicas e pela gravidade cerimoniosa e cortês, tenuemente estrangeira, de suas maneiras, contrastando com hábitos banalmente familiares e invasoramente igualitários da nossa raça portuguesa e mestiça." Essa origem nórdica explicará também a sua excepcional sensibilidade para as artes plásticas. Era pintor, e ilustrou inteligentemente o livro *Dona Cármen*, de B. Lopes. É da sua autoria o primeiro panorama que possuímos da vida das nossas belas-artes: *Arte Brasileira* (1887). Seus ensaios e suas crônicas sobre arte, reunidos em *Graves & Frívolos* (1910) e em *Contemporâneos* (1929), são os mais vivazes e significativos que até há bem pouco possuíamos. Foi o primeiro verdadeiro mestre da crítica de arte, entre nós. Foi retratado por: Eliseu Visconti (uma obra-prima), Belmiro de Almeida, Rodolfo Amoedo, Presciliano Silva; caricaturado por: Raul Pederneiras, Kalixto e outros.

Pertenceu à primeira geração simbolista brasileira. Há documentos inequívocos da admiração e do respeito que lhe votava Cruz e Sousa, o chefe incontestado do movimento. Constituiu, entretanto, grupo à parte, com Mário Pederneiras e Lima Campos, a eles juntando-se, mais tarde, Álvaro Moreyra, Filipe d'Oliveira e Rodrigo Otávio Filho. A delicada e forte personalidade de Gonzaga Duque está sobretudo refletida no romance *Mocidade Morta* (1899), sua obra mais duradoura, em que uma pintura virtuosística, mas fiel, da atmosfera da época está centrada em tipos cheios de vida e relevo. Os processos são, por via de regra, dum naturalismo de transição, entremeado de *morceaux de bravoure* decadentistas, de assomos polêmicos espirituosos no referente à pintura, arte em que ele tinha posto a mão na massa.

No volume póstumo *Horto de Mágoas* (1914) a sua prosa, rica e colorida — de um refinamento à Goncourt e à Fialho de Almeida, prosa "artiste" — toma o número e a música da poesia, e impregna-se da "tortura e nevrose" caracteristicamente simbolistas. Muito expressiva, também, a sua correspondência, ainda dispersa. Entre os seus principais correspondentes estava Emiliano Perneta, seu maior amigo, com Dario Vellozo, fora dos que integravam a trindade Gonzaga-Mário Pederneiras-Lima Campos.

Gonzaga Duque é das mais importantes figuras do Simbolismo brasileiro.

Obras: *Mocidade Morta*, Rio, 1899, Instituto Nacional do Livro, 1971; 2.ª ed.; *Horto de Mágoas*, contos e fantasias em prosa poética, Rio, 1914.

UNS GRAVES SENHORES...

E fez rumo para o solene grupo, com ambas as mãos estendidas, agradecido e exclamativo.

Camilo ficou a olhar as paredes tristonhas, escurecidas por um velho papel castanho, de que pendiam molduras douradas, telas verdes e azuis, roxas e amarelas, pontos pedregosos de Capri, cantos da Sicília, lagos de Veneza, ou rasgões barrentos de estradas, pequenos quadrados brancos de casinholas sob manchas verde-sombrio de frondes. Um delírio de cores, empastadas, misturadas, lanhava o pano áspero dos quadros. A violência do colorido, o desasseio dos tons, a confusão das tintas que a espátula pretensiosamente tinha breado, que os dedos distenderam e as brochas gretaram atormentavam a vista, inda perturbada com uma luz escassa, reverberada de paredes fronteiras, muito próximas, dum róseo vivo.

Na roda dos respeitáveis senhores falava-se o grosso português reinol, de dentes cerrados; roncavam elogios. Um deles, com desembaraços de entendedor e palavreado de comerciante de quinquilharias, floreteava o dedo indicador em meneios de quem pinta febrilmente, ou esconchando a mão imprimia-lhe movimentos expressivos de acariciar uma esfera. Camilo prestou ouvidos. Fizera-se uma questão técnica, louvava-se a maneira nervosa da pintura contemporânea que chegava a esculturar os relevos... O entendedor citava franceses, citava italianos... Ouviam-no com respeito e confiança.

Momentos depois o grupo retirou-se ereto e firme no pisar; o entendedor sacudiu a mão do artista num aperto significativo, deu-lhe palmadinhas carinhosas no ombro, cochichou-lhe ao ouvido uma coisa importante que lhe dilatava os bugalhos e o obrigava a abraços e confidências. Gavasco afirmou com a cabeça uma resposta, acompanhando-o até o patamar e curvou-se, reverenciosamente, para a escada: "Os meus agradecimentos, *grazie, a rivederci*..."

Correu, então, para Camilo, acenando com um bilhete de visita:

— Mais um vendido! O conde comprou aquele que está no cavalete. Um conto e quinhentos, entrando os trinta por cento da comissão. Foi de graça. Não concordas, hem?

O rapaz fez um sinal confirmativo e sentiu a mão rebrilhante de Gavasco apoderar-se da sua gola. O bigodão roçou-lhe as faces, a boca do artista procurava os seus ouvidos. Queria dizer-lhe um segredo e puxava-o para si, com uma carantonha de mistério e olhadelas esconsas; depois duma demora de confidência que se medita, berrou:

— É o pior *agrião* que tenho na "quitanda".

(*Mocidade Morta,* págs. 193-194.)

NUM MOMENTO TU SERÁS...

Num momento tu serás chaga pútrida, cancro fétido, monturo nauseante e deletério! De teus lábios, que mentiram; da tua boca, que o vício aqueceu e tingiu, existirá apenas lama, sedimento de gangrena, apenas!... Tuas mandíbulas, descobertas, terão um riso paralisado no pus fervilhento, riso que será a decomposição do próprio riso humano: ilusão, perfídia, imundície! quer se entreabra nos lábios amorosos de Desdêmona, quer na boca peçonhenta de Iago, no segredo perverso de Dom Basílio, no cochicho dissimulado de Tartufo... Uma matéria sifilítica encherá tuas órbitas, substi-

tuirá o delicado aparelho da tua visão, por onde a valsa rósea das
miragens arrastou a lascívia tentadora das Frinéias e a lantejoulada
voluptuosidade felina das Cleópatras ou, nos simuns da embriaguez,
o torvelinho das paixões encenou incêndios de Sodoma e noites
tempestuosas de regiões antárticas... No interior desse crânio, per-
dido na mudez do túmulo, enquanto a luz resplandecer nas alturas,
as ramarias virentes florirem nas aléias dos idílios e a sucessão do
tempo rolar o ardente topázio do sol, rolar a opala acesa da lua
sobre o firmamento tranqüilo, um chiar obscuro, um fermento
de esterquilínios, crescerá de instante em instante, de dia a * dia e
de noite em noite. O esplendor da vida continuará brilhando no
verde das plantas, na riqueza dos minerais, nos aspectos sugestivos
da paisagem, orvalhando a pele sadia das raparigas, levantando o
afrodisíaco pólen de anil dos cabelos negros das mulheres!... Os
luares virão, como sempre, iluminar os lagos, nevoar com a faúla
dos sonhos os cílios semidescidos das virgens, as pálpebras meio
cerradas dos mancebos!... E tu apodrecerás, cabeça morta, cabeça
inútil, tu apodrecerás! Corpúsculos esquivos e moles, filamentos
movediços e glácidos, estrias coleantes e gosmentas, fiapos viventes
e sórdidos, serão vida dessa cousa lívida, complicada, labiríntica,
intumescida, semelhante, na sua exterioridade, na sua aparência
a um intestino desentranhado à navalha. De instante a ** instante,
o griséu gelatinoso da massa cobrir-se-á duma opacidade fria, len-
tescente; nas circunvoluções desse miolo inerme estender-se-ão, em
manchas de aguarela, derramos de verdes venenosos. E logo come-
çará o trabalho devastador do Nirvana, a consumação niveladora
do Lodo que se transformará na continuidade imperceptível do Pó.

Faz-se, no interior do crânio, um repouso agourento, pesado e
longo das remotas solidões polares, em cujas sombras mortuárias
passeiam, boiando, os fantasmas silenciosos das geleiras. Em cima
é uma abóbada esquálida de cripta secular, destilando bolor, enru-
gada, vinculada, maciça, ameaçadora como a masmorra de uma
cárcova; embaixo uma colina esbranquiçada, desse branco dos pa-
vores e dos pressságios, aparentemente deserta, aparentemente amor-
talhada numa quietação eterna.

Depois vem um ruído abafado, de ventania marulhando por pali-
çadas e canas de um brejal muito distante, muito longe... Sons
indefinidos, que lembram o estalar de velhos seixos lambidos por
labaredas, sussurro de lufada que passa pela rama ressequida de
uma campina... Depois, de onde em onde, invasoras rajadas asfi-
xiantes se levantam, correm pela abóbada, que transluz num maci-
lento riso louco de múmias... E depois a treva baixa, a treva
contínua, mas treva sem impenetrabilidade, luz negra de ataúde

---

* Está acentuado.
** Está acentuado.

fechado, sombras de catacumba emparedada, de cujo fundo se acorda, lentamente, um rumor cavo, de vez a mais crescente, de mais a mais mudado em ronronear convulso de ventre vulcânico.

....

Na derrocada, de quando por quando, ascendem para o espaço carregado esferóides efêmeros, restos perdidos de idéias, talvez!... Ascendem e pairam por instantes, trêmulas borbulhas de escuma, pequeninos balões irisados, azuis como sonhos, vermelhos como ódios, dourados como ambições... Mas, têm, apenas, a duração de um relâmpago, possuem a intensidade do que foram: idéias embrionárias, idéias desamparadas...

Ah! em que belas podridões não desaparecerá a cabeça dos poetas, dos sonhadores, dos artistas!...

Quem sabe se suas idéias, transfundidas para a terra, não vêm, pelos poros da terra, ao ar puro e livre das planuras, procurar outros espíritos, viver noutros cérebros?... Quem sabe?... Nessa decomposição, porém, as forças desorganizadas são gastos pensamentos descoloridos pelo vício, reduzidas idéias desbotadas pelo álcool!... Uma chama de poncheira a extinguir-se, vaga por cima do caos desse fermento mortuário, à maneira dos fogos-fátuos sobre os túmulos e logo se apaga nas alturas sombrias, coruscando de encontro aos * vapores caminheiros e tétricos da abóbada óssea.

E a devastação prossegue. Das ruínas irrompem vermes, e mais vermes emergem dos coalhos liquefeitos e na lama crescente apontam, mergulham, sobrenadam, movem-se outra vez e sempre, aos milhões, aos bilhões, sôfregos e repulsivos, vorazes e danados, vencendo outros obstáculos que, como os primeiros, se derrocam, se espraiam numa precipitação de lavas, vazando de ígneas crateras em atividade. Mas, de novo eles vêm, de novo eles surgem, legiões e legiões infindáveis, exércitos que se multiplicam, tal se por si mesmo cada um se fecundasse e procriasse vertiginosamente.

De momento a momento a massa diminui. Da alta colina, que fora, resta um montículo irregular, cujas faldas mergulham, em pendor, no lodo turvado, movimentado, agitado.

Aqui, de repente, se escancara uma minúscula, pequenina caverna retalhada, fendida nas corrosões de ruínas, escarrada de escória; ali já é uma anfractuosidade de ribanceira ou penha, carcomida e oscilante. O lodo forma um solo onduloso, sobre o repassar dos vibriões brancos, que se entrecruzam ininterruptamente, que se tramam e desenlaçam repentinamente... Adiante fez-se uma cárçova, cristalizada de estalactites de esmeraldas e ametistas que, de quando em quando, desabam, sem rumor, se desligam surdamente, como gotas contadas que se escapassem dum estreito tubo.

---

* Está: "os".

E mais resistente que esses restos, a grimpa do montículo tem a lïvidez de um cabeço nevado por noite de rude procela. Os relâmpagos rompem por ela cinerações fantasmagóricas de sepulcros divisados por entre trevas. Parece que ele restará intacto, que se petrificou numa fria rigidez de mármore. Mas, por fim, chega a sua vez. Também ele é perfurado; os alviões invisíveis dos desesperados fossadores cavam-no sem cessar. E já suas paredes vacilam, e já sua resistência se reduz... Agora, é como se a neve lúgubre tivesse movimento, ela treme, palpita, fervilha...

E com vagar, também esse resto vai desaparecendo, baixando, liquefazendo-se, desmantelado, minado, devorado... E acaba numa deflagração, fosforescências sulferinas, que se diluem nos roxos carbunculosos dos cancros. Toda essa cavidade craniana, esse mundo ignorado, regressado ao caos, iluminou-se subitamente; dir-se-ia que por ele passara o último alento de uma força, faixa investigadora de um foco luminoso! E foi como o exalo de uma saudade, porque sob o clarão sinistro desdobrou-se uma acerba tristeza na cambiante vespertina do seu diluimento... Mas, que agonia foi essa? Teria sido a decomposição natural de um elemento químico que as retortas analisam, que os laboratórios determinam?... ou seria a fluidificação de uma ignota molécula despercebida à análise presunçosa dos homens, segredo eterno da vida indecifrável, que aí restara, à espera da completa transformação da matéria?... Que ridículo é o saber humano diante da Grande esfinge da Criação!... Célula apodrecida, fluido desprendido, esborôo de matéria, deslocação de espírito... qualquer que seja o teu nome, a tua essência, a tua verdade, aí foste, sem dúvida, o último crepitar da vitalidade, o resto infinitesimal da vida orgânica que se deslocou com a separação das forças retribuídas à Força Suprema, partícula condensada de um poder imaterial, embolia endurecida de um vigor que deixou de ser fluido pela precipitação dos frios mortuários... Idéia... Pensamento... Alma!

Quando nada mais restava, tu te foste, saíste para o infinito misterioso, para a imensidade do Universo, a continuar a tua existência, insignificantíssimo átomo do Poder, luz derramada por toda parte, renovação da Vida! E a tua missão, ou a tua resistência, extinguiu-se nesse relampejar estranho, num clarão sulferino que recebeu do sangue evaporada a matéria corante, a cor das chagas dolorosas, chaga que foste! porque foste uma dor, a dor de um gozo mal gozado, de um poder não fruído, de uma existência inutilizada. E nessa massa, que se extinguiu, estivera, talvez, a convergência simpática de todas as obscuras sensações derradeiras da tua vida animal; nela se concentrara a reprodução retrospectiva dos longes deixados na marcha dos anos: imagens de uma câmara escura abrangendo o largo espaço do tempo que viveste... Saudade, enfim! Saudade! Mas, de quê... ou de quem? Oh! mísero indiferente!

se tu fugias à vida, se tu te consumias sem esperança, se ninguém te amava no mundo?... De quê... ou de quem? ó mísero indiferente!...

1897.

(*Ibid.*, págs. 237-243.)

O VELHO HARPISTA

E a música gemia na velha harpa com uma interpretação dolorosa e íntima, passava, varava o vozear da sala como um ganido sofredor de rafeiro gafento, a morrer. De quando em quando, nas pausas da algazarra, a languidez de seus compassos agitava-se no ar toldado e acre, lembrava as faixas de uma grinalda fúnebre desdobradas na aragem, levadas num esquife que conduzem; por instantes, os sons esmoreciam, perdiam-se no ruído das conversas, sussurrando apenas, humildes, pequeninos, imperceptíveis quase. Porém o artista cingia mais a cara vinculada à canelura coríntea do instrumento, como a comunicar-se-lhe, a sorver-lhe os sons; as engelhas de suas faces cavam-se mais fundas, o seu olhar doía. E, num desespero, as notas cantavam outra vez mais alto, subiam para o ar num desabafo de ciúmes, difundiam-se pelo quadro do espaço envolvendo o rumorejo impertinente desdenhoso, fazendo-se escutar. Os dedos do artista confrangiam-se num tremor, eletrizava-o uma emoção que levantava a sua cabeça militar numa altivez de vencido sob o estalar de uma injúria. A esfarripada melodia verdiana criava um vigor impressionante, refundia-se por completo nas esvaídas vibrações, como um velho poema que reencontra um novo século de regressões sentimentais.

Dir-se-ia que esse gasto lirismo musical volvia à sua época, encontrava o retorno do seu tempo, tornando-se ardente como uma paixão primitiva, fazendo sonhar, arrebatando a alma dos que o ouviam, nas nebulosas das visualidades, por onde se esbatem e perpassam as dolentes imagens das tuberculosas fidalgas — cisnes lohengrinescos que bóiam suavemente, que vagam dulcissimamente na quietação cismarenta de lagos azuis, ao clarão azul dum luar mágico, numa gruta de safiras cravejada de estalactites de diamantes negros, em que sussurram os ecos da inspiração wagneriana... E na seqüência emocional dessa música, pela persistente melodia de seus compassos, ia-se duma a outra região das fantasias, vivendo nos nevoeiros emperolados das longitudes setentrionais, volvendo à contemplatividade apaixonada das paragens quentes. Sucediam-se as visões, sucediam-se os aspectos. O ritornelo melódico, suspirante, queixoso, abria na imaginação superexcitada o luar clássico das doloridas paixões meridionais: uma gôndola cortava a corrente mansa, deslizava cheia de mistérios de amor, ao bafo de magnólias da sua câmara de sedas; os muros negros dos palácios projetavam ciúmes negros no polimento do canal e, longe, uma voz cantava... Cantava tão sentida e solitária que parecia soluços de angústias das rapsódias do exílio tremulando no ar, gemendo nas alturas por onde a alma cismadora de Camilo se embalava, quase adormecida, a pedir em prece, a rogar em cicios a essa outra alma enregelada e desgraçada que prolongasse as recordações, que martirizasse aquele coração para que os dedos do velho êxul não parassem de tocar, não parassem jamais, tocassem sempre, tocassem sempre... sempre... sempre...

E a harpa emudeceu.

(*Ibid.*, págs. 310-311.)

A IRONIA DE ROPS

Na obra lúbrica e simbólica, humana e demoníaca, de Félicien Rops, flameja a segunda intenção de toda a obra intelectual.

Mas, essa ironia é dolorosa, tem o ríctus frio de uma careta de mandíbulas desconjuntadas sob a transparência de máscara de cera moldada no rosto risonho e brejeiro da Folia. Ri, mas ri com ríspido ranger de dentuças, ruminando rancores. E quem lhe segue o elance garboso do desenho, de súbito estaca. É que nessa figura, florescente pelos cuidados do toucador, está a Morte, mas não a morte severa e asiladora dos bons, a doce amiga dos sonhadores infelizes, a morte libertadora dos desventurados, idealmente imaginada na miséria vergonhosa dos mórbidos; sim, a morte lenta, horrível dos viciosos; a feiticeira esgrouviada, andrajosa e fétida que esbaba fezes de cancros a desengonçar-se, macabra, * numa paralisia agitada, semelhante à dança de São Vito, e uiva por gemidos às navalhadas de dores medulares, ou encasmurra-se, embrutecida na obsessão das melancolias, que o infortúnio das tavolagens empurra para a violência dos suicídios.

Em Holbein, para exemplo de uma interpretação similar, há o riso largo e satírico — o lúgubre não apavora.

Em Rops, ao contrário, o riso atordoa, parece desenhar-se na boca de uma *materialização* evocada que se transformasse, no momento de rir, em espectro de caveira.

....

Da alucinada *Buveuse d'Absinthe* derivou o conjunto de seus tipos, que forma a síntese do Mal. E, em todas as demais figuras da sua arte nervosa, feroz e original, o venenoso vício enluara de lascividade

---

* Está sem a vírgula.

os olhares, arrepia as carnes em desejos sádicos, arrebita as bocas em expressões estonteadoras.

As curvas estruturais, bem acusadas, sobre as dobras das vestes, o contorno túrgido de um seio a descoberto, o torno branco de uma coxa desnudada, e esse proposital detalhe de vestuário interno, de sedas e linhos de sobvestes, o alto da meia preta afivelada acima do joelho, o cabeção rendado da camisa transparente ou, para açular o instinto, essa incoerência da nudez com atributos de *toilette* — um chapéu à moda sobre o caprichoso penteado da mulher que está pronta a modelo tentador de Eva, as meias e os sapatinhos de baile servindo de único vestuário à excitante beleza nervosa de uma rapariga, o corpo perversamente delineado sob o longo vestido de uma ingênua, a indecorosa posição da inocente *Cendrillon*, de nossa época, que experimenta o pantufo enviado por algum "farejador de purezas", fazem de suas figuras contemporâneas, diabólicas tentações que se agarram à vitalidade, como o sinistro polvo em que os japoneses simbolizam a Luxúria, na sua arte licenciosa.

Mas, nessas Vênus de cabeça enigmática, formas de estátua e meias pretas; nessa Hipocrisia que prende o *loup* de veludo negro onde a moda dum tempo mandava amarrar a *tornure;* nesse impudente *Peuple* que provoca ânsias em quem o estuda, e sobretudo nas suas estampas de frontispícios, no meio das quais se encontra a dolorosa alegoria dos *Baisers Morts* e as *Sataniques*, a sua famosa coleção do feminismo *loupeuse* de Paris, há uma revolta contra a Luxúria, a Estupidez e o Ouro, os três princípios básicos de uma civilização a que se glorifica com a pompa apoteósica da retórica.

. . . .

... Ora, na rotundidade opulentada dum corpanzil à Leandre punha patas de onagro ao Milhão; ali, pendurava oiças de jumento à cabeçorra do Bom-Senso prudhommesco, o dândi tinha chavelhos * de bode e Cupido a bolsa do especulador; mas, à mulher — a mulher desviada da sua missão e transformada em coisa, essa que o grosso anátema bíblico aponta como a *super bestiam femina,* escarranchada no lombo cerdoso da Luxúria —, a essa ele reservou a sua função de satanizada, gênio do Mal que forma a coorte devastadora do Inferno, e visga com os beijos como um cáustico, e enerva, enlanguesce com o olhar como as bruxas hipnotizadoras, e assassina com as carícias como uma fera ...

Ah! que dor nesta água-forte em que uma loba do amor venal segreda à grande Esfinge, em cuja impassibilidade pétrea comprime sua carne de flor dos pântanos, palavras que o Diabo, de monóculo e gravata branca, atentamente escuta, enichado nas asas do Enigma!...

---

* Está: "chavellos".

A ironia de Rops resulta do simbolismo de sua obra. Quando se lha descobre, tem-se a sensação de um sopro de agouro, que nos vergasta inesperadamente. E o instinto, que se aquecera com a lubricidade do aparato mundano, rápido se resfria sob a lufada cortante da maldição, porque a obra imaginativa do grande gravador belga não é, como a de Doré, fantasiada sobre o exagero da visão delirante, é apanhada no flagrante de realidade e conservada na sua visualidade de artista pela contínua observação das mais delicadas minúcias da forma, e de toda a significação de seus mais prestes, mais dissimulados movimentos. É um símbolo em que se congela, num horrível luzir de lâmina lobrigada, o sorriso sutil da ironia.

(*Graves & Frívolos*, págs. 8-9, 10-11, 13-14.)

SAPO!...

Quando a treva se derramou serena e lenta — o focinho repelente de um enorme sapo surgiu no envesado rasgão de uma brenha. E logo, do negrume frio da estupilha, todo o seu curto e grosso corpo mole despejou-se para o declive largo da estrada.

Sob a fuligem da noite, ele não tinha forma precisa, era uma coisa estofada e untuosa, feia e rude, que se movia aos pinchos, batendo surda e fofa na poeira calmada do caminho. E aos pulos, compassadamente, precavendo-se e perscrutando, vai tangendo na papeira, de quando em vez, a martelada sonora de um aviso. Ao repercutir da pancada, coaxos desolados respondem ao longe. O enorme sapo, então, pára e escuta.

Que se acordou nessa alma fruste? É uma dúvida, que o retém, ou alguma lembrança, que o enleva?... E vacila...

... Há um grande silêncio, em torno, que se opõe à palpitação doutra vida lá baixo... Ele, porém, continua, aos arrancos, em saltos, bigorneando o seu alarma té a baixada do val.

A treva densara-se. Trilos delirantes de larvíparos crivam de suspeitas a mancha negra da macega... A pouco e pouco pelas alturas, e de onde em onde, acende-se, súbito, uma estrela...

A paisagem não tem cor, debuxa-se numa carbonagem forte; recortada e chata seria sombra esfarrapada e extática ou penedia estorvante e bruta se, por vezes, não na acordassem farfalhos bocejantes da ramaria agreste...

E o sapo continua. Vai só. A solidão envolve-o, a treva protege-o. Ai dele, se alguém aparecesse e se a noite não pusesse nos socalcos da escarpa e nas touceiras das quebradas o negror das furnas! Ai dele!... porque ninguém o quer, ninguém o ama... A mão da criança desloca pedras para o lapidar, o cajado longo do pastor esgara-

...ata-o e escorcha-o nas grotas, o bordão da velhice fere-o, as raparigas, então essas, têm-lhe um horror como se topassem bruxedos!...

No entanto, não ferve a peçonha nas suas mandíbulas, nem possui armas para destruir os campos e arruinar as choças! É pacífico e bom, mas é feio e repulsivo. Como não mata o homem, o homem não o evita, esmaga-o. Teceram lendas, com os dedos ágeis da mentira, para o perseguir — ele é o agoiro que arrasta à desventura, é o bruxo dos feiticeiros, a alma penada do purgatório, o mensageiro do inferno. Se penetra o portal de uma choupana, fugindo aos temporais ou indo à caça dos destruidores, é que vem para secar o leite no seio das mães, cegar criancinhas, estuprar virgindades... E a água de que bebeu logo ficou salobra, a roupa em que se roçou transformou-se num cáustico... É o sapo!

Mas, agora, nos charcos da baixada pára outra vez e olha. Passam topázios flamejantes, lanternando o negrume liso do lodo... Lírios acendem... Esmeraldas noctívagas surdem das tábuas e das ninféias, num enxame... Há diamantes nas folículas rasteiras do lameiro... Toda uma rutilação no pântano!... O sapo contempla.

Do empapaçado das margens, aqui, além, lá baixo, retine uma orquestra bárbara, trilante e áspera, entre cicios febris e coaxos rítmicos. Parece que é o ar que retreme, que a própria treva é uma poeira efervescente e sonora... E o sapo escuta.

Aquela massa repelente está comovida e contemplativa: e como toda a joalheria dos insetos e o murmúrio das trevas o fazem cismador, levanta os bugalhos para o céu, já recamado de estrelas. Desdobra-se e extasia-se, a ver e a ouvir, numa fascinação que lhe traz à papeira regougos surdinados, como a ensaiar um canto...

Mas, não o diz, não o exprime. Teme perturbar a beleza que o encanta... Talvez nem o entendessem!... ou de terror estrelas e insetos fugissem, a música cessasse! É melhor ouvir e ver, em silêncio, só consigo falando. E o sapo escuta e contempla.

Pojado nas patas, retesa a cabeçorra para o alto. No arco brusco das órbitas cintilam suas pupilas cismadoras. É-lhe a postura toda embevecimento e resignação. E — quem sabe? — cada retremer de estrelas, cada fosforear de pirilampo, cada som que retine, vai gravando na sua alma rústica a rude estrofe dalgum poema rude!...

Ah! triste vivente, asqueroso batráquio, horrendo sapo!... que doce alma de poeta tu possuis! Bom e simples animal, solitária e inofensiva criatura, ninguém te quer, ninguém te ama, porque és feio, és feiíssimo, tens o aspecto nojento duma bostela, e porque não ofendes, e porque não seduzes, a maldade dos homens, que é a normalidade humana, te repele, te injuria, te assassina!

És sapo! Sapo! irmão dos desgraçados que se amamentaram na desgraça, igual aos infelizes que nasceram da Infelicidade, enxotados, batidos, infamados, porque ninguém os quer ouvir, ninguém os quer amparar!...

A tua pele é negra e horrenda, a tua forma enoja, os teus gestos, os teus movimentos, a tua obscuridade irritam... não, não podes ter uma alma, não podes ser bom. És mau e estúpido. Por quê? Porque és sapo, unicamente sapo ... sapo!... sapo!...

(*Horto de Mágoas*, págs. 67-71.)

INSTANTÂNEO DE B. LOPES

Entra o poeta, espalhafatoso no seu vestuário, uma camisa azul, enorme laçaria de seda creme presa sob as pontas largas dum colarinho branco, calças de xadrez dançando nas pernas, polainas de brim, um pára-sol de "foulard" amarelo, um chapéu de palha branca e na lapela do jaquetão um "bouquet", verdadeiramente um "bouquet". Nada menos de três cravos vermelhos e duas rosas "tela de ouro".

"Sinhá Flor" está ali, a dois passos, bebericando um vermouth em companhia dumas raparigas.

Lopes entra, pára, relanceia o olhar pela sala, corresponde à saudação de alguns camaradas com um gesto intraduzível pelo que tinha de largo e de ridículo e, sem a menor consciência da responsabilidade daquelas senhoras, arranca da lapela o seu "bouquet" e desfolha-o, "desfolha-o" na cabeça da Mameluca!

O escândalo foi indizível.

Ato contínuo, como se houvera feito a coisa mais simples deste mundo, e, enquanto as senhoras assim afrontadas se retiravam, dirige-se ao balcão, pede um copo de vinho do Porto e numa voz estridente, volta-se para os assistentes: "Viva la Gracia"!

(Do *Diário Íntimo*, in *Autores e Livros*
suplemento literário de *A Manhã*, 18-10
-1942.)

OSCAR ROSAS (1864-1925)

OSCAR ROSAS RIBEIRO nasceu em 12 de fevereiro de 1864, em Florianópolis, Estado de Santa Catarina.

Era filho do Professor João José de Rosas Ribeiro, do Ateneu Provincial de Santa Catarina, onde lecionava Francês. Aluno desse estabelecimento, Oscar Rosas ali conheceu Cruz e Sousa, de quem se tornou grande amigo. Terminado o curso de preparatórios, veio para o Rio de Janeiro prosseguir nos seus estudos, que não concluiu, fazendo, desde muito cedo, intensa vida de jornalista profissional, que foi até morrer. Tinha 26 anos de idade quando, em 1888, ainda estudante, e de poucos recursos, teve um gesto decisivo: convidou Cruz e Sousa, a quem votava "amizade entusiástica", a vir para a metrópole, único cenário onde o talento do jovem poeta poderia desenvolver-se e impor-se.

Cruz e Sousa aqui chegou em junho daquele ano. Não conseguiu, porém, como depõe Virgílio Várzea, atingir o desiderato de Oscar Rosas. Aqui viveu "pobre, incompreendido e sem posição". Em março do ano seguinte retornou ao Desterro. Oscar Rosas, escreveu Nestor Vítor, "foi levá-lo a bordo, sentidíssimo de vê-lo partir".

O moço jornalista tinha acentuado pendor político. As campanhas pela liberdade dos escravos e pela República tiveram nele propugnador ardoroso. Era naturalmente exuberante, apaixonado. Muito relacionado nos meios literários e nas rodas boêmias, foi ele quem apresentou Cruz e Sousa ao mundo literário e artístico da época, no Café Londres e demais centros de reunião. Quando Cruz e Sousa veio fixar-se definitivamente no Rio, em fins de 1890, encontrou Oscar Rosas na sua habitual existência de jornalista sobretudo político. Entretanto, a poesia mantinha-o fascinado. Em carta dessa época, Oscar Rosas declara-se "simbolista radical". A sua influência, neste sentido, terá talvez contribuído para afastar o seu amigo Cruz e Sousa do Naturalismo e do Parnasianismo, que até então vinha cultivando. A "arte pela arte", de que o Poeta Negro era ardoroso adepto, sofreu

Oscar Rosas e Cruz e Sousa

A' D. Julieta.

Respeitosa sympathia.

Cruz e Sousa

A' minha vida e ao
meu Amor — a Julieta
Oscar Rosas

Reverso do retrato de Cruz e Sousa e Oscar Rosas.

o influxo de Ezequiel Freire, mas principalmente de B. Lopes. poesia de B. Lopes é então campesina, fortemente colorida e perfe tamente paralela, no que concerne à estética, à de Cruz e Sousa, cu simbolismo se acentuou depois, sob a égide de Baudelaire, Poe, A tero de Quental. Oscar Rosas secretariava, nessa época, o *Novidade* dirigido por Bandeira Júnior. Esse jornal teve importante atuaç na eclosão do movimento Simbolista. Ali colaboraram, levados pe jornalista catarinense, o seu glorioso coestaduano Luís Delfin Leôncio Correia, Álvares de Azevedo Sobrinho, B. Lopes, Alber de Oliveira, Múcio Teixeira, Zalina Rolim, Medeiros e Albuquerqu Mário Pederneiras, Emiliano Perneta, Lima Campos, Raul Pompéi Artur de Miranda, Cincinato Guterres, Virgílio Várzea e outros.

Espírito de polemista, Oscar Rosas fez campanha em prol do Sin bolismo. Com verdadeira truculência, atacou Araripe Júnior (n.º 18 de outubro de 1890) por ter este dado do movimento novo inte pretação estreita e insuficiente. Mais tarde, em 3 de março de 189 cita Mallarmé, de quem transcreveu o *Traité du Verbe*. Em 16 mesmo mês faz o necrológio do parnasiano Théodore de Banvil pouco antes falecido, e que muito influíra sobre a sua poesia.

Cruz e Sousa, colocado por Emiliano Perneta na redação da *Foll Popular*, de que este era secretário, colaborou assiduamente no *Nov dades*, até que, com a saída de Oscar Rosas, em 13 de abril de 189 todo o vestígio de simbolismo desapareceu desse jornal, onde aque jornalista publicou várias poesias muito expressivas do seu feit exaltado, inebriado de cor e de luz. Data dessa época o soneto "Ide Comum (Soneto a Quatro Mãos)", escrito de colaboração com Cr e Sousa. Os dois quartetos são manifestamente de Oscar Rosas. N dois tercetos, porém, já se entrevê a arte dos *Broquéis*.

A partir dessa data, Oscar Rosas poucas vezes interferiu no mov mento. Não cessou de produzir, mas esporadicamente. O jornalism político absorveu-o completamente. Trabalhou em quase todos jornais do Rio de Janeiro, sendo que de 1922 em diante se fixou e Florianópolis, onde dirigiu, a convite do Presidente Hercílio Luz, jornal oficioso *República*.

Em 1925, porém estava novamente no Rio, onde faleceu, à Boc do Mato, Rua Pedro Carvalho, 222, com 63 anos de idade, em 2 de janeiro daquele ano, sendo inumado no Cemitério de Inhaúma.

O seu brilhante conterrâneo Edmundo da Luz Pinto (que tinh um precioso acervo de reminiscências sobre Oscar Rosas) conta que Oscar não abandonou jamais o tom solene e imaginoso do verb simbolista de 1890, mesmo na sua linguagem familiar, o que també acontecia, com o seu ilustre filho, o singular poeta Ernâni Rosas.

Oscar Rosas não deixou livros. A sua produção poética está espars nos jornais e periódicos do tempo. As suas poesias tiveram passagei influência sobre o seu companheiro Cruz e Sousa, o que não é títu somenos para a sua memória.

Não é somente por motivo da sua intimidade com o "Dante Negro", a primeira fase da vida deste no Rio, que mereceria Oscar Rosas ser mencionado num quadro geral do simbolismo brasileiro. Foi ele dos veteranos, um dos quatro *fundadores*. B. Lopes, Emiliano Perneta, Cruz e Sousa e Oscar Rosas lançaram vigorosa campanha, sob o signo de um fauno, contra o Parnasianismo e a arte pela arte, e em prol do satanismo e do decadentismo, pelas colunas da *Folha Popular*, em 1891. Pelo menos o seu soneto "Visão" é peça digna até de uma seleção antológica estrita da poesia brasileira.

JANELA DO ESPÍRITO

Ai! que tormento, criança,
Oh! que sina tão sangrenta!
— Andar essa loura trança
Presa à minh'alma febrenta.

Agora eu passo os meus dias
Debaixo dessa janela,
À espera que tu sorrias
Sob essa coma de estrelas.

Pela calçada eu passeio,
Junto de ti eu me agito,
O sangue tinge-me o seio
Na veemência de um grito.

Se não te vejo — anoitece!
Golfa uma negra tristeza...
Dolente borbulha a prece
Na boca da natureza.

Funéreo dobrar de sinos
É toda a canção que escuto
Se não vejo esses divinos
Olhos, de um brilho impoluto.

O azul-negro do vestido
Do teu corpo de tulipa
Abafa-me este gemido,
A saudade me dissipa.

As flores do teu cabelo
— Os brancos jasmins serenos —
Custa-me muito a dizê-lo:
— Para mim só têm venenos!

Ontem não te vi na rua,
Não te vi, rubim vermelho,
Por isso é que a fria lua
Perdeu o fulgor de espelho.

Por isso é que a dor adeja
Por sobre mim como um corvo,
Por isso é que não me beija
Teu lábio, que nunca sorvo.

De luz eu tenho uma jóia,
Toda de sol e alegria,
É teu doce olhar que bóia
No fluido da fantasia

No peitoril, rosa jalde,
Dessa janela florida,
Vão logo pousar debalde
Meu coração, minha vida.

(*Novidades,* Rio, 29-11-1890.)

EXCELSIOR

(A Virgílio Várzea)

Crescem teus ódios como o mar,
Cresce-me o amor como um novilho.
Rufa o tambor, vamos cantar.
Que no teu ventre está meu filho.

Nós não sabemos que é chorar,
Somos assim como um junquilho,
Como ferreiros a forjar
O ferro em brasa para um trilho.

Somos de ferro como as lanças,
Eu cheiro só as tuas tranças
E a minha boca só tu beijas.

Tu és a noiva da desgraça!
A nossa sátira espicaça
Como dentadas às cerejas.

(*Ibid.,* Rio, 12-3-1891.)

BÊBADO

I

Chorando como Baco, todo o inverno
Espreito as nuas vides desfolhadas,
Lentas rolam as lágrimas prateadas
Pelo meu rosto esverdeado e terno.

Nem uma gota só de bom falerno
Pinga; mas cai a chuva das ramadas;
Se em vez do céu, chovesse das latadas, *
Não fora o mundo esse medonho inferno.

O mês da luz é longe, o morno Outubro,
Somente Junho o campo desfloresce,
E eu com mais frio a minha pele cubro.

Quadra risonha, do pintar dos cachos,
Raia, que já minh'alma desfalece.
Oh! sangue novo, serve-me em riachos.

(*Ibid.*, Rio, 14-10-1890.)

II

Volta da luz a primavera em chama...
E atira borboletas pelo espaço.
Tem lírios, tem lilases no regaço
E a terra inteira com seu beijo inflama.

Rebenta o grelo, explode a cepa em rama;
E de verdes parreiras no baraço
O fruto pende, rubro de mormaço,
Que o sol, do azul, em gorgolões derrama.

E Baco traz, cantando, essa palheta
Com que as uvas colore de violeta
Pelas claras, festivas madrugadas.

Nasce de novo essa alegria morta...
E bebo e mamo já, de boca torta...
Nos cachos de ametista das latadas.

31-1-1889.

(*Ibid.*, Rio, 29-10-1890.)

---

* Não há no texto esta vírgula.

TERRA PROMETIDA

A Oliveira e Silva

Não vibro pela enxada do coveiro,
Nem temo a cova clássica e sombria;
Morrer, como cigarro num cinzeiro,
Doce ventura, assim eu morreria.

Nada restar de todo este cruzeiro, *
Nem saudade, nem dor, nem fantasia;
Remir pecados como o Grande Obreiro, **
Alto negócio *** alguém reputaria.

Tremo pela suspeita doutra vida
— A certeza da Terra Prometida
Do Além, desse terrível Amanhã ...
E ali chegar, por atração funesta,
Aos sabás em função, em grande festa,
Um júri presidido por Satã.

(Cópia fornecida por Ernâni Rosas, filho do autor.)

A VAGA

Oh! Boa do alto-Mar! Oh vaga misteriosa,
Que tens como a serpente uma música estranha,
Colina de esmeralda, escalvada montanha,
A minh'alma te anela e o meu olhar te goza.

O albatroz do alto céu contempla-te a beleza,
A cabeleira branca e a renda de escumilha,
Tu te espraias além, saltando de ilha em ilha,
Balouçando o galeão da minha lady inglesa.

Andam corcéis por ti, correndo a toda brida,
E rola o vendaval em teu dorso a sereia,
E à flor d'água ela canta, à luz da lua cheia,
Magnética, chamando ao holocausto o homicida.

---

* Não há essa vírgula na cópia.
** Idem.
*** Na cópia essa palavra vem seguida de vírgula.

E eu te sinto a *berceuse* e a Morte que em ti mora...
Vaga, tu tens o amargo e a verde cor do absinto,
És nômade como eu, tu sentes o que eu sinto,
Régia mansão do Sonho, hibernal e sonora.

(Cópia de Henrique Fontes)

SEREIA

A Emílio de Menezes

Reparem nesse bronze, veia a veia,
Cornucópia de seios e de escama,
Obra dum japonês, em que o Fusi-Yama
Adora o mar em enluarada areia.

Canta, e essa harmonia nos golpeia.
É duma triste e solitária gama,
Porém aumenta desse bronze a fama
O olhar amortecido da sereia.

Penso que sonho o pólo e o nevoeiro,
E a pálida talhada de um crescente
Num céu de véus de noiva e jasmineiro.

E como o búzio a referver ressoa
Numa langue preguiça de serpente,
Num êxtase nostálgico de leoa.

(Ditado por Ernâni Rosas, filho do autor.)

VISÃO

Tanto brilhava a luz da lua clara,
Que para ti me fui encaminhando.
Murmurava o arvoredo, gotejando
Água fresca da chuva que estancara.

Longe de prata semeava a seara...
O teu castelo, à lua crepitando,
Como um solar de vidros formidando,
Vi-o como ardentíssima coivara.

Cantigas de cigarra na devesa...
E, pela noite muda, parecia
Cantar o coração da natureza.

Foi então que te vi, formosa imagem,
Surgir entre roseiras, fria, fria,
Como um clarão da lua na folhagem.

> (Escrito como foi recitado por Edmundo da Luz Pinto; examinado e confirmado por Ernâni Rosas, filho do autor.)

*

Lá para as terras do Sul
À tarde surge o crescente,
Tendo uma estrela pendente
De um fio de seda azul ...

> (Ditado por Ernâni Rosas, filho do autor.)

ARAÚJO FIGUEREDO (1864-1927)

Juvêncio de Araújo Figueredo — assinava-se "Figueredo" — nasceu no Desterro, depois Florianópolis, em 27 de setembro de 1864. Escreveu os seus primeiros versos aos 15 anos de idade, publicando-os no jornal *Regeneração*, em cuja tipografia féz o aprendizado do ofício de tipógrafo. Com vocação de desenhista, o seu eminente conterrâneo Vítor Meireles chegou a interessar-se por ele, falando no seu caso ao Imperador D. Pedro II, que consentiu em conceder-lhe uma pensão para estudar Escultura, projeto que não teve seguimento. Participou da fundação do jornal *O Abolicionista*; colaborou no *Jornal do Comércio* (do Desterro), em cujas oficinas trabalhava, e, juntamente com Cruz e Sousa, Virgílio Várzea, Horácio de Carvalho e Santos Lostada, na *Tribuna Popular*. Lançou, com Cruz e Sousa, o jornalzinho dominical *Gil Braz*. Do seu sítio de Coqueiros, nos arredores de Desterro, escrevia, em 1888, noticiando dois livros de versos: *Madrigais* e *Paisagens*, enviando o primeiro a Cruz e Sousa — por intermédio do "poderosíssimo" Várzea (Virgílio) — para que o corrigisse. Foi, aliás, ele próprio, tipógrafo profissional, o compositor de *Madrigais*.

Em 1890 estava no Rio de Janeiro, residindo no Campo de Santana, e trabalhando em *O Tempo*, onde ganhava 150$000 mensais; passando, depois, para a redação da *Cidade do Rio*, de José do Patrocínio, onde conheceu Emiliano Perneta e Gonzaga Duque. Mais tarde, entrou para o *Novidades*, de que era secretário Oscar Rosas, e onde já trabalhavam Virgílio Várzea, Cruz e Sousa e Emiliano Perneta. Colaborou, também, no *Diário de Notícias* e na *Folha Popular*, de que era secretário Emiliano Perneta. Deslocou-se, a seguir, para Campinas, onde trabalhou no *Diário de Campinas*, e para Itu, labutando, ali, nas oficinas gráficas do Convento do Sagrado Coração de Jesus.

De volta a Santa Catarina, foi nomeado, em 16 de dezembro de 1892, promotor público da comarca de Tubarão. Casara-se, em 12 de

Araújo Figueiredo.

fevereiro do mesmo ano, com Maria Concepta Renzetti, natural de Gênova, Itália, e falecida, com 80 anos, no Rio de Janeiro, em 22 de fevereiro de 1954. A 14 de julho de 1894 foi atacado, em Tubarão, por arruaceiros, que tudo "quebraram e espingardearam" na sua residência. Teve de fugir daquela localidade sertaneja, mantendo-se escondido até setembro, "no mato", escreveu a Cruz e Sousa. Nomeado para o mesmo cargo em Tijucas, pouco se demorou lá. Deixando o ministério público (não se exigia o curso jurídico, então, para essas funções), foi ser industrial, instalando uma olaria. Em 1897 escreve a Cruz e Sousa que perdera essa fábrica, "capital e tudo", e procurava emprego. Recomeçou a vida como tipógrafo, em Santos, Estado de São Paulo, nas oficinas da *Tribuna do Povo,* e onze dias depois passou para as do *Diário de Santos.* Em outubro daquele ano vem tentar a vida no Rio, hospedando-se no lar humilde de Cruz e Sousa, no Encantado. Fala (carta a Cruz e Sousa, de 27 de dezembro do mesmo ano — exatamente quando se declarava, no Cisne Negro, a tuberculose galopante que o iria arrebatar em março seguinte) "na imagem de ébano da tua esposa, imagem afetuosa e santa, iluminada de suprema bondade".

Já estava, então, novamente em seu Estado, na Cidade de Laguna, onde fundou um colégio, lecionando ali durante dois anos. Foi, depois, chefe escolar do município de S. José, secretário da Câmara Municipal do mesmo município, escrivão federal na Comarca de Mafra.

Faleceu a 6 de abril de 1927, em Florianópolis, onde exercia o cargo de diretor da Secretaria da Assembléia do Estado.

Foi Membro da Academia Catarinense de Letras e do Centro Catarinense de Letras. Era considerado "príncipe dos poetas catarinenses", título que a imprensa repetidamente empregou noticiando o seu desaparecimento. Deixou um estudo, inacabado, sobre Cruz e Sousa, de quem foi dos maiores amigos, mas também talvez o mais fiel discípulo, na sua vasta produção, principalmente de sonetos.

Obras: *Madrigais*, 1888; *Ascetério*, Desterro, 1904; *Poesias*, Edição comemorativa do Centenário ("Praias de Minha Terra", "Novenas de Maio", "Filhos e Netos", "Ascetério", "Versos Antigos"), Florianópolis, 1966.

NA PRÓPRIA DOR

A Virgílio Várzea

Ia o meu coração cheio de encantos, ia
Cheio do que de amor um pássaro sonhasse
Na fulva irradiação espiritual de um dia
Que de flóreos rosais os campos alastrasse ...

Dentro em meu coração seguidamente havia
A doçura do mel, que um favo derramasse
Para me ver feliz como a flor da alegria,
Para que assim minh'alma um bálsamo gozasse...

A Dor?! O que era a Dor nos sublimes arcanos
Desse gozo? E os letais, venéficos, insanos
Vermes verdes do Tédio, o símbolo do Horror?

Mas agora que todo esse gozo anda longe,
Veste meu coração o atro burel de um monge,
E para então viver vive na própria Dor!...

(*Ascetério*, págs. 21-22; cópia fornecida por Henrique Fontes.)

HINO ÀS ESTRELAS

Misteriosas estrelas das Alturas,
Cristalinas estrelas misteriosas!
Vasos de prata de guardar doçuras!
Encantadoras ânforas custosas!

Refúgios que minh'alma dentre as duras
Lancinações sangrentas, dolorosas,
Busca do Azul nas doces curvaturas,
Por horas vagas e silenciosas!

Refúgios eucarísticos, benditos,
Da noite roxa e amarga dos meus gritos,
Enchei-me o triste coração de lendas!

Ah! que minh'alma seja em luz velada,
Seja na vossa luz amortalhada
E conduzida pelas vossas tendas!

(*Ibid.*, págs. 25-26; idem.)

TENEBROSO

Se por uma infinita noite escura
Um clarim percorresse o céu profundo,
E chamasse de lá todo este mundo
Que anda cheio de dor e de amargura...

Se nessa noite, a cândida ventura,
A esperança que existe ainda no fundo
D'alma, tombasse a um pélago iracundo,
Tombasse como numa sepultura...

Se em nosso olhar a lágrima rolasse
E dessa amarga lágrima brotasse
Uma ansiedade eternamente **fria,**

Dize tu, dize tu, Mulher amada,
Se por essa sinistra e longa estrada,
Dize se eu nos teus braços me acharia!

(*Ibid.*, págs. 37-38; idem.)

OLHANDO A MORTE

A Lídio Barbosa

Ah! que tumultuar misterioso de idéias!
Mas a idéia que eu tinha era a de ver-me andando
Por um caminho atroz, de báratros e teias,
À penumbra de um sol no Ocaso agonizando!...

Um frio tumular corria-me nas veias;
E eu não sei se andava ou se ia cambaleando,
Pois dos meus rudes pés fugiam-me as areias,
Desse caminho atroz que a Dor ia cavando...

Reparei-me, e afinal achei-me amortalhado:
Mãos em cruz sobre o peito atramente gelado;
E à minha boca em goivo o fel abrindo espumas!...

Hora do pálio roxo e triste da ansiedade,
Em que eu via morrer a minha mocidade
Na agonia augural de um luar entre brumas!

(*Ibid.*, págs. 49-50; idem.)

DIVINA GRAÇA

Ao Padre Manfredo Leite

Para sempre lembrados os que choram
Profundamente, com o peito em lanças!
Mas os que choram pelas esperanças
Que os altos céus olímpicos enfloram!

Para sempre lembrados os que imploram
Mares de eterna paz e de bonanças,
E têm a alma como a das crianças
Que as próprias feras docemente adoram!

Ah! pelos que nesse clarão se aquecem
Todas as dores que em dilúvio descem
Toda a gota de lágrima que passa

Nada mais são do que, continuamente,
Diante do olhar de quem se vê doente,
Os Santos-Óleos da Divina Graça!

(*Ibid.*, págs. 53-54; idem.)

SOMBRAS AMIGAS

A Luís Neves

Sombras da Noite, leves como as aves,
Aconchegos e frêmitos de amores,
Que em vossas asas de esquisitas cores
Subam para o Alto os meus anseios graves...

Sombras flébeis, tenuíssimas, suaves,
Emigradas dum chão de amargas flores,
Levai-me as mágoas e as secretas dores
Pelas mais altas, silenciosas naves...

Pelas naves caladas das montanhas
Que esses anseios de ferais entranhas,
— Que todo esse clamor de Ansiedade,

Erre junto de vós, sombras da Noite,
E nalgum astro de cristal se acoite,
Em busca de repouso e de piedade!

(*Ibid.*, págs. 71-72; idem.)

RECORDANDO

(Para a alma de Cruz e Sousa)

Recordas? Esta praia é a mesma onde viveste
Longos anos comigo. É a mesma na brancura,
A mesma na alegria, a mesma na frescura;
E se espelha no mar o mesmo azul celeste.

Os versos virginais que sempre lhe fizeste,
E os que também lhe fiz, rimados de doçura,
Correm por esse mar, pela imensa planura:
São perfumes sutis de um roseiral agreste.

Recordas? Esta praia é sempre a mesma praia,
E quando morre o sol, e quando a luz desmaia,
Continua a embalar, entre os ventos dispersos,

Esse anseio de amor, que sonhamos outrora,
E que palpita e vibra, e que renasce e chora,
E vive a soluçar nos meus e nos teus versos.

("Praias da minha terra", in *Poesias*, pág. 15.)

CARTA A CRUZ E SOUSA

Coqueiros, 5, agosto, 95.

Prezadíssimo Cruz.

Com o coração voltado para Ti, na mais viva emoção das idéias e dos sentimentos, parecendo sentir o calor da tua mão direita, é que te escrevo esta carta. E escrevo-ta com tinta negra, simbolizando assim a grande saudade que tenho tido de Ti, avivada nesta hora pelas dolências de um luar de calcedônio, que me entra em desenhos pelas janelas envidraçadas, e pelo Mar, cujas ondas de rendas claras, morrendo em serpentes no virgem regaço da praia, salmodeiam nostalgias e desolação de cárcere. No entanto nostálgico não vivo, nem mesmo desolado, porque ainda, segundo posso afirmar, continuo a ter a alma cheia de afetos para com todos, principalmente para contigo que, conquanto passássemos tanto tempo sem nos comunicar por meio da escrita, continuas a ser o meu maior amigo, o mais altamente sincero e dedicado; e porque vive junto de mim, habitando o mesmo castelo de esperanças, a doce Eleita dos meus sonhos, achada entre as mais procuradas. Depois da vez em que te escrevi, em março de 92, comunicando-te o meu casamento e da em que eu te agradecia a bela e simpática oferta que me fizeste do teu extraordinário *Missal*, e de mais uma outra, nunca mais tive sossego para escrever-te uma linha! Parece incrível, porém as circunstâncias em que me tenho visto, isso desde o dia em que aceitei a nomeação de promotor público até o atual, são mais que patentes para justificarem-me perante o teu grande coração e o teu genial espírito de Águia do Desconhecido. Se já não estivesse de todo excluído da urna de ouro e prata dos meus afetos, sempre tão sinceramente demonstrados, o nome de Oscar Rosas (tremo ao escrever o nome dessa cadela hermafrodita), apelaria para ele, como prova do que passei durante o governo que me empregou, no Tubarão e na Laguna. Dir-te-ia ele que fui um eterno perseguido, um israelita atormentado, com todas as tendas do espírito derrubadas pela inclemência humana. Foi dessa primeira cidade que te escrevi as cartas das quais já te falei, e que até hoje não tiveram a menor resposta, pelo que, entretanto, não me zango, visto lembrar-me que talvez nem as tivesses recebido, e que acontecesse com elas o que acontecia com as que eu mandava para minha família e vice-versa: os *senhores* daquela nova Sodoma roubavam-mas todas do Correio, descaradamente, cinicamente. Hoje porém, que me sinto mais calmo, conquanto espreite ainda os inimigos, esses assassinos cobardes, lobos em rebanho de ovelhas, sem poder ir francamente à cidade desde abril do ano passado, mês em que meti-me no mato, e aí estive até fins de setembro, sofrendo as mais duras privações; hoje porém, repito, que me sinto mais calmo, eis-me a comunicar contigo, de coração aberto para o teu, de alma aberta para a tua. Unjo-me, portanto, de óleos puríssimos, como os que uns olhos amantes escorrem, e aromatizo-me de nardo e mirra como um templo que se vai abrir em festas ao *Agnus Dei*. Disse-me o Zeca Lopes, em abril do ano passado, quando aqui aportou vestido a *Tiradentes,* que já te tinhas casado com a Gavita. Não imaginas que pássaro de ouro sacudiu-se-me na janela festiva da alma, numa alegria de sol, efluvial e doce, trazendo na sua garganta eternas ladainhas brancas — místicas sinfonias de asas de coração noivando. Estás casado, realizaste enfim o sonho que mais flâmulas te abria no Espírito, como num largo porto de mar verde a aparição olímpica de uns mastros desejados. Ah! como é bom o casamento, esse para mim delicioso Refúgio de sonhos brancos, aromado de jacinto, onde espiritualmente o meu coração recorda as cítaras de tirso, que a gente de Hiram traria de Tarsis, no dorso dos seus dromedários. É minha Esposa, hoje, meu Cruz, com suas mãos enfermeiras e os seus olhos amantíssimos, de uma resignação de cordeiros apunhalados, o mais supremo e significativo altar da minha Religião. Na batalha da Vida, batalha essa contra horríveis desenganos, tem sido Ela a minha única espada de aço, forte como o Tempo. Rosa da Graça, Porta de ouro do Amor, Escada dos sonhos, a esposa que achei entre as mais castas. Deu-me já duas rapariguinhas adoráveis, que são como os anjos na Assunção da Rainha das Mulheres. A mais velhinha é uma rapariguinha de quatro palmos de altura, muito alva e rosada, de cabelos louros e crespos, e olhos azuis, lembrando duas piscinas de pórfiro cheias de água fresca, com céus de maio no fundo. É de uma beleza encantadora, digo-to com desvanecimento. Chama-se Desdêmona. A outra, que apenas conta dois meses e pouco, é também muito bonita, com olhos negros, muito negros, como que feitos de tormentos secretos. É louca pelas carícias da avó. Tem um nome muitíssimo claro, de uma diafaneidade de cristal: chama-se Smirna, um dos sete Candieiros de ouro, simbolizados no *Apocalipse* do desterrado de Patmos. A mais velha, a minha idolatrada Zirinha, quando me acompanha pelo campo, com o seu andar ainda muito bamboleado, como o de uma ebriazinha, lembra uma pastoral da Escritura antiga, porque Ela é doce como uma ovelhinha, e minha Alma então e quem a apascenta, vestida de alvos linhos de cuidado, como uma segunda Agar. Como é extraordinariamente grande e extraordinariamente feliz o meu coração junto do dessa rapariguinha de dezesseis meses e do da que está ainda no berço, fitando-me dentre as suas mantas de inverno! Ando ansiado que esta cresça já, para ajudar a outra a puxar-me os cabelos, a pular-me nas pernas, a encher-me a boca de beijos. São dois livros admiráveis essas minhas filhas!... Nunca escrevi madrigais mais deliciosos do que os seus olhos, nem sonetos mais rubros e cheios de sol do que a sua carne. Sabes, as circunstâncias da vida fizeram-me, depois de promotor e rábula, e tanta coisa mais, um industrial. Tenho, com o meu compadre João Bernisson, e com o capital de quatro contos, nas minhas terras, uma olaria. — Espero tirar um bom resultado, e Deus o permita, porque as minhas filhas precisam que eu lhes construa uma tenda, com roseiras na porta. Tornei-me um rústico adorável, na viva alacridade do campo, gozando, como os pássaros, da saúde da luz imaculada das manhãs e tardes musicais. Só uma coisa não tenho feito — que é escrever versos. Os que possuo são poucos, os que dificilmente puderam escapar da fúria dos arruaceiros que me assaltaram, em Tubarão, às quatro horas da tarde de 14 de julho de 92, a casa onde eu residia com minha família, quebrando-me tudo, espingardeando-me tudo. Entretanto espero, se Deus me der vida e saúde, e se o meu espírito não se tornar de todo um cágado medonho, construir um livro, pequeno embora, porém que ao menos fique para as mãos alvas de minhas filhas folheá-lo com religião. E esse livro intitular-se-á — *Karma* — (não o confies a ninguém) e escrevê-lo-ei do branco refúgio espiritual do meu Amor, com a alma feita irmã de caridade, visitando e ungindo suas irmãs — almas de astros encarceradas, agonizantes em misérias. Será ele o livro do meu Eu interior, voltado simplesmente para o Puro através de tantas dores, de tantas decepções. E é desse ascetério místico, de buda, velado como o da Lua — ascetério de jaspe, de noivas emigradas — que te escrevo estas linhas. Disseram-me que já publicaste dois livros mais — *Broquéis* e *Evocações* —, os quais nem por sombra pude ainda obter. Não sei se é verdade. Se com efeito encheste a literatura do Mundo com esses livros mais, infalivelmente extraordinários, vê se não te esqueces em enviar-mos, vendidos ou dados, se é que ainda te mereço algum afeto, se é que a tua amizade e a tua dedicação extremas para comigo não foram ainda abaladas por alguma malvadeza de amigo urso, como o safado do Oscar Rosas. Preciso de te ler muito, preciso de mergulhar-me na via-láctea do teu espírito prodigioso. Ó Várzea que me mande também o livro dele, o *Mares e Campos,* se já estiver editado. Que venham esses Jordões luminosos, esses grandes rios de sol, para que o meu cérebro se mergulhe nas suas águas fulgentíssimas. Que me venham mais esses livros, como outros tantos missais de antífonas verdes, de antífonas azuis, de antífonas brancas, feitas das árvores, dos céus e dos luares sonhados. Tenham piedade de mim, não me deixem morrer na sombria carcérula da estupidez desta terra. Que ao menos no canto de natureza que ocupo, aqui junto das minhas roseiras e das minhas vinhas, os escritos de vocês me venham cantar na alma, como ainda ontem, *A Torre Verde,* do Várzea. Muito bela, muito bela, *A Torre Verde!...* Não sei como me veio esse astro pairar às mãos! Iluminem-me vocês o espírito com os seus escritos e rompam-me assim o véu roxo da tristeza que me cai pelo coração sempre que tenho ocasião de pensar na amizade dos amigos nobres, dos amigos altamente sinceros. Sim, meu Cruz, porque eu seria um urso, seria uma pantera se, lembrando-me, principalmente da tua amizade, amizade essa imaculada como o veludo de um lírio, e como as ladainhas dos velados corações das freiras, não recordasse agora, nesta carta que não é mais do que páginas de missais, um amigo que tive e que foi um dos fuzilados de Santa Cruz. Era ele o meu Juiz, o homem que, depois de ti, mais soube ser meu amigo, e chamava-se Dr. Joaquim Vicente Lopes de Oliveira. Era um irmão — não, era mais do que isso — era o teu coração, amantíssimo, generoso, franco, embora lhe faltasse espírito disciplinado, isto é, espírito de artista da escrita. Fuzilaram-no inpiedosamente, desumanamente, como a um ladrão desses que usam espada e que fizeram a República... Arrancaram-no, primeiro, dos braços da esposa a quem se ligara há dias; depois cortaram-lhe a língua, depois fuzilaram-no... Atravessam-me o coração as sete Espadas de Maria Santíssima, e pela alma grasnam-me corvos de melancolia, ao lembrar-me dessa inclemência de Caim. Que as felicidades que esse amigo tanto desejava para mim, e as esperanças e os sonhos, que se transformem todos em pássaros cor-de-rosa que lhe cantem eternamente sobre a sepultura as canções do Mistério. Lírios de todas as cores e de todos os perfumes os que lhe nascerem das mãos e do peito. Na taciturnidade em que às vezes me vejo, alanceado ainda de fresco com a morte desse grande amigo, é preciso que voces não me deixem sem literatura, único pálio de ouro da Extrema-Unção das minhas dores. Todas as cartas, porém, que me enviarem, e livros e jornais, que sejam adreçados a Manoel José da Silva, Coqueiros, no primeiro envelope, e no segundo a mim, de modo que, abrindo-se o primeiro, não seja violado o segundo.

....

Agora, como já são duas horas da madrugada, e já vai longa e maçante esta carta, abraço-te loucamente, desejando-te e à tua Esposa, a Eleita do teu Ideal, a Iniciada dos teus versos, todas as venturas que eu para mim desejo e para as minhas filhas. Uma grinalda de rosas coroe-te a cabeça, e a da tua Santa Gavita. Abraço muitíssimo também ao Várzea e sua família, ao Dr. Gama Rosa, Jansen, Raul Hammann, Ataliba, Junqueiro, Jubim, Artur de Miranda, Emílio de Menezes. Saudades da minha família toda, bem como do Luiz. — Escreve-me o mais cedo possível, sim? O teu eterno (a) Araújo Figueredo. P.S. — Breve te mandarei o retrato das minhas filhas. A. F.

VENCESLAU DE QUEIRÓS (1865-1921)

Venceslau José de Oliveira Queirós nasceu em Jundiaí, Estado de São Paulo, a 2 de dezembro de 1865. Estudou preparatórios no Colégio do Caraça, em Minas Gerais. Matriculou-se na Faculdade de Direito de São Paulo em 1883. Por motivo de enfermidade grave só se bacharelou em 1890.

Foi, ali, contemporâneo de Emiliano Perneta, Luís Murat, Olavo Bilac, Dias da Rocha Filho, Rodrigo Otávio, Horácio de Carvalho, Assis Pacheco, Alberto Torres.

Foi juiz federal substituto, professor, deputado estadual, membro do Conselho Superior de Instrução Pública do Estado. Um dos fundadores do Conservatório Dramático e Musical de São Paulo, lecionando ali Estética.

Jornalista (diretor do *Diário Mercantil,* redator-chefe do *Correio Paulistano*) e conferencista, Venceslau de Queirós muito contribuiu para a formação, em São Paulo, do espírito simbolista, mercê dos seus versos impregnados de baudelairismo e do seu ardor polêmico, exercido contra Vicente de Carvalho, Fillinto de Almeida, Luís Pereira Barreto, Carlos Ferreira, César Ribeiro e outros.

"Baudelaire paulistano" chamou-lhe o poeta Ezequiel Freire, intitulando o seu artigo de junho de 1887 (Ezequiel Freire, *Livro Póstumo,* São Paulo, 1910, págs. 165-169), data anterior à da irrupção do movimento simbolista propriamente dito. Venceslau de Queirós a ele pertencia nitidamente, no que concerne à temática e à atmosfera afetiva, do que dá testemunho o poema "Nevrose" (páginas 91 a 95 do livro *Versos,* de 1890, que enfeixa matéria de 1884 a 1888), um dos primeiros poemas simbolistas escritos no Brasil, contemporâneo dos de Medeiros e Albuquerque (mais autêntico de tom do que estes) e dos de Domingos do Nascimento.

Produziu depois relativamente pouco, mas os seus poemas de *Rezas do Diabo,* de publicação póstuma, são ainda representativos

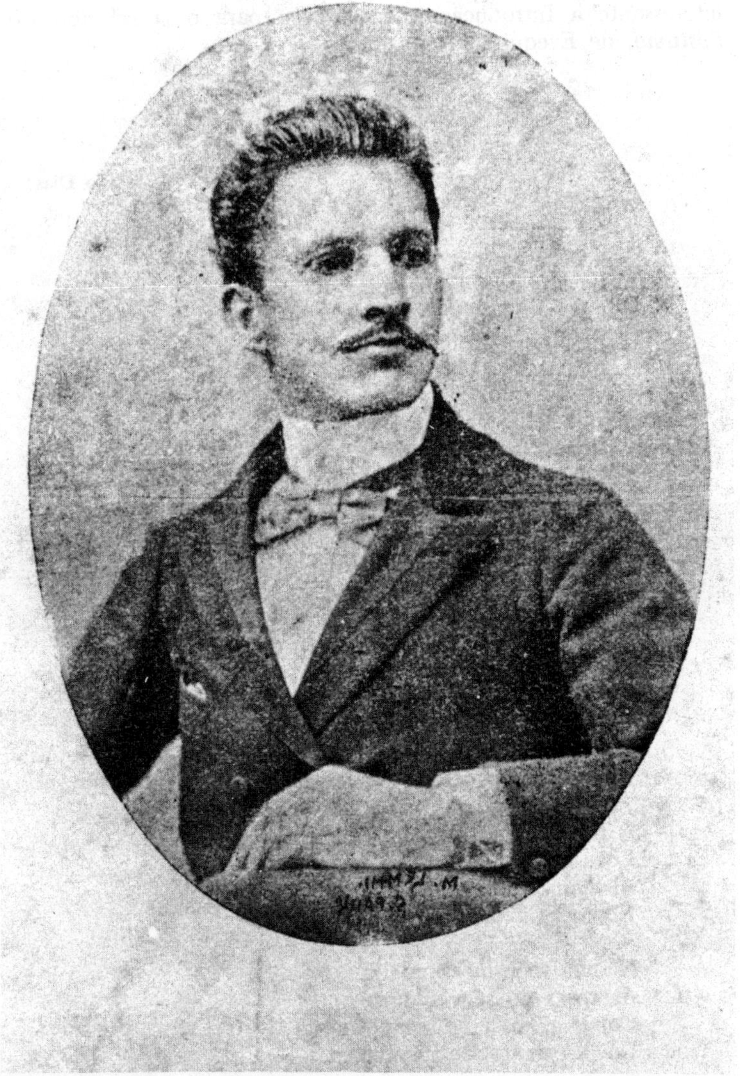

do satanismo à Baudelaire, servido por uma real virtuosidade. Foi amigo de Emiliano Perneta, com quem tinha afinidades de temperamento evidentes, a quem por várias vezes visitou em Curitiba.

Faleceu em 29 de janeiro de 1921, na Cidade de São Paulo.

Obras poéticas: *Goivos*, São Paulo, 1883; *Versos*, Lisboa, 1890; *Heróis*, São Paulo, 1898; *Sob os Olhos de Deus*, poemeto, São Paulo, 1901; *Rezas do Diabo*, São Paulo, 1939; *Cantilenas*, inédito. Muito interessante a Introdução que escreveu para o já referido *Livro Póstumo*, de Ezequiel Freire.

NEVROSE

(A Teófilo Dias)

I

Na voragem da infinita
Loucura que me suplanta
Há uma serpente maldita
Que me constringe a garganta.

A noite do agro remorso,
— Remorso que me fragoa,
(Noite em que choro e me estorço...)
De pranto e sangue gerou-a.

Corrompem-se-me os sentidos
Entre mórbidos miasmas:
— Ouço na treva gemidos,
— Na sombra vejo fantasmas.

Tomam corpo e forma hedionda
Os sonhos meus mais secretos,
Como frenética ronda
De uma porção de esqueletos.

A fantasia nas garras
Leva-me a um páramo torvo,
Abrindo as asas bizarras
Nos céus azuis como um corvo...

N'alma roeu-me a apatia
As rosas do seu conforto,
Como a larva úmida e fria
Rói a carcaça de um morto.

E o olvido (ai! corre-me o pranto...)
Vai sepultar-me os despojos,
Como farrapos de um manto
Que se espedaçou nos tojos.

Neste incessante destroço,
A razão mais se me afunda,
Como a luz dentro de um poço,
Numa inconsciência profunda.

Como nas noites polares,
De úmida treva retintas,
Farejam ursos nos ares
Abrindo as bocas famintas.

Surgi, visões do passado,
Nesta mudez que me cinge:
Eis o meu seio golpeado,
Sugai-o, lábios de esfinge...

II

Na tristeza em que me afundo
Nem ar, nem luz eu não sinto;
Há lia amarga no fundo
Escuro deste recinto.

Acima se os olhos volvo,
Acho treva, e cai-me o pranto;
Suga-me a dor, como um polvo,
O sangue, neste quebranto.

Os beijos que dou nos lábios
Vermelhos da minha amada
Têm os cáusticos ressábios
Da blasfêmia envenenada.

Se toco o pé de uma rosa,
Muda-se em lábio sangrento,
Que me diz, em voz chorosa,
A imprecação de um lamento.

Alguém que me segue o passo
Rouba-me toda a alegria...
Se canto, silva no espaço
A farpa de uma ironia.

Nos astros — laivos de sangue
Eu encontro, quando os olho,
E entre eles perpassa, exangue,
Um anjo, torvo o sobrolho...

Outro anjo, e mais outro eu vejo
Atrás seguirem, tristonhos,
E mortos, nesse cortejo,
Passam-me os anjos dos sonhos...

Os braços ergo às estrelas
Num gesto súplice, e logo
Apagam-se todas elas,
Como a luz de um fátuo fogo.

— Dúvida, morde e remorde
As fibras de um peito exausto:
Lira,* num último acorde,
Quebra-te nesse holocausto.

(*Versos*, págs. 91-95.)

NOSTALGIA DO CÉU

Ei-lo que sonha, triste e só... Que estranho augúrio
A alma te agita, Arcanjo Negro? Que magia,
Que sortilégio, à dura abóbada sombria,
No Orco, te prende o chamejante olhar sulfúreo?

Que encantamento cabalístico assedia
Tua cabeça? Em que palácio, em que tugúrio,
À evocação de Grande Mago, no perjúrio
Presa ficou tua infernal figura esguia?

Nada de mais... Lembra Satã a imensa Queda
No boqueirão da Eterna Sombra que lhe veda,
Eternamente, eternamente, ver os céus...

Punge-o a saudade, a nostalgia, a funda mágoa
De estar (Satã já tem os olhos rasos d'água!)
Longe da Luz, longe do Azul, longe de Deus!

(*Rezas do Diabo*, pág. 14.)

---

* Está sem a vírgula.

IRREPARÁVEL

> Impressão de uma água-forte — "A Bebedora de Absinto" — de Félicien Rops, um dos "malditos" iniciados no espiritualismo da luxúria de Baudelaire: — o Satanismo.

Boca sangüínea e quente — golpe vivo
De uma gélida lâmina acerada! —
Como uma flor de vinho e fel, queimada
No fogo estéril do seu beijo esquivo...

Verdes olhos de pérfido atrativo,
Que, saturando como o absinto, em cada
Olhar, deixam de tédio a alma gelada,
Sem um consolo, sem um lenitivo...

Mãos de Febre e de Sonho, transparentes,
Afeitas a cerrar os olhos crentes
Dos que desmaiam no seu frio seio...

Ventre infecundo mas voluptuoso
Que a Loucura propina com o Gozo...
— Eis a mulher que eu amo e que eu odeio!

(*Ibid.*, pág. 69.)

EMILIANO PERNETA (1866-1921)

EMILIANO DAVID PERNETA nasceu no Sítio dos Pinhais, perto de Curitiba, Paraná, em 3 de janeiro de 1866.

Seu pai, Francisco David Antunes, cristão-novo, português, pessoa abastada, era proprietário de uma alfaiataria. De curioso modo de andar adveio-lhe o apelido "perneta", que adotou finalmente. Sua mãe era brasileira e chamava-se D. Cristina Maria dos Santos.

Fez os preparatórios em Curitiba, e aos 18 anos já colaborava no jornalzinho de Jaime Balão, *A Vida Literária*. Em 1883 seguiu para São Paulo, matriculando-se na Faculdade de Direito. Ali foram seus colegas de turma Edmundo Lins, Afonso Arinos, Carlos Peixoto, Herculano de Freitas, João Luís Alves; Ermelino de Leão e Hipólito de Araújo, paranaenses; Camilo Soares de Moura, Vladimir do Nascimento Mata, Francisco Mendes Pimentel, Edmundo Veiga, Paulo Prado, Américo Ludolf e Francisco Brant.

Olavo Bilac, em carta da época (*Autores e Livros,* supl. de *A Manhã*), manifesta estranheza cômica ante o nome "Perneta", o qual logo após, em outra *(loc. cit.)*, já aparece como de sua familiaridade. Elói Pontes (*A Vida Exuberante de Olavo Bilac*, págs. 108 e 131) refere-se a essa camaradagem: "Íntimo também [de Bilac] é Emiliano Perneta, dado a excentricidades, com seus versos rebeldes às normas em voga."

Emiliano Perneta fora, de começo, grande admirador de Alberto de Oliveira, nas obras deste poeta então publicadas, de feitio neo-romântico, porém logo o Guerra Junqueiro de *A Morte de D. João*, de um baudelairismo vistoso e berrante ainda tingido de Byron, preparou-lhe o espírito para a iniciação em *As Flores do Mal*, que começavam a entusiasmar os novos e os rebelados. Nestor Vítor narra que foi por intermédio de Emiliano Perneta, durante um dos períodos de férias deste, que conheceu Baudelaire.

Em São Paulo, Emiliano Perneta fez do seu quarto — a que os amigos chamavam "autocracia da anarquia" — na Rua da Glória, um

Emiliano Pernetta por Alfredo Andersen.

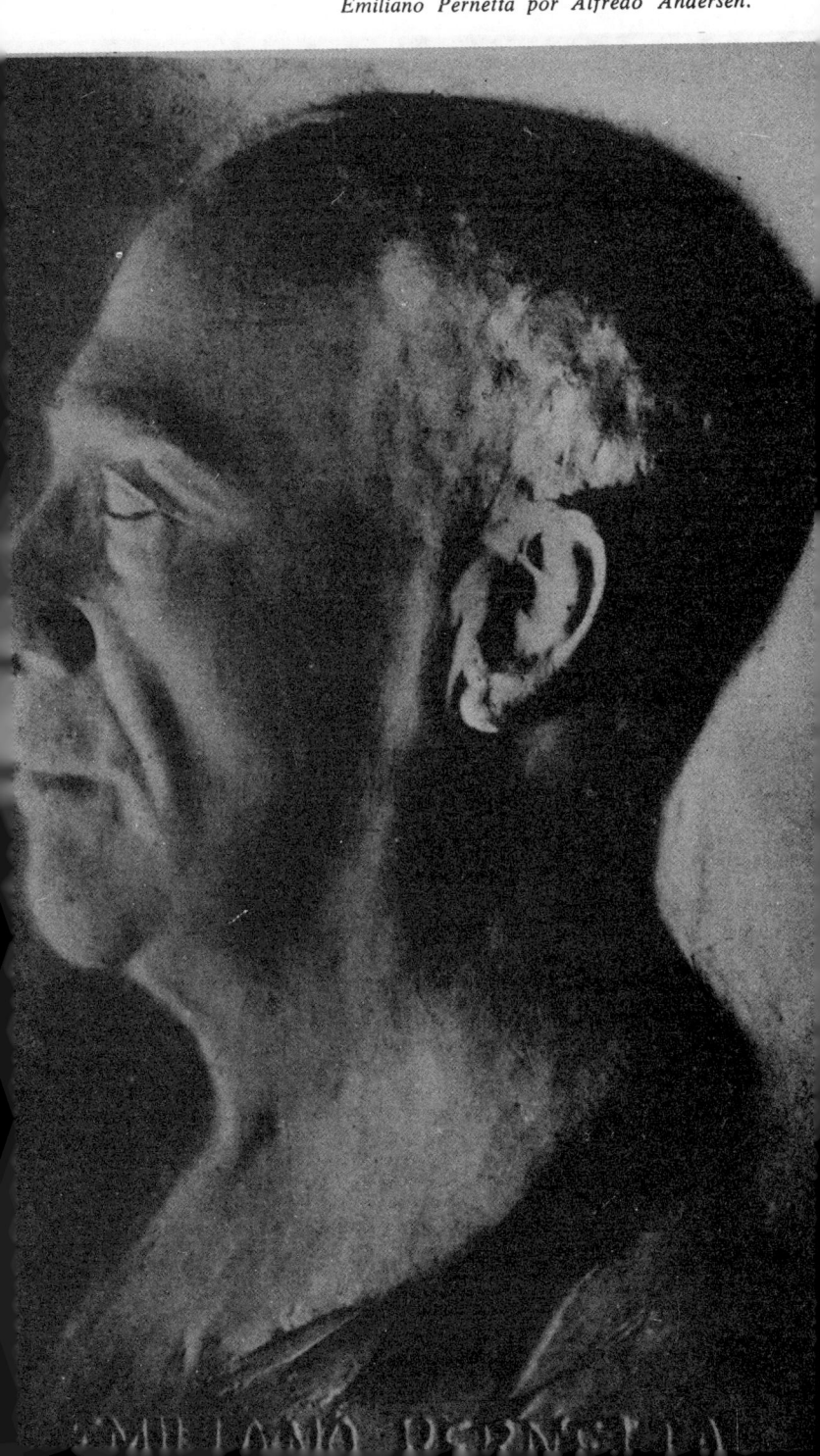

Emiliano Pernetta.

centro de literatura revolucionária, freqüentado por muitos dos colegas citados, e ainda por Venceslau de Queirós, Rodrigo Otávio, Leopoldo de Freitas, Dias da Rocha Filho, Horácio de Carvalho, Júlio Prestes.

Ninguém mais ingenuamente espetacular e de mais gracioso brilho de palestra que Emiliano Perneta na sua juventude. Vestia-se não com a pacholice popularesca de B. Lopes, mas com a rebusca e a afetação de um Théophile Gautier: uma atitude "literária". Ficaram famosos os seus recitativos nos serões do "Corvo", a taberna tradicional que Álvares de Azevedo e Castro Alves freqüentaram, e da qual o primeiro destes fez o cenário da *Noite na Taverna*. Dirigiu por essa época a revista *Vida Semanária*, em que Bilac também trabalhou; fundou, com Edmundo Lins, Afonso de Carvalho e Carvalho Mourão, a *Folha Literária*, e em Curitiba, em férias, no ano de 1889, com Jaime Balão, o periódico *A Mocinha*.

Emiliano Perneta nunca foi esteticista estrito. A sua arte não se contentava com a "torre de marfim", que nunca deixava, porém, de freqüentar. O seu isolamento na vida interior não significou jamais indiferança pelas questões vitais da sociedade — tais como se apresentavam aos jovens brasileiros de então. O seu republicanismo e o seu abolicionismo eram sinceros. Foi dos fundadores, em Curitiba, do Clube Republicano e do jornal *A República*, realizando conferências de propaganda. Em 1889, sob o pseudônimo "Vítor Marinho", publicou, em São Paulo, um opúsculo, panfleto em verso, *Carta à Condessa d'Eu*, duma irreverência juvenil (que mais tarde fez esquecer), com referências respeitosas à "libertadora". Aqueles versos junqueirianos nunca foram por ele recolhidos em livro. Curioso é que ainda no ato de formatura, ocorrido no próprio dia 15 de novembro de 1889, o seu discurso de orador da turma foi de propaganda republicana... em instante poucas horas posterior à Proclamação da República, no Rio, ocorrência então ainda não sabida em São Paulo...

Formado, voltou a Curitiba, e dali seguiu para o Rio, onde residiu de 1890 a 1892. Esses três anos foram de extrema importância para a formação do seu espírito e, mais do que isso, para a história do Simbolismo brasileiro. Chegado à Capital do País, acolheu-o José do Patrocínio, que o convidou para redator da *Cidade do Rio*, função exercida paralelamente à de secretário da relação da *Folha Popular* (diretor Leopoldo Cabral), jornal situado na Rua do Ouvidor n.º 134-B. Colaborou também no *Novidades*, de que eram redator-chefe Bandeira Júnior e secretário Oscar Rosas. *Músicas*, seu primeiro livro, aparecido em 1888 em São Paulo, representava "um sintoma curioso de inquietação literária", escreveu Nestor Vítor — sintoma bastante significativo, já, para afastar dele a simpatia e a solidariedade dos seus amigos paranasianos. No Rio, suas tendências se definiram melhor, e a redação da *Folha Popular* tornou-se o centro das atividades iniciais do nosso simbolismo. "De Emiliano se foram acercando Gonzaga Duque, Oscar Rosas, Lima Campos e alguns outros que, antes mesmo de o conhecerem, já representavam aqui um grupo de tendências pouco simpáticas aos naturalistas e aos parnasianos" — depõe Nestor Vítor ("Como nasceu o Simbolismo no Brasil", em *O Globo*, 26 de março de 1928). Foi Emiliano Perneta quem proporcionou a Cruz e Sousa, a pedido de Virgílio Várzea, a sua primeira colocação no Rio, como repórter. Escrevia Virgílio Várzea a Cruz e Sousa, então ainda no Desterro: "Eu, pela minha parte, não sossegarei enquanto não te tiver junto a mim; semelhante coisa já me pareceu mais realizável, mas depois que certas esperanças me têm sido arrebatadas pela indignidade de muitos e a falsidade de todos os homens e rapazes de letras e de imprensa daqui, nem sei o que hei de pensar a respeito. Contava com a *Folha Popular*, com o Perneta seu redator-secretário, contava com o Oscar [Rosas], contava com o Araújo, contava com muita gente para obter uma excelente colocação para ti. A *Folha Popular* quebrou; o Perneta, conquanto seja de uma generosidade incomparável, de uma alma única, nada pode fazer, porque ele mesmo, apesar do seu grande talento e da sua formatura, há de falhar à vida... O Perneta! Que esplêndido rapaz! e como ele te estima! A toda hora, comigo, fala de ti, incessantemente. Mas o Perneta não tem *eira nem beira*, como diz a velha chapa, poucos gostam dele, por ele ser digno, e raros lhe dão atenção. Agora escreve na *Cidade do Rio*, como eu e o Oscar, e é considerado o seu principal redator. O Perneta pode te arranjar na *Cidade do Rio* com 50$000 mensais, para escreveres diariamente uma seção ou fazeres o noticiário." (Carta de 26-11-1890).

Em 1891, na *Folha Popular*, ressoaram as primeiras notas nítidas e definidas do simbolismo brasileiro. Eram, dos manifestos, autores: B. Lopes, Emiliano Perneta, Oscar Rosas e Cruz e Sousa. Essa é a ordem nominal apresentada por Araripe Júnior (*Movimento de 1893*, Rio, 1896, págs. 88-89), e exprime bastante bem a ordem decrescente do prestígio intelectual de que gozavam no Rio, no momento, aqueles moços. Na *Folha Popular*, era Emiliano Perneta o anfitrião, e a sua influência, que faz dele um "grande precursor do Simbolismo", como escreveu Nestor Vítor, fica bem indicada na escolha, para as publicações de nova tendência poética, da insígnia que representa um fauno. O fauno mallarmeano, signo grato ao seu espírito durante a vida inteira, aparece freqüentemente em *Ilusão*.

O seu companheiro mais íntimo era, então, Gonzaga Duque, em companhia de quem levou vida boêmia. Desse tempo restou amizade duradoura, muitas vezes afirmada na correspondência de ambos. Freqüentou também, assiduamente, B. Lopes, Figueiredo Pimentel, Lima Campos, Artur de Miranda.

Leôncio Correia, seu conterrâneo e amigo, depõe: "Por um lento cair da tarde encontramo-nos, sem combinação prévia, no Café Java, Emiliano Perneta, Alphonsus de Guimaraens, Gonzaga Duque e eu." "Os meus três companheiros — organizações autênticas de estetas supra-sensíveis — falavam como iluminados por uma flama divina." ("Éramos assim, em 1890", *Correio da Manhã*, 30-9-1942.)

Adoeceu repentinamente, e teve de deixar o Rio e a boêmia, entre julho e agosto de 1891, indo refazer-se na Fazenda de Santa Teresa, em Volta Redonda, após o que foi ser colega de Alphonsus de Guimaraens: entrou para a carreira judiciária de Minas Gerais, a convite do ilustre estadista João Pinheiro, seu amigo. Foi promotor público em Caldas e depois juiz municipal, com vara de juiz de Direito, em Santo Antônio do Machado. Um discurso irreverente levantou tal celeuma que teve de abandonar Minas e a carreira e retornar, enfermo, ao Paraná, em agosto de 1895, fazendo longa estação de cura e repouso no seu sítio dos Pinhais.

Recuperada a saúde, advogou e fez intenso jornalismo. Dirigiu *O Comércio*, com Francisco de Azevedo Macedo; fundou e dirigiu a revista simbolista *Victrix;* dirigiu *A República*, com Júlio Perneta e Romário Martins. Fez concurso para a cadeira de Português do Ginásio Paranaense, hoje Colégio Estadual, e onde fui seu aluno, e da Escola Normal. Acumulou esse cargo, muitos anos, com o de auditor de guerra, tendo o posto de capitão. Forçado, mais tarde, a optar, fê-lo pela auditoria de guerra, chegando a ser o auditor mais antigo, razão por que lhe cabia um posto no Supremo Tribunal Militar. Entretanto, devido ao seu recolhimento na província, sempre foi preterido.

Na sua própria sala de trabalho, singelíssima, instalara o Centro de Letras do Paraná, que ele fundara com Euclides Bandeira, e de que foi presidente perpétuo, e que raríssimas vezes se reunia em sessão. Havia, porém, sempre visitantes em sua sala, intelectuais, militares, estudantes e alguns amigos mais íntimos. Jornalistas e literatos de passagem iam vê-lo diariamente, enquanto permaneciam em Curitiba. Sem nenhum aparato, Emiliano Perneta recebia a todos, com uma lhaneza principesca, que se impunha por si mesma, sem nenhuma pompa à Goethe.

Curitiba adorava o seu poeta, porém só quando ele desapareceu teve perfeita consciência disso. Durante a sua vida, riam simpaticamente das suas "excentricidades", do seu ar glorioso e festivo. "Emiliano parece que sempre anda com uma banda de música à frente", observou, certa vez, Nestor Vítor. Exato. A sua vaidade era atenuada por pitoresca malícia, por uma euforia saudável e excitante como a primavera curitibana. Junto dele, a atmosfera nunca resvalava para o tédio ou a indiferença. Daquele incomparável palestrador emanava verdadeiro prestígio. Era o centro de toda a vida intelectual da sua terra. "Mistral paranaense" chamou-lhe Murilo Araújo; e, sem escrever em algum provençal, nem pertencer a algum *félibrige* nacional, a sua irradiação pessoal era, entre a de todos os poetas de província, com exceção de Vicente de Carvalho, a mais brilhante. A confiança de todos no seu talento, perfeita. Cada poesia sua publicada, uma alegria.

Ninguém estranhou quando se começou a chamar-lhe "príncipe dos poetas paranaenses". Esse título vinha exprimir o que todos sentiam e tiveram prazer em proclamar. Em agosto de 1911, por ocasião do aparecimento do livro *Ilusão*, foram-lhe prestadas homenagens que dificilmente seriam possíveis em outras circunstâncias. Como a um tragedista ou um épico helênico, ou a um poeta da Academia romana da Renascença, coroaram Emiliano Perneta. A coroa que lhe cingiu a fronte, numa cerimônia nobre e singela, era de louros naturais, mas a dádiva ilustre, que lhe fizeram alguns milhares de admiradores, foi de um simples exemplar de *Ilusão*, revestido de veludo e com o nome e o título em letras de ouro verdadeiro, num cofre de madeiras preciosas, hoje no Museu Paranaense. Oferecendo-lhe *Ilusão*, foi a própria Curitiba (cuja atmosfera luminosa tão fielmente refletida está no poema "Sol") que se lhe ofereceu: "o planalto primaveral, com seus céus, como ele diria, "pagãos", com o seu florescimento surpreendente, com suas rosas, seus lírios, seus pessegueiros, seu ar de começo virginal do mundo, sua pulsação genesíaca" (como lhe definiu a poesia o grande poeta paranaense vivo, Tasso da Silveira). A admiração a Emiliano Perneta fê-lo vitorioso naquela prova perigosa, em que, dada a quotidianice tediosa do *decorum* burguês, tal apoteose poderia beirar o ridículo.

Pouco depois publicou *Pena de Talião*, cantata cênica de viva frescura e graciosa expansividade.

No ano de *Ilusão* (1911) Emiliano Perneta retornara ao Rio. Nos dias da explosão da guerra de 1914, em agosto, novamente, e então pela última vez, viu a Guanabara. Viera trazer *Pena de Talião*. Leu-a para um público escolhido, presidido por Alberto de Oliveira. João do Rio, Bueno Monteiro, Nestor Vítor comentaram a peça com entusiasmo... mas a guerra mundial tudo arrebatou e Emiliano Perneta volveu ao Paraná, para exaltar, em inumeráveis discursos, os sentimentos pró-aliados, na sua adoração à França, mãe de Baudelaire, Verlaine e Rimbaud, e também terra da liberdade de pensamento.

Ainda redigiu, para o compositor suíço Leonard Kessler, um libreto sobre a *Inocência*, de Taunay; o melhor, escreveu Luiz Heitor, dentre todos os de ópera, no Brasil.

Deu-se, então, nele, profunda crise espiritual, cujas raízes antigas encontramos aliás em várias partes de sua obra. Firmemente, decididamente, voltou-se para Deus. Encheu-se de fé, e daí lhe advieram muitas das poesias do volume póstumo *Setembro*, por mim organizado com os seus dispersos.

O seu inseparável amigo José Henrique de Santa Rita acompanhava-o nos seus passeios durante os longos crepúsculos curitibanos.

Nesses momentos ninguém, por deferência instintiva, os abordava. Faleceu em Curitiba, numa dessas belas tardes, a 19 de janeiro de 1921.

Algum tempo depois, Curitiba consagrou-lhe uma herma, obra de João Turin e Zaco Paraná, na Praça Osório. Foi dado o seu nome à antiga Rua do Aquidabã, onde residira a sua família e ele fora criado. Patrono da cadeira n.º 23 da Academia Paranaense de Letras.

Nestor Vítor retratou-o assim: "De pequena estatura, trigueiro, lábios túrgidos, mas ainda assim delicado, pequeno bigode, belos dentes, bonita fronte, narinas palpitantes, mas o traço do nariz como que algo semítico, olhos grandes e veludosos, pelas longas pestanas, cabelos negros e em largos caracóis, nervoso e vívido, de um fluido que não há quem não sinta, um falar que parece uma carícia, lisonjeiro só no simples fitar da vista sobre nós, mas ao mesmo tempo infundindo desde logo o sentimento de que estamos diante de um indivíduo que não é como os demais." Vai completando o retrato: "Natureza irregularíssima, caprichosa, contraditória, capaz de grandes excessos, impulsiva, incompatível com o cálculo frio e, além disso, dotada de fundo orgulho, embora sob aparências perfeitamente enganosas, de modéstia e despretensão — coisas tão cativantes do mundo —, natureza aristocrática como a de um príncipe, mas ao mesmo tempo necessitada de liberdade, ele o diz, como a de "um selvagem nu." (*A Crítica de Ontem*, "Emiliano Perneta", págs. 283, 287-288.) E ainda: "Predomina um característico histerismo na complexão deste artista, mas o que o salva, contrabalançando tanto ou quanto essa condição mórbida a que está sujeito, é aquele "furor pela beleza" de que na *Ilusão* ele nos fala." (*Op. cit.*, pág. 345.)

A poesia de Emiliano Perneta é a mais desconcertante e variada que o Simbolismo produziu entre nós. Não aceitou o verso livre, mas, por instinto, por inquietação, repeliu os cânones parnasianos. Depõe Nestor Vítor: "A maior novidade material, entretanto, que nestes versos se encontra é uma só: são os alexandrinos sem hemistíquio, ou antes com a cesura deslocada da sexta sílaba, e por jeito a poderem ser divididos em três partes." (*Op. cit.*, pág. 294.) E exemplifica. * Acrescento que foram também elementos característ-

---

* Assinala Péricles Eugênio da Silva Ramos: "A desarticulação rítmica de Emiliano Perneta merece registro, com a 6.ª sílaba fraca junto da 7.ª: "Mortos, bem mortos, e, mudos, a fronte nua", "E glória à fome dos vermes concupiscentes!" Em outro lugar: "Malgrado ostente "cheville" casuais, seu ritmo é pessoal e seu alexandrino freqüentemente trimétrico e por exceção indivisível (como em "O meu orgulho levantou-me pelo braço"). Usou metros variados, como o hendecassílabo, ora com andamento trocaico ora em linhas de ritmo variável, sem falar nos versos que se tornaram mais ou menos comuns entre os simbolistas, como o de nove sílabas com acento na 4.ª, e mesmo o de 8, com caráter às vezes silábico. Curioso na metrificação de Perneta é que tem oscilações métricas de uma sílaba, em composições isossilábica — o que é excepcional em sua época." (*Op. cit.*, págs. 26 e 115.)

ticos da sua poética os seus modismos e tiques personalíssimos, nervosos, insopitáveis, a sua desigualdade de gosto e uma como nervosidade impaciente que os paraísos artificiais agravaram.

Daí a sua arte — que ele sentia, conforme o seu próprio dizer, como "um tecido", e não como uma música submetida a leis inflexíveis de medida. † É um revolucionário sem sistema, dentro das formas tradicionais, o que o situa no pólo oposto (dentro deste *Panorama*), por exemplo, a Alphonsus de Guimaraens, este sempre musical e acessível, de arte feita de delicado e variado nuançamento por assim dizer interior.

Uma das suas mais típicas produções, no sentido da singularidade extravagante, é o soneto que termina:

> Mas nada, nem sequer ao menos, eu, torcido
> O tronco nu, o gesto doido, o pé no ar,
> Hei de ver Salomé dançar como S. Guido!

o qual foi recitado no Brasil inteiro, com entusiasmo por uns, e irrisão por outros. Essa nota pitoresca, chocante para os nossos hábitos, foi-se atenuando com o tempo, até chegar aos humaníssimos poemas de *Setembro*. Ela é indispensável, entretanto, para definir a posição do poeta no movimento, donde a inclusão, aqui, das poesias "Dama", "Vencidos", "Versos de Outrora" (de caráter tão flagrantemente coloquial) e "Azar", tão típica.

Gracioso, emotivo, espetacular, excêntrico, paradoxal, Emiliano Perneta foi a personalidade mais curiosa do Simbolismo, no Brasil. •

Obras: *Músicas*, São Paulo, 1888; *Carta à Condessa d'Eu*, São Paulo, 1889; *O Inimigo*, prosa poemática, Curitiba, 1899; *Alegoria*, prosa poemática, Curitiba, 1903; *Ilusão*, Curitiba, 1911; *Pena de Talião*, poema dramático, em três atos, prólogo e epílogo, Curitiba, 1914; *Setembro*, coletânea póstuma, Rio, 1934; *Papilio Innocentia*, libreto de ópera, inédito, música de Léo (Leonard) Kessler; *A Vovozinha*, libreto de opereta infantil, inédito, música de Benedito

---

† "Al lirismo mudo e introactivo de la imagem fué a lo que los simbolistas llamaron, con sorprendente acierto, *ritmo interno*. Los poetas modernos no han perseguido otra cosa.", ensinou Fernando Vela, La Poesia Pura, *Revista de Occidente*, Madrid, novembro de 1926.

• Colocado entre os "fundadores" e os "maiores", por Péricles Eugênio da Silva Ramos, escreve ainda esse crítico, na sua importante Antologia: "Emiliano Perneta, dentro de sua corrente literária, tem personalidade e merecimento, podendo figurar, sem favor, entre os nossos mais típicos e notáveis poetas decadentes e simbolistas." E adiante: "Seus coestaduanos honraram-no em vida e depois da morte, coroando-o quando saiu *Ilusão* e prestando-lhe homenagens póstumas. E nisso, de fato, não houve exagero: Emiliano merece o nome e o título de Poeta." (*Op. cit.*, págs. 31, 115 e 116.)

Simbolistas paranaenses. Da esquerda para a direita: Nestor Vítor, José Henrique de Santa Rita, Emiliano Pernetta e Silveira Neto.

Nicolau dos Santos; *Poesias Completas*, 2 volumes, "Coleção Grandes Poetas do Brasil", Livraria Editora Zélio Valverde, Rio, 1945; *Obras Completas*, I, *Prosa*, GERPA, Curitiba, 1946. Numerosos inéditos e dispersos; *Poesia*, Coleção "Nossos Clássicos" — Apresentação de Andrade Muricy, Editora Agir, Rio de Janeiro, 1960; 2.ª edição, 1966. *Ilusão e Outros Poemas*, Edição Comemorativa do Centenário. Organização de Tasso da Silveira. Introdução, Cronologia, Iconografia, Bibliografia e Fontes para estudo, por Andrade Muricy, Edições GRD, Rio de Janeiro. 1966, 276 págs.; *Papilio Innocentia*, Edição do Centenário, Edições GRD, Rio, 1966.

DAMA

A noite em claro, o mundo inóspito, e dessa arte
Urdem contra a Beleza as coisas mais abjetas...
Reina o Pesar, mas como um Rei, por toda parte;
E ordena Herodes que degolem os poetas...

Cavaleiros por terra e plumas inquietas;
Esqueletos, que importa? a rir... Hei de vibrar-te
Aos quatro ventos, e com formas obsoletas,
Ó gládio nu! meu esotérico estandarte!

Delírio! assim no ar este sinal eu traço...
Escarótico pois? É bem! Vibrião do Ganges?
Combaterei, se for mister, num circo d'aço...

Combaterei, embora eu saiba que me perdes,
Com versos d'oiro, que reluzam como alfanges,
Dama! com teu orgulho! ó dama de olhos verdes!

(*Ilusão*, págs. 10-11.)

VENCIDOS

Nós ficaremos, como os menestréis da rua,
Uns infames reais, mendigos por incúria,
Agoureiros da Treva, adivinhos da Lua,
Desferindo ao luar cantigas de penúria?

Nossa cantiga irá conduzir-nos à tua
Maldição, ó Roland?... E, mortos pela injúria,
Mortos, bem mortos, e, mudos, a fronte nua,
Dormiremos ouvindo uma estranha lamúria?

Seja. Os grandes um dia hão de cair de bruço. .
Hão de os grandes rolar dos palácios, infetos!
E gloria à fome dos vermes concupiscentes!

Embora, nós também, nós! num rouco soluço,
Corda a * corda, o violão dos nervos inquietos
Partamos! inquietando as estrelas dormentes! **

(Ibid., págs. 30-31.)

VERSOS DE OUTRORA

Fui bom. Mas a bondade é cousa trivial:
A infância, a infância faz-me uma guerra infernal.

Fui alegre e sincero. O mundo, a rir, em troco,
Abominavelmente achou que eu era um louco.

Ema, a teus pés caí, beijei-te as mãos, Ester!
Fiz tolices de quem não sabe o que é a mulher...

Com que olhar de altivez, com que fundo desprezo,
Chamaste-me coitado — olhar noutro olhar preso.

Numa idéia de forma esquisita, uma vez,
Aspirei com ardor a esplêndida nudez;

Gente que não entende um fino gozo d'arte,
Que eu era um imoral, disse-o por toda parte.

Indiferentemente eu agora caminho
Sobre rosas em flor ou sobre linho ou espinho;

Automático vou, sem pesar nem prazer;
Ora pois! vamos ver o que é que vão dizer...

Num País de Bárbaros.

(Ibid., págs. 62-63.)

---

* Está acentuado.

** O efeito de grande estilo atingido no 2.º terceto provém do contraste repentino entre o desesperado estalar dos "nervos inquietos" e a sinestesia, nova em literatura, da "dormência" do estelário.

"E que força no ódio libertário que inesperadamente explode no primeiro terceto: os grandes, "infetos", que hão de rolar, e serão entregues à voracidade lasciva dos vermes. E que força nas metáforas que se sucedem para significar aquela miserabilidade: 'infames reais' 'agoureiros da treva', 'adivinhos da lua'."
(*Ap. Tasso da Silveira.*)

FOGO SAGRADO *

Ao pôr-do-Sol — que é uma falua
De vela para o Pesadelo...
Calção de rendas amarelo,
Fino gibão, cabeça nua,

Ei-lo! Não sei que sete-estrelo
Cobre-o! Não sei que azul flutua
Montado num ginete em pelo
A par e passo com a lua!

Seguiu, ligeiro, ligeiro;
Passam cavalo e cavaleiro
Um rodamoinho de escarcéus!...

É como um ciclone violento!
Olhai!... Que vão o Sol e o Vento
Arrebatá-lo para os Céus!

Abril-1900

(*Setembro*, págs. 43-44.)

SONETO

Nada pode igualar o meu destino agora
Que o furor me feriu com um tirso de marfim,
Vede, não me contenho, o abutre me devora,
Com as suas mãos que são de nácar e jasmim...

---

* "Nessa formosa composição há dois versos sabiamente *quebrados* (segundo as artinhas) por legítimas necessidades de expressão. Simbolizando o estro num ginete que se apressa e dispara a ponto de arrojar-se às nuvens, Emiliano emprega o verso de oito sons, que marca a marcha do cavalo: "... a par e passo com a lua!" Quando há o galope, porém, introduz arbitrariamente uma redondilha: "Seguiu, ligeiro, ligeiro" — que exprime admiravelmente pelo ritmo o aceleramento da corrida. Facílimo seria ao poeta, manter o metro de oito com o simples acréscimo de uma sílaba: seguiu ligeiro, *tão* ligeiro... seguiu ligeiro, *bem* ligeiro. Se o fizesse, porém, não poria mais o ginete em galope: seguiria a cadência de trote... Outro verso também virtuosisticamente *incorreto* do mesmo poema nos dá a impressão de vôo rápido do vento pelo deslizamento da tônica para a quinta sílaba: "É como um ciclone violento!" Se mantivesse o rigor da tônica na quarta, com o verso ritmado de dois em dois sons, o vento passaria trotando... É habilíssimo ainda o verso que finda o último terceto. Aí, com a incidência da tônica apenas na quarta e na oitava sílabas, foi conseguido plenamente o rumor de galope: "Arrebatá-lo para os céus!" — In "Bom conceito de forma", de Murilo Araújo. *Jornal do Commercio*, 16-1-1966.)

Meu sangue flui, meu sangue ri, meu sangue chora,
E se derrama como o vinho de um festim.
Não há frauta que toque mais desoladora.
Ninguém o vê correr, mas ele não tem fim.

Possuísse, ao menos, eu, o dom de transformá-la
Numa folha, no aloés, no vento frio, no mar...
Ela que inda é mais fria e branca do que a opala...

Mas nada, nem sequer ao menos, eu, torcido
O tronco nu, o gesto doido, o pé no ar,
Hei de ver Salomé dançar como S. Guido! *

MCMII.

(*Ibid.*, págs. 41-42.)

SOLIDÃO **

V

Oh! para que sair do fundo deste sonho,
Que o destino me deu, e que a Vida me fez,
Se eu quando, a meu pesar, casualmente, ponho
Fora os pés, a tremer, volvo, ansiado, outra vez.

O meu lugar não é no meio de vocês,
Homens rudes e maus, de semblante risonho,
Não é no meio de tamanha insipidez,
Dum egoísmo atroz, dum orgulho medonho!

O meu lugar é aqui, no seio desta ruína,
Destes escombros que reluzem como lanças,
E destes torreões, que a febre inda ilumina!

Sim, é insulado, aqui, no cimo, bem o sei!
Entre os abutres e as Desesperanças.
E dentro deste horror sombrio, como um Rei!

Novembro de 1905

(*Ilusão*, págs. 94-95.)

---

* Essa gesticulante caricatura, dum movimento torcido e grotesco é um grito de revolta e inconformismo, e como a expulsão do convencional, representado pela regasta imagem de Salomé dançando.

** O mais radical manifesto "torre-de-marfim" de todo o Simbolismo brasileiro. — Anotando uma poesia de Saint-Beuve (de *Pensées d'Août*), em que esse precursor do Impressionismo se refere a Vigny: "Et Vigny plus secret, / Comme en sa tour d'ivoire, avant midi, rentrait." E escreve René Lalou: "Cette *tourd'ivoire* est devenue comme inséparable du nom de A. de Vigny: le mot a couru, et il est resté." Até nisso, o pioneirismo de Sainte-Beuve em relação ao Simbolismo. René Lalou, *Vers une alchimie lyrique / De Sainte-Beuve à Baudelaire*, Crès, Paris, 1927, pág. 138.

LÁ

Quando eu fugir na ponta duma lança,
Deste albergue noturno, em que me vês,
Não sei que sonho vão, nem que esperança
Vaga de abrir os olhos outra vez...

Porque a esperança doce, de criança,
D'inda os poder abrir na placidez
Duma nuança mansa que não cansa,
Lá, para além dos astros, lá, talvez?

Há de ser ao cair do sol. Erecto,
Tal como sou, rudíssimo de aspecto,
Mas tão humilde, e teu, e se te apraz,

Eu te verei entrar, suave sono,
Nesses veludos pálidos de Outono,
Ó Beatitude! Angelitude! Paz!

(*Setembro*, págs. 37-38.)

SÚCUBO

Desde que te amo, vê, quase infalivelmente,
Todas as noites vens aqui. E às minhas cegas
Paixões, e ao teu furor, ninfa concupiscente,
Como um súcubo, assim, de fato, tu te entregas...

Longe que estejas, pois, tenho-te aqui presente.
Como tu vens, não sei. Eu te invoco e tu chegas.
Trazes sobre a nudez, flutuando docemente,
Uma túnica azul, como as túnicas gregas...

E de leve, em redor do meu leito flutuas,
Ó Demônio ideal, de uma beleza louca,
De umas palpitações radiosamente nuas! *

Até, até que enfim, em carícias felinas,
O teu busto gentil ligeiramente inclinas,
E te enrolas em mim, e me mordes a boca!

(*Ilusão*, págs. 274-275.)

---

* Transposição sinestésica: "De umas palpitações radiantemente nuas!" São nuas as palpitações, não o corpo. Das peças mais típicas da superação do satanismo ritual dos seus tempos de decadentismo estrito.

O BRIGUE

Num porto quase estranho, o mar de um morto aspecto,
Esse brigue veleiro, e de formas bizarras,
Flutua há muito sobre as ondas, inquieto,
À espera, apenas, que lhe afrouxem as amarras...

Na aparência, a apatia amortece-lhe o esforço;
Se uma brisa, porém, ao passar, o embalsama
Ei-lo em sonho, a partir, e, então, empina o dorso,
Bamboleia-se, mais gentil do que uma dama...

Dentro a maruja acorda ao mínimo ruído,
Deita velas ao mar, à gávea sonda, o ouvido
Alerta, o coração batendo, o olhar aceso...

Mas a nau continua oscilando, oscilando...
Ó quando eu poderei, também, partir, ó quando?
Eu que não sou da Terra e que à Terra estou preso?

1916.

(*Setembro*, págs. 23-24.)

BÁUCIS E FILEMON *

Há de a Morte chegar um dia... E pois que bom
Se fosse, como a de Báucis e Filemon!

Outono. A tarde vai num carro de veludo,
Lírio, rosa, carmim, e oiro, sobretudo.
A tarde gira, no passeio vesperal,
A luminosa flor estética do Mal.
Zéfiro, vendo-a, em seus vestidos sopra assim
Da flauta rude uns sons de folha de jasmim,

Uns sons de violeta e anêmona e açucena,
Uns sons que inda são mais leves do que uma pena,

---

* Seqüência de metáforas. A tarde, no clássico "carro" (de Apolo), gira (verbo tomado transitivo) "a luminosa flor estética do Mal", isto é, passeia pelo ocaso em sangue. Sinestesias sucessivas: "sons de folha de jasmim"; "tarde de olhos azuis e de seios morenos", olhos azuis, o céu, seios morenos, os morros de Curitiba, na penumbra crepuscular; tarde "como quem tocava violino"; tarde "como Endimion quando ele era menino", pela natureza da adolescência, como o seu peculiar *devenir*; a terra "mole de tanto beijo" ... Informa Péricles Eugênio da Silva Ramos: "A história vem narrada por Ovídio, *Metamorfoses*, VIII, 616-715."

E tão bons, e tão bons, que ao longe o mar semelha,
A subir e a descer, um rebanho de ovelha...

E os seus vestidos que são alvos como a paz,
Tingem-se de uma cor de sangue de lilás.
Ó tarde linda, ó tarde linda como Vênus,
Tarde de olhos azuis e de seios morenos.
Ó tarde linda, ó tarde doce que se admira,
Como uma torre de pérolas e safira.
Ó tarde como quem tocasse um violino,
Tarde como Endimion, quando ele era menino.
Tarde em que a terra está mole de tanto beijo,
Porém querendo mais, nervosa de desejo...
Tarde como no dia em que Júpiter loiro,
Por amor de Danae, desfez-se todo em oiro.
Tarde de se cair de joelhos, por encanto,
E de se lhe beijar a ponta de seu manto.
Ó que tarde sutil! ó luz crepuscular!
Com rosas no jardim e cisnes a boiar...

Outono lindo, lindo... Ao longo dos caminhos,
Como sempre, eles dois, velhinhos, bem velhinhos,
Inda mais uma vez olham essa paisagem,
Que, por assim dizer, é a sua própria imagem,
Terna como eles e com seus reflexos vagos
De ternura a tremer por sobre a flor dos lagos...

Paisagem verde, inda mais verde que um vergel,
Com abelhas, com sol, e com favos de mel...

"Que tarde linda, meu amor, que lindo outono!
Quem me dera dormir o derradeiro sono!"
— "Eu também, Filemon, sorrindo Báucis diz,
Já estou cansada, vê, de tanto ser feliz!" —
"Ó deuses imortais! ó piedosos céus!"
Mal, porém, mal porém tinham falado, quando

Pasmo viu Filemon Báucis se transformando
Numa tília, também ao mesmo tempo que ela
O via converter-se em carvalho, e singela,
Saudosamente, os dois se disseram adeus!

Janeiro de 1905.

(*Ibid.*, págs. 175-177.)

AZAR *

Ao Silveira Neto

A galope, a galope, o Cavaleiro chega:
Rei, ó meu bom senhor! com tua filha cega.

— Hoje, teu adivinho assim traçou no ar:
A frota d'El-Rei perdeu-se no alto-mar!

Eu, ao descer a noite, ouvi cantar o galo:
Foi a Rainha que fugiu com um teu vassalo.

Teus exércitos, oh! as brônzeas legiões,
Morreram nos areais da Líbia como leões!

Nos teus domínios sopra o vento Noroeste:
A mangra, o gafanhoto, a seca, a alforra, a peste.

Uivam! Lobos? o Mar? o Vento? o Temporal?
Não. É a plebe que arrasta o teu manto real.

Lá vêm as três, ó ** Rei, lá vêm as três donzelas...
Tende piedade, meus irmãos, orai por elas!

Vêm tão brancas dizer que as noras sensuais
D'El-Rei mataram seus maridos com punhais.

Tuas pratas, teu oiro, e mais ricas alfaias,
Roubam do teu palácio os fâmulos e as aias.

Teu diadema, o cetro, as plumas e os Broquéis,
Em poeira, e sangue, e sob a pata dos corcéis!

O povo reza, que doçura! É bom que reze!
Pela tua alma... Já são horas... Quantas?... Treze. ***

---

* Espécie de responsório augural, soma de presságios, delírio e exorcismos; vai ligar-se às tradições satanistas do romantismo medievalista. Observe-se a freqüência de maiúsculas alegorizantes, das quais quase todos os demais simbolistas brasileiros, excluído Cruz e Sousa, sóbrio no seu uso, abusaram. Os tão malsinados "Dlom dlem! dlom! dlem", originariamente portugueses, na linha de *Os Simples*, de Guerra Junqueiro, e de Antônio Nobre, conseguiram ecoar ainda em "Os Sinos", de Manuel Bandeira.

** Está: "o".

*** Está sem o ponto.

Maldito seja quem trono nem reino tem!
Maldito seja o Rei! Maldito seja! Amém!

No vinho que te dão, e no teu melhor pomo,
No manjar mais custoso, onde entre o cinamomo,

Na linfa clara, vê, no leito ebúrneo, sei,
Nas palavras, no ar, dão-te veneno, Rei!

Ouvem os Arlequins missa, todos de tochas,
E estão vestidos de sobrepelizes roxas.

Resmungam baixo teu nome as velhas, e assim
Queimam em casa, cruz! a palma e o alecrim.

Estão rezando por ti muitos padre-nossos;
Os cães estão, porém, à espera de teus ossos.

Ó ventos! ó corvos! que estais grasnando no ar!
Eis o cadáver do bom Rei de Baltasar!

Dlom! dlem! dlom! dlem! Ouve, bom Rei, de cerro a cerro,
Os sinos dobram, ai! dobram por teu enterro.

Ó ventos! ó corvos! que estais grasnando no ar!
Eis o cadáver do bom Rei de Baltasar!

Ventos, ó funerais! ventos, lamentos roucos,
Ó ventos roucos, ó redemoinhos loucos!

Dlom! dlem! dlom! dlem! Bom Rei, teus ossos não são teus,
Nem o teu Trono é teu! Louvado seja Deus!

Nem a tua alma é tua, ó Rei, depois de morto,
Pois demônios estão dançando num pé torto

Maldito seja quem Trono nem Reino tem!
Maldito seja o Rei! Maldito seja! Amém!

E a galope, a galope, o Cavaleiro esguio
Vai pregar a outro Reino: a Doença, a Noite, o Frio!

Julho — 1898.

(*Ibid.*, págs. 182-185.)

Da esquerda para a direita: Moysés Marcondes, Rocha Pombo, Andrade Muricy, Silveira Neto, Jackson de Figueiredo, Xavier Marques, Rodrigo Octávio, Alberto de Oliveira, Goulart de Andrade, Afonso de Camargo, Nestor Vitor, Leôncio Correia (por ocasião do 90.º dia do falecimento de Emiliano Pernetta, no Rio de Janeiro, em 1921).

ENTRE ESSA IRRADIAÇÃO *

Ao Emílio de Menezes

Entre essa irradiação enorme, que palpita,
É possível que um dia, eu, pálido, a encontrasse,
Como a sonora luz de Vênus Afrodita,
Em meio do caminho, os dois, e face a face...

E que alucinação e que febre esquisita,
Que cegueira de amor e que ilusão falace,
Quando esse girassol, para a luz infinita,
Cá de dentro de mim, então, desabrochasse!

Seriam negros ou doirados os cabelos?
Junto daquela flor, tremeria de zelos?
Não tombaria morto aos pés desse prazer?

Os olhos de que cor? Não sei. Porém suponho
Que seriam tão grandes como um sonho...
Mas já passei a vida e não a pude ver!

1907.

(*Ibid.*, págs. 246-247.)

VERSOS PARA EMBARCAR

Ao Virgílio Várzea

Tudo, tudo vai mal, e tudo é uma viela,
E um beco escuro, e um charco imundo, e um triste horror;
Pois que bom de embarcar, um dia, a toda a vela,
E fugir, e fugir, seja para onde for.

Não há como embarcar. A vida é um navio
Doido, a querer partir, mordendo ao pé do cais.
Velas estão a encher, sopra o nordeste frio,
Quando é que partes, ó navio, quando sais?

Não há como embarcar. Do alto de uma equipagem
Ver o mundo! correr o mundo! viajar...
Pode dizer que foi a Vida uma viagem,
Que começou no mar, que se acabou no mar...

Não há como embarcar. É dum furor tamanho,
É dum delírio tal que, embora nunca mais
Se tenha de voltar — como um punhal d'antanho,
A esperança reluz, apenas embarcais...

---

* Revive o tema de *Mon rêve familier*, de Verlaine, em versão subtropical, com aquele "girassol" realmente solar.

Não há como embarcar. Furiosos d'insônia,
Enervados de dor, que ânsia d'ir para além,
Ó tísicos, morrer aos pés de Babilônia,
Nos muros de Sichém ou de Jerusalém?

Não há como embarcar. Para onde quer que seja,
Para o desterro, mil perigos através,
Quando os míseros vão, é com olhos d'inveja,
Que os vejo partir, de corrente nos pés...

Sempre que avisto o mar com as ondas inquietas,
Sempre que o vejo assim, não sei porque será,
Mas tenho as ambições mais doidas, mais secretas,
Loucuras de poder inda correr pra lá.

À mercê e ao furor das ondas e dos ventos,
Havia de correr o mar que não tem fim,
Como Ulisses; porém, ó trágicos momentos,
Sem ter uma mulher que chorasse por mim!

De pé no tombadilho, em frente, à minha vista,
Eu veria passar o que não vi jamais,
A não ser através dos meus sonhos d'artista:
— Encarnações febris, diademas imperiais...

E cegueira ideal e vã de quem se esconde,
E loucura de quem fugiu duma prisão,
E doido, sem saber de nada, nem para onde,
A correr, a correr atrás de uma ilusão!

Ó terras de mistério, ó terras de mantilha,
Ó terras onde o céu é como a flor de lis,
Quem me dera dormir, folha de mancenilha,
Debaixo do teu manto azul d'imperatriz!

Reinos antigos, ó paisagem de romance,
Como uma rosa que fenece num jardim,
Ah! que bom! que bom! de vê-los de relance,
Com castelos feudais, com torres de marfim!

Rainhas como flor, graciosas donzelas,
Com gestos e com voz que me causam prazer,
Como seria bom que, ansiado para vê-las,
Eu as vendo uma vez, não as tornasse a ver...

Eu não sei, eu não sei para onde fugiria,
Eu não sei, eu não sei o que ia ser de mi,
Quem me dera, porém, que fosse logo o dia
De poder embarcar e de fugir daqui!

Quem me dera que fosse hoje! E enquanto a nau sulcasse
De proceloso mar entre uivos e baldões,
Eu poder, sem terror, olhando face a face
O abismo, descrever as minhas impressões!

É bem possível que eu, arriscando na sorte,
Notasse que por fim só me saía o azar,
E o diabo, e tudo, e o mais, e tudo, e a própria morte,
E ainda tudo, porém, que ânsia de viajar!

Outubro de 1903.

(*Ibid.*, págs. 195-198.)

ESSE PERFUME...

Esse perfume — sândalo e verbenas —
De tua pele de maçã madura,
Sorvi-o quando, ó deusa das morenas!
Por mim roçaste a cabeleira escura.

Mas ó perfídia negra das hienas!
Sabes que o teu perfume é uma loucura:
— E o concedes; que é um tóxico: e envenenas
Com tão rara e singular doçura!

Quando o aspirei — as minhas mãos nas tuas —
Bateu-me o coração como se fora
Fundir-se, lírio das espáduas nuas!

Foi-me um gozo cruel, áspero e curto...
Ó requintada, ó sábia pecadora,
Mestra no amor das sensações de um furto!

(*Ibid.*, págs. 58-59.)

MORS °

Nesse risonho lar,
A dor caiu neste momento,
Como se fosse a chuva, o vento,
O raio, e bate sem cessar...
Bate e estala,
Como uma louca,
De boca em boca,

• "... estas laçadas de assimétricos versos, em que se renova, estafado tema", escreveu Nestor Vítor. É o tema ilustre de *A Morte e a Moça*, do *lied* de Schubert.

De sala em sala...
Somente tu, flor delicada,
Como quem veio
Fatigada
De um passeio,
Tombaste ali, silenciosa,
Sobre o sofá,
No abandono,
Pálida rosa,
De um longo sono,
De que ninguém te acordará!

(*Ibid.*, págs. 110-111.)

CANÇÃO DO DIABO

Aqui, um dia, neste quarto,
Estava eu a ruminar,
Mas como um ruminante farto,
O tédio amargo, o atroz pesar...

O vento fora pela noite,
Demônio que blasfema em vão,
Cortava rijo como o açoite,
Uivava triste como um cão.

Eu meditava quanto a vida
Me foi cruel, me foi cruel:
Supus que fosse uma bebida
Doce, mas foi veneno e fel!

E sobretudo, que ato breve
Dessa tragédia para rir...
Quando de leve, pois, de leve,
Senti a porta se entreabrir...

O quarto todo iluminou-se,
Mas de uma claridade tal,
Como se fosse dia, e fosse
Dia de festa nupcial.

E um vulto, bem como um segredo,
Mais belo do que uma mulher,
Sorriu-me assim: "Não tenhas medo,
Eu sou o arcanjo Lucifer. *

---

* "Lucifer" está ali oxítona, à boa maneira brasileira.

"Trêmulo de um pavor covarde,
Fugiste-me sempre, porém
Sabia eu que, cedo ou tarde,
Serias meu, de mais ninguém.

"Que, ó meu querido e pobre artista,
Todo a fazer teu próprio mel,
Tu sempre foste um diabolista,
Um anjo mau, anjo revel.

"Ora, fugiu-te a primavera,
E os derradeiros sonhos teus:
O céu, a mais banal quimera,
Teu próprio Deus, teu próprio Deus.

"A sorte, mesmo, a prostituta,
Inda mais nua que Laís,
Funambulesco ser, escuta,
Quis todo o mundo; e a ti não quis.

"O seio abriu, que tanto exala,
Ao proxeneta, e ao ladrão;
A ti, porém, indo beijá-la,
A fêmea torpe riu-se: não!

"Teu coração, alma ansiada,
Teu coração, como um Romeu,
De tanto se bater por nada,
Não sei como inda não morreu.

"Teu coração, um catavento,
De cá pra lá sempre a bater,
Só encontrou o enervamento,
E a másc'ra do falso prazer.

. . . .

"Ninguém te amou, nem pôde amar-te,
Nem te entendeu, ser infeliz,
Mas eu, ó triste lírio d'arte,
Sempre te amei, sempre te quis.

"O teu furor pela beleza,
Indiferente ao bem e ao mal,
Desoladora guerra acesa,
E sobretudo ódio infernal;

"A tua esfaimação de oiro,
A sede de subir, subir,
Além daquele sorvedoiro
D'astros e pérolas d'Ofir;

"O orgulho teu, furioso grito,
Luxuriosamente cruel,
Crescendo para o infinito,
Como uma torre de Babel,

"Orgulho infindo, orgulho santo,
E diabólico, bem sei,
Que tanto horror tem feito, tanto,
Ah! eu somente o escutei.

"E disse: aquele é meu, aquelas
Mágoas cruéis são minhas, eu
Vou levantá-lo até as estrelas,
Até a luz, até o céu...

"Vou lhe mostrar reinos de opalas,
Tantas cidades ideais,
Que há de querer talvez contá-las,
Sem as poder contar jamais.

"Vou lhe mostrar torres tão grandes,
Torres de ouro e de marfim,
Cem vezes mais altas que os Andes,
Tantas, tantas, que não têm fim.

"E toda a glória minha, toda,
A ele, cuja imaginação
Inda é mais rica e inda é mais douda
Do que a do próprio Salomão.

"Vendo-o descer a encosta rude
Dos anos maus, o elixir
Eu lhe darei da juventude,
Que o faça rir, que o faça rir...

"Que é só bebê-lo, e embora exausto,
Embora quase morto já,
O triste e magro doutor Fausto
Reflorirá, reflorirá!

"E há de subir comigo, um dia,
Há de subir comigo, a pé,
Por essa longa escadaria,
Que sobem só os que têm fé.

"E eu, o flagelo, eu, o açoite,
Eu, o morcego, o diabo, cruz!
Estranho príncipe da noite,
Hei de inundá-lo só de luz!

"Hei de lhe dar uma tão rara
Virtude, que baste ele olhar,
Baste querer somente, para
Que o vento acalme a voz do mar.

"E hei de fazê-lo de tal modo,
De tal fluidez, que ele por fim,
O ser humano, o limo, o lodo,
Se torne bem igual a mim.

....

Olhei. Brilhava-lhe na fronte
A estrela d'oiro da manhã
Como num límpido horizonte:
— Eu serei teu irmão, Satã!

1907.

(*Ibid.*, págs. 239-245.)

O SOL *

Ao Dario Vellozo

Crepúsculo indeciso. As estrelas começam a apagar-se, uma a uma, como lâmpadas, que se extinguem. Zéfiro sopra. E num vago sussurro harmonioso, a pouco e pouco, a natureza acorda. Ouvem-se vozes longínquas e dispersas ...

UM PÁSSARO:

— Vai despontar a luz.

OUTRO PÁSSARO:

— Pois que desponte logo.
— Tenho ânsias de subir, tenho a cabeça em fogo
Hoje vou conhecer, pela primeira vez,
A voluptuosidade, a febre, a embriaguez
De voar, de voar, ó sonho, que me abrasas!

---

* Esta vasta cantata sinfônica exprime a frescura e o matizamento das manhãs no altiplano ridente de Curitiba. Nenhum descritivismo à parnasiana: procede mediante imagens e metáforas. As vozes que dialogam fundem-se para proclamar: "Que toda madrugada é o começo do mundo ...", imagem que Roger Bastide sublinhou.

OUTRO PÁSSARO:

— Ah que bom de fugir! que orgulho de ter asas!

OUTRO PÁSSARO:

— Estou * ébrio de amor. O amor é como o vinho.
Que venha logo a luz. Quero fazer meu ninho...

UM GALO:

— Dentro desta canção, tão límpida e sonora,
Há matizes de luz e púrpuras d'aurora.

UM CORVO:

— Eu sou a podridão e o vento que arrasa;
Sou a fome e a nudez... O sol é a minha casa.

O MONTE:

— Que solidão sem par, que solidão extrema,
A solidão cruel e áspera de um monte;
Mas quando o sol me toca, é como um diadema,
Aurifulgindo aqui por sobre a minha fronte...

O CHARCO:

— Água esverdeada e suja e pântano sombrio,
Mas quando o sol me doira esta miséria, eu rio.

A FLORESTA:

— Ó delírio brutal! Quando me mordes tu
A carne toda em flor, o seio todo nu,
Com teus beijos de fogo, eu como a flor do nardo
Recendo de prazer, e de luxúrias ardo...

UMA ÁRVORE:

— Quando ele bate aqui no meio da floresta:
Que sussurro, que ardor, que anseios e que festa!

---

* Está sem o travessão.

UMA CIGARRA:

— Faz tamanho rumor e tamanha algazarra,
Que eu suponho que o sol é como uma cigarra...

OUTRA ÁRVORE:

— E que perfume tem!

OUTRA ÁRVORE:

— E * que canções vermelhas!

OUTRA ÁRVORE:

— Nós somos como a flor, ele como as abelhas!

A TERRA:

— Quanto me queima o sol, com os seus desejos brutos!

A VIDEIRA:

— Ó glória de florir e rebentar em frutos!

A PALMEIRA:

— Como gentil eu sou! E o aroma que trescala,
Quando me lambe o sol e o zéfiro me embala!

O ORVALHO:

— Ao sol eu brilho mais que a pérola d'Ormuz...

O PINHEIRO:

— Eu sou como uma taça erguida para a luz...

AS FONTES:

— É um murmúrio sem fim de horizonte a horizonte...
O dia quando nasce é bem como uma fonte...
Através da floresta e desse campo e desse
Vale, há um rumor de luz, como água que corresse...

---

* Está sem o travessão.

A ABELHA:

— Quando sobre o horizonte esse astro heróico assoma:
Que orgulho, que prazer, que vibração cruel,
Pois é de sol e flor, é de luz e aroma,
Que componho esta cera e fabrico este mel!

UM PÁSSARO:

— Ah! que alado frescor tem o romper d'aurora!

OUTRO PÁSSARO:

— É tempo de fugir, é tempo d'ir-me embora...

OUTRO PÁSSARO:

— É nesse lago azul que hoje quero roçar
As asas...

OUTRO PÁSSARO:

— E eu é sobre as ondas desse mar...

UM PASTOR:

— Eu nunca vi o céu de uma beleza assim:
É todo de oiro e rosa e púrpura e carmim...

OUTRO PASTOR:

— Dentro daqueles véus ideais do rosicler,
A aurora tem a graça e o ar de uma mulher...

OUTRO PASTOR:

— Mas ei-lo que surgiu, em rufos de alvoroço,
Brilhantemente nu, divinamente moço,
Eterno de frescor juvenil e tamanho,
Como se viesse de um maravilhoso banho,
Feito de águas lustrais, e aroma, e ambrosia,
E coragem, e luz, e força, e alegria...

UMA ROSA:

— E que límpido céu! Que espetáculo rubro!

OUTRA ROSA:

— É realmente bela esta manhã de Outubro!

UM BEIJA-FLOR:

— Eu nunca vi assim manhã tão luminosa...

OUTRO BEIJA-FLOR:

— É fina como o lírio e é ardente como a rosa...

UM PASTOR:

— Quando o sol aparece em ondas, a beleza
E a frescura, que espalha, é de tal natureza,
Tem um olhar tão bom, tão novo, tão jucundo,
Que toda madrugada é o começo do mundo...

A FLORESTA:

— Tu me beijas, ó sol, tão loucamente, espera,
Que eu em pleno fulgor ideal de primavera,
Debaixo desse fogo ardente de teus beijos,
Em delírios de amor e amplexos de desejos,
Arrebentando em flor, completamente louca,
Ofereço-te o seio, ofereço-te a boca!

UM PÁSSARO:

— Aqui, onde eu estou, deste raminho verde,
Quero subir até onde a vista se perde...
Quero aos raios do sol minhas asas bater,
Até cair no chão, bêbado de prazer...

AS OVELHAS:

— Luz radiosa e pura, ó fonte criadora,
Luz que faz germinar em grãos a espiga loura,
E que veste de verde os campos seminus,
Bendita sejas, flor, bendita sejas, luz!

O POETA:

— Ah que sombria dor e que profunda mágoa
De não poder ser eu aquela gota d'água,
Que depois de fulgir, assim como uma estrela,
Derrete-se na luz, funde-se dentro dela!

Outubro — 911.

(*Ibid.*, págs. 293-299.)

DOR

Ao Andrade Muricy

Noite. O céu, como um peixe, o turbilhão desova *
De estrelas a fulgir. Desponta a lua nova.

Um silêncio espectral, um silêncio profundo
Dentro de uma mortalha imensa envolve o mundo.

Humilde, no meu canto, ao pé dessa janela,
Pensava, oh! Solidão, como tu eras bela,

Quando do seio nu, do aveludado seio
Da noite, que baixou, a Dor sombria veio.

Toda de preto. Traz uma mantilha rica;
E por onde ela passa o ar se purifica.

De invisível caçoila o incenso trescala,
E o fumo sobe, ondeia, invade toda a sala.

Ao vê-la aparecer, tudo se transfigura,
Como que resplandece a própria noite escura.

É a claridade em flor da lua, quando nasce,
São horas de sofrer. Que a dor me despedace.

---

* A imagem que abre este poema é talvez a mais revolucionária e arriscada que o Simbolismo criou entre nós. Foi violentamente discutida. O que principalmente chocou foi a expressão "desova", já que a gíria se apossou do vocábulo que lhe é básico. Deveria o poeta deter-se, ante o temor de uma possível incidência no grotesco? Entretanto, restituindo a virgindade original ao vocábulo, o que ele faz é alçar por sobre o impetuoso quadro dramático que se segue, um maravilhoso e movente estelário, imerso no éter e nele flutuando como no *planctum* marinho os inumeráveis germens vivos. Também o choque inicial, provindo da comparação direta do céu com um peixe, terá esfriado a muitos leitores. É, aliás, análoga essa dupla imagem, a tantas usadas pelos profetas, na Bíblia, e com que liberdade eles as concebiam!

Que se feche em redor todo o vasto horizonte,
E eu ponha a mão no rosto, e curve triste a fronte.

Que ela me leve, sem que eu saiba onde me leva,
Que me cubra de horror, e me vista de treva.

Que me abrace, e me prenda e me aperte, e me torça,
Como um grilhão doirado, esse Hércules de força.

Que me arranque feroz, como faz um abutre,
A carne de que vive, o pão de que se nutre.

Que pálida e mortal, voluptuosa e langue,
Mate a sede febril nas fontes de meu sangue.

Que me carregue tão vertiginosamente,
Como um tronco que rola ao sabor da corrente.

Sou teu: Morde-me, pois, avidamente, como
Se eu fosse um esquisito, um raro e ácido pomo...

Embriaga-me de ti, forte e furioso vinho,
E atira-me, depois, nesse redemoinho

De ventos, a ulular dentro de uma geena,
Como leve, sutil, doida, inquieta pena.

No meio de voraz tempestade de mágoas,
Arrasta-me através das urzes e das fráguas.

Afoga-me de vez no findo deste oceano,
Do oceano sem fim do sofrimento humano.

Calca-me sob os pés, esmaga-me a cabeça,
Que eu morra como um cão, e que desapareça...

Tu, sempre, para mim, mesmo apesar de tudo,
Envolta nesse manto escuro de veludo,

Dentro desse fulgor de imperatriz suprema,
Em cuja fronte brilha um áureo diadema,

Gentilíssimo algoz, e senhora absoluta,
Que tens nas mãos reais a taça de cicuta,

Divindade cruel, monstro delicioso,
— Serás o meu desejo, o meu eterno gozo!

Janeiro de 1918.

(*Poesias Completas*, Ed. Zelio Valverde,
1945, II, págs. 94-96.)

EMILIANO PERNETA

PALAVRAS A UM RECÉM-NASCIDO

Acabo de escutar o trêmulo vagido
Desse pequeno ser, desse recém-nascido.

É mais um que nos vem do misterioso seio
Da vida, sem poder contar para que veio.

Já que veio, porém, saudemo-lo. É um risonho
Beijo, uma flor, um poema, um fruto, um astro, um sonho!

Venha para fazer conosco a travessia
Deste raivoso mar que espuma noite e dia.

Que venha conhecer como o destino é rude,
Como o destino trai, como o destino ilude.

Se aquele que, ao nascer, trouxe funesta estrela,
Pode bater-se em vão, não consegue vencê-la,

Venha para sofrer, desde o raiar da infância,
O desejo, o furor, o ciúme, as raivas, a ânsia

De não poder domar a formosura eterna,
Mais rebelde e feroz que a própria hidra de Lerna.

Venha para o amor, pois o amor é como
Um raro, um saboroso, um esquisito pomo,

Que, pálido e a tremer de sede e fome, a gente,
Como um lobo voraz, morde sofregamente...

Venha para sentir com que febre se arranca
Lá do fundo do peito o amor, que é uma arma branca,

Para embebê-lo após, soluçando de anseio,
Soluçando de dor, dentro de um outro seio...

Venha para assistir a essa comédia linda,
Encantadora e vã, que nunca mais se finda,

A comédia em que o riso, a lágrima disfarça,
E onde cada um de nós entra como comparsa.

Mas o que mais diverte, o que mais vale a pena,
É de ver Pierrot e Colombina em cena.

É de ver todos dois nessa fúria divina:
Ou Pierrot se enforca ou mata Colombina!

E que venha saber, entre doidos anelos,
Como se vão por terra os mais altos castelos.

Onda leve de um mar, que, às vezes, causa medo
Venha se esfacelar de encontro a este rochedo,

Em rugidos que irão, como uma espumarada,
Morrer em poeira, em susto, em cóleras, em nada...

Venha para viver esta vida inquieta,
A vida de um artista, a vida de um poeta.

Sim, venha para ter um destino, meu filho,
Um destino sem glória, um destino sem brilho.

E sorver, pouco a pouco, a taça de cicuta,
E bater-se e lutar, porque a vida é uma luta,

E é no meio febril de ódios, que se consomem,
De batalhas brutais, que um homem se faz homem.

E, quando então chegar, mais rígida que a sorte,
Mais cruel do que o amor, a passo e passo, a morte,

E tenha de partir e tenha de ir embora,
Por esse espaço além, por esse mundo em fora,

Mas com tanto pesar, mas com tamanha mágoa,
De esquecer este horror, mais duro que uma frágua,

Onde estão a tremer, atirados e a esmo,
Sangrando e a palpitar, pedaços de si mesmo;

De deixar a canção leve do mês de Outubro,
Mês de abelhas e sol, mês delicioso e rubro,

Mês que recende mais e que tem melhor cheiro
Que o sândalo e a rosa e a flor do jasmineiro,

Mês que faz ressurgir, por entre ramos de hera,
Os velhos troncos nus, em verde primavera,

Mês de indolências, mês de sonhos e desejos
E delírios pagãos de abraços e de beijos,

Que, ao despedir-se, pois, mesmo apesar de tudo,
De ser um cavaleiro e não ter tido escudo,

De ser um viajor que andou sempre sozinho,
Um pobre viajor, perdido no caminho,

A galope, a correr atrás de uma esperança,
De uma sombra, que foge, e que nunca se alcança,

— O seu último adeus, o adeus de despedida,
Seja abençoando o amor, seja abençoando a vida!

(*Setembro*, págs. 61-65.)

ORAÇÃO DA NOITE

A Nestor Vítor

Já de sombra se encheu o vale, que murmura,
Já se envolveu na treva a montanha, e o mar,
Ao longe, não é mais do que uma nódoa escura...
São horas de dormir; Maria: vem rezar.

Ajoelha-te aqui, em face das estrelas,
E em primeiro lugar, minha filha, bendiz,
A luz, que te criou formosa entre as mais belas,
E que te fez alegre, e portanto feliz.

Em seguida, bendize a terra e aqueles pobres
E mansos animais, e toda a criação:
A ovelha que te deu a lã, de que te cobres,
O boi que te ajudou, hoje, a ganhar o pão.

Abençoa também as árvores, o ramo
Carregado de fruto, as aléias em flor,
Onde correste mais ligeira do que um gamo,
A fronte a rorejar em gotas de suor.

Reza por todos e por tudo, porém reza,
Principalmente, pelos bons, que são os teus,
Na verde catedral, chamada Natureza,
Única onde se pode inda falar com Deus.

Reza por todos os lutadores, Maria,
Que andam de arado em punho e de enxada na mão,
Cavando, sabe Deus, o pão de cada dia
Com que amargura, mas com que resignação!

Vê que silêncio tem a noite, e quão secreta
E misteriosamente, a lua apareceu,
Descabelada, assim como uma Julieta,
Doida, a correr, atrás dum pálido Romeu...

Vai, bendize essa paz, abençoa essas águas,
Que murmuram, à noite, églogas ideais,
Como uma ninfa que soluçasse de mágoas,
Entre um vale de murta e um bosque de rosais...

Finalmente, abençoa a carícia do sono,
Que eu já vejo descer sobre os teus olhos nus,
Inda mais leve do que uma folha d'outono,
Mais leve do que o som, mais leve do que a luz.

Suga como um vampiro esse doirado vinho,
Que nos faz esquecer tudo de uma só vez,
E é o caminho mais curto, e o melhor caminho,
E o manto que nos cobre a dor e a nudez!

(*Ibid.*, págs. 89-91.)

AO CAIR DA TARDE [*]

Agora nada mais. Tudo silêncio. Tudo,
Esses claros jardins com flores de giesta,
Esse parque real, esse palácio em festa,
Dormindo à sombra de um silêncio surdo e mudo...

Nem rosas, nem luar, nem damas... Não me iludo.
A mocidade aí vem, que ruge e que protesta,
Invasora brutal. E a nós que mais nos resta,
Senão ceder-lhe a espada e o manto de veludo?

Sim, que nos resta mais? Já não fulge e não arde
O sol! E no covil negro deste abandono,
Eu sinto o coração tremer como um covarde!

Para que mais viver, folhas tristes do outono?
Cerra-me os olhos, pois, Senhor. É muito tarde.
São horas de dormir o derradeiro sono.

(*Ibid.*, págs. 55-56.)

---

[*] Este soneto é a página derradeira escrita por Emiliano Perneta.

NESTOR DE CASTRO (1867-1906)

Nestor Pereira de Castro nasceu na Cidade de Antonina, litoral do Estado do Paraná, em 18 de maio de 1867.

Fez as primeiras letras em Antonina, sob a direção do professor Manuel Libânio de Sousa. Aos dez anos foi internado no seminário, em São Paulo. Suas tias, que o criaram — órfão de pai e mãe desde tenra idade — destinavam-no ao sacerdócio, tendo ele chegado a receber ordens menores.

No seminário, em 1883 e 1884, redigiu o jornalzinho manuscrito *O Reflexo*, que fundara, e que ressurgiu em 1885. A sua vocação jornalística exercia-se, já, intensamente. Em 1884 colaborou em *O Iguapense*. Deixando o seminário, matriculou-se no Colégio Moretzsohn, regressando em 1886 a Antonina, entrando para o comércio.

Casou-se em 1887, e desse casamento houve doze filhos. Transferiu-se logo para Curitiba, onde se fez jornalista profissional, primeiro no venerando *19 de Dezembro*, o mais antigo jornal do Paraná, e depois na *Gazeta do Povo*, em *O Sapo*, na *Tribuna do Povo*, em *A Notícia*, no *Diário da Tarde*, em *A Federação*, em *A Estrela*.

Durante o período revolucionário de 1893, refugiado no Rio de Janeiro, trabalhou na *Cidade do Rio*, de José do Patrocínio, travando, então, conhecimento com Cruz e Sousa e outros próceres simbolistas.

De volta a Curitiba, o antigo membro das forças revolucionárias de Gumercindo Saraiva não pôde conseguir colocação segura. Durante oito anos subsistiu precariamente de colaborações avulsas na imprensa. Só em 1902 o chefe seu adversário, o ilustre estadista Vicente Machado, conseguiu que aceitasse a direção do jornal oficial do partido dominante, antes "pica-pau", *A República*, posto em que se conservou até o seu falecimento em Curitiba, com apenas 39 anos de idade, em 14 de agosto de 1906.

Nestor de Castro (1867-1906).

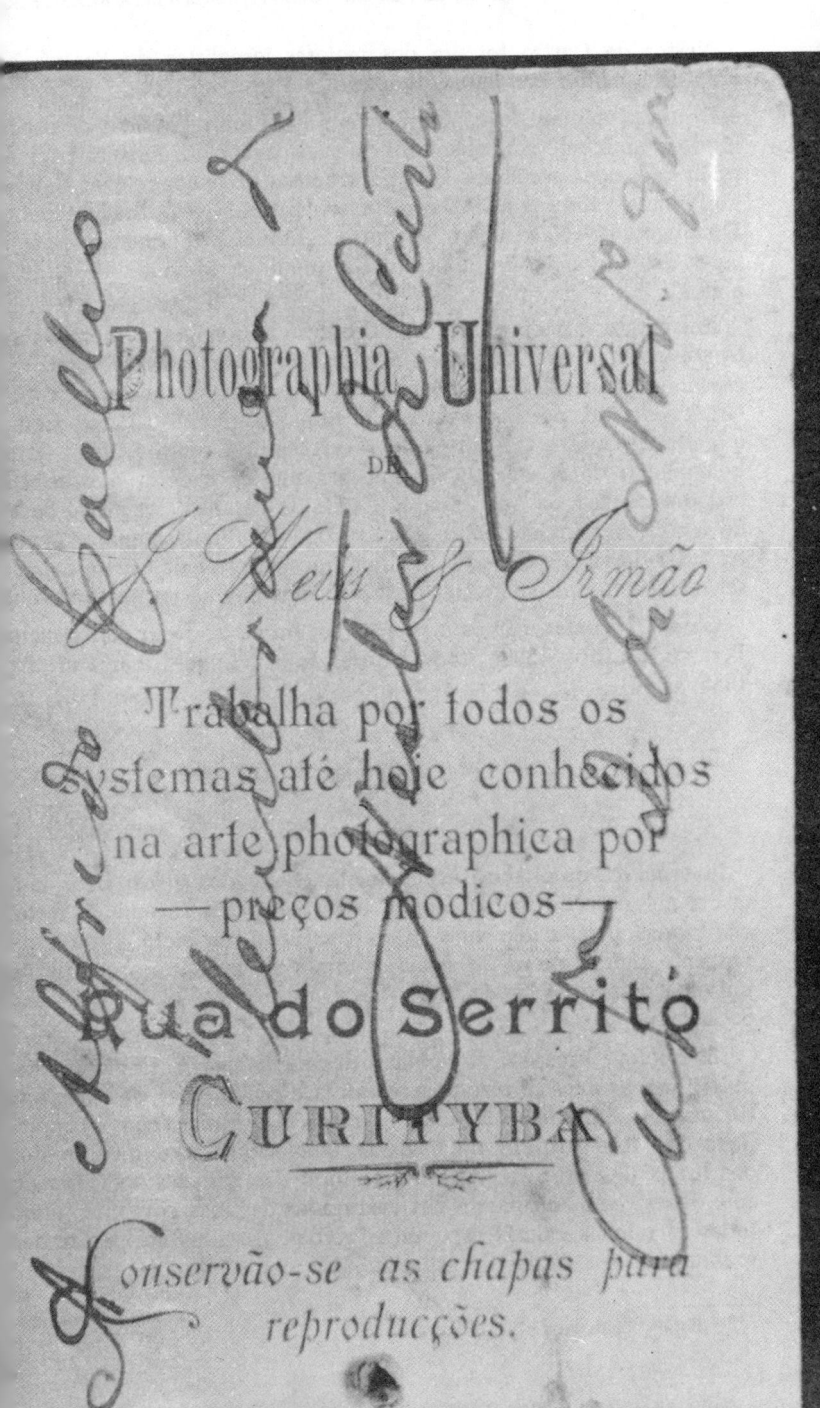

Reverso do retrato de Nestor de Castro.

Photographia Universal

DE

Heys & Irmão

Trabalha por todos os
systemas até hoje conhecidos
na arte photographica por
—preços modicos—

Rua do Serrito

CURITYBA

Conservão-se as chapas para
reproducções.

Nestor de Castro foi um dos maiores jornalistas do Paraná, ao lado de Euclides Bandeira e Romário Martins. Era temido polemista.

Brindes, volume de contos e poemas em prosa, reflete de modo nítido o ambiente simbolista em que foi concebido. As suas páginas estão dedicadas aos simbolistas paranaenses de maior relevo: Emiliano Perneta, Júlio Perneta, Dario Vellozo, Silveira Neto, Rocha Pombo, Domingos do Nascimento, e outros. Emiliano Perneta prefaciou esses *Brindes*, que são dedicados "À luminosa Memória de Cruz e Sousa".

Entretanto, sua obra mais significativa é a monografia sobre *Bento Cego*, poeta e cantador popular paranaense, iletrado, e, como diz o seu nome, cego: um Homero rústico, que vagamundeou pelo Rio Grande do Sul, por Santa Catarina, Minas Gerais, São Paulo. Como o definiu Samuel César — admirável espírito, morto jovem — no belo elogio de Nestor de Castro, patrono da cadeira que aquele escritor ocupava na Academia de Letras do Paraná (*Gazeta do Povo* de 3 de fevereiro de 1927), Bento Cego era "um ingênuo e genial trovador da viola". O perfil que dele traçou Nestor de Castro merece ser conhecido dos nossos folcloristas. É uma página viva e comovida.

Obras: *Brindes*, contos e poemas em prosa, prefácio de Emiliano Perneta, Curitiba, 1899; *Obras*, introdução de Samuel César, Curitiba, 1945.

INVERNO

A Dario Vellozo

Inverno! Inverno! duro espículo alfinetante dos gelos; atroz fantasma nebuloso da úmida Sibéria triste, que vens rolando às fortes enxurradas polares das luas novas de Junho, eu sinto a tua espinescente algidez de morte, como se fora a sangradora unha torsa de um urso branco da Groenlândia,* ferir as fantasias bizarras do meu Sonho!...

Inverno!... Inverno!... sepulcro das minhas emoções moças, que mumificas as nuas formas anacreônticas e pindarescas dos plectros; tu, que na superfície alagada dos marnéis queimas, com a impiedade dos teus suspiros de neve, os amolecidos tufos modorrentos dos liriais do norte; tu, espectro sombrio das tristezas zodiacais do Ano, fazes também rolarem nas enxurradas das luas novas de Junho todas as minhas calmas esperanças verdes, nascidas ao clarear das grandes estrelas rútilas do estio...

---

* Está: "Greolandia".

Detesto-te, ó exótico pesadelo torvo, quando mortificas a minha sensibilidade toda, fustigando o álacre relicário dos meus afetos puros!...

Sinto-te, apalpo-te; ouço o teu soluço cavo no ronronar da ventania úmida, e, te pões então a escavar o largo chão duro por onde desfilaram, como sombras defuntas, as claras alegrias auroreais das paixões antigas...

Gelos da Irlanda! Gelos da morte!... Eis as cinzas fugidas dos meus desejos que se vão, revoltos, através da levadia onda zimbradora dos pesares, por onde eu avisto um último aceno demorado de risos que não voltam...

Inverno! Inverno! Deixa-me afogar agora, num último raio quente de lágrima, a vaporosa lágrima adusta das minhas queridas mágoas inspiradoras...

Vai-te, sepulcro álgido e torturante dos meus sonhos!...

(*Brindes*, págs. 97, 99-100.)

NO MAR

A J. de Santa Rita

Viajávamos num magnífico *buque* espanhol, armado garridamente a três mastros com flâmulas da Marinha ibérica, mas com a forma estreita e aproada de um grande *steamer* de estaleiro inglês.

Entramos em pleno mar grosso... O meu espírito, acompanhando as evoluções estonteantes do Atlântico, rodopiou em convulsões histéricas de horror no meio daquelas encrespações perigosas do mar alto, onde eu avistava, através de um fino desdobramento de êxtase, o amplexo lascivo das águas zonzorreantes com a serenidade triunfal do céu em curva.

Pássaros aquáticos, em bandos, boiavam à tona espumada das algas, exprimindo nos piscosos madrigais dos seus amores uma exibição hinária à rudeza cósmica do oceano.

Os albatrozes, na sua transição incerta e lenta de sombras fugitivas, se deixavam esquissar em linha reta, como fitas de nuvens impelidas pela correnteza invisível do nordeste.

Caí então nos paroxismos sutis de uma intensa nevrose, que me trazia lânguidos momentos de contemplação evocativa, contemplação de Ahasverus estatelado diante da locomoção feroz e rábica do líquido estardalhante.

Idealizei mergulhos largos à região profundíssima e vulcânica dos rubros corais da Polinésia, de cujas ondas eu devia emergir, como um lesto mergulhador escocês, trazendo pérolas chispantes para os meus cabedais de colecionador de nácares.

Olhei para longe...

O sol nascia das entranhas úmidas do mar, modorrento e moço, numa apoteose cambiante de raios.

Ao fundo, na face rugosa do Atlântico, o astro fotografava a sua jovem fisionomia ígnea, sorrindo numa ingenuidade atroz e delirante para nós — os pequeníssimos seres perdidos na vastidão azul do infinito incendiado.

A maruja, correndo nos topes agulhados dos mastaréus encordoados, cantarolava as dolências rítmicas das suas useiras trovas, enquanto sobre o *buque*, lá em cima, as gaivotas apostrofavam essas nostálgicas cantilenas com a ironia de uns guinchos profundamente simbólicos.

É que as aves zombavam da misérrima situação dos viajantes, atirados como vísceras palpitantes da imensidade no seio glacial e enfurecido da própria imensidade!

Nesses momentos de apóstrofes e de ironias, e em que os vagalhões se dilatavam regougantes, procurando cuspir na face lisa e vermelha do sol, vinham-me aqueles ímpetos de lançar-me às vagas crespas, para trazer, lá do fundo povoado, todos os corais preciosos e todas as pérolas coruscantes.

Esse desejo era, porém, uma banalidade ideal de nevrótico...

O único coral rubro que boiava nas povilhentas ardentias do mar, era o bloco vivo... do meu coração saudoso; as pérolas que me acompanhavam nesse turbilhão de ritmos e cantilenas marujas, eram os pingos hiálicos das minhas merencórias lágrimas, saturadas das quentes paixões que ficam.

(*Ibid.*, págs. 119, 121-123.)

MEDEIROS E ALBUQUERQUE (1867-1934)

José Joaquim de Campos da Costa de Medeiros e Albuquerque nasceu no Recife, Pernambuco, a 4 de setembro de 1867. Estudou no Colégio Pedro II e depois na Escola Acadêmica de Lisboa, voltando ao Brasil em 1884.

Tomou parte nos movimentos abolicionista e republicano.

Deputado federal por Pernambuco e pelo Distrito Federal, e senador por Pernambuco. Diretor-geral da Instrução Pública do Distrito Federal, cargo em que foi aposentado, excepcionalmente, pois se tratava de cargo em comissão.

Membro da Academia Brasileira de Letras (Cadeira n.º 22). Jornalista e conferencista brilhante. Polígrafo de grande prestígio. Fundou, no Rio, o vespertino *A Folha*.

Foi o primeiro introdutor do Simbolismo no Brasil, vulgarizando o movimento simbolista europeu, pela imprensa, e dando o exemplo como poeta. O seu livro *Canções da Decadência* é o pioneiro da bibliografia simbolista brasileira. A sua "Proclamação Decadente", do volume *Pecados*, precedeu o poema-manifesto "A Arte", de Cruz e Sousa — este da linhagem ainda de Théophile Gautier, porém imensamente distante da ortodoxia parnasiana da "Profissão de Fé", de Olavo Bilac, tão diretamente calcado sobre o manifesto do autor de *Émaux et Camées*. Isso apesar de Medeiros e Albuquerque não ter ido além de simples veleidades de atualização, parecendo incorporar-se numa corrente com a qual não tinha qualquer afinidade espiritual ou estética, como ficou comprovado quando teve de tomar posição diante das realizações dos nossos simbolistas. Ocupou-se freqüentemente com Cruz e Sousa; fê-lo quase sempre num espírito de incompreensão e mesmo animosidade. Eis a relação dos seus artigos referentes ao Cisne Negro e sua obra, que pude encontrar: "Missal", *Fígaro*, 28-2-1893 (o mais antigo artigo, de mim conhecido, sobre esse livro, na verdade o primeiro do movimento, porquanto precedeu meses *Broquéis*); "Broquéis", recorte (em meu poder);

"Notas de João Bocó", *O Tempo*, 31-8-1893; "Crônica Literária", *A Notícia*, 25-3-1898; "Notas", *A Notícia*, 29-3-1898; "Crônica Literária", *Evocações* 8-4-1899; "Crônica Literária", *A Notícia*, 13-3-1900; "Nestor Vítor: A Cruz e Sousa", *A Notícia*, 29-3-1900; "Últimos Sonetos", *A Notícia*, 13, 14-10-1905; *Páginas de Crítica*, 1920, pág. 8. Usou dos pseudônimos: "J. dos Santos" e "Rufiufio Singapura". É curiosamente sintomático ter ele dedicado a sua "Proclamação Decadente" a Olavo Bilac. Fino intelectual, amoroso da cultura, grande ledor e polígrafo, contribuiu um tanto episodicamente para uma primeira difusão do Simbolismo, mercê de livros e revistas "decadentes" que fez vir de Paris. Quem desse documentário tirou mais real proveito foram Araripe Júnior e Gama Rosa, sucessivamente, a quem o emprestou. Daí resultaram os dois primeiros escritos de divulgação do movimento, aparecidos quase simultaneamente, no *Novidades* (Araripe Júnior) e na *Tribuna Liberal* (Gama Rosa), em dezembro de 1888 (o ano do aparecimento das *Poesias*, de Olavo Bilac), tendo Araripe Júnior prosseguido em sua publicação até fevereiro de 1889.

Faleceu no Rio de Janeiro, em 9 de junho de 1934.

Obras poéticas: *Canções da Decadência*, Rio, 1887; *Pecados*, Rio, 1889; *Poesias*, Rio, 1905; *Fim*, São Paulo, 1922.

TEMPESTADE

A Guimarães Passos

Andam por certo na floresta escura
sátiros ébrios sacudindo os troncos...
Há pavorosos e terríveis roncos
na goela estéril da montanha dura...

Chove... Desabam catadupas brutas
no dorso negro e funeral da terra...
Chispas rebrilham de medonhas lutas
de mil titãs em temerosa guerra...

A luz estende pelo ar funéreas
mortalhas brancas de esmaiada tinta;
dos astros louros e gentis — extinta,
não brilha a chama nas soidões etéreas.

O mar... o mar alucinado, doudo, *
urra, empolando os vagalhões irados,

---

* Está *doido*, certamente erro de revisão; deverá ser *doudo*, para rimar com *rodo*.

que sobre as praias arremessa a rodo,
com lastimosos, com plangentes brados...

E há quem agora a tiritar, medroso,
trema e, de prantos rorejando a prece,
a Deus implore que a bonança apresse,
que se desfaça o temporal iroso!

Oh! não!... Há sempre sob o firmamento
muito rugido! muita dor profunda!
Ninguém abafa o perenal lamento
que em vão de prantos a miséria inunda!

Tu, pois, Tormenta — pra que enfim acabe
da Dor o negro pesadelo infando —
vê se, em teus braços colossais a alçando,
fazes que a Terra com fragor desabe!

Vê se do Nada à solidão sombria
arrojas tudo com furor insano!
Só mesmo então nessa amplidão vazia
se há de apagar o sofrimento humano... .

(*Poesias*, edição definitiva, págs. 89-90.)

PROCLAMAÇÃO DECADENTE

A Olavo Bilac

(Carta escrita por um poeta
a 20 de Floreal,
sendo Verlaine profeta,
e Mallarmé — deus real.)

Poetas,
são tempos *malditos
os tempos em que vivemos...
Em vez de estrofes, há gritos
de desalentos supremos.

Se algum dentre vós, cantando
nos banquetes ergue a taça,
sente, convulsa, pesando,
a mão fria da Desgraça!

---
* Está: "tempo".

O Sorriso é tredo aborto
de algum soluço contido,
à beira dos lábios morto,
pelo Escárnio repelido.

E o Pranto — se o Pranto ardente
banha uma face sombria —
vem do excesso do pungente
riso mordaz de Ironia.

Que resta? Todas as crenças...
todas as crenças morreram!
Ficaram sombras imensas,
onde lumes esplenderam...

Que resta? A Dúvida horrível
os sonhos todos crestou-nos...
A Natureza impassível
Só conta invernos e outonos.

Se, pois, na Glória inda crerdes,
há de enganar-vos a Glória!
Murcham-se os louros mais verdes
nas folhas éreas da História...

Os Poetas do Sentimento,
que pintam a sua idade,
vão morrer do Esquecimento
na profunda soledade.

E neste tempo em que o Homem
se altera e diferencia,
breves, os cantos se somem
na indiferença sombria.

Pode a Música somente
do Verso nas finas teias
conservar no tom fluente
tênue fantasma de idéias;

porque é preciso que todos
no vago dessa moldura
sintam os estos mais doudos *
da emoção sincera e pura;

---

* Está "doidos", seguramente erro de revisão; "doudos" é que deve ser, para rimar com "todos".

creiam achar no que apenas
é tom incerto e indeciso
dos seus sorrisos e penas
o anseio exato e preciso.

Que importa a Idéia, contanto
que vibre a Forma sonora,
se a Harmonia do canto
vaga alusão se evapora?

Poetas,
eu sei que, sorrindo,
zombam de nós os descrentes. *
— Deixai! Ao pé deste infindo
ruir de Ilusões ardentes,

nós, entre os cantos sagrados,
que só tu, Poesia! animas,
passaremos embuçados
em áureos mantos de rimas!

(*Ibid.*, págs. 92-94.)

SALMO

A Filinto de Almeida

Eu sinto que a Loucura anda rondando
o meu cérebro exausto e fatigado.
Das Alucinações o torvo bando
dança no meu olhar negro bailado...

Chega-te, doce Amiga! mas não tragas
tristes visões de fundas agonias:
antes as minhas vê se tu esmagas
nas tuas brancas mãos, magras e frias!

Deusa! Senhora! Mãe dos desgraçados!
Consoladora da Miséria Humana!
que eu não escute da Razão os brados, **
ó Minha Nobre e Santa Soberana!

Dize às matilhas de teus Pesadelos
que estraçalhem nos dentes os meus sonhos!
que matem! que espedacem meus anelos!
meus desejos mais santos! mais risonhos!

---
* Está com vírgula em lugar de ponto.
** Está sem essa vírgula.

Para arrancar este cruel tormento,
que na minh'alma desolada mora,
extirpa-me este cancro: o Pensamento,
que em martírios horríveis me devora!

Que não fique uma idéia — uma que seja!
Mata-as como serpentes venenosas!
Enche de paz e sombra benfazeja
do meu cérebro as células trevosas!

Que a sensação gostosa de vazio,
que há de meu crânio às vezes nos arcanos,
o torne como o cárcere sombrio
de um castelo deserto, há milhões de anos!

E andem por fora das loiras primaveras,
ou do inverno os horrores soluçantes, °
quando, através das grades, como às feras,
me mostrarem no hospício aos visitantes,

eu não tenha em meus olhos apagados
o mais frouxo clarão de inteligência,
átona a face, os lábios afastados
num sorriso boçal de inconsciência...

E eles, vendo-me rir, julguem com pena
que, atrás de um sonho, meu olhar vagueia,
sem notar que minh'alma jaz serena,
às alegrias como a tudo alheia.

Calmo e insensível, pra falar ao mundo
jamais haja uma frase em minha boca!
E, quando a voz escape-se do fundo
de minha goela — pavorosa e rouca —

à hora em que do mar o undoso açoite
batento a encosta, rijo, tumultua,
que, estrídula, cortando a fria noite,
seja como a de um cão, uivando à lua!

(*Ibid.*, págs. 192-194.)

° Está: "soluçante", e sem a vírgula.

NESTOR VÍTOR (1868-1932)

NESTOR VÍTOR DOS SANTOS nasceu em Paranaguá, Estado do Paraná, em 12 de abril de 1868. Estudou primeiras letras com os professores José Cleto da Silva e Francisco Machado, sobre os quais deixou páginas de memórias, indo prestar exames de preparatórios no Instituto Paranaense, de Curitiba.

Ainda estudante, foi secretário da Confederação Abolicionista do Paraná, presidida pelo Major Solon Ribeiro. Em 1887 contribuiu para a fundação do Clube Republicano, de Paranaguá, de que foi secretário até partir para o Rio, no ano seguinte. Freqüentou, aqui, o Externato João de Deus, pensando em encaminhar-se para a Escola Politécnica.

Conheceu em 1889 Cruz e Sousa, então de passagem no Rio, a quem foi apresentado por Oscar Rosas. Em fins desse ano regressou a Curitiba, onde foi logo convidado para oficial de gabinete do Dr. Américo Lobo, cargo que não aceitou, assumindo a direção do *Diário do Paraná*, órgão de oposição. Deixando o jornal, fez breve viagem a Santa Catarina, onde estreitou relações com Cruz e Sousa. Voltou a Paranaguá e, dali, em 1891, partiu para o Rio, definitivamente.

Em 17 de fevereiro de 1892 casou-se com D. Catarina Alzira Coruja, neta do conhecido didata e gramático gaúcho Antônio Álvares Pereira Coruja. Durante o Encilhamento exerceu o cargo de secretário da Companhia Metropolitana do Paraná, fundada por Fanor Cumplido.

Partidário ardoroso de Floriano, foi por este, aos 26 anos de idade (1894), nomeado vice-diretor do Internato do Ginásio Nacional (nome então dado ao Colégio Pedro II), onde também lecionou. Nesse posto, despertou várias vocações juvenis para o Simbolismo. Três ginasianos tornaram-se nos caçulas da tendência graças à capacidade mimética da adolescência: Castro Meneses publicou o livro *Mitos* (1899), aos 16 anos de idade; Cassiano Tavares Bastos, *Ermida*

Nestor Vítor.

*Ao meu querido
Andrade Muricy
Nestor Vítor*

(1900), aos 15 anos; e Lucílio Bueno, *Pallium* (1902), aos 17. Exonerou-se desse cargo em 1901, apesar das instâncias do Ministro da Justiça de então, Epitácio Pessoa, que sempre, posteriormente, o distinguiu. Colaborava, por esse tempo, em *O País*.

No Ginásio Nacional relacionou-se intimamente com Sílvio Romero e João Ribeiro. Conhecera Emiliano Perneta, seu coestaduano, na *Cidade do Rio*, de José do Patrocínio, jornal de que o poeta paranaense era redator.

Em 1890 fixara-se definitivamente no Rio Cruz e Sousa, de quem se aproximou e de quem se fez o maior e mais decidido amigo. Com o pintor Maurício Jubim e com o intelectual cearense Tibúrcio de Freitas, Nestor Vítor integrava o grupo mais íntimo do poeta dos *Broquéis*. Assistiu-o de todas as maneiras, auxiliado por sua esposa, que se fez a amiga atenta e delicada da infeliz e gloriosa Gavita, mulher de Cruz e Sousa.

Morto este, em 1898, foi terrível o golpe recebido, e que sangrou até o fim da sua vida. Confessava que nenhuma amizade pudera proporcionar-lhe o alimento substancioso, o alto inebriamento espiritual que lhe valia o trato com o Poeta Negro. Este confessou idêntico sentimento, no referente a Nestor Vítor, nos sonetos intitulados "Pacto de Almas".

Publicara um ano antes o livro de contos *Signos*, simbolista típico, que foi largamente discutido, mas que obteve os sufrágios de Cruz e Sousa (em artigo que contém interpretações dos contos do livro, cada uma das quais representa um poema em prosa admirável), de Luís Delfino e de Rocha Pombo. Em 20 de abril de 1898 publicou, na *Cidade do Rio*, o poema "A Cruz e Souza" e, simultaneamente com o livro póstumo *Evocações*, de Cruz e Sousa, uma monografia sobre o grande amigo morto.

O seu grupo era, então, integrado por Gustavo Santiago, Oliveira Gomes, Artur de Miranda, Tibúrcio de Freitas e Maurício Jubim; freqüentava pouco os demais simbolistas. Colaborara em quase todas as revistas simbolistas. *O Sapo, Pallium, Azul, Breviário, Turris Eburnea, Vera-Cruz* etc. Promoveu a publicação de *Faróis*, de Cruz e Sousa, prefaciando logo após (1901) o livro de Silveira Neto *Luar de Hinverno*, que apresentou ao País.

Em 1901 lançou *A Hora*, obra com que se iniciou, no Brasil, fecundo esforço pela renovação da alta cultura literária, e que, revelando Ibsen e Barrès, teve larga e duradoura repercussão nacional.

Partiu nesse ano para a Europa, indo residir em Paris, onde foi correspondente de *O País* e do *Correio Paulistano*, obtendo modesta colocação no Consulado do Brasil. Ali lecionou e fez traduções e revisões para a Livraria Garnier. Uma dessas traduções ficou famosa e é hoje um livro clássico brasileiro, valorizada por magnífico ensaio introdutório: a de *La Sagesse et la Destinée*, de Maeterlinck, havendo o tradutor entregado pessoalmente a este o primeiro exemplar.

Foram seus principais amigos em Paris, além de Maeterlinck, o Conde Prozor, tradutor de Ibsen, Saint-George de Bouhélier, Maurice Leblanc (autor de *Arsène Lupin* e irmão da mulher de Maeterlinck, Georgette Leblanc), Maurice Barrès e o pintor Eugène Carrière. O Barão do Rio Branco, seu amigo, incumbiu-o de lecionar aos seus filhos, que se educavam em Paris. Ali publicou o seu único volume de versos, *Transfigurações*, que José Veríssimo louvou como a melhor produção poética do ano (1902).

Partindo para Paris, "porque estava desempregado" — explicava ele — e graças à munificiência do seu irmão, comerciante paranaguense, Francisco Norberto dos Santos (que traduzia apaixonadamente Schopenhauer), de lá regressou em fins de 1905, trazendo a primeira edição, póstuma, dos *Últimos Sonetos*, de Cruz e Sousa, impressa em Paris, sob os seus auspícios pelo editor Aillaud.

Apesar de seu devotamento à memória do Poeta Negro, a sua isenção de espírito permitiu-lhe publicar, logo ao regressar da Europa, um afirmativo ensaio sobre Alberto de Oliveira, adversário irredutível de Cruz e Sousa.

Em 1906 foi crítico da revista *Os Anais*, de Domingos Olímpio, sob o pseudônimo "Nunes Vidal".

Em 1912 apareceu *Paris*, sobre o qual Sílvio Romero escreveu, em artigo hoje incorporado à 3.ª edição da sua *História da Literatura Brasileira*: "Agora — dá-nos *Paris*, o livro, no gênero, mais notável de nossas letras." Esse livro, que valeu ao seu autor a Legião de Honra, teve duas edições esgotadas. É obra de psicólogo atilado e de pensador.

Durante a Guerra de 1914 fundou, com Rui Barbosa e José Veríssimo, a Liga Brasileira pelos Aliados. Morto este último, em 1916, fez Nestor Vítor, ao pé do túmulo, o panegírico do ilustre crítico, que, entanto, fora decidido adversário do Simbolismo. Substituiu José Veríssimo na cadeira de História do Lycée Français, hoje Instituto Franco-Brasileiro. Terminada a guerra, foi dos primeiros a serem condecorados, pelo Rei Alberto da Bélgica, com a Ordem da "Coroa da Bélgica". Em 1917 foi eleito deputado estadual, no Paraná, e em 1919 teve renovado o seu mandato. Em 1918 aceitou uma cadeira na Escola Superior de Comércio, convidado pelo diretor, Cônsul-Geral Francisco José da Silveira Lobo, seu grande e meu amigo, tendo chegado a vice-diretor daquele estabelecimento. Em 1919, foi-lhe conferida a "Ordem de Leopoldo", da Bélgica. Em março do mesmo ano recebeu, em Curitiba, homenagens extraordinárias, sendo igualmente festejado em Paranaguá. Não mais voltou, depois disso, à terra natal. No Rio, aguardavam-no outras homenagens, e, em 3 de maio, sob a presidência do Senador Barbosa

Lima, um grande banquete proporcionou oportunidade para Silveira Neto e Jackson de Figueiredo consagrarem-lhe o nome e a carreira literária em orações substanciosas, tendo Coelho Neto enviado calorosa mensagem gratulatória.

Em 1923, promoveu a primeira edição de *Obras Completas* de Cruz e Sousa, lançadas — em dois volumes, com importante introdução sua — pelo Sr. Álvaro Pinto, diretor-proprietário da casa "Anuário do Brasil". Depois de ter colaborado longos anos no *Correio da Manhã*, Irineu Marinho atraiu-o para *O Globo*, do qual foi o primeiro crítico literário, em folhetins nos quais acolheu cordialmente a nova literatura brasileira: a dos chamados "modernistas". Alguns desses folhetins, por mim reunidos, apareceram em volume póstumo em São Paulo, sob o título *Os de Hoje* (1938). O seu magistral ensaio sobre Machado de Assis foi publicado como apêndice ao livro *Introdução* a Machado de Assis (1947), de Barreto Filho. Além do ensino que ministrava aos alunos do Lycée Français e da Escola Superior de Comércio, era Nestor Vítor professor da Escola Normal, hoje Instituto de Educação.

Faleceu no Rio, na tarde do dia 13 de outubro de 1932, após rápidos e sucessivos acessos de angina do peito. †

Sobre a posição histórica de Nestor Vítor na crítica literária brasileira, e especialmente no movimento simbolista, dois testemunhos significativos devem ser invocados. Em artigo no *Jornal do Commercio* (artigo hoje incorporado à sua *História da Literatura Brasileira*, 3.ª edição, 5.º volume), Sílvio Romero escreveu: "Gastos e gafados, como já andávamos, do Romantismo, do Naturalismo e do Parnasianismo, a ele e a Medeiros e Albuquerque devemos as primeiras notícias das novas formas da literatura européia, sucessoras daquelas já então ultrapassadas.

"Ele e o famoso cronista político foram os que chamaram aqui a atenção para os poetas *simbolistas* e *decadistas,* para os Rimbauds, os Verlaines, os Mallarmés, os Villiers de L'Isle-Adam, os Maeterlincks e companheiros.

"Entretanto Medeiros e Albuquerque fazia-o apenas como jornalista e divulgador.

"Totalmente inverso o proceder de Nestor Vítor.

"Tão curioso quanto aquele por cousas estrangeiras e por novidades, falava-nos delas como crente, como apóstolo, como evangelizador desses novos credos."

---

† Durante as solenes celebrações do centenário do seu nascimento, foram inaugurados, na sua cidade natal, Paranaguá, o Grupo Escolar Nestor Vítor e, na praça em que se inicia a Avenida Nestor Vítor, na mesma cidade, um seu busto, da autoria do escultor paranaense Erbo Stenzel, tendo sido orador o poeta Murilo Araújo. Em Curitiba, o seu retrato pelo eminente pintor norueguês Alfredo Andersen, Pai da Pintura Paranaense, foi incorporado à pinacoteca do Museu Paranaense.

"O autor de *Amigos* estava em atitude simpática aos espíritos que nos apresentava.

"Tal o motivo por que acerca de letras estrangeiras não possuímos nada superior nem que se compare ao que escreveu de Ibsen, de Maurice Barrès, de Edmundo Rostand, e especialmente de Maurice Maeterlinck.

"Bastavam estes quatro largos estudos para ser colocado na primeira plana entre os nossos críticos."

E a propósito do livro *Paris*: "Nestor Vítor, em seu novo livro, revelou-se, no genero, o mais completo dos escritores brasileiros.

"*Paris* merece ser traduzido nas línguas estrangeiras para que se saiba lá fora a que ponto a inteligência brasileira tem atingido de atilamento e penetração."

Afirma Agripino Grieco (*Evolução da Prosa Brasileira*, pág. 217) que "Antes de qualquer outro no Brasil, foi Araripe [Araripe Júnior] quem aqui falou das peças de Ibsen aos admiradores de Sardou" etc. Entretanto o ensaio de Araripe propriamente sobre Ibsen, incluído no livro *Ibsen*, publicado por Chardron, no Porto, em 1911, está datado de 1906. Os ensaios que o antecedem, no livro referido, são de 1895, 1899 e 1905, mas não mencionam Ibsen. O largo ensaio de Nestor Vítor, sobre Ibsen, ocupa 123 páginas do livro *A Hora*, que é de 1900.

Foi de importância primacial o papel de Nestor Vítor na vulgarização dos autores que contribuíram para a formação da cultura literária dos simbolistas: além dos poetas franceses citados, Carlyle, Ibsen, Maeterlinck, Novalis, Hello, Emerson, Nietzsche, Emily Brontë, Spengler, Keyserling e muitos outros.

Vinte e cinco anos após aquele julgamento de Sílvio Romero, Alceu Amoroso Lima escreveu (*Jornal do Commercio*, 8 de novembro de 1936): "Fase estética. Começara esse novo espírito da crítica literária, com uma figura da mesma geração que aqueles três [Sílvio, Veríssimo e Araripe], mas que participara já de um movimento literário moderno, para o tempo — o Simbolismo. Quero referir-me a Nestor Vítor, figura a que não foi feita ainda toda a justiça na história de nossas letras. Nestor Vítor foi o crítico do Simbolismo em nossas letras, não só porque foi contemporâneo dele, mas ainda porque soube fazer às suas figuras literárias a justiça que nem sempre lhes foi feita nos arraiais da crítica consagrada. Nestor Vítor reagiu contra o Naturalismo crítico, então corrente, deslocando a crítica literária para a região do subjetivismo, do impressionismo, para onde a haviam deslocado, em França, os críticos contemporâneos da reação simbolista nas letras. O espiritualismo crítico de Nestor Vítor — que ficou um tanto confinado dentro do âmbito do próprio movimento simbolista sem chegar a dar-nos nem mesmo a obra que seria o coroamento de sua vida — a História do Simbolismo no Brasil —, o espiritualismo literário do crítico da geração pós-naturalista anunciou entretanto o novo espírito que em breve animaria a nossa crítica literária." Eugênio Gomes vai além: "Com a acuidade que lhe dava a experiência crítica do Simbolismo, Nestor Vítor escrevendo sobre os verde-amarelistas [do Modernismo], antecipava-se, mesmo, às preocupações da crítica analítica, entre nós, ao distinguir esses novos a quem chamava 'estilizadores', notando que recorriam freqüentemente à imagem e à metáfora, bem como às onomatopéias e aliterações. Nesse rumo, ao fenômeno de sincretismo estilístico, natural em qualquer fase de transição estética, porém que pareceu reduzir o valor da poesia modernista, em seus começos, o crítico de *Os de Hoje* mostrava-se não só atilado, mas também construtivo". ("A Crítica do Modernismo", *O Globo*, 3-12-1960).

Leodegário A. de Azevedo Filho confirma: "Entre esses, convém lembrar a reação de Nestor Vítor à crítica naturalista ou taineana, que teve em Sílvio Romero a sua expressão mais alta. Apoiado nas teorias estéticas do Simbolismo, Nestor Vítor deliberadamente afastou-se do critério sociológico e historicista, então dominante, escrevendo obra de autêntico precursor." *Introdução ao Estudo da Nova Crítica no Brasil*, Livraria Acadêmica, 1965, p. 18.) E adiante: "No Brasil, segundo o nosso ponto de vista, a renovação da crítica literária partiu das idéias estéticas do Simbolismo, com Nestor Vítor à frente." (Loc. cit., p. 109.)

Nestor Vítor foi, porém, mais do que isso: um homem; homem de caráter e homem de fé e de amor. Sílvio Romero, subitamente, proclamou Cruz e Sousa "a muitos respeitos o melhor poeta que o Brasil tem produzido" (*O Livro do Centenário*, "A Literatura", pág. 110). Os adversários do Poeta Negro saltaram e a lenda caluniosa nasceu, que se mantém viva: — Sílvio Romero fora informado de que Cruz e Sousa estava tuberculoso e na miséria; com a sua impulsividade natural, movido mais pela piedade do que pela razão, não vacilara em proclamar aquele impensado e extremado julgamento... Nestor Vítor, em polêmica memorável com Alberto de Oliveira, pelas colunas de *O Globo* (n.os de 11, 18 e 25 de abril de 1927), destruiu a grosseira perfídia. O que se dera é que ele, Nestor Vítor, longamente iniciara o grande crítico naturalista na arte de Cruz e Sousa.

O julgamento nem fora precipitado nem sentimental. Demais, não se proclama alguém "o melhor poeta que o Brasil tem produzido", mesmo com o restritivo "a muitos respeitos", por simples piedade!

Nestor Vítor não escreveu sobre o Simbolismo a não ser fragmentariamente; e isso porque, como observou Adelino Magalhães, seu íntimo e fiel amigo, ele era alguém que não vivia do passado. Não o renegava, mas o presente apaixonava-o e o futuro tinha lugar grande no seu pensamento em face da vida. Escreveu três ensaios e vários artigos sobre Cruz e Sousa; dois sobre Emiliano Perneta; um ensaio-introdução para o *Luar de Hinverno*, de Silveira Neto; outros sobre Mário Pederneiras, Gonzaga Duque, Pereira Da-Silva, Rocha Pombo etc.; vários artigos sobre o movimento simbolista em globo. Mais importante, relativamente, a sua contribuição para vulgarização do Simbolismo europeu e hispano-americano. Mais ainda sua ação pessoal, franca, lealíssima: era admirador e propagandista de Alberto de Oliveira e Luís Delfino, que todos os seus amigos e discípulos ficaram também admirando.

Toda a sua vida foi um culto só à memória de Cruz e Sousa. Editou-lhe — dos três livros preparados que o Poeta Negro deixou — dois: *Faróis* e *Últimos Sonetos*. Publicou-lhe as *Obras Completas* (primeiras aparecidas), com introdução biográfica e notas afetuosas. Quando empreendeu o seu *Elogio do Amigo*, fê-lo para uma apoteose final a Cruz e Sousa.

Fez mais: transmitiu a outros esse amor. Este livro é uma prova disso! Este *Panorama* é, sob muitos aspectos, obra sua. Dele recebi a tradição do movimento simbolista; por seu intermédio (e também de Emiliano Perneta e Silveira Neto) penetrei o espírito daquela preamar de espiritualismo vivo; dele recebi o inestimável tesouro que é o singelo arquivo de Cruz e Sousa.

Iniciador da crítica estética no Brasil, Nestor Vítor foi também pensador moralista penetrante e delicado novelista. Como poeta — com exceção do poema *A Cruz e Sousa*, em que está transfundido muito da música e dos movimentos de alma do Poeta Negro, e do surpreendente "Paranaguá", que lembra uma aquarela de Debret e, ao mesmo tempo, parece participar da modernidade mais atual — Nestor Vítor é um simbolista claro, discreto e sem os habituais abusos do vocabulário típico e da temática normal da tendência.

Obra: *A Cruz e Sousa*, poema, Rio 1900; *Transfigurações* (1888-1898), Paris, 1902. Algumas poesias dispersas a serem reunidas a *Transfigurações*. De crítica: *Cruz e Sousa*, 1899; *A Hora*, 1901; *Três Romancistas do Norte* [Pápi Júnior, Rodolfo Teófilo, Xavier Marques], 1915; *Farias Brito*, 1917; *A Crítica de Ontem*, 1919; *Cartas à Gente Nova*, 1924; *Os de Hoje*, 1938. Viagem: *Paris*, 1911; *A Terra do Futuro*, 1915. Ensaios e pensamento: *O Elogio da Criança*, 1915; *Folhas que ficam...*, 1920; *O Elogio do Amigo*, 1921. Ficção: *Signos* (contos e uma novela. "Sapo"), 1897; *Amigos* (romance), 1900; *Parasita* (novela), 1928. Antologia: *Prosa e Poesia*, apresentação por Tasso da Silveira, Coleção "Nossos Clássicos", Agir Ed., 1963. Tradução: *A Sabedoria e o Destino*, de Maurice Maeterlinck, 1902. Coleção de Textos da Língua Portuguesa Moderna. *Obra Crítica de Nestor Vítor*. Volume I. Prefácio de Thiers Martins Moreira. Introdução biográfica de Andrade Muricy. (Contém: *Cruz e Sousa, A Hora, Três Romancistas do Norte, Farias Brito, A Crítica de Ontem*.) Com duas ilustrações. Ministério da Educação e Cultura, Casa de

Nestor Vítor por Silveira Neto.

Rui Barbosa — 1969, 474 págs. [O volume II, em vias de impressão, contém os livros *Cartas à gente nova, Os de Hoje, Folhas que ficam, Elogio da Criança, Elogio do Amigo* (Cruz e Sousa), *Elogio da Viagem*. Estudos, artigos dispersos, prefácios e introduções, nos 2 vols. subseqüentes.]

A CRUZ E SOUSA †

Não gemem na minh'alma árias langues de morte,
Antes vibram clarins e há alvoroços de guerra;
Somente, um tal tremor faz-me vibrar tão forte
Que sou, todo, um soluço a ansiar sobre a Terra!

Não! os que, como tu, morrem sacramentados
Com a Estrema-Unção da glória, e andaram impolutos,
No casulo do Sonho, esperando, calados,
A Vida após a Morte, a Pompa Real nos Lutos,

Não nos fazem pensar na frialdade ao peito
De uma laje medonha, ao cair exausto:
Vê-se neles o gesto augusto de um Eleito...
Ouvem hosanas no ar, abrem-se céus em faustos!

. . . .

O CONSTRUTOR

Moureja, moureja, moureja,
Ora à torre subindo,
Para ver não se sabe o que seja,
Ora descendo às entranhas da terra, ouvindo
Não sei que voz que o chama.
Coberto de áureo pó — como que estrela e lama —,
Quando vem a noite ele descansa;
Tão exausto, porém, que ao vê-lo, não se sabe
Se o título de idoso mago é que lhe cabe
(Mas que ar mesquinho é que ele tem!) ou o nome de
[criança.

(Melo Morais Filho, *Poetas Brasileiros Contemporâneos*, Garnier, 1903. P. 318.)

---

† A morte de Cruz e Sousa representou para Nestor Vitor, seu mais íntimo amigo, como um desmoronar do mundo. Dessa perda, mais do que de quaisquer outras circunstâncias, terá provindo a sua repentina decisão de deixar o Brasil. De imediato, no próprio mês de março de 1898, o do falecimento do autor de *Broquéis*, entoou Nestor Vítor solene Réquiem: o poemeto *A Cruz e Sousa* (51 quadras em alexandrinos).

MORTE PÓSTUMA

> *Et vraiment quand la mort viendra*
> *que reste-t-il?*
>
> P. Verlaine.

Desses nós vemos: lá se vão na vida,
Olhos vagos, sonâmbulos, calados;
O passo é a inconsciência repetida,
E os sons que tem são como que emprestados.

— Dia de luz. — Respiração contida
Para encontrá-los despreocupados,
Aí vem a morte, estúpida e bandida,
Rangendo em seco os dentes descarnados.

Mas embalde ela chega, embalde os chama:
Ali não acha nem de longe aqueles
Grandes assombros que aonde vai derrama!

E abre espantada os cavos olhos tortos:
Vê que eles têm os olhos vítreos, que eles...
Eles já estão há muito tempo mortos!

(*Transfigurações* / 1888-1898, Garnier, 1902, págs. 69-70.)

CONFISSÃO DE SÊNECA

Se vós soubesses, jovens orgulhosos
E iníquos, para que serve ficar-se velho!
— Para ser o perdão desses pecaminosos
Que condenamos...: O Conselho
Contrário ao gestos inconsiderados
Que o desamor à vida, o amor às atitudes
Inspira... Os vasquejos cansados
Da força cega, de heroísmos rudes...
A conciliação
Ignóbil, quase,
Com homens e elementos circunstantes...
A triste conformidade
Que tem por base
Desilusões às mil, das mil ilusões de antes...
Se soubésseis que as rugas e os gilvazes
Ora podem falar, é certo,
De um golpe recebido em combates tenazes
E nobres, ou então de um sofrer encoberto,
Atroz, injusto, mas também que tantas

Delas e uns poucos deles
Nada trazem de origens santas,
Sim de carnais espasmos ou daqueles
Recontros ignorados que há na vida
Do melhor dentre nós... (Vede, ele cora
Tão-somente à lembrança sugerida
Dessas coisas agora...)
Se soubésseis, eu digo, criaturas
Ainda um pouco incriadas,
Intatas formosuras
Afogueadas
Pela convicção falaz do permanente,
E do completo, e do ideal,
Que subsistir,
Inevitavelmente,
É fazer liga até com o próprio mal,
É ceder ao que tem de vir,
De certo aspecto, pois, é pior que morrer;
Entediados dos futuros anos,
Vos odiaríeis no que haveis de ser,
Vos odiaríeis cândidos e levianos...

26-9-1914.

(Revista *Festa*, outubro, 1934.)

DUETO DE SOMBRAS

Ah! descuidosa Ofélia, é o irresistível que me está chamando,
Mas não te deixarei abandonada...
A coroa de rosas desfolhando,
Não pela doida correnteza,
— Mãos esguias de cera enregelada —,
Irás, mas docemente, aos meus dois braços presa,
Teu olhar, a sorrir, no meu olhar fitando.

— Mas como é frio este caminho!
— Abriga-te em meu manto de loucura!
— Estás tão alto! Não alcanço o teu carinho...
Eu era mais feliz com a paz que há na planura...

— Sobe! — Subirei, que te amo!
— Sobe, sofrendo embora! Leva para o alto a fé!
Lá em cima de uma árvore nova pende um ramo
(Palma? loureiro? — áureo e viril) que não se sabe para
[quem é.

(Versão inédita de "Dueto de Opala",
Turris Eburnea, Curitiba, novembro,
1900, pág. 6.)

H. IBSEN

I

H. Ibsen é uma crença firme na evolução da natureza, na sábia destinação das coisas, no movimento ascensional do Homem aqui mesmo dentro do planeta, mas uma crença amarga e dolorosa, porque ela implica uma idéia de necessidade, de luta nas provas da produção, nos atritos da lapidação, nas angústias das metamorfoses, dos misteriosos avatares, ainda mais implacável do que a própria idéia darwiniana.

Sobre isto, atormentam sem cessar uma preocupação completativa: a de conhecer o *processus* desse movimento ascensional humano, se ele se dá por força da Vontade ou por efeito da Fatalidade, se há em nós um impulso a que não podemos fugir, ou uma liberdade que precisemos orientar.

Essa crença tranqüila, essa afirmação inicial junto desta outra dúvida obsedante, desta interrogativa que lhe põe a alma numa perpétua trepidação, eis as duas grandes peças psíquicas que lhe são essenciais. Delas é uma que o apóia desde o começo de sua vida até hoje; é a outra que lhe dá esta atitude de insatisfeito, esse penacho branco revolto, tão acremente simpático, com que no-lo fazem ver daqui de longe, como num sonho, as fotografias e as gravuras que nos chegam às mãos.

....

XIV

Uma vez que falavam ao poeta sobre aquele lance trágico de *Solness*, em que o construtor se precipita do alto da torre, tomado de uma vertigem, por culpa de Hilda, que não descansara enquanto não o fizera subir tão alto, Ibsen respondeu:

"Morram todos os Solness, contanto que Hilda fique e continue na sua missão, *até que encontre o homem forte capaz de resistir à vertigem.*"

Eis nestas poucas palavras toda a explicação das suas últimas obras. Ele é o mesmo crente e o mesmo idealista de sempre, mas essa crença em si fica mais amarga e travorosa, ante a persuasão que a vida lhe traz de que o mais insignificante passo evolutivo custa ao Homem, como à Natureza em geral, um sacrifício tão espantoso, tão absurdo, que é incapaz de o calcular antecipadamente o pensador de intuições* mais pessimistas que possa aparecer na Terra. E ao mesmo tempo o vagar com que tudo se move é aos seus olhos um

---

* Está: "intuiçães".

fenômeno tão próximo da estagnação, senão tão idêntico, que o poeta desespera, faz-se convulso e apela então para estes mensageiros do mal, estes operários de sapa, de destruição, a ver se eles com a repulsa que inspiram acordam esta Humanidade sonolenta e a fazem dar dois passos decisivos para a frente, afinal.

É, porém, esta amarga feição de carrasco sublime, de duro amigo dos homens, que o quer ser por processos violentos até o absurdo, mas porque assim eles o fizeram, de tanto o desiludirem, de tanto o angustiarem, é este seu modo tão particular de ser que mais o destaca, mais o torna simpático, nesta hora de morna apatia, nesta época lesmática, visguenta, mesquinha, que estamos, em agonia, atravessando.

Quando os grandes centros da civilização anulam-se sob a influência de um materialismo pequenino e covarde, futilizam-se, tornam-se ridículas Bizâncios, meticulosas e míopes, faz bem olhar para este vulto, que divisamos ao longe, no extremo norte europeu, quase como que de pé sobre o pólo, a vizinhar com os astros, solitário, amargo, mas sonhador e bom. Ele se nos afigura * um farol gigantesco que através das névoas caliginosas da noite, e sob o uivo de uma tormenta ainda longínqua, consegue projetar sobre o mundo inteiro um raio de sua luz guiadora.

Assim esbatida pela distância e pelos obstáculos, essa luz tem a cor amargurada dos eclipses, confunde-se com a agonia de um crepúsculo noturno. Mas quando o mundo atravessa uma hora de náufrago, quando a vida inteira no Planeta é uma trágica incerteza, um mal contido soluço, o ridente é profano, o estardalhante é impiedoso, é absurdo, só o que é compassivo, mas grave, pode ser fraterno e leal.

(*A Hora*, págs. 138, 260-261.)

M. MAETERLINCK

IV

....

Quando pela primeira vez — vai para mais de três anos — eu li *O Tesouro dos Humildes*, ele me deixou na ebriedade rara em que, por certas horas decisivas da nossa vida, depois de termos passado por um grande transe ou uma alegria suprema, isso que o mundo chama a alucinação auditiva nos lança subitamente, tornando sonora e melindrosa toda a atmosfera que nos está em torno, porém de uma

---

* Está: "a figura".

sonoridade que não é deste mundo, mais fina que o do ouro em folhetas, parecendo só poder vir de uma porta que se nos tenha entreaberto para o Além.

V

Há em *O Tesouro dos Humildes* uma nota que M. Maeterlinck deixara apenas entrever em todas as suas obras anteriores. É a deste sorriso espiritual em que tudo aqui se envolve, de que todo este livro é feito; é esta encantadora e ardente sabedoria que, da primeira à última página, grave e risonhamente aqui se revela.

E por tal modo, que não há vacilação possível: quem quer que se encontre com estas páginas, depois de ter lido tudo o mais que até aqui o autor produzira, se as assimilou e tem a simplicidade boa de desconhecer essa timidez intelectual que faz os homens tantas vezes andarem a fugir de si mesmos por desconfiança das soluções simples e naturais que o seu próprio espírito lhes oferece, há de confessar que ora é que se encontrou com este poeta nas cumeadas * do seu espírito, comparando este com todos os seus outros livros que ficaram para trás. Já não falo dos versos, mas dos próprios dramas, não excetuando mesmo dentre eles os melhores.

A obra dramática de Maeterlinck há de ficar por força marcando o momento em que teve o seu surto. Esta é a sorte de todo produto que em Arte se pode chamar propriamente *novo*. Até aqui a literatura, no mundo, não tinha conseguido seduzir um espírito místico por tal modo que o fizesse escrever dramas que fossem dramas, na realidade, reunindo-se a esse milagre o prodígio de se conservar tal espírito perfeitamente místico, de modo a ninguém poder desconhecê-lo à primeira audição ou leitura da sua obra.

Os místicos, em geral, são fracos objetivistas e artistas descuidosos no que respeita às particularidades, aos adornos, à última demão nos trabalhos que empreendem. Vem daí que estes oferecem em geral materiais, apenas, para trabalhos de artistas futuros. Para o místico a realidade comum é apenas uma grosseira aparência; ele vive todo mergulhado no mundo abstrato que criou: e por tal modo que é naturalíssimo seu desaso quando queira falar de um servindo-se das imagens que tumultuam no outro.

M. Maeterlinck não sabe que haja duas realidades, uma comum e desprezível, outra transcendental e sublime. Por uma simples razão: porque só esta última é que lhe fere a retina. Há em seus olhos uma espécie de raio Roentgen, que vai desde logo ao âmago das coisas e dos seres, evidenciando-os dentro do seu ângulo de luz, impassível e risonho, de uma frieza ardente, fazendo completa abstração de

---

* Está: "cumiades".

todos os véus que encobriam o ádito assim agora implacavelmente evidenciado, de modo que parece além daquilo nada mais existir.

Mas, sendo assim, se ele consegue deixar trêmulas e sorrindo em nossas pupilas essas imagens peregrinas, para que fazer *frases*, para que procurar adornos, para que se há de estar despulmonando em clamores e brados? Isso tudo, no seu caso particular, seria antes de um efeito dissolutivo. Olhos fitos na realidade estranha dessas visões que lhe são familiares, tão raras, tão fugitivas para todo o resto do mundo, ele as vai movimentando calado e religioso, as vai fazendo agir e exprimir-se, mas tudo a meio-tom e a meia-força, como se receasse produzir em torno uma estupefação sobre-humana, incompatível com pobres naturezas terrestres. E é por este modo que ele consegue o *raffinement ou rebours* com que toda a sua obra dramática é feita, aquela magia, aquele indizível que a caracteriza, destacando-a de tudo o que de teatro até aqui existia, e afirmando sua natureza de místico ingênito, ao mesmo tempo que lhe cria um lugar inconfundível e nobilíssimo entre os artistas seus contemporâneos.

De tudo o que até agora existia no teatro do mundo moderno, o que às vezes nos vem à lembrança, ao estarmos lendo este novo autor, são os mistérios medievais. flores de um ingênuo, profuso e ardente simbolismo. Há aqui uma análoga atmosfera religiosa; vê-se que este poeta obedece a certos sentimentos iniciais que eram os móveis dos artistas de teatro dessas épocas. Com uma diferença: é que nos de então a Arte era uma coisa de segundo plano, sendo o espírito religioso o que sustentava aquelas peças em todos os seus inúmeros desfalecimentos, a pia intenção suprindo a primitividade, a ingenuidade, a infelicidade dos processos. Aqui, o que se vê é, justamente, o contrário, é a Arte levada à altura de uma Religião, confundindo-se o poeta com os mistagogos dos templos. Não se procura agradar, nem mesmo arrebatar diretamente com estas obras de agora: elas aspiram a produzir o êxtase naqueles com quem na verdade se encontrem, não pelo que digam, não pelo que valham em si próprias, mas pela eloqüência lacrimal do céu estrelado para que procuram fazer-nos levantar os olhos, pela maravilha dos mil céus mil vezes mais estupendos e estrelados ainda do que esse que todos os olhos alcançam e dos quais eles aspiram apenas ser uma indigente sugestão, corrida de vergonha por sentir-se tão pobre. Espécies de mendigos que ao passarem vos fazem lembrar de um palácio a cujas portas esplêndidas os encontrastes pedindo esmola da primeira vez que os víeis.

Mas dessa faculdade particular de visar os seres de um ponto de vista interior, num ângulo aberto no latente, no profundo da vida, resulta que todas as outras camadas superpostas no homem a esse âmago diretamente golpeado têm de ser abstraídas nesta nova Arte, têm de esvaecer-se diante dela como se não existissem. Tudo isso visível no mundo exterior, a parte em que o homem se pode comparar com as plantas: o semblante, o sorriso, o pranto; as suas manifestações positivas: suas ações, suas relações com o mundo na existência ordinária; tudo, não tem aqui outra importância senão a que devemos ligar às vãs aparências. Ainda mais. Otelo mata, Hamleto abandona, Fausto seduz e perde, Brand sacrifica? Que importa! No fundo, a alma de Brand, de Fausto, de Hamleto, de Otelo nada tem com isso: elas continuam a sorrir do mesmo modo, no meio das maiores convulsões da vida exterior, ignorantes de tudo, lá no seu trono de serenidade e de grandeza. E é nesse trono que vale a pena elas serem vistas: aí é que a vida começa, e, portanto, começa a estabelecer-se realmente o drama.

Sendo assim, todas as almas são uma. Portanto, a este poeta de agora o que lhe interessa — outra coisa é impossível — não são as almas, mas é a tragédia da Alma.

....

VI

....

Ao deixarmos a sua companhia, nestas páginas, e que voltamos só, por freqüentados caminhos, acomete-nos uma ilusão: a de que viemos de uma curiosa viagem de mar, onde por muitos dias nos trouxeram preso e seduzido os encantos singulares, imprevistos, que deparamos numa ilha feliz, guardada ao seio do Oceano como doce mistério. Desta ilha veio alguém ao nosso encontro: logo que ele nos recebeu, e que penetramos terra, pelo seu sorriso e pelas primeiras frases de sua recepção, tão fidalga e tão simples, vimos que tratávamos um poeta. Abrigados que fomos sob o seu teto hospitaleiro, falamo-lhe e ele nos falou, longamente, à maneira dos tempos de Ulisses, nós de nossas aventuras de peregrinos, ele da sua paz, mas também das suas vicissitudes sedentárias. Mas pouco a pouco fomos sentindo como que uma vaga dulcificação na atmosfera, e na voz de quem falava um abrandar-se gradual, que se fazia de uma sonoridade argêntea, o argênteo pouco a pouco já parecendo ouro, de cada vez mais doce, mais penetrante e mais emocional. Também nossa visão proporcionalmente se foi modificando, tornando-se mais clara, e mais meiga, parecendo que tudo em torno ficava sorridente e melhor. Já o nosso interlocutor tinha outro semblante como se houvesse de um momento para outro mergulhado numa fonte de rejuvenescência, instalando-se novamente no escabelo que escolhera em frente a nós, sem nada percebermos dessas rápidas ações. Horas e dias deliciosos esses que pudemos passar à sombra daquela doce ilusão! Porque dali por diante, nós a nós mesmos, os outros a nós, todos e tudo, a vida e a morte, nos pareceram bem outros, plausíveis, aceitáveis, mesmo gloriosos, viúvos apenas de quem os saiba reconhecer melhor e os saiba amar.

Depois é que vimos, voltando, que aquilo fora um sonho insular um encantamento instável, produzido pelo prestígio daquela alma solitária e risonha, que na sua meiga isolação imaginariamente convertera o universo nessa fantasia pacificadora e otimista, para estabelecer com ele a alta convivência que sua alma, tão nobre, pedia, embora assim fictícia, assim inconscientemente, em boa parte, irreal.

Os místicos com Maeterlinck são deste feitio: mesmo a taça que o destino lhes pôs nas mãos como indiscutivelmente sua, eles chegam aos * lábios com tal suavidade, que parecem produzir apenas a ilusão de um movimento; e a libação é ligeira, quase que apenas simbólica: no entanto, basta isso para os saciar, para até lhes causar ebriedade, para pô-los num estado de beatitude por fim. Então se retiram temendo fazerem-se importunos, e para deixar lugar, por que todos, se for possível, tomem parte no festim. Levam deste a idéia correspondente às suas impressões, ficando depois muito admirados, quando se encontram com outros que lá estiveram, que participaram de igual, até muitas vezes de mais generosa escança, e que pensam sobre o mesmo objeto de um modo muito diferente, incontentes e desdenhadores.

(Maurice Maeterlinck, *A Sabedoria e o Destino*, trad. de Nestor Vítor — Introdução, págs. XL-XLIV, LX-LXI.)

O ELOGIO DO "LUAR DE HINVERNO"

....

Fiel a um número dado de sentimentos, restrito por isso a um dado número de idéias, o autor do *Luar de Hinverno* não ostenta, porque não podia ostentar, uma abundância de estilo que seria contraditória com o seu ascetismo intelectual: ele tem um número também limitado de recursos para a expressão dessas idéias e desses sentimentos.

Mas a riqueza nem sempre provém da abundância; ela nasce às vezes simplesmente da preciosidade. É o que Silveira Neto intuitivamente compreendeu. Ele é de um sentir veemente, menos pelo ímpeto do impulso do que pelo doloroso, pelo perturbador da sensação; e a forma por que ele sente é a mesma que tende a empregar para comunicar-se com o exterior: seu estilo é bárbaro e alucinante — de uma construção convulsa, quase epiléptica, carregado de imagens febris, dolorosas, pungentes. E além disso absconsas, esquerdas, essas imagens, muitas vezes de analogia apenas longínqua, inteiramente imprevista, com o seu objeto.

* Está: "os".

Juntai a isso a preciosidade dos epítetos, o misticismo do vocabulário em geral, e antes de o lerdes vos será fácil prever que livro abrupto e singular é este que vos espera.

Além disso, por um lado, um ascetismo aristocrático na escolha das rimas, raras e ricas quase sempre, mas, por outro, num desdém convulso por fáceis melopéias, numa impaciência enferma de quem sofre demais para ir ajustando a uma medida só a expressão dessas suas ânsias — um *parti-pris* decisivo, senão pelo verso livre, pelo menos pela assimetria da estrofe, por uma multiplicidade de metros a que o poeta muitas vezes recorre quando menos se espera.

De todo esse sistema alucinativo organizado é inevitável uma conseqüência decorra, que é a obscuridade do estilo: justamente devemos dizer — um dos característicos mais essenciais deste livro.

De modo que o *Luar de Hinverno* traz o destino das obras raras, na acepção correspondente ao *bizarre* dos franceses. Entre os poucos que o lerem até o fim haverá muitos ainda que saiam dele como de uma companhia com que não lograram entender-se de modo completo. Mas quem quer que o encontre e seja, na verdade, um intelectual, um homem de rara estesia, e um espírito dotado de delicada simpatia humana por todos os sofrimentos legítimos, esse há de voltar a ler estas páginas, travará convivência mais íntima com elas, e acabará por amar perfeitamente este livro, como a um amigo melancólico, mesmo esplinético, mas nobre, delicado e fiel.

Tanto mais que o *Luar de Hinverno* não é apenas uma soluçante obscuridade posta em versos. Por largos trechos muitas vezes — dos quais não poucos já são conhecidos por quem haja acompanhado a galáxia que tem vindo a ofuscar estas páginas até o ponto em que estamos —, canta o poeta em tuba de prata uma poesia sonora, corrente e franca, que vai fazendo através do livro múltiplas clareiras álacres, à semelhança dessas que de ponto a ponto corrigem numa floresta a alucinação visual tendente a estabelecer-se ante a vista sombria, trágica, de extensa vegetação implicada e gigantesca.

Atentai para a flora que viceja no *Luar de Hinverno*. Um grande vale de saudades, ora soluçantes e amargas no roxo-negro das pétalas sem perfume, ora pálidas, quando não sejam inteiramente desmaiadas, em deliqüescência, fazendo lembrar jovens viúvas a torcerem as mãos, trágicas pelo silêncio, ante o irremediável que imprevistamente as assaltou. Senão, roxos lírios pendentes — cisnes que em vez de cantar calaram-se, congestionaram-se, fizeram-se plantas e agora soluçam a dor que traziam no perfume com que aromam as margens dos rios, ou então os cemitérios — outros rios, para onde em vez de águas escoam os mortos. Também, em latadas que de longe se anunciam, trágicas violetas recendem, enormes e ansiosas, como são as nossas violetas do Sul, lembrando corações de amantes desgraçados que se hipertrofiaram, ou então fazendo pensar nuns olhos de formosas suicidas renanas, virgens e moças, que ainda mesmo depois de mortas parece viçarem.

Mas demorai a vista, e observareis: nem todas estas violetas são de rigorosa tristamia. Sob as folhas, principalmente, encontrareis algumas brancas e magníficas, mas agrestes, rebeldes, fugitivas, fazendo-vos lembrar daquelas ninfas que, noutros tempos, viajantes intrépidos e predestinados perseguiam deliciosamente, através de maravilhosos bosques, quando lhes acontecia aportarem em alguma Ilha dos Amores. E por toda parte, entrelaçando-se com as outras plantas, roseirais floriem, brandos no perfume, modestos no cromático da carnação, tudo suavizando, tudo docemente esbatendo, como boas almas — boas e simples, que onde chegam levam uma paz, uma serenidade comunicativa, pela qual tudo em torno parece ficar melhor, tudo parece tomar atitude simpática, levemente risonha.

(*A Crítica de Ontem*, págs. 25-28.)

"OS DISCÍPULOS DE SAÏS E OS FRAGMENTOS", DE NOVALIS

Releio agora, depois de um ano, este livro. Podia dizer que é hoje que o leio, porque então eu atravessava um momento extraordinariamente mundano, de lutas acerbas, brutais, estúpidas, que me embriagavam como um vinho grosseiro. Ainda mais: mesmo desta vez, não o li propriamente — comecei a ler.

Porque estas páginas são inesgotáveis. Eu poderia ir com elas para o deserto, como com a Bíblia, como com Homero. É uma obra que ficou em projeto, toda por acabar, perfeitamente uma nebulosa escrita, mas com todos os germens imagináveis, com todos os aspectos que se podem encontrar numa alma, num planeta, ou no universo.

Apenas, cada um de nós vê as coisas com uma visão que lhe é própria, sob uma cor particular, nestes azul, naqueles cítrea, em outros gris: Novalis vê todas as coisas por um prisma de ouro; sua obra é uma áurea nebulosa. Ele sorri, ele carrega o cenho, ele soluça, mas tudo isso como imaginamos que faria um anjo.

Começa este resumo pelos *Os Discípulos de Saïs*, com muita felicidade para a harmonia arquitetural do livro. *Os Discípulos de Saïs* são na obra de Novalis o que os pórticos, os umbrais devem ser num palácio, num templo: são uma síntese de toda a sua obra, mas uma síntese acolhedora, risonha, ingênua, genialmente infantil. Respira-se em *Os Discípulos de Saïs* como numa atmosfera de mágica floresta, cheia de sombras, de silêncio, de paz, uma floresta onde anjos nos falem, onde se passe a vida em brincos divinos e graves. Mas o que há de mais esquisito é que essa floresta arde aos nossos olhos de uma maneira toda mineral. As folhas têm aspectos de pedras preciosas, de esmeraldas, de safiras, de rubis, o orvalho é lapidar, é facetado, como diamantes.

Os *Discípulos de Saïs* tentam dar-nos conta de um enredo, ser uma qualquer coisa de análogo a *Salammbô*, tratando de objetos sacros do Egito; quereriam produzir a história da missa de ouro que se dizia nessas eras hoje já tão profundamente lendárias, eras que já não são mais tempo, que já se confundem com a eternidade. Mas isso que eles pretendem é em vão. Novalis não consegue compenetrar-se de que está sendo um romancista.

....

Mas quem não penetrar além deste pórtico, quem ler apenas *Os Discípulos de Saïs*, fica julgando Novalis como um Bernardin de Saint-Pierre que tivesse ficado a olhar de longe para o mundo, sob a áurea ilusão que produzem as distâncias, uma vítima precoce da contemplação, uma dessas criaturas que passam pela vida envolvidas na branca nuvem de que fala o nosso poeta, que não batem a todas as portas, que não sabem o que é sofrer todas as angústias, o que é *morrer todas as mortes, mas também o que é viver todas as vidas, abrigar todas as alegrias humanamente ao seio.

Os *Fragmentos*, porém, deixam-nos boquiabertos. Novalis tinha apenas 29 anos quando se foi deste mundo. Viveu uma vida exterior inteiramente comum: empregou-se, casou-se, viu morrer a mulher, casou-se outra vez, teve amigos, não consta que tivesse inimigos — o que é uma maneira de sermos menos que comuns —, tal qual um desses seres que aí passam balbuciando, pestanejando, tateando, ensaiando passos como uma eterna criança, sem terem certeza de que vivem, de que são um ser, de que têm uma determinada missão.

Os *Fragmentos*, no entanto, representam uma autobiografia formidável. Ele viu tudo, ele viveu tudo, ele foi tudo quanto é preciso ser-se para ser-se propriamente um homem. Apenas, ele viveu na atmosfera da fé, numa convicção tão tranquila que se confunde com a alucinação, viveu nas cumeadas da vida, frente a frente com a grandeza das coisas, sem os altos e baixos por que andamos todos nós. Vem daí aquele seu sorriso infantil e profundo, a sua aparente inexperiência, que tal nos parece porque não vemos nele experiências mesquinhas. Não nos lembramos que a mesquinhez existe para o pequenino, não vemos que todas as coisas têm todos os tamanhos, que elas se medem pelo tamanho de cada um de nós.

É interessante. Estamos com Emerson e Emerson desfaz-se-nos em sugestões. Emerson põe-nos, por isso, numa deliciosa impaciência. Emerson para mim é quase sempre tão eu, que quando o leio parece que estou monologando comigo mesmo. Seu livro vem oferecer-nos

---

* Em lugar do "é", há um traço de união.

apenas um claro desdobramento da nossa própria personalidade. Quase que nos convencemos de que fomos nós que escrevemos aquilo.

É que Emerson é a fórmula do que há de definido, de assentado, de preciso, de indiscutível em nós mesmos, diante de nós mesmos. Novalis é justamente o contrário. Novalis não nos sugestiona, mata-nos todas as sugestões com que viemos para ele. Enquanto Emerson fala alto e muito claro, Novalis dirige-se-nos a meia voz, como um suspiro sonoro, mas por isso mesmo impõe um absoluto silêncio a todo o nosso ser. Quanto mais o vamos penetrando, mais vamos perdendo a familiaridade com ele, mais vamos sentindo necessidade só de ouvir, mais lhe reconhecemos o direito da pontificação.

Entretanto, se ele pontifica, se ele preside, se ele intelectualmente capitaneia, se ele não confraterniza com o outro, é porque essa é a sua função — a de ser *caput*, mas em todo caso cabeça do mesmo corpo, membro, como somos membros nós outros — em última análise também irmão. Ele é a fórmula do indefinido, do imprecisado, do inapreendido, da realidade ideal que haja em nós. Parece o nosso eu transcendental entrevisto em sonho por todo o nosso ser. É o relampaguear desse céu misterioso que há em cada um de nós.

Dito isto, está entrevista toda a enormidade deste espírito singular.

Novalis teve todas as grandes preocupações pela Terra e pelos Céus que pode comportar uma alma.

Ao primeiro aspecto, ele parece apenas um místico, um fanático; demorai junto dele, aprofundai-o, e vereis que ele traz em si todo o futuro ainda em gérmen. Ninguém de mais audaciosa positividade, de materialidade mais acentuada, por isso, até certo ponto, ninguém mais negativista, mais niilista do que ele. Por outro lado, entanto, ele é a Afirmação encarnada, é a representação viva do Sonho, é a Esperança e a Fé que se uniram como duas asas brancas no corpo de um cisne, o qual vai navegando para o Infinito, feito um sonho, e envolvendo-se num sonho sem princípio e sem fim ...

1899.

(*Ibid.*, págs. 123-124, 126-128.)

F. NIETZSCHE

Nietzsche é o sentimento da probidade intelectual levada à loucura. Depois de nos havermos encontrado com ele, qual o de nós que se não sente mais ou menos cabotino?

Mas não é a cabotinagem, quer dizer, o sentimentalismo verbal, o característico destes quatro últimos séculos da nossa civilização? Não é o irreligionismo que teme reconhecer-se como tal, o decrescimento do entusiasmo organicamente vital, o caminhar lento, preguiçoso, mas positivo para um niilismo a que aspiramos sem nele pensar, de um modo inteiramente instintivo — não é isto o que resume a história do mundo ocidental, da Renascença, para cá?

Nós não fazemos mais, portanto, do que ser os tipos da nossa época. (Quando eu digo nós, incluo um Goethe, incluo um Wagner, no fundo tão cabotinos como um Carlyle, como um V. Hugo.) Vamos sendo o que somos, rindo-nos de nós mesmos lá no íntimo, virtude esta das que mais altamente podem caracterizar a grandeza de um homem.

O próprio Nietzsche o reconhece: ele próprio ri de si mesmo, "com as pernas por cima da cabeça", e aconselha os outros a rirem-se assim. Apenas, nele este riso é convulsivo, é de louco: é justamente o que o separa do cabotino. O cabotino é um idiota que anda fazendo de louco; Nitzsche é um louco que às vezes quer fazer de idiota.

No fundo esta cabotinagem dos nossos quatro últimos séculos é justificada, é nobre. Este nosso irreligionismo, mascarado sob tantas formas de falso sentimentalismo, que é senão o sentimento religioso sem um objetivo determinado? Que é este banalismo do homem moderno senão um modo de ser do seu desespero por essa falta de objetivo em que sua mentalidade se aplique?

E essa necessidade do *nihil* *, que de cada vez mais se acentua, que pode ser senão a súmula, a conseqüência geral dessa boêmia em que andam os nossos mais profundos sentimentos humanos?

Em última análise por conseguinte, essa cabotinagem ** é apenas aparente. Nós não fazemos mais do que assobiar uma ária banal enquanto lá no íntimo se dá, de modo inconsciente embora, todo o processo de uma radical renovação. Desde a Renascença que a civilização cristã entrou em crise. Lutero foi o irremediável de que tudo o mais tem sido as conseqüências. Seu *não* foi uma negativa que então começou e que tem vindo até agora a formar-se.

Por conseguinte, essa probidade em Nietzsche é, afinal de contas, uma probidade a Brutus, uma probidade por incompletação, como o seu orgulho incomparável.

Nietzsche, por outro lado, tem a consciência da grandeza humana; mas sistematicamente não quer lembrar-se da relatividade dessa grandeza, ou pelo menos do nada que ela representa em face do universo, ou se dela se lembra é para que o sentimento disso ainda mais estimule o seu ardor, dando-lhe como que a volúpia do risco, levando-o a constituir-se o realizador do mais supremo heroísmo intelectual de que reze, talvez, a história até hoje.

Evidenciados estes seus característicos e reunidos eles às suas altas qualidades de espírito, vemos toda a sua obra e por fim a catástrofe

---

* Está em tipo comum.
** Está: "cabtinagem".

que obumbrou sua razão surgirem como conseqüências lógicas, quando não fossem inevitáveis naquele ser.

Louco embora, sua loucura, entanto, é venerável: Nietzsche agora ficará no mundo como um olho rubro, sem pálpebras, a perseguir todos os comediantes com pretensões a serem tomadas a sério, todas as fofidades, todas as falsas quantidades pretendentes a uma cotação.

Se não tiveres confiança em teu valor, não o leias; se a tens, encontra-te com ele: na volta hás de confessar que reconheces valer menos um pouco do que supunhas.

Quem fixa atentamente os olhos deste louco, nunca mais o abandona. Para quem tenha valor, eles serão sempre uns olhos duros, implacáveis, mas amigos; para os seres falsos, para as falsas inteligências, para os falsos corações, eles serão empre uma ironia corrosiva, um sarcasmo dissolvente, impiedosos e fatais.

1900.

(*Ibid.*, págs. 141-143.)

CRUZ E SOUSA

Parece-me que até hoje ainda não existiu um artista com qualidades mais particularmente suas do que Cruz e Sousa. Não basta que se o leia, é preciso privar com ele, de braços abertos, de alma aberta, translúcido em todos os recantos de nossa alma, estabelecer-se com ele a comunhão intelectual mais absoluta que se pode dar entre dous espíritos humanos, para colocarmo-nos no ponto de vista de que melhor se pode abranger sua individualidade estranha e transmitir aos outros a profunda emoção que nos fica dessa convivência formidável.

Sua obra não é apenas o livro, é a sua vida de todas as horas, de todos os instantes, que será ponderável sempre que ao seu lado esteja um ouvido que o possa escutar, uma alma que o possa sentir, um coração que o possa amar, a essa criatura feita de um só bloco, a esse amálgama da Estesia e da Dor.

O fato de privarmos com ele é por si só uma grave responsabilidade. Para ouvi-lo precisa-se de tanto dispêndio nervoso como para manusear as suas páginas estranhas. Porque nunca houve duas manifestações mais perfeitamente idênticas, partindo de um único ser.

Depois, ele não tem fadigas, não tem horas triviais, não tem nunca lugares-comuns. A estreita vida, com todas as suas miseráveis contingências, que nenhum intelectual neste país já conheceu mais amargas, mais monotonamente inexoráveis do que ele, é um simples acidente, que o desperta às vezes e o deixa surpreendido, mas que não tem força para aguilhoá-lo definitivamente, para tirá-lo das resplandecências das altas esferas do espírito e confundi-lo com a nulidade, que cachoeira e ruge lá embaixo. Nos dias de maiores desesperos humanos em que o tenho achado, estes não resistem a dez minutos de atrito espiritual.

No entanto, seria falso pensar-se que a força de resistência daquele espírito vinha de uma deprimente anomalia psíquica, de um atrofiamento radical e antipático nos órgãos sentimentais. Toda a devotação intrépida e nobre, todo o afeto consolador e sagrado, toda a tocante comunhão no sofrimento de que é capaz um coração neste mundo em frente de outro coração que o cativa, tudo ele o tem, e despende com a mesma elevação, na mesma intensidade e com superabundância semelhante, sem quebrantamentos e sem falhas, estabelecendo-se assim uma correspondência perfeita entre os seus dous modos de ser, entre o seu coração e o seu espírito excepcionais. E é daí que vem toda a sua integridade, e é por isso que ele se nos impõe e nos empolga, obrigando-nos à lealdade nobre e completa que nasce da admiração e do afeto, da legítima veneração, nos espíritos.

Todo esse apostolado para que ele não tem tido trinta e três anos (nem um dia!) os ombros libertos da cruz, e toda essa resistência formidável, às mais das vezes inconsciente, mas nem por isso não extenuante, contra a Terra e a aluvião de poeiras da Terra que lhe querem tapar a boca ou envolvê-lo e confundi-lo na sua nulidade de átomos anônimos e inertes, e todo esse chamejamento de afetos em que ele se anda incinerando por almas que, no entanto, precisa, tantas vezes, completar com a cegueira de seu entusiasmo afetivo para não lhes ver as secretas incorrespondências, as inevitáveis covardias — todo esse estrangular prodigioso de fibras, toda essa intensa existência de lutador ciclópico, tudo isso é que lhe traz descarnado o físico, dando-lhe aquela feição de beduíno espiritual, dando-lhe aqueles olhos consultativos, meditativos e tristes de quem sente no fundo da alma o melancólico pressentimento de infinito deserto numa intérmina viagem.

No entanto, é dessa dor de viver, é dessa vida embeberada na dor, e, sobre tudo isso ainda, desse doloroso sacrifício austero pelo deliqüescente, pelo descuidoso e pelo fútil desdenhoso mesmo das naturezas que lhe são contingentes, é de todos esses elementos da Morte que ele se vai alimentando, quase beatificamente a sorrir, numa cegueira confiante absurda, numa ingenuidade que seria irrisória, se não fosse sublime, que seria cretina, se não fosse genial.

Só a alta faculdade da simpatia, que é o apanágio essencial de todas as grandes almas, como a luz é o apanágio dos astros, só essa abençoada ânsia de amar, que é a asa do Homem, que lhe dá olhos para ver o invisível e lhe dá cegueira para transpor os precipícios sem a vertigem de quem lhes vê o fundo, só a transfiguração em que ele anda sonâmbulo é que pode explicar o que há de secreto nesse singularíssimo sistema de economia vital que o equilibra e lhe traz o cérebro, como um pedaço de terra ubertosa, nessa exuberância e floração constante.

Depois, em Cruz e Sousa, antes de se lhe sentir o negro travo, sente-se-lhe a doçura, antes de alancear-nos a alma ele nos delicia e hipnotiza pelos sentidos, há em toda a sua frase um quente sensualismo de natureza de sedutor, são tantos os aspectos que nos passam pelo seu calidoscópio*, é tão polícroma a sua paisagem, são de um requintado tão melindroso, tão afetivo as suas tintas, elas nos trazem uma sugestão tão alta, tão nobre, mas ao mesmo tempo tão primitiva e tão casta, por conseguinte tão pacífica, pelo menos tão amorável, que ao nos encontrarmos com o seu espírito num dos seus livros a primeira impressão é a de que nos achamos em face de um apóstolo da alta-bucólica, de um partidário do panteísmo-abstrato, de costas para as contingências dos seres, como se o Universo ainda estivesse virgem da Dor, e o Prado e os Bosques, as Colinas e os Mares, o Sol e todas as Esferas ainda inspirassem um êxtase absolutamente impoluto, só nos refletindo sensações de virgindade, de exuberância e esplendor.

Só depois é que o trágico que há em sua obra se nos impõe, e só com o tempo, apesar da saraivada monótona de pedras malditas sob que ele tem vindo a atravessar, desde o começo, a vida, é que sua obra vai tomando um diapasão mais constantemente amargo, é que sua frase se vai simplificando dolorida, se vai escarnando, deixando entrever, por certos rasgões violentos, músculos em carne viva, e esguichando daqui e dali, em gorgolões, o sangue.

1896.

(*Cruz e Sousa*, págs. 9-13.)

O POETA NEGRO

Cruz e Sousa, negro sem mescla, foi uma cerebração de primitivo genial, foi como que a revivescência de um núbio contemporâneo de David ou ao menos de Salomão, senão já educado à luz franca dos princípios masdeanos, mas que houvesse renascido no ocidente e se desenvolvesse num meio cuja civilização é toda de empréstimo, já capaz de inspirar grandes requintes a um artista, porém no fundo ainda por modo muito falseado e ingênuo.

A visão de Cruz e Sousa, no que ele oferece de mais característico, é sem medida, sem precisão, chega a ser muitas vezes desconforme — é oriental —, entretanto que a língua por ele para si criada dentro do idioma português é dúctil, é musical como até então não fora, é colorida e — o que mais admira — é matizada, é nuançada como

---

* Está: "kaledescopio".

inda se não manifestara. Não há nisso, porém, contradição, porque ela assim é principalmente no que afeta os cinco sentidos. Cruz e Sousa revela-se, como artista, sobretudo um sensual, na acepção lata da palavra, o que é tão lógico tratando-se de uma natureza de primitivo, ainda mais se africano.

....

Como uma * alma primitiva que era, ele trouxe uma natureza de apóstolo feito de um só bloco, sem as ductilidades do homem moderno, incapaz dos subterfúgios com a sua própria consciência indispensáveis aos tipos de transição que todos somos na nossa época.

Por isso, e, ainda mais, desajudado pelas duras condições em que nasceu e viveu, sendo um negro descendente de escravos e um pária social no tocante à sua situação econômica, a concepção que teve do seu papel neste mundo foi uma concepção verdadeiramente, mas, de certo ponto em diante, escusadamente heróica e trágica. A arte, aos seus olhos, exigia um sacerdócio de uma devoção, de uma gravidade, de uma pureza de intenções, mas também de uma inexorabilidade, semelhantes às que Javé impunha ao seu povo eleito. Nos poetas seus contemporâneos e que com ele se cruzavam nas ruas, via, quase que sem distinção, apenas ridículos e monstruosos filisteus. Só ele é que estava intelectual e moralmente na altura desse difícil e penoso sacerdócio, do qual, entretanto — parecia-lhe —, todos e tudo o quereriam empecer, pelo qual todos e tudo se lhe opunham numa guerra cerrada e selvagem.

....

O que o salvou ainda em parte na sua hora foi a sua incomparável virtuosidade para o verso, a música, a capacidade de sugestão, a intensidade e a modernidade — esta, embora, tantas vezes de mau gosto — que a obra dele oferecia. Graças a isso é que de Norte a Sul chegou a criar, embora efemeramente, uma verdadeira esteira de confessados asseclas.

Mas os que lhe eram adversos indicaram como completas, indiscutíveis obscuridades muitas vezes os seus pensamentos mais claros, por desconexas várias das suas construções mais curiosas e até mais perfeitas, por monstruosidades, por pecados mortais contra o gosto tantas das suas concepções mais finas e mais lindas.

....

Junho, 1914.

(A Crítica de Ontem, págs. 349, 350, 352, 356.)

---

* Está: "um".

SHAKESPEARE

Shakespeare é o encontro do homem consigo mesmo depois de um milênio de preconceitos posto entre ele e a sua razão, e a sua intuição, em todos os sentidos. Daí aquele alvoroço de alma que não se cansa de sentir, aquela insaciabilidade de ver que há nos seus grandes olhos profundos, aquele interesse por tudo, por tudo que o caracteriza e que nos deixa embevecidos a contemplá-lo. Ele ama até Falstaff, até Caliban, porque nele tudo é compreensão e, portanto, perdão, aceitação, harmonia.

Mas, por outro lado, é certo que Shakespeare é também a dúvida, angústia, é também o desespero de que fala Ernest Hello. O *"to be or not to be"* de Hamleto não é propriamente o eixo da obra do grande poeta, mas é uma das extremidades desse eixo, é um dos pólos daquela obra.

....

Shakespeare não representa apenas o desespero. Shakespeare é o grande avejão da Esperança que se foi criando aos poucos no crepúsculo, mas, por isso mesmo, com a obsessão da luz, obsessão que por fim o empolga e projeta-o sobre o infinito, confiado como ele vai na segurança dos seus instintos boêmios. Nessa esperança, porém, já há um grau de loucura, nessa atração irresistível há forças que chamam para o alto, mas há forças que atraem para o abismo também. Hamleto, se não representa a alma humana na viagem convulsa a que o Dante assistiu das margens do Acheronte, no-la revela vítima de uma perplexidade horrível entre aquelas duas forças, que de o atraírem tão violentamente, quase o despedaçam.

1900
(*Ibid.*, págs. 135-136.)

OS "SETE ENSAIOS", DE EMERSON

Pergunto a mim mesmo: qual a impressão que te deixaram os *Sete Ensaios* de Emerson?

A de um livro que não fosse um livro, a de um encontro comigo mesmo, apenas um encontro perfeitamente sereno e pacífico. Além disso, um grande encontro, em que se disseram coisas muito altas, sobre uma colina que dominava horizontes muitos vastos.

Ele não nos abala, não nos surpreende, quase que não nos encanta — porque não desvenda, propriamente, não cria: ele vem indicar-nos o que já vimos, fazer-nos compreender o que já compreendêramos. Apenas, indica-nos tudo e faz-nos compreender tudo mais claramente, une as linhas de tudo melhor.

Está nisso, porém, toda a sua criação. Com essa maior firmeza vistas, com essa mais perfeita justeza no fazer a junção das coisas, ele consegue dar-nos uma melhor idéia de nós sobre nós mesmos e, porque nos mostra melhores do que julgávamos, mostra todas as coisas que nos rodeiam, a vida, o universo, melhores também.

Melhores e maiores nós e eles. Maiores principalmente nós, quando justamente a nós é que com especialidade nos amesquinhávamos nas nossas íntimas conversas conosco mesmo.

Ele faz-nos encontrar com a vida, reconhecer, amar a vida, viver propriamente (porque quem não vive é que não ama a vida). Mostra-nos como tudo é igual ao universo, como o universo é igual a Deus, e por isso como é um deus o que anda vivendo no mais humilde dentre nós. Daí o revelar-se-nos como o mais humilde dentre nós é grande.

Fechando-se, porém, o livro, e olhando-se para o horizonte exterior, acontece-nos que nos esquecemos de que lemos um livro. Afigura-se-nos antes que tínhamos estado a pensar sozinho, e que apenas o que acontece agora é olharmos simplesmente para o horizonte, para como que descansar com a vista do exterior...

Não é só isso. Talvez que no exterior vamos procurar instintivamente menos um repouso do que uma completação. Sem querermos, projetando a nossa vista sobre o horizonte, este faz com que nos lembremos... de que ou de quem? de Shakespeare, por exemplo. E muito naturalmente, sem segundas intenções, um homem dirá lá no seu íntimo: Parece que eu vi um lado só da montanha... O outro lado da montanha é curioso, todavia, é extraordinário, é estranho também...

E então nos convencemos de que ainda somos mais completos, pelo menos mais complexos, maiores se quiserem, mas também muito menores do que Emerson nos revelou...

Quem insiste faz então nova viagem ao longo de si mesmo, seguindo a linha de um ponto de referência diverso, trêmulo e convulso, embora, pela fatalidade conseqüente do impulso inicial.

Emerson aí fica sozinho e risonho. Mas só agora é que o vemos apesar daquele sorriso, um pouco triste, não sabemos se porque nos vê partir para aquelas regiões e tem pena de nós, ou se porque tem pena de não poder partir conosco também...

Ao voltarmos, como quem acorda de uma angústia, encontramo-nos com ele, e não sabemos por que ainda o vemos maior do que antes e o abençoamos como a um bom irmão...

Ah! se não fosse ele, naturalmente teríamos feito naquele dia uma jornada muito mais descuidosa e banal.

1900
(*Ibid.*, págs. 129-131.)

Nestor Vítor.

LUÍS DELFINO

Esse proclama de que foi arauto Gustavo Santiago — o guerreiro eloim da nova geração —, sob a fanfarra entusiástica dos mais frenéticos aplausos de todo um teatro, tem a grandeza das verdades simples.

Ninguém há, no Brasil, com a capacidade necessária para na verdade sentir um poeta, que negue vassalagem a esse grande velho trabalhador, que nos é patrício, a esse emocionante intelectual em que há qualquer coisa de um Rei Lear da Arte, sozinho, meio obscuro, sem um livro editado, sequer, tendo, no entanto, consciência de que, como dos de um deus andrógino, dos flancos lhe saiu uma geração agora célebre, que ele até certo ponto é quem fez o momento.

Apenas, Luís Delfino não desespera, decerto, como o Soberano da Ilha Britânica, pelo contrário, sorri, porque os seus bens são daqueles que quanto mais se distribuem mais se multiplicam, e porque sabe que o futuro é um Aganípus que sempre desposa as Cordélias.

Luís Delfino não é apenas um bom poeta; tem a grande lira. Ele já nos dá o Êxtase. Às vezes faz-nos a ilusão da própria natureza a cantar; em sua voz, como nas rapsódias de Homero, entreouve-se Pã.

É um Leconte de Lisle tropicalizado, americanizado, quer dizer monstruoso — disformado, inferiorizado em muitos pontos, como nós somos inferiores ao francês —, mas, por outros aspectos, mais vasto, mais curioso, mais homem, superior, portanto, pelo cálido destas zonas, pela virgindade desta natureza, pelo tenro desta civilização, pelo ainda incomensurável do nosso horizonte.

Ele oferece o flagrante da gestação do nosso genio: é um pouco caos, é aurora um pouco, é feito de inconsciência em parte, e tem algo daquele alvoroço ingênuo de quem subitamente se surpreendesse a viver.

(*Ibid.*, págs. 62-63; antes in *Vera-Cruz*, janeiro, 1899.)

O SIMBOLISMO ENTRE NÓS

No movimento simbolista tivemos mais uma vez sinal de como somos tardígrados. O Brasil é o único país da América do Sul em que os parnasianos ainda têm direito de cidade, ainda predominam como senhores das posições. Rubén Darío só por si conseguiu revolucionar literariamente toda a América espanhola. É certo que lá, como na Europa, já se passou adiante. Mas no Brasil ainda aparecem muitos novos estonteados, boquiabertos diante dos efeitos de arte e dos poucos conceitos que aqui se andaram catando como foi possível ao Bocage (ao Bocage!), a Gautier, a Leconte, a Heredia, a Steccheti e outros assim. Tais *novos* tomam para seus mestres ainda hoje os representantes de uma sensibilidade quase protozoária, parados faquires cheios de lêndeas — metaforicamente, é bom explicar —, se se compararem com um Verhaeren, até com um velho Whitman da América do Norte.

(*Folhas que Ficam*, pág. 113.)

JESUS E EPICTETO

O estoicismo é um sofisma da vida, é um modo de furtar-se um homem à solidariedade social, é uma superioridade negativa, que faz de um ser uma abstração, à força de desumaná-lo.

É na época das francas decadências que o estóico representa um papel mais justificável, porque a sua doutrina é antes um sistema organizado de higiene psíquica individual do que uma moral propriamente dita. Só se pode denominar sistema moral aquele capaz de aplicação a toda a humanidade. O estoicismo é uma resultante da misantropia nas almas necessitadas de pompa, de nobreza, de glória; é o egoísmo dos superiores, daqueles a quem só falta a qualidade do amor legítimo para serem verdadeiramente grandes.

O estoicismo procede de um orgulho tão extraordinário, que se resolveu a não ser nem mau. No fundo do estoicismo há um niilismo latente: o estóico não tem prazeres, pois confessa não ter dores, vive por amor a uma atitude, a da independência que procura ser infinita, não por amor à vida. Pelo contrário, essa atitude, no fundo, é uma atitude hostil a tudo que o cerca, e a si mesmo: ele vive para mostrar-se superior à existência, sendo, portanto, a condenação dela.

Por outro lado, no entanto, contraditoriamente, o que quer o estóico é deixar o horizonte afetado por muito tempo da sua imagem, procurando assim na extensão da sua existência subjetiva uma compensação à abstenção em que vive, aos cilícios, às torturas secretas do seu momento objetivo sobre a terra.

O estóico é uma estátua sem sombra. Ninguém se pode acercar de sua vizinhança para procurar nele um abrigo; e para vivermos a seu exemplo, sempre expostos à luz do meio-dia, é preciso nos fazermos outro estóico como ele.

Não. Existir é gozar e sofrer, é amar e odiar, é resistir vivamente à vida viva, é devorar gozos e sofrimentos, assimilá-los, incorporá-los e fortificar-se com eles, para tornar-se apto a gozos e sofrimentos gradativamente superiores, afazer-se tanto ao mal como ao bem que a vida traz, de modo a recebê-los, não com indiferença, mas de cada vez com mais naturalidade e coragem. Viver é ir fazendo secreta e risonha aliança com os elementos, em vez de calcá-los, numa abstração forçada, artificial, falaz, sob os nossos pés.

Para mim, Jesus atravessando o mar numa barca que se cobria de ondas, porque sobreviera uma tempestade, entretanto que ele dormia, seguro e sereno, como num leito de rosas, é formidável e irresistível; mas Epicteto sorrindo mansamente para o seu senhor, como este lhe havia fraturado a perna com uma pancada produzida por uma barra de ferro, e lembrando-lhe simplesmente que o avisara de que com um tal tratamento podia sofrer prejuízo invalidando seu escravo um dia, Epicteto aqui é principalmente feroz.

(*Ibid.*, págs. 3-5.)

O MARIBONDO METAFÍSICO

Aquele maribondo, que entrou pela janela do meu quarto, anda fazendo heróicas e incessantes investidas ao teto de um modo que mete pena, mas que nos faz refletir sobre o caso.

A pobre vespa não pode compreender que de um momento para outro deixasse de existir o infinito. Não concebe que entre si e o céu se interponha um obstáculo impossível de arredar. Certo nem mesmo tem a noção do que tal obstáculo venha a ser, e de si para si entenderá que o teto branco é apenas uma modalidade do espaço que ela não conhecia, modalidade menos adelgaçada, tão só, de transposição mais árdua do que essa outra que até aqui ela vira toda azul.

E no fundo o maribondo pensa bem. É inegável que o infinito continua a existir apesar da interposição que há entre ele e aquilo que se abriga sob o modesto teto desta casa. Se o pobre vivente viesse dotado de forças bastantes para uma teimosia maior, não lhe fora preciso passar um século em luta para poder acabar vencendo, verificando que a verdade está com ele. Sim, o infinito continua a existir; não decorrerá muito tempo, em comparação com a eternidade, para que esta débil barreira de tábuas, que os homens interpõem * entre as asas deste inseto e o livre espaço, desabe miserável, dando razão àquela fé obsidente. Não há dúvida, o azul do céu ainda se há de ver de novo onde hoje branqueja a impertinência representada por aquele passageiro artefato humano.

A negra e sonhadora abelha apenas se engana na noção que tem das suas limitadíssimas forças, da sua capacidade de resistência e permanência neste mundo. Mas, em última análise, filosoficamente falando, ela tem um sentimento das cousas mais certo com a sua confiança no infinito, do que tantos homens que vivem hoje tomados da obsessão do relativo, querendo suprimir dentre as preocupações

---

* Está: "interpõe".

humanas a crença e a confiança no absoluto. Este maribondo é um metafísico incurável, mas por isso mesmo mais percuciente do que quantos filósofos humanos pretendem emancipar nossa Espécie das preocupações com o Além.

(*Ibid.*, págs. 154-155.)

FILOSOFIA E SIMBOLISMO

Aliás, se Farias Brito entre nós se encontrou sozinho como filósofo propriamente dito, por modo que sob tal categoria terá de figurar isolado, quando se haja de fazer justiça aos iniciadores da nova corrente espiritualista no Brasil, não quer isso dizer que em nosso meio, fora da atmosfera caracteristicamente religiosa ou mística cuja existência ficou patenteada, não houvesse forças intelectuais que simpatizassem com sua obra.

Já é cousa reconhecida no mundo culto que os chamados simbolistas foram os batedores do neo-espiritualismo na Europa.

O Simbolismo representa uma ressurreição sub-reptícia, a princípio inconsciente, da tendência romântica.

O que essencialmente caracteriza os românticos, como demonstrou superiormente René Berthelot, é que "eles admiram sempre na natureza a mais completa expansão de uma espontaneidade interior, superior à consciência refletida". Eles colocam a inteligência em plano secundário comparada com a intuição. Simpatizam com tudo o que venha do sentimento muito mais do que com o que proceda da fria razão.

Os simbolistas vieram exatamente assim. Representam eles uma reação contra todos os erros da literatura realista — estreita aliada do *cientificismo,* inferiormente intelectualista, antimetafísica, prosaica por natureza. Estudando-se aqueles que se consideram os mais imediatos precursores do Simbolismo, Edgar Poe, Baudelaire, W. Whitman, Villiers de L'Isle-Adam e outros, vê-se que eles já apresentam, mais ou menos definidamente, tais intuitos.

A estética dessa nova escola é uma conseqüência da sua filosofia intuitiva. O fato dela criar em abundância tipos ou imagens que valham pela demonstração formal ou a representação adequada de seus sentimentos ou de suas idéias, não obedece a frio móvel racionalista como aconteceu com a literatura mística de antes do classismo, literatura de que os autos religiosos de Gil Vicente são reflexo mais interessante na nossa língua. Essa no seu simbolismo tinha sobretudo uma intenção moralista. O que,* porém, os simbolistas agora pretendem renovando tal processo, é dar extraordinário valor estético a tais sentimentos e idéias, valor que esteja em correspon-

---
* Está sem a vírgula.

Raymundo de Farias Brito.

dência com a condição de maravilhados em que se acham eles, como se dava com os românticos, quando entregues ao seu demônio na febre da produção. Parece-lhes que só as maiúsculas podem na gráfica corresponder à raridade magnífica de tais concepções. Estas se lhes afiguram supremas, e em tal sentido é que as têm por simbólicas. Não percebem que dentro em pouco, por tal sistema, caem eles, como aqueles místicos seus antecessores, num formalismo hierático, árido, cansativo, extravagante, perdendo o legítimo senso poético. Não compreendem que o único simbolismo sempre fecundo e admirável é o que vem *a posteriori*, isto é, o que resulta da genialidade com que se realizem as criações. Hamleto, por exemplo, é o símbolo do homem moderno pelo sentimento da dúvida que caracteriza este último, mas símbolo tão extraordinariamente realizado que por certo vai muito além das intenções que Shakespeare tivesse *a priori* quando o criou, se alguma intenção alimentava ele em tal sentido.

No fundo, a razão de propenderem os simbolistas para tal esoterismo literário, deixando de entrar em contacto por esse modo com a massa dos leitores comuns, estranha a cabalas, incapaz de interpretações sutis, está justamente em que foram eles os prenunciadores instintivos de uma corrente de idéias ainda por criar. É que eles, precedendo a filosofia, isto é, a doutrina consciente, não tinham ponto de apoio sobre o qual pudessem construir amplo e seguro edifício. Haviam de andar mais ou menos aéreos, baseados apenas em fugitivas, incompletas intuições: haviam de ser *nefelibatas*, como aquele povo imaginado pelo gênio de Rabelais, e tanto assim que se ressuscitou o vocábulo para nomeá-los em certo momento.

Por isso dentro em pouco chegavam ao limite da sua real capacidade inovadora, começando daí por diante a executar mal disfarçados retornelos ou mais ou menos hábeis rapsódias epígonas. Por fim, foi o Simbolismo diluindo-se, transigindo com o Parnasianismo e o Realismo, até com o defunto Romantismo, e o próprio Classicismo arcaico, como estes com ele, na estética e até na ética própria a cada uma destas escolas, até que se caiu na tolerância quase absoluta que era moda quando começou a Grande Guerra.

Pouco importa, o impulso já estava dado: não tardou muito, veio o pragmatismo anunciar que a tentativa simbolista repercutira no mundo filosófico, começando este a dar os seus primeiros frutos conseqüentes dessa repercussão. Bergson e William James são os mais altos representantes dessa iniciativa na filosofia alienígena, e Nietzsche é o grande precursor de tal corrente.

(*Farias Brito*, págs. 79-82.)

GRAÇA ARANHA (1868-1931)

José Pereira da Graça Aranha nasceu em São Luís do Maranhão, em 21 de junho de 1868.

Feitos os preparatórios, cursou a Faculdade de Direito do Recife, formando-se em 1886, aos 18 anos. Participou do brilhante movimento intelectual propugnado por Tobias Barreto, de quem foi discípulo fervoroso e amigo. A tendência germanizante daquele movimento refletiu-se fortemente na orientação ideológica de *Canaã*, sua obra capital.

Iniciou a sua carreira pública na magistratura, escrevendo então os primeiros trabalhos de ficção, publicados sob o pseudônimo de "Flávia do Amaral". Entrou para a diplomacia, indo servir em Londres, com Joaquim Nabuco. Ali escreveu *Canaã*. Foi depois delegado do Brasil no Congresso Pan-Americano; ministro na Noruega, na Holanda, e por fim, aposentando-se, foi viver em Paris.

Em Paris relacionou-se com intelectuais ilustres, entre os quais o Conde Prozor, antigo ministro da Escandinávia no Brasil, tradutor e comentador de Ibsen, e Maurice Barrès. Ainda em Paris escreveu e lançou o seu drama *Malazarte*, publicado em edição suntuosamente ilustrada, e depois em francês, com prefácio de Camille Mauclair. Henri de Régnier e outros ocuparam-se dessa obra, que foi ali representada.

Ao retornar ao Brasil, em 1921, trouxe escrito *Estética da Vida*, ensaios e aforismos brilhantes.

Aqui, em 1922, foi dos mais destacados empreendedores da "Semana da Arte Moderna", que iniciou, em São Paulo, o movimento modernista; após o que, em memorável sessão da Academia Brasileira de Letras, lançou manifesto renovador que ecoou por todo o Brasil. Foram seus principais companheiros e amigos dedicados, nessa fase, Ronald de Carvalho e Renato Almeida. Reuniu os artigos dessa campanha no volume *Espírito Moderno* (1925).

Graça Aranha

Foi implicado no movimento revolucionário de 1922, tendo sido preso durante alguns meses.

Faleceu no Rio, em 26 de janeiro de 1931, pouco tempo depois da publicação do seu segundo romance, *Viagem Maravilhosa*, e deixando incompletas as suas memórias publicadas postumamente sob o título *O Meu Próprio Romance*.

Era membro da Academia Brasileira de Letras, da qual foi um dos fundadores. Após o seu falecimento criou-se a Fundação Graça Aranha, destinada a cultuar-lhe a memória. Essa instituição distribuiu prêmios literários, e laureou o drama lírico *Malazarte*, do maestro Oscar Lorenzo Fernandez, escrito sobre libreto de Graça Aranha.

Vindo do Naturalismo, Graça Aranha afirmou-se nitidamente simbolista na concepção geral e em muitas páginas de *Canaã*. Esse livro obteve sucesso imenso. Chamava-lhe "romance" o seu autor, mas os leitores surpreendiam-se com o súbito alargamento dos quadros tradicionais do romance brasileiro, que o livro trouxera. Sentia-se mudança de clima espiritual. Apresentava idealização muito diferente da dos simplistas romances do Romantismo, uma complexidade de elementos expressionais e um brilho verbal que o nosso Naturalismo desconhecia. Os casos de Manuel Antônio de Almeida com o seu agudo naturalismo expressionista, e de Raul Pompéia, com a vivacidade insinuante da sua análise psicológica e a sua riqueza de poesia e de estilo, não tinham tido seguidores. Machado de Assis cristalizava silenciosamente a sua obra discreta e profunda. Graça Aranha fez viver sociologia e política, e realizara, com isso o primeiro romance ideológico no Brasil. Não abdicou do seu senso naturalista, mas envolveu a realidade normal e as suas pesquisas sociais e políticas em atmosfera de mística alucinatória, dentro da qual as figuras tomavam significado simbólico. Ibsen, D'Annunzio, Maeterlinck haviam-no seduzido e tinham-lhe indicado o caminho. As cenas capitais de *Canaã* são de força ibseniana, expressa em técnica sugerida por Maeterlinck, numa linguagem de virtuosidade surpreendente, que poderia ter derivado de D'Annunzio.

Canaã é romance simbolista, mais ainda do que *Mocidade Morta*, de Gonzaga Duque. Este possui expressão "decadente", porém a contextura é naturalista. *Canaã* tem momentos de naturalismo, mas predomina um simbolismo nórdico, que se acentuou e exagerou em *Malazarte*, esse *Peer Gynt* tropical. Só *No Hospício*, de Rocha Pombo, constitui *pendant* espiritual daquela obra admirável.

A crítica do tempo não percebeu o complexo fenômeno estético que *Canaã* representava. José Veríssimo recebeu-o com entusiasmo, porém não soube defini-lo, nem situá-lo. Outros acentuaram-lhe a falta de unidade estrutural, os contrastes essenciais imotivados. Tudo isso, porém, é removido, se encararmos *Canaã* como obra poemática, do gênero tão característico do Simbolismo. É um vasto poema, pela concepção, pelo sentimento dos episódios culminantes. A sua brilhante, rica expressão, é poemática, e não retórica, como quiseram alguns.

Malazarte, oito anos posterior, é ainda mais marcadamente simbolista, pela expressão, pela atmosfera, pelas intenções dramáticas, e como tal foi aceito e compreendido pelo crítico simbolista Camille Mauclair e pelo poeta simbolista Henri de Régnier. Camille Mauclair definiu-o como "une oeuvre qui tient de la comédie réaliste, du drame philosophique et du poème allégorique et lyrique". (Prefácio à tradução francesa, Garnier, Paris, |1920|, p. VIII.)

Viagem Maravilhosa mostra um Graça Aranha evoluído para uma estética experimental e de deformação expressionista, numa linguagem clara e brilhante; porém, tudo, nesse livro, tende para o idílio tristanesco final, de proveniência simbolista.

Obras de tendência simbolista: *Canaã*, Rio, 1901; *Malazarte*, Paris, 1910; subsidiariamente: *Viagem Maravilhosa*, Rio, 1930; *Obra Completa*, Coleção Centenário do Conselho Federal de Cultura, Rio de Janeiro, 1969, 908 págs.

E OS DOIS IMIGRANTES, NO SILÊNCIO DOS CAMINHOS...

E os dois imigrantes, no silêncio dos caminhos, unidos enfim numa mesma comunhão de esperança e admiração, puseram-se * a louvar a Terra de Canaã.

Eles disseram que ela era formosa com os seus trajes magníficos, vestida de sol, coberta com o manto do voluptuoso e infinito azul; que era animada pelas coisas: sobre o seu colo águas dos rios fazem voltas e outras enlaçam-lhe a cintura desejada; as estrelas, numa vertigem de admiração, se precipitam sobre ela como lágrimas de uma alegria divina; as flores a perfumam com aroma estranho, os pássaros a celebram; ventos suaves lhe penteiam e frisam os cabelos verdes; o mar, o longo mar, com a espuma dos seus beijos afaga-lhe eternamente o corpo...

Eles disseram que ela era opulenta, porque no seu bojo fantástico guarda a riqueza inumerável, o ouro puro e a pedra iluminada; porque os seus rebanhos fartam as suas nações e o fruto das suas árvores consola o amargor da existência; porque um só grão das suas areias fecundas fertilizaria o mundo inteiro e apagaria para sempre a miséria e a fome entre os homens. Oh! poderosa!...

---

* Está: "e puzeram-se".

Eles disseram que ela, amorosa, enfraquece o sol com as suas sombras; para o orvalho da noite fria tem o calor da pele aquecida, e os homens encontram nela, tão meiga e consoladora, o esquecimento instantâneo da agonia eterna...

Eles disseram que ela era feliz entre as outras, porque era a mãe abastada, a casa de ouro, a providência dos filhos despreocupados, que a não enjeitam por outra, não deixam as suas vestes protetoras e a recompensam com o gesto perpetuamente infantil e carinhoso, e cantam-lhe hinos saídos de um peito alegre...

Eles disseram que ela era generosa, porque distribui os seus dons preciosos aos que deles têm desejo; a sua porta não se fecha, as suas riquezas não têm dono; não é perturbada pela ambição e pelo orgulho; os seus olhos suaves e divinos não distinguem as separações miseráveis; o seu seio maternal se abre a todos como um farto e tépido agasalho... Oh! esperança nossa!

Eles disseram estes e outros louvores e caminharam dentro da luz...

(*Canaã*, 2.ª edição, págs. 80-82.)

É A FELICIDADE QUE TE PROMETO...

— É a felicidade que te prometo. Ela é da Terra e havemos de achá-la... Quando vier a luz, encontraremos outros homens, outro mundo, e aí... É a felicidade... Vem, vem...

Assim espantava o terror, e Maria já se animava, recolhendo nessa voz acariciadora o canto mágico dos seus esponsais com a ventura. Subiram, voando, voando...

O caminho deixou a mata sombria e saiu pelas alturas descobertas. Era pedregoso, escasso, margeando o despenhadeiro. O passo da fuga moderou. Cautelosos e arquejantes, escalavam a subida. Milkau não mais falava, e os seus olhos mergulhavam no abismo e se perdiam fascinados na toalha branca e espumosa do rio... Maria quase não caminhava, fatigada e de pés maltratados, puxava com esforço o braço de Milkau, mais inclinada sobre ele, aquecendo-lhe o rosto com o seu hálito ofegante. Subiam lentos, arrastando-se unidos. A estrada tomava sempre pela beira de precipícios cada vez mais difíceis de vencer, e aos fugitivos, como uma zoada infernal, vinham os urros do Santa Maria, acorrentado no fundo do cavado e fragoso vale. E este se ia estreitando, e as ribas mais angustas pareciam se terminar, confundidas no horizonte, sobre rochedos escarpados e negros. Milkau desanimou, vendo-se perdido naquele recôncavo tenebroso, naquela solidão de pedra. Percorria-lhe os membros um suor gelado, e o corpo frio, alquebrado, abatia-se, escapava-se, desprendia-se para o abismo, para a morte... Maria, num assomo de pavor, recobrou uma estranha energia e tentou retê-lo, arrastando-o para a encosta da montanha. Ele olhou-a com os olhos desvairados, agarrou-a pela cintura, e com um sorriso diabólico, feroz e resoluto, gaguejou estrangulado:

— Não há mais nada... mais nada... Só, só... a morte...

Maria resistia com fúria, debatendo-se nas mãos fortes do homem; rolaram por terra confundidos, lutando, destruindo-se, alucinados, doidos... O calor da mulher, já olvidado, incendiava-o implacavelmente agora; e no combate ele a estreitava com veemência, com ardor, beijando-a febrilmente, ferozmente. Também ela se apertava com fúria a ele, num acordar violento das suas estranhas... A tentação satânica da morte era mais poderosa... O Santa Maria urrava soturno e medonho... De um salto, Milkau ergueu-se, e arrebatando a mulher do chão, avançou alegre e infernal para o abismo... e logo estacou. Os braços dela, enlaçando-se como correntes a uma árvore, o retinham. Pregados assim nessa postura, os dois desgraçados lutaram longamente, mas a força dele, que a queria levar para a morte, teve de ceder à dela, que os prendia à vida... E Milkau fraqueou por fim, caiu num súbito desfalecimento, aniquilado, confuso, e dos seus braços esvaídos desprendeu Maria. Ela, lívida, espavorida, sentindo-se em liberdade, deitou a correr veloz pela vereda de pedra, que aos seus pés medrosos e vivos se tornava macia e segura. Milkau, reanimando-se, seguiu-a. E as duas sombras, enormes, na obscuridade da treva, iam desfilando sinistras e rápidas pela aresta da barranca... Num momento, galgaram o alto da montanha, e pasmaram a vista nos livres descampados por onde descia a estrada. A agonia de Milkau se desmanchava à vista da planície dilatada e benfazeja, os ruídos desesperados e atraentes do rio morriam atrás, o abismo negro e assombroso passava como o tormento de uma vertigem; e agora eles se precipitavam numa campina suavemente esclarecida pela noite maravilhosa e límpida. Corriam, corriam... Atrás de si, ouvia ela a voz de Milkau, vibrando como a modulação de um hino...

— Adiante... Adiante... Não pares... Eu vejo. Canaã! Canaã!

Mas o horizonte na planície se estendia pelo seio da noite e se confundia com os céus. Milkau não sabia para onde o impulso os levava: era o desconhecido que os atraía com a poderosa e magnética força da Ilusão. Começava a sentir a angustiada sensação de uma corrida no Infinito...

— Canaã! Canaã!... suplicava ele em pensamento, pedindo à noite que lhe revelasse a estrada da Promissão.

E tudo era silêncio e mistério... Corriam... corriam. E o mundo parecia sem fim, e a terra do Amor mergulhada, sumida na névoa incomensurável... E Milkau, num sofrimento devorador, ia vendo que tudo era o mesmo; horas e horas, fatigados de voar, e nada variava, e nada lhe aparecia... Corriam... corriam...

Apenas na sua frente uma visão deliciosa era a transfiguração de Maria. Animada, transmudada pelo misterioso poder do Sonho, a Mulher enchia de novas carnes o seu esqueleto de prisioneira e mártir; novo sangue batia-lhe vitorioso nas artérias, inflamando-as; os cabelos cresciam-lhe milagrosos como florestas douradas deitando ramagens, que cobriam e beneficiavam o mundo, os olhos iam iluminando o caminho, e Milkau, envolto no foco dessa gloriosa luz, acompanhava em amargurado êxtase a sombra que o arrebatava... Corriam... corriam... E tudo era imutável na noite. A figura fantástica sempre adiante, veloz e intangível; ele atrás ansiado, naquela busca fatigante e vã, sem a poder alcançar, e temendo dissolver com a sua voz mortal a dourada forma da Ilusão, que seguia amando... Canaã! Canaã! pedia ele no coração, para fim do seu martírio... E nunca jamais lhe aparecia a terra desejada... Nunca jamais... Corriam... corriam...

A noite enganadora recolhia-se, o mundo cansava de ser igual; Milkau festejou num frêmito de esperança a deliciosa transição... Enfim, Canaã ia revelar-se!... A nova luz sem mistério chegou e esclareceu a várzea. Milkau viu que tudo era vazio, que tudo era deserto, que os novos homens ainda ali não tinham surgido. Com as suas mãos desesperançadas, tocou a Visão que o arrastara. Ao contato humano ela parou, e Maria volveu outra vez para Milkau a primitiva face moribunda, os mesmos olhos pisados, a mesma boca murcha, a mesma figura de mártir.

Vendo-a assim, na miseranda realidade, Ele disse:

— Não te canses em vão... Não corras... É inútil... A terra da Promissão, que eu te ia mostrar e que também ansioso buscava, não a vejo mais... Ainda não despontou à Vida. Paremos aqui e esperemos que ela venha vindo no sangue das gerações redimidas. Não desesperes. Sejamos fiéis à doce ilusão da Miragem. Aquele que vive o Ideal contrai um empréstimo com a Eternidade... Cada um de nós, a soma de todos nós, exprime a força criadora da utopia; é em nós mesmos, como num indefinido ponto de transição, que se fará a passagem dolorosa do sofrimento. Purifiquemos os nossos corpos, nós que viemos do mal originário, que é a Violência... O que seduz na vida é o sentimento da perpetuidade. Nós nos prolongaremos, desdobraremos infinitamente a nossa personalidade, iremos viver longe, muito longe, na alma dos descendentes... Façamos dela o vaso sagrado da nossa ternura, onde depositaremos tudo o que é puro, e santo, e divino. Aproximemo-nos uns dos outros, suavemente. Todo o mal está na Força e só o Amor pode conduzir os homens...

"Tudo o que vês, todos os sacrifícios, todas as agonias, todas as revoltas, todos os martírios são formas errantes da Liberdade. E essas expressões desesperadas, angustiosas, passam no curso dos tempos, morrem passageiramente, esperando a hora da ressurreição... Eu não sei se tudo o que é vida tem um ritmo eterno, indestrutível, ou se é informe e transitório... Os meus olhos não atingem os limites inabordáveis do Infinito, a minha visão se confina em volta de ti... Mas, eu te digo, se isto tem de acabar para se repetir em outra parte o ciclo da existência, ou se um dia nos extinguirmos com a última onda de calor, que venha do seio maternal da Terra; ou se tivermos de nos despedaçar com ela no Universo, desagregar-nos, dissolver-nos na estrada dos céus, não nos separemos para sempre um do outro nesta atitude de rancor... Eu te suplico, a ti e à tua ainda inumerável geração, abandonemos os nossos ódios destruidores, reconciliemo-nos antes de chegar ao instante da Morte...

(*Ibid.*, págs. 355-360.)

MÁRIO PEDERNEIRAS (1868-1915)

MÁRIO VELOSO PARANHOS PEDERNEIRAS nasceu no Rio de Janeiro, em 2 de novembro de 1868.

Iniciou os estudos com sua mãe, fazendo os secundários no Colégio Pedro II, até o 4.º ano, terminando-os na Diretoria da Instrução Pública. Matriculado na Faculdade de Direito de São Paulo, abandonou o curso no 2.º ano. Em 1889 fez parte do Batalhão Patriótico.

Funcionário da companhia "Sul América" e, mais tarde, taquígrafo do Senado.

A sua grande atividade foi jornalística. Ginasiano, já colaborava no jornalzinho estudantil *O Imparcial*, do Grêmio Literário Artur de Oliveira. Com Gonzaga Duque e Lima Campos, fundou a *Rio-Revista* (1895) e a curiosa *Galáxia* (1897); mais tarde, *Mercúrio*, onde o coadjuvaram Colatino Barroso, Gonzaga Duque, Lima Campos, Manuel Porto Alegre e outros; colaborando ainda em *O Tagarela*, no *Novidades* (1890-1891), na *Gazeta de Notícias*, no *Sans dessous*.

A sua atuação no *Fon-Fon*, que fundou em 1908, com Gonzaga Duque e Lima Campos, teve capital importância na última fase do Simbolismo. Em torno dele reuniram-se o grande poeta Hermes-Fontes; o brilhante grupo rio-grandense-do-sul — Álvaro Moreyra, Filipe d'Oliveira e Eduardo Guimaraens; Gustavo Barroso e Olegário Mariano.

Do seu prestígio entre os intelectuais foi demonstração a sua colocação em 3.º lugar, logo abaixo de Bilac e Alberto de Oliveira, na primeira eleição aqui realizada para príncipe dos poetas brasileiros.

Faleceu no Rio de Janeiro em 8 de fevereiro de 1915.

Pertenceu à segunda camada simbolista. Os seus primeiros volumes de versos, *Agonia* e *Rondas Noturnas*, foram fortemente influenciados por Cruz e Sousa. De *Histórias do Meu Casal* em diante, fizeram-se sentir influxos dos portugueses Cesário Verde e Antônio Nobre, e do francês Samain. Temperamento intimista delicado, foi admirável evocador lírico da sua Cidade do Rio de Janeiro e agudo anotador de personalíssimos estados de alma.

No seu feitio predominante (o dos últimos livros), esse notável poeta fixou distintamente uma das facetas significativas do Simbolismo brasileiro, e estabeleceu uma das mais decisivas pontes de ligação com aspectos estéticos da fase seguinte, que antecedeu e preparou a do Modernismo.

Foi dos primeiros introdutores, na nossa poética, do verso livre, que cultivou com fino senso de harmonia, mas não ousou suprimir por completo a rima. Rodrigo Otávio Filho, seu sobrinho, foi o seu mais dedicado comentador e biógrafo.

Obras poéticas: *Agonia*, Rio, 1900; *Rondas Noturnas*, Rio, 1901; *Histórias do Meu Casal*, Rio, 1906; *Ao Léu do Sonho e à Mercê da Vida*, Rio, 1912; *Outono*, Rio, 1921.

EFEITOS DE SOL

....

Crepitações de Fogo, ígneas cores...
E d'agitados vesperais rubores
A Terra em boda, Sol, potente abrasas.

Há rumores na Luz, como se bravo
SATÃ — lá baixo — barulhasse o flavo
E farfalhante estrépito das Asas.

Trêmulo sente Jó — d'Alma beata —
Sob o verão daquela Asa escarlata,
Que nova chaga o pasmo Olhar lhe inflama.

Os rubros Céus rubras Visões lhe acordam
E vê que d'alto a fervilhar transbordam
Rios d'Inferno de Calor e Chama.

Que esta Chama vermelha que em refolhos
Pelo sereno Azul pausada erra
e em duas Chagas já lhe sangra os Olhos,
Há de escorrer em fogo sobre a Terra.

Há de envolver a Terra e rude em queda,
Em serpeios cingir Campos e Abrigos,
Todo o louro dos Trigos
Fundir no Círio de uma Labareda.

Pasmo, calado, ergue os Olhos a custo...
Treme em Pavor a su'Alma de Justo.

Ergue-os banhado d'expressão beata.
Afla no Ocaso lenta Asa escarlata.
Pesa em tudo um torpor dolente e langue.

Encara o Céu em súplicas e rogo.
Baixa-os lentos empós, sente-os em fogo,
E resinados d'ácido de Sangue.

Ur, que ness'Hora jaz amolentada
Sob a calma lilás daquela tarde,
Para os seus Olhos enchagados arde
D'estranha flama rubra ensangüentada.

Olha em seguida o Mar, sereno e morto,
Na doce Paz marinha das vazantes,
Olha-o de longe e lentas e distantes
Vê Naus em fogo demandando o porto.

Vai a descer o Sol Esfera em fora.
E desce — e aos poucos todo o Ocaso cora...

Púrpura alastra, desce aos poucos, desce
E em refrações de Luz, fidalgo, tece
Policromado Velo quente e frouxo.

Já entre a orla vermelha
E o resto Azul daquele Céu, centelha
O Resplendor cristão d'Angelus roxo.

Lento a descer o Céu cobalto e louro,
Parece o Sol, naquela Tarde quente,
O bojo pando de uma Vela de ouro
Em rota ao Poente.

(*Agonia*, págs. 11, 15-16.)

DESOLAÇÃO

Pela Estrada da Vida ampla — coberta
De um longo velo pesaroso e baço,
Hás de encontrá-la muita vez alerta
Na longa rota do teu longo passo.

Por caminhos de pedras e sargaço
Há de levar-te pela mão incerta,
Até que exausto em Mágoas e Cansaço
Te seja a Vida intérmina e deserta.

Verás em tudo Solidão e Escolhos
E da Tristeza a tétrica figura
Estampada trarás nos próprios Olhos.

E então em Mágoas e Pavor clamando
Hás de vê-la passar na Noite escura
A mortalha dos sonhos arrastando.

(*Rondas Noturnas*, pág. 69.)

VELHA MANGUEIRA

Com que tristeza amarga,
Desconsolada e rara,
Eu te contemplo agora,
Minha velha Mangueira, a* cuja sombra larga
Tanta vez repousara
Toda a ventura irreal do meu viver passados,

Pelo tempo feliz de há dois meses passados,
— Tempo de Sol sereno e jalde —
Tu eras, para os meus cuidados,
O sítio predileto
Do meu pobre afeto,
E a mais linda Mangueira do arrabalde.

Hoje me traz aqui esta enorme, esta doce,
Esta incrível Saudade em que vivo e me agito,
Das que estão sob a paz dos salgueiros esguios,
Que o Destino me trouxe
Ao calor dos Estios
E no Inverno levou para o Céu infinito.

---
* Está acentuado.

Era aqui (com que Dor neste instante me valho
Destas recordações fundas, imorredouras)
Era aqui que eu buscava enlevado, orgulhoso,
À volta do trabalho,
A calma de um repouso
E o Sol daquelas cabecinhas louras. *

Como que ainda escuto as longas algazarras,
A alegria infantil em que as via e animava,
Na doce proteção da tua sombra honesta...
Era então para mim um momento de festa,
Sobre a glória do Sol, que a tombar despertava
A Saudade rural do cantar das cigarras.

E mais consolo havia
Neste simples refúgio verde e tosco,
Que um fim de Sol fulvo aquecia,
Quando **
O vulto senhoril de minha Mãe chegando
Aqui ficava a conversar conosco.

E esta árvore amiga
Por onde
Esta pobre ilusão inda agora se abriga,
Cerrando ainda mais as ramadas espessas,
A larga proteção da sua vasta fronde,
Abria, em pára-sol, sobre as nossas cabeças.

Aqui ficavam — meu pequeno mundo,
Minhas altas venturas,
Repousadas, assim, neste pouco de alfombra...
E que me resta agora? O silêncio profundo,
Tanta recordação daquelas criaturas
E o triste funeral da tua vasta Sombra. ***

Naquele tempo à tua Sombra riam,
Plácidas e mansas,
Alegrias de vidas sem tristezas;
E juntas se acolhiam
As minhas Esperanças
E as aves todas destas redondezas.

---
* Essa palavra está seguida de vírgula.
** Idem.
*** Está sem o ponto.

Hoje que a vida nas estranhas trilhas
Da Saudade infinita erra e caminha,
Debalde *
Busco esquecer as Venturas sinceras
Desse tempo em que eu tinha
O amor de minha Mãe e o olhar de minhas Filhas.
E para mim tu eras
A mais linda mangueira do arrabalde.

II

Hoje tu já não tens esse bizarro aspecto
Dos lindos dias
De Felicidade,
Em que eras toda paz, carinhos e bondade
E tanto, que me parecias
A continuação do meu pequeno teto.

Embora o Norte,
Que nos teus ramos se embaralha e interna,
Te aqueça e cubra de calor e pó,
Estás, bem vejo, rijamente forte,
Cheia de seiva triunfal e eterna...
Mas só... Inteiramente só.

Já não me entusiasma
Este orgulho ducal em que solene pousas...
Eu te vejo vulgar, como o vulgar das cousas;
E meu olhar não pasma

Para a tua altivez, como pasmava quando **
Defendias do Sol, que as asas desespera,
Os bandos de aves e o meu lindo bando
E eras o orgulho de uma Primavera.

---
* Essa palavra está seguida de vírgula.
** Essa palavra está seguida de vírgula.

Vejo-te só, sob este Céu de brasas
E o intenso calor de que partilhas
Das sonoras manhãs todas vermelhas;
Vejo-te só... Sem o rumor das asas,
O zumbir de abelhas
E a alegria infantil de minhas Filhas.
Levaram para sempre as tuas companheiras...
E eu te vejo impassível,
Todas cheias de Sol, à Saudade insensível...

E enquanto
Vai-me a Vida sangrando entre as mágoas do Pranto
E o consolo da Prece,
Toda verde e aromal, tu vives e floresces...

És a mais infeliz de todas as Mangueiras.

(*Histórias do Meu Casal*, págs. 67-69.)

MEU CIGARRO

Nesta árdua vida vã em que disperso
Energias do espírito bizarro,
Ideal e engenho,
Para o preparo estético do verso,
Afinal,
Eu sempre tenho
Um bom amigo incondicional:
— O meu cigarro —

Amizade de infância
Rara,
Calma e discreta,
Sem interesses, sem invejas e ânsia,

Que é daquele bom* tempo estranho privilégio...
E se é verdade que eu nasci de tara
E rumo
De Poeta,
Não é menos verdade que eu já fumo
Desde os vadios tempos de colégio.

O meu Cigarro é boêmio,
Boêmio e fantasista.**
É bem o irmão preciso e gêmeo
Desta minh'Alma vagabunda e artista.

Para que guarde inteiro
O gosto e o apuro
Em que a emoção, por índole, bifurco,
No seu preparo tóxico misturo
A volúpia aromal do fumo turco
E a quente excitação do fumo brasileiro.

Da honesta quietação deste meu quarto,
Em que me prendo e voluntário fico,
Horas inteiras, enfarado e farto,
Do comum, do vulgar, da gente oca,
Como eu me sinto independente e rico
De Cigarro à boca...

Se me corre enfadonho
O pesado labor de todo o dia
E procuro esquecer o mal que me entedia,***
Fumo um Cigarro e... sonho.

E a Vida que passa,
Como o Cigarro simboliza e alenta!
Se uma ambição de glória me apoquenta,

---

* Está: "çom".
** Está sem o ponto.
*** Está: "entendia".

Se a fortuna me enleva ou me cativa, *
De tudo eu tenho a imagem viva
No azúleo esboço tênue da fumaça.

E se, irritado, muitas vezes, quero,
Num protesto sincero,
Rebater a maldade,
Que quer que sua voz domine e impere
E que a seu mando
Tudo arrasta e atrai; **

Se uma atitude resistente assumo
Quando,
A lastimar o tempo assim perdido,
Volto desiludido
À minha tímida simplicidade,
E pego no Cigarro e fumo...
Como ele me vinga e me distrai.

Quando, ingênua, minh'Alma,
Acompanha do fumo as estranhas volutas,
Esquece o real da vida e as venturas astutas
E sonha *** a vida calma,
Toda de paz e de afeições diletas, ****

Que o curso natural lhe embarace e lhe entrave,
Eu fico a contemplar, cheio de gozo intenso, *****
A fumaça que sai, leve, azulada e suave,
E, quantas vezes, penso
Que para os bons e os Poetas,
Devia ser assim o caminho da vida.

O meu Cigarro, demais, ******
Quase sempre me dá impressões bem reais.

---

* Essa palavra está seguida de ponto final.
** Idem.
*** Está: "sonho".
**** Parece fora de dúvida que deveria haver um verso entre este e o seguinte.
***** Está sem a vírgula.
****** Idem.

Do bizarro
Coleio em que a fumaça,
Em espirais, se agita,
Da graça
Da forma singular que toma,
Da excitação do próprio aroma, *
Da maneira sutil por que me excita,
Quando o seu tóxico reclamo,
O meu Cigarro,
Tem qualquer cousa da mulher que eu amo.

Faz mal aos nervos o Cigarro, clamam
E o registram do vício nos acervos...
Eu que sou todo nervos e emoções,
Protesto contra os que assim o infamam
E esta mentira médica desminto,
Pois há ocasiões
Em que eu mesmo sinto
Que o meu Cigarro me faz bem aos nervos.

O meu Cigarro é boêmio,
Boêmio e fantasista...

É bem o irmão preciso e ** gêmeo
Desta minh'Alma vagabunda e artista.

(*Outono*, págs. 11-15.)

PASSEIO PÚBLICO

Calmo jardim fechado e antigo,
Que o Sol, de leve, aquece,
E em que a sombra é um abrigo,
Onde o corpo descansa e o espírito repousa...
Aqui dentro, parece,
Vive um pouco da minha mocidade
E alguma cousa
Da vida primitiva e ingênua da cidade. ***

---

* Está sem a vírgula.
** Está: "o".
*** Essa palavra está seguida de vírgula.

MÁRIO PEDERNEIRAS

Velho jardim sombrio
Como um parado olhar convalescente...
Quando, sobre ti, se espalma
O veludo macio
E a sugestiva calma
Que encerra *
A meia-sombra do poente,
És o mais triste dos jardins da Terra.

O teu velho recinto
Convida à cisma e ao sono,
E há qualquer cousa de final e extinto,
No teu cenário vegetal de Outono.
Jardim de Sol e sem a intensidade
Do rumor diário,
Sem a brava luxúria
Desta vegetação que escurece o horizonte...
Velho jardim macio e solitário,
Cheio de evocações, do passado, de Mágoas,
E em cuja fonte
O ritmo da água
Parece relembrar a dolente lamúria
Dos antigos amores da Cidade.

Jardim de paz, de quietação, de sono,
Sem florações pujantes e vermelhas,
Sem horizontes de calor e brasas,
Sem o rude rumor da cidade grotesca,
Agitada, excitante...
Velho jardim de Outono,
Trecho feliz de província distante
E de impressões serenas,
Onde se ouvem apenas
O adejo de asas,
O zumbir de abelhas
E o rumor de água fresca.

---

* Essa palavra está seguida de vírgula.

Jardim de ocaso, de ternura e afago,
De indolência e triste,
De vida interior serena e quieta,
Sem rigores de Sol, que o queime e tisne.
Sempre na sombra de um Outono imerso,
E onde, eternamente, existe,
Poeta!
Para exemplo e ritmo do verso,
O orgulho de um Cisne *
E a água triste de um Lago.

(*Ibid.*, págs. 51-53.)

OUTONO

Outono!
Qualquer cousa lilás,
Schumann em violino,
Angelus tangido em lentidões de sino,
Preguiçoso torpor de um fim de sono,
Espelho de água quieta dos canais!

Cá dentro,
A idade,
Restos de sonho e de mocidade;
Trechos dispersos
De velhas ambições falhas na vida,
Parcelas
De antigas ilusões que ainda, a custo, concentro
E invoco até agora!

Lá fora
A descida,
O crepúsculo inócuo destes dias,
A tristeza das folhas amarelas,
E a cantar sobre estas ruínas frias
A monótona toada de meus versos. **

---

* Essa palavra está com inicial minúscula. Erro de revisão, certamente: veja-se "Lago", com miúscula, no verso seguinte, e no último poema transcrito, "Trecho Final", onde reaparecem os dois mesmos versos, os nomes "Cisne" e "Lago" com maiúscula.

** Essa palavra está seguida de vírgula.

MÁRIO PEDERNEIRAS

Desces, *
Poeta!
A descida é suave,
Não te demanda rigidez de músculos
E nem exige que teu passo apresses...
A natureza é quieta,
Da ingênua quietação de um sonho de ave,
E há paina nos crepúsculos...

No Outono a luz é um eterno poente,
Que mais à calma que ao rumor se ajeita;
Brilha,
Tão de manso e calma,
Que até parece unicamente feita
Para o estado d'Alma
De um convalescente.

Faltam-lhe sugestões de alegria casquilha,
De amplos ares sadios,
O tom fecundo do verão insano
E a bamba flacidez
Dos tempos frios.
O Outono que os troncos encarquilha
E as folhas oxida, **
É a mais calma, talvez,
Das estações do ano
E a mais suave também das épocas da vida.

Sem ânsia *** de ilusões que as energias cansa,
Sem labores brutais, que os músculos consomem.
Mais ainda com a da esperança
Rude força que o doma,
O homem,
Que, mesmo assim, inda canta e trabalha
À luz grisalha que vem lá de cima
E torna o Céu brumado,

---

   * Está sem a vírgula.
  ** Essa palavra está seguida de ponto final.
 *** Essa palavra está no plural, o que dá lugar a erro de concordância. Certamente descuido de revisão.

Vê que tem, como o Céu, o olhar embaciado,
Vê que tem, como a luz, a cabeça grisalha
E não mais o seduz a medieva arrogância
Dos feitos e do gesto,
Na ânsia
Da defesa vital de um sonho ou de uma causa
Que, na vida, o Verão tantas vezes sugere;
No Outono prefere,
À luta inglória, ao apressado e lesto
Ritmo dos passos,
Ao próprio Sol, que aclara e doura °
As estradas, os campos, a lavoura,
A vida regular, a marcha em pausa
E a encardida neblina dos mormaços...

A natureza é quieta,
O Sol é menos quente,
Menos gárrula a ave...
Anda por tudo uma impressão de sono
E a luz é um eterno poente.

O teu verso também é mais lento e suave!
É o Outono,
Poeta!

Pela vida e no Céu a mesma placidez,
A mesma luz que, em calma, aclara e brilha, °°
O mesmo aspecto de cansaço humano.
O Outono que os troncos encarquilha
E as folhas oxida, °°°
É a mais calma, talvez,
Das estações do ano
E a mais suave também das épocas da vida.

(*Ibid.*, págs. 59-62.)

° Essa palavra está seguida de vírgula.
°° Essa palavra está seguida de ponto final.
°°° Idem.

CREPÚSCULO

Eu sempre fui amigo dos estios,
Dos longos dias claros e sadios,
Da Cigarra, do Sol, que a vida encerra,
Que alegra a luz e que fecunda a Terra.

Mas estou hoje num estado d'Alma,
Tão de indolência e calma
E tão avesso às emoções bizarras,
Que não quero saber de sol nem de cigarras...

Nada de força, de vigor, de músculos,
De desejos agudos,
Nem dos desatinos
A que, às vezes, me atiro,
De alguma estranha fantasia nova;
Hoje de alegrias e vigores domo
E prefiro
À meia-tinta morna dos Crepúsculos,
Num macio carinho de veludos,
A plangência católica dos sinos,
Num fim de tarde, quando a luz repousa,
Ou então, qualquer cousa
Como
N'alma de um violoncelo a surdina da trova.

Olho este fim de tarde e esta sombra que desce
E em tudo alonga e tece
A trama tênue de seu véu de luto...
A alma sentindo evocativa e boa,
Emocionado, escuto
O saudoso rumor do dia que se extingue
E o dia azul que foi, apenas se distingue,

Por um resto de luz que nas alturas sobra,
Por um sino que dobra
Ou uma asa que voa.

Hora triste de aspetos,
Em que vive a emoção de umas longas distâncias,
Feita para sentir as venturas e a ânsias
Da saudade infeliz de uns extintos afetos.

E esta réstia de luz, clara, forte, e sadia,
Numa longa impressão de vigor e de assomo
Suavemente
Esquecida,

Neste trecho de Céu em silêncio e ensombrado,
Evocando
A ventura do dia,
É como
No agitado rumor de uma vida presente,
A saudade de um som evocando o passado,
A cadência de um verso a lembrar uma vida.

(*Ibid.*, págs. 71-73.

TRECHO FINAL

Meia-tinta de cor dos ocasos do Outono,
Sonho que uma ilusão sobre a vida nos tece
E perfume sutil de uma folha de trevo
São, decerto, a feição deste livro que escrevo
Neste ambiente de silêncio e sono, *
Nesta indolência de quem convalesce.

Meu livro é um jardim na doçura do Outono
e que a sombra amacia
De carinho e de afago
Da luz serena do final do dia;

---

* Está sem a vírgula.

MÁRIO PEDERNEIRAS

> É um velho jardim dolente e triste
> Com um velho local de silêncio e de sono
> Já sem luz de verão que o doire e tisne,
> Mas onde ainda existe
> O orgulho de um Cisne
> E a água triste de um Lago.

(*Ibid.*, pág. 75.)

ARTUR DE MIRANDA (1869-1950)

Artur de Miranda Ribeiro nasceu em Rio Preto, Estado de Minas Gerais, em 9 de agosto de 1869.

Veio menino para o Rio de Janeiro, bem como seu irmão Alípio, o grande naturalista brasileiro. Fez os preparatórios particularmente, realizando os exames perante a comissão da Instrução Pública. Matriculou-se depois na Escola Politécnica, recebendo o grau de engenheiro civil em 1896.

Iniciou a vida jornalística ainda no regime monárquico, como suplente de revisor de *O País*, passando, em seguida, a redator efetivo, cargo que exerceu até 1930, quando, em conseqüência do movimento revolucionário desse ano, foi aquele tradicional diário empastelado e incendiado o edifício em que funcionava.

Redator do antigo *Diário de Notícias* e do *Novidades;* e da *Revista Ilustrada* — célebre periódico de Ângelo Agostini, o notável caricaturista — órgão fiel, nessa fase, do movimento simbolista. Abandonou a redação ao passar a revista para as mãos de Luís de Andrade.

Com o pintor, ilustrador e poeta Maurício Jubim, fundou a *Crônica Ilustrada;* sozinho, em 1921, o jornal ilustrado *Besouro;* e no mesmo ano, com Ângelo Agostini, o *Dom Quixote*.

Como engenheiro, colaborou nos trabalhos de melhoramentos empreendidos pelos Prefeitos Pereira Passos, Carlos Sampaio, Paulo de Frontin e Xavier da Silveira.

Artur de Miranda foi um dos "mosqueteiros" do nosso simbolismo. Amigo íntimo de Cruz e Sousa, Maurício Jubim, Nestor Vítor e outros, lutou com ardor na propaganda do movimento, em numerosos artigos críticos e em rumorosas discussões nos cafés literários, da época.

A sua poesia é característica da primeira feição do nosso simbolismo: a de influência direta de Cruz e Sousa.

ARTUR DE MIRANDA

Faleceu no Rio de Janeiro, em 23 de abril de 1950.

Poesias e artigos esparsos em jornais e revistas do tempo. Conservava inédito um livro de versos, *Névoas*.

FLOR ESTRANHA

Ó flor nevada, bogari cheiroso,
Originária das alturas frias,
Resplandece em teu ser misterioso
Lácteo luar das solidões sombrias.

Quando floresces pelo azul saudoso
Das serenas, profundas nostalgias,
Passa um raio de luz tuberculoso:
Velhas tristezas dos passados dias.

Ó flor estranha, venenosa e rara,
Monja letal das místicas doçuras
Que às * dormências do mal se consagrara.

Teu ser indefinido, impenitente,
Traz o gelo das fundas sepulturas,
E os mistérios da morte, eternamente.

(Cópia fornecida pelo autor.)

FIM DE LEITURA

Só, na sombria sala em vão medito,
E os velhos temas rememoro e afago;
Ah! com que sabor delicioso eu trago
Este imortal e luminoso escrito!

Vem do passado, e por senti-lo fito
A letra e a cor do pergaminho vago,
De cujo traço um réquiem esquisito
Percebe, em sonho, o coração pressago.

---

* Está sem acento.

Lá fora a tarde se amortece e apaga,
E fria e funda escuridão mortuária
Por toda a sala imota se propaga.

Horas de círios pelo espaço torvo,
Sonho, escutando n'alma funerária,
De asas abertas, crocitar um corvo.

(*Idem.*)

FIGUEIREDO PIMENTEL (1869-1914)

ALBERTO FIGUEIREDO PIMENTEL nasceu em Macaé, Estado do Rio Rio de Janeiro, em 11 de outubro de 1869.

Autor dos livros infantis mais populares no começo deste século, no Brasil, e que conservaram a frescura da sua rica base folclórica e a naturalidade singela da narrativa: *Contos da Carochinha, Contos da Baratinha, Histórias da Avozinha*; e de romances que pareceram extremamente escandalosos para a época, e afinal inócuos: *O Terror dos Maridos, Um Canalha, Suicida, O Aborto* e ainda outros.

Figueiredo Pimentel foi sobretudo jornalista, mas jornalista de ação, e cronista mundano incomparável. Fundou o primeiro jornal republicano de Niterói, *O Povo*. Durante longos anos, a partir de 1907, a *Gazeta de Notícias* manteve a seção "Binóculo", criada e dirigida por ele. Pode-se dizer que o "Binóculo" transformou completamente a pacatez provinciana da vida da sociedade carioca. As "batalhas de flores", os "corsos", o "chá das cinco" entraram para os hábitos citadinos por iniciativa do grande cronista. A sua seção era consultório mundano de respostas e conselhos infalíveis. Chamavam-lhe o "árbitro das elegâncias", como a Petrônio. O seu lema: "O Rio civiliza-se" tornou-se célebre.

Entretanto, esse homem não era simples dândi. Pertencera à primeira camada simbolista. Militou ao lado dos vanguardistas do movimento. Colaborou nas revistas simbolistas, publicando poesias e poemas em prosa. Não se limitou a uma atividade local. Correspondia-se com alguns simbolistas franceses: Remy de Gourmont, Philéas Lebesgue, Albert Samain e outros. Foi íntimo amigo de Gonzaga Duque, Emiliano Perneta, Dario Vellozo, B. Lopes e outros ainda. Colaborou no *Mercure de France*, de Paris.

Faleceu no Rio, em 5 de fevereiro de 1914.

Obras poéticas: *Carmem, Fototipias* e *Livro Mau*, versos.

DESÂNIMO

Já nada tenho do que outrora tive,
e noutros tempos muita coisa eu tinha:
minh'Alma, agora, em desespero, vive,
vivendo sem viver, triste e sozinha.

Muito sorri e muita dor contive,
para que o Mundo vil não visse a minha
grande e profunda Mágoa. E assim estive,
a viver uma vida bem mesquinha.

Tudo perdi. Na noite do Passado,
apagou-se o fanal que me guiava,
no Céu do meu viver a fulgurar.

Agora, velho, trôpego, cansado,
espero, mas em vão, que d'Alma escrava,
venha a Morte os grilhões despedaçar.

(*Livro Mau*, págs. 85-86.)

OLHOS MISTERIOSOS

Enigma vivo! esfinge indecifrável!
Quem poderá, acaso, desvendar
Os arcanos que existem no insondável
Fundo daquele olhar?!...

Olhar que lembra o Fogo-fátuo, errante,
De cova em cova, rápido, a fugir;
Olhar d'aço — ora morto, ora brilhante,
Esquisito, a fulgir...

Olhar imenso, olhar caliginoso,
Do Infinito espelhando a vastidão,
Que terrível segredo misterioso
Reflete o teu clarão?

Olhar que fala... Mas, que língua estranha,
Que idioma de bárbaro país,
Falam tais olhos, cuja luz me banha,
Fazendo-me infeliz?!...

Que paisagem fantástica de Sonho
Esse olhar nebuloso reproduz
— Luar triste, deserto, ermo, tristonho,
Sem trevas e sem luz;

Onde uma cor funérea, indefinida,
(Uma cor, que não é bem uma cor)
Paira como uma luz amortecida,
Um lívido palor?

Enigma vivo! esfinge indecifrável!
Quem poderá, acaso, desvendar
Os arcanos que existem no insondável
Fundo daquele olhar?
Olhar trevoso, olhar que nos aponta
Incognoscível *Região d'Além*:
Quem é que sabe o que esse olhar nos conta?!...
Ninguém!... Ninguém!... Ninguém!...

> (Melo Morais Filho, *Poetas Brasileiros Contemporâneos*,
> págs. 208-209.)

DARIO VELLOZO (1869-1937)

DARIO PERSIANO DE CASTRO VELLOZO nasceu no Retiro Saudoso, Bairro de São Cristóvão, na Cidade do Rio de Janeiro, em 26 de novembro de 1869.

Estudou primeiramente no Liceu de São Cristóvão (1880-1883), iniciando-se logo na vida prática, como aprendiz de encadernador (1884), e depois como compositor tipográfico. Tendo seu pai transferido a residência para Curitiba, os filhos acompanharam-no.

Dario Vellozo chegou aos 16 anos de idade à cidade que devia ilustrar, indo trabalhar, como tipógrafo, nas oficinas do mais antigo órgão da imprensa paranaense, o *Dezenove de Dezembro*, de Cândido Lopes. Entre 1886 e 1889 cursou o Partenon Paranaense, dirigido pelo Dr. Laurentino Azambuja, e em seguida o Instituto Paranaense, depois Ginásio Paranaense.

Exerceu, entre os anos de 1889 e 1893, cargos burocráticos, na Repartição de Polícia e na Tesouraria da Fazenda, casando-se em 21 de outubro daquele último ano; e entre 1894 e 1898, o de redator dos debates do Congresso Legislativo do Paraná. Após ter sido nomeado professor interino (2-3-1898), efetivou-se por concurso na cátedra de História Universal e do Brasil do Ginásio Paranaense (19 de abril de 1899).

No exercício desse cargo, em que se aposentou, conseguiu Dario Vellozo tamanho prestígio, que se tornou num daqueles "mestres da mocidade" que tantos ambiciosos do mundo têm desejado ser. Foi, no Paraná, um príncipe do espírito, como Emiliano Perneta foi o príncipe dos poetas, sem eleição, mas pela aclamação e aceitação feliz de várias gerações de moços.

Era um expositor tendencioso, mas irresistível. A sua oratória, imaginosa, vivaz, sem vã retórica. Sempre eficaz. De mediana estatura, claro, de olhos azuis límpidos e entanto enigmáticos, Dario Vellozo tinha irresistível ascendente sobre a juventude e sobre numerosos

Dario Vellozo.

amigos, que nunca o abandonaram, que o apoiavam nos seus imaginativos e curiosos empreendimentos: as reviviscências helênicas das Festas da Primavera, as cerimônias ritualísticas do Instituto Neo-Pitagórico, que fundou em 1909, e para cuja sede edificou, no arrabalde do Portão, em terrenos da sua bela chácara — a que chamou "Retiro Saudoso", em recordação do seu lar carioca —, um harmonioso templo, em estilo grego, *Templo das Musas*, onde presidia a atraentes e estranhas celebrações de arte e de pensamento.

Tinha, ali instalada, uma pequena imprensa, e editava ele próprio os seus livros e os anais do seu Instituto, ao qual, graças à sedução da personalidade do seu fundador e presidente, pertenciam numerosos intelectuais de todo o mundo.

As doutrinas ocultistas, introduzidas no Paraná por João Itiberê da Cunha, tiveram em Dario Vellozo o seu mais apaixonado e dedicado prosélito. Os livros de Saint-Martin, Swedenborg, Péladan, Saint-Yves d'Alveydre, Papus, Stanislas de Guaita, Fabre d'Olivet, Jules Bois, Schuré; os poemas iniciáticos do Oriente; o wagnerismo ortodoxo; o satanismo inicial de Huysmans; Dante Allighieri; a poesia simbolista e a de Luís Murat; o socialismo humanitarista, o anticlericalismo radical, apaixonado e proselitista, a filosofia grega: eis as fontes que contribuíram para formar a sua personalidade, que um legítimo dom lírico harmonizava, num todo que tinha traços de grandeza, e sempre singular, e nunca vulgar ou tedioso.

Foi alguém que realmente viveu e que impressionou. Até a sua morte, ocorrida em Curitiba, em 28 de setembro de 1937, conservou-se poeta simbolista, fiel aos seus entusiasmos de mocidade, discípulo de Verlaine, de Mallarmé, de Baudelaire, de Eugênio de Castro e de Cruz e Sousa. O mais importante movimento literário paranaense foi liderado por ele, por Silveira Neto e por Júlio Perneta, os quais, com Antônio Braga, o único parnasiano do grupo, fundaram a revista *O Cenáculo*, 4 volumes (1895-1897).

Além dessa, fundou Dario Vellozo: *Revista Azul, Esfinge, Ramo de Acácia, Mirto e Acácia, Pitágoras, Brasil Cívico, Pátria e Lar, Jerusalém* e outras. Foi diretor da revista *Clube Curitibano*. Colaborou nas outras revistas simbolistas: *Galáxia* (1897), *Azul, Estelário* etc.

A sua produção foi numerosa em todos os gêneros: romance, conto, poesia, oratória, ensaios, jornalismo, história, polêmica religiosa etc. Sua poesia, bastante hermética, tornou-se clara, mais humanizada, nos últimos poemas, aí não incluída a imensa epopéia póstuma *Atlântida*, de complexa e difícil composição.

Obras: *Efêmeras*, versos, Curitiba, 1890; *Esquifes*, prosa poética, Curitiba, 1896; *Alma Penitente*, poema, Curitiba, 1897; *Esotéricas*,

Curitiba, 1900; *Hélicon,* 1908; *Rudel,* poema, Curitiba, 1912; *Cinerário,* Curitiba, 1929; *Atlântida,* poema, Curitiba, 1938; *Teatro de Wagner,* de Sâr Péladan, tradução (Impressora Paranaense), Curitiba, 1901. *Obras* [completas], Instituto Neo-Pitagórico, Curitiba, 1969. (Edição do Centenário). Vols. I, II e III; 1.562 págs.

ARGONAUTA

A João Itiberê

I

Flambelantes leões de áurea juba inflamada
Rugem na carne em flor — sol de ouro a rutilar...
Soam trompas, flamejam púrpuras, fanfarras
Troam.

Asas abrindo, a galera entra a vogar...

(Galeras! frota do Amor, da quimera passada!)

Vai-se! levando as amarras,
Soltas no mar as amarras,
Leão de asas sobre o mar!

Carne! flama do Irã! jarra de Babilônia,
De fragrâncias fidalgas!
Astartéia, domando os ciclopes da Iônia!...
Nostalgia das algas!
Saudades de Ísis morta, entre lótus, boiando!

Quem esgotou do Amor as fragrâncias fidalgas?

Babilônia, eu te vejo, entre flamas, brilhando!

*

Flambelantes leões! — desejos que rugiam
Na trirreme do Sonho, em meu sangue levada,
E para o Coração, entre flamas, subiam...

Argonauta! — que importa a loucura passada?

Soam trompas de novo, e de novo fanfarras
Ouço troar...

Solta às frotas do Amor as brilhantes amarras!

Ah! mas que nostalgia há nas vagas do mar!...

Ísis, talvez, que vai passando...
Ísis que vai recordando
Velho idílio de amor sob a luz do luar!...

....

II

Ai, sortilégio! ai, malefício!
Alma, onde vais, triste e perâmbula?
A que suplício,
Argonauta do amor, de minha alma sonâmbula?

Ísis, que Gênio as minhas frotas guia
Para esse *Além* misterioso?
Frotas de opala... da nostalgia...
Frotas de um sonho delicioso.

Sei que me levas, Argonauta!...
A que regiões do Além sidéreo?
Frotas de opala!... Ai, Nauta, Nauta!
Vamos vogando para o *Mistério!*...

12 de maio de 1898.

(*Esotéricas*, págs. 17-18.)

CRUZ E SOUSA

(19-3-98)

A Leôncio Correia

Passa no Azul, cantando, uma trirreme de ouro...
Velas pandas... No Azul... Que levita inspirado
Reza o ebúrneo *Missal*, de um requinte ignorado,
Entre astros monacais e iatagãs de mouro?!...

Rutilam brocatéis de púrpura e de prata...
Fulgem *Broquéis*, à popa... A trirreme estremece...
Ísis! — quem te acompanha a estranha serenata
E para o Além da Morte entre os teus braços desce?!...

A Morte é a eternidade; é um poente de Outono...
Mago! — tu vais dormir o glorioso sono
Entre *Broquéis* de onix, * e iatagãs de mouro...

Vais dormir!... Vais sonhar!... (Nobre e celeste oblata!)
Segue no Azul, cantando, uma trirreme de ouro...
Rutilam brocatéis de púrpura e de prata.

31 de março de 1898.

(*Ibid.*, pág. 21.)

---

* *Onix*, oxítono, e não *ônix*, é o que exige a cadência do verso.

DARIO VELLOZO

PALINGENESIA

Ocaso! Opalas e amaranto,
Jalne e opala;
Curva azul de horizontes,
Montes...

Além, o Sol trescala
Ânforas de óleo-santo,
Lírio e nenúfar...

Unção da Noite, prece.

Voguemos!
O Ocaso é mar
De violetas e crisantemos...

Ceifeiro a messe
De meu amor vai ceifar!

O Sol mergulha,
E a Noite crepes negros estende,
Crepes da alma,
Luto da alma,
Crepes sobre o mar!

Esperança! Esquife de hulha!
Impiedade,
Crueldade,
Esperança — *Flor dos Lírios* — vão te incinerar!

Carregam traves...
Fumega a pira!

Lira,
Entra a cantar!

Ó Torre do Ideal, fechada a sete chaves,
Torres de ametista e de luar!

Abri-vos!
Quero subir, subir mui alto,
Sobre a Terra, no Azul, além! — no Astral...
(Lázaros! sonhos meus! espectros redivivos!)
As tuas sete chaves, Torres do Ideal!

No asfalto
Esporas tinem, de cavaleiro...
(Quem abrirá?)
Esporas de ouro de cavaleiro!
Cavaleiro ou coveiro?
Alguém... do Au délà...

Velas ao Oriente...
O Oriente é mar.

Ave, Istar!

Morro de frio em minha ermida branca,
Alva de luar...
Urzes crescem na ermida,
Urzes da vida,
Urzes da ermida branca...
Que mão de piedade arranca
Urzes de bruma de meu tédio, Istar?

Mendigo
Cego e morto de fome...
Dá-me a luz de teu nome,
O sol de teu olhar!

— Amigo!

— Istar!

Alto e longe!
Minhas vestes de monge
São de chumbo, Istar;
Prendem-me à Terra,

Vestes de húmus: corpo, algar!

— Benze-me! Asperge-me com um ramo de alecrim!
Mirífica, eleva-me!
Eterífica, eleva-me!
Sete chaves! Torre de Marfim!
Arcano da Harmonia,
Harpa ceciliana,
Soberana!
Horto de Anael!
Tens a meiguice de Maria,
Rachel!

Tens a meiguice de olhar de monja,
Istar.
Meu olhar é uma esponja
Que bebe a luz de teu olhar,

Vais tão alto e tão longe!
Cego! Que serei eu?
Monge
Que nos *reps* da noite se envolveu.

Atanor,
Terra,
Em teu cálix de húmus e de amor
Encerra
Meu corpo, ó Mãe misericordiosa!
E meu astral
No seio de uma rosa
Irá brilhar...

Lírio escultural,
Istar,
No cálix de esperança de teu olhar.

Vais alto longe e distante...
Para o Levante?
Para o Poente?

Onde quer que tua alma se ausente,
Minha ermida levanto,
À luz de ocasos de amaranto,
Saudosamente,
Discretamente,
Nos sete palmos de um campo-santo.

Curitiba, 17 de novembro de 1901.

(*Ibid.*, págs. 27-30.)

CAMPO-SANTO

....
Andei, Senhor, lavrando a terra nua,
À chuva, ao sol, à neve, ao frio...

Abria a terra o sulco da charrua...

E minha alma — sol de estio —
De rósea e juvenil foi se fazendo antiga,
E se ficou, Senhor, como a última espiga,
Abandonada, no campo, à luz fria da Lua...

Sou o sulco da charrua
Que a água do monte umedeceu.

Era uma noite de lua,
Quando minha alma arrefeceu...

Não mais lavro, Senhor, a terra nua...
A charrua partiu-se; o coração morreu.

Curitiba, 17 de abril de 1902.

(*Cinerário*, págs. 36-37.)

SOB A ESTOLA DA MORTE

A Gonzaga Duque

Hora crepuscular dos outonos de opala...
É fúnebre a floresta, a minha alma dolente,
E não sei que saudade a alma no exílio sente,
Quando a tarde sucumbe e a floresta se cala.

O Silêncio me invade, a soledade exala
Um perfume de sonho, uma ebriez demente,
O incenso e rosmaninho... E sobe do poente
O perfil de ilusões da loura de Magdala.

Maria, a tua sombra a meus olhos caminha...*
Nostálgica da Luz, a minha alma adivinha
A promessa ideal que jamais nos fizemos.

Entro a ampla região dos profundos espaços...
Ó Lírio de Esmeralda, abraça-me em teus braços,
Na hora crepuscular dos arcanos supremos!

Retiro Saudoso, 6 de fevereiro de 1905.

(*Ibid.*, pág. 32.)

PAREDRA

Vênus pagã, olhos de sete-estrelo,
A cabeleira rútila fulgindo...
Amei-te!... Amor, nos olhos teus fulgindo,
Volúpia; luz o sol de teu cabelo.

A luxúria findou. Astro maldito,
Rolei do azul aos pélagos hiantes...
Procurava a minha alma... Além, distantes,
Lótus colhi nos édens do Infinito.

---

* No seu estudo sobre Dario Vellozo, o mais completo que conheço com referência a esse mestre como publicista e poeta, escreve Massaud Moisés: "Mesmo que de passagem, repare-se no primeiro verso da terceira estrofe, que se diria bebido em Fernando Pessoa (cf. "Só na sombra ante meus pés caminha...", do soneto XII dos "Passos da Cruz", não fosse a data da composição do poema citado, 6 de fevereiro de 1905, desmentir totalmente a hipótese. Ou, então, que se diria o foco inspirador do poeta português ... não fossem utópicas as relações culturais entre os dois lados do Atlântico etc. etc. O fato, porém, ilustra cabalmente a mundivivência ocultista de Dario Vellozo. Mais ainda: Fernando Pessoa fora um obstinado ocultista, a ponto de só se poder compreender-lhe a obra à luz dessa obsessão." (*O Simbolismo*, vol. IV de *A Literatura Brasileira*, Editora Cultrix, S. Paulo, 1967, pág. 176.)

Morreste. Ao val da Sombra, compungido,
Boa que foras para meus delírios,
Levei teu nobre coração partido.

Só então, osculando o altar de pedra,
À luz morrente de funéreos círios,
Tua alma ouvi... — a minha Irmã, Paredra.

Curitiba, 22 de novembro de 1908.

(*Ibid.*, pág. 97.)

NO REINO DA SOMBRAS

A Hermínia Schulman

Plenilúnio. O luar molha as colunas dóricas...
Junto ao pronau medito, evocando o teu rosto.
Que saudade de ti, dessa tarde de Agosto,
De tintas outonais e visões alegóricas!

Saudade!... O coração lembra idades históricas...
Na Atlântida eras tu pitonisa... Ao sol posto,
Dizias da alma irmã os arcanos... Teu rosto
Banhava-se na luz das estrelas simbólicas...

Tantas vezes perdida! Imerso em luz ou treva,
De vida em vida, à flor do céu, te procurava,
Na dor da solidão... E, quando a lua eleva

A lâmpada votiva, eu te procuro ainda,
— Alma branca, alma irmã, alma em flor, alma eslava —,
Na poeira de sóis da solitude infinda.

Templo das Musas, 3 de novembro de 1928.

(*Ibid.*, pág. 165.)

SERENIDADE

I

Musa,
Musa espiritual de meus poentes,
De meus poentes outonais,

DARIO VELLOZO

Poentes de ouro, e malva, e sândalo, e ametista,
Silenciosos poentes,
Evocativos,
Últimos poentes de minha vida a se extinguir...
Poentes vagos, misteriosos,
De finíssimas gazes
Róseas, brancas, lilases;
Poentes de asas sutis,
Asas de sílfides invisíveis,
Sombras diáfanas
Que passam intangíveis,
Incógnitos duendes
De evoladas, perdidas esperanças...
— Dize, ó Musa mística dos poentes,
Musa que não me esquece,
Única, única Irmã;
Dize — não a caudal das lágrimas ardentes,
Os martírios sofridos,
Sonhos e símbolos partidos,
O soluço final de minha prece,
Ingratidões que sofri;
Não a conquista
De lauréis virentes,
Os exílios, a angústia, a solidão funérea,
Todo o bem que o destino arrebatou,
Os tesouros da alma, que perdi,
A dor que o *Anjo-Volúvel* semeou!...
Não recordes a música eleusina
De sua voz que me encantava;
Não recordes a hora vesperina,
Quando eu sonhava
Tendo seu rosto junto ao meu;
Não evoques a luz que dimanava
O seu olhar,
Límpido como a prata do luar;
Não evoques a rútila manhã,
Manhã primeira em que me apareceu;

Não na recordes quando a vi partir,
Não evoques o sonho que morreu!...
Leva-me — além dos astros mais vizinhos
Da Via-Láctea que fulgura
Na limpidez das noites
Românticas e acariciadoras —
Por ignotos caminhos,
Em plena treva, à solidão mais pura,
À infindável noite,
À solidão eterna,
À morte!...
Leva-me à morte, à paz, ao silêncio profundo,
Onde não silva o açoite
De serpentes
De olhos de engodo
E bocas sedutoras,
Coorte
De corações de lodo!
Leva-me à paz da noite sempiterna!...
Quero perder-me no infinito,
Na negridão do espaço.
Alma de aço.
Maldito!

II

Musa do Além,
Serenidade,
Vem!
Envolve tudo que me envolve e cinge!
Envolve a esfinge
De meu sombrio e lúgubre destino,
A paisagem que cerca a minha ermida,

O murmurante veio cristalino
Que a sede desaltera,
Os meus últimos crepúsculos de vida,
A última primavera!

Serenidade,
Derrama-te em veludo
Por todos e por tudo!...
No flébil, tímido gorjear dos ninhos,
Na encruzilhada dos maus caminhos,
No veneno das perfídias,
Nas mãos dos algozes,
No rancor dos maus;
Derrama-te por todos e por tudo,
Asserena as insídias,
Sintoniza as vozes,
Canta nos solaus;
Sê o arminho da amizade,
A rosa branca da felicidade!

Serenidade, Serenidade,
Foste a imagem,
O mais lindo perfil de meu enlevo;
Pelúcia de minha cisma,
Aveludante matiz
De acariciadora amizade...
Quanta vez a alma em dúvidas se abisma
E se abroquela,
E quanta vez bebi a linfa da esperança
Em teus olhos serenos!...
Quanta vez a procela
De ódios e paixões,
Eivada de venenos,
Asserenou-se escutando os nossos corações!...

Tuas mãos de criança
Apagaram a cicatriz
De meu ferido amor;

Colheste em teu jardim a flor do trevo
Da felicidade,
A flor que dá fortuna, e o dissabor
Transforma em clara, vesperal miragem!

Colmo de minha ermida,
Linho de meu brial,
Serenidade — rosicler de vida,
Elegante palmeira imperial.

Serenidade, vem, nas névoas do crepúsculo,
Tranqüila e silenciosa,
À hora indecisa da tarde,
À hora da saudade;
Musa de meu exílio,
De minha solitude,
Vem, Serenidade!...
A rosa
De minha prece
Em silêncio se desfolha...
A lâmpada arde
No santuário minúsculo
Do coração exilado;
Dize-me o teu idílio,
Fala-me, na mansuetude
Do poente; fala-me do passado!...
Desce,
Molha
Tuas mãos em meu pranto!...
Musa de meu encanto,
Fala-me do passado!

Retiro Saudoso, 28 de março de 1928.

(*Ibid.*, págs. 188-192.)

DE "ATLÂNTIDA"

Branca areia das praias!...
Areia de cambraias!...
Longas praias,
Povilhadas do pó da lua cheia!

(*Atlântida*, 1938, pág. 84.)

O enigma das idades me acompanha,
Abantesma de vidas, já vividas...
Quantas eras — de Khrono e foice apanha,
Quantas luzes do céu no caos perdidas!...

Flores, caídas de meu sonho, vagam
Nos oceanos do meu sentimento;
Frota de caravelas que se alagam
E soçobram no próprio pensamento.

(*Ibid.*, pág. 97.)

No alto o céu sereno, azul de seda,
À noite — de brilhantes tauxiado;
No litoral — as praias marulhosas
De âmbar e cristal pulverizado.

(*Ibid.*, pág. 101.)

E as merencórias lágrimas colhia,
Em sua merencória soledade,
Transmudando-as de gotas de agonia
Em lírios brancos de serenidade.

(*Ibid.*, pág. 202.)

Calma e silêncio; os astros cintilando
Nos altos céus,
Filtrando,
Através dos tênues véus
Da noite majestosa,
O aroma das pétalas, a rosa
Da lua branca...

(*Ibid.*, pág. 218.)

No silêncio da noite constelada,
Volvera Aztlan o olhar ao céu infindo,
Serena a face pálida, irisada
Das cores siderais do sonho lindo.

Volvera os olhos para o Azul...
De manso e manso a neve das Estrelas
Fez-lhe mais branca e fria a face pálida.

(*Ibid.*, pág. 298.)

JÚLIO PERNETA (1869-1921)

Júlio David Perneta nasceu em Curitiba, Estado do Paraná, em 27 de dezembro de 1869.

Fez carreira no funcionalismo estadual. Foi sobretudo jornalista. Distinguiu-se como conferencista e polemista.

Nos dias de hoje, seria considerado apenas escritor regionalista hábil. Ninguém conheceu melhor do que esse requintado "decadente" a vida sertaneja do Paraná. Seus livros *Amor Bucólico*, contos sertanejos, e *Pala Branco*, romance de costumes paranaenses, ainda inédito, são páginas documentais vivificadas pelo sopro de boa arte novelística; têm valor muito mais duradouro do que os seus volumes de poemas em prosa e do que os seus versos. *Amor Bucólico*, a sua obra de maior validade, é do mesmo ano (1898) de *Pelo Sertão*, o livro precursor de Afonso Arinos.

Júlio Perneta foi dos simbolistas paranaenses da primeira hora. Em 1893 fundou, com Dario Vellozo, a *Revista Azul;* em 1895, com Silveira Neto, Dario Vellozo e Antônio Braga, uma das principais revistas simbolistas brasileiras, *O Cenáculo;* em 1897, com Romário Martins, a revista *A Pena;* em 1898 dirigiu, na sua 2.ª época, a revista *Jerusalém*, fundada por Silveira Neto; em 1900, com Silveira Neto, a revista *Pallium* — representativas, todas elas, da tendência simbolista.

Fundou e dirigiu, por outro lado, vários jornais. A sua atuação chegou ao clímax por ocasião do movimento de *O Cenáculo*, ao lado de Silveira Neto e Dario Vellozo.

Grandes afinidades físicas e artísticas tinha esse poeta com o seu grande irmão Emiliano, mais velho do que ele quatro anos. Ambos eram de movimentos ágeis e graciosos, e de pronta e sedutora ebriedade imaginativa e verbal. Palestradores invulgares.

Júlio Perneta sobreviveu apenas seis meses a Emiliano. Faleceu em Curitiba, a 23 de julho de 1921.

JÚLIO PERNETA

É patrono da cadeira n.º 29 da Academia Paranaense de Letras. Obras poéticas: *Bronzes*, poemas em prosa, Curitiba, 1897; *Malditos*, poemas em prosa, 1909. Os seus versos estão dispersos.

TÉDIO

Vês como trago o coração sangrado
Pela perfídia de um amor enorme?
Alma de Jó, sou bem desventurado
Dentro da treva a soluçar-te o nome.

Ah! meu amor, tão doce e dolorido
O beijo que me deste foi, querida,
O teu lábio ao meu lábio comprimido,
A tua vida presa à minha vida!

Hoje, volvendo os olhos ao passado,
— Que o tenho sempre, como um livro, aberto,
Teu rútilo perfil, sempre adorado,
Avultou, aclarando o meu deserto.

Partiste e foste pelo mundo afora,
Foste rindo de mim, foste cantando,
Dentro de um sonho, perfumada aurora;
Dentro de um sonho voltarás chorando.

Deixa que eu viva assim, da fé proscrito,
Afastado de ti e em ti pensando;
Enquanto o mundo diz que sou maldito,
Deixa que eu viva assim sempre sonhando.

Deixa que eu viva neste abismo hiante,
Na clausura feral da soledade,
Ouvindo a merencória e soluçante
Serenata noturna da saudade.

Pois que te importa alheia desventura?
Pairas tão alto! Deixa! Que te importa
Que o mundo sinta toda essa amargura,
Toda a miséria que lhe bate à porta?

Mas não procures indagar-lhe a origem;
Não te aproximes: segue descuidosa!
O abismo atrai e causa-nos vertigem,
E a conseqüência é sempre dolorosa.

Deixa que eu viva triste, solitário.
Vês? Nem um astro em todo o céu reluz!
Eu tive um coração: — foi meu calvário;
Eu tive o teu amor: — foi minha cruz.

1897.

(In *Antologia Paranaense*, de Rodrigo
Júnior e Alcibiades Plaisant, t. I,
págs. 230-231.)

CREPÚSCULO

No túmulo do ocaso iluminado,
Como nau afundando em tírio porto,
O dia tomba, triste, abandonado,
Nostálgico de luz e de conforto.

Hora em que o coração, genuflexado
Ante a visão feral do desconforto,
Vê desfilar das sombras o Passado,
Aos merencórios raios do sol morto.

Hora de dor, profunda de saudade,
Feita de lágrima e de prece ungida,
Soturna de velhice e mocidade!...

Como eu te sinto em mim, como eu te quero!
És a imagem fiel da minha vida
Que, apesar da desgraça, inda venero.

1897.

(*Ibid.*, pág. 230.)

CREPÚSCULO

Avulta da moldura de cristal,
Na transparência branca do meu sonho,
O teu perfil satânico e risonho,
Como o fantasma pérfido do mal.

Se me fitas sorrindo, que ironia!...
Ó que ironia em teu olhar de santa!...
E, se me falas, a saudade canta,
Cheia de mágoa e de melancolia!

Sonhar contigo, e ver-te enamorada,
Ver-te pálida, triste, ver-te louca...
Sonhar contigo e ver-te apaixonada...

Unicamente, Sílvia, isto é que aspiro:
Sonhar contigo e te beijar a boca,
No estertor de um último suspiro.

(In *O Cenáculo*, t. II, 1896, pág. 64.)

SOMBRA DO PECADO

IV

Espalhavam-se pelo espaço nublado soluços e melancolias de músicas fúnebres, executadas em surdina de gemidos.

Pairava em toda a vastidão da cidade deserta, como pelo deserto de um cemitério, o silêncio branco, o silêncio doloroso e aflitivo que povoa um solar antigo, reduzido a ruínas amadas, onde cada pedra é uma recordação que punge, uma saudade que desespera, uma sombra do nosso passado que se ergue, invocada pela mediunidade dolorosa da nossa alma batida pelos desenganos.

E é justamente por estes dias povoados de sombras, dias fechados dentro de uma infinita tristeza de luto, dias sugestionantes de tudo quanto amamos e perdemos, que os sonhos, as saudades, toda essa gangrena enfim das recordações amargurantes alastra-se dolorizando-nos o Espírito, ciliciando-nos o Coração, obrigando-nos a ajoelhar ante a figura patibular da vida.

Ah! quantas vezes, na solitariedade das minhas orações de maldito, não invoco, para os meus lábios, o teu beijo branco de neve, ó Morte, ó amparo dos desamparados, ó sonho da realidade crudelíssima da vida?

E, no entanto, surda às minhas súplicas, ó Morte, consentes que eu continue a me arrastar por entre os homens; consentiste que eu, ainda dentro do meu sonho de infância, arrastasse a grilheta dos infortunados, manchasse a clâmide tão alva da minha primeira idade, na lama da vida, quando podias me fazer passar, do berço ao túmulo, virgem das perfídias humanas, sem nunca ter amado, sem nunca ter sentido o olhar em fogo do ódio subir colérico até o meu coração, queimando-o, envenenando-me a alma, destruindo canibalescamente a tranqüilidade e a paz de que tanto careço, para que a ti, ó Sacerdotisa magna da Arte,

(*de joelhos,* minha Alma!*)

pudessem os meus sonhos levar dentro das páginas de cada livro meu as vibrações dos meus nervos de Artista, as orações em febre dos meus lábios de Asceta, as divinas blasfêmias da minha divina revolta, a estrela de ouro do meu ideal, as minhas nostalgias azuis, o arco-íris do meu Tédio, as asfixias dos meus eternos pesadelos, tudo, tudo, toda essa grande dor que dá à alma dos intelectuais a nota abandonada de uma paisagem fúnebre, toda essa tortura que lhes vincula a fisionomia à passagem de uma esperança morta.

Como sonhar, se a vida é um protesto contra o sonho, se a vida é um cadafalso, onde a Miséria, algoz impertinente, nos faz agonizar cem vezes cada dia? Como sonhar?

Se às vezes nos silenciamos por um instante, com os olhos da imaginação voltados para uma lembrança, clara e doirada, como um magnífico dia de sol, o tropel desesperado e ensurdecedor do bando macabro das realidades frias e severas nos entontece e despertamos desse meio sonho, ante a visão sarcástica e andrajosa da Vida que gargalha apavorante e devassa.

E ainda falam-me em felicidade! A felicidade humana é uma convenção, deve ser vista através das grades de um cárcere, de muito alto, para que os olhos não lhe descubram a chaga cancerosa que a corrói.

Ergue-te, minha Alma!

(*Malditos*, págs. 47-48.

* Está sem a vírgula.

OS TEUS OLHOS SÃO FEITOS DE LUAR...

I

Os teus olhos são feitos de luar,
E o céu, sorrindo num rendilhamento
Sonoro de astros, põe-se a meditar
Nesses teus olhos, com deslumbramento,
Feitos de estrelas, lírios do luar.

II

Olhos de imagem, olhos de oração,
Num misticismo eterno de saudade.
Olhos que o céu contempla da amplidão,
Cheio do tédio da infelicidade
Por não possuir teus olhos de oração.

III

Olhos que têm fluidos de ternura,
Olhos que fazem tantos desgraçados;
Olhos que os astros, da infinita altura,
Contemplam mudos e maravilhados...
Olhos que têm fluidos de ternura.

IV

Olhos que têm a dor perolizada
— Branco Missal das minhas devoções —,
Quanta tristeza, ó santa ciliciada,
Nesses teus olhos de constelações,
Onde soluça a dor perolizada!

(*O Cenáculo*, ano segundo, tomo terceiro, Curitiba, 1896, p. 122.)

LÍVIO BARRETO (1870-1895)

Lívio Barreto nasceu na Fazenda dos Angicos, Distrito de Iboaçu, Comarca de Granja, Estado do Ceará, em 18 de fevereiro de 1870.
Com 8 anos de idade foi residir em Granja, onde aprendeu as primeiras letras com o Professor Francisco Garcês dos Santos. Mais tarde estudou particularmente alguns preparatórios com o Dr. Antônio Augusto de Vasconcelos. Já então começara a sua faina melancólica de caixeiro, que o reteve até a morte. Um jornalzinho, *Iracema*, fundado por colegas seus, revelou-lhe a vocação literária. Em junho de 1888 seguiu para Belém do Pará, onde foi ser empregado na loja *Mariposa*. Ali teve algum convívio literário, sobretudo com João de Deus do Rego. O beribéri forçou-o a regressar à sua Cidade de Granja (7 de agosto de 1891), onde colaborou no jornal *A Luz*, dirigido por Antônio Raulino. Em fevereiro de 1892 chegou a Fortaleza, indo servir na casa comercial de Adolfo Barroso, e começou imediatamente a colaborar (sobretudo versos) no *Libertador*.

Em 30 de maio de 1892 fundou-se em Fortaleza a "Padaria Espiritual", uma das sociedades ou academias de maior relevo da nossa história literária. Lívio Barreto foi um dos seus fundadores, tomando o nome acadêmico de *Lucas Bizarro*, com o qual passou a ser geralmente conhecido. Colaborou assiduamente em *O Pão*, a revista da "Padaria Espiritual", tendo sido um dos mais importantes membros daquela sociedade, e um dos seus dois melhores poetas (o outro foi Antônio Sales). †

Em 27 de junho daquele ano embarcou no vapor *Alcântara*, para regressar a Granja. Na noite daquele dia o *Alcântara* naufragou na altura de Periquara. Lívio Barreto, bom nadador, salvou-se, mas perdeu naquele naufrágio os originais do poema que escrevera em Belém, segundo informa o seu biógrafo Artur Teófilo. Em Granja

---

† O mais recente estudo sobre Lívio Barreto, aparecido no n.º 24 da Revista *Clã*, de Fortaleza, e de real interesse —, é da autoria de Sânzio de Azevedo; integra o livro *Poesia de Todo o Tempo* (1969.)

foi guarda-livros da firma Bevilacqua & Cia, mudando-se, porém, em fevereiro de 1893, para Camocim, onde se empregou na agência da Companhia Maranhense de Navegação a Vapor.

Ali organizou o seu livro *Dolentes,* primitivamente intitulado *À toa,* o qual, a instâncias do seu amigo Dr. Valdemiro Cavalcânti, foi enviado para Fortaleza e entregue ao editor no dia seguinte ao da sua morte, ocorrida em pleno trabalho, a 29 de setembro de 1895, em Camocim — conseqüência duma congestão cerebral, aos 25 anos de idade.

É patrono da Cadeira n.º 24 da Academia Cearense de Letras.

Obra: *Dolentes,* Fortaleza, 1897; 2.ª edição [do Centenário], Secretaria de Cultura do Ceará, Fortaleza, 1970.

LÁGRIMAS

Lágrimas tristes, lágrimas doridas,
Podeis rolar desconsoladamente!
Vindes da ruína dolorosa e ardente
Das minhas torres de luar vestidas!

Órfãs trementes, órfãs desvalidas,
Não tenho um seio carinhoso e quente,
Frouxel de ninho, cálix recendente,
Onde abrigar-vos, pérolas sentidas.

Vindes da noite, vindes da amargura, *
Desabrochastes sobre a dura frágua
Do coração ao sol da desventura!

Vindes de um seio, vindes de uma mágoa
E não achastes uma urna pura
Para abrigar-vos, frias gotas d'água!

1893.

(*Dolentes,* pág. 64.)

LITANIAS

I

Que vida amarga e treda,
Que desabar, que terramoto!
Que fim brutal! que horrível queda!
Que vida esta amarga e treda!
Missal do sonho aos ventos roto.

---

* Está sem a vírgula.

II

Neves do inverno da agonia!
Folhas do outono da amargura!...
Em noite fria, em noite fria,
Neves do inverno da agonia,
Caí na minha sepultura.

III

Imensas órbitas sequiosas
Do coração, ensangüentadas,
Vazios cálices de rosas,
Imensas órbitas sequiosas
Famintas sempre, insaciadas.

IV

Fauces de abismo, amplas crateras,
Escancaradas a esperar
A lava rubra das quimeras...
Fauces de abismo, amplas crateras, *
Não vos enchera o próprio mar.

V

Lírios magoados da saudade,
Violetas roxas da tristeza,
Crescei sem luz, sem claridade, **
Lírios magoados da saudade, ***
Sob as lufadas da incerteza.

VI

Ânsias de amor, adejos místicos,
Ó veleidades de ideal!
Na treva um dedo traça dísticos...
Ânsias de amor, adejos místicos, ****
Parai, sofreai a ânsia fatal!

---

* Está sem a vírgula.
** Idem.
*** *Magoados* está seguido de vírgula, e *saudade* não.
**** Está sem a vírgula.

VII

Ó meus castelos senhoris
Ao luar do amor edificados!
Tanto vos quis! Tanto vos quis!
E os meus castelos senhoris
Ei-los por terra, ei-los tombados!

1893.

(*Ibid.*, pág. 130.)

MAL ÍNTIMO

Esta amargura funda, esta inclemência
Atra e brutal que me persegue, e mata,
Como um veneno, as flores cor de prata
Da minha entristecida adolescência;

Este ambiente de corruta essência
Onde o Tédio os seus flóculos desata;
Este vento de dor que me arrebata *
Os sonhos de fulgor e transparência:

Toda esta amarga e triste decepção,
Esta da vida céptica ironia,
Esta contínua e trágica aflição,

Este simum do mal veio-me um dia,
Por não possuir teu peito um coração
Quando no meu um coração batia!

1895.

(*Ibid.*, pág. 187.)

---

* Essa palavra está seguida de vírgula.

ÚLTIMO DESEJO

Quando vier a Morte, ouve-me, escuta
A minha triste e última vontade:
Ela resume a minha mocidade
Que crepuscula e pálida se enluta.

Trago no seio muita dor oculta, *
Muita tortura, muita ansiedade:
Esta — filha do amor e da Saudade
— Nascida aquela da passada luta.

Quero porém, a Deus, livre de penas,
Subir, alar-me às regiões serenas.
Ouve-me, pois: não tremas nem descores...

Respeita a minha campa úmida e fria,
Não na ultraje tua hipocrisia:
— Sim! em nome das Lágrimas, não chores!

(*Ibid.*, pág. 194.)

OS CRAVOS BRANCOS

I

Cravos brancos, cravos brancos como o leite,
Que as noivas levam para a Igreja ao ir casar,
Cravos da cor das escumilhas do corpete,
Brancos de espumas atiradas pelo mar.

Cravos brancos invejados pelos goivos,
Cravos brancos que de brancos dão vertigens;
Cravos que são como hálitos de noivos,
Beijos de noivos embaciando mãos de virgens!

Cravos brancos, cravos, lágrimas d'anjo,
Cravos de Maio cor de luto de noivado;
Cravos do luar que sorri como um arcanjo
A meditar no seu castelo enamorado.

---

* Está sem a vírgula.

Ó cravos brancos! Brancas flores misteriosas,
Seios ireis agasalhar com vossas neves,
Seios macios como pétalas de rosas,
De carne rija, sangue quente e curvas breves.

Flores dormentes de volúpia e de desejos,
Sempre a sonhar presas aos seios das donzelas,
Amarrotadas pelo fogo de seus beijos
E sempre brancas, sempre puras, sempre belas!

Flores que as noivas levam presas na caçoula
Das mãos de arminho, cravos brancos, para o altar,
Para, ao voltar com as faces de papoula,
Dá-los às virgens para logo irem casar.

Cravos brancos como as mãos da minha amada, *
Quando eu descer à terra fria, num caixão,
Desabrochai, brancos soluços d'alvorada,
Ó cravos brancos que plantei no coração.

Março de 1893.

(*Ibid.*, págs. 199-200.)

II

DESABROCHANDO

Os cravos brancos vão a abrir agora,
Ronda o luar no céu e há silêncio na terra.
Dorme ao longe, ao luar sonhando, a terra...
Os cravos brancos vão a abrir agora.

Múrmuros ventos pelo ar soluçam,
Cessa o rumor na terra e anda o luar no céu;
As nebulosas pálidas se embuçam
Da via-láctea no cerúleo véu.

---

* Está sem a vírgula.

Os cravos brancos vão a abrir agora:
Há silêncio na terra e anda no céu o luar.
Erram estrelas pálidas a orar,
E o azul se arqueia sobre a terra e ora.

A madrugada cândida desponta:
Enrubece o Levante anunciando o dia.
Canta aleluia o vento que esfuzia...
A madrugada pálida desponta.

Pelos rosais anseia a viração.
Pensativo no céu anda o luar agora...
Cai mais frio o sereno e aponta a aurora,
Como um amor dentro de um coração.

Das longínquas paragens levantinas
Desce o carro da aurora altivo aos solavancos;
E à manhã abotoam-se as boninas
E abrem-se os cravos brancos.

(*Ibid.*, págs. 199-202.)

ZEFERINO BRASIL (1870-1942)

Zeferino Brasil nasceu em Porto Grande "nas barrancas do Taquari, num sítio coberto de laranjeiras e povoado de sabiás-da-praia", Estado do Rio Grande do Sul, em 24 de abril de 1870.

Toda a sua vida desde os 14 anos — foi poeta, e por fim, nos seus vinte derradeiros anos, "príncipe dos poetas do Rio Grande do Sul".

Ocasionalmente, ou melhor, secundariamente, jornalista.

Extremamente popular e estimado em seu Estado natal. Começando neo-romântico, afirmou-se simbolista durante alguns anos, sofrendo mais tarde a influência de Bilac.

Faleceu em Porto Alegre, em 3 de outubro de 1942.

Obras poéticas: *Alegros e Surdinas*, 1891; *Traços Cor-de-Rosa*, 1893; *Vovó Musa*, Porto Alegre, 1903; *Visão do Ópio*, Porto Alegre, 1906; *Na Torre de Marfim*, Porto Alegre, 1910; *Teias de Luar*, Porto Alegre, 1924; *Alma Gaúcha*, poemas farroupilhas, Porto Alegre, 1935; o drama em verso, em 4 atos, *O Outro;* a comédia em versos, em 4 atos, *Esther;* a comédia em verso, em um ato, *Um homem de gênio.*

OS TORTURADOS

Esses que vedes macilentos,
De olhos doridos e apagados,
Passam por todos os tormentos,
Sempre tristonhos e calados.

Agora — vivem aplaudidos,
Mais que aplaudidos — invejados;
Mas ei-los logo repelidos,
Não repelidos — caluniados!

Almas de luz — são sonhadores
Que em sonhos vivem mergulhados,
Sofrendo assim tremendas dores
Porque são bons — mas invejados.

Duros caminhos vão descendo
Eternamente caluniados,
Em negros cálices bebendo
O vinho e fel dos desgraçados.

E ei-los que passam macilentos,
De olhos doridos e apagados,
Os pés — em charcos lamacentos,
A fronte — em mundos constelados.

(*Na Torre de Marfim*, págs. 76-77.)

MORTA!

*Alma minha gentil que te partiste
Tão cedo desta vida descontente.*

Camões

I

Branca, entre lírios e camélias, morta
Vejo-a, serena flor esmaecida...
Aproxima-se o instante da partida,
E, ai! como esta certeza desconforta!

Vai para o céu, risonha, adormecida,
E para o céu o nosso amor transporta,
Porque a morte cruel, que a vida corta,
O amor não corta que nos doura a vida.

— "Que formosa!" — suspira o céu ao vê-la;
— "Que testa de anjo e que cabelo louro!" •
Soluçando, murmura cada estrela.

E querubins vão-na levando às francas
Paragens claras das esferas de ouro,
Morta, entre lírios e camélias brancas.

• As aspas estão antes do ponto de exclamação.

II

Caia profunda noite! a sombra caia
Sobre minh'alma, e o coração me vista
De negro! Que a alegria não exista
Mais para mim! Choroso, o sol desmaia...

Ela morreu, sonhando! Amortalhai-a,
Flores, astros e versos de ametista!
Que a treva para sempre me revista!
Estrelas, sóis, ela morreu, chorai-a!

Ela morreu! Meus sonhos, ide, em bando,
Vê-la uma vez ainda! ide senti-la,
Beijá-la, inda uma vez! Ide, chorando,

Dizer-lhe, enfim, com voz magoada e doce,
Que o seu olhar de morta inda cintila
No meu olhar como se viva fosse.

(*Vovó Musa*, págs. 20-21.)

NOSTALGIA DO CÉU

Alva e flébil deslizas na existência
Como um som de cristal fino e harmonioso,
E bóiam nos teus olhos a dolência,
A nostalgia do Maravilhoso.

Esperando o teu Príncipe-Formoso
(Esse a quem te darás como uma essência)
Conservas de outro mundo luminoso
Uma vaga, sutil reminiscência...

Uma vida recordas doce e leve,
Vida de sonho em terras encantadas,
Gorjeio de ave, flóculo de neve...

E, saudosos do céu, erram na Vida,
Como duas estrelas exiladas,
Os teus olhos de virgem dolorida.

(*Teias de Luar*, pág. 35.)

SAUDADE SINGULAR

Há na minha velhice uma intensa saudade
Que, desde muito, vem me seguindo, sombria;
Ela é feita de sonho e amarga realidade,
De dor sempre presente e infinda nostalgia.

Nostalgia de um sítio enluarado onde, um dia
Em pleno florescer de uma rústica herdade,
Eu quando para a vida os meus olhos abria,
Via em redor de mim soturna escuridade.

E através de uma névoa incerta eu vislumbrava,
Longe, numa longínqua, edênica paragem,
Uma região ridente e linda que encantava.

Dessa estranha região um pássaro risonho,
É, no êxtase estelar de uma rósea miragem,
A saudade que eu tenho — a saudade do Sonho.

(*Ibid.*, pág. 170

AZEVEDO CRUZ (1870-1905)

João Antônio de Azevedo Cruz nasceu na Freguesia de Santa Rita da Lagoa de Cima, Município de Campos, Estado do Rio, em 22 de julho de 1870.

Estudou primeiras letras no Colégio Cornélio, e após ter feito preparatórios no Liceu de Humanidades de Campos (atual Instituto de Educação), veio estudar Direito no Rio, terminando o curso na Faculdade de Direito de São Paulo, em 1895. Foi, ali, colega e amigo de Alphonsus de Guimaraens.

Com 17 anos publicara os seus primeiros versos, "Teus Olhos", no jornal *A Aurora*, de Campos, trabalhando em *A República* e, depois de formado, na *Gazeta do Povo* e no *Monitor Campista*.

Durante a Revolta Naval (1893) incorporou-se ao Batalhão Acadêmico São Paulo.

Foi advogado militante e deputado à Assembléia Legislativa do Estado do Rio, e, no Governo Quintino Bocaiúva, chefe de Polícia, posto em que faleceu, tuberculoso, em Nova Friburgo, às ...... 22 h 30 min de 22 de janeiro de 1905, sendo enterrado em Campos. Essa cidade erigiu-lhe um mausoléu e, na Praça de São Salvador, uma herma.

Obtiveram fama em todo o País o soneto "Minha Senhora, o Amor" e o poema "Amantia Verba", em que decanta a Cidade de Campos. O poema "Floriano Peixoto" causou geral impressão, declamado por ele à passagem do funeral daquele estadista.

Obra poética: *Profissão de Fé*, Campos, 1901. É curta coletânea. As suas obras completas estão sendo esperadas. Por iniciativa da Academia Campista de Letras, nova seleção das suas poesias foi publicada: *Sonho*, poesia escolhidas, Co-editora Brasílica (Cooperativa), Rua 13 de Maio, 44-A, Rio de Janeiro, 1943. Contém 60 produções. Nela não foi incluída a poesia declamada no funeral de Floriano Peixoto, que teve repercussão nacional, e nela foi omitida a característica apóstrofe: "Minha senhora, o amor...", sem a qual o soneto célebre começa abruptamente e perde grande parte do seu efeito. Também o prefácio, do escritor Aurino Maciel, mal informado do ponto de vista histórico não faz sequer referência ao movimento simbolista, de que Azevedo Cruz foi prógono decidido, e que liderou em Campos. A sua admiração máxima, entre os poetas seus contemporâneos, era reservada a Cruz e Sousa, e não aos parnasianos — mencionados pelo prefaciador —, cuja arte poética ele combatia.

O intuito do prefaciador terá sido o de valorizar o seu biografado, do ponto de vista da política literária do momento. Menos explicável é que o poeta Manuel J. Silva Pinto tenha escrito (carta datada de Campos, 28-3-1950), referindo-se a essa mesma coletânea: "Devo dizer-lhe que a maioria das produções mais tipicamente simbolistas do Az. Cruz foi refugada pela comissão — nesse ponto orientada por mim. Sei que deve ser uma "capitis diminutio" aos seus olhos. Mas eram umas coisas artificialíssimas, estapafúrdias, daquele simbolismo "brabo", como as piores coisas dos *Faróis*. Mas se quiser, arranjo-lhe cópias." Não lhas pedi. A mesma resistência às manifestações simbolistas de muitos poetas encontrei em seus familiares e amigos.

Alberto de Oliveira, seu coestaduano, incluiu em *Páginas de Ouro da Poesia Brasileira,* Garnier, 1911, versão do Salmo "Epílogo", com os versos dispostos diferentemente.

Na antes referida carta do intelectual campista, este traça-lhe o retrato: "... o nosso mestiço mefistofélico (fisicamente tinha uns ares de Satanás de ópera)..."

AMANTIA VERBA

Ao Pereira Nunes

"Esta é a ditosa Pátria minha amada"

(CAMÕES)

Campos formosa, intrépida amazona
Do viridente plaino Goitacás!
Predileta do Luar como Verona,
Terra feita de luz e madrigais!

Na planura sem fim do teu regaço
Quem poderá dizer que o sol se esconde?
Para subir aqui — sobra-lhe espaço!
Para descer aqui — não tem por onde!

Oh Paraíba, oh mágica torrente
Soberana dos prados e vergéis!
Por onde passas, como um rei do oriente,
Os teus vassalos vêm beijar-te os pés!

De Otelo tens a cólera, alteroso,
e o quebranto das pérfidas sereias:
Ora revel, nas formidáveis cheias,
Ora em tranqüilo e plácido repouso!

Pelo teu dorso quérulo e undiflavo *
Vogam lamentos como nunca ouvi...
Ecos talvez das lágrimas do Schiavo,
Ou dos tristes amores de Peri!

Quanta vez fui cantar-te as minhas mágoas
(Tu, rio, és meu irmão, tu também penas!)
Embalavam-me as tuas cantilenas,
Doce arfar monótono das águas!

Os meus passeios preferidos lembro:
Beirando o rio, a Lapa, a Igreja, o Asilo,
Toda aquela paisagem, tudo aquilo,
Nas luminosas tardes de Dezembro!

O sol, tamanho gasto e desperdício
De tons e tintas, pródigo, fazia,
Que todo o Paraíba parecia
Iluminado a fogo de artifício!

Nos tempos do Liceu horas inteiras,
Ao pôr-do-sol, passava-as no mirante:
Monologavam pelo azul distante
Os perfis solitários das palmeiras!

E vinha-me a ilusão que era o rei mouro
O último rei que governou Granada:
Sobre a cidade a púrpura abrasada
E as torres altas, minaretes de ouro!

Em caprichosa curva em face, a franca,
A límpida caudal do Paraíba;
E ao largo, alvissareiro, rio arriba,
O traço leve de uma vela branca!

---

* Está: "ondiflavo".

Parecias-me muito mais estreito
Visto dali, talvez pela distância,
Companheiro fiel da minha infância,
Rio que rolas dentro do meu peito!

Faixa de opala que a cidade enlaça
Pela cintura — cíngulo de neve!
Vendo-te — vê-se bem que a vida é breve!
Corre, vai, rio amigo, tudo passa!

Torres de usinas fumegando a um lado,
Para o poente o Itaoca e em cima e ao fundo,
Diáfano sempre — um céu imaculado,
Céu de safira sem rival no mundo!

Noite! A espera armilar da lua cheia
Do sudário das águas surge ao lume,
E tudo ao luar o estranho aspecto assume
Dos castelos da Espanha sobre a areia!

A extrema-unção do luar como que invade
A alma das coisas, sobre tudo esvoeja:
Faz-se toda de mármore a cidade,
Vê-se uma catedral em cada Igreja!

Junho, mês dos noctívagos, corria...
Julieta à varanda debruçada
Vinha escutar a flauta enamorada,
Nas horas mortas, pela noite fria...

Tudo no olvido cai, tudo fenece,
BANCO DAS CISMAS, tudo cai no olvido!
Teu nome hoje é vazio de sentido,
A nova geração não te conhece!

Eras outrora o nosso confidente,
O Parnaso da RODA, a nossa Ermida!
BANCO DAS CISMAS, quanto sonho ardente
Desfeito em fumo no correr da vida!

Como o Rei Harfagar, meu derradeiro
Sono, em teu seio, mude-se em vigília!
Abrigo e lar dos que não têm família!
Meu amado torrão hospitaleiro!

Campos formosa, intrépida amazona
Do viridente plaino Goitacás!
Predileta do Luar como Verona,
Terra feita de luz e madrigais!

Nada iguala os teus dons, os teus primores,
Val de delícias, o teu céu azul!
Minha terra natal, ninho de amores,
Urna de encantos, pérola do sul!

1901.

(*Profissão de Fé*, págs. XV-XXVII.)

MARECHAL FLORIANO

> *"Os mortos governam os vivos"*
>
> A. Comte

Deixai passar o Grande Morto!
Deixai passar, deixai passar...
Sereno vai, sereno e absorto
Vai a enterrar, vai a enterrar!

Pois embaraçam-lhe o Calvário
Último? O céu por que se fez?
Que o grande Morto Legendário
Descanse ao menos uma vez...

Que a Alma do Herói seja bendita...
As gerações que vêm atrás
Darão ao simples cenobita
Envergaduras imortais!

Por que essa Mágoa, essa Dor viva?
O Céu se fez por que razão?
Uma Alma assim tão primitiva
Não cabe dentro de um Caixão!

Talhem no bronze a sua Imagem
E o Monumento seja tal
Que caibam os Preitos e a Homenagem
Deste assombroso funeral!

E o redivivo Americano
Terá, por transfigurações,
Crescido o vulto sobre-humano
Por gerações e gerações!

E quando a Pátria um dia tenha
Alguma Dor, algum Pesar,
Em romaria ouvi-lo venha
E a laje fria há de falar...

Deixai passar o Grande Morto!
Deixai passar, deixai passar...
Sereno vai, sereno e absorto
Vai a enterrar, vai a enterrar!

> Recitada pelo autor à passagem do féretro pela Rua Moreira César.*

(*Ibid.*, págs. XXIX-XXXIII.)

MINHA SENHORA,

o amor

degenerou, por fim, numa palavra falsa,
e hoje já não é mais uma alucinação;
tudo o que o doura e o veste e o transfigura e o realça
da fantasia vem, nunca do coração!

É uma frase feliz no delírio da valsa,
uma chama no olhar, um aperto de mão...
um capricho, uma flor, uma luva descalça
que alguém deixou cair e que se ergue do chão!

Disse-lhe isto e esperei. Um silêncio aflitivo,
longo e soturno como os torvos pesadelos,
pairou no espaço como um ponto sobre um i!

Dormi; quando acordei vi-me enterrado, vivo,
dentro da noite má dos seus negros cabelos,
em cuja cerração corre que me perdi!...

Do *Sonho*.

(De uma revista da época.)

MORS SANCTA

A Emanuel Moll

Amor omnia vincit

Dobra a finados! Ai Dona Alice!
Lançam-lhe os Padres a Extrema-Unção!
Ninguém diria... Ninguém que a visse...
Tanta Inocência, tanta Meiguice,
Amortalhadas nesse caixão!

---
* Rua do Ouvidor.

AZEVEDO CRUZ

Leva grinaldas de laranjeira
Na fronte; e o branco vestido seu
Tão bem lhe quadra, de tal maneira
Fá-la bonita, fá-la faceira,
Que nem parece que ela morreu!

Ah! Com certeza, nesse abandono
Da morte (e aos mortos o sonho apraz...)
Sonha que a levam de braço a um Trono,
E que adormece... Talvez o sono
Da longa noite dos Esponsais!...

Lá fora, em Salmos de dor e pranto,
Como a Harpa flébil do Rei Saul,
Murmura o vento no Campo-Santo:
"Será possível que durma tanto?
Que sonho a embala, que sonho azul?"

Pegam-lhe o esquife quatro donzelas...
O "De profundis" ressoa no ar!
Ai! Que amargura no rosto delas,
Tendo as estrelas por sentinelas,
Pelas estradas, à luz do luar!

Nem pesa a carga, de tão ligeira...
Tábuas de pinho que peso têm?
Digam-me, moças: dá-lhes canseira?
Não fosse o mundo tamanha feira,
E eu só levava-a, sem mais ninguém!

Dos Campanários, nos sons plangentes,
Na voz soturna dos carrilhões,
Como que há Loas de Penitentes,
Ânsias, gemidos, mágoas dolentes,
Catedralescas lamentações!

Ai! triste dela! Que noite escura
Nas catacumbas dos seus Avós!
Que leito escasso! Que terra dura!
Nos sete palmos da Sepultura
Que eterna sombra! Que frio atroz!

Que há de ser dela que, noite e dia,
Sofreu da Tosse que a fez morrer?
A pobrezinha que já tossia...
Depois de morta, na terra fria,
No álgido túmulo, o que há de ser?

Repousa à sombra das Casuarinas...
Foi para as almas deste jaez,
Puras, inóxias e cristalinas,
Foi para as almas adamantinas
E imaculadas que o Céu se fez.

Do *Sonho*, janeiro 1895.

(De uma publicação da época.)

SALMOS

Epílogo

O desenlace foi assim:
vinha raiando a madrugada,
quando Ela, triste, desolada,
olhos magoados para mim...

Vinha raiando a madrugada...
— Ambos estávamos a sós:
ela esquelética, mirrada,
quase sumida entre os lençóis...

Vinha raiando a madrugada...
Anoitecia em seu olhar!
Eu tinha a voz entecortada
de soluçar, de soluçar!

Vinha raiando a madrugada,
e melancolizava o ar
uma nostálgica toada
de marinheiros sobre o mar...

Inofensiva e imaculada!
Pomba sem fel, martírio meu!
Vinha raiando a madrugada...
....

E foi assim que Ela morreu.

1896.

(*In* Alves Cerqueira, "Letras Fluminenses", VI, João Antônio de Azevedo Cruz. *Jornal do Commercio*, 24-6-1928.)

PAISAGEM CAMPISTA

Aqui, desta eminência, afoito, o olhar, sem peias,
livre discorre: ao longe a floresta de alfanjes
do canavial, e em torno o mais que tudo abranges,
— lagunas e canais, as artérias e as veias!

E o Paraíba — vede-o! Acaso ao Nilo e ao Ganges
pode ele algo invejar? E os troncos e a cadeias
(Por que — lembrando-o agora, Alma, assim te confranges?)
da africana tragédia, e as fecundantes cheias?

Ei-lo, amigo, aqui tens todo o cenário em frente:
— a orla azul do Itaoca apenas quebra, ao poente,
a simetria deste * plano horizontal!

Ei-la, a estepe infinita onde reina o campeiro
e onde, ao nascer do sol, merencório, no aceiro,
passa o carro a gemer sob o azul matinal.

1902.

(*Ibid.*, pág. 120.)

---

* Em vez de "deste", está: "feliz do", o que força, ou talvez quebra, o verso. A versão que se adotou aqui está de acordo com uma transcrição do soneto feita no *Jornal do Commercio*, n.º de 24 de junho de 1928.

ALPHONSUS DE GUIMARAENS (1870-1921)

AFONSO HENRIQUES DA COSTA GUIMARÃES nasceu em Ouro Preto, na Rua São José n.º 27, em 24 de julho de 1870, filho de um português e de uma brasileira, sobrinha materna do romancista e poeta romântico Bernardo Guimarães. Fez os preparatórios no Liceu, depois Ginásio Mineiro, tendo sido seu Professor de Português o poeta João N. Kubitschek. Com 17 anos iniciou o curso complementar da Escola de Minas.

Escrevia versos já, e a inspiradora foi, nesse tempo, Constança, filha de Bernardo Guimarães, que logo faleceu, tuberculosa. Afonso Guimarães, em conseqüência dessa morte, viveu uma temporada excessiva de boêmia, chegando, por fim, a parecer também afetado do pulmão. Pensou-se na ilha da Madeira, mas verificou-se que o caso era menos "poético", e tratava-se de simples bronquite. Começou, então, ativa colaboração no *Almanaque Administrativo, Mercantil, Industrial, Científico e Literário do Município de Ouro Preto*, dirigido, em 1890, por Manuel Ozzori.

Foi terminar os preparatórios no Curso Anexo da Faculdade de Direito de São Paulo, em 1890, em companhia do seu maior amigo, José Severiano de Resende. Matriculou-se na Faculdade em 29 de abril de 1891, não aceitando a sugestão paterna de ir formar-se em Coimbra. Com Severiano de Resende e Adolfo Araújo, poeta simbolista, também mineiro, famoso jornalista e futuro fundador de *A Gazeta*, e seu fiel amigo, trabalhou no *Diário Mercantil*, no *Comércio de São Paulo*, no *Correio Paulistano* e principalmente no *Estado de São Paulo*. Projetou então um livro, já de feição simbolista, que seria intitulado *Salmos*. Com Severiano de Resende, Viana do Castelo e outros, tornou-se assíduo familiar da célebre "Vila Kirial", em Vila Mariana, residência esteticista, à des Esseintes, do poeta "Jacques d'Avray", aliás o seu amigo Freitas Vale.

Em 1893, criada em Ouro Preto a Academia Livre de Direito de Minas Gerais, para ela transferiu-se o poeta, que colou grau em 1'

Alphonsus de Guimaraens, desenho de Kalixto.

Outro retrato de Alphonsus de Guimaraens.

de julho de 1894, voltando a São Paulo, onde, em 8 de janeiro de 1895, colou grau em Ciências Sociais.

Viajou, então, para o Rio, "com o fim especial de conhecer Cruz e Sousa", segundo Mário Matos, citado por Henriqueta Lisboa na sua notável conferência sobre Alphonsus de Guimaraens. No Rio, relacionou-se rapidamente, impressionando pelo seu dandismo: "cartola de pelo, polainas, monóculo, gravatas de apurado gosto etc." (*apud* Horácio Guimarães).

De volta, passou por Vassouras, em visita ao seu amigo Lucindo Filho (Raimundo Correia era, então, ali, juiz municipal). Em 13 de março de 1895 foi nomeado promotor em Conceição do Serro, passando a juiz substituto em 17 de junho do mesmo ano.

Casou-se com uma jovem de 17 anos, Zenaide Alves de Oliveira, filha do escrivão da Coletoria Estadual.

Em 1899 publicou, no Rio de Janeiro, os seus dois primeiros livros: *Setenário das Dores de Nossa Senhora e Câmara-Ardente* e *Dona Mística*.

Em 1900, nova e brevíssima estada no Rio, voltando por Ouro Preto. Alphonsus passara a colaborar em *A Gazeta*, de São Paulo, do seu amigo Adolfo Araújo. Em 1902 editou, no Porto, Portugal, o livro *Kiriale*. Suprimido o seu lugar de juiz, em 1903, Adolfo Araújo ofereceu-lhe um posto em *A Gazeta*, tendo Alphonsus recusado. Apareceu em 20 de março de 1904 o jornal político *Conceição do Serro*, que foi entregue à direção de Alphonsus. Nele colaboraram Cruz e Sousa, Severiano de Resende, Archangelus de Guimaraens (seu irmão querido), Horácio Guimarães, e ainda: Raul Pompéia, Olavo Bilac, Coelho Neto e outros. Foi então (setembro de 1904) novamente nomeado promotor, não lhe sendo possível, porém, exercer as funções de acusador, devido à sua sensibilidade delicada.

Em 11 de fevereiro de 1905 foi nomeado juiz municipal de Mariana, cargo em que estacionou, apesar de magistrado probo e sereno, passando em março por Belo Horizonte, onde conviveu durante poucos dias com os simbolistas da nova geração mineira: Álvaro Viana, irmão do seu amigo Augusto de Viana do Castelo; Edgar Mata; Eduardo Cerqueira; Alfredo de Sarandy Raposo; Carlos Raposo, e outros.

"Não houve acomodação entre o espírito de Alphonsus e o ambiente espiritual da cidade de duzentos anos, mas encontro perfeito de uma vida humana e de uma vida coletiva de misticismo e sossego", escreveu o seu filho e biógrafo, João Alphonsus. Ficou para sempre em Mariana, de onde continuou a colaborar em *A Gazeta*, de São Paulo, tornando-se assíduo e fiel colaborador de *O Germinal*, periódico de Mariana, colaboração que também (escreve João Alphonsus) "antes oferecia aos jornais do interior, talvez agora ainda mais simpatizado com os humildes e heróicos periódicos dos lugares distantes, depois do seu efêmero *Conceição do Serro*". Nos últimos tempos publicou numerosas crônicas no *Diário de Minas*.

Seus pais vieram, em conseqüência do desastre financeiro do velho comerciante luso setuagenário, acolher-se ao lar do filho ilustre, e ali faleceram.

Em 1915 ocorreu vir ao Brasil José Severiano de Resende, que residia em Paris. Pediu a Alphonsus que fosse a Belo Horizonte encontrar-se com ele. Alphonsus não tinha voltado à Capital desde 1906. Encontraram-se em setembro, tendo sido triunfalmente festejados pelos intelectuais, que lhes ofereceram um banquete que marcou época, no dia 25 daquele mês, no Clube Acadêmico.

Foi encontrado morto na madrugada de 15 de julho de 1921, sendo sepultado no cemitério anexo à Igreja de Nossa Senhora do Rosário, que domina Mariana do alto da mais elevada colina da cidade. Completaria em 24 daquele mês 51 anos de idade.

Deixou inéditos três livros: *Pastoral aos Crentes do Amor e da Morte, Escada de Jacó* e *Pulvis*.

Em 1938 o Ministro da Educação e Saúde Gustavo Capanema saldou a dívida nacional à memória desse grande poeta, reunindo os seus livros num alentado volume de 372 páginas de texto poético, com "Notícia Biográfica", de João Alphonsus (42 págs.), e "Notas", de Manuel Bandeira (65 págs.), que dirigiu a edição, feita no Serviço Gráfico daquele Ministério. A edição está esgotada. Numerosas produções não incluídas no aludido volume *Poesias* foram reunidas em *Autores e Livros*, suplemento literário de *A Manhã*, vol. III, n.º 14.

A feição arcaica dada ao seu nome aparece já no quadro de formatura, de 1894. João Alphonsus mostra-o vacilante, insatisfeito, mesmo depois de achada aquela forma, que depois ficou definitiva: Afonso Guimarães, Dom Alphonsus, Alfonso Guy, Alfonso Guimaraens, Alphonsus de Guymar, Guy d'Alvim, e ainda Alphonsus de Vimaraens.

A poesia de Alphonsus de Guimaraens teve, no seu tempo, imediata e profunda influência em Minas. Fora daquele Estado, porém, só os próceres simbolistas o admiravam. Enquanto isso, a crítica do tempo, primária e simplista, dominada pelo espírito do naturalismo, via com antipatia o misticismo do "solitário de Mariana".

A sua linguagem guardava ressaibo clássico; o seu verso buscava uma correção que destoava do tumulto, da musicalidade livre, inquieta, irregular, de quase todos os do movimento simbolista. Tal correção, porém, nada tinha de comum com a perfeição artificiosa dos parnasianos. Alphonsus de Guimaraens foi perfeito realizador do gênero "rimance" — posto em moda por Álvares de Azevedo, e surpreendentemente renascido no Simbolismo — e de que "Ismália" é talvez a obra-prima no Brasil.

Os simbolistas brasileiros, por uma curiosa sobrevivência do romantismo de Varela, Castro Alves e Álvares de Azevedo, usaram e abusaram da temática: "cemitério", "cipreste", "flores roxas", "mochos", "goivos", na qual até o ortodoxo parnasiano Emílio de Menezes insistentemente incidiu. Alphonsus de Guimaraens, vivendo a alma das cidades mortas de Minas, ao pé das velhas igrejas e dos venerandos cemitérios "em sagrado", foi talvez o único que não "escolheu" aqueles temas, porque *eles lhe eram impostos* pela sua vida e pela paisagem em que transcorreu a sua existência meditativa.

Imerso na doçura dum inebriamento ensimesmado, em ambiente que forçava a uma imobilidade contemplativa, pôde criar uma obra una, de fisionomia melancólica, e como iluminada interiormente de reflexos místicos. O seu vocabulário, como o dos demais simbolistas, tirado da ladainha de Nossa Senhora, dos paramentos, da liturgia católica, afinal, não é, na sua obra, aparato ornamental, luxo de antiquário bricabraque místico. O sentido interior justifica-o. Aquele idioma litúrgico difundia-se mais legitimamente na sua correnteza emocional do que os hábeis e tanta vez duros e forçados jogos helenizantes dos parnasianos.

A sua temática é repetida monótona e monocrômica. Dentro dessa falta de variedade do estro, determinada pela insistência dos estados de alma básicos, essencialmente poucos, os matizes são de esquiva, retraída, pudica riqueza.

Foi dos simbolistas menos herméticos, menos supra ou infralógicos. O seu simbolismo é mais de música e sentimento do que de capacidade de sugestão indireta e subconsciente, o que o aproxima de certos simbolistas portugueses (era filho de português). Não, porém, de Antero de Quental, nem dos do filão Cruz e Sousa.

Alphonsus, "pálido, silencioso e esquisito, como alguém que habitasse o outro lado da vida" (palavras de Henriqueta Lisboa, sua mais convincente intérprete), muito diferia do irregular, do inconseqüente, do desvairado e irresistível "mau anjo" (não "anjo mau") de *Sagesse*. Alphonsus foi um boêmio, de boêmia singela. Dos "paraísos artificiais" em moda, aceitou o menos complicado. A sua inabilidade para a luta material; a sua sincera despreocupação de glória: tais os traços essenciais disso que chamei sua boêmia, tão distante da charlatanice, da inescrupulosidade dos mais célebres boêmios das grandes cidades: os Paulas Ney, os "Guimas", os Pardais Mallet. Alphonsus era antes um esfomeado de evasão e de idealização.

A sua poesia dá-nos uma visão do mundo "idealizada", porém não "deformada", nem "transfigurada". Ao contrário da impetuosidade nervosa de um Emiliano Perneta, ou da exaltação cosmogônica vertiginosa de Cruz e Sousa, Alphonsus punha surdina nas suas expansões

Dona Mystica

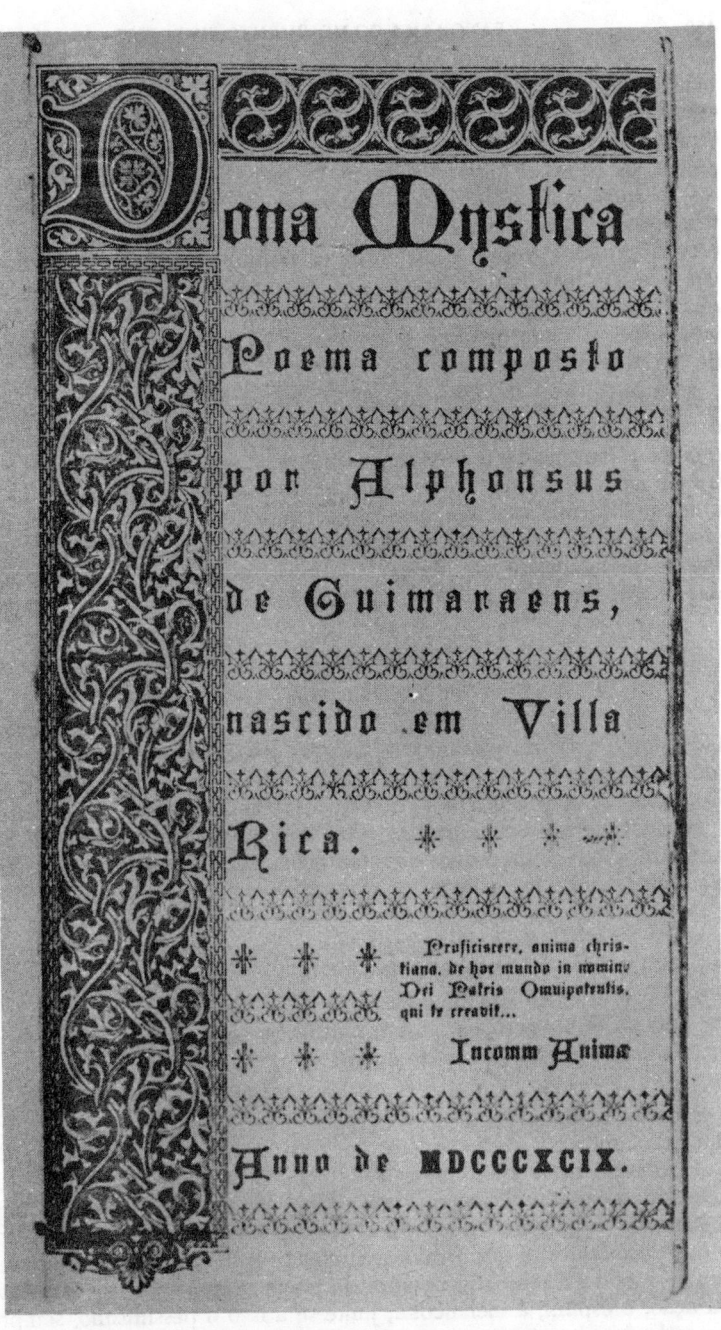

Poema composto por Alphonsus de Guimaraens, nascido em Villa Rica. * * *

* * * Proficiscere, anima christiana, de hoc mundo in nomine Dei Patris Omnipotentis, qui te creavit...

* * * Incomm Animæ

Anno de MDCCCXCIX.

Capa do livro Dona Mystica, *de Alphonsus de Guimaraens.*

mais fortes. "Como Verlaine, Alphonsus prefere a melodia à sinfonia", escreveu com acerto definitivo Henriqueta Lisboa. Ao que acrescento: Cruz e Sousa, esse preferia a sinfonia, mais do que isso: as vastas polifonias corais. Emiliano Perneta, os mais diversos e raros conjuntos de música de câmara ... A melodia de Alphonsus, é duma pureza quase única dentro do quadro da poesia simbolista. Esta era turvada, quase sempre, pela morbidez requintada, tão próxima tanta vez — e isso teve grande preço — da musicalidade instintiva que carreia detritos e pepitas de ouro, e foi atravessada por esse caudal de vida subconsciente que veio desembocar na água parada e venenosa do supra-realismo.

A obra de Alphonsus apresenta, no Brasil (e sobretudo realizada, como foi, no interior), estranha unidade e regularidade do fluxo criador. Continuada confissão, ela é entretanto de ressonância restrita e velada, animada dum sentimento místico sem arroubos nem iluminações fulgurantes. Quando, porém, Alphonsus dominava a obsessão funérea, que lhe tinge grande parte da obra, é que vislumbramos a qualidade da sua alma, tão afim como a daquele Aleijadinho das igrejas da sua terra. Como naquela sua admirável prece:

> .... a prece
> Que nos põe todo o céu dentro do coração!

Isso, como instrumentado com harpas, oboés, flautas, clarinetas — música de pétalas de seda e de lilases ... A poesia de Alphonsus de Guimaraens, escreveu o seu coestaduano Emílio Moura, "são crepes, sombras funerárias de ciprestes, véus de confessandas, luares de desamparo, altares quaresmais enfeitados de roxo". E esse poeta mineiro contemporâneo cita o próprio Alphonsus:

> — Trovador, as tuas trovas
> Têm o perfume dos lírios
> E o calor das luas novas ...
> — São flores para os martírios,
> São goivos por entre covas.

Lembra, em seguida, que o catolicismo de Alphonsus era antes produto do ambiente religioso em que fora criado e em que vivia do que de influências literárias estrangeiras. E conclui, acertadamente: "De todos os simbolistas foi, pois, Alphonsus, como já acentuamos, justamente o que mais de perto refletiu o estado de espírito que foi o dos *decadentes*, e que fixava exatamente tudo aquilo que iria marcar de modo característico a obra do poeta ouro-pretano: o desgosto da ação, o esplim, a melancolia; junte-se a isso o pessimismo, sempre exacerbado, e certo ar a um só tempo de cansaço intelectual e de pendor místico — e teremos aí o que está bem refletido na obra de

Alphonsus de Guimaraens e o que caracterizou a poesia dos principais líricos franceses da fase propriamente decadente."

Obras poéticas: *Setenário das Dores de Nossa Senhora e Câmara--Ardente,* 1899; *Dona Mística,* Rio, 1899; *Kiriale,* Porto, 1902; *Pauvre Lyre,* Ouro Preto, 1921; *Pastoral aos Crentes do Amor e da Morte,* São Paulo, 1923; *Poesias,* Rio, 1938; *Poesias,* 2 vols., Rio, 1955; *Obra Completa,* ed. Aguilar, Rio, 1960.

ASCETAS

I

Ascetas imortais da Idade Média, os joelhos
Sangraram-vos de tanto orar: o olhar contrito,
Seguindo o olhar de Deus nos ocasos vermelhos
Fugiu-vos para o céu, sedento de infinito.

As nuvens para vós eram como evangelhos,
Páginas onde a mão de Deus havia escrito.
E vós líeis por lá, ansiosos como os velhos,
O roteiro estelar de um destino bendito.

Se eu pudesse viver a vossa doce vida,
No mistério final de um mosteiro de treva,
Onde se ia apagar tanta alma dolorida...

Viver longe da carne ardente, da luxúria
Que para nos tentar em cada peito eleva,
Como frutos de luz, duas tetas de fúria!

(*Kiriale,* pág. 69.)

SÃO BOM JESUS DE MATOSINHOS

Notre Seigneur tel est, tel le confesse.
En ceste foy je vueil vivre et mourir.
F. VILLON.

A José Severiano de Resende. Presbit.

São Bom Jesus de Matosinhos
Fez a Capela em que adoramos
No meio de árvores e ramos
Para ficar perto dos ninhos.

É como a Igreja de uma aldeia,
Tão sossegada e tão singela...
As moças, quando a lua é cheia,
Sentam-se à porta da Capela.

Vai-se pela ladeira acima
Até chegar no alto do morro.
Tão longe... mas quem desanima
Se Ele é o Senhor do Bom Socorro!

Tem tanto encanto a sua Igreja,
Paz que nos é tão familiar,
Que é impossível que se não seja
Um bom cristão em tal lugar.

Alegrias mais que terrestres
Murmuram hinos pelas naves.
No adro, quantas flores silvestres,
Nas torres, quantos vôos de aves...

E atrás da Igreja o cemitério
Floresce cheio de jazigos.
Os próprios mortos, que mistério!
Vivem na paz de bons amigos.

Quando o Jubileu se aproxima,
Ai! quanta gente sobe o morro...
Tão longe... mas quem desanima,
Se Ele é o Senhor do Bom Socorro!

Velhas de oitenta anos contados
Querem vê-lo no seu altar,
Braços abertos, mas pregados,
Que nos não podem abraçar.

Entrevados de muitos anos,
Vão de rastros pelos caminhos
Olhar os olhos tão humanos
De Bom * Jesus de Matosinhos.

Saem dos leitos como de essas,
Espectros cheios de esperança,
E vão cumprir loucas promessas,
Pois de esperar a fé não cansa.

---

* Está: "bom", com minúscula.

Vinde, * leprosos do grande ermo,
Almas que estais dentro de lodos:
Que o Bom Jesus recebe a todos,
Ou seja o são ou seja o enfermo.

Almas sem rumo como as vagas,
Vinde rezar, vinde rezar!
Se Ele também tem tantas chagas,
Como não há de vos curar...

Direis talvez: "Chegar lá em cima...
Antes de lá chegar eu morro!
Tão longe..." Mas quem desanima
Se Ele é o Senhor do Bom Socorro!

Foi pelo meado de Setembro,
No Jubileu, que eu vim amá-la.
Ainda com lágrimas relembro
Aqueles olhos cor de opala...

Era tarde. O sol no poente
Baixava lento. A noite vinha.
Ela tossia, estava doente...
Meu Deus, que olhar o que ela tinha!

Ela tossia. Pelos ninhos
Cantava a noite, toda luar.
São Bom Jesus de Matosinhos
Olhava-a como que a chorar...

(*Ibid.*, págs. 75-80.)

OSSA MEA

(SONETOS)

> .... *une pourpre s'apprête*
> *A ne tendre royal que mon absent tombeau.*
>
> S. MALLARMÉ.

I

Desesperanças! réquiem tumultuário
Na abandonada igreja sem altares...
A noite é branca, o esquife é solitário,
E a cova, ao longe, espreita os meus pesares.

---
* Está sem a vírgula.

Sinos que dobram, dobras de sudário!
No silêncio das horas tumulares
Há de surgir espectro funerário,
Cujos olhos sem luz não têm olhares.

Santo alívio de paz, consolo pio,
Fonte clara no meio do deserto,
Manto que cobre aqueles que têm frio!

Eis-me esperando o derradeiro trono:
Que a morte vem de manso, em dia incerto,
E fecha os olhos dos que têm mais sono...

(*Ibid.*, págs. 87-89.)

OUVINDO UM TRIO DE VIOLINO, VIOLETA E VIOLONCELO

Simbolicamente vestida de roxo
(Eram flores roxas num vestido preto)
Tão tentadora estava que um diabo coxo
Fez rugir a carne no meu esqueleto.

Toda a pureza do meu amor por ela
Se foi num sopro tombar no pó.
Os seus olhos intercederam por ela...

Mais uma vez eu vi que não me achava só.

Simbolicamente vestida de roxo
(Talvez saudades de vida mais calma)
Tão macerada estava que a asa de um mocho
Adejou agoureira pela minha Alma.

Todos os sonhos do meu amor por ela
Vieram atormentar-me sem dó.
Mas ninguém na terra intercedeu por ela...

Para divinizá-la era bastante eu só.

(*Dona Mística*, págs. 95-96.)

PORTAS DE CATEDRAL EM SEXTA-FEIRA SANTA...

Portas de catedral em Sexta-Feira Santa,
Grandes olhos cristãos piedosamente erguidos
Para o Altar onde a Glória imorredoira canta...
Brandos violões, brandos violinos dos sentidos:

Campo-santo onde flore a imarcescível planta
Do Amor que espera sempre os beijos prometidos,
E na hora vesperal, quando o luar se levanta,
Perfume para o olfato e som para os ouvidos:

Torres de eremitério onde os dobres dos sinos
Parecem prolongar um réquiem surdo e frouxo,
Um responso de morte acompanhado de hinos:

Grandes olhos cristãos de olheiras de veludo,
Altares quaresmais enfeitados de roxo,
Benditos para sempre Onde revive tudo!

*(Setenário das Dores de Nossa Senhora
e Câmara-Ardente, págs. 149-150.)*

PRIMEIRA DOR DE NOSSA SENHORA

*Et tuam ipsius animam
pertransibit gladius...* •
S. Luc. II, 35

I

Nossa Senhora vai... Céu de esperança
Coroando-lhe o perfil judaico e fino...
E um raio de ouro que lhe beija a trança
É como um grande resplandor divino.

O seu olhar, tão cheio de ondas, lança
Clarões longínquos de astro vespertino.
Sob a túnica azul uma alva Criança
Chora: é o vagido de Jesus Menino.

• Está: "ladius..."

Entram no Templo. Um hino do Céu tomba.
Sobre eles paira o Espírito celeste
Na forma etérea de invisível Pomba.

Diz-lhe o velho Simeão: "Por uma Espada,
Já que Ele te foi dado e que O quiseste,
A Alma terás, Senhora, traspassada..."

II

Sofrer por Ele! E pálida, ofegante,
Nossa Senhora aperta-O contra o seio.
E nas linhas tranqüilas do semblante
Descem-lhe nuvens de magoado anseio.

Sofrer por Quem! Ventura semelhante,
Só a um peito como o seu de estrelas cheio...
Sofrer por Esse que do Céu distante
Na voz do Arcanjo do Senhor lhe veio...

Que lhe importavam lágrimas sem brilho,
Nessas horas de paz erma e saudosa,
Se ela chorava por seu próprio Filho...

Sofrer pela amargura dessa Boca,
E aos Pés depor-lhe a vida desditosa,
Vida que eterna ainda seria pouca!

III

Que lhe importavam lágrimas? Chorasse
Desde o nascer do sol até o sol-posto;
Tivesse prantos quando a lua nasce,
Quando, entre nuvens, ela esconde o rosto.

Junto ao seu Berço, a contemplar-lhe a Face,
De Mãe Divina no sublime posto,
Temendo que uma estrela O despertasse,
Gozo teria no maior desgosto.

Por Ele toda a mágoa sofreria ...
Ah! corresse-lhe em fonte ardente o pranto
Na paz da noite e nos clarões do dia.

Sofrer por Ele ... Sim. Tudo por Esse
A Quem beijava os Olhos, mas contanto
Que Ele, o seu Filho amado, não sofresse!

IV

E as palavras do Velho em tom celeste
Murmuraram-lhe assim: "Por uma Espada,
Já que Ele te foi dado e que O quiseste,
A Alma terás, Senhora, traspassada ..."

Chorou. "Guardião do Templo, que disseste?"
E a ansiedade passou-lhe contristada
Pela Alma, como a sombra de um cipreste
Plantado à beira de uma encruzilhada.

Talvez que toda aquela noite espessa
Profetizada pelo Velho, triste
Viesse envolver de luto outra Cabeça ...

Sim! Pois vê-Lo sofrer era por certo
Ter em meio do peito a lança em riste,
E em chaga viva o coração aberto.

V

Pudesse ela poupar-lhe o sofrimento,
Adivinhar-lhe as dores e os pesares,
Ter poeiras de astros para o mal sedento,
Ter bons olhares para os maus olhares ...

De repente, num rútilo momento,
Na Alma surgiu-lhe uma visão de altares:
Era a grandeza do seu Nascimento
No Lar eleito em meio de outros lares ...

Mas que fizera para tanta glória,
Sentir a Deus chamá-la Mãe querida,
Ela, mulher, como as demais corpórea?

E a aparição daquele Arcanjo etéreo,
Que lhe anunciara a nova prometida,
Engrinaldou-lhe a fronte de mistério...

VI

De luar vestido, o fúlgido semblante
Entre bastos cabelos irisados,
E sobre o flanco a túnica irradiante
Que eram nesgas de céus nunca sonhados:

Os seus olhos de poente e de levante
Em silêncios de luz ilimitados;
Era o celeste Cavaleiro andante,
Anunciador de místicos Noivados...

E que Noivado o seu! Nuvens radiosas
Cercando o Mensageiro altivo e doce,
Debaixo de amplo céu de seda e rosas...

E dentro das olheiras cor de goivo,
O olhar da Virgem Santa eternizou-se:
O Espírito de Deus era o seu Noivo...

VII

Em teu louvor, Senhora, estes meus versos,
E a minha Alma aos teus pés para cantar-te:
E os meus olhos mortais, em dor imersos,
Para seguir-te o vulto em toda a parte.

Tu que habitas os brancos universos,
Envolve-me de luz para adorar-te,
Pois evitando os corações perversos
Todo o meu ser para o teu seio parte.

Que é necessário para que eu resuma
As Sete Dores dos teus olhos calmos?
Fé, Esperança, Caridade, em suma.

Que chegue em breve o passo derradeiro:
Oh! dá-me para o corpo os Sete Palmos,
Para a Alma, que não morre, o Céu inteiro!

Setembro de 1896.

(*Ibid.*, págs. 15, 17-30.)

OLHOS

Olhos sublimes, sombras chinesas,
Sob a arcaria das sobrancelhas ...
Solar magnífico, onde princesas
Passam de túnicas vermelhas ...

Olhos de poente, luares remotos,
Por entre torres inacessíveis ...
Rosas e lírios, goivos e lotos,
Roxas violetas impassíveis ...

Olhos viúvos, santos, blasfemos,
Ladainha dos Sete Pecados ...
Nuvens doiradas de crisantemos,
Sonhos de místicos noivados ...

Olhos pungentes, que chorais tanto,
Dias de luto, noites em calma ...
Instrumentados por algum Santo
Para o responso da minh'alma ...

Olhos profundos, florindo juntos,
Cheios do sangue dos sacrifícios ...
Essas armadas para defuntos,
Dobres dos últimos ofícios ...

Olhos, olhares evocadores
De espectros mudos de altivo porte ...
Fechai a campa dos meus amores,
Oficiantes da minha morte!

(*Pastoral aos Crentes do Amor e da Morte*, págs. 39-40.)

Túmulo de Alphonsus de Guimaraens, Mariana, MG.

Casa de Alphonsus de Guimaraens em Mariana, MG.

CISNES BRANCOS

Ó cisnes brancos, cisnes brancos,
Por que viestes, se era tão tarde?
O sol não beija mais os flancos
Da montanha onde morre a tarde.

Ó cisnes brancos, dolorida,
Minh'alma sente dores novas.
Cheguei à terra prometida:
É um deserto cheio de covas.

Voai para outras risonhas plagas,
Cisnes brancos! Sede felizes ...
Deixai-me só com as minhas chagas,
E só com as minhas cicatrizes.

Venham as aves agoireiras,
De risada que esfria os ossos ...
Minh'alma, cheia de caveiras,
Está branca de padre-nossos.

Queimando a carne como brasas,
Venham as tentações daninhas,
Que eu lhes porei, bem sob as asas,
A alma cheia de ladainhas.

Ó cisnes brancos, cisnes brancos,
Doce afago de alva plumagem!
Minh'alma morre aos solavancos
Nesta medonha carruagem ...

(*Ibid.*, págs. 41-42.)

QUANDO CHEGASTE, OS VIOLONCELOS ...

Quando chegaste, os violoncelos
Que andam no ar cantaram hinos.
Estrelaram-se todos os castelos,
E até nas nuvens repicaram sinos.

Foram-se as brancas horas sem rumo,
Tanto sonhadas! Ainda, ainda,
Hoje os meus pobres versos perfumo
Com os beijos santos da tua vinda.

Quando te foste, estalaram cordas
Nos violoncelos e nas harpas...
E Anjos disseram: — Não mais acordas,
Lírio nascido nas escarpas!

Sinos dobraram no céu e escuto
Dobres eternos na minha ermida.
E os pobres versos ainda hoje enluto
Com os beijos santos da despedida.

(*Ibid.*, pág. 47.)

SERENADA °

A Henrique Malta

Da noite pelos ermos
Choram violões...
São como enfermos
Corações.

Dorme a cidade inteira
Em agonia...
A lua é uma caveira
Que nos espia.

Todo o céu se recama
De argêntea luz...
Uma voz clama
Por Jesus.

° Poema inspirado pela Cidade de Mariana, onde o poeta passou grande parte da sua vida e morreu.

A quietude morta
Do luar se espalma...
E ao luar, em cada porta,
Expira uma alma.

Passam tremendo os velhos...
Ide em paz,
Ó evangelhos
Do Aqui-Jaz!

Toda a triste cidade
É um cemitério...
Há um rumor de saudade
E de mistério.

A nuvem guarda o pranto
Que em si contém...
Do rio o canto
Chora além.

De sul a norte passa,
Como um segredo,
Um hausto de desgraça:
É a voz do medo...

Há pela paz noturna
Um celestial
Silêncio de urna
Funeral...

Pela infinita mágoa
Que em tudo existe,
Ouço o marulho da água,
Sereno e triste.

Da noite pelos ermos
Choram violões...
São como enfermos
Corações.

E em meio da cidade
O rio corre,
Conduzindo a saudade
De alguém que morre...

(*Ibid.*, págs. 62-64.)

O CINAMOMO FLORESCE...

O cinamomo floresce
Em frente do teu postigo:
Cada flor murcha que desce
Morre de sonhar contigo.

E as folhas verdes que vejo
Caídas por sobre o solo,
Chamadas pelo teu beijo
Vão procurar o teu colo.

Ai! Senhora, se eu pudesse
Ser o cinamomo antigo
Que em flores roxas floresce
Em frente do teu postigo!

Verias talvez, ai! como
São tristes em noite calma
As flores do cinamomo
De que está cheia a minh'alma!

(*Ibid.*, pág. 77.)

ISMÁLIA

Quando Ismália enlouqueceu,
Pôs-se na torre a sonhar...
Viu uma lua no céu,
Viu outra lua no mar.

No sonho em que se perdeu,
Banhou-se toda em luar...
Queria subir ao céu,
Queria descer ao mar...

E no desvario seu,
Na torre pôs-se a cantar ...
Estava perto do céu,
Estava longe do mar ...

E como um anjo pendeu
As asas para voar ...
Queria a lua do céu,
Queria a lua do mar ...

As asas que Deus lhe deu
Ruflaram de par em par ...
Sua alma subiu ao céu,
Seu corpo desceu ao mar ...

(*Ibid.*, pág. 89.)

LÍRIOS

Cada um de vós, erguendo o ebúrneo colo,
Verte o aroma sutil que tem no cálix,
E é tão pálido ao sol, por estes vales,
Como uma flor anêmica do pólo ...

Saudosamente consolais os males,
Quer Selene desmaie ou surja Apolo:
Beijais as almas, perfumais o solo,
Lírios dos montes, lírios dos convales.

Há quem vos queira brancos, dessa alvura
Que só vós possuís na terra impura,
E as estrelas no céu, amados lírios...

Não eu: à luz do poente dúbio e frouxo,
Lilases hei de ver-vos, pois que o roxo
É a sempiterna cor dos meus martírios ...

(*Ibid.*, pág. 109.

VIOLETAS

Brancas, lilases, roxas, quase pretas,
Evocais o almo odor de antigas comas...
Relembrai-vos talvez das alvas pomas
Onde dormistes como borboletas.

Voam no vosso virginal aroma,
Ó modestas e cândidas violetas!
Os beijos dos Romeus e das Julietas
E os sorrisos das Santas nas redomas...

No entanto eu sonho, ao ver-vos escondidas,
Com os cilícios e as chagas purpureadas
E o fel amargo e santo das Esponjas.

— Tendes, por entre as moitas florescidas,
O perfume das virgens desamadas
E o saudoso cantor que mata as monjas.

(*Ibid.*, pág. 111.)

ESTÃO MORTAS AS MÃOS...

Estão mortas as mãos daquela Dona,
Brancas e puras como o luar que vela
As noites romanescas de Verona
E as barbacãs e torres de Castela.

No último gesto de quem se abandona
À morte esquiva que apavora e gela,
As suas mãos de Santa e de Madona,
Ainda postas em cruz, pedem por ela.

Uma esquecida sombra de agonias
Oscula o jaspe virginal das unhas
E ao longo oscila das falanges frias...

E os dedos finos... ah! Senhora, ao vê-los,
Recordo-me da graça com que punhas
Um cravo, um lírio, um goivo entre os cabelos!

(*Ibid.*, pág. 130.)

MEUS PAIS

A Archangelus de Guimaraens

Nascera ao pé de Fafe. Ermos algares,
Altas escarpas de Entre-Doiro-e-Minho:
Das iberas regiões peninsulares
Toda a luz, sob um céu de seda e linho.

Ele era alegre e forte. Em seus cismares,
Em meio às eiras, nos trigais, de ancinho,
Sabendo de outra pátria além dos mares,
Veio para o Brasil ainda mocinho.

Casou. Ela era branca, ela era esbelta,
Olhos marinhos, fronte ideal de celta,
Mãe futura de pobres trovadores...

Meus velhos Pais! bem mais do que gozado,
Tendes sofrido, e nem vos foi poupado
Ouvir-nos decantar as nossas dores!

(Poesias, págs. 281-282.)

A CLÁUDIO MANUEL DA COSTA

Às margens destas águas silenciosas
Quantas vezes berçaste a alma dorida,
Esfolhando por elas, como rosas,
As suaves ilusões da tua vida!

Vias o doce olhar das amorosas
Refletido na linfa entristecida,
E, ao pôr-do-sol das vésperas lutuosas,
Erguer-se o vulto da mulher querida...

Se é tão dolente o Ribeirão do Carmo,
Onde com as mãos proféticas armaste
Os castelos de amor que ora desarmo!

O teu sonho deixaste-o nestas águas...
E hoje, revendo tudo que sonhaste,
Por elas também deixo as minhas mágoas.

(Ibid., págs. 282-283.)

A CATEDRAL

Entre brumas ao longe surge a aurora.
O hialino orvalho aos poucos se evapora,
    Agoniza o arrebol.
A catedral ebúrnea do meu sonho
Aparece na paz do céu risonho
    Toda branca de sol.

E o sino canta em lúgubres responsos:
    Pobre Alphonsus! Pobre Alphonsus!

O astro glorioso segue a eterna estrada.
Uma áurea seta lhe cintila em cada
    Refulgente raio de luz.
A catedral ebúrnea do meu sonho,
Onde os meus olhos tão cansados ponho,
    Recebe a bênção de Jesus.

E o sino clama em lúgubres responsos:
    Pobre Alphonsus! Pobre Alphonsus!

Por entre lírios e lilases desce
A tarde esquiva: amargurada prece
    Põe-se a lua a rezar.
A catedral ebúrnea do meu sonho
Aparece na paz do céu tristonho
    Toda branca de luar.

E o sino chora em lúgubres responsos:
    Pobre Alphonsus! Pobre Alphonsus!

O céu é todo trevas: o vento uiva.
Do relâmpago a cabeleira ruiva
    Vem açoitar o rosto meu.
E a catedral ebúrnea do meu sonho
Afunda-se no caos do céu medonho
    Como um astro que já morreu.

E o sino geme em lúgubres responsos:
    Pobre Alphonsus! Pobre Alphonsus!

(*Pastoral aos Crentes do Amor e da Morte*, págs. 149, 151-152.)

DEVAGAR, DEVAGAR...

Devagar, devagar, alma senil, palmilha,
Ensangüentando os pés, esta escura devesa...
Nenhuma estrela agora entre as nuvens rutila.
E vai assim com mais tristeza, mais tristeza...

Sofreste muito. O amor não mais te maravilha.
Cerrou-se em denso luto o olhar da natureza.
Nada vês, nada vês... Podes seguir tranqüila,
Lentamente, a chorar, pobre criança indefesa.

Ah! não penses que o luar te osculará o torvo
Olhar, mais uma vez, florindo nos teus olhos...
O teu sonho crocita e grasna como um corvo.

Ampara-te na mão que, entre gelos, te estendo.
Contrita espera a extrema-unção dos santos-óleos.
Com mais tristeza, mais tristeza, vai morrendo...

(*Escada de Jacó* — em *Poesias*, págs. 302-303.)

MORS

Por entre o resplendor da luz eterna, os passos
De quem segue o caminho aromal da ventura,
Uma vez eu perdi-me, e fez-se a noite escura,
Murchando, flor a flor, o vergel dos espaços.

Sonhei a doce paz de invisíveis regaços,
Uma santa que fosse ainda mais santa e pura
Que a açucena imperial que dentro em mim fulgura,
Um anjo que tivesse a lua e o sol nos braços...

Abrindo o seio de oiro, o céu, cheio de luzes,
De novo cintilou... e ante os meus olhos, pobres!
Surgiu uma visão circundada de cruzes...

— "Sonhas comigo?" disse, e eu de joelhos, chorando,
Vi-te, ó morte, que a terra e o céu com as asas cobres.
Abraçar o teu triste Infante miserando.

(*Ibid.*, pág. 303.)

VAGA EM REDOR DE TI...

Vaga em redor de ti uma fulgência,
Que tanto é sombra quanto mais fulgura:
O teu sorriso, que é divino, vence-a,
E ela, que é luz de estrela, pouco dura.

De outra não sei que tenha a etérea essência
Que nos teus olhos brilha: nem a pura
Linha de arte de tal magnificência,
Como a que o rosto de anjo te emoldura.

Na candidez ebúrnea do semblante
Tens um lis de ternura, que desliza
À flor da pele em mágoa suavizante.

Não sei que manto celestial arrastas...
És como a folha do álamo que a brisa
Beija e balança ao luar das noites castas.

(*Pulvis* — em *Poesias*, pág. 345.)

ESTE SOLAR É MEU...

— "Este solar é meu! Este castelo
A meus avós pertence!" — disse e, quedo,
Eu mirei-a, curvado como um velho,
Mas sem sombra de horror e nem de medo.

Mãos no montante de aço, talvez belo
Ficasse por momentos... "Sei que cedo,
Nesta agonia lenta em que me engelho,
Tombarei como folha do arvoredo..."

E ela, agitando no ar os braços brancos,
Caminhou para mim, sublime e forte...
Fogos-fátuos luziam-lhe nos flancos.

Vi que estava no reino dos defuntos.
— "Se este solar é teu", disse-me a morte,
"Repoisa em paz, que dormiremos juntos!"

(*Ibid.*, pág. 352.)

NINGUÉM ANDA COM DEUS...

Ninguém anda com Deus mais do que eu ando,
Ninguém segue os seus passos como sigo.
Não bendigo a ninguém, e nem maldigo:
Tudo é morto num peito miserando.

Vejo o sol, vejo a lua e todo o bando
Das estrelas no olímpico jazigo.
A misteriosa mão de Deus o trigo
Que ela plantou aos poucos vai ceifando.

E vão-se as horas em completa calma.
Um dia (já vem longe ou já vem perto?)
Tudo que sofro e que sofri se acalma.

Ah, se chegasse em breve o dia incerto!
Far-se-á luz dentro em mim, pois a minh'alma
Será trigo de Deus no céu aberto...

(*Ibid.*, págs. 353-354.)

OS DUENDES, TRASGOS, BRUXOS E VAMPIROS...

Os duendes, trasgos, bruxos e vampiros
Vinham, num longo e tenebroso bando,
Os meus passos de múmia acompanhando,
Por entre litanias de suspiros...

Em tudo eu via os infernais retiros,
Onde ficava sem cessar sonhando:
E Satanás mostrava-me, nefando,
Negros sinais traçados em papiros ...

Era, na sombra, o meu destino oculto,
— Sirtes, penhascos, saturnais, paludes,
Todo o mistério de um funéreo culto ...

Mas, de repente, os passos meus, tão rudes,
Firmaram-se no chão, e erguendo o vulto,
Vi-me amparado pelas Três Virtudes ...

(*Ibid.*, pág. 354.)

REMINISCÊNCIA DE UM DRAMALHÃO ANTIGO

Senhora! espero visitar-te um dia,
Por uma tarde pálida de março.
Não mais dirás, a escarnecer-me fria:
— "O meu amor bem longe vaga esparso!"

A vingança do morto, eis a sombria
Peça: diante do teu olhar tão garço,
Alongarei — fantasma em agonia —
Fêmur e tíbia, tarso e metatarso ...

Um passo de minuete, extraordinário:
E surgirei como talhado em neve,
Despindo-me da capa, o meu sudário.

— "Espectro vil!" dirás, no extremo arranco.
Mas hás de amar-me, num lampejo breve,
Vendo-me assim gentil, todo de branco ...

(*Ibid.*, págs. 356-357.)

POETAS EXILADOS

A Cruz e Sousa

No mosteiro, de velha arquitetura, de era
Remota, vão chegando os poetas exilados.
A porta principal é engrinaldada em hera ...
Os sinos dobram nos torreões, abandonados.

Uns são bem velhos e há moços na primavera
Da idade humana. Alguns choram mortos noivados.
Sem esperança, cada um deles tudo espera ...
Outros muitos têm o ar de monges maus, transviados.

E ninguém fala. O sonho é mudo: e sonham, quando
Ei-los todos de pé, extáticos, olhando
A branca aparição de hierático painel.

Chegaste enfim, magoado Eleito! Olham. Vermelhos
Tons de poente num fundo azul ... Dobram-se os joelhos:
É Cruz e Sousa aos pés do arcanjo São Gabriel. †

(Obra Completa, pág. 513.)

---

† Publicado em *O Comércio de São Paulo*, em 22-5-1898. Cruz e Sousa morrera dois meses antes. Foram várias as manifestações de lealíssima admiração da parte de Alphonsus de Guimaraens para com o Poeta Negro. Em *Conceição do Serro*, de 16-10-1904, escrevia, apresentando o soneto "Sorriso Interior": "O belo soneto que hoje publicamos foi o último que Cruz e Sousa, o extraordinário poeta, o magnífico Cisne Negro, fez, já em vésperas da Morte. / Foi o derradeiro canto do saudoso e imortal cantor brasileiro. Publicou-o o *Debate*, do Rio, um dia após seu falecimento." Na crônica "Pudor, Pundonor", pág. 108 do livro *Mendigos*, este trecho, tão revelador das preferências do poeta de Mariana: "Basta que de estância em estância apareça um Baudelaire, resplandeça um Verlaine, um Antero ou um Luís Delfino, um Antônio Nobre ou Cruz e Sousa, para que ela |a poesia| de novo cintile com a sua luz astral de estrela perene." (*Obra Completa*, pág. 443.) E esta trova: "Ao encontrar esta lousa / Abandonada no val, / Eu pensei em Cruz e Sousa, / Mais Antero de Quental." (*Obra Completa*, pág. 513.) Ainda em *Conceição do Serro*, de 18-9-1904: "Em língua portuguesa não há por certo um poeta moderno que se avantaje a Cruz e Sousa."

A referência ao arcanjo Gabriel explica-se pela repercussão que tivera o poema "Anjo Gabriel", de Cruz e Sousa — digno de integrar *Faróis*, e na linha dos grandes sonetos do mais alto estro do Cisne Negro. (Está em *Obra Completa*, Editora Aguilar, págs. 354-356.)

JOÃO ITIBERÊ DA CUNHA (1870-1953)

João Itiberê da Cunha (Jean Itiberé) nasceu no Açungui, hoje Cerro Azul, Estado do Paraná, em 8 de agosto de 1870, de uma família de músicos.

Ainda menino, foi enviado para a Bélgica, matriculando-se aos 10 anos de idade (1880), em Bruxelas, no Colégio Saint Michel, dos Jesuítas, onde foram seus colegas Verhaeren, o Rei Alberto, e o espanhol Merry del Val, futuro Cardeal Secretário de Estado da Santa Sé. Fez os preparatórios no Institut Saint-Louis, passando depois para a Universidade de Bruxelas, onde se doutorou em Direito. Ali foi seu colega Maurice Maeterlinck.

Participou do chamado movimento de *La Jeune Belgique,* nome da célebre revista em que assiduamente colaborou, assim como também em *Le Figaro,* de Paris. O seu volume de poesias, *Préludes,* foi editado por Lacomblez e exposto à venda no mesmo dia que *Serres Chaudes,* do seu amigo Maeterlinck. Considerado jovem poeta belga, recebeu os sufrágios dos franceses Leconte de Lisle, Heredia, Henri de Régnier, Sully Prudhomme, Jules Lemaitre, Jean Rameau; dos portugueses Eugênio de Castro e Tomás Ribeiro; bem como dos seus companheiros de *La Jeune Belgique,* Gilkin, Georges Eekhoud, Albert Giraud, Valère Gille e outros.

Começou a sua carreira como adido à legação de Bruxelas, onde ficou até 1892, completando, assim, 12 anos de residência na Bélgica. Voltou a Curitiba em 1893, indo depois para Assunção, no Paraguai, como secretário de legação. Em 1898, porém, abandonou definitivamente a diplomacia, e entrou para o jornalismo, primeiro em *A Imprensa,* que Rui Barbosa dirigia, e depois no *Correio da Manhã,* onde trabalhou quarenta e dois anos, como redator, crítico teatral, e por fim crítico musical, posto em que foi jubilado em fins de 1943. Durante muito tempo redigiu sozinho, em francês, o jornal *L'Étoile du Sud,* órgão da colônia francesa.

João Itiberê da Cunha.

Foi "Jean Itiberê" quem deu aos simbolistas paranaenses notícias frescas do simbolismo europeu, levando-lhes obras de Mallarmé, René Ghil, Moréas, Verlaine, Georges Vanor, e, sobretudo, *La Damnation de l'Artiste*, do belga baudelairiano Iwan Gilkin (7-1-1858/29-9-1924), futuro presidente da Academia Belga, e que colaborou assiduamente em *O Cenáculo*. Simultaneamente iniciou-os Itiberê no magismo de Fabré d'Olivet, no hermetismo de Saint Ives d'Alveydre, no ocultismo de Papus, no esteticismo cabalístico de Huysmans e Sâr Péladan, que viriam a ter influxo forte, e ainda não cessado, graças à atuação de Dario Vellozo.

Essa fase da vida de João Itiberê constitui, pois, capítulo essencial da história do Simbolismo brasileiro, apesar de sua poesia não ser caracteristicamente simbolista. Ainda assim, não escapou inteiramente ao contágio, e representa bem o seu tempo.

Como compositor, deixou peças para piano, e canto e piano. Membro fundador da Academia Brasileira de Música.

Faleceu no Rio de Janeiro a 25 de fevereiro de 1953.

Obra poética: *Préludes*, Bruxelas, 1890. Numerosa produção esparsa em *O Cenáculo* e noutras revistas simbolistas.

RÊVERIE

A Madame la Marquise de Blocqueville,
Princesse A.-L. Eckmühl

Dans mon rêve cloîtré, tel un moine ascétique,
En sa cellule close aux yeux profanateurs,
J'entendais s'élever un solennel cantique
De sons graves et doux et de mots tentateurs.

Et mon coeur écoutait le chant énigmatique
Comme si de lourds yeux, noirs et fascinateurs,
Avaient posé leur vol de flamme despotique
Sur sa pourpre saignante et sur ses rouges pleurs.

L'illusion puissante et folle de renaître
Pour la Vie Innommée emplissait tout mon être
D'une poignante extase et d'un rêve enchanté.

Et j'entendais toujours les vibrations lentes
Des vers mystérieux et des strophes dolentes
Qui pleuraient en mon âme une divinité.

(*La Jeune Belgique* — revista — Bruxelles, 1890.)

LE POÈTE ET LA RÉALITÉ

A M. Augusto Manuel Alves da Veiga.

— Enfant des illusions d'or,
Qui vis d'amour et de délire,
Tu ne possèdes que tal lyre.
— Eh! bien, que me faut-il encor?

— Enfant des illusions d'or,
Que la rosée en perle enivre,
Mais ce n'est pas assez pour vivre.
— Eh! bien, que me faut-il encor?

— Enfant des illusions d'or,
Tu prends des baisers à l'aurore,
Mais tu n'as que ton chant sonore.
— Eh! bien, que me faut-il encor?

— Enfant des illusions d'or,
Tu passes comme une hirondelle
Et tu fuis comme une étincelle.

— Je passe et je laisse un trésor!

(*Préludes*, págs. 31-32.)

LA MUSIQUE WAGNÉRIENNE

A mon professeur J. Riga.

Une prodigieuse avalanche de sons
Où roule la tempête aux lames meurtrières,
Géante symphonie où courent des frissons,
Où sautent des galops, où·pleurent des prières,
Pleine de cris guerriers et de soupirs d'amour,
Mêlant la foi candide au sinistre blasphème,
Le sanglot à la joie; où passent tour à tour
Ténèbres et lumière. En ta grandeur suprême
Tu nous ravis, musique altière. Et nous sentons

En un rêve sublime et charmeur la puissance
De ta fière harmonie où sonnent les clairons.
L'enchantement divin est dans ton oeuvre immense
Et légendaire où vit un peuple d'Immortels.

(*Ibid.*, págs. 57-58.)

LES JOUEURS

A Dario Vellozo

Le geste halluciné, défaits par l'insomnie,
Les fronts fiévreux penchés sur le tapis crasseux
Qu'éclairait louchement un vieux quinquet fumeux,
Ils attendaient du sort la suprême ironie...

L'un souillait son honneur l'autre jouait sa vie,
Et devant eux, ainsi qu'un maître dédaigneux,
Se tenait l'usuraire, un petit juif hideux,
Présidant à ce duel de mort, d'ignominie.

Et le sort s'accomplit fatal dans son horreur.
Et lorsque au loin pointait une pâle lueur,
L'un d'entre eux se leva, venant de perdre encore,

Hagard, sombre, il fit feu du revolver puissant
Et sa tête roula dans des gerbes de sang,
Comme un royal salut de la Mort à l'Aurore!

(*O Cenáculo*, ano I, tomo I, Curitiba, 1895; pág. 107.)

DOUTE ET DÉSESPOIR

O! comme le corbeau du doute a laissé choir
Son aile sombre sur mon âme!
Et qu'il y fait noir
Depuis, en mon âme,
Depuis qu'il a soufflé la flamme
Qui brillait dans la nuit opaque de mon âme.

O! comme le vautour de la désespérance
A déchiré mon jeune coeur!
Et que de souffrance
Depuis, en mon coeur,
Depuis qu'il a bu la liqueur
De mes doux rêves dans la coupe de mon coeur.

(*Ibid.*, pág. 181.)

RONDEL

Comme un paysage de lumière
Dans la clarté d'or du matin,
Ta chevelure de satin
Brille sur la figure fière.

L'amour en sa beauté première
Parle dans ton regard mutin
Comme un paysage de lumière
Dans la clarté d'or du matin.

J'aime la grâce familière
De ton rire vif, argentin,
Après qu'un baiser cladestin
A fait s'allumer ta paupière
Comme un paysage de lumière.

(Cópia fornecida pelo autor.)

PETHION DE VILAR (1870-1924)

EGAS MONIZ BARRETO DE ARAGÃO, literariamente *Pethion de Vilar*, nasceu na Cidade do Salvador, Bahia, em 4 de setembro de 1870.

Doutorou-se pela Faculdade de Medicina da Bahia, de que foi, mais tarde, lente catedrático, depois de ter sido professor de Humanidades. Clínico de grande prestígio.

Faleceu no Salvador em 1924.

Foi figura marcante no movimento simbolista baiano. A sua atividade poética exerceu-se principalmente na revista *Os Anais* da Bahia, 1911, mas também nas revistas simbolistas do Rio e do Paraná.

Escrevia em prosa e verso com igual facilidade e brilho, em Português, em Alemão e em Francês. Neste último idioma redigiu os seus *Études sur la Littérature Brésilienne* e muitas poesias. Grande admirador da Alemanha, publicou *Excelência e Universalidade da Cultura Germânica*. Nos intervalos da intensa atividade clínica, viajou pela Europa.

Poeta simbolista, duma nuança particular da tendência, Pethion de Vilar sofreu a influência de Cruz e Sousa, mas sobretudo de Verlaine; do parnasiano Heredia, muito afim com o seu senso decorativo, e de Eugênio de Castro.

A este visitou pessoalmente, em Coimbra, apresentando-se como parente longe, que realmente era (como da estirpe, a que pertencia, dos Egas Moniz Barreto; Eugênio de Castro sendo, como era, de nobilíssima prosápia). A sua poesia, no geral, é de caráter pictórico e exterior, e duma virtuosidade amável, sem rigor de técnica poética nem cuidado estrito com o pormenor. A inspiração católica é nela freqüente.

Desse brilhante poeta foram célebres as coloridas marinhas e os sonetos descritivos.

A importante conferência de Afrânio Peixoto, realizada em 17 de dezembro de 1925, na Academia Brasileira, e publicada em *Ramo de Louro* (São Paulo, 1928, páginas 109 a 135), revela que Pethion de Vilar poetava "episodicamente, sem o plano e a direção de uma obra poética a realizar. Os seus livros não se fizeram, e, quando se completem, na quantidade poética, fizeram-se sem plano. Não realizou algum." "Um dia" — narra Afrânio Peixoto — "em que o contrariei, mostrando-lhe o erro em que vivia, disse-me que não publicava livros porque, para o primeiro, tendo recebido o oferecimento de um prefácio de Rui Barbosa, como este não vinha, embora reclamado, o livro não saíra, e os outros esperariam por esse..."

Tinha pudor da sua poesia, e apegava-se à sua nomeada de médico e professor. Eugênio de Castro, prefaciando a seleção póstuma das suas poesias, chamou-lhe "amador", sem dar ao vocábulo sentido pejorativo. Terá produzido diletantescamente, mas os seus dotes poéticos eram de preciosa qualidade.

Obras poéticas: *Suprema Epopéia*, Bahia, 1900; *Lira Moderna*; *Poesias Escolhidas*, Lisboa, 1928.

CRISTO NO CALVÁRIO

(PARÁFRASE)

> *Light awakes the world*
> (LORD BYRON)

Noite! corvos de sombra, as nuvens pairam lentas;
Como um peito a chorar treme a terra e se eleva;
Da órbita da amplidão, em lágrimas cruentas,
Saltam rubros fuzis ensangüentando a treva.

Oh! como o Céu é torvo! Oh! como a terra é fria!
Jerusalém ao longe ora triste, de bruços,
E em torno do Calvário ouve-se uma agonia
De dolorosos ais, de lúgubres soluços!...

Riem-se os fariseus; banhado em sangue, o Réu
Estertora na Cruz e lança para o Céu,
Num supremo gemido, um doce olhar profundo!...

Dorme tranqüilo, ó Cristo! ó meigo Redentor!
Dorme! Mártir sublime! o teu Verbo de Amor,
Num dilúvio de Luz já despertou o mundo!

1891.

(*Poesias Escolhidas*, pág. 6.)

NOTURNO EM LÁ MENOR

Do azul-glauco que afunda
O plenilúnio alvar,
Cai, pulveriza a prata os vagalhões do mar...
Debaixo d'água funda,
Mas, longe espiralando,
Queixas, lamentos, ais, sobem, correm à flor
Das ondas, vêm, boiando
Vão,
Como duos de amor,
Na bemolização
Eólica de uma harpa, a chorar, a chorar,
Em fora pelo ar,
Ao luar...

Se a órbita do céu
Fosfórica se irrita
Com a vesga atração de um olho que nos fita
Turvo através de um véu,
Sem pálpebras, assombra
A pupila da lua,
A hipnotizar,
Fixa o dorso do mar como um fauno, na sombra,
Armando o bote, fixa uma bacante nua
Ao luar.

Nostálgico, adormece
No alto-mar o clarão
Anódino da lua, enche-se o coração
Dentro do peito, cresce,
Bate como a onda ao luar, estua, o verso espuma
Do lábio a borbulhar,
E de asa aberta a voar, a voar de bruma em bruma,
Paira, desliza, vaga
A cismar,
De vaga em vaga,
Ao luar.

Nesta hora a alma delira
E desvaneia, e à larga
Quer... mas amarra-a o corpo, essa pesada carga...
Então ela suspira
Pelo além; pelo céu, por astros mais risonhos,
Onde haja sempre amor, beijos, música, sonhos,
Onde possa fugir,
Sonhar,
E ir,
Para não mais voltar,
Ao luar...

1893.

(*Ibid.*, págs. 33-34.)

NEFELIBATISMOS

(*Metáfrase de Verlaine*) †

Ao amigo Deolindo Fróis

Em sonhos vejo-a sempre, a Ignota, a Incomparável,
Que me ama e a quem eu amo, estranha e ardentemente;
Que a toda a hora, nem é a mesma inteiramente,
Nem outra inteiramente. É só ela, inacessível,

Quem me ama e me compreende. A minha alma — o
[insondável
Problema, resolveu; e agora ela, somente,
A me orvalhar de pronto a fronte incandescente,
Embala-me cantando em seu colo inefável.

É loira, alva, morena, alta, pequena? Ignoro.
O seu nome não sei, mas é meigo e sonoro
Como os das que em flagrante a Vida exila a amar.

Das estátuas possui o olhar que não encara,
E o seu timbre longínquo e doce faz lembrar
De quem já não existe a voz saudosa e cara.

1893 — "Via dolorosa".

(*Ibid.*, pág. 35.)

† Comparar com a paráfrase do mesmo soneto '"Mon rêve familier", dos *Poèmes saturniens*, por Emiliano Perneta, sob o título "Entre essa irradiação", neste *Panorama*.

A ALMA VERDE

Às vezes, alta noite, à boca da floresta
Cheia de uivos de amor e de berros ferozes,
Como a voz do oceano, aterradora e mesta,
Levanta-se uma voz feita de cem mil vozes...

E essa voz que amedronta o coração mais forte
E como harpas de ouro ao mesmo tempo enleva,
De galho em galho vai, como um grito de morte,
Espalhando o terror atávico da Treva!...

Desembesta o tapir que o pânico escorraça;
Enrosca-se a jibóia, o jaguar tem medo,
Na escuridão da loca o Índio acuado espia...
Tudo se encolhe, treme, espera, silencia,

Da pluma dos bambus à aresta do rochedo...
É a alma da floresta — a Alma Verde — que passa!

1898. — "Alma Brasileira".

(*Ibid.*, pág. 101.)

SONETO PARA O SÉCULO XX

Dizem que a arte de Goethe é uma arte anacrônica
Coeva do mamute e das larvas primárias;
Que Homero não passou de uma abantesma trágica
Vislumbrada através de névoas milenárias;

Dizem que todos nós lembramos uns ridículos
Idólatras senis de coisas funerárias,
E andamos a colher — incuráveis maníacos —
Em cinzas hibernais, flores imaginárias;

Dizem que a Poesia há muito está cadáver;
Que a rima faz cismar num guizo de funâmbulo,
Monótono, a tinir no trampolim do Verso...

Que importa? se bendita, essa loucura mística
Entorna em nossa Mágoa o leite do papáver
E abre à nossa volúpia o azul de outro Universo?

1899.

(*Ibid.*, pág. 108.)

MARINHA

Desce a Noite enrolada em brumas hibernais...
Trágica solidão, vago instante sombrio,
Em que, tonto de medo, o olhar não sabe mais
Onde começa o mar e onde acaba o navio.

Nem o arfar de uma vaga: o mar parece um rio
De óleo; oxidado o céu de nuvens colossais,
Num zimbório de chumbo acaçapado e frio,
Escondendo no bojo a alma dos temporais.

Nem das águas no espelho o reflexo de um astro...
Apenas o farol, no vértice do mastro,
Rubra a pupila, a arder, dentro de uma garoa...

E lá vai o navio, espectral, lento e lento,
Como um negro vampiro, enorme e sonolento,
Pairando sobre um caos de tênebras, à toa.

1900.

(*Ibid.*, pág. 128.)

O POEMA DAS VOGAIS

(*Alexandrinos modernos*)

Ao impecável estilista Remy de Gourmont

"........................... *voyelles,*
Je dirai quelque jour vos naissances latentes."
(A. RIMBAUD.)

A — branco.
  O — preto.
    U — roxo.
      I — vermelho.
        e
          E — verde.

Sim, toda vogal tem um aroma e uma cor,
Que sabemos sentir, que poderemos * ver de
Cima do Verso, de dentro do nosso Amor.

---

* Está: "podemos" — tanto aqui como no fim do poema, onde se repete esta quadra. Possivelmente erro de revisão: o verso fica, assim, com uma sílaba a menos.

A

A — deslumbrante alvor; lagoas de neblina,
Mortas entre bambuais em noites de luar;
Panejos de albornoz; celagens de morfina;
Hóstias subindo, lento, entre os círios do altar.

Neve solta a cair; runimóis do Himalaia;
Palidez de noivado; asas pandas de cisne;
Estátuas; colos nus; penumbras de cambraia;
Pétala de magnólia antes que um beijo a tisne.

O

O — negrumes do mar; torvas noites de chuva;
Escuridão dos teus cabelos perfumados;
Gargantas de canhões; compridos véus de viúva,
Longos dias cruéis dos que não são amados.

Veludo que reveste a petrina das moscas,
Dessas que vão pousando em tudo, sem respeito,
E um dia hão de zumbir, gulosas, sobre as roscas
Alvas e frias do teu corpo tão bem feito!

U

U — lúgubres clarões agônicos de enxofre;
Cor do Mistério; cor das paixões sem consolo;
Soluço há muito preso, estourando de chofre;
Último beijo, olhar vesgo e triste de goulo.

Olheiras de Saudade; olheiras de Ciúme;
Chagas místicas de S. Francisco de Assis;
Clangores d'órgão que poeta algum resume;
Desilusões de amor que nenhum verso diz.

I

I — púrpuras reais alcachofradas de ouro;
Rubores virginais; lacre de bofetadas;
Fanfarras de clarim; alamares do toro
Onde o carrasco abate as frontes rebeladas.

Sangue escarrado das bocas tuberculosas;
Sangue da aurora; orvalho ardente das batalhas;
Sangue das uvas; sangue aromado das rosas;
Farrapos de bandeira assanhando metralhas!

E

E — febre do uíste, cor das campinas em flor,
Transparências de absinto; alma da mata virgem;
Cor da Esperança; paz das vigílias do amor;
Mortalhas, que do mar as glaucas ondas cirgem.

Hieróglifos que Deus ou o Diabo escreve
Nas frontes geniais dos Bardos e dos Sábios;
Espáduas sobre as quais a Morte, muito em breve,
Voluptosamente há de colar os lábios.

....

A — branco.
O — preto.
U — roxo.
   I — vermelho *
    e
     E — verde.

Sim, toda vogal tem um aroma e uma cor,
Que sabemos sentir, que poderemos ver de
Cima do Verso, de dentro do nosso Amor.

1901.

(*Ibid.*, págs. 138-141.)

PINTURA A ÓLEO

(*Marinha*)

Contra a rocha que sempre impávida se apruma,
A onda sempre a bater, como um trovão detona;
Sangra o sol moribundo; a montanha se esfuma;
Vem a lua a boiar dos vagalhões à tona.

Do horizonte na escura e formidável zona
Entra, lento, um navio amortalhado em bruma;
A água do mar parece uma verde amazona,
Sacudindo na treva o seu cocar de espuma.

As palmeiras têm medo!'Ao furibundo açoite
Do nordeste, no azul, vão-se acendendo as brasas
Dos astros, metralhando o veludo da noite.

Uma gaivota a piar, como lúgubre harfangue,
Lá foge barra fora, abrindo as grandes asas
Que o último olhar ** do sol mosqueia de ouro e sangue...

1902.

(*Ibid.*, pág. 160.)

---

* Há um ponto depois desta palavra.
** Está: "olhor".

HARMONIA SUPREMA

Eu te amo! Eu te amo! Eu te amo! Irrompa finalmente
Do meu lábio covarde, alto, numa explosão
Fatal, de uma só vez este segredo ardente,
Assim como um rugido, assim como um clarão!

Eu te amo! Eu te amo! Eu te amo! Ó Verbo onipotente
Que se fez Carne! Ó doce e horrível Confissão!
Asa que vem do Azul varrendo a Noite em frente,
Aleluia eternal, suprema Redenção!

Eu te amo! Eu te amo! Eu te amo! Oh que aurora irradia
Desta frase ideal que anda a cantar, à toa...
Silêncio! Versos meus... parai vossa Harmonia!

Basta! A voz deste Amor que me enleva e me aterra!
Do meu Corpo à minha Alma, indômita, revoa
Como um raio de sol que prende o Céu à Terra!

1903.

(*Ibid.*, pág. 184.)

LE ZÉRO

A quoi bon nos Amours, nos Espoirs et nos Haines?
Pourquoi courir après des Chimères; pourquoi
L'orgueil de l'Oeuvre aprés l'orgueil bête du Moi,
Quand la Vie est si triste et la Mort si prochaine?

Bâtards dégénerés d'une Race lointaine
Et farouche, écrasés par le pied d'*Iovah*,
Que pouvons nous encor? l'Humanité s'en va...
Pauvres Rêves déçus, pauvres Gloires humaines!

Oui! tout desparaîtra... Sinistre et menaçant,
Caché dans l'Avenir, l'ancien Chaos attend
La fin de toute chose et la fin de tout être...

Devoré par le Froid ou par le Feu peut-être,
Le monde tombera comme un Zéro géant,
Englouti pour toujours dans l'ombre du Néant!

Bahia, 1911.

(In Octacílio de Carvalho Lopes, *Pethion de Vilar*, São Paulo, 1967, pág. 80.)

FREITAS VALE (1870-1958)

Jacques d'Avray (José de Freitas Vale) nasceu na Cidade de Alegrete, Estado do Rio Grande do Sul, a 10 de dezembro de 1870. Foram seus pais Manuel de Freitas Vale e Luísa Jacques de Freitas Vale.

Cursou a Academia de Direito de São Paulo, formando-se em 1891. Em 1894 fez concurso para a cadeira de Francês e Literatura Francesa do Ginásio Oficial do Estado de São Paulo. Único candidato habilitado, foi nomeado em 1894. Lecionou aquelas disciplinas durante 43 anos e 7 meses. Advogado militante desde que deixou os bancos acadêmicos.

Jacques d'Avray foi simbolista de primeira linha. Deram início ao movimento, em São Paulo, ele e seus íntimos amigos Alphonsus de Guimaraens, Severiano de Resende, Álvaro Viana e outros.

Conservou-se fiel àquela estética até a última produção. Alphonsus de Guimaraens, dedicando-lhe *Câmara-Ardente*, chamou-o "Prince Royal du Symbole et Grand Poète Inconnu". Já em *Kiriale* lhe havia dedicado o poema "Ocaso". Dessa amizade literária existem, ainda, outros testemunhos. É notória a citação de dois versos, como epígrafe, no poema "A Catedral", dos mais conhecidos de Alphonsus de Guimaraens. O livro deste chamado *Pauvre Lyre* abre com um soneto intitulado "Pour le Tombeau de Jacques d'Avray". Além disso traduziu para o Português o soneto "Prière", de Jacques d'Avray, o qual, sob o título "Prece", figura no livro *Escada de Jacó*.

Daquela sua primeira fase são os livros *L'Arc-en-ciel* e *La Coupe du Roi de Thulé*, que conserva inéditos.

Tornou-se famosa a sua residência na capital paulista, a "Vila Kyrial". Instalada e decorada à maneira *fin-de-siècle*, cada sala dedicada ao nome dum grande poeta simbolista, Jacques d'Avray nela recebia todos os artistas e literatos de merecimento de passagem por

São Paulo ou ali residentes. Ir à "Vila Kyrial" era peregrinação quase ritual para a elite da inteligência, fossem quais fossem as suas tendências estéticas ou político-artísticas.

À parte algumas raras peças redigidas em Português, a sua produção, bastante vultosa, é toda ela em Francês.

Durante muito tempo só era conhecido de uns poucos iniciados. Mais tarde, instado, realizou algumas leituras no Rio de Janeiro, tendo tido repercussão particular as que fez, repetidamente, em 1919, de *L'Élu*.

Em 1916 e 1917 publicou duas séries de seus *Tragipoëmes*, cada uma comportando sete obras, impressas em *plaquettes*, e reunidas em escrínio. A edição é talvez a de maior luxo e de maior apuro bibliográfico realizada até agora no Brasil.

Escreveu ainda *Un Moine qui passait...*, *Helénia*, *Le Héros*, e a peça em verso *L'Étincelle*, que foi representada no Teatro Municipal do Rio, na temporada oficial e em récita de assinatura, interpretada pelos artistas da Companhia Dramática Francesa Burguet, tendo desempenhado o papel principal Germaine Dermoz.

Deixou inéditos *Les plus Grands Poëmes* e *Triptique de la Grandeur Humaine*. Alberto Nepomuceno escreveu importante partitura para *Le Miracle de la Semence*, de Jacques d'Avray, a qual foi cantada em primeira audição pelo ilustre cantor francês Journet, no Teatro Municipal do Rio de Janeiro, sob a regência do autor da música.

Faleceu em São Paulo a 15 de fevereiro de 1958. A fabulosa Vila Kyrial foi demolida em 1961.

LA COUPE DU ROI DE THULÉ

La somnambule au visage voilé,
Taciturne et vagabonde,
Conte l'histoire du Roi de Thulé
Aux habitants d'un autre monde.

En son immortel langage
Elle conte la vieille histoire,
Et fait frémir tout le feuillage,
Parsemé de taches d'ivoire.

Elle aussi, dans l'éternelle ronde,
A son histoire en ce monde ailé:
Les ombres, pour son âme profonde,
Sont les plongeurs du Roi de Thulé.

Dans la nuit aveuglante, noires.
Suivant leur triste destinée,
Les voilà qui cherchent la Gloire,
La Gloire et la coupe enchantée...

Et seule quand la dernière est morte
Au sein noir du ciel, dévoilé,
De l'autre monde on leur apporte
La coupe du Roi de Thulé.

1892.

(Cópia fornecida pelo autor.)

L'ÎLE INCERTAINE

Les vieux marins, tout, vieux,
Rangés comme des traditions,
Habillés en velours, yeux bleus et cheveux blancs,
S'alignent, géométriques, sur les vieux bancs de chêne.
Frémissants au soleil.

Les vieux marins, tout vieux, velours noir, toques noires,
Leurs figures ridées, (On les a bien frottés, pour les
[étrangers...
Sont bien morts, de la mort des parchemins jaunis.
Seule, au fond, palpitant comme un bout de chandelle,
Pétille, centrifuge, la lueur débordante
Des petits yeux, arrondis, cernés comme des puits.

Leur histoire est toute une.
Ils traînent, égarés, les destins d'autres ères.
La jeunesse et la force.
Gestes torrentiels, muscles d'airain,
Avirons vigoureux, gouvernail prévoyant,

Jeunesse... Printemps, amour: LA VIE.
Et après, l'enfant grandit, l'amour vient,
La compagne est sous terre, et la barque s'en va:
Ils restent les grands-pères.

Leur âme hésite, insouciante, aux soleils,
Comme des veilleuses déplacées dans une fête.
Ils savent, pourtant, de *L'Ile Incertaine*.
Quelqu'un doit l'avoir vue,
Quelqu'un doit la connaître,
Puisqu'elle existe, incertaine sur la mer...

"Ils attendaient longtemps.
Ils attendirent longtemps...
Leur provision de soleil
Fuyait comme une flamme...
Le crépuscule vint, bleui par la tempête,
Et la nuit se pressait, peureuse de tarder...
Or, les trois vieux marins, alignés sur leur banc,
Restèrent les derniers.

Sous les toits, une à une,
S'allumaient les lumières:
Les histoires poignantes, l'orage, le poisson...
Rires. Extases.

Sous les toits, une à une,
Les lampes s'éteignirent, silencieuses dans la nuit.
Ils attendaient toujours, asservis par l'attente,
Flegmatiques presque...

Le premier voulut voir, et regarda longtemps la rive à ses
[cotés;
Il ne vit rien qu'une ombre,
Inexplicable, inexpressive...
Le deuxième voulut voir, et regarda la mer, qu'il savait
plus lointaine:
Il ne vit qu'un brouillard figé sur une plaine...
Le troisième voulut voir, et regarda la nuit...

La mer leur rapportait,
Impitoyable et sincère,
Les trois barques, meurtries, vides, désespérées...

Le premier vieux roula, grands ouverts ses petits yeux.
Le deuxième, en frôlant la barque de son fils,
Glissa tout près, l'étreignant de ses bras,
Le troisième, arrivé sur la plage, comprit...

Il lia dans son âme, comme un faisceau d'acier,
Les souvenirs d'antan, de tendresse et de force,
Et se fit un élan dont survivait sa vie.
Son corps se redressa, ses muscles se tendirent.
Et, poussé par quelqu'un qu'il croyait être lui-même,

Il sauta sur la barque, serra les avirons
Et, franchissant la rade, avança vers la mer...
Il perça le brouillard, il fit tête aux rafales,
Il chevaucha les lames, il vainquit tous les écueils,
Et sur *L'Île Incertaine*, éclose comme un lis,
Rejoignit son enfant, qui se faisait petit,
Tout petit dans ses bras..."

C'est ce que les vieux marins, alignés sur les bancs,
Se racontent entre eux, songeant à leurs enfants.

Marken — 1911.

(Idem.)

SEVERIANO DE RESENDE (1871-1931)

José Severiano de Resende nasceu em Mariana, Estado de Minas Gerais, em 23 de janeiro de 1871.

Depois de passar a infância em São João Del-Rei, foi fazer preparatórios no Liceu Mineiro, de Ouro Preto, e, por fim, estudar Direito em São Paulo. Abandonou o curso no primeiro ano, em conseqüência de um incidente da sua vida acadêmica: a defesa que tomou, sozinho, do professor Conselheiro Justino de Andrade, que, por ser monarquista, fora jubilado por ordem de Benjamim Constant.

Em Santos, para onde transferira a residência, publicou as *Cartas Paulistas*, referentes ao aludido caso Justino de Andrade. Impetuoso, voluntarioso, "alto e forte", José Severiano de Resende foi subitamente salteado por violenta vaga de misticismo. Julgou-se chamado ao sacerdócio, e correu para Mariana, em cujo Seminário por fim se ordenou, em 18 de dezembro de 1897.

Naquela cidade arquiepiscopal, passou a redigir o jornal *D. Viçoso* que animou com as suas disposições polêmicas, tão desmedidas que a animosidade contra ele cresceu rapidamente, tendo o próprio sobrinho do bispo esposado a causa da reação. Tão extremada foi esta que fizeram explodir uma bomba de dinamite na porta da sua residência. Teve de capitular, e retirou-se da cidade que iria ser a moradia definitiva do seu grande amigo Alphonsus de Guimaraens a quem conhecera no Liceu, e a quem acompanhara no início do seu fracassado curso jurídico. Conta João Alphonsus, nas notas ao volume *Poesias*, de Alphonsus de Guimaraens (Rio, 1938), que trinta cavaleiros entre os quais o secretário do arcebispo D. Silvério Gomes Pimenta, o acompanharam na sua saída da cidade.

Violentamente apaixonado pelos interesses da Igreja, a sua desilusão foi penosa: abandonou o sacerdócio. Tornou-se jornalista, levando vida de livre boêmia e de aventuras, sem prejuízo da sua atividade jornalística.

Severiano de Resende.

Ainda com o nome de "Padre José Severiano de Resende", publicou em 1905, em São Paulo, o livro *Eduardo Prado*, de polêmica anti-republicana. Depois, *O Meu Flos Sanctorum*, curiosas biografias de santos, cheias de audácias personalíssimas de expressão, editado por Lelo & Irmão, Porto, 1908.

Viajou para Paris, e lá ficou definitivamente.

Em 1915 voltou por pouco tempo ao Brasil, e, provocando um encontro com o seu fraterno amigo Alphonsus de Guimaraens, concordou este em quebrar em sua honra o isolamento já antigo, indo ter com ele em Belo Horizonte. Os dois poetas foram grandemente festejados pela nova geração simbolista mineira. Foi Severiano de Resende quem agradeceu, em discurso, a homenagem que a ambos era tributada, constante do memorável banquete do Clube Acadêmico (25 de setembro de 1915). Colaborou, então, na *Vida de Minas*.

Em Paris, Severiano de Resende, sempre impetuoso e de trato difícil e desigual, foi muito amparado por Afonso Arinos, o grande contista de "Pedro Barqueiro", com quem, por fim, rompeu. O Ministério das Relações Exteriores dava-lhe pequena subvenção.

Sua atividade mais relevante foi ainda literária: a redação da seção "Lettres Brésiliennes", do *Mercure de France*, a mais importante revista do Simbolismo mundial.

Alphonsus de Guimaraens narrou à sua esposa, de retorno a Mariana, após o encontro de Belo Horizonte, antes citado, que Severiano de Resende, apesar da vida que levava, não deixara de crer e de orar. Conta Augusto de Viana do Castelo, seu antigo colega e amigo de mocidade, que o encontrou em Paris, envelhecido, casado com uma francesa, muito pobre, tendo uma pequena cruz suspensa ao pescoço e manuseando o Breviário, o que fazia, aliás, escondendo-se quanto podia.

Faleceu em 13 de novembro de 1931, em Paris. Sua esposa, dispondo de parcos recursos, evitou as despesas do funeral em Paris, e fez expedir o corpo, por estrada de ferro, para Vichy, onde foi, após vários dias, enterrado, ao lado de sua única filha, morta em criança.

Severiano de Resende foi panfletário audacioso; hagiógrafo irreverente, e poeta de talento.

Alphonsus de Guimaraens foi o seu maior amigo, e admirava-o. Dedicou-lhe o livro *Setenário das Dores de Nossa Senhora*, assim:

"Ao meu amigo diletíssimo Padre José Severiano de Resende *ex tota anima*".

Colaborou em jornais paulistas e mineiros, e nas revistas simbolistas de Minas: *Horus* e *Minas Artística*.

Obra poética: *Mistérios*, Lisboa, 1920; *Mistérios* [edição do Centenário]. Introdução de Henriqueta Lisboa, Belo Horizonte, 1971. A primeira parte desse livro é dedicada a Alphonsus de Guimaraens — a quem ajudou a redigir em francês *Pauvre Lyre* — em termos de admiração exaltada: "Dileto entre os Diletos — Eleito entre os Eleitos — Perfeito entre os Perfeitos". Os seus numerosos artigos do *Mercure de France*, e muitos poemas, estão dispersos. José Severiano de Resende deixou alguns dos mais estranhos e transcendentes poemas católicos da Língua Portuguesa. Assim, os últimos do livro *Mistérios* — "Oração à Vida", "A Lúcifer", "Hino ao Homem Venturo". Um dos simbolistas brasileiros representativos, e, apesar de incompletamente realizado, o maior poeta, depois de Alphonsus de Guimaraens, do simbolismo em Minas Gerais. Os referidos poemas são os mais extraordinários de nossa poesia — com os que encerram *Faróis* de Cruz e Sousa —, no que se poderá chamar caráter apocalíptico.

O HIPOGRIFO

A José de Freitas Vale

Resfólega o hipogrifo, indômito, batendo
No asfalto as patas d'oiro, e os olhos de águia adusta
Sobre as nuvens e além dos sóis ovante erguendo,
Já no azul a cabeça em fogo barafusta.

O éter transpõe, aflando as asas, belo e horrendo,
E haurindo a Vida e a Graça e a Idéia eterna e augusta,
Oh! como eu nesse arroubo insofrido compreendo
Que ao estranho hipogrifo o gesto astral não custa.

No solo os áureos pés, no empíreo em glória a fronte,
Terras, mares e céus, de horizonte a horizonte,
Mede, calcando o pó, e os páramos transcende.

Brotam fráguas de luz e na poeira dos seus rastros
E nas landas glaciais e tristes, ermas de astros,
Novas constelações o seu hálito acende.

(*Mistérios*, pág. 46.)

TEOFANIA

Certo novas terás deste homem pardo
De hirsuto pelo e de melena ao vento:
Tem no jarrete o nervo do leopardo
Nos marnéis galopando de espavento.

É Leviatã e Behemoth, e luta
Como os mamuts,* como os megalossauros
Na expansão de uma força resoluta
Comandando ciclopes e centauros.

Desde os confins das brumas hiperbóreas
O seu rastro traçou tortuosas sendas:
Dele contam-se horríficas histórias,
Narram-se dele tétricas legendas,

Quantas línguas possui e quantos dentes,
Quantos idiomas há no seu regougo?
Lança dos olhos chispas transcedentes
E da fauce vomita sangue e fogo.

Nas suas múltiplas metamorfoses
Assemelha-se aos ogros e aos onagros
E imita muita vez do vento as vozes
Pela noturna solidão dos agros.

Não cuides, filha, que ele é o lobisomem
Noctambulando nos teus pesadelos:
Essa abantesma é SIMPLESMENTE um Homem
E os seus mistérios quem há de entendê-los?

Antes que o mundo conflagrando-se arda
No desmoronamento derradeiro,
Saberás de repente que não tarda
A aparecer o grande Aventureiro.

Certo novas terás desse homem pardo
De hirsuto pelo e de melena ao vento:
Tem no jarrete o nervo do leopardo
Nos marnéis galopando de espavento.

---

* Está: "mammuths". Simplificou-se a grafia — absurda, influenciada pe
francês *mammouth* — tirando-se-lhe o *m* dobrado e o *h*, injustificáveis, m
sem se lhe dar a forma atual, *mamute*, pois esta obrigaria à contagem do voc
bulo como trissílabo — e não dissílabo — o que iria quebrar o verso.

Roga pois aos teus Anjos tutelares
Que removam de ti o horrendo aspeito
E se um dia por ele resvalares
Traça o sinal da cruz sobre o teu peito.

E que nunca essa elétrica pupila
A alma te escrute e o verbo lhe ouças nunca...
Não mais então serias tu tranqüila
Sob a ameaça da sua garra adunca.

Já o seu tropel estrepitoso atroa...
Filha, sossega o coração e dorme.
Eu rezarei vesperalmente a noa
Que há de guardar-te da Ilusão enorme.

(*Ibid.*, págs. 80-81.)

LÚCIFER

Ille, inquam, Lucifer, qui nescit occasum

Canto Litúrgico do Sábado Santo

Entoar-te-ei, ó vívido
Astro da manhã,
Sob um novo módulo
Um novo peã.

E à gandara onde íncola
Tu és triste e só
Mandarei num cântico
Alívio ao teu dó.

Na túrbida ténebra
Sem luz e sem paz,
O teu ser misérrimo
Silencioso jaz.

Na geena e no báratro
Do exílio exicial,
Labareda em cólera,
Avejão glacial,

Reinas, grandioso e hórrido,
Ó Monarca exul,
Vitalício antípoda
Do sereno azul.

Multifásio e onímodo
No ademã revel,
Sob os pés torcendo-se
De São Michael,

De São Jorge à fúlgida
Cimitarra ultriz
Curvando a vesânica
Tortuosa cerviz

Até quando, hierático
Infernal dragão,
As raças em pânico
Te amaldiçoarão?

De rastos, ofídico,
Ou acima dos sóis,
Povoas os séculos
De monstros e heróis.

Júpiter Olímpico,
Erecto no altar,
Seja excelso ou ínfero
O teu avatar,

Ou mefistofélico
Mistificador,
Fautor parabólico
Do Mal e da Dor,

Ou dionisíaco,
Gritando o Prazer
E às turbas dando o êxtase
Falaz de viver,

Fantasma sofístico,
Foto Baphomet,
Amuleto ou ídolo,
Deus do candomblé,

Impotente no ímpeto
Contra o santo de Ars,
Didata aos teus discípulos
Soprando a MAGNA ARS.

Que te oprima o anátema,
Te adore o faquir,
Ou te ame o filósofo
Ou o faças sorrir,

No abismo ou no páramo,
Arcanjo, eu bem sei,
Permaneces Príncipe,
Continuas Rei.

Rolaste do vértice
Extremo do céu,
Fugace relâmpago,
Instantâneo réu,

E no surdo e sôfrego
Turbilhão vital,
Invisível dínamo
Da pugna irreal,

Labareda em cólera,
Avejão glacial,

Tu rodas errático
No universo afã,
Desde o gesto fluídico
Da eternal Maçã,

Com que intento, ó Lúcifer,
Com que ideal Satã?

Té que na fronte em sonho enfim te refulja o São Graal,
Como apreender disperso e vário o teu ser integral,
Brisa, escarcéu, maré, torrente, onda ruidosa e errante,
Força perpetuamente palpitante e terebrante,
Confusa como o caos, convulsa como o inquieto mar,
Tendo perdido o sumo dom de se expandir e amar.
Tombaste, sim, precípite, raio torvo e fremente,
Pelos espaços espargindo a fagulha e a semente
Da árvore luminosa e viridente da Expiação
Cuja seiva vivaz de coração em coração
Circula em fogo, em flama, em fluido, em lava, em sangue
[e em pranto,

Fazendo-nos galés desse encanto, desse quebranto,
Dessa própria tortura tua intensa e desse teu
Próprio cruciar no ermo rochedo nu, ó Prometeu!
Só o Espírito de tudo renova, só o Verbo
Que tudo sana, lançarão no teu penar acerbo
O bálsamo que tu não pedes na tua mudez,

No teu sofrer de cada instante eterno, sem que dês
Um grito para o empíreo irradiante que ao longe encaras,
Sem que um gemido, um ai para as altas landas preclaras
Soltes, sem que para o Paáclito nem para a Cruz
Lances o teu arfante anseio de amor e de luz,
O teu sublime anélito taciturno e latente
Pelo teu sólio augusto junto ao tronb onipotente.

Certo imane o teu crime foi e embalde a mente humana
Séculos tenta em fora escrutá-lo! Embalde em soluços,
O homem sofre ante o roaz mistério que de ti promana
E decrépito sobre a Bíblia se arqueia, de bruços.

Debalde o Mago sobre os pergaminhos envelhece
E os incunábulos revolve e as vetustas cabalas,
Embalde, nas regiões em que vaga e rasteja a prece,
Te implora o teurgo em transe o arcano essencial que tu
[calas.

Embalde à flâmea trípode a atra sibila se erige
E o tábido dervis no antro se lamenta e contorce,
Na ara embalde se imole o touro, o infante, o ariete, a
[estrige
Nin há que a romper o infindo silêncio te force.

Fez-te o poeta de Albião teatral estrátego facundo,
Deram-te outros uma cambiante e horrenda carantonha,
E o Dante, que baixou ao tanque gélido e profundo,
Bem viu o horror da tua imota agonia medonha.

Mas quam descendar pôde no ruir das mitologias
E pela história que de cruenta púrpura se tinge
O opróbrio imemorial em que tenaz te refugias,
Selando-nos ferrenhamente o teu problema, ó Esfinge?

Quem, um dia, espoliando engrimanços, pentaclos, ritos
E arrostando no umbral da sombra a blasfêmia e a loucura,
Clarividente penetrou os vastos infinitos
Em que teu pecado infando a memória perdura?

Quem, no atanor candente ou no constelante astrolábio,
Vislumbrou lúcido a inenarrável culpa primeva
E que Helena diria aos Doutor Fausto, ao velho sábio,
O edênico sigilo que floriu nos lábios de Eva?
QUOMODO CECIDISTI, LUCIFER? Diante do enigma,
Na boca do profeta ansiosa extingue-se a palavra,
E és da soberba e da revolta o eternal paradigma
E ao teu nuto o erro assoma, o sangue corre, o incêndio
[lavra.

Certo, imane o teu crime foi e na hora formidanda
Do grande fogo rubro e da tonitruante trombeta,
A fim que à luz incriada o teu espírito se expanda,
Tu surgirás, gigante e nu, à face do planeta.

Diante dos Eloims em lágrimas, pasmos e atentos,
Diante das Doze Tribos e diante dos Nove Coros,
Diante dos Sete Espíritos, diante dos Quatro Ventos,
Diante dos turbilhões das Almas e dos Sóis sonoros,

Diante da unitrina Essência que no éter irradia,
Diante do Tetragramaton vital que o caos penetra,
Diante do Verbo feito Carne e da Virgem Maria,
Diante do Amor que do alto entorna a torrencial faretra,

Dizer virás o poema atroz do teu crime insensato
E o impossível ideal que realizar em vão quiseste
E teu espectro horrífico opresso em plúmbeo reato,
Súbito se envolverá no vasto esbrasear celeste.

As rondas candentes das Esferas superas
Serafins em brasa, Querubins claríficos,
Ver-te-ão!

As rodas iriais dos Tronos que, translúcidos,
No cosmos montem peso, medida e número,
Ver-te-ão!

As Dominações e Senhorias célicas,
Evoluindo puras sem recontros díspares,
Ver-te-ão!

As Virtudes presas no imortal revérbero,
Multifárias normas do esplendor prismático,
Ver-te-ão!

Fecundando as Causas e as Razões, as prônubas
Potestades tensas na expansão do Arquétipo,
Ver-te-ão!

Lohengrins do além, os Principados vígiles,
Das raças e terras capitães e egrégoros,
Ver-te-ão!

Os Arcanjos e Anjos, desfraldando as * flâmulas,
Desdobrando as asas, sopesando as frâmeas,
Ver-te-ão!

---

* Está: "os".

Os cortejos densos que tafulham séculos
No vibrante apelo das promessas prístinas,
Ver-te-ão!

Os Patriarcas, desde as diluviais catástrofes,
Dos antigos Pactos testemunhas mêmores,
Ver-te-ão!

Os Anciãos e Juízes, do Sinai ao Líbano,
Que através da Lei foram fiéis aos Símbolos,
Ver-te-ão!

Os Nabis austeros, de almas tão diáfanas,
Que por elas veio a irruente voz do Espírito,
Ver-te-ão!

Solomão e os Reis, entrecambiando rútilas
Com Gaspar, Melchior e Baltasar auréolas,
Ver-te-ão!

Ostentando o alvor das resplendentes túnicas,
Nos seus tronos de ouro, os Papas e os Apóstolos
Ver-te-ão!

Virgens, Confessores e as legiões dos Mártires
E a preclara turba dos Doutores fúlgidos
Ver-te-ão!

E os enxames bastos e o revoar intérmino
De Santos e Santas em joviais miríades,
Ver-te-ão!

E ouvirás em redor como o clamor das grandes águas,
Clamor que abafa e °que destrói as grandes mágoas,
Clamor que é o Sangue mesmo de Cristo,
E sobre o Lenho em que morreu Jesus para perdoar
Lerás, o joelho em terra e o olhar em pranto, este imprevisto
Ígneo letreiro dentro da luz enorme a irradiar:

SUPEREXALTAT AUTEM JUDICIUM MISERICORDIA

Enquanto na amplidão reboa a cítara heptacórdia.

(*Ibid.*, págs. 183-185.)

° Está: "o".

ALVES DE FARIA (1871-1899)

Rodolfo Alves de Faria nasceu em Maceió, Alagoas, a 23 de março de 1871. Filho de Antônio Faria.

Bacharelou-se em Direito na Faculdade de Direito do Recife, em 1891. Foi, sucessivamente, promotor em Penedo e no Estado de Minas Gerais, procurador e juiz de Direito em Sergipe.

Orador, poeta, romancista, jornalista e crítico literário.

Redatoriou *Carangola*, Minas, em 1899; foi secretário da *Cidade do Rio*, de José do Patrocínio, e da revista representativa simbolista *Tebaida*, no Rio (1895).

Publicou: *Mar*, novela; *Pecadora*, romance, Bahia, 1899.

Por "influência de Luís Murat" — informou o poeta Antônio Peres Júnior (Teles de Meireles) — "abjurou publicamente o nefelibatismo a que pertencia" (*apud* João Ribeiro, in *Jornal do Brasil*, 22-7-1927, cit. por *Autores e Livros*, vol. III, n.º 12).

Fez a apologia da "prosa ritmada" em curioso artigo intitulado "Ritmo", de 3 de junho de 1895, inserto em *Tebaida* (n.º cit., páginas 13 e 14), e no qual expressamente... abjura do Parnasianismo, em meio de ardorosos elogios a Murat, que tinha dado a essa estética "o caixão de ouro, o luminoso féretro" das *Ondas* (1.º volume) — bem ao contrário do que afirmou Teles de Meireles.

Faleceu em Maceió, a 25 de junho de 1899, com 28 anos e três meses de idade.

Obra poética: dispersa. Anunciava (*Tebaida*, vol. I, n.º 2, junho de 1895) um livro de versos: *Satã*. Escreveu sobre Francisca Júlia, Damasceno Vieira, o simbolista Mário d'Artagão (*Saltérios*), Adolfo Caminha, B. Lopes, Luís Murat, Rui Barbosa, Olavo Bilac.

ABRINDO O LIVRO

A — sombra geme aqui. Ruínas este soneto. *
A — arcaria da frase é um esgarado momo
e sobre este papel erguem-se os versos como
velhos muros de pedra ou restos de esqueletos.

A imagem lembra um curvo e triste cinamomo,
onde a hera da dor se enrosca ao tronco preto
e passeia através da quadra e do terceto
a saudade que reza, em religioso assomo.

Senta-se a mágoa sobre os escombros dispersos
do hemistíquio onde bate o coração dos versos,
e em derredor rasteja o verme dos gemidos.

E como um braço, amor, que no outro braço arrima,
cai em música estranha a rima sobre a rima,
num sonoro rumor de mármores partidos.

(*Novidades*, Rio, 5 de março de 1891.)

BATRÁQUIO

À noite, ao astral palor das estrelas na altura,
ao coaxar das rãs monótono nos brejos,
sai vagaroso e triste, em corcovos cortejos,
o sapo, o vil batráquio, a imunda criatura!

Anfíbio, venenoso, ovíparo, a estatura
não lhe mede jamais seus íntimos desejos.
Tem despeito do céu! — e ulula uns vãos arpejos
à toalha astral de crivo estrelejada e pura!

Tão baixo que ele o é! tão pequenino e imundo!
E olha e divide e anseia andar, mundo por mundo,
aos saltos bruscos por a constelada esfera!

Calcula a força e o grau do seu profundo gozo,
se de um salto pudesse, ele, tuberculoso!
cuspir, babar a sã poliestelar quimera!

1897 — Signo de Aquarius.

(*O Cenáculo*, tomo IV, 1897, pág. 151.)

---

* Está sem o ponto.

INVERNO TRISTE

I

Janeiro vem com suas chuvas
empapaçando os bons caminhos.
A mão do sol não tem carinhos...
Aves revoam tristes, viúvas...

Desolamentos de tristeza
de uns tons violáceos de capela
pejam o céu arcual, de umbela,
dão nota triste à Natureza!...

II

E eu vou sozinho, amortalhado
na minha pena sobre-humana,
buscando a Morte, lado a lado,
na aspiração para o Nirvana...

Por que não caio e não tropeço
por essas pedras do caminho?
A um pobre dão esmola... e eu peço
e ninguém me olha e vou sozinho!

III

Aproxima-te e aproxima
o teu pesar da minha Mágoa...
Filha! eu me vou de rima em rima
e arrasto os pés sobre esta frágua!

O verso trago aos pulsos preso
e a amarga imagem nesta boca...
De vez em vez ajoelho e rezo
e a voz me sai trôpega e rouca!

IV

Ah! felizmente que descubro
o termo dessa romaria!
Crepusculeja ao fundo, rubro...
Começa a Noute e acaba o Dia...

Enfim! enfim! Chego e me volto.
Ah! que saudades do passado!...
(Janeiro vem trôpego...) E solto
os brancos pombos do noivado!

V

Ide, asas livres e angulosas...
(Uivam lá fora o vento e as chuvas...)
Eu sei que sois tão desditosas:
— ide ao Amor! voltai viúvas!

E a mim que fico, o olhar de um morto
amortalhado no meu tédio,
ai! nunca mais trazeis conforto...
Custa-vos tanto esse remédio!

(Por um triste inverno...)

(*Tebaida*, vol. I, n.º 2, junho de 1895; pág. 11.)

RICARDO DE LEMOS (1871-1932)

RICARDO PEREIRA DE LEMOS nasceu em Morretes, Estado do Paraná, a 15 de maio de 1871.

Foi funcionário público do Estado e jornalista. Levou vida simples e retraída.

Os seus sonetos simbolistas, publicados em Curitiba e no Rio de Janeiro, deram-lhe relevo ao nome durante a fase ortodoxa do movimento. A sua poesia é de bom gosto e sentimento discreto.

Colaborou em *O Cenáculo, Clube Curitibano, A Pena, O Sapo, Azul, Breviário, Turris Eburnea, Estelário* e outras revistas, e em jornais.

Faleceu em Curitiba, em 17 de outubro de 1932.

É patrono da cadeira n.º 33 da Academia Paranaense de Letras.

Obras poética: *Ventarolas*, versos humorísticos, Curitiba, 1898. A sua principal produção poética conserva-se dispersa.

DESLUMBRAMENTO

A Romário Martins

Sinto, através daquele olhar sereno,
Olhar de Cristo, piedoso e triste,
Num abraço, que é todo o meu veneno,
Nostalgias de azul que não existe.

E ele, que em pleno abrir de aurora, em pleno
Fulgor de sol ao próprio sol resiste,
Se me ilumina, é dum luar ameno,
Onde a mancha das nuvens não se aviste.

Angélica expressão das cousas mansas,
Por ele vejo e escuto, em doce enleio,
Rostos de mães e risos de crianças...

A Morte, quando esse astro se apagar,
Certo, ao coveiro há de dizer, eu creio:
— "Repara se inda há luz naquele olhar..."

(*Breviário*, ano I, n.º 1, agosto de 1900,
pág. 21.)

UM ANJO

Vai para o cemitério, as mãos em cruz
Sobre o gelado peito.
O pai, sozinho, sem chorar, conduz
O pequenino leito.

Rude aldeão que andava à chuva, ao frio,
Ele tinha também
Ânimo forte, espírito sadio
Como bem poucos têm.

Além disso não era a vez primeira
Que, cheio de conforto,
Ele levava à estância derradeira
Algum filhinho morto.

À noite, adoecera o camponês,
E a sua doce amiga
Perguntou-lhe o que tinha... — "Pois não vês?
Sinto grande fadiga...

O caixãozinho que eu levei ao ombro
De tarde, à luz tão suave do arrebol,
Pesava mais — disse ele com assombro —
Que vinte enxadas trabalhando ao sol!..."

(Rodrigo Júnior e Alcibíades Plaisant,
Antologia Paranaense, Tomo I, Poesia,
págs. 306-307.)

NÃO RARO, FILHOS MEUS...

Não raro, filhos meus, vos amedronto...
É que me vedes, muita vez, assim:
— Triste e imóvel, a olhar para um só ponto,
Estranho ao que se passa em torno a mim.

Nem bem me descobris nessa atitude,
Toda se mostra a vossa inquietação.
Meu modo singular não vos ilude:
"Que foi? meu pai..." — ouço dizer então.

Filhos, um pai é assim: nesses momentos,
Punge-me, a rir, uma incerteza atroz...
Nem cuidais que, em me vendo olhos atentos,
Sondo o vosso futuro... penso em vós!

(Idem.)

ENTRE AMIGOS

Outro, os amigos todos renegando,
Por eles passe indiferente: eu, não.
Sempre os recebo, dócil ao seu mando,
E em qualquer transe lhes estendo a mão.

Rompe comigo algum, de vez em quando...
Ei-lo já longe, e eu a chamá-lo em vão.
Desaparece, nem imaginando
Como ficou meu pobre coração!

Não o injurio! Fora vilania
Dons ocultar, que há pouco eu nele via...
E a sua voz inda ouço, em derredor.

Que ele amanhã, falando a meu respeito,
Possa dizer, embora contrafeito:
"Não foi, dos meus amigos, o pior..."

(Idem.)

LÍNGUA PORTUGUESA

Pobre de ti, meu pátrio e meigo idioma,
Que hoje te abeiras do calão francês!
Que árido solo murcha assim te fez,
Flor transplantada dos jardins de Roma?!

Onde a severa singeleza e o aroma
Com que te ungira o alto cantor de Inês,
Em cujo coração, tão português,
Viveste como em límpida redoma?

Não morrerás, porém, que há filhos bons;
Tens praça forte e rutilantes alas,
Na sagrada defesa de teus dons.

Amo-te! Ora modesta, ora em tuas galas!
E quando te oiço atento, em vários tons,
Esqueço as aves, porque és tu que falas!

(Idem.)

À MEMÓRIA DE MEU IRMÃO

Pobre boêmio que quase não dormias!
Duros transes os teus... Nem os menciono.
Eras um triste, mesmo em áureos dias...
Como tu precisavas deste sono!

(Idem.)

ESTA, IGUAL A UM FERRETE CAUSTICANTE

Esta, igual a um ferrete causticante,
Rubra paixão em que me estorço e gemo,
Só findará no tenebroso instante
Em que me ouvirem o suspiro extremo.

Bem sei que desço ao nível humilhante
Onde palmilha o bêbedo blasfemo,
Pois, mais que a dele acusa o meu semblante
De outras orgias o langor supremo.

Mas não é natural que uma falena,
Ao ver a luz, que, pérfida, lhe acena,
A rodeie num vôo arrebatado?

Foi um momento de volúpia e gozo...
Pois, mais do que a razão, brilha astucioso,
Seu olhar — irmão gêmeo do Pecado!

(Idem.)

FRANCISCA JÚLIA (1871-1920)

FRANCISCA JÚLIA DA SILVA nasceu em Xiririca (atual Eldorado), às margens do rio Ribeira, Estado de São Paulo, em 31 de agosto de 1871. Filha de Miguel Luso da Silva e Cecília Isabel da Silva; ele, advogado aprovisionado, ela professora; ambos sobreviveram-lhe. Aos 8 anos de idade, na companhia de seus pais, foi estudar em São Paulo, Capital.

Iniciou muito cedo a sua vida literária, publicando poesias no *Correio Paulistano*, e, no Rio de Janeiro, no *Álbum*, de Artur Azevedo, e em *A Semana*, de Valentim Magalhães. Artur Azevedo, Valentim Magalhães, Araripe Júnior e, mais insistentemente, João Ribeiro não acreditaram ser a autoria dos versos de uma mulher... Mas este último acabou por prefaciar entusiasticamente o livro *Mármores* (1895), que teve acolhimento triunfal. Esse livro situou a sua autora, de imediato, na expressão de Vicente de Carvalho, como o "mais vigoroso e legítimo representante do Parnasianismo". Quando aparece *Esfinges* (1903), nova feição de *Mármores*, expungido de algumas produções juvenis e acrescentadas outras mais recentes, já Francisca Júlia era um nome nacional de primeira plana.

Em 1906, residia em Cabreúva, onde sua mãe ensinava, e a quem auxiliava, no ensino e nos trabalhos domésticos. Há indicações de se ter casado em 1909, com Filadelfo Edmundo Munster, telegrafista da Central do Brasil, pessoa sem qualquer ilustração literária, que confessava não poder avaliar o merecimento, que lhe afirmavam ser grande, da sua ilustre esposa... Viveu, ao lado do marido, vida recatada e simples. Durante vários anos, foi muito doente, e declarava que "jamais poria o véu de viúva", como declarou a um jornalista. Filadelfo faleceu, tuberculoso, em São Paulo, a 31 de outubro de 1920. Tendo ido repousar no seu leito, Francisca Júlia foi encontrada morta na manhã de 1.º de novembro, de uma hemorragia cerebral, antes, portanto, do enterro do marido. Falou-se em traumatismo, com provável pertinência. O seu enterro, no Cemitério do Araçá, ocorreu no **Dia de Finados**.

Francisca Júlia.

Sobre o seu túmulo o seu Estado natal fez erigir, em virtude de lei proposta pelo poeta simbolista Freitas Vale (Jacques d'Avray), uma estátua da autoria de Vítor Brecheret, de impressionante porte, e acerca da qual Menotti del Picchia escreveu: "Na augusta expressão dos seus olhos, do seu busto erecto, das suas mãos rítmicas, há toda a grandeza e a beleza daquela musa impassível da formidável parnasiana que concebeu e realizou a "Dança das Centauras".

No entanto, na sua importante, realmente reveladora edição das *Poesias* (completas) de Francisca Júlia, Péricles Eugênio da Silva Ramos apõe uma nuançada impressão do poeta de *Juca Mulato* da obra realmente altaneira de Brecheret: "Mas apesar de branca, imóvel e impassível, suas linhas, principalmente de perfil, como que fremem angustiadamente sobre os despojos da poetisa que desejou morrer e teve o seu voto atendido para que não ficasse sozinha no mundo."

Quando, em conferência realizada em memorável série de Vesperais promovidas por Adelino Magalhães — essa na Biblioteca nacional —, o autor deste *Panorama* focalizou a figura da poetisa de *Esfinges*, em parte incluída no livro *O Suave Convívio*, aparecido no ano seguinte, pôs ele a tônica na velada, porém indisfarçável, sensibilidade da "poetisa impassível", documentando a assertiva com a transcrição do poema "Mudez", que só agora, à vista da referida edição, ficou verificado tratar-se de obra juvenil. A minha impressão era a duma confidência tardia. A grande celebridade de Francisca Júlia era a da parnasiana ilustre, que somente não fora chamada para a Academia Brasileira de Letras, então baluarte inexpugnável do Parnasianismo com exclusividade, devido ao dispositivo estatutário que interdiz a entrada de mulheres naquele areópago — tão festejada fora pelos maiorais da corrente. Curioso, porém, que simbolistas categorizados com os quais convivi, admirassem vivamente a autora de "Os Argonautas" e de o "Mahabarata". Um deles, e dos maiores, Silveira Neto, num artigo de caloroso sufrágio ao extraordinário merecimento da poetisa paulista, também observa: "Em "Mudez", página que nos fala mais intimamente, ela soergueu por um momento o véu da sua impassibilidade litúrgica para dar-nos mais de perto o coração, num velado queixume." (*O Norte*, Rio, dezembro de 1920). Aliás, os simbolistas, posso atestá-lo, eram mais eqüânimes nos seus julgamentos de valor do que os seus adversários. Francisca Júlia — como também Alberto de Oliveira, paradigma máximo de "impassibilidade" — era apreciada pela sua afirmação criadora, independentemente da tendência estética a que obedecia.

A fixação da figura de Francisca Júlia como "poetisa impassível" teve conseqüências sérias, e conduziu a equívocos prolongados. Assim, a edição de Péricles Eugênio da Silva Ramos causou — a mim, fortemente — surpresa, afinal, bastante grata: de verificar que a poesia "marmórea" fora realizada sem a participação integral da sensibilidade e da qualidade mais profunda de suas reais tendências imaginativas. No ano em que Cruz e Sousa ainda nada produzira da matéria que constitui os seus livros geniais, e que são os maiores do Simbolismo na Latino-América; no mesmo ano (1890) em que Alphonsus de Guimaraens publicava na imprensa paulistana poesias depois integrantes dos seus insignes primeiros livros, Francisca Júlia revelava acentuadamente a tendência decadentista e mesmo simbolista que, como correnteza subterrânea, sumiu ao impacto da voga provinda de Heredia mais ainda do que de Leconte ou Gautier, e iria surdir à plena evidência no período final de sua produção. Assim, a floração parnasiana acaba ficando como uma ilha, por assim dizer flutuante, na totalidade de sua vida de poesia. Verdade seja que, pela qualidade do acabamento artesanal e também pelo esplendor da visualização, a messe parnasiana é manifestamente superior àquela, da mais íntegra autenticidade elaborada sob o signo do Símbolo. Talvez por aparentemente mais desinibida, num temperamento reservado como o seu. Elemento grandemente ponderável, para melhor compreensão desse aparente enigma psicológico, de repercussões estéticas tão paradoxais na aparência, será atentar para o capítulo que Péricles Eugênio da Silva Ramos intitulou "Feitiçaria, Lobisomem, Corpo Astral", da Introdução da referida sua edição. Essa preocupação com o Mistério, o Esoterismo, a Cabala estava no espírito do tempo e os simbolistas principalmente os paranaenses, entraram a fundo por essa área de interesse mental.

Obras: *Mármores*, São Paulo, 1895; *Livro da Infância* (com prefácio do seu ilustre irmão, o poeta Júlio César da Silva), São Paulo 1899; *Esfinges*, 1903; *Esfinges*, São Paulo, 1920 (com mais de 50 opiniões críticas); *Alma Infantil*, em colaboração com Júlio César da Silva, São Paulo e Rio de Janeiro, 1912; *Poesias*, Introdução e Notas por Péricles Eugênio da Silva Ramos, São Paulo, 1961.

NOTURNO

Pesa o silêncio sobre a terra. Por extenso
Caminho, passo a passo, o cortejo funéreo
Se arrasta em direção ao negro cemitério...
À frente, um vulto agita a caçoula de incenso.

E o cortejo caminha. Os cantos do saltério
Ouvem-se. O morto vai numa rede suspenso;
Uma mulher enxuga as lágrimas ao lenço;
Chora no ar o rumor de um misticismo aéreo.

Uma ave canta; o vento acorda. A ampla mortalha
Da noite se ilumina ao resplendor da lua...
Uma estrige soluça; a folhagem farfalha.

E enquanto paira no ar esse rumor de calmas
Noites, acima dele, em silêncio, flutua
O lausperene mudo e súplice das almas.

> (*Poesias*, págs. 97-98; publicado em 1893.)

DE JOELHOS

A Santa Teresa

Reza de manso... Toda de roxo,
A vista no teto presa,
Como que imita a tristeza
Daquele círio trêmulo e frouxo...

E assim, mostrando todo o desgosto
Que sobre sua alma pesa,
Ela reza, reza, reza,
As mãos erguidas, pálido o rosto...

O rosto pálido, as mãos erguidas,
O olhar choroso e profundo,
Parece estar no Outro-Mundo
De outros mistérios e de outras vidas...

Implora ao Cristo, seu Casto Esposo,
Numa prece ou num transporte,
O termo final da Morte,
Para descanso, para repouso...

Salmos doridos, cantos aéreos,
Melodiosos gorjeios
Roçam-lhe os ouvidos, cheios
De misticismos e de mistérios...

Reza de manso, reza de manso,
Implorando ao Casto Esposo
A Morte para repouso,
Para sossego, para descanso

D'alma e corpo, que se consomem,
Num desânimo profundo,
Ante as misérias do Mundo,
Ante as misérias tão baixas do homem!

Quanta tristeza, quanto desgosto
Mostra n'alma aberta e franca,
Quando fica, branca, branca,
As mãos erguidas, pálido o rosto...

O rosto pálido, as mãos erguidas,
O olhar choroso e profundo,
Parece estar no Outro-Mundo
De outros mistérios e de outras vidas...

(*Poesias*, págs. 104-105; publicado em 1893.)

ADAMAH

A Júlia Lopes de Almeida

Homem, sábio produto, epítome fecundo
Do supremo saber, forma recém-nascida,
Pelos mandos do céu, divinos, impelida,
Para povoar a terra e dominar o mundo;

Homem, filho de Deus, imagem foragida,
Homem, ser inocente, incauto e vagabundo,
Da terrena substância, em que nasceu, oriundo,
Para ser o primeiro a conhecer a vida;

Em teu primeiro dia, olhando a vida em cada
Ser, seguindo com o olhar as barulhentas levas
De pássaros saudando a primeira alvorada,

Que ingênuo medo o teu, quando ao céu calmo elevas
O ingênuo olhar, e vês a terra mergulhada
No primeiro silêncio e nas primeiras trevas...

(*Poesias*, págs. 107-108.)

CREPÚSCULO

Todas as cousas têm o aspecto vago e mudo
Como se as envolvesse uma bruma de incenso;
No alto, uma nuvem, só, num nastro largo e extenso,
Precinta do céu calmo a cariz de veludo.

Tudo: o campo, a montanha, o alto rochedo agudo
Se esfuma numa suave água-tinta... e, suspenso,
Espalha-se no ar, como um nevoeiro denso,
Um tom neutro de cinza empoeirando tudo.

Nest'hora, muita vez, sinto um mole cansaço,
Como que o ar me falta e a força se me esgota...
Som de Angelus, moroso, a rolar pelo espaço...

Neste letargo que, pouco a pouco, me invade,
Avulta, cresce dentro em mim essa remota
Sombra da minha Dor e da Minha Saudade.

(*Poesias*, págs. 109-110.)

ANGELUS

A Filinto de Almeida

Desmaia a tarde. Além, pouco a pouco, no poente,
O sol, rei fatigado, em seu leito adormece:
Uma ave canta, ao longe; o ar pesado adormece:
Do Angelus ao soluço agoniado e plangente.

Salmos cheios de dor, impregnados de prece,
Sobem da terra ao céu numa ascensão ardente.
E enquanto o vento chora e o crepúsculo desce,
A ave-maria vai cantando, tristemente.

Nest'hora, muita vez, em que fala a saudade
Pela boca da noite e pelo som que passa,
Lausperene de amor cuja mágoa me invade,

Quisera ser o som, ser a noite, ébria e douda
De trevas, o silencio, esta nuvem que esvoaça,
Ou fundir-me na luz e desfazer-me toda.

(*Poesias*, págs. 113-114; publicada em 1904.)

OUTRA VIDA

Se o dia de hoje é igual ao dia que me espera
Despois, resta-me, entanto, o consolo incessante
De sentir, sob os pés, a cada passo adiante,
Que se muda o meu chão para o chão de outra esfera.

Eu não me esquivo à dor nem maldigo a severa
Lei que me condenou à tortura constante;
Porque em tudo adivinho a morte a todo instante,
Abro o seio, risonha, à mão que o dilacera.

No ambiente que me envolve há trevas do seu luto;
Na minha solidão a sua voz escuto,
E sinto, contra o meu, o seu hálito frio.

Morte, curta é a jornada e o meu fim está perto!
Feliz, contigo irei, sem olhar o deserto
Que deixo atrás de mim, vago, imenso, vazio...

(*Poesias*, págs. 131-132.

MUDEZ

Já rumores não há, não há; calou-se
Tudo. Um silêncio deleitoso e morno
Vai-se espalhando em torno
Às folhagens tranqüilas do pomar.

Torna-se o vento cada vez mais doce...
Silêncio... Ouve-se apenas o gemido
De um pequenino pássaro perdido
Que ainda espaneja as suas asas no ar.

Ouve-me, amiga, este é o silêncio, o grande
Silêncio feito só de sombra e calma,
Onde, às vezes, noss'alma
Penetrada de mágoas e de dor,
Se dilata, se expande,
E seus segredos íntimos mergulha...
Prolonga-se a mudez: nenhuma bulha;
Já se não ouve o mínimo rumor.

Esta é a mudez, esta é a mudez que fala
(Não aos ouvidos, não, porque os ouvidos
Não conseguem ouvir esses gemidos
Que ela derrama, à noite, sobre nós)
À alma de quem se embala
Numa saudade mística e tranqüila...
Nossa alma apenas é que pode ouvi-la
E que consegue perceber-lhe a voz.

Escuta a queixa tácita e celeste
Que este silêncio fala a ti, tão triste...
E hás de lembrar o dia em que tu viste
Perto de ti pela primeira vez,

Alguém a quem disseste
Uma frase de amor, de amor... ó louca!
E que, no entanto, só mostrou na boca
A mais brutal e irônica mudez!

(*Poesias*, págs. 145-146; publicada em
1893; datada de 1890 em *Esfinges*.)

SILVEIRA NETO (1872-1942)

MANUEL AZEVEDO DA SILVEIRA NETO nasceu em Morretes, Cidade do Estado do Paraná, em 4 de janeiro de 1872.

Seu avô emigrara de Portugal, muito novo, como marinheiro, fixando-se, após longas viagens, na América do Norte, onde vivia e ainda vive um numeroso ramo da sua família. Ali fez-se tanoeiro. Vindo para o Brasil, ainda moço, aportou ao Paraná, casando-se em Antonina com uma prima, filha de Cananéia. Transmitiu aos filhos a profissão. O filho mais velho, pai de Silveira Neto, era também espírito inculto, mas muito inteligente, conhecedor de diversas profissões manuais, sendo a de tanoeiro a principal. Foi, no seu tempo, aquilo que hoje se chamaria um líder operário. Fundou a Sociedade Protetora dos Operários, ainda hoje existente em Curitiba, e criou um "Congresso de Operários" — isso em 1890 — que pouco durou. Era orador de instinto, e amador teatral.

Silveira Neto passou a infância em Morretes, transportando-se para Curitiba em 1879. Após o curso primário, passou dois anos na oficina paterna, de onde saiu para cursar humanidades, em vista das suas revelações artísticas. Interrompido o curso, devido a uma reação que teve ante injustiças do então diretor da Instrução, Justiniano de Melo (o célebre filósofo "A. Sergipe"), entrou para a Litografia de Narciso Filgueiras, onde estudou gravura e desenho em pedra. Depois de servir na Biblioteca Pública do Estado, prestou concurso para a Fazenda Federal em 1891, sendo nomeado praticante, e, em 1894, dentro da atmosfera revolucionária, exonerado como traidor à República, apesar de florianista declarado. Em 1896 foi reintegrado. Empenhado em ser pintor, recusou a carreira militar, para que o destinavam, e que coube ao seu irmão José, também intelectual — e que morreu general reformado. Cursou a Escola de Belas-Artes, fundada pelo Presidente Faria Sobrinho, sob a direção do pintor português Mariano de Lima, chegando a obter, com Paulo de Assunção, uma pensão para estudar na Academia de Belas-Artes, do Rio, tendo-se negado o Governo estadual a efetivá-la por falta

Silveira Neto.

de recursos, esgotados pela recente revolução. Em 1890, Emílio de Menezes, o futuro boêmio, então em prosperidade pecuniária, pretendeu oferecer-lhe recursos para vir ao Rio estudar Pintura. Para isso, pôs à disposição do Governo uma pensão por três anos. Uma fraude no concurso aberto fê-lo desistir da bolsa, que aliás não foi dada a ninguém. Foram o Dr. José Pereira dos Santos Andrade, avô do autor deste *Panorama*, e Rocha Pombo, velhos amigos de seu pai, que, depois disso, ofereceram o auxílio necessário. Já, porém, a situação familiar não permitiu ao jovem artista sair do Paraná. Casou-se em 1893.

Nesse ano estava já constituído o grupo literário que é conhecido como de *O Cenáculo*, do nome da revista que depois publicaram. Centralizava-o Dario Vellozo, assessorado por Júlio Perneta. Silveira Neto integrou o grupo, levando para ele o seu antigo amigo Antônio Braga, "um romântico de bem lavorados versos parnasianos". Eram todos partidários de Floriano Peixoto, e os dois primeiros chegaram a prestar serviços — Dario Vellozo na Guarda Nacional, Júlio Perneta num batalhão patriótico (como Domingos do Nascimento prestara, comandando a heróica resistência de Paranaguá às investidas da esquadra revoltosa). Não interromperam por isso a vida literária, sem separá-la, entanto, do movimento de agitação cívica que os arrebatava. Nunca se desinteressaram dos destinos do País, e as questões sociais — tais como então se apresentavam — e bem assim as religiosas, apaixonavam-nos. Para eles a *torre de marfim* não representava uma intenção de isolamento ou de desdém pela vida de ação e de idealismo político. Em abril de 1895, acabada a agitação, saiu o primeiro número de *O Cenáculo*, revista cuja importância foi tal, que se deu esse nome não só ao grupo que a fundou, como à geração sua contemporânea. Durou três anos. Toda a intelectualidade do Paraná congregou-se em torno do grupo, e para a sua atividade contribuíram numerosos escritores de fora, entre eles Jean Itiberê (paranaense, mas recém-chegado da Bélgica); Alberto Rangel; Pereira Da-Silva, que levou o primeiro volume de *Ondas*, de Luís Murat (o maior sucesso da ocasião, no Rio). Murat, ele próprio, passara algum tempo no Paraná, onde influiu fortemente sobre os de *O Cenáculo*, tendo-lhes revelado o poema "Sara" ao ali retornar, preso, então, e recolhido ao quartel do 2.º Corpo de Cavalaria, ao tempo da revolução maragata. Emiliano Perneta, Emílio de Menezes, Nestor Vítor estavam ausentes, o primeiro em Minas Gerais, os outros no Rio; mas Rocha Pombo, Domingos do Nascimento, o singular filósofo Eusébio Mota, e outros, formavam uma atmosfera de espiritualidade e de cultura densa e elevada, excepcionalmente fecunda e, no momento, incomparável, no que concerne não apenas à vida literária provinciana, mas até, por instantes, à própria atividade do Simbolismo no Rio de Janeiro, apesar de presente, nesta última, a figura irradiante, por todos aceita como suprema, de Cruz e Sousa.

Em *O Cenáculo* a poesia de Silveira Neto já se apresenta em surpreendente cristalização, e duma força de alma, duma intensidade trágica que Nestor Vítor definiu como as de "um Castro Alves que desesperasse".

Em 1896 partiu para o Rio, onde conheceu Nestor Vítor, que o aproximou de Cruz e Sousa, Gonzaga Duque, Colatino Barroso, Antônio Austregésilo, Neto Machado, Oliveira Gomes, e outros simbolistas. Em 1901 publicou, no Rio, o *Luar de Hinverno,* que foi julgado um dos mais importantes livros simbolistas aparecidos depois dos livros de Cruz e Sousa, com os de Alphonsus de Guimaraens. Nestor Vítor escreveu que o seu entusiasmo pela poesia do jovem Silveira Neto despertou, em 1896, certo ciúme no próprio Cruz e Sousa. *Luar de Hinverno* teve enorme sucesso. Medeiros e Albuquerque, Artur Azevedo, Veiga Miranda, Frota Pessoa, Oliveira Gomes, todos os críticos de mentalidade aberta à nova corrente, e ainda Melo Morais Filho, Alberto de Oliveira, Sílvio Romero, reconheceram o mérito raro, a emotividade original desse simbolista representativo, tão característico. Silveira Neto, em *Luar de Hinverno,* é o poeta "decadentista" típico. Ele e Alphonsus de Guimaraens distinguem-se nesse terreno, como bem notou Emílio Moura — em relação a Alphonsus — da ebriedade dionisíaca, da euforia saudável, heróica, de Cruz e Sousa e Emiliano Perneta. Mais do que a de Alphonsus, a poesia de *Luar de Hinverno* é duma morbidez trágica, dolorosa, de uma eloqüência torturada, uma tormenta de subjetividade iluminada de estranhos deslumbramentos, de relâmpagos lívidos, de fantasias espectrais e sinistras.

Silveira Neto tinha fundado, anteriormente a *O Cenáculo,* com Manuel Perneta, a revista *A Luta;* com Augusto Stresser (que foi sobretudo compositor musical), o *Guarani;* com Romário Martins, *Turris Eburnea;* com Júlio Perneta e outros, *Pallium;* e ainda *Jerusalém;* e colaborou no *Azul,* em *O Sapo,* em *Breviário,* em numerosas outras revistas e em jornais de todo o Brasil e do estrangeiro.

Nas revistas *Terra de Sol* e *Festa,* do Rio, fez assídua crítica de arte. Para o livro *Cavaleiro do Luar,* de Gustavo Santiago, traçou ilustrações muito expressivas. Desenhou retratos de numerosos companheiros de geração, publicados nas revistas da época. Foi aluno do notável pintor norueguês Alfredo Andersen, chamado "pai da pintura paranaense".

Era conferencista e orador.

Em comissão fazendária instalou a primeira Mesa de Rendas em Foz do Iguaçu; foi inspetor da Alfândega de Paranaguá (1911-1912), tendo servido também em Mato Grosso. Serviu sucessivas vezes em Curitiba, e por fim fixou-se no Rio, atingindo a mais alta graduação hierárquica na sua carreira, após o quê, aposentou-se.

Em 19 de junho de 1920 foi orador da 1.ª turma de bacharéis da Faculdade de Filosofia e Letras do Rio de Janeiro, que funcionava no Instituto Histórico e Geográfico Brasileiro.

Falecido Emiliano Perneta, um grupo de intelectuais proclamou-o príncipe dos poetas paranaenses. Ocupava a cadeira n.º 1 da Academia Paranaense de Letras.

Silveira Neto foi, de todos os simbolistas, quem deixou mais numerosos e valiosos depoimentos sobre o movimento de que participou com tanto relevo. Personalidade consciente, cheia de escrúpulos, tais depoimentos são insubstituíveis.

Homem de beleza serena e clássica, de maneiras graves, era intimamente um inquieto, um exaltado e um triste. A sua poesia, ainda assim, seguiu, após o *Luar de Hinverno*, uma linha evolutiva nítida para a claridade, para o ar livre, a efusão saudável, para aqueles "éteres ardentes da manhã", para aqueles perfumados "vergéis de pessegueiros", tão distantes já da "treva estranhamente imensa" que fora a sua obsessão em moço.

Como qualidade da substância poética, a obra de Silveira Neto é das mais preciosas do Simbolismo brasileiro; duma gravidade e nobreza que a aproximam da dum Vigny, um dos seus "fáróis", na acepção baudelairiana da expressão, com o próprio Baudelaire e Antonio Nobre.

Esse decadentista por excelência — *Luar de Hinverno*, com a grafia arcaizante de "inverno", é paradigma superior dessa tendência em nossa poesia — foi, no entanto, fortemente imbuído de interesse humano geral, até mesmo por hereditariedade, como indica a referência antes feita ao seu pai. Yulo Brandão observa: "... os simbolistas foram uns engajados na linha contemplativa, quer dizer, teceram, em suas criações, verdadeiro penegírico da contemplação artística. Transformando-o num meio de evasão, conferiram-lhe, por isso mesmo, um teor ético extremamente acentuado, embora enganador. De maneira indireta, não consciente, mostraram — e aqui está outra faceta do seu engajamento — a fragilidade e inoperância do mundo estritamente psicológico e contingente. Demos ao verbo engajar um significado mais restrito, o de um compromisso políticosocial, humano, e sentiremos em muitos poemas uma impetuosa arremetida contra as injustiças que imperavam no tempo. "Crianças Negras", "Dor Negra", "A Sombra", "Pandemonium" — todos de Cruz e Sousa — são a esse respeito definitivos. "Ode ao Alicerce", de Silveira Neto, poeta paranaense, não faz muita cerimônia em seu engajamento político-social. |E transcreve algumas estrofes do referido poema, constante deste *Panorama*.| Esposando a tese sartriana, segundo a qual a poesia, excluindo o lado propriamente discursivo e por isso mesmo se esgotando no interior de si mesma, não logra real eficácia em setores extra-artísticos, diríamos que esses possantes versos de Silveira Neto, extremamente belos, se assemelham a raios de luz a se propagarem não em linha reta mas em todas as direções". (Algumas Notas sobre o Movimento Simbolista, *Correio Braziliense*, Brasília, 1 de junho de 1968.) Contrapondo-o a Sartre, que em Baudelaire só não pode ver o "poeta", lembraria que a informulação e o não-conceitual da linguagem musical não lhe infirma o alcance sugestivo existencial. No caso de Silveira Neto, são de decidida "participação", a da mais atuante, o seu poema "A Bandeira Vermelha", o soneto "Final de Batalha", e outras poesias de *Ronda Crepuscular*.

Faleceu no Rio de Janeiro, em 19 de dezembro de 1942.

Obras: *Antônio Nobre — elegia* (com ilustrações do autor), 1900; *Luar de Hinverno*, Rio, 1901; *Brasílio Itiberê*, elegia, com música de Léo Kessler, 1913; *Do Guaíra aos Saltos do Iguaçu*, ilustrada, Curitiba, 1914; *Ronda Crepuscular*, Rio, 1923; *Cruz e Sousa*, ensaio, Rio, 1924; *O Bandeirante*, poema-libreto, ópera de Assis Republicano, Rio, 1927; *Margens do Nhundiaquara*, Rio, 1939; *Do Guaíra aos Saltos do Iguaçu*, 2.ª edição, col. "Brasiliana", São Paulo, 1939; *Luar de Hinverno e Outros Poemas*, poesias completas, Com Introdução de Tasso da Silveira, Rio, 1967. Inéditos: *Do Atlântico aos Planaltos* (impressões do Paraná); *De Letras e Belas Artes*. Numerosos artigos críticos dispersos.

A sua cidade natal, Morretes, elevou um monumento a Silveira Neto, da autoria de João Turin, em 1944; em 1967 seu filho Tasso da Silveira fez trasladar os seus restos para aquela cidade, e inumados debaixo do mencionado monumento, sendo, no mesmo dia, dado o nome de "Silveira Neto" à Escola Normal local.

São fundamentais para o estudo do movimento simbolista "Trecho de crônica", dedicado a Neto Machado (outubro de 1927), publicado em *O Globo* (recorte) e "O Paraná e o Simbolismo" (*Jornal do Commercio*, 19-6-1938.); bem como outros artigos de Silveira Neto.

PÓRTICO †

Versos — mendigos de mantos reais —
Ide, que vos esperam sete espadas.
Fugi aos olhos d'oiros senhoriais:
Antes a prece aldeã pelas estradas.

Ide arrastar o meu burel de monge;
(Quanta saudade esse burel traduz...)
Se encontrardes o Mundo, tende-o longe,
Porque os seus braços são braços de cruz.

---

† Das mais importantes páginas exegéticas sobre a poesia simbolista brasileira, o estudo "Hermetismo e Poesia", de Tasso da Silveira — transcrito no lugar próprio —, faz aprofundada análise exegética deste soneto.

Direis a uns Olhos — Olhos onde a sorte
Pôs meu Ser a rezar, como em altares —
Que me vou de caminho para a Morte.

E a Morte... essa verá, na triste hosana
Do poente roxo que orla os meus olhares,
Como anoitece uma existência humana.

(*Luar de Hinverno*, nova edição, pág. 43.)

ANTÍFONA

Noite de inverno e o céu ardente de astros,
Com a alma transfigurada na Tortura,
Olhava estrelas, eu, crendo-as, em nastros,
Almas cristalizadas pela Altura.

Frio da noite e o pólo em que o uivo escuto
Do urso branco do Tédio, em brumas densas;
É o ar glaciário que nos vem do luto
Da avalancha de todas as descrenças.

A noite é como um coração enfermo;
Rica de almas de maldições cobertas.
Alma que perde a fé muda-se em ermo,
Ermo de tumbas pela vida abertas.

Esse "requiem" da Cor pelo ar disperso
Como que encerra, num delírio infindo,
Todo o soluço extremo do Universo,
Num concerto de lágrimas subindo.

É o cenário do Fim que atroz se eleva
Desde que ao Nada o coração se acoite:
Pois, como o dia cede o espaço à treva,
Fecha-se a Vida nos portais da noite.

Se vem a noite num luar acesa,
Lembra uma cruz coberta de boninas;
A luz da lua é triste, — que a tristeza
É o perfume sagrado das ruínas.

É uma prece o luar, prece perdida
Por noite afora, em lívida cadência,
Como cada sorriso em nossa vida
Planta a cruz da saudade na existência.

Era de estrelas um enorme alvearco
A cúpula celeste escura e goiva,
E a Via-Láctea se estendia em arco,
Branca e rendada como um véu de noiva.

Depois gelada abrira-se, e na extrema
Nevrose eu vi formarem-se, de tantos
Astros, as duas páginas de um poema
Em que eram cor de lágrimas os cantos.

Cantavam as estrelas. Coros almos
O espaço enchiam de um rumor contrito;
E histérico, a fundir astros em salmos,
Parecia rezar todo o Infinito.

No êxtase que os páramos outorgão
Aos visionários, eu surpreso via
Que, céus afora, como a voz de um órgão,
A salmodia d'astros prosseguia.

Erma de risos e de majestades,
Porque as estrelas são os magnos portos
Onde ancorou com todas as saudades
A dor de tantos séculos já mortos.

Desde Valmiki e Homero — esses profetas —
Às intangíveis amplidões cerúleas
Ouvem, sangrando, a queixa dos Poetas,
Como um cibório de canções e dúlias.

Ermas de tudo que não fosse a mágoa,
As estrelas formavam o Saltério
Num brilho aflito de olhos rasos de água...
E pelo espanto entrei nesse mistério...

(*Ibid.*, págs. 39-41.)

ESCOMBROS

Recordam templos de um ardor violento,
Escombros! que saudade os acompanha!
São os profetas do Aniquilamento,
Petrificados numa dor tamanha...

Jazem deuses e ritos — caos poeirento —
Nessa de pedras agonia estranha;
Vasto epitáfio em lúgubre memento,
Das grandezas que a Morte à Vida apanha.

De olhá-los gosto em noite atormentada,
Quando a terra se turba a ouvir, crispada,
Gemer nas ruínas o coral dos ventos.

Lembram-me a dor e todo esse deserto
Que transfiguram da alma o lírio aberto
Numa panóplia de punhais sangrentos...

(*Ibid.*, pág. 77.)

NO ALTO

Vago terror congela-me o aspeito
Nos profundos silêncios da Matéria:
Dorme o corpo e a alma num clamor desfeito
Ergue-se imensa à vastidão sidérea;

Abre-se um mundo excelso à vista aérea,
Num tom ideal de evangeliários feito,
E onde Visões e Idades, numa etérea
Ronda, desfilam para o Grande Eleito.

De idas espécies a atra caravana,
O Íbis e o Lótus, a Esfinge e o Mahabarata,
Toda a vertigem da nevrose humana,

Pelos meus olhos passam. — E à sedenta
Súplica da alma, que delira e mata,
Por que não passa o Ideal que me atormenta?

(*Ibid.*, págs. 51-52.)

LITANIAS

O mesmo céu que nós olhamos, olho:
Mundos gelados de saudade; admire-os
A alma que tenha, abrolho por abrolho,
Toda a loucura e todos os martírios.

Jorro do pranto com que os versos molho,
A Via-Láctea é um desfilar de círios.
Quanta tristeza para os céus desfolho
Na doida orquestração dos meus delírios!...

E vou seguindo a ver, pela amargura,
Que as estrelas são lágrimas da Altura,
Ardendo como os círios de um altar.

Nada mais resta; e a vida, fatigada
De no meu corpo ser tão desgraçada,
Foge-me toda para o teu olhar.

(*Ibid.*, págs. 55-56.)

O MAR

Deserto ruge o Mar alucinado,
E num palor de comoção, a lua,
Da arvada azul soberbamente nua,
Doira-o de um brilho fulvo e torturado.

Dir-se-ia um deus elouquecido pela
Maior paixão que a um deus fira e equimose,
Ante o fulgor sublime de uma estrela.

E o Mar o dorso estua, enorme e aflito,
Ao ver que o enche, bárbara, a nevrose
Que há pelos vastos ermos do Infinito.

Coleia o dorso exul de vaga em vaga,
Fosforecendo como um polvo em cio;
E o vento a sua cólera propaga.

Paixão de monstro em tal egoísmo acesa
Que para a sós senti-la o Mar, sombrio,
Entre ele e o céu fechou a Natureza.

Como a alma a que um olhar febril atinge,
O Mar move as entranhas hediondas,
Quando o luar misterioso o cinge.

E em seu exílio desvairar parece
Ao correrem-lhe trêmulas as ondas,
Como freiras sonâmbulas em prece.

Quer no Mar, quer em terra o sol pernoite,
O ocaso é sempre, em púrpuras areendo,
A sinfonia trágica da noite;

E o Mar é um doido a soluçar — olhai-o! —
Quer veja o ocaso, ou quer, estremecendo,
Olhe o "in excelsis" de uma aurora de Maio!

(*Ibid.*, pág. 65.)

MISSA NEGRA

2 — Oh. se minha mágoa retamente se passasse
3 — Porque na verdade, mais pesada seria que
a areia dos mares.

(Jó — Cap. VI)

Poeirenta e muda a cela, intoxicada
Das espectrais visões do Apocalipse,
Era uma pálpebra fechada
Mantendo a vida num eterno eclipse.

Amplas paredes longas se estendiam,
Na sóbria estagnação da linha reta;
Somente os coros místicos se ouviam
Entre a sombria arquitetura asceta.

Nuas paredes denegridas, e algo
Num Cristo havia de horas derradeiras,
Sobre a cruz de ouro; um Cristo mais fidalgo
Que o pálido Jesus das Oliveiras.

Dolente e esguia fora uma janela
Rasgada, como um olho enfermo e triste,
Por onde a fulva aurora espiava aquela
Vida de claustros, em que não se existe.

E o Monge a olhar o cálice e a patena
Que ainda há pouco beijara no Sacrário,
Parecia, num halo de gangrena,
Múmia de Fausto a rir no Evangelário.

Lembrava-se, de fronte branca e extática,
Dos antigos monásticos rojados
Por terra, a depurarem a dalmática
Do Espírito, convictos e sagrados.

Corpos zurzidos pela penitência,
No cilício brutal que a regra impunha,
Para remir, na mesma inconsciência,
A luz de um astro e um crime da Gardunha.

Vinham-lhe de outros crime e sacrilégios,
Na História abrindo um estigma maldito;
Enquanto o eco, de claustro em claustro, egrégios
Cantos levava à múmia do Infinito.

E ereto o Monge, em seu hábito preto,
O rosto de marfim erguido para o espaço,
Retinha a alma sonhando em Capuleto,
Com o ardor de Romeu tendo Julieta ao braço.

Olhar sem rumo, ouvido alerta, e o rosto
Com a dorida unção de uma agonia rara;
Para não ler, quem sabe, o "requiem" do Desgosto,
Fechara o breviário e o coração fechara.

Iam-lhe, entanto, num atro delírio insano,
As fibras em roldão pelo seio agitado,
Que a Paixão na alma humana é, como a flor do oceano,
O cairel de um abismo amplo e desesperado.

"Foi um sonho talvez, foi talvez uma febre,
"Mas passou a nevrose a ulular no meu crânio;
"Da minha última fé no mísero casebre
"O Sonho foi rezar, como num subterrâneo!..."

Monologava o Monge aos astros do Infinito
Que tinham o fulgor de lágrimas suspensas.
Ele era como um Cristo em um Sáara maldito,
Banido com a cruz da catedral das crenças.

"Foi um sonho talvez, continuava o Monge,
"Mas quando acordarei desse longo letargo?·
"Um dia enchi de amor um passado bem longe,
"E ficou-me de tudo este delírio amargo!

"O êxtase na Oração, por que a Fé não se acabe,
"Pôs-se ao templo elevar numa fina volata.
"Mas eu que fiz, Senhor?! Foi um sonho, quem sabe
"Se a alma pode sonhar quando a vida nos mata!
"O coro entoava a espaço um canto de tristezas;
"O órgão parecia um coração chorando;
"E meus olhos, em pranto, eram tochas acesas
"O caixão de uma vida emocional velando.
"Foi um sonho talvez, porém a vi, me lembro,
"Na luz sacramental em que este amor a eleva;
"Branca, não a animara o calor de Dezembro,
"Que incendeia meu peito e sangra a minha treva!
"Do mesmo olhar divino o mago plenilúnio
"Em que eu vira florir a alma de um sonho fulcro,
"Ela o tinha a aclarar o meu doido infortúnio,
"Como a lâmpada erguida ao alto de um sepulcro.

"Que ironia! a existência, a miséria de um sopro,
"Contendo esse infinito a que a Paixão se exalta!
"E por ele a eterniza a frieza do escopro;
"E por ele a opulenta o riso que me falta.

"Mas por que a vida em lágrimas se funde
"Quando finda essa dor que expressar eu não ouso?
"Nascemos a chorar, e o mistério que infunde
"O sepulcro anuncia o primeiro repouso...

"Hora de Extrema-Unção. Poente de sangue asperso.
"A treva é a dor da luz; nessa hora o riso dorme.
"A noite penetrara o tranqüilo Universo,
"Como num crânio imenso uma loucura enorme.

"E a loucura da Treva *, e a loucura do Sonho
"Que na noite é abantesma, e na dor verte sangue,
"Sinto-as todas em mim, num delírio medonho:
"Abrasa-me a do Sonho, a da Treva me entangue.
"Ah! sonho-a como a vi na cerimônia augusta:
"Às espáduas e ao seio um corpete de luto
"Encobria. Ainda vejo essa fronte venusta;
"E creio que por tudo os seus passos escuto!...

---

* Está com inicial minúscula. Cf. o 4.º verso desta estrofe.

"Cheia da unção etérea ela os cantos ouvia,
"Com o êxtase com que eu lhe abraçaria as tranças.
"O incenso ia a perder-se além, como a agonia
"Do longo funeral das minhas esperanças.
"O órgão doloroso a prece preludiava
"Como na austera torre o muezim do Oriente;
"E o Missal que eu abria era a alma onde chorava
"Por crença a dor, por céu uma cova ainda quente.

"Sacramentos da Fé, no meu frio oratório,
"Não mos deu o calvário íngreme do Tormento.
"Ah! no meu ritual cada dia é um cibório
"Em que de joelhos ponho a hóstia de um sofrimento!

"Cala-se o templo. Finda a reza. A Paz, embleme-a
"A hosana que extasia aos crentes pouco a pouco;
"Que eu saí, como Jó, dentro de uma blasfêmia,
"Porque a fé não comporta a alma imensa de um louco.

"O Cristo macilento e fúnebre da igreja,
"De pés chaguentos, mãos crispadas, olhar morto,
"Traduzia-me a dor que esta sorte poreja,
"E tinha, como eu tenho, a fronte em desconforto..."

Que resta, se a Paixão à agonia te chumba?
Ó Monge! irás no naufrágio da sorte,
Como um levita estranho, pela tumba,
Rezando um nome para além da morte!

Se nem o templo o desespero alquebra;
Se finda um sacrifício e uma dor se renova,
Na missa negra alvar que a existência celebra
Dos arminhos do berço ao cantochão da cova.

A Paixão tudo abarca em seu rubro exagero!
A Paixão nos deforma e, num crescendo vário,
Do Monge que ama faz Poeta do desespero,
E do Poeta que sofre um Monge solitário.

(*Ibid.*, págs. 125 a 131.)

A RUÍNA

Foi um templo; ruiu; entre os assombros
De um ermo feral em que essa ruína passe,
Parecem-nos à Cisma tais escombros
Uma Elegia que petrificasse.

Plintos de cedro e mármore de Carrara;
Soberbos talhes de arte bizantina;
Restos da excelsa pompa que ostentara,
Entre a lúgubre pompa da ruína.

Pias e altares na sinistra calma
Da morte; tudo acorda em nossa idade
Esse Passado que enterramos na alma
Com o dolente epitáfio da saudade.

Nos sacros muros, ora denegridos,
Blasfema dos reptis o passo tredo.
E sob a nave e capitéis partidos
Calada a solidão como um segredo.

Rezam no esguio e negro campanário,
Que orou com voz de bronze em outras eras,
Aves da noute um "de profundis" vário
A ânsia dos Sonhos e das Primaveras.

Quando pesa, ao luar de horas tardias,
O silêncio do caos profundo e insano,
Galga sombrio aquelas portas frias
O espectro vago do terror humano.

Horas da eterna noite, em que estertora
Dos sudários a sombria esqueletada,
Enchem as ruínas dessa paz que chora
Sobre o mistério de uma cruz de estrada.

Noites de morte em que estortega a insônia,
— E a insônia é o pesadelo dos que velam —
Torvas Sibérias! gritos da Polônia!
— Monstros da dor — nas ruínas se atropelam!

De Jó a Dante a imprecação maldita
Faz dos escombros seu dorido plaustro,
Amortalhando-os — pálio da desdita —
Na solidão fantástica de um claustro.

Se a tempestade — a bacanal do Espaço —
Deixa a terra sem trégua em que se acoite,
Quando o corisco vibra o fulvo traço,
Como hieroglifo de um missal da Noite,

Os paredões abalam-se na treva
Como duendes colossais, enquanto
A ruína toda meio que se eleva
Pela nevrose bárbara do espanto.

Se ruge o temporal, de vaga em vaga,
Estrepitando os raios que ele encerra,
O templo faz-se um túmulo que traga
O pranto que o céu chora sobre a terra.

O espirito dos céticos, enfermo,
O vasto "requiem" dessa dor suporta;
E o coração, numa viuvez sem termo,
É a sombra apenas de uma vida morta.

E essa tristeza que há nas ruínas, como
O perfume de trágica violeta,
É da Árvore do Bem o último pomo
Que ainda sorri ao mísero calceta.

Se ele se faz, como esse templo, exedra
De ruínas e pesares soluçando,
É o desvario avassalando a pedra,
É a dor ao coração avassalando.

(*Ibid.*, págs. 74-76.)

RÉQUIEM DO OCASO

Alma, põe o teu préstito a caminho,
Que anda por tudo o réquiem do sol-posto.

(Do *Luar de Hinverno*.)

Paramentos de fogo, em molduragem
Do céu da minha terra à *Ave-Maria*...
Acompanhando o féretro do dia
Pela câmara-ardente da paisagem;

Damasco em chama circundado pelas
Meias-tintas da luz crepuscular;
Pompa de trono viúvo, que as estrelas
Virão, círios da noite, memorar.

Como o soturno badalar das onze,
Tredo, ao pavor da meia-noite leva,
Sois o portal dos túmulos da treva,
Crepúsculos de pérola e de bronze.

Que saudade, sentindo-vos, acorda
Em minha alma, crepúsculo também,
Sombra que um templo de ideais recorda
E na sombra ficou de Pedro Cem.

Brumas do Ocaso! Transição da vida
Para o desconhecido da hora extrema;
É a luz gloriosa, a hipérbole suprema,
No sudário da noite dissolvida.

Poentes que não mudais!
Céu, que é o mesmo de séculos antigos,
Arqueado sobre berços e jazigos
Que vêm e vão nos tempos imortais.

Sois como o espelho que de um rosto amado
Avaro retivesse a imagem linda:
Ao contemplar-vos eu revejo ainda
O estranho mundo que há no meu passado.

Casa paterna, que não mais voltou.
Flor da inocência aberta no carinho
De um berço, qual nas plúmulas de um ninho
Que em madrigais se alvoroçou.

Infância, áureo folguedo em que, de um salto,
A vida nos desperta para o gozo.
Na graça pura e agreste de um cheiroso
Campo de flores, quando o sol vai alto.

Tempos de moço, em que arvorando o Ideal
Seguimos todos, caravana lesta,
Rompendo a vida, pássaros em festa,
À luz da fé, que é a luz transcendental.

E quando, ó moços, a devesa é longa,
A fulgurar de tanto sonho, a estrada
É como a Via-Láctea desdobrada,
Que a perspectiva do Infinito alonga.

Mocidade! Beleza que embalsama
Um canteiro de rosas onde, a * flux,
Como em taças, a arder o sol derrama
O champanha da luz!

Tarde que morre, luz que bruxuleia
Como a de velhas lâmpadas suspensas,
Evocando o rumor de horas imensas
Que nos ficaram, de que a vida é cheia,

Passai de vez; à noite se debruça
Por todo o vosso manto de lilás,
Para que sonhe o pobre que soluça,
E a canseira do homens durma em paz.

Rio — 1920.

(*Ronda Crepuscular*, págs. 13-16.).

---

* Está acentuado.

CASTELO DE LUAR

I

Vós que me ouvis, a algum castelo, certo,
Fostes pedir guarida,
Pelo cendrado rumo desta vida,
Como a um Olimpo aberto...

Eu fui, bem moço, um Menestrel, outrora,
Sonhador de um castelo
Também; e, por tão belo,
A alma deixou-ma olímpica e sonora.

Sonhos! no tempo afora a Dor debanda-los.
Mas ao sonhá-lo ao nosso espírito se achega
A transfiguração de uma cabeça grega,
Tão lindo fora o meu castelo de ouro e sândalos.

E a castelã? a flor-de-lis desses latíbulos?
Idealizei-a, mas... corporizá-la como?
Se nem o olor da mirra e o cinamomo,
Través o fumo em dúlia dos turíbulos,

Exprimem como idealizei a castelã:
Olhos em pleno Além — como num rito
Dois céus a revelarem o Infinito —
Com brilhos do ouro fluido da manhã.

Virgem, a Via-Láctea diluía
A prata fúlgida de um astro
Pela nobre e inconsútil harmonia
Dos seus contornos de alabastro.

Bela e imortal, divina de pureza!
Se a recordá-la me proponho
Ah! como entendo, ó vasta Natureza,
A flor sonâmbula do Sonho!

II

Para que olhos tivesse estranhamente belos
Quando o meu Ser transfigurado voasse
Aos pés da castelã dos meus castelos,
Olhos de Apolo para ver-lhe a face,

Parti pelas montanhas, céus afora,
Nos éteres ardentes da manhã;
Levando à pia fulgural da aurora
Minha alma virgem e pagã.

Infinitos galguei, mundos ocultos,
Até sentir na heráldica subida
A alma pagã, vinda de magnos cultos,
No éter de ouro dos astros diluída.

Tão longe... nem ouvia o Mundo em coro,
Sinistro como um caixão;
Se era uma langue barcarola de ouro
Todo o meu coração!

Tão alta era a visão que me impelia
Para os espaços que a Paixão descerra,
Que ao meu ouvido há muito não gania
A miséria da Terra.

Velário de ouro, fulvo, o sol ardente
A luz semeia de amplo céu amigo
Pelos dias de Maio. Ó céu dolente!
Dias religiosos de ar antigo!

Poentes de catedral medieva, lausperene
Dos sonhos doentios,
Crepúsculos de um ar tão límpido e solene
Como a dolência dos luares frios.

E os esplendores desses faustos vários
Deram-me a fé que n'alma a luz condensa,
E de olhá-los meus olhos visionários
Ficaram cheios dessa pompa imensa.

Tanto continham éteres e luas...
Turquesas de éter! âmbares florindo!
Que eu me sentia a olhar tudo por duas
Retinas de ouro do fulgor mais lindo.

Olhos feitos do Azul, por onde soavam
Tontos rumores de ondas e de abrolhos.
Parecia-me, então, que áureos rolavam
Dois Infinitos dentro de meus olhos.

III

Cheguei! Hosanas! Quase de mãos postas
De tanto ser feliz!
Homens, pesares, vi-os pelas costas;
Nem recordá-los quis.

Arco-d'Aliança, a mocidade enfeixa
As cambiantes da luz:
Tinha a alvorada que a esperança deixa,
Tinha a fé de Jesus!

IV

Vós que me ouvis, dalgum castelo, certo,
Tínheis, quando saístes.
Fibras em caravana a passar um deserto.
Sonolentas e tristes.

Também eu, menestrel, no íris da crença,
Fui ao castelo ideal
Para florir duma alegria imensa
Minha taça do Gral.

Chegado ao meu castelo de ouro e sândalos,
Trêmulo o coração,
(Sonhos! plo tempo afora a dor debanda-los)
Gelou-me a solidão.

Vazio era o solar de tais anelos,
Trancado a sete chaves;
E pela castelã dos meus castelos
Esperam astros e aves.

Eu esperei. Que assomos me tentavam
De partir os ferrolhos,
Antes as estrelas que a brilhar lembravam
Os solarengos olhos.

Quanto esperei, Senhor! Quanto esperara
Se eterna fosse a vida,
Essa visão da Glória, régia e avara,
Traidora e apetecida.

A saudade — o luar dolente e vago
Das noites do infortúnio —
Abriu-me em lágrimas o olhar pressago,
Dantes em plenilúnio.

E dos meus olhos, sem que mais irrompa
O floral d'alegria,
Começa a desprender-se toda a pompa
Estranha que os enchia.

Ala-se a pompa inteira, como o incenso
De uma caçoula aberta,
Para o Infinito, num luar imenso
Pela noite deserta.

Somente, como a solidão de tudo
A alma faz congelar,
Pelo côncavo Espaço largo e mudo
Era tão fria a luz desse luar.

E quanto mais dos olhos era escasso
O brilho, ó menestrel!
Mais amplamente enluarava o espaço
Essa pompa cruel.

E um castelo se fez de toda a Esfera,
Claro como o dia;
Tão grande era a saudade que eu tivera
Na noite em que me via.

E desde então minha alma em sete-estrelo,
Em meio à luz e à febre da ansiedade,
Ficou sonhando a sós nesse castelo
De luar e de saudade.

Curitiba — Junho, 1904.

(*Ibid.*, págs. 17-25.)

OS PESSEGUEIROS

Ei-lo um vergel (tu dizias)
De pessegueiros em flor,
Aquele tempo, se o vias
Pela esmeralda do amor,

Com que de sonhos cobrias
Os pessegueiros em flor.

Gorjeavam nele as horas
Desde a alvorada ao sol-pôr,
Pondo um barulho de auroras
Nos pessegueiros em flor,

De madrigais e doloras
Desde a alvorada ao sol-pôr.

E a que sonhavas na fronte
Grinalda branca depor,
Enflorava-te o horizonte
De pessegueiros do amor;

As flores, tinha-as no monte,
Para a grinalda compor.

E era tão linda a grinalda
Que parecia da cor
Dos lírios e da esmeralda
Dos pessegueiros em flor.

Não há montanhas de falda
Florida em tão bela cor.

Mais bela, porém, tu eras,
Purpureada de rubor,
Como a Alvorada de esperas
Às portas d'ouro do Amor.

Mais linda que as primaveras
Dos pessegueiros em flor.

Curitiba — 1908.

(*Ibid.*, págs. 113-115.)

O URSO BRANCO

Gelo o mar, gelo a praia, e a montanha de gelo
O sudário polar até aos ares recorta.
A Terra é branca, o Espaço é bruma, o frio corta,
E o silêncio parece o eco de um pesadelo.

Nem uma flor da Islândia à geleira conforta.
Apenas, tardo e lento, a invernia no pêlo,
E monótono e só, o urso branco, é de vê-lo,
Como a um sonho apagado olha a paisagem morta.

Neva o horizonte... frio o céu profundo neva...
Dos Ocasos não tens o violento damasco,
Nem plintos de ouro, nem rosais, só gelo e treva;

Mas não ouves também, rei do Pólo, na insana
Luta da vida (glória a ti) transido de asco,
O macabro tantã da hipocrisia humana.

Curitiba — 1909.

(*Ibid.*, págs. 119-120.)

A LUA NOVA

A Nestor Vítor.

No silêncio da cor — treva silente —
Abriu-se a noite mádida e sombria,
Logo que o Sol, rezando: Ave-Maria...
Fechou no Ocaso as portas de oiro ardente.

A terra, a mata, o rio, a penedia,
Tudo se fora pela treva e, rente
Ao céu, ficou a lua nova algente,
Como um sonho esquecido pelo dia.

Ela assim foi: morreu; desde esse instante
Pálido e frio, como a lua nova,
Ficou-me entre as saudades seu semblante.

Mas, ouve: quanto mais doída cresce
A noite que me vem da sua cova,
Mais branca e inda mais fria ela aparece.

Corumbá — 1903.

(*Ibid.*, págs. 129-130.)

BRUMA...

A Aureliano Silveira.

Meia-tinta do tédio, longe, a bruma
Abre-se num crepúsculo friorento,
Velando a luz, as formas, tudo em suma,
Que era brilho, prazer, deslumbramento.

E que torpor do espaço então ressuma...
Nem um gorjeio aflora a voz do vento.
E a névoa que sinistra se avoluma,
De um véu de cinza alastra o firmamento.

Assim o tédio: o orgulho nos abala
De sermos vida e pensamento, e a messe
De alegria que tínhamos se cala.

E a alma contrai-se lívida e abatida.
E, bruma d'alma, o tédio nos parece
Uma sombra do túmulo na vida.

Rio — Julho — 1916.

(*Ibid.*, págs. 145-146.)

SOMBRA

*Escureçam-no as trevas e a sombra
da morte*

Jó (cap. 3, N.º 5).

O Ocaso, a arder no seu deslumbramento,
Põe fímbrias de ouro pelo céu. Na estrada
O crepúsculo segue o passo lento
De alguém que vai ao fim de uma jornada.

Vede-o: só tem por acompanhamento
A própria sombra pelo solo; e cada
Passo que muda reza-lhe o memento;
E a sombra é cada vez mais alongada.

Outra maior, porém, seu passo apanha
No íntimo d'alma, a suplicar piedade;
Pobre viajor que desces a montanha.

É aquela que nos traz, sombra dorida,
O crepúsculo amargo da saudade
Ao fim da marcha fúnebre da vida. †

Rio — 1918.

(*Ibid.*, págs. 147-148.)

BEETHOVEN

A música dos mundos, a poesia
Da terra em flor ao espaço constelado,
Fez-se alma e gênio em ti, grande isolado!
No estro maior que o Ideal comportaria.

Da muralha em que — trágica ironia —
A surdez te encerrou, transfigurado,
Surge teu gênio, mais profundo e ousado,
Na amplidão fulgural da Sinfonia.

Miguel Ângelo de outra esfera imensa,
Legaste à Vida, que te fez proscrito,
Na epopéia do Som, tão larga e intensa,

Um poema como nunca fora escrito,
Para que a Terra um dia aos astros vença
Na harmonia assombrosa do Infinito.

Junho — 1920.

(*Ibid.*, págs. 155-156.)

ODE DO ALICERCE

De pedras brutas, pedras sobrepostas,
Que a rígida argamassa em bloco firma,
Diz o Alicerce: aqui, nestas encostas,
Quem a muralha que eu sustento pode
Sacudir-ma?

---

† O príncipe dos parnasianos, Alberto de Oliveira, ao dar-lhe Silveira Neto a ler este soneto, observou, em minha presença, na Livraria, Garnier: "Se v. fosse parnasiano escreveria assim o último verso: "Ao fim da marcha funeral da vida." O que é de real agudeza.

Num baque surdo, para aquele rumo
Foram as pedras num montão jogadas;
Depois, a trolha, o camartelo, o prumo,
E o plano feito: em linha foram todas
Colocadas.

Talhando o solo a pique, da comprida
Vala terrosa lento ele se erguera,
Ereto e largo, devassando a vida,
Com a solidez de um contraforte de aço
Se fizera.

Então, sobre o Alicerce, pedra a pedra,
Erguem-se paredões e a de granito
Bela fachada, que a alma desempedra
De uma arte antiga, relembrando assombros
Do alto Egito.

Vêem-se* portais que ao passo humano tentam
Para cultos de Apolo ou das Fortunas;
Ou plintos onde hieráticas assentam
Desse mármore branco do Pentélico
As colunas.

Fustes coríntios; capitel de acanto,
Que a lenda evoca de uma noiva morta;
Cariátides de olhar frio, do espanto,
Que à vencida de Cária, ou Salamina
Desconforta.

E a soberba muralha que recorda,
Cruel, do Coliseu a arena imensa,
Ou Brunellesco que a amplidão acorda
Quando a assombrosa cúpula levanta
De Florença.

---

* Está: "Vem-se".

Suntuosa e vasta é pronta a maravilha:
Palácio ou templo, escola ou alcaçares;
De amplos salões em que a Ilusão rebrilha
Do Gozo farto; mas... e se for tudo
Pelos ares?...

Pompas de ouro e veludo, lá por dentro,
Geram orgias; e, paramentado,
De Judas e Iago é o orientalesco centro.
E ninguém mais se lembra do Alicerce,
Enterrado.

Vultos senhoriais de governantes
Calcam os pavilhões. Crésus bojudo
Loas burila aos tetos fulgurantes:
E a Arte se obumbra e a Ciência tudo aplaude,
Tudo! Tudo!

Mundo que é a febre do viver humano,
Encastelado nas muralhas; e estas
O poderio, rígido e tirano,
À luz ostentam entre varandins
E giestas.

E o Construtor o gênio não disperse
Em calcular o peso desse mundo,
Que subterrâneo e humílimo o Alicerce,
Ninguém o vê, mas ei-lo ali supremo
E profundo.

De que ele exista (é bem humana a incúria)
Dos paredões abaixo, quem se lembra?
Ah! mas um dia fende-o, horror, a fúria
Do terramoto; e à convulsão que trágica
O desmembra,

Ele estremece. A grita e a insânia dá-lhes
O pânico; e, num rápido minuto,
Ruem tombando a cúpula e muralhas,
E mármores e bronzes, num rebôo
Longo e bruto. *

E ao fundo o novo Atlante vê o entulho
Do orbe que há pouco lhe pesava aos ombros;
Um século de lutas e de orgulho
Que desmoronam; e ele inda é alicerce,
Nos escombros.

Povo, assim és; o plinto da estrutura
Na Mole social; e eras oculto
Sob a ruma de andrajos e amargura.
Quem do Kremlin, ou de Versailles, vira
O teu vulto?

Mas se ao peso dos guantes ou da fome
A juba enristas, o rugido atroa;
E nada mais a cólera sem nome
Detém-te, e Alhambras ou Bastilhas, tudo
Se esboroa.

E não sucumbes, não; pária indomável.
E te hás de alevantar um dia invicto,
Povo! como as montanhas, admirável,
Bloco integral com o vértice em demanda
Do Infinito.

Janeiro — 1914.

(*Ibid.*, págs. 159-163.)

---

* Está sem o ponto.

SINFONIA

Parecia-me um sonho,
talvez nunca sonhado.
Múrmuro, dolente, o Nhundiaquara
refletia o matagal da margem
de lírios brancos repontado.

Sombras mergulhadas...
Nevoentos castelos das Uiaras
num crepúsculo oscilante,
ao fundo d'água.

E noutra margem,
Brancas e caladas,
a casaria da primeira rua.

Sonho de olhos despertos.
Sonhei contigo minha terra,
pelos caminhos de lírios brancos.

Sonhei contigo e no teu solo,
tal nos velhos tempos eu sonhava
noutro colo, adormecido.

E há quantos anos, vês?
vivo rolando sobre o meu destino,
barco de insânias já desarvorado.

Sonhei... e na alma de hoje,
de sombras mergulhadas,
saltou a rir minha alma de menino.

E partimos os dois
por entre a casaria da primeira rua.
A colina da igreja alça-se na frente,
é a matriz da "Senhora do Porto".
Rezas no silêncio, luzes trêmulas...

Penetramos no templo.
Ah, volúpia da recordação!
A mesma pia humilde
em que minha mãe se batizara,
a mesma pia em que me batizei,
naquele templo que sagrara
também seu dia nupcial.

Depois
a ladeira da balsa pra Barreiros,
e Ponte Alta, no caminho agreste
do Sítio Grande.
E a minha infância...
Ah! também vieste,
num alvoroço de beija-flor.

Mas então,
não há passado morto?
O mundo velho estava recolhido
no meu coração,
e hoje me veio
de braços abertos
cheio das ruas que davam no meu lar.

Meu lar, da Rua dos Mineiros,
onde me prendiam contra um seio
outros braços sagrados
como os da Senhora do Porto.
Ah! lírios brancos do meu amor!

(*Ibid.*, págs. 193-194.)

CANÇÃO DAS LARANJEIRAS

Laranjas maduras, seios pendentes
pela ramada, apojados de luz.

Que é das florinhas nevadas e débeis,
caçoulas de incenso que o aroma produz?

Se elas rescendem o ar todo se infla
num esto de gozo, nas frondes do val,

como se andasse o CÂNTICO DOS CÂNTICOS
abrindo-se em beijos no laranjal.

São elas o sonho da árvore em festa
pensando no fruto, que é todo sabor.

Assim a grinalda que enfloram, das noivas,
é a aurora do dia mais claro do amor.

Infância, candura da estrela longínqua,
luz tênue que flui das auras do céu.

Depois do primeiro amor, o remígio
do sonho mais puro a que a alma ascendeu.

De sonho bebido em taças que lembram
aquela de lavas, que um dia o vulcão

moldara em Pompéia, num seio de virgem,
talvez em memória de algum coração.

(*Ibid.*, págs. 199-200.

OLIVEIRA GOMES (1872-1917)

José Antônio de Oliveira Gomes nasceu na Cidade do Rio de Janeiro, em 13 de janeiro de 1872.

Seus pais, Manuel Antônio e Emília de Oliveira Gomes, eram portugueses, "pobres e rudes", "bons e puros lusitanos que para aqui vieram lutar pela vida". Antônio Austregésilo, seu amigo, em página lida na Academia Brasileira, em 1941, acrescenta: "O pai era construtor de obras; a mãe singela dona de casa; as irmãs, modestas, caseiras". Oliveira Gomes era "o rapaz da casa". O pai queria-o para a vida dos negócios, para as construções.

O filho tinha, porém, propensões irremediáveis para as letras. Estudou durante algum, pouco tempo, sem regularidade, e não se formou. Freqüentou sobretudo a célebre escola fundada e mantida pelo Senador Correia, no Largo de São Salvador. Das suas assíduas leituras dos grandes prosadores portugueses adveio-lhe um perfeito domínio do idioma. Leu muito: muito extensa a sua cultura literária. Estilo gracioso e senso crítico deram-lhe relevo na sua geração, que era a segunda do Simbolismo — de que foi um dos críticos — e abrangia Cláudio de Sousa, Antônio Austregésilo, Emílio Kemp, Guerra Duval, Neto Machado, e ainda Gustavo Santiago, Colatino Barroso, Azevedo Cruz, Alves de Faria, Orlando Teixeira e outros coetâneos. Cruz e Sousa, Gonzaga Duque, Nestor Vítor, Mário Pederneiras, Lima Campos, Figueiredo Pimentel, mais velhos, eram, para eles, os mestres.

Com os seus companheiros, fundou a sociedade "Os Novos", que divulgou logo um curioso "Decálogo" impresso em preto e vermelho, e lançou a revista *Vera-Cruz*. Seu pai porém passou repentinamente de remediado a pobre, e Oliveira Gomes tornou-se de colaborador de revistas raras e curiosas, em jornalista profissional. Trabalhou bastante tempo na *Gazeta de Notícias*, onde foi encarregado da organização e direção do *Almanaque* daquele jornal.

A partir de 1906 não mais publicou trabalhos literários. O jornalismo absorveu-o quase totalmente. Só fez exceção para alguma produção teatral, como a opereta, do tipo das vienenses, então na maior voga, que fez representar por volta de 1900.

Entre 1907 e 1908 casou-se com uma cria da casa, Maria Toledo, órfã e pobre, "menina apenas simpática, sem maiores atrativos do que a humildade." Deste consórcio houve um filho, cujo destino foi infeliz".

Depois de passar por vários jornais, entrou definitivamente para *A Notícia*, onde foi primeiramente cronista teatral e por fim redator-chefe, função em que se conservou até a morte. "O diretor tudo lhe confiava. Fora-lhe o braço direito, tal o apuro e a atividade que desenvolvia Oliveira Gomes na organização das edições do simpático diário vespertino. Notícias, folhetins, crítica, distribuição da matéria, o que dizia respeito ao bom êxito da folha, durante ao menos algum tempo, dependia da dedicação de Oliveira Gomes. Moirejava e aniquilava-se." Sua irmã Rosalina falecera jovem, de tuberculose. Oliveira Gomes fora contaminado. Nunca foi boêmio, mas nem sempre jantava e pouco dormia. "A sua fisionomia magra, de olhos fundos, de cute pintalgada de marcas de varíola, começou a afilar-se. A tuberculose declarou-se." O seu amigo Antônio Austregésilo, já então professor da Faculdade de Medicina, aconselhou-lhe os ares de Minas Gerais. O estreito jornalismo não lhe permitiu esse recurso salvador.

Faleceu no Rio, em 6 de junho de 1917, sendo inumado no Cemitério de São João Batista.

Bondoso, modesto, Oliveira Gomes era um perfeito carioca. Amava a sua cidade, e amava o carnaval. Unindo-se, para isso, a Calisto Cordeiro e a Raul Pederneiras, grandes caricaturistas da época, tentou levantar o nível artístico daquela orgia citadina... e foi um descalabro.

Em toda a imprensa do Rio, na *Revista Contemporânea*, no *Almanaque da Gazeta de Notícias*, na revista *Vera-Cruz*, de que foi diretor, em 1898, mas sobretudo em *A Notícia*, que dirigia, então, o célebre Rochinha (Oliveira Rocha), Oliveira Gomes colaborou, publicando contos, fantasias, crônicas, artigos de crítica, sueltos, imensa produção que está dispersa.

Só publicou em livro *Terra Dolorosa*, Rio 1899. Anunciava, como terminados, outros livros: *Terra Feliz*, impressões e fantasias; *Canaã dos Tristes*, romance; *A Lenda do Seu Amor*, novela, e tinha em preparação *A Torre do Silêncio*, romance.

Dos seus méritos, como homem e como jornalista, disse Vitorino de Oliveira, na cerimônia em que foi inaugurado o seu retrato na sede da Associação Brasileira de Imprensa, em 1932.

A NOITE

A Philéas Lebesgue

....

Partes todas as manhãs, tristemente, silenciosamente, por ensangüentados caminhos d'auroras que se desfloram, e as nossas dores despertam com os primeiros gorjeios das aves felizes que têm o Sol amigo, a luz bondosa e o risonho Dia para as alegrarem; a cancela do nosso peito abre-se então e por ela entra um bando cruel de corvos; o rubro da aurora tem o calor dos brasidos e os rumores do mundo são como a aterradora música fragorosa de exércitos grandiosos que viessem para nos aniquilar.

Voltam lágrimas nas asas d'oiro da Luz — lágrimas que trazem brasas, que ardem como chamas!... Foi pelas manhãs de sol e pelos claros meios-dias alacreantes que a nossa alegria perdemos. Em sarças incendiadas consumiram-se-nos quimeras d'oiro e o fumo aromal das esperanças mortas evolou-se e turvou de melancolia o divino Azul. O florestal das mágoas desabrochou ao sol numa exuberância de cores chorosas e perfumes amargos. Prantos de fogo inundaram as searas, devastando-as, e a pomba ingênua da Ilusão viu destruído o seu pombal Uma chuva de cinzas tudo cobriu e do cinerário brotou a tristonha imagem dum cipreste — guarda sombrio do Além.

É sobre esse deserto pardo, sem pegadas, sem veredas e sem florações,* que o Sol caminha agora, pobre, ele também, pobre Rei sem pomares em flor, sem fontes amenas onde apague o braseiro dos seus desejos.

Vemo-lo, ciliciado pela própria glória — coroa d'espinhos, cana verde da desventura — arrastando pompas maltrapilhas, pompas dolorosas, como um grande torturado da Luz, causticado de chamas, marchando magoadamente pela Estrada árida, sem oásis, sem poisos, sem choças umbrosas e frescas, extenuado, faminto e doente, sempre impelido para os Triunfos que fogem. Desfalece pelos ocasos, pelas tardes agonizantes, deitado sobre firmamentos de topázio, mas logo a vida se lhe reacende nas veias rotas, esfaceladas, e ele prossegue, magoadíssimo e resignado, derramando pela poeira das brumas o sangue amargo do seu martírio.

Anda há mil séculos nessa agonia. Atravessou os tempos que se consumiram e há de passar os que estão para vir. Viu de perto os cataclismos e as hecatombes; a fanfarra dos ventos muitas vezes cantou junto dele a música fúnebre das Destruições. Estrugiram Astros inflamados e rolaram em coriscamentos violáceos como estranhas metralhas monstruosas; o raio milhares de vezes retalhou o seio

---

* Está sem a vírgula.

do Céu fazendo apojar o leite dolorido dos luares. E em volta del rei das Alturas, perdido no Infinito, preso ao martírio, sem lágrima já, sem pátria e sem trono, sem um Calvário e uma Cruz onde pregassem e lhe dessem a beber na esponja das agonias o fel au rinegro da Morte, a tragédia do Mundo se desenrolou pelos tempo entre cenografias pesadas e infernais, terrível e sangrenta.

Astros morreram e jazem sob lousas de trevas, ignorados com miseráveis. Muitas primaveras foram florir na desconhecida e lor gínqua necrópole dos mundos. Ele aí ficou no espaço como ur grande coração alanceado, Ashverus monstruoso e maldito, Néssu vergado ao peso duma túnica de luz!

Só a ele, rainha das Sombras, não podes consolar. Quando chega é para o amortalhar, ao eterno Ressurgido, ao eterno Márti grandioso.

(*Terra Dolorosa*, págs. 31, 33-36.

BRUMAS

A Alberto Bramão

Aves fantásticas, aves de cinza, sem cânticos, sem ninhos, sem bater de asas farfalhantes, frias e desoladas, a correrem por um país azul espalhando nostalgias e tédio...

Lembram aspirações vagas, irrealizáveis, sonhos que se não sonharam bem, gestos de mãos engelhadas chamando de longe as quimeras perdidas.

A Morte formou-as talvez do seu hálito nevado e lançou-as para o mundo a enturvá-lo e a aflingi-lo.

E vão, e seguem, unidas, silenciosas, asas mortas sobre o azul dos montes e o verde do mar, atrofiando a luz, semeando lágrimas no ar, aves de cinza, aves de morte, aves de maldição!

Sobre as coisas todas cai o peso das suas asas inertes; as grandes montanhas não as detêm, o sol não as destrói e elas vão, azul em fora, caravana fantástica e monstruosa, conduzindo as nostalgias e o tédio. O seu bando é longo e triste como um cortejo de mortos e desfila pesadamente, silenciosamente, num rolar de prantos nebulados que vêm de olhos negros de dor, de olhos anoitecidos na clara manhã do primeiro beijo, do primeiro amor, da primeira alegria.

Imagens de corações que já morreram e não têm um caixão nem uma cova e erram pela vida aos atropelos da multidão, batidos pelos olhares cruéis dos que são felizes e não choram e não sabem apiedar-se...

Imagens dos risos que murcharam e rolaram da jarra de coral duma boca de mulher que amou e foi traída e abandonada...

Imagens dos olhares saudosos das mães que perderam os filhos e o marido e ficaram a envelhecer sozinhas, sem terem ao seu lado a velhice amiga do esposo nem a mocidade carinhosa dos filhos...

Imagens da mágoa infinita dos que na vida desfraldaram o lábaro das suas aspirações e o viram arrancado das suas mãos e roto e pisado...

Imagens dos nossos dias, das nossas horas torturantes de Artistas, de Sonhadores a quem o destino traçou uma estrada azul e infinita por onde os nossos pés marcham ensangüentados, feridos nas estrelas!...

Brumas! aves de cinza, aves malditas! voai!... voai!...

Para além fulgem estrelas na fuligem da noite. Ide apagá-las, ide enregelá-las. Brumas frias, brumas magoadas, sois tristezas de astros que andam a chorar!... Ide, brumas; ide, aves sem cânticos e sem ninho; levai aos astros felizes as lágrimas dos sóis doloridos!

(*Ibid.*, págs. 109-111.)

GUSTAVO SANTIAGO (1872-?)

Gustavo Santiago nasceu na Cidade do Rio de Janeiro, a 8 de abril de 1872.

Fez parte dos seus estudos em Portugal onde, mais tarde, publicou o seu primeiro livro.

Advogado e jornalista, já em 1890 era diretor dum periódico político-literário: *A Pagina* (quinzenal).

Iniciado o movimento simbolista, Gustavo Santiago não foi dos primeiros a devotarem-se à nova cruzada estética. Fê-lo, porém mais tarde, de modo absoluto e total. Gustavo Santiago foi não apenas um poeta simbolista (aliás de segunda plana), mas também um dos críticos do movimento e o homem-simbolista típico, o dândi do Simbolismo, e companheiro de Freitas Vale na adequação dos seus gestos e até do seu ambiente íntimo, do seu interior, à feição simbolista.

A sua obra publicada abrange três volumes: dois poemas e uma coletânea de versos; além disso um panfleto. Disseminados em jornais e revistas, existem crônicas, páginas de crítica literária e contos.

Elísio de Carvalho, em *As Modernas Correntes Estéticas na Literatura Brasileira*, traçando um insubstituível retrato de Gustavo Santiago, refere-se às "suas crônicas impressionistas rotuladas *Claro-Escuro*, cheias d'*esprit* e graça", "adoráveis de expressão e sentimento"; às suas fantasias, aos seus estudos de crítica literária e aos seus contos, "muitos dos quais, como *Sala Vazia*, poderiam ser assinados por João Barreira".

Era como homem, porém, que Gustavo Santiago impressionava a gente do seu tempo. "Santiago" — escreve Elísio de Carvalho — "é uma figura interessante, sugestiva, provocante aos olhos do *profanum vulgus*, uma figura de *boulevardier*, trajando sempre de luto, jaqueta à Barrès, cabeleira de azeviche, sempre e ternamente revolta, à cabeça um largo chapéu de lebre, um *sombrero* de grandes abas

Gustavo Santiago.

para *épater*, não mais os burgueses, mas os pássaros agoureiros da mediocridade, lunetas atadas a uma larga fita preta e atrás das quais se encontram dois olhos negros e belos, tão lindos e tão brilhante, que levaram um poeta amigo a dizer que, se fosse mulher, com o dono deles se... perderia. Não há quem não o conheça, ou, pelo menos, quem, ao vê-lo, com seu escandaloso chapéu, sua cabeleira bem cuidada, suas lunetas e seus dois olhos tentadores e assassinos do desejo, não exclame: *este sujeito é, positivamente, um poeta.* Quando, nas rodas literárias, se pronuncia o nome de Gustavo Santiago, vem logo à lembrança a sua poesia feita de *lírios da cor do céu, pássaros brancos, rouxinóis cinzentos, anacâmpseros, oceanos de erisipelas...* e as anedotas pitorescas que a crônica bordou em torno da sua figura, entre as quais se encontra aquele banquete, oferecido a alguns íntimos do poeta, em que foi servida uma salada de violetas temperada, como as alfaces, com azeite e vinagre." E lembra, a propósito do autor de *O Cavaleiro do Luar*, a personagem des Esseintes, do *A Rebours*, de Huysmans.

Escreve João do Rio, no seu documentário tão valioso *O Momento Literário*, que, prevenido contra o poeta — "É um homem com a mania de dar na vista" —, encontrara entretanto uma pessoa simples e encantadora, que lhe deu testemunho inteligente e vivo sobre o movimento das letras e sobretudo da poesia.

Gustavo Santiago foi dos mais ardorosos apologistas do simbolismo, do nefelibatismo, do decadentismo.

Dentre os grupos em que se dividiu a grei simbolista, após a morte de Cruz e Sousa, mestre incontestado, Gustavo Santiago, conviveu sobretudo com o que se formara em torno de Nestor Vítor, e em que figuravam, entre outros, Oliveira Gomes, Silveira Neto, Tibúrcio de Freitas e Maurício Jubim.

O poeta do *Luar de Hinverno*, Silveira Neto, também desenhista e pintor, encheu de ilustrações curiosamente sóbrias e graciosamente ingênuas a edição original de *O Cavaleiro do Luar*.

Faleceu no Rio de Janeiro.

Obras publicadas: *Saudades*, poema, Coimbra, 1892; *O Cavaleiro do Luar*, poema, Rio, 1901 (o poema é de 1898), com ilustrações de Silveira Neto; *Pássaros Brancos*, Rio, 1903 (os versos são de 1892-1898); *Pelo Norte*, 1906.

O CAVALEIRO DO LUAR

Eu sou como o formoso Cavaleiro,
Que à branda luz adormeceu do luar,
E nunca mais, formoso Cavaleiro,
E nunca mais tornou a despertar!

Sonhos que a mente lhe afagaram,
Risos, quimeras, lúcidas visões...
Tudo se foi e todas se apagaram
À dor de não sentidos corações.

Ele tinha o cabelo louro
E era um príncipe encantado,
Veio a Vida, roubou-lhe o ouro,
O cabelo fez-se prateado.

Com as suas honras, glórias e riquezas,
O Mundo um dia o deslumbrou;
Logo o encanto se lhe quebrou:
Honras e glórias... lamas acesas!

Fechado então no seu castelo,
Pôs-se a cismar, pôs-se a sonhar...
Cismas de amor... que sonho belo!
Um anjo a acenar-lhe* lá do luar!

Não se conteve de enamorado
Que o louco intento não praticasse...
(Quanta tristeza por vezes nasce
De um bem apenas imaginado!)

Vales e montes, ei-lo a correr,
Olhos Lá-em-Cima, a fascinação!
Na alma sereno a florescer
O lírio branco da Redenção!

Vales e montes, bosques, florestas...
Quem o vencera no seu fadário?
Ai! Cavaleiro! que tão funestas
Vistas conduzem no itinerário!

Céus cor de cinza, céus cor de chumbo,
Longes países atravessando...
Como seduz, à tona boiando
Do Lago Azul, a flor do nelumbo!

---

* Está: "ácenar-lhe" (na grafia atual, "àcenar-lhe"), uso insólito da crase. O mesmo no último verso da 7.ª estrofe seguinte.

Bárbaras gentes,
Tribos e povos;
Na dor dos velhos continentes
A dos que o sendo inda são novos.

Manhãs radiosas
De puro sol;
Noites... vigílias veludosas
De um Herói...

Nem mais escuta a Voz que lhe diz
Dos horrores e perigos a passar:
Tão surdo caminha!, feliz
Do anjo a acenar-lhe lá do luar!

Embevecido, que a doce Quimera
Já o sustenta nas suas asas,
Árvores, águas, largas e rasas
Campinas verdes em primavera,

Tudo deixando, sem o sentir,
Lá vai alígero, a tudo alheio,
Olhos Lá-em-Cima... o Anjo a sorrir
De tudo em meio!

Abismos lhe surgem apavorantes,
Negros, profundos, tremendos,
Abismos cujos fundos hórridos horrendos
Monstros habitam horripilantes!

São pestilentes águas estagnadas,
Rios verdes, lagoas amarelas,
Mares de ondas pútridas, paradas,
Oceanos feitos de erisipelas

São as serpentes lúbricas da Treva,
Os esfaimados tigres do Silêncio,
Panteras, Hienas, Leões...
Mas nada vence-o!
Tão surdo!, tão cego! no anjo se enleva!

Por toda parte, sanguinolentas,
Rebentam guerras devastadoras;
Rompem os ares, atroadoras,
Nunca entrevistas, feias tormentas.

Entram agora a encher os espaços
de ânsias, gemidos, gritos e ais!,
As multidões dos hospitais,
Carnes em chagas, caindo aos pedaços.

Pelos caminhos
Há crianças esquartejadas,
E mães terríveis, alucinadas,
Que com punhais golpeiam ninhos.

Soltam-se rábidos, sanguissedentos,
Ladrões, Falsários e Assassinos,
Todos Aqueles cujos destinos
Já os marcaram os nascimentos...

Tem pesadelos o hálito aceiro
Da Terra...
— Quem o salvasse, ao Cavaleiro!
Imagem da Alma que aí erra!

Mas, campos em fora, sempre a sorrir-lhe
O anjo do luar,
Lá segue, lá some, sempre a fugir-lhe
O anjo do luar!

Até que, uma noite, cansado, vencido,
Parou a cobrar o alento perdido.
Era em vasto areal, perto um rio em derivo,
Na calma azul do céu o luar sugestivo...

> (Eu sou como o formoso Cavaleiro
> Que à branda luz adormeceu do luar,
> E nunca mais, formoso Cavaleiro,
> E nunca mais tornou a despertar!)

(O Cavaleiro do Luar.)

XI-XII-1898.

PÁSSAROS BRANCOS

Asas brancas da cor do céu de estranha noite,
A carícia da treva às nervuradas guias,
Ei-los, passam em bando às longes serranias,
O píncaro a buscar, que seguro os acoite.

No escancaro de luz dos outubrinos dias
Um, que, primeiro e aflito, à alvorada* se afoite,
Cegue embora! Como um deus que a loucura enoite,
Triunfante surgirá à flor das fantasias.

Pássaros brancos... Ora! a alegria bisonha
Na esperança que dentro o verso traga e exponha,
Cantante como o riso ou quérulo de dor...

Sondai-lhe bem o olhar: nesgas róseas de nuvem,
Descobre-se-lhe nele — almas que então enviúvem —
Todo o pesar de quem sofre penas de amor!

(*Pássaros Brancos,* págs. 9-10

BIRDS IN THE NIGHT

(À memória de Artur Lobo)

Ouço-as à noite, trêmulo-erradias,
Pássaros negros! lúcida Saudade!
O silêncio da Altura que as invade,
Suavíssimo-serenas Harmonias!

Cítaras, que, através da Imensidade,
O lento ressurgir de épocas frias
Vão embalando, brandas e macias,
Em acordes de amor e piedade...

Ouço-as, Almas da Sombra, veludosas,
Como do Sonho às portas luminosas
A esta saudade que me faz cantar;

---

* Está: "álvorada" (na grafia atual, "àlvorada"), em lugar de "à alvorada". Outro uso insólito da crase.

Ouço-as, à noite, cantam! indizíveis,
Misteriosos sons intraduzíveis!
Metamorfoses brancas do Luar!

(*Ibid.*, págs. 51-52.)

SÍMBOLO

Eu sei de uma velhinha de cem anos,
Ou talvez mais,
Que ainda tem sonhos, ainda tem ideais,
Ainda se nutre de ilusões e enganos.

Mora no vão de uma floresta,
À beira-rio,
E, seja inverno ou seja estio,
Anda-lhe sempre o coração em festa.

É cega, já não vê, de tanta cousa
Que viu por este mundo.
Nos seus olhos, porém, foi tão gloriosa
A luz, e o seu poder foi tão fecundo,
Que ainda agora,
Naquela noite escura,
A doce criatura
Parece contemplar risonha a aurora.

Na trama de um tecido original,
De pura fantasia,
Trabalha dia a dia,
Sem rival;
E não cai folha ou passa grão de areia,
Que a não sinta desperta trabalhando
No seu tear,
A cantar:
É a aranha a tecer a sua teia,
É a lua sonâmbula sonhando!

(*Biblioteca Internacional de Obras Célebres*,
Vol. XXII, pág. 11.176.)

O NEFELIBATISMO

— No que refere à poesia, ou, melhor, ao verso, julgo não errar, assegurando ser o momento de luta. Há, de um lado, o Parnasianismo, que, agonizante, a debater-se nas vascas da morte, tenta por todas as formas resistir, apegando-se até a tábua de salvação de todas as inteligências extintas do Classicismo; há, * de outro lado, o que, de maneira geral, se convencionou denominar no Brasil e em Portugal nefelibatismo, e que tão desastradamente tem sido interpretado e compreendido entre nós. Lembra-se da apreciação de Sílvio Romero, filiando o movimento aqui a não sei que produto poético de um vinhateiro, que há lá na península Ibérica, em Portugal, chamado Guerra Junqueiro? Pois é assim que a nossa crítica se externa, e, olhe, Sílvio é dos mais competentes, senão o mais autorizado. Imagine o resto... Não estamos no verso estacionário; as duas coortes em frente provam o inverso, a atividade. Enquanto os parnasianos, unidos aos clássicos e aos românticos, que ainda os há, querem o *statu quo*, a conservação de fórmulas que o tempo e o uso imoderado tornaram imorais, como o adjetivo com a acepção rigorosa do dicionário, o número de sílabas muito de acordo com os compêndios, os acentos muito direitinhos nos respectivos lugares, a imagem muito terra-a-terra, ** a suportar a análise do burguês, a rastejar, a rima a opulentar-se ridiculamente num trabalho todo de paciência e rebuscamento por alfarrábios e empoados cadernos de sacristia, os nefelibatas, insurgindo-se, arremetem contra tudo isso, na prédica do verso livre, na afirmação alta da imagem com asas, pairando inacessível em regiões estelares, em mundos outros que não os devassáveis pelo olho filisteu. Os "velhos" pretendem a arte-habilidade; os "novos" pretendem a arte-sonho. Os primeiros, partindo do ponto de vista falso de que a paisagem nada mais é do que um quadro, de que o homem nada mais é do que um simples animal obedecendo estritamente às leis biofisiológicas, que governam todos os outros, baniram da arte a emoção, o sentimento, a jungi-la ao termo preciso, a senhoreá-la à descritiva, a nivelá-la à fotografia. Os segundos, tomando como verdade o pensamento de Amiel, de que a paisagem nada mais é senão um estado de alma e de que o homem, com ser um animal, não é menos um coração, nem menos um espírito, procuram reintegrar a emoção, recolocar no altar o sentimento.

(João do Rio, *O Momento Literário*, págs. 292-293.)

---

* Está sem a vírgula.
** Está: "terra-á-terra".

AD. GUERRA DUVAL (1872-1947)

ADALBERTO GUERRA DUVAL nasceu em Porto Alegre, a 31 de maio de 1872.

Estudou preparatórios em Porto Alegre. Formou-se em Direito em São Paulo, em 1892.

Publicou as *Palavras que o Vento leva*..., seu único livro impresso, em 1900, em edição limitadíssima. Com ele introduziu-se na nossa poesia o uso do verso livre.

Foi secretário do semanário *Rua do Ouvidor*, que pouco viveu. Escreveu dispersivamente em várias gazetas e revistas, quase sempre versos.

Em 1905 ingressou na carreira diplomática, como 2.º secretário em Roma, onde esteve dois anos, servindo depois em Buenos Aires e Assunção. Em 1911 foi promovido a primeiro secretário, e designado para Londres. Em 1914 foi nomeado ministro residente na Colômbia, onde não esteve nunca, tendo permanecido em Londres, donde repatriou os brasileiros retidos na Europa pela Primeira Guerra Mundial. Em novembro daquele ano foi promovido a ministro plenipotenciário, seguindo para a Holanda em 1916, e, concluída a paz (1920), para a Alemanha. Em 1933 foi promovido a embaixador e designado para Lisboa, em 1935 para Roma, onde, em fins de 1938, o colheu a aposentadoria.

De volta ao Brasil, fixou-se no Rio.

Faleceu na Cidade de Petrópolis, em 15 de janeiro de 1947.

Deixou inéditos um volume de versos, e dois de prosa: *Conceito Moral do Esporte* e *Cifra*, coletânea de recordações da sua vida literária e diplomática.

A sua poesia, muito requintada e elegante, é de feição nitidamente européia, na linhagem Maeterlinck. Esse rio-grandense-do-sul foi livre-atirador no movimento simbolista, e um precursor da poesia do grupo Filipe d'Oliveira, Álvaro Moreyra, Eduardo Guimaraens.

Obra poética: *Palavras que o Vento leva*..., Bruxelas, 1900.

SONETO D'OUTONO

Grandes panos grisalhos... Folhas mortas
Nos esqueletos d'árvores d'outono...
A Morte e o Frio andam batendo às portas,
E o Vento ulula como um cão sem dono.

(Pelos outonos, minha Primavera,
Padeço as agonias ambientes,
E há no meu peito alguém que desespera...
— Porque há de haver outonos e poentes!)

Nesta paisagem lívida de esplim
A Alegria expirou dentro de mim;
E o Sol, o loiro Sol do meu país!

Morreu de tédio pelo outono gris...
— Como a nódoa d'azeite que s'espalma,
A Tristeza manchou toda a minh'alma!

(*Palavras que o Vento leva*..., págs. 45-46.)

DIAS DE NÉVOAS E DE SAUDADES...

Dias de névoas e de Saudades,
Dias tão longos!
Dentro de negros caixões ablongos
Vão alegrias, vão mocidades.

Saudades, névoas, tardes morrentes...
E as almas tristes, como doentes,
Passam, magoadas, a suspirar
Toda a tristeza esparsa no Ar.

— Almas violetas sentimentais
Dos poetas loucos, mortos de Amor...
E as Almas Noivas andam aos ais,
Porque são gêmeos o Amor e a Dor.

....

Há tantos dias que chove, tantos!
Ai! que esta chuva que m'envelhece,
Que me atormenta, que me anoitece, *
Parece feita d'água de prantos...

(*Ibid.*, págs. 47-48.)

GARÇAS

> Às Brancas, brancas Ofélias penugentas, para que façam vida beata, na Torre Ebúrnea da Esterilidade,
> — digo este salmo em ** litania.

Evocativas,
Silenciosas,
Garças hieráticas e misteriosas,
Damas Brancas e ciosas
Das virgens envultadas e cativas

No pólen das camélias:
— Garças ofélias;
Garça afrodita,
Alma pálida e aflita
Pelo que sofreu e pelo que velou,
Alma penada de Pierrot;
Gôndola de pluma,
Flaflando no Ar o ritmo coleante,
Salmeante,
Das ôndulas d'aljôfar e d'espuma;

Véu astral de noiva morta, iluminais as agonias
Das infecundas amantes
Que amamos,
Penas abertas, como palmas
De leite
Dum Domingo batismal de Ramos;

---
* Está sem a vírgula.
** Está: "en".

Coifas de linho de sóror * enfermeira,
À cabeceira,
Nos morrentes dias
Do último olhar,
Luar

Dos olhos de diamantes;
Almas das rosas brancas desfolhadas,
Velais cantando, a noite em claro, o místico deleite
Do estéril amor simbólico das Almas;

Rosas de neve níveas como ventres de amadas,
Almas sem áscua,
Cheias de graça e decoro,
Salmodiando em coro,
O monte quaresmal de Páscoa;

Estrídulos de flauta feitos ave,
Corações de harpa instrumental e grave,
Suave;
Asas, que levais no Ar as Esperanças
Das nirvânicas bonanças,
Pálidas aéreas teorias de Garças,
Espalmos signos siderais das virgens de pupilas garças
E cabelo loiro,
Como um zimbório d'oiro;
— Garças virgens, Virgens esotéricas,
Seja o vosso amor
O cerebral amor estéril das histéricas;
Alas tocando as matinas,
Poupai às alvas almas crastinas
As javalinas
Do caçador — A DOR;

Pena branca, nuvem que voa e passa,
Pulcras Filhas de Maria,
No meu corpo estéril e minh'alma casta vos amaria,
Se fôsseis a opaleante agonia
Da RAÇA.

(*Ibid.*, págs. 13-17.)

---

* Embora a pronúncia fixada pelo Vocabulário Ortográfico de 1943, que é seguido neste volume, seja "soror", preferiu-se "sóror" — como, aliás, está no livro, e que é a pronúncia mais corrente — por muito mais conveniente ao ritmo do verso.

AD. GUERRA DUVAL

GRISALHA

Manto griséu de chuvas,
Mantos griséus...
Andam chorando centos de viúvas
Sob estes céus.

Os fios de lágrimas pelos ares
São fios de pérolas em colares.

Gases de névoa brumando os mares...
Névoa, Saudade que s'evapora...

Chove nest'alma, como lá fora.

Dias de cinzas do meu inverno,
Dias agrestes;
Todas as árvores são ciprestes,
E o dia d'hoje é um dia eterno.

Que chuva parda! que gente triste!
Neste crepúsculo ao meio-dia,
Ando penando na nostalgia
Dalguma terra que não existe...

(*Ibid.*, págs. 55-56.)

CASTELOS NO AR

A vida é o sonho de um sonho sonhado.

FICHTE.

Sonhos, noites, lagos noturnos e luares;
Olhos, olhares...

Quando o luar dos teus olhos aos meus olhos desce
A minh'alma empalidece;
Todo eu fico a tremer,
E tu passas sem me ver,
No teu lento passo acompassado...

Ao ver-te passar, eu sinto que me crescem asas,
E leve de culpa e de pecado
Ponho-me a voar, a voar,
Numa volúpia nova, pelo azul dos ares,
— Pelo Reino dos Luares —
Acima das misérias e das casas
Té encontrar pelo caminho
Um dos meus Castelos no Ar...
— Lá, se tu quisesses, pela primavera,
Íamos fazer o nosso ninho.

(Minha Sombra Azul, cor de Quimera,
Quando o luar dos teus olhos os meus olhos banha,
Na noite da minh'alma entra uma luz estranha.)
O meu alcácer é um fantástico tesoiro,
Um palácio astral mitrado dum zimbório d'oiro:
No parque, alabastros de ninfas e mármores de musas,
No jardim, as rosas brancas são pálidas reclusas.
E as sangüíneas papoilas
Um bando saudável de rústicas moçoilas;
Dentro, numa sala imensa,
Em quadros murais da Renascença,
Vivem sonetos do Aretino
E a legenda sutil de Leda e do Cisne divino.

(Quando o olhar dos teus olhos me veste de luar
Dentro da minh'alma há um Cisne a cantar.)

Nessa câmara d'arte erótica e pagã,
Por uma plúmea e nupcial manhã,
O meu amor espera-te. E com que desejo,
Com que sede te espera!
No primeiro longo, longo beijo
Bebe-te o hálito floral de primavera,
E é como se bebesse fogo.

(Quando o luar dos teus olhos os meus olhos toca,
A minh'alma beija-te na boca.)

Nos meus olhos crepitam labaredas;
Todo eu, ardendo, quero amar-te logo;
Trêmulos e tímidos os dedos vão rasgando as sedas,
As musselinas lívidas esparsas,
— Penugem ventral de garças —
Translúcidas e brancas

AD. GUERRA DUVAL

E sob o novilúnio da tua cabeleira
É d'âmbar o teu corpo, Trigueira,
Sincero e sem pejos,
Todo vestido de beijos!...

(Quando o luar dos teus olhos vence todos os luares
No lago da minh'alma abrem os sonhos, como nenufares.)

(*Ibid.*, págs. 81-85.)

PALAVRAS

Na rua bisbilhante, plena
Passa a tua Graça morena.

Acodes ao prazer (— prazer ou dor? —)
E vens para o sabá do nosso amor.

Pele floral em primavera,
O peito curvo em rostro de galera;

Passo em baloiço, pelo mar do Povo,
Levas à Festa esse teu corpo novo.

Beijos d'olhares poisam-te na boca
E ladra a inveja das mulheres: *Louca!*

Louca! Por que é de mel o teu sorriso
E o teu amor é a Porta do Paraíso?

E por que foste o Canaã bendito
Para aquele que fugiu do Egito?

Serias louca se tu fosses feia,
Mas da tua boca, ânfora cheia,

Transborda um venturoso vinho:
E o teu ventre é branco como o linho;

*Noites, lagos noturnos e luares,
São teus olhos e olhares;*

E sob o novilúnio da tua cabeleira,
É d'âmbar o teu corpo, Trigueira.

— A tua formosura é uma lustral desculpa,
Que ser linda e não amar é a Máxima Culpa!

(*Ibid.*, págs. 87-89.)

ONTEM DE NOITE...

Ontem de noite...
— Na noite negra o inverno branco.
Negro e branco d'água-forte —
Ontem de noite,
Ardia ainda o meu Círio branco;
À meia-noite,
Veio e soprou-o a feia *Morte*.

À meia-noite,
Bateu à porta bem de mansinho,
Como um mendigo desgraçadinho
Que pede esmola.
(Ai! feia *Morte*, por que apagaste os Olhos Noivos?
Ontem de noite,
O Padre veio d'hissope e estola...
— Eu aspergi-A, depois cobri-A de dor e goivos.

À meia-noite,
(Doze corujas piando, as carnes arrepiando...)
Um cão negro veio uivar à porta
Da minha Noiva morta;
Ontem de noite,
— Noite de agoiros roxos corvejando —
No meu peito (inda as tenho cravadas!)
Sete assassinos cravaram Sete Espadas!

(*Ibid.*, págs. 151-153.)

PORQUE O MEU BRAÇO É ENCORDOADO EM MÚSCULOS

Porque o meu braço é encordoado em músculos
E pareço talhado para a lida,
Ninguém crê nos meus íntimos crepúsculos...
— Vocês não sabem que eu nasci suicida?

E levantei-me cedo e fui viajar...
Por mais que andasse não saí do mundo,
Por mais que andasse, ia comigo, a andar,
A sombra de um desgosto vagamundo.

E para que viajar? O esforço é inútil.
A desventura é a túnica inconsútil.
A carne é dolorosa, a carne é triste.

Uma viagem só, para o Nirvana,
Que nesta longa travessia humana
Vi o avesso de tudo quanto existe!

(Reconstituído de memória por Corintho
da Fonseca, que mencionava a publicação
em *Rua do Ouvidor*.)

XAVIER DE CARVALHO (1872-1944)

Inácio Xavier de Carvalho nasceu no Maranhão, em 26 de agosto de 1872.

Formou-se em Ciências Jurídicas e Sociais na Faculdade de Direito do Recife, após o quê retornou ao Maranhão, onde ingressou na magistratura, exercendo sucessivamente os cargos de promotor público e juiz municipal, acumulando-os com a cátedra de Literatura no Liceu Maranhense. Transferindo-se para Minas Gerais, ali foi nomeado para Abaeté, como juiz municipal. Chamado ao Amazonas, exerceu ali o cargo de procurador-geral do Estado. Em 1917 foi nomeado juiz federal substituto da Seção do Pará. Extinta a magistratura federal nos Estados, foi aposentado.

Tomou parte ativa no movimento literário da sua terra natal, liderado pela "Oficina dos Novos". No seu livro *Subsídios para a História Literária do Maranhão*, Antônio Lobo refere-se ao "transviamento" do promissor talento de Inácio Xavier de Carvalho, que com as suas *Missas Negras* se tinha incorporado ao movimento dos decadentistas e nefelibatas; e citava, dentre as suas produções, o soneto que lhe pareceu mais aproximado do parnasianismo, para fundamentar o elogio que fazia dos dons naturais do jovem poeta...

Xavier de Carvalho deixou numerosa colaboração nos jornais e revistas do Maranhão, do Pará e do Amazonas.

Era membro das Academias Maranhense e Paraense de Letras.

Residia nos seus últimos tempos no Rio de Janeiro, onde faleceu, em 17 de maio de 1944.

Obras poéticas: *Frutos Selvagens* (1892-1894), Maranhão, 1894; *Missas Negras*, Manaus, 1902 (capa preta, com letras prateadas); *Parábolas; Caixa de Fósforos*, versos satíricos.

PARA TRÁS

Quando um dia eu parti de alegre Ermida
Das minhas puras ilusões da Infância,
Essa alma toda a transpirar fragrância
Nem pressentiu os transes da partida...

Andei... Um dia, a estremecer com ânsia,
Pondo os olhos na estrada percorrida,
Vi meus Sonhos caindo de vencida
Apagados nas brumas da distância...

E eu quis ir para trás, num doudo assomo...
Oh! mas toda a extensão da estrada incalma
Vi-a entulhada por montões de escombros...

— Queres voltar, meu coração, mas como?
Se tens tantos Vesúvios dentro d'alma
E um milhão de Termópilas nos ombros?

(*Missas Negras.*)

NOIVAS MORTAS

Essas que assim se vão, fugindo prestes,
De ao pé dos noivos, carregando-os n'alma,
Amortalhadas de capela e palma
Em demanda dos páramos celestes;

Essas que, sob o horror que a morte espalma,
Vão dormitar à sombra dos ciprestes
Em demanda dos páramos celestes
Amortalhadas de capela e palma;

Essas irão aos céus, de olhos risonhos,
Por entre os Anjos, pelas mãos dos Sonhos,
De asas flaflando em trêmulos arrancos,

De Alvas Grinaldas pelas tranças frouxas,
De olhos pisados e de olheiras roxas,
Todas cobertas de Pecados Brancos.

(*Ibid.*)

VOLTA

Por desertos, por íngremes terrenos,
Fui um dia aos sertões desta Ansiedade
Ver se ainda ouvia um só gorjeio ao menos
Do bando exul* das aves da Saudade...

Debalde eu fui! O horror da tempestade
Tombando como pérfidos venenos
Dos amplos céus de minha Mocidade
Matara de uma vez todos os trenos...

Do almo horizonte pelas grandes curvas
Vi apenas milhares de aves turvas
Numa expansão dantesca de asas tortas...

E eu voltei... E ao chegar da casa em frente
Vi cair, aos meus olhos de Doente,
Um triste bando de andorinhas mortas!

(*Ibid.*)

---

* A forma correta é *èxul*; mas a pronúncia *exul* (oxítono), muito generalizada, e que provavelmente o poeta adotava, convém ao ritmo do verso.

LIMA CAMPOS (1872-1929)

César Câmara de Lima Campos nasceu no Rio de Janeiro, em 7 de novembro de 1872.

Estudou no Colégio Aquino, matriculando-se após na Escola Militar da Praia Vermelha, em cujo jornalzinho de estudantes, *Cruzada*, iniciou a sua atividade literária. Pediu desligamento daquela Escola no 3.º ano.

Colaborou, desde logo, na *Cidade do Rio* e em *O País*, fundando em 1895, com Gonzaga Duque, o *Rio Revista*, e em 1897 a revista simbolista *Galáxia*, e trabalhando no jornal *Mercúrio* em 1898.

Fundou o *Fon-Fon*, em 1908, com Mário Pederneiras e Gonzaga Duque. Colaborou na *Gazeta de Notícias*, em *O Malho*, na importante revista *Kosmos*, e, por fim, em *A Noite*.

Foi redator de debates do Conselho Municipal.

É legendária a sua amizade com Gonzaga Duque e Mário Pederneiras, aos quais sobreviveu, tendo falecido em 2 de janeiro de 1929, no Rio.

Obra poética: *Confessor Supremo*, prosa poética e contos Rio, 1904; *Vitrais*, inédito.

A EXPRESSÃO MAIS EXATA ...

A expressão mais exata de uma intensa saudade é uma velha casa em ruínas, deserta e muda ...

Há na sua quietude e no seu aspecto reminiscente um como que eco, a extinguir-se, do passado ...

Dir-se-á que aquele silêncio, aquele abandono, fala, dali, para a tranqüilidade de sepulturas, já cobertas de ervas, em algum recanto longínquo de cemitério...

A lágrima tenta umedecer a pupila e baixa, então, sobre nós, todo um poente triste de apreensões...

(*Confessor Supremo*, pág. 59.)

TRIO DA VIDA

Tu és a criação do pavor burguês!... És a vigília trazida pela covardia do egoísmo! É em toda essa labuta, em toda essa faina, a vida — que são as alegrias falsas e as verdadeiras dores — destacam-se as tuas linhas suaves, surge o teu sereno perfil, no silêncio frio da noite, acapuzado no bioco de um *poncho* e na sombra tranqüila...

Os últimos, ébrios, esses mesmos, já foram, trôpegos do passo, ensinados no caminho errôneo bondosamente por ti. As derradeiras *brasseries* estão já fechadas, com os faróis apagados. Tudo é silêncio e tudo é sombra. A polícia, essa própria, dorme... Velam só tu e o ladrão, tu e o crime, à luz vasquejante e fraca do gás público, um espreitando o outro...

E que emoção a tua, que sensacional momento o teu, quando o primeiro olhar investigador aponta, a primeira cabeça larápia espreita, sorrateiramente, à quina da rua, a ver se acaso dormes.

Instantes decorrem e *ele* vem, cauto — os pés encordoados, o ouvido atento, o olhar revesso... Vai a abrir a entrada férrea das joalherias, com as lâminas abaetadas e com a traição de uma gazua, e, em pouco, na treva interior da loja, onde os braceletes fulgem no acolchoado negro das pelúcias, o olho luminoso e verde de uma esmeralda fixa-o, olhando-lhe o crime, na palma aberta da mão...

Ah! Guarda-noturno!... Tu és o homem diante de cujos olhos passa toda a trilogia da vida... Não seres tu um filósofo, nem seres tu um artista!... A vida! A vida!... Ninguém tão de perto lhe assiste ao cortejo, ninguém a vê melhor do que tu a vês... O Natal, o Amor e essa ironia epilogar e lúgubre da Morte... Enquanto tu velas, os outros nascem, os outros amam, os outros morrem...

Todo o drama se desenrola aos teus olhos e tu o contemplas, emudecido e alerta, na quietude de uma rua erma.

A noite asperge sobre a cidade um peneiro fino de água infiltrando, e tu vais, Guarda-noturno, rua além, regougando velhas cantigas, baixo, para que os outros não despertem, impulsando os batentes, espaço a espaço, a verificar se a prudência burguesa os fechou, e a pensar nos teus que àquelas horas dormem na estreiteza de um quarto, em uma rua distante de arrabalde pobre...

Avança a distância, a crescer de estrépito, o rodar febril de um carro e através da névoa, duas lanternas cintilam — uma azul, outra branca...

Chegas, então, sonolento, ao extremo da tua ronda, vais a sentar, aos bocejos, no granito que uma cornija resguarda, mas, o rodar vertiginoso cessa, estaca, presto, a teu lado, e um homem salta, rápido, de sob a cúpula negra da carruagem. Tem os gestos estranhos e a voz trêmula ...

Indaga súplice com pressa, como implorando breve a resposta ... Procura a parteira... Não tem agora, ao certo, o nome na memória. E dá-te os sinais: — Uma alta, francesa. Se a conheces, se sabes?... E és tu quem solícito o guia, e mesmo és tu quem preme o tímpano, alarmando a casa, apelando àquela jardineira da vida que venha desabotoar mais uma flor — lírio roxo de tristezas, que há de ser,* ou rosa nevada de alegria ...

E' o natal, Guarda-noturno! E' o natal...

Novamente segues, e, passos em frente, um balbucio, um vozear apressado e baixo, esperta-te os sentidos...

Esbate-se, em nódoa clara, um vulto branco, em debruço, no quadro escuro de uma janela alta... Fala, tímido, medroso, à calçada, a mancha de um outro vulto, indistinto pela sombra que o cerca e pela garoa que desce... E o tilintir de uma chave no lajedo úmido, é, por instantes, o único ruído, pequeno e sonoro, a te ferir os ouvidos, no silêncio da noite e na rua tranqüila ...

É a chave de amor, Guarda-noturno, a chave d'oiro da ventura, que a mão trêmula e branca de Dona Elvira atirou ao *sombrero* de D. João ...

É o amor, Guarda-noturno! É o amor!...

Adiante caminhas, abrindo na bruma esgarça, a rubra lentilha acesa do teu cigarro em fumego ...

Da aberta escâncara de uma janela, irrompe para a sombria quietude o clarão flácido de flamas tristes, que a aragem abate e revive, um bruxuleio agônico de alampadários de claustro, barrando em luz funérea, como um ocaso lívido de país de mortos, a frontaria cerrada e muda dos prédios em frente ...

E lá chegado, páras, perscrutas, olhando aquele interior iluminado pela luz lúgubre ...

Está ao centro da sala, sobre as tábuas nuas da mesa, ladeado de tocheiros altos, um corpo hirto ... É o de um homem. Tem os pés voltados para onde estás, para a rua e tu o vês, assim, em escorço dos pés à fronte — primeiro as solas limpas dos botins novos, e, acima, os nós dos dedos enlaçados sobre a proeminência do ventre, presos os pulsos por atilhos de cadarço branco, depois a barba, ao

---

* Está sem a vírgula

baixo queixo, grisalha, no emaranhamento ainda dos longos dias de leito, e, por fim, sobre a espessura áspera do bigode, as duas fossas do nariz entupidas de algodão...

Ao chamejo dos círios, a sombra da cruz, à cabeceira do morto, move-se acrescida na parede, ao fundo, e oscila pausadamente, um lado a outro, como um pêndulo simbólico...

É a morte, Guarda-noturno! É a morte!...

Descobres-te e os teus lábios balbuciam qualquer cousa — os olhos fitos no alto, no algodoamento da névoa...

O teu *quarto* é o último, e, em pouco, o jacto seco de um estampido ecoa, de onde ficam fortalezas da barra, e alarga-se, espraia-se, como um núncio da aurora, por sobre as sotéias, por sobre os zimbórios, por sobre a rede cruzada dos fios, desde a beira-mar às montanhas além. O apagador do gás público chega, vem a extinguir a chama, de combustor em combustor, de lajedo aqui a lajedo oposto... Conhece-te, é um vizinho teu da *avenida*: — Bom dia — Bom dia. E, enquanto a cidade acorda, e os primeiros banhistas passam, caminho das praias, enquanto os outros voltam para a labuta, vais tu, então, Guarda-noturno — que agora toca-te a vez — ou para a morte ou para o amor, já sob a luz imprópria do primeiro sol, sem a proteção silenciosa e discreta da noite...

(*Ibid.*, págs. 63-69.)

MATER REGINA!

....
....
....
....

Bocas amigas trouxeram a palavra do conforto. Ouvindo-as, ELA olhava, vagamente, através das janelas, a guache * tristonha da tarde, ensombrando os campos e tingindo, suave, as montanhas...

A Cleofás viera — uma que era do Seu sangue — e vendo-A assim, da lividez de um luar nevoento, disse-Lhe conselhos de esperança.

ELA quedou-se olhando-a — as mãos caídas sobre o regaço e a cabeça exposta, brilhando à luz agônica do sol morrente os fios loiros e os fios brancos que erám o oiro que Deus Lhe dera e a prata que o tempo trouxe — absorta, com o aturdimento no olhar e a boca entreaberta; olhando-a sempre, sem ouvi-la; olhando-a, muda, fixa:...

(*Ibid.*, págs. 185-186.)

---

* A palavra está grafada assim mesmo, à portuguesa, mas em itálico.

GENTE DE UM TEMPO

....

Se Paulo Barreto (João do Rio) criou a *Alma Encantadora das Ruas*, Mário [Pederneiras] criara antes, na beleza o no ritmo dos seus versos livres, a alma sonora da vida do asfalto, a alma, musicada por ele, do ambiente público, das árvores infrutíferas dos logradouros, do assovio do nosso garoto, das faixas largas e brancas das nossas praias, da sonolência dos jardins fechados, essa adormecedora melancolia do jardim público, onde há sempre, como ele o disse

> ... *o sonho branco de um cisne*
> *na água triste de um lago.*

Mas, quando Mário professou na Magna Religião, quando disse a sua "missa nova" de arte, atirando à voracidade abocanhadora da crítica e à curiosidade sôfrega, estrábica, das veleidades improdutivas e dos que ama e sabem ler, o seu primeiro livro — ele se revestia, então, das insígnias sagradas de um templário do Simbolismo, de um Príncipe-Cardeal do Decadentismo, porque, a esse tempo, Paris era a nossa Roma excelsa e Verlaine, esse extraordinário Verlaine, esse carinhoso, irregular e querido "Maître Bibi", era, para além do Atlântico, o Papa magnificente que nos ditava, nas suas encíclicas estupendas de rimas e ritmos, a idéia nova, a forma nova, inebriando-nos, e levando-nos a amá-lo muito e a até querermos ir vê-lo no seu vaticano fascinador do *Café François I*, com os seus camerlengos, os seus cardeais amados, que era Moréas, que era Barrè, que era Samain, que eram outros e outros, todos os seus e também nossos queridos "Poètes Maudits". .... E como os Decadentes de Paris, já imitados pelos nossos irmãos os Nefelibatas de Lisboa, que tinham, então, à frente Eugênio de Castro, o cintilante de *Oaristos* e de *Belkiss*, criamos, também, aqui, nós os Simbolistas do Rio, o nosso *François I*, que foi, então o célebre e celebrado Cabaré Pelotense, já, antes da nossa existência, freqüentado pelos "Insubmissos", o grupo de pintores a que pertencera também Gonzaga Duque, quando preocupado exclusivamente de pintura e crítica de arte. Aclamávamo-nos, com convicção de que se alheava a modéstia: "Magnificentes da Palavra Escrita" e nos subintitulávamos: "Romeiros da Estrada de San-Tiago".

Éramos, ao todo, uns vinte, vinte exóticos, vinte malucos, vinte belezas. E daí foi que partimos, unidos, para a escalada das evidências de que necessitávamos e se faziam necessárias: os jornais, as revistas, os editores, os palcos, que conquistamos, por fim, começando, três ou quatro anos depois, a dispersão, tomando, porém, caminho mais solitário e mais estreito, por isso mesmo, talvez menos visível mais tranqüilo — caminho que jamais deixaram de seguir — três de nós: Gonzaga Duque, Mário Pederneiras e, dele o mais apagado, quem isto aqui, com pungência, recorda e escreve

Cruz e Sousa, o negro admirável, formou, também, grupo à parte com Nestor Vítor, o brilhante espírito de segura orientação, nimiamente analítico, e com os novíssimos que chegavam e que de Cruz se acercaram: Félix Pacheco, Carlos Dias Fernandes, Saturnino Meireles, o meigo Saturnino, e outros poucos que espontavam. B. Lopes o mais original dos nossos poetas, com a sua personalidade inquieta e irreverente e o vivo colorido dos seus belos versos heráldicos, aprofundou-se em males dessedentadores e se deixou agrilhoar à eterna "femina", para onde o impulsionava o temperamento, o seu bizarro *modus* de, a um tempo, mulato e madgiar, na impetuosidade do seu misto sangue moreno e gitano, acabando, pela ação conjunta dos dois excessos, envolto no crepúsculo triste da agenesia mental que o reduziu, e depois apagou, a cintilação límpida da linha estrela do seu espírito. Emiliano Perneta, que tão amado fora no seio da falange artística carioca, tornou a sua Curitiba e a seu amado Paraná, onde a cabo de tempo se sagrou Alteza Espiritual da ourivesaria da Ria................ Araújo Figueredo, o inseparável de Cruz e Sousa, que com ele chegara da ilha catarineta para a luta, para a conquista e voltou para o apaziguamento da província, para a sua ilha piscosa, Parnaso mais tranqüilo e mais risonho, sempre produzindo, e onde, estranhamente, se transformou, anos depois, em professo da religião cabalística das previsões e das curas de almas e do corpo, "pope" do ocultismo, *sacerdos magnos* das coisas visíveis e invisíveis, tangíveis e intangíveis. Oscar Rosas, novelista de águas-fortes de intensa impressão gráfica, a traço seguro e fundo no clichê em madeira ou metal dos seus períodos quase violentos........... Alphonsus de Guimaraens, um dos nossos mais queridos romeiros, figura de alto requinte à Brummel......, na *toilette* e no trato....., esse delicadíssimo e triste Alphonsus que ainda há pouco a morte levou — igualmente se fora para a sua Minas, para o seu Belo Horizonte .... E como esses que se tinham ido, outros seguiram, uns para as suas vidas, outros para os seus túmulos — cheios de mocidade, estuantes de sonhos, pálpitos de loucura e de belezas — uns para as duras lutas, outros para a sua paz. Restaram aqui, no vórtice, no sorvedouro, no intenso *struggle*, os cariocas e alguns de Estados, que se tinham, porém, enraizado para sempre no Rio: Gonzaga Duque, Mário Pederneiras, Félix Bocaiúva, Emílio de Menezes, Virgílio Várzea, B. Lopes, Nestor Vítor, Cruz e Sousa, Artur de Miranda, Oscar Rosas...

E... Foi uma vez o Grupo dos Novos, uma vez os Simbolistas, Magnificentes da Palavra Escrita, Romeiros da Estrada de San-Tiago.

Já a morte levara Albert Samain, o joalheiro do *Chariot d'or* e, pouco depois, Verlaine ele próprio, o gigante, e, um pouco mais, Jean Moréas, o grego bizarro, o pré-rafaelista delicioso da rima, todos na cidade fulgurante do Espírito — e o lindo Cesário Verde e o encantador João de Castro, o da *Tulipa Azul*, como nós o chamávamos, na afagante e hospitaleira Lisboa.

....

(*A Noite*, 29-7-1921.)

ADOLFO ARAÚJO (1872-1915)

ADOLFO ARAÚJO nasceu na Cidade do Serro (Minas Gerais), a 20 de novembro de 1872.

Ali começou os estudos, com um professor particular. Aos 12 anos seguiu para São Paulo, para a companhia de um irmão, Dr. João de Araújo, lente da Faculdade de Direito. Concluiu na Paulicéia o curso de Ciências Sociais, na Academia de Direito.

Na primeira mocidade fez-se notar como poeta e orador, ao lado de Alphonsus de Guimaraens, do Padre Severiano de Resende, de Augusto de Viana do Castelo, e de outros. Estudante ainda, fundou A *Vida de Hoje*, semanário satírico de muito êxito e repercussão no Estado; e, mais tarde, o grande diário A *Gazeta*, onde continuou a sua atividade jornalística até a morte. Esse jornal, posteriormente reformado por Casper Líbero, é dos maiores do Brasil. Polemista admirado e temido, Adolfo Araújo defrontou-se com as melhores penas de São Paulo, despertou tantos e tão violentos ódios, que foi apunhalado, certa vez, na Rua 15 de Novembro, e de outra feita chegaram a colocar dinamite na casa em que residia. Considerado, no seu tempo, o maior jornalista de São Paulo.

Na fase simbolista, produziu Adolfo Araújo prosa e versos característicos, que jazem dispersos nos jornais e periódicos da época. Em A *Gazeta* publicou poesias dos seus amigos Alphonsus de Guimaraens, Severiano de Resende, Jacques d'Avray (Freitas Vale), Alberto Ramos e outros. A Alphonsus de Guimaraens ofereceu Adolfo Araújo, em 1903, um lugar na redação de A *Gazeta*, com quatrocentos mil réis, quantia boa para o tempo — cargo que Alphonsus (este acabava de ver suprimido o seu cargo de juiz substituto) não aceitou.

Faleceu em São Paulo, a 18 de novembro de 1915.

PASSAROLA

Concluída que foi a minha "Passarola"
(Porque eu quis ser também almirante dos Ares)
Asa ao vento, pairei, sobranceiro e pachola,
Acima dos marnéis e das Coisas Vulgares...

Subi... Calquei aos pés este Charco, esta Bola,
Este Esquife mundial. Oh! As regiões solares!
Eu tinha a sensação de quem se desatola,
Galgando o azul, vencendo os céus, transpondo os mares.

Bem cedo, catrapus! rolei da altura. Opresso
O peito, escabujando entre tojais e fossos,
Abominei a Glória e o meu triste insucesso;

E lorpamente enfrento agora a mole obscura,
Sem forças para lhe reanimar os destroços
E sem coragem de tentar outra aventura.

(*A Gazeta*, de São Paulo, n.º de 16 de maio de 1914; cópia de Murilo Araújo, sobrinho do autor.)

MISERERE MEI

Vesti por tua causa o gélido bioco
De ermitão penitente, antístite da mágoa;
E errei de bosque em bosque, e errei de frágua em frágua,
Tateando a solidão tresvariado e louco.

A dor afeleou-me os olhos rasos d'água.
A tristeza exauriu-me o alento pouco a pouco;
Mas ainda no meu peito estarrecido e rouco
A tua imagem vejo, acaricio-a, afago-a.

Morri para esta vida e para os gozos deste
Mundo lodoso e mau, desde que tu morreste
Para o meu coração, sempre à tua alma junto;

E é só por um castigo atroz que me sujeito
A viver carregando o coração no peito
Como quem carregasse o esquife de um defunto.

(*Ibid.*, idem.)

IN GURGITE

Vai, coração! Levanta as âncoras! Desfralda
As velas! A onda como uma huri de Istambul
Mole se embala e ri num requebro taful
E abre por te acolher o seio de esmeralda...

E se arqueia e soluça; e desfolha a grinalda
De espumas e corais... Vai, marinheiro exul!
Borrascas — nem sinal. Céu azul, céu azul!
O ar está leve; o vento é manso; o sol escalda.

O sol escalda, o vento é manso, o ar está leve!
E a branca multidão das gaivotas descreve
Giros empós a nau que tão longe passou.

Vai tranqüilo e com Deus sem temer mau presságio,
Porque num mar assim não receia o naufrágio
Quem no mar da ilusão tanta vez naufragou!

(De um recorte de revista, oferecido por Murilo Araújo.)

SANTA RITA (1872-1944)

José Henrique de Santa Rita nasceu em Paranaguá, Estado do Paraná, em 23 de dezembro de 1872.

Estudou com o legendário professor Cleto (José Cleto da Silva), sobre quem Nestor Vítor deixou curiosas memórias. Fez os preparatórios no Ginásio Paranaense, em Curitiba. Cursou a Faculdade de Direito do Rio de Janeiro, bacharelando-se em 21 de dezembro de 1895.

Foi procurador da República e juiz municipal de Cerro Azul; juiz municipal de Campo Largo; juiz de Direito de Cerro Largo, da Lapa da 2.ª Vara de Curitiba, e, por fim, nomeado, em 10 de abril de 1919, desembargador do Superior Tribunal de Justiça do Estado.

Santa Rita chegou ao Rio no início da fase heróica do Simbolismo. Nestor Vítor aproximou-o de Cruz e Sousa, Oscar Rosas e dos demais simbolistas de vanguarda. Em carta de Cruz e Sousa a Gonzaga Duque, recentemente publicada (*Autores e Livros*, vol. III, n.º 15, dedicado a Gonzaga Duque, pág. 231), o nome de Santa Rita é mencionado entre os de um grupo estritamente selecionado de partícipes da nova tendência. Colaborou na *Revista Ilustrada*, de Ângelo Agostini, onde publicou "Nostalgia do Encanto", julho de 1893.

Durante algum tempo foi elemento de ligação entre os movimentos carioca e paranaense. Entretanto, foi na sua maturidade que Santa Rita exerceu função histórica relevante. Após ter fundado, em 1887, *A Farpa*, com Alfredo Coelho e Manuel Perneta, e ter colaborado nas revistas simbolistas *O Sapo, Alba, Azul* etc., retraiu-se, literariamente, até que trâmites da sua carreira judiciária o levaram a Curitiba. Ali tornou a encontrar-se com Emiliano Perneta e Dario Vellozo.

Foi para ambos companheiro dedicado e compreensivo. De Emiliano Perneta mais do que isso: amigo exemplar, confidente seguro. Na fase final do poeta de *Ilusão*, foi ele o estimulador incansável, o apóstolo fraterno e maravilhado. Era o parceiro para os longos devaneios peripatéticos, naquelas luminosas tardes curitibanas, o último dos quais na própria véspera da morte do grande poeta.

Santa Rita publicou, em 1921, ensaio crítico acerca do filósofo paranaense Eusébio Mota, sob o título *Solitária Luz*, que mereceu de Jackson de Figueiredo importante artigo. Em 1923 realizou conferência sobre Cruz e Sousa.

O melhor da sua sensibilidade delicada e da sua imaginação afirma-se na novela, cheia de ternura e íntima poesia, *Emi*, publicada em 1925.

Da sua mais vultosa obra crítica, um livro sobre a poesia de Emiliano Perneta, *Ao Redor da "Ilusão"*, estão publicados apenas alguns capítulos.

Faleceu em Curitiba a 19 de julho de 1944.

RETORNO

Voltas de novo rútila e formosa,
Doira o teu riso o perigoso encanto,
que envenenou esta alma afetuosa,
De atra paixão no seu voraz quebranto.

Dessa mansão ideal e capitosa,
Cujo céu tinha a essência do teu canto,
Venci, sangrando, a estrada dolorosa,
Onde, do Amor apenas tive o pranto.

Fanatizei-me ao ver-te o olhar coberto
Duma névoa de lágrimas tão doce
Como a Santa na agrura de um deserto!

Ora vacilo só, triste e sombrio,
N'atra viuvez do amor que dissipou-se:
A* rolar, amargo e turvo como um rio.

(*Pallium*, Curitiba, ano I, n.º III, novembro de 1898; pág. 2.)

---

* Está acentuado.

A UM LÍRIO MORTO

Desceu da morte a tenebrosa escada,
Calma e pura aos meus olhos se revela

OLAVO BILAC.

Nesta incerta jornada, em meio da existência,
Ao pungir de atra dor e de rude saudade,
Meu coração, por ti, tão cheio de dolência,
Ajoelha, rezando à extinta mocidade.

Céu piedoso e imortal! quero a tua clemência!
Do teu meigo consolo aspiro a suavidade;
Nas cinzas da paixão inda ficou a ardência
E a palmeira ideal daquela doce idade...

Este luar que inunda o meu triste aposento
Tanto outrora assistiu à expansão do teu beijo
E à loucura febril do nosso amor violento!

De joelhos eu me prostro e mil preces murmuro:
Todo o ar se harmoniza e ao soluçante arpejo...
Desces a consolar-me, a este planeta escuro.

(*Almanaque Paranaense* para 1902, pág. 187.)

RITUAL

Tudo quanto, no mundo, ora contemplo e indago,
O mistério da Morte e o mistério da Vida,
Reflete ao meu olhar, na limpidez de um lago,
O segredo por que foste à cova descida.

Atra saudade encheu-me o coração pressago.
Quanta pena reflui nesta alma combalida!
Fiz do Passado o templo, em que, chorando, afago,
Do teu vulto de amor a imagem dolorida.

Sob o céu festival da rósea mocidade
Partiste para o Além, tão santa e tão formosa,
Espelhando no olhar infinita piedade.

Ressurgiste, na glória, a ensinar-me os caminhos:
A vida humilde e boa, a Paixão Dolorosa,
E a ventura sem fim que nasce dos espinhos!

(Rodrigo Júnior e Alcibíades Plaisant, *Antologia Paranaense*, pág. 222.)

"ILUSÃO", DE EMILIANO PERNETA

....

Todos os anseios do espírito desse poeta são para fugir às realidades humanas, na asa libertária do sonho.

"É o impossível, pois, que eu amo unicamente,
A névoa que fugiu, a forma evanescente,
A sombra que se foi tal qual uma visão..."

Os moldes plásticos, úteis, em que são gravados, a fogo, os versos leves, translúcidos e inquietantes da *Ilusão*, foram lavrados em ouro legítimo, por mãos aristocráticas, disciplinadas pelo mais puro e requintado senso artístico. Os seus versos têm flexuosidades, ondulações ofídicas, sedas de epidermes femininas, retinidos de espadas e de lanças, e seus hemistíquios se entrelaçam, por vezes, com a volúpia e o furor com que se entrelaçam, rugindo, um homem e uma mulher que se amam. O poeta faz a Sulamita, enferma daquele amor "que todas as águas não poderiam apagar, nem os rios afogá-lo", na frase·oriental de Salomão, dizer ao seu amante:

"Tu dizes, meu amor, que meu umbigo é como
Uma taça a ferver de espuma e embriaguez:
Vem beber esse vinho e comer esse pomo
Vem te embriagar de mim e de minha nudez..."

Mas é sobretudo na "Súplica dum Fauno", nos sonetos de D. Juan e no "Adultério de Juno" que se encontram desses hemistíquios.

Os seus versos têm uma melodia particularíssima, uma orquestração inteiramente nova na língua portuguesa. O artista pertence à família psicológica de Baudelaire e Verlaine, Rimbaud, Moréas e Mallarmé. Tais são as nascentes da sua arte. Entretanto, os espíritos apenas habituados ao ritmo hierático, à movimentação lenta e grave dos pomposos alexandrinos que os parnasianos aplicam aos mais diversos motivos de emoção, estranharão certamente o novo que há nesses versos. Quando, porém, a compreensão estética desses espíritos tiver atingido a beleza dessa plástica viva e nervosa, que reveste e acompanha o pensamento e a emotividade do artista com a leveza e a diafaneidade de um tênue manto de gaze, eles sentirão que todas as formas artísticas outras não têm, como esta, o acre e delicioso sabor capaz de tão forte gozo estético.

....

(De "Introdução ao Estudo Crítico de *Ilusão* de Emiliano Perneta", in *Fanal*, Ano III, abril, maio e junho de 1913, Curitiba, págs. 251-252.)

"MISSAL", DE CRUZ E SOUSA

Cruz e Sousa é um artista sutil e espiritualíssimo, complexamente vibrátil e requintado. ....

O *Missal* é um livro estranho, de um sabor deliciosamente acre. As sensações *exquises* que ele traz concretizadas, os sonhos, cujos ideais contornos nele vêm delineados em luz, têm um fundo nebuloso de dolência íntima, de nostalgia vaga. Seus períodos virginais e suas estrofes de uma vibração impressionista nos infiltram na alma uma ampla emoção melancolizada, onde vagam soluços e canções, amargura de afetos magoados e delícias excepcionais dum espírito extraordinariamente delicado que vê e sente nuanças novas da Vida, singulares saudades do Ignoto.

Ao terminar a leitura duma página sua, que canta aos ouvidos e soluça à alma, experimenta-se a melancolia espiritualizada de quem percorreu, num *frisson* e num deslumbramento enternecido, países refulgentes de amor e luz.

.... O *Missal* é como a escadaria fluídica, matizada de lactescências de luar, por onde o poeta permite a ascensão à esfera cristalina e casta em que sua alma habita, na claridade doce, entre nuvens de ouro, e em cujas alturas não há névoas de paixões perturbadoras.

Cruz e Sousa é requintadamente místico: psicólogo da Cor, do Tom, do Sonho e do Nebuloso. Vê tudo do alto; os rumores da vida chegam-lhe aos ouvidos sonorizados e cantantes como se através de cristais. .... Como sopros intermitentes que convulsionam .... passam, num ruflar nervoso e triunfante pelas páginas serenas do livro, grandes gritos, amargos e terríveis de ironia ....

O *Missal* não é um livro de contos ou de poesias: é o poema flagrante de um vasto coração emocionado, ... rindo em ironia e fel. ....

Cruz e Sousa tem afinidades notáveis com Baudelaire: † como ele, traz no seu próprio organismo a sua obra, o requinte da mais admirável esquisitice, a estesia particular e nobre do Decadentismo, e uma insaciabilidade atroz, uma aspiração febril e estranguladora do Absoluto e do Perfeito.

(*A Capital*, Rio de Janeiro, 27-5-1893; transcrito ali de sua primeira publicação em o *Diário do Comércio*, de Curitiba.)

---

† Este artigo, dum estudante de 21 anos, dos primeiros consagrados ao Poeta Negro — com os de Artur de Miranda e Medeiros e Albuquerque —, alude a "afinidades" com Baudelaire, o que pareceria sacrilégio a alguns, e não serviria ao reconhecimento do merecimento do poeta que estava afirmando a presença do Simbolismo entre nós, porquanto o próprio Baudelaire era repelido ou mal aceito no nosso provincianíssimo meio cultural. Cinqüenta anos mais tarde, em 1943, o francês Roger Bastide inseria Cruz e Sousa no que ele chamou "grande tríade harmoniosa: Mallarmé, Stefan George e Cruz e Sousa". Feliz audácia do jovem paranagüense, que foi o pombo-correio dos "nefelibatas cariocas" com os de Curitiba, como João Itiberê o foi diretamente da Europa decadentista ...

TIBÚRCIO DE FREITAS (? — 1918)

Luís Tibúrcio de Freitas nasceu em Baturité, Ceará, em 18 de .... A referência mais antiga que encontrei acerca desse fraterno amigo de Cruz e Sousa está no livro *A Padaria Espiritual*, de Leonardo Mota (Edésio-Editor, Fortaleza, 1939, 192 páginas). Aquela associação literária foi criada em 30 de maio de 1892, por um grupo de vinte "rapazes" (havia entre eles um cinqüentão e alguns quarentões; quase todos eram adolescentes). Foi impulsionada pelo congênito ardor cearense. Adquiriu foros nacionais em breve tempo, e, mercê do seu jornal, *O Pão*, levou ao Brasil inteiro alguns nomes que se firmaram, como os romancistas Adolfo Caminha e Rodolfo Teófilo, e o poeta Antônio Sales. Do grupo, acrescido de outros, três interferiram no movimento simbolista: Cabral de Alencar, Lívio Barreto e Tibúrcio de Freitas. À maneira dos árcades, tomavam nomes de fantasia. Assim Cabral de Alencar chamou-se "Abdhul Assur"; Lívio Barreto, "Lucas Bizarro"; Tibúrcio de Freitas, um dos fundadores, era "Lúcio Jaguar". Antônio Sales, no restrospecto do primeiro biênio social, escreveu que Temístocles Machado e Tibúrcio de Freitas, "que nenhum interesse tomaram pela "Padaria" no Rio de Janeiro — onde ora residem — ao contrário a atacavam, atacando pessoalmente alguns Padeiros", tinham sido excluídos, e suas eliminações solenemente aprovadas em plenário, na sessão de 28 de setembro de 1894. Dois anos após, em reunião de 9 de junho de 1896, "foi reconsiderado o ato de eliminação de Tibúrcio de Freitas, em virtude de se haver averiguado sua nenhuma participação nas picuinhas estampadas nos jornais do Sul" (*op. cit.*, págs. 17, 18, 19, 51, 52, 187).

Aquele pseudônimo "Lúcio Jaguar", aquela expulsão da "Padaria", são outros tantos traços que não condizem com as referências posteriores. Silveira Neto, num "Trecho de Crônica", preciosamente informativo, publicado em *O Globo*, de outubro de 1927, declara:

TEODORO DE FREITAS († – 1915)

"Maurício Jubim e Tibúrcio de Freitas foram duas figuras singulares no agrupamento |simbolista|, visionários sempre e que se foram da vida ainda em madura mocidade. Aquele, pintor enamorado da literatura, pintando pouco e escrevendo ainda menos; este, um espírito fino e um coração de afetos, sentindo a beleza dos ideais em voga, e sem capacidade para objetivar-se por nenhuma forma escrita."

Carlos D. Fernandes narra, em *Fretana*, romance já mencionado:

"Foi num pequeno bar, situado atrás dos Correios, numa hora de menor freqüência, quando não era de todo impossível palestrar, que Frederico |o próprio Carlos D. Fernandes| conheceu a Cruz e Sousa, apresentado pelo Tibúrcio de Freitas, seu colega da 6.ª seção e amigo íntimo do pontífice do *Missal*." (Pág. 117.)

Aí o temos, pois, funcionário dos Correios e "íntimo" de Cruz e Sousa. No capítulo seguinte:

"O Antro, assim chamado, pelo desconforto e rusticidade, em recordação de Pitágoras, ficava à Rua do Senado, no flanco posterior de um velho casarão de dois andares e abria para o quintal, deixando ver o tanque de lavagem, o coradouro de folhas de zinco, o galinheiro. Era um aposento mísero, de 20$000 mensais, onde fraternalmente moravam três obstinados idealistas: Frederico, Tibúrcio, Maurício Jubim."

As reuniões em O Antro eram freqüentes. Era ali que, de preferência, Cruz e Sousa lia os seus versos e os seus poemas em prosa. Afora os moradores, só concorria a tais reuniões Nestor Vítor.

Interessante, para conhecimento do mérito de Tibúrcio de Freitas, a observação seguinte, ainda de "D. Fernandes", como então se dizia:

"Todos ouviam o Cruz sem pestanejar, e só louvores manifestavam aos frutos do seu fecundo engenho, cada vez mais fértil, não obstante a insidiosa astenia, que minava em segredo aquela compleição delicada. Apenas o Tibúrcio se permitia a liberdade de sugerir substituições e emendas no emaranhado daqueles louvores. Tendo em grande conta e maior estima a sutileza crítica do seu confidencial amigo, Cruz aceitava e cumpria os reparos, com a mais agradecida naturalidade." (*Op. cit.*, pág. 127.)

Nestor Vítor confirma, na Introdução às *Obras Completas de Cruz e Sousa*, edição do Anuário do Brasil (1923):

"Éramos três os que o procuravam e que ele procurava com mais assiduidade e mais solicitude: Tibúrcio de Freitas, Maurício Jubim e eu."

Euricles de Matos, sob o pseudônimo "E. Félix", em *A Ilustração Brasileira*, n.º 93, de 1 de abril de 1913, assim descreve o seu encontro com Tibúrcio de Freitas:

"Foram estas as suas primeiras palavras: 'Mais um ano da morte do Cruz!' Tibúrcio de Freitas, grande amigo do magno poeta negro, o maior poeta do grupo, como o dizia Cruz e Sousa — porque o único que não escrevia, mas sentindo, aliás, a obra dos seus companheiros — chegara, naquele instante mesmo, do Caju, onde fora levar flores, simbolização da sua intérmina saudade, ao túmulo do artista excelso das *Evocações* e dos *Faróis*. E foram as únicas flores que, a 19 de março, lá ficaram a murchar, recordativas e dolorosas, ao pé do monumento." E depois: "E Tibúrcio, talvez sem dar por isso, ali mesmo na Avenida, começou de dizer-me, com a sua voz apagada, os ciúmes de Cruz pelos amigos, os seus sofrimentos quando produzindo, a sua ânsia suspirosa de estesia nova, a volúpia morna de carinho e macia de veludo que conseguia dar às palavras. Depois, levando-me, é possível também sem o querer, à proteção de uma porta, Tibúrcio recitou versos e disse trechos, páginas inteiras da maravilhosa prosa do místico mágico do *Missal*. Ele os sabia de cor e mos dizia como que banhados de lágrimas, pontuando-os com soluços." (Pág. 108.)

Tibúrcio de Freitas viu Cruz e Sousa morto, jogado, como um fardo, na plataforma da Central do Brasil, na manhã de 19 de março de 1898. Narra Carlos D. Fernandes:

"Tibúrcio ficou taciturno por vários dias, como se procurasse neste lapso de tempo um novo rumo para o seu destino. Quando menos se esperou, o decifrador de Corbière, o exegeta da Rimbaud, desapareceu do Rio, sem que se soubesse o seu paradeiro." (*Op. cit.*, pág. 135.)

Soube-se mais tarde que pedira remoção para Santa Catarina, para a terra do seu ídolo. Ali — informa Marcos Konder, em substancioso artigo, no *Novidades*, de Itajaí Santa Catarina, de 25-1-1910 — "após curta estada na capital e na Laguna, resolveu abandonar o emprego que tinha no Rio de Janeiro e fixar residência no Itajaí". Nessa cidade, fundou um colégio, onde, apesar da ausência de formação profissional, pôde influir, e profundamente, na orientação da juventude, em que criou amigos dedicados e gratos, graças à sua afetuosidade e vasta cultura literária, que foi a maior do grupo inicial do Simbolismo, com a de Nestor Vítor. O seu "Externato" chegou a tornar-se famoso em todo o Sul. Entrementes, adquiriu o material da antiga Tipografia Progresso, e fundou, em 5 de junho de 1904, o *Novidades*, que dirigiu durante seis anos. Graças à sua dedicação conseguiu que esse órgão fosse considerado o melhor do Estado em língua portuguesa — porquanto havia os em língua alemã. O nome "Novidades" impôs-se-lhe ao espírito por ser o do jornal carioca secretariado por Oscar Rosas, onde publicou, no Rio, os seus primeiros trabalhos

Cruz e Sousa. Afinal, em 1910, depois de onze anos de residência em Santa Catarina, retornou ao Rio de Janeiro, definitivamente.

Aqui, vemo-lo ocupado ativamente com a desamparada família de Cruz e Sousa. Se Saturnino de Meireles amparou o poeta durante a sua vida, Tibúrcio de Freitas — e também Eurico Mancebo, amigo pessoal do Poeta Negro — auxiliou a desventurada Gavita, a "Núbia-Noiva", então cosendo em precaríssimas condições, para viver, e já em estado avançado de tuberculose, bem como ao filho do poeta, o caçula, chamado João como o seu pai. Tibúrcio de Freitas houve-se, nessa missão de "bom samaritano", com desvelos fraternais e fidelidade incomparável.

Cruz e Sousa de certo modo pagara antecipadamente a dívida que sua família iria ter para com esse incomparável amigo. No vasto poema em prosa "Intuições", das *Evocações*, traça dele um retrato de grande comoção, debaixo do qual, em nota de pé de página, Nestor Vítor depôs: "Faz Cruz e Sousa, aqui, o retrato, e retrato fiel, do seu grande amigo Tibúrcio de Freitas, que já faleceu." (Edição mencionada, vol. II, *Prosa*, pág. 265). Ei-lo:

"Um deles, adolescente, imberbe, conservava a aparência reservada e sisuda de um monástico, acusando mesmo, pelo seu rosto um tanto alongado e o seu perfil bisonho, soturno, haver pertencido a um desses antigos seminários de província, reclusos entre muros contemplativos e brancos e rodeados das sombras silenciosas de altas e recordativas árvores frondejantes.

"Visto um pouco ligeiramente parecia ter na face uma expressão dura, rígida, uma tonalidade seca e cética, à Voltaire.

"Mas, bem reparado de frente, os seus doces olhos grandes, tenebrosos e raiados levemente de vermelho, quebravam essa expressão voltairiana.

"Tudo, de expressivo e oculto, que ele tinha, estava nos olhos. Uma onda de selvas virgens parecia fluir milagrosamente deles. Dormiam talvez ainda, lá, como princesas encantadas em bosques fabulosos, as misteriosas Paixões do Pensamento e da Forma.

"Olhos reveladores, de uma expressão inédita de sentimento, dizendo límpido na sua transparente claridade úmida todos os segredos e sonhos que andem sonambulamente romeirando nas almas.

"Desses olhos para cujo centro profundo e luminoso parece afluir toda a essência pura, todo o idealismo claro e são, todo o alto requinte de Sensibilidade de uma geração mais elevada, mais bela, prestes a surgir!!" (*Evocações*, págs. 157-158.)

Nenhuma comprovação mais decisiva da importância que teve para Cruz e Sousa a amizade de Tibúrcio de Freitas. Ninguém o conhecia como Cruz e Sousa; e entretanto, este, criador nato de Expressão, não sabia como conciliar a certeza que tinha da superioridade do instinto literário de Tibúrcio de Freitas com a incapacidade deste de realização escrita. Essa inadequação, dramática, inspirou este dentre os *Últimos Sonetos*:

"VOZ FUGITIVA

Às vezes na tu'alma, que adormece
Tanto e tão fundo, alguma voz escuto
De timbre emocional, claro, impoluto
Que uma voz bem amiga me parece.

E fico mudo a ouvi-la, como a prece
De um meigo coração que está de luto
E livre, já, de todo o mal corruto,
Mesmo as afrontas mais cruéis esquece.

Mas outras vezes, sempre em vão, procuro
Dessa voz singular o timbre puro,
As essências do céu maravilhosas.

Procuro ansioso, inquieto, alvoroçado,
Mas tudo na tu'alma está calado,
No silêncio fatal das nebulosas." *

Este era, segundo me declarou pessoalmente Nestor Vítor, por tudo digno de tal estima. Além da sua qualidade afetiva de alma, foi espírito cultivado. Não simples leitor. Vimo-lo já "o decifrador de Corbière, o exegeta de Rimbaud". Possuo uma linda edição do *Gaspard de la Nuit*, de Aloysius Bertrand, que me foi oferecida por Nestor Vítor, e que pertencia àquele fino intelectual. Há nesse exemplar um autógrafo de Tibúrcio de Freitas, existindo outro no exemplar de *Missal*, oferecido por Cruz e Sousa, com a seguinte dedicatória:

"Meu adorável Tibúrcio:

— "À tua penetrante compreensão de Arte, à tua delicadeza de sentir — flores raras e luminosas deste meio — ofereço este exemplar do "Missal", para que, lendo-o muitas vezes, em repouso, possas avaliar da espontânea, viva e comovida simpatia intelectual que me ligou a ti serenamente, num movimento estranho, misterioso e íntimo de almas que se amam e percebem.

---

* Vide a nota de Nestor Vítor, no 1.º volume, *Poesias*, das *Obras Completas de Cruz e Sousa*, ed. Anuário do Brasil, 1923; pág. 316.

"Assim, belo Tibúrcio, aqui me tens encerrado em essência abstrata de Pensamento — palpitando junto ao teu coração bom e franco, nobre e valoroso, que tão afetivamente me acolhe.

"Cruz e Sousa.

"Rio, 5 de novembro de 1893."

Solteirão, foi encontrado morto em 9 de abril de 1918, no seu quarto da Rua do Mercado n.º 24. O enterro, no Cemitério de São João Batista, e realizado a expensas da Sociedade dos Funcionários Públicos, foi no dia seguinte.

Nestor Vítor fez a oração de despedida.

CRUZ E SOUSA

*Seja contigo a minha saudade,
ó Espírito do Sentimento e do
Amor...*

Faz amanhã, 19 de março, um ano que morreu Cruz e Sousa. Nascido nestas belas terras do Sul e morto quando o seu gênio singular ia-se desabrochando num prodigioso veio de originalidades, Cruz e Sousa é, sobretudo agora depois do beijo extremo e frio da *funérea Beatriz de mão gelada,* um dos sacerdotes máximos do pensamento estético no Brasil. E nos quatro ângulos da Terra, lá onde o sol nasce e onde o sol se põe, no meio-dia e no setentrião, em todos os pontos de onde sopram os ventos, ele seria também o primeiro entre os primeiros. Sim em toda parte em que houvesse doentes do Infinito, o seu nome seria um lábaro de vitória, ou a sombra amiga da palmeira: o balbuciariam as bocas aflitas, o aclamariam as bocas vitoriosas, se outra tivesse sido a língua — e não esta língua portuguesa, que, no dizer de alguém, é o *túmulo da idéia* — em que ele tivesse cristalizado o seu pensamento e em que ele, com as pompas e majestades do seu Estilo, tivesse vestido as suas idéias e sensações.

Se escritos tivessem ido na língua em que falou o anjo terreno de *Les Illuminations,* seus versos dos *Broquéis* já teriam feito pousar a cabeça, num augusto quebranto de cisma, aos intelectuais dessa Europa toda — cristã e muçulmana. Poeta de uma sensibilidade de Místico, ele foi para a alma um Cristóvão Colombo que abriu portas e portas aos mares e continentes do Sonho.

Apóstolo do Ideal, a sua vida toda, tão constelada de dores que nós conhecemos e tão admirável dessa pureza abstrata, que é no

Artista a Suprema Moral, foram essas rosas *exóticas de aromas tristes*, que, no seu Verbo falado e aí no seu Verbo escrito, ficaram perfumando a nossa saudade; a sua vida toda foi essa *infinita via-láctea de sensações e idéias* que, como um triunfante pálio de amor, aí ficou aberto sobre a cabeça dolorosa de todos os sensibilizados.

O dia da justiça há de chegar para ti, ó Alma do Absoluto; o teu nome, então, será, como o dos reis das baladas, cantado nas *harpas dos ventos* e soluçando no *réquiem das árvores* do Sentimento Universal.

E é que eu já ouço, lá para as bandas do Norte, um coro de vozes que se levanta. São os Saulos que converteste no caminho de Damasco da Tibieza e da Dúvida. São os Evangelistas do Sonho que tu amaste, e de que vieste, do Sonho que te fulminou, que tomam das harpas, para cantarem, em suas cordas-ouro, o martirológio da tua vida e a glória triunfante da tua morte.

Seja contigo a minha saudade, ó Espírito do Sentimento e do Amor...

(*Progresso*, Itajaí, Santa Catarina, 18-3-1899.)

IMPRESSIONISMOS

(*Prosa rítmica*)

Avassalaste todo o meu ser.

Tudo em mim — sonhos, desejos, pensamentos —, tudo foi por ti tiranicamente avassalado. De sorte que agora já não tenho livre nem uma só potência de minha alma e do coração bem uma só ânsia.

Bem pesadas algemas estas, bem duro a ferros estes com que tão indomável sentimento amarrou-me para sempre os pés, ligou-me para sempre as mãos.

Força humana alguma, agora, reduzirá a pedaços as correntes dessas duras cadeias que por ti, através da vida, arrastando vou.

Afinal, eu nada mais sou hoje, nada mais quero ser que o grilheta, o eterno galé do teu amor.

Todo o meu ser avassalaste. E como a lua, no plenilúnio, ficaste dominando e vencendo todo o tempestuoso mar dos meus pensamentos e desejos.

Vão para ti, como um bando de pombas brancas, revoando ansiosas, todas as minhas aspirações e todos os meus sonhos.

Sofre a minha alma um deslumbramento de quem na plena luz do dia, por ter fitado intensamente o sol, houvesse cegado. E cego e fechados para sempre os olhos, por ter assim fitado o sol, só visse por toda parte o sol, só o sol por toda parte visse.

Deste modo, tu ocupas todo o meu dia, a minha noute toda ocupas. Vejo-te no ouro e sangue dos ocasos e na luz cor-de-rosa das madrugadas, no fino cristal das estrelas e no desenho das nuvens, na curva dos montes e na extensão rasa das planícies; dormindo ou velando, na amargura ou nos júbilos, por toda parte, a toda hora, o teu perfil angélico me surge, me acena e convida para, entre palmas verdes, entoarmos a canção epitalâmica das nossas almas.

Meu peito é um tabernáculo onde, com uma pureza religiosa, guardo, entre as tochas acesas de uma imortal afeição, a hóstia inviolável de minhas dedicações.

No meio deste deserto sem água da vida, sê para mim a palmeira simbólica, cuja sombra meu coração, árabe errante e desolado, tão ansiosamente procura.

Vem. Eu te arrebatarei bem alto nas asas da minha paixão, guardar-te-ei, pelo espaço afora dos tempos, incontaminada e impoluta na torre de marfim do meu amor soberano.

(*Progresso*, Itajaí, Santa Catarina, 20-5-1899.)

ARCHANGELUS DE GUIMARAENS (1872-1934)

Arcanjo Augusto da Costa Guimarães — que, como o seu irmão Afonso, dois anos mais velho, arcaizou o nome, em poesia Archangelus de Guimaraens, e, num certo momento, de Vimaraens — nasceu em Ouro Preto, a 25 de dezembro de 1872.

Fez preparatórios no Liceu Mineiro. Matriculou-se na Escola de Minas, que logo abandonou, seguindo com seu irmão para São Paulo, onde terminou os preparatórios. Voltando a Ouro Preto, cursou a Academia Livre de Direito de Minas Gerais, bacharelando-se em 2 de dezembro de 1897.

Foi promotor, juiz municipal e juiz de Direito interino em Caeté, onde residiu 14 anos, e onde casou com D. Eutália Pinheiro Guimarães, sendo, em seguida, nomeado auditor da Força Pública do Estado, com patente de capitão, e depois major, residindo, desde então, em Belo Horizonte.

Ali faleceu em 29 de outubro de 1934.

Sua produção poética está datada, quase toda, da fase acadêmica da sua vida. Alguns dos seus poemas ainda são recitados pelo interior de Minas Gerais. "A popularidade de certos poemas de Archangelus só é equiparável à que tiveram os dos românticos" (Alphonsus de Guimaraens Filho, in *Autores e Livros*, vol. III, n.º 14, de 8 de novembro de 1942).

A influência portuguesa, na poesia desse filho de português, é evidente.

Obra poética: *Coroa de Espinhos*, com introdução de Alphonsus de Guimaraens Filho (e organizada por este, devido a se ter perdido o volume preparado pelo próprio poeta), Rio, 1955.

Alphonsus e Archangelo de Guimaraens.

VERSOS CAMPESINOS

(A Urbano Junqueira)

Os jasmineiros estão floridos
Pelas devesas que vais trilhar.
Invejam a alvura dos teus vestidos...
Os jasmineiros estão floridos,
Sabendo ao certo que vais passar...

A rosa branca que vai pendida
Nos teus cabelos em desalinho
Vai orgulhosa por ser querida,
A rosa branca que vai pendida
Lembra uma pomba dentro de um ninho.

Pelos valados, pelas campinas,
Como que as aves dizem: Bons dias!
Vozes tão frescas, tão cristalinas,
Pelos valados, pelas campinas,
Quando passavas, quando tu ias...

No azul sereno, no azul lavado,
— Pombas d'arminho voando no ar —
Teu colo branco foi invejado
No azul sereno, no azul lavado,
Como a pureza do teu olhar...

Pelas longínquas serras nubladas
— Cortinas alvas desse arrebol —
Como num sonho branco de fadas,
Pelas longínquas serras nubladas
Vinham beijar-te raios de sol...

E como um bando de raparigas
As laranjeiras davam-te flores
Para a grinalda — boas amigas.
E como um bando de raparigas
Que já soubessem dos teus amores...

Rosa colhida pelo valado,
Era teu dote para o noivado
Tua alma simples de camponesa.
Rosa colhida pelo valado,
Tanto perfume, tanta pureza...

Tua vivenda branca e isolada
Seria o pouso dos pobrezinhos ...
Como que rindo perto da estrada,
Tua vivenda branca e isolada,
Por entre flores, por entre ninhos ...

(*Coroa de Espinhos*, págs. 65-66.)

VENDEDORA DE FLORES

Todos os dias vem-me à lembrança
Como uma antiga canção de amores,
Olhos trigueiros, que linda trança!
Essa inocente e pura criança
Que então passava vendendo flores ...

Essa figura de camponesa
Todos os dias passa por mim:
Lembro-me sempre da singeleza
Dos seus vestidos que, com certeza,
Lhe deram fadas no seu jardim.

Ninguém sabia donde viera,
Corriam lendas misteriosas ...
Ela era o anjo da Primavera;
Veio de certo numa galera,
Feita de lírios, feita de rosas ...

Flores! Quem compra flores tão belas?
Foram plantadas com a minha mão.
Tenho-as dobradas, tenho-as singelas,
Rosas mais brancas do que as estrelas
E outras tão novas, ainda em botão.

Flores de neve das laranjeiras,
Foram criadas pelo luar.
Ai! deste ano são as primeiras,
Belas grinaldas pras cabeleiras
Das raparigas que vão casar!

Rosas tão brancas, tão desmaiadas,
Ontem sorrindo vi-as nascer ...
Ó raparigas que sois amadas,
Nas vossas tranças tão perfumadas
As minhas rosas irão morrer!

Trago violetas. São tão mimosas!
Quanto perfume! que cheiro têm!
Pra mãos tão brancas como estas rosas
Eu fui colhê-las, misteriosas...
Quem quer violetas? Quem ama alguém?

Ó viúvas tristes, noivas amantes!
Trago-vos flores pra vossa dor.
Vossos pesares são tão galantes!
Pra amores mortos e tão constantes
Trago a saudade de roxa cor.

Vendendo flores essa criança
Vinha, decerto, do paraíso.
Que lindos olhos! Que linda trança!
Da flor mais bela guardo a lembrança:
Da flor tão branca do seu sorriso...

(*Idem*, págs. 99-101.)

ERMIDAS

Ermidas brancas, feitas de luares...
Como as adoro nessa solidão!
Sob os seus pés florescem nenufares...
Ermidas brancas, feitas de luares,
Quem contemplando-as não será cristão?

Adormeceis tranqüilas, sossegadas,
Sob a piedosa luz crepuscular...
Bem alto, nas montanhas azuladas,
Adormeceis, tranqüilas, sossegadas,
Por entre rosas a desabrochar.

Para adornar-vos, moças camponesas
Trazem de longe prendas tão singelas...
Flores dalém, colhidas nas devesas,
Para adornar-vos, moças camponesas
Trazem as almas puras como estrelas.

Velhos, cabeças brancas como geadas,
Sobem o monte só para vos ver...
Suas filhas ali foram casadas.
Velhos, cabeças brancas como geadas,
À vossa sombra amiga vão morrer.

Aves no inverno vão fazer seus ninhos,
Ruflando as asas pelos ares vão ...
Plumagens brancas, leves como arminhos,
Aves no inverno vão fazer seus ninhos,
Sob vosso teto e vossa proteção.

Ermidas brancas, feitas de luares ...
Como as adoro nessa solidão!
Sob os seus pés florescem nenufares ...
Ermidas brancas, feitas de luares,
Quem, contemplando-as, não será cristão?

Ouro Preto

(*Idem*, págs 71-72.)

CRISTO DE MARFIM

(Ao Monsenhor Pinheiro)

Talhado no marfim o corpo santo,
Da brancura dos lírios e das rosas,
As rubras chagas que provocam pranto,
Pregadas no madeiro as mãos piedosas ...

Contemplo e leio nesse corpo, entanto,
Nessas linhas divinas, harmoniosas,
Todo um poema de amor, canto por canto:
As noites da Judéia silenciosas ...

Brandos olhos mais doces que esperanças,
Braços que vieram para erguer crianças,
Como tudo é perfeito e nos contrista!

É que pelo marfim do corpo exangue,
Por essas chagas que não deitam sangue,
A alma passou de um verdadeiro artista!

28 de abril de 1907

(*Idem*, págs. 97-98.)

EN REVENANT...

Morria o som da última quadrilha...
E ela pousou sobre o seu busto leve
A peliça azulada da mantilha,
Como uma flor que receasse a neve...

E essa ave morena de Sevilha,
Essa *faïance* graciosa e breve
Em pouco voar para o aconchego deve
Do seu ninho de rendas e escumilha...

Entrou — e agora está deserta a rua.
E não sei quê de lânguido flutua
Por sob a névoa da cidade morta.

Ainda erra pela noite o seu perfume,
E o silêncio acompanha o meu ciúme,
Como um Otelo, a lhe rondar a porta!

(*Idem*, págs. 105-106.)

FUNERAL DE UM ANJO

Lírio que ia morrendo ao som dos violinos...
Na pulcra palidez ideal do seu semblante,
Pairavam tristemente anjos alabastrinos,
Chamando-a para um céu azul e bem distante...

Olhos que o sofrimento fez quase divinos...
Palor espiritual de monja agonizante...
Eu julgava, meu Deus, ouvir dobres de sinos
Quando a via passar como a Beatriz de Dante...

Talvez que fosse noiva e fosse muito amada
E o amor que lhe sorriu na noite constelada
Ia morrer também com as ilusões primeiras...

Talvez que essa cabeça triste e imaculada
Dormisse para sempre, ouvindo uma balada,
Feita de véus de noiva e flor de laranjeira...

(*Idem*, págs. 63-64.)

RIBEIRÃO DO CARMO

Levavas as dolentes nostalgias
Das choupanas dos campos, das cidades,
E é por isso que múrmuro seguias
Como quem segue cheio de saudades.

Nas tuas águas límpidas e frias
O luar sonhava brancas virgindades...
Eras tão triste assim que parecias
Feito do pranto eterno das idades.

Mas não paravam nunca as tuas águas;
Talvez para matar as próprias mágoas,
Sem te deter corrias sempre além...

E vendo-te passar como um demente,
Eu tinha às vezes o desejo ardente,
De ir ao teu lado, de seguir também!

Vila do Carmo, 1896

(Idem, págs. 47-58.)

COLATINO BARROSO (1873-1931)

José Colatino do Couto Barroso nasceu em Vitória, Estado do Espírito Santo, em 18 de novembro de 1873.

Fez os preparatórios na sua cidade natal. Matriculou-se, depois, na Faculdade de Direito do Recife, mas prolongada enfermidade forçou-o a interromper os estudos, tendo retornado a Vitória, onde, depois de longo estágio, se decidiu a ingressar no funcionalismo público, sendo nomeado para a carreira da Fazenda, e designado para servir na Delegacia Fiscal de Vitória. Mais tarde transferiu-se para o Rio de Janeiro.

Quando faleceu, no Rio, em 16 de setembro de 1931, era escriturário da Alfândega.

Pertenceu à primeira geração simbolista. Simbolista ardoroso, fundou e dirigiu, em 1895, a revista característica *Tebaida*, que foi secretariada por Alves de Faria.

Foi essa a época da sua produção dentro dos cânones ortodoxos do movimento.

Em 1902, com o poeta, também espírito-santense, Ulisses Sarmento, fundou e dirigiu a *Revista de Arte e Filosofia*, na qual publicou numerosos ensaios — entre outros, sobre Raul Pompéia e Antônio Nobre.

Nos seus últimos anos, conviveu preferentemente com os artistas plásticos, tendo realizado cursos de conferências, muito apreciados, na Escola Nacional de Belas-Artes, por ocasião dos salões anuais. Algumas de suas conferências estão publicadas. No geral, têm caráter aforístico, escritas em prosa poética, lapidar e brilhante. Um visualista invulgar.

A produção desse período, sem dúvida o mais significativo da sua vida intelectual, está quase toda dispersa ou inédita.

Obras poéticas: *Anátemas, prosa poemática*, Rio, 1895; *Jerusa*, poema em prosa, 1896; *Da Sugestão do Belo e do Divino na Natureza*, prosa poemática, Rio, 1917; *A Beleza e as Suas Formas de Expressão*, prosa poemática, Rio 1918.

COLATINO BARROSO

HÁ FOLHAS PINTALGADAS...

Há folhas pintalgadas de jalde que tudo escrutam, espiam. Vede agora a alma da floresta inflada de acumulados rancores! A folhagem, como um oceano verde, rumoreja, marulha. Passam, de envolta com os ululos do vento, estalos de ramos, silvos de serpes, rugidos de feras. É o eco de mil vozes, o clamor delirante de mil almas. Súbito, todos os rumores se aquietam. Percebe-se a voz dulcíssima de uma fonte, como se a sua alma sonhadora e lírica quisesse adormentar com o seu canto cristalino a raiva feroz da Natureza. Tamborilam nas folhas as primeiras gotas de chuva. Pressente-se a marcha acelerada da tempestade. Dentro de um turbilhão de poeira, onde revoluteiam folhas secas, abre-se, com um brilho de lâminas de aço, a claridade dos primeiros relâmpagos. De repente, como se cortada fora por uma acha, brandida por um pulso de gigante, uma árvore rola partida a meio pelo raio. E a voz estentórea do trovão, uma formidável descarga, abafa o urro de dor da árvore tombada. Há por toda a selva um clamor de soluços, um tremor de agonia.

Olhai! Tudo lívido! Parece que a floresta empalideceu de espanto!

Senti ainda como a Natureza é soberba de força, tocai uma das faces do Mistério.

Sobre uma penha solitária e escalvada, entre coriscações de sol, uma águia se exalta. Percebe-se por seu olhar fuzilante que ela alimenta um grande sonho divino — devassar o Infinito. Um arruído. A ave levanta o vôo triunfalmente. Dentro da glória da luz tremem as suas asas iluminadas. A garra se lhe crispa do esforço do arranco. Depois, numa distenção de músculos e nervos, como se todas as suas forças se equilibrassem no ritmo de uma eterna harmonia, a ave tem uma serenidade perfeita no deslize do vôo. Muito abaixo ficaram os topos das mais altas montanhas. Todos os ruídos da Terra se confundem agora aos seus ouvidos num ligeiro murmúrio. A águia vai transpondo audaciosamente as alturas. Já lhe foge à visão a serenidade divina do azul. Diante dos seus olhos deslumbrados há um oceano fremente de fulgores, uma crepitação de longínquos fogos eternos. Ela tem sede, ânsia de luz. O ar, porém, lhe falta. Porque a garganta se lhe constrinja, deglute com esforço uma golfada de éter. Há em sua boca laivos de sangue. Por seus olhos, que ardem, passam estrias luminosas, perturbando-lhe a potente força visual. O coração da ave desordenadamente se acelera. Súbito, quebra-se o ritmo do vôo. A águia oscila, embriagada pela vertigem da altura. As suas largas asas fremem, tatalam, numa angústia. Bruscamente param. A águia rola fulminada pela morte.

(Da *Sugestão do Belo e do Divino na Natureza*, págs. 34-35.)

ALMA CAPAZ DE ENTENDER...

Alma capaz de entender todas as vozes da Natureza, já pressentiste que o ritmo das vagas é o eco de mil outras harmonias eternas! Essa voz clamorosa do Mar, por vezes ressoante em claridades de hinos, por vezes velada em cantochão, quando uma mágoa espiritualizada parece errar na alma inquieta dos ventos, como o lamento de todos os náufragos, essa voz de mistérios, reflete a ânsia febril de milhões e milhões de vidas!

Lá vai cortando, célere, a água iluminada um peixe. Da prata viva das suas escamas arranca o sol irradiações e dentro de uma palpitação de chamas, como se num mar de nafta o incêndio lavrasse, o peixe tem a agitação de uma agulha de aço que um ímã, manejado em várias direções, buscasse atrair, prender. Lá vai agora, despido do brilho intenso em que chamejava, mergulhando no abismo profundo. Sob a pesada massa de água, recortam-se as formas várias das górgonas, das astérias, dos cefalópodos colossais, de toda a fauna prodigiosa do fundo do mar. Medusas passam flutuando. Desce o peixe mais e mais. A luz aqui, refrangida, espectraliza-se. Acesa numa iluminação fantástica, uma flora estupenda de algas entrança os ramos da sua arborização estranha, parecendo formar rendilhados pórticos de uma maravilhosa catedral de Sonho. Erra no silêncio do abismo uma claridade difusa, dentro da qual as anêmonas deslizam.

O peixe, enervado de fadiga, palpita, treme: retrátil, se contorce. Dir-se-ia uma alma penada que não tivesse descanso nesse limbo, em cuja luz esverdeada as lívidas medusas aparecem como formas espectrais de lêmures. Súbito, a água se purpureja. Um grande monstro marinho é atacado por um outro. As suas duas grandes massas são sacudidas em repelões, abaladas rudemente. Um ventre é rasgado de alto a baixo pelos dentes de uma serrilha. Turbam-se de sangue as águas, que em torno revoluteiam.

Que maravilhosos jogos de luz e de sombra há aqui dentro! Se passa uma nuvem no céu, o coração do mar se anuvia: o abismo escurece.

Que formas originais aqui se elaboram, umas híbridas como o hipocampo, outras graciosas como a navícula do *nautilus*! O homem, plagiando, tirou do *nautilus* a forma de suas naves.

Estamos no domínio do maravilhoso. Parece que dentro da água crepitam mil fogos. Lágrimas verdes radiam na pluma de uma penátula. Górgonas abrem-se em fulgurações, que se transmutam, que vão do escarlate à púrpura, com intermitências de azul.

Como se uma arca se rompesse, deixando à mostra o tesouro de um galeão sepultado nas profundezas do oceano, milhões de jóias flamantes rebrilham, faíscam: são pequeninos peixes de escamas brunidas, radiosas.

(*Ibid.*, págs. 36-37.)

O SOL TEM A TRÁGICA BELEZA...

O sol tem a trágica beleza de um martírio, a luzir por entre laivos de sangue.

O poente fulge como uma maravilhosa e sagrada cidade de Sonho; nuvens formam-lhe colunatas e pórfiros e d'ouro, acinzentadas cúpulas e torres alvacentas; abrem-se largas perspectivas de terraços e escadarias sobre fortes muros graníticos de montanhas. Aprumado, hirto, ergue-se um escalvado monte. O sol agoniza sobre esse Calvário.

Parece que a rocha iluminada sangra. Dir-se-ia que a pedra, humanizada, geme, à luz divina de uma transfiguração. Águas que se derivam são como prantos, redimindo a terra, negra como o pecado. Como a dor angustiosa do sol faz sofrer todas as mil almas dispersas da Natureza!

Desce, qual espesso velário, a sombra da noite. Como que o fumo de mil turíbulos se adensa no ar cinéreo. Vão-se acendendo os esplêndidos ciriais do céu.

A água tem falas mansas de lábios múrmuros numa prece.

Senti como aquele tronco fléxil que sobre a água se debruça é agora dolente, chopiniano! Parece que ele acorda na água do rio, como num maravilhoso teclado, uma sonata soluçante de mágoas! Dir-se-ia que a água, espiritualizada, chora! Toda ela vibra, sentindo o contacto dos ramos dessa árvore, como sob a pressão de inquietas mãos nervosas. Passam pela voz das águas soluços, estrangulamentos de gemidos. O rio flui suspiroso, numa música de ais, como uma indefinida saudade.

Súbito um raio de sol incide sobre a flecha de um campanário.

Há como uma explosão de claridades. A luz, acesa em brilho intenso, parece metálica: clangorante, tem a fulguração vibrante de um hino.

(*A Beleza e as Suas Formas de Expressão*, págs. 21-22.)

COLEÇÃO TEXTOS

1. *Marta, a Árvore e o Relógio*, Jorge Andrade
2. *Antologia dos Poetas Brasileiros da Fase Colonial*, Sérgio Buarque de Holanda
3. *A Filha do Capitão e o Jogo das Epígrafes*, Puchkin / Helena S. Nazario
4. *Textos Críticos*, Augusto Meyer - Org. João Alexandre Barbosa
5. *O Dibuk*, Sch. An-Ski
6. *Panorama do Movimento Simbolista Brasileiro* (2 vols.), Andrade Muricy
7. *Ensaios*, Thomas Mann

Impresso na **Prol** editora gráfica ltda.
03043 Rua Martim Burchard, 246
Brás - São Paulo - SP
Fone: (011) 270-4388 (PABX)
com filmes fornecidos pelo Editor.